Elogios ao *Guia do Python para Data Science*, tradução da segunda edição

Existem muitos livros sobre data science disponíveis, mas a obra de Jake VanderPlas é excepcional. Ele trata de um assunto muito amplo e complexo dividindo-o de forma didática, com boa escrita e exercícios que fazem você aplicar os conceitos rapidamente.

— *Celeste Stinger, Site Reliability Engineer (SRE).*

A experiência e a paixão que Jake VanderPlas mostra ao repassar seu conhecimento são inegáveis. Esta edição recém-atualizada dá exemplos claros e simples que o ajudarão a se preparar e usar ferramentas essenciais para data science e aprendizado de máquina. Se estiver pronto para se aprofundar nas principais técnicas de ferramentas Python para ter insights a partir dos seus dados, então este livro é para você.

— *Anne Bonner, fundadora e CEO, Content Simplicity*

O *Guia do Python para Data Science* é uma das minhas principais recomendações para estudantes da área há anos. A segunda edição consegue melhorar um livro que já é muito bom e completo, com notebooks Jupyter interessantes e que permitem executar suas receitas durante a leitura.

— *Noah Gift, Executive in Residence (EIR) da Universidade Duke e fundador do Pragmatic AI Labs*

Esta versão atualizada é uma ótima introdução às bibliotecas que fazem do Python uma excelente linguagem para data science e programação científica, sendo apresentadas de maneira acessível e com ótimos exemplos ao longo de todo o livro.

— *Allen Downey, autor de* Pense em Python *e* Think Bayes

O Guia do Python para Data Science é ótimo para leitores em processo de aprendizado em data science. Os exemplos práticos são completos e escritos de forma acessível, garantindo o aprendizado do leitor sobre como armazenar, manipular e obter insights a partir de um conjunto de dados.

— William Jamir Silva, engenheiro de software sênior, Adjust GmbH

Jake VanderPlas tem um histórico de desmembrar os principais conceitos e ferramentas de Python para os alunos de data science, e na segunda edição do *Guia do Python para Data Science* ele cumpriu seu objetivo mais uma vez. Neste livro, ele fornece uma visão geral de todas as ferramentas necessárias para começar, além de algumas explicações do funcionamento interno das coisas, fazendo tudo isso de forma muito acessível.

— Jackie Kazil, criadora do driver Mesa Library e líder em data science

TRADUÇÃO DA SEGUNDA EDIÇÃO

Guia do Python para Data Science

Ferramentas Essenciais para Trabalhar com Dados

Jake VanderPlas

ALTA BOOKS
GRUPO EDITORIAL
Rio de Janeiro, 2025

Guia do Python para Data Science - Tradução da 2ª Edição

ISBN: 978-85-508-2171-9

Impresso no Brasil — 1ª Edição, 2025 — Edição revisada conforme o Acordo Ortográfico da Língua Portuguesa de 2009.

Dados Internacionais de Catalogação na Publicação (CIP)

(BENITEZ Catalogação Ass. Editorial, MS, Brasil)

V315g
1.ed. VanderPlas, Jake
Guia do Python para data science : ferramentas essenciais para o trabalho com dados / Jake VanderPlas ; tradução Eveline Machado. - 1.ed. - Rio de Janeiro : Alta Books, 2025.
544 p.; il.; 15,7 x 23 cm.

ISBN 978-85-508-2171-9

1. Python (Linguagem de programação para computadores). I. Machado, Eveline. II. Título.

11-2024/173 CDD 005.133

Índice para catálogo sistemático:

1. Python : Linguagem de programação para computadores 005.133

Aline Graziele Benitez - Bibliotecária - CRB-1/3129

Produção Editorial: Grupo Editorial Alta Books
Diretor Editorial: Anderson Vieira
Vendas Governamentais: Cristiane Mutüs
Gerência Comercial: Claudio Lima
Gerência Marketing: Andréa Guatiello

Produtora Editorial: Isabella Gibara
Tradução: Eveline Machado
Copidesque: Aline Amaral
Revisão: Denise Himpel
Diagramação: Daniel Vargas e Joyce Matos
Revisão Técnica: Jhonatan Pereira (Desenvolvedor de Software)

ALTA BOOKS
GRUPO EDITORIAL

Rua Viúva Cláudio, 291 — Bairro Industrial do Jacaré
CEP: 20.970-031 — Rio de Janeiro (RJ)
Tels.: (21) 3278-8069 / 3278-8419
www.altabooks.com.br — altabooks@altabooks.com.br
Ouvidoria: ouvidoria@altabooks.com.br

Editora **afiliada à:**
ASSOCIADO

Sumário

PARTE IV Visualização com Matplotlib

Prefácio

O Que É Data Science?

Este é um livro sobre fazer data science com Python, o que nos traz imediatamente a seguinte questão: o que é *data science*? Essa é uma definição surpreendentemente difícil de estabelecer, sobretudo ao considerarmos a abrangência do termo nos dias atuais. Os críticos mais incansáveis já desdenharam do termo como um rótulo supérfluo (afinal, qual ciência não gira em torno de dados?) ou como um mero jargão, que só existe para preencher o currículo e chamar a atenção de recrutadores excessivamente cautelosos.

Na minha opinião, nessas críticas falta uma consideração importante. Data science, apesar da primeira impressão como apenas a "moda da vez", talvez seja o melhor rótulo à disposição para o conjunto interdisciplinar de habilidades que tem se tornado cada vez mais importante em muitas aplicações, tanto no âmbito do setor quanto no acadêmico. A chave aqui é justamente a *interdisciplinaridade*: para mim, a melhor definição de data science foi muito bem ilustrada pelo Diagrama de Venn do Data Science criado por Drew Conway e publicado pela primeira vez em seu blog, em setembro de 2010 (Figura P-1).

Embora alguns títulos das interseções possam parecer um pouco irônicos, o diagrama captura a essência do que as pessoas pensam ao ouvir falar em "data science": um assunto interdisciplinar em essência. Data science é composto por três áreas distintas que se sobrepõem: as habilidades de um *estatístico* que sabe como modelar e resumir os conjuntos de dados (que estão se tornando cada vez maiores); as habilidades de um *cientista da computação* que pode desenvolver e usar algoritmos para armazenar, processar e visualizar esses dados de forma eficiente; e o *conhecimento do domínio* — o que geralmente pensamos como o treinamento "clássico" em determinado assunto — necessário tanto para formular as perguntas certas quanto para colocar as respostas em um contexto adequado.

Com isso em mente, peço que você não pense em data science como um novo domínio do conhecimento a ser compreendido, mas um novo conjunto de habilidades que você pode aplicar dentro da sua área de conhecimento atual. Criando um relatório sobre os resultados das últimas eleições, realizando previsões a respeito das devoluções do estoque, otimizando cliques em anúncios online, identificando micro-organismos em fotos de microscópios, buscando novas classificações de objetos astronômicos ou trabalhando com dados em qualquer outra área, o objetivo deste livro é fornecer as habilidades para obter boas perguntas e respostas sobre a área de conhecimento escolhida.

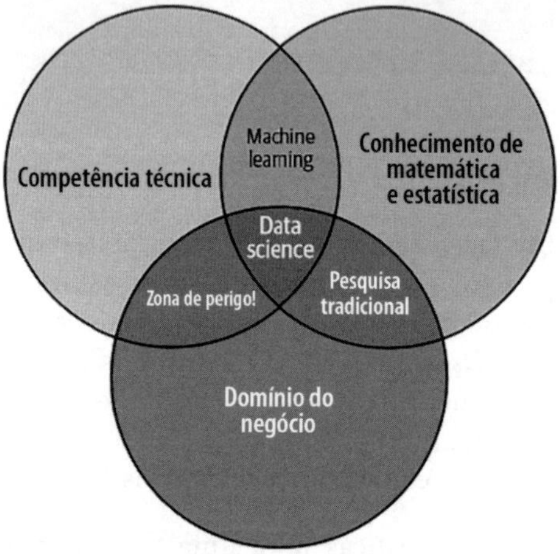

Figura P-1. Diagrama de Venn do Data Science criado por Drew Conway (fonte: Drew Conway, permissão concedida)

Para Quem É este Livro?

Enquanto ministrava aulas na Universidade de Washington e em várias conferências e reuniões de tecnologia, uma das perguntas que eu mais escutava era: "Como devo aprender o Python?" As pessoas que faziam essa pergunta geralmente eram estudantes, desenvolvedores ou pesquisadores com um viés técnico, geralmente com um sólido histórico em programação e no uso de ferramentas computacionais e numéricas. A maioria dessas pessoas não deseja aprender o Python em si, mas aprender a linguagem com o objetivo de usá-la como ferramenta para a ciência computacional com uso extensivo de dados. Ainda que exista uma infinidade de vídeos, posts e tutoriais para esse público online, eu me frustrei por não ter uma boa resposta. Foi a inspiração para este livro.

O livro não foi criado para ser uma introdução ao Python ou à programação em geral. Aqui, pressuponho que o leitor já tenha familiaridade com a linguagem Python, incluindo a definição de funções, a atribuição de variáveis, as chamadas de métodos de objetos, o controle do fluxo do programa e outras tarefas básicas. Na verdade, este livro tem o objetivo de auxiliar usuários do Python a aprender ferramentas relativas a data science — bibliotecas como as mencionadas na seção seguinte, entre outras — para armazenar, manipular e obter insights a partir dos dados de forma eficiente.

Por que Python?

O Python surgiu nas últimas décadas como uma excelente ferramenta para tarefas de computação científica, incluindo a análise e a visualização de grandes conjuntos de dados. Isso pode ter sido surpreendente para os primeiros utilizadores da linguagem Python, considerando que ela não foi criada especificamente para a análise de dados ou a computação científica. A conveniência do Python como linguagem para data science surge, principalmente, de seu ecossistema grande e ativo de pacotes terceirizados: *NumPy* para a manipulação de dados homogêneos armazenados em array, *Pandas* para a manipulação de dados heterogêneos e classificados, *SciPy* para tarefas cotidianas da computação científica, *Matplotlib* para as visualizações de dados de boa qualidade, *IPython* para a execução e o compartilhamento interativos de código, *Scikit-Learn* para o aprendizado de máquina, e muitas outras ferramentas mencionadas nas páginas a seguir.

Se estiver em busca de um guia para a linguagem Python em si, então sugiro um projeto irmão deste livro, *A Whirlwind Tour of Python* [sem publicação no Brasil]. Essa breve obra fornece uma revisão ampla dos conceitos gerais da linguagem Python e tem como principal público cientistas de dados já familiarizados com uma ou mais linguagens de programação.

Estrutura do Livro

Cada parte numerada deste livro foca um pacote ou uma ferramenta específica que é parte fundamental do histórico de data science com Python. Essas partes são divididas em capítulos independentes e curtos explicando um único conceito cada um:

Parte I, "Jupyter: Além do Python Comum", apresenta o IPython e o Jupyter. Essas ferramentas fornecem o ambiente computacional no qual muitos cientistas de dados que utilizam o Python trabalham.

Parte II, "Introdução ao NumPy", foca a biblioteca do NumPy, responsável por fornecer o `ndarray` para armazenar e manipular de forma eficiente densos arrays de dados em Python.

Parte III, "Manipulação de Dados com Pandas", apresenta a biblioteca Pandas, que fornece a estrutura `DataFrame` para armazenar e manipular dados tabulares em Python.

Parte IV, "Visualização com Matplotlib", foca o Matplotlib, uma biblioteca que fornece opções para inúmeras visualizações de dados em Python.

Parte V, "Aprendizado de Máquina", apresenta a biblioteca Scikit-Learn, responsável por fornecer uma implementação em Python limpa e eficiente dos algoritmos mais importantes e consolidados em aprendizado de máquina.

O mundo do PyData é, com certeza, muito maior que esses seis pacotes, e vem crescendo diariamente. Por essa razão, eu me esforço para trazer, ao longo de todo o livro, referências para outros projetos e pacotes interessantes que estão indo além de tudo o que já pode ser feito em Python. No entanto, os pacotes que são o foco deste livro são, atualmente, fundamentais para grande parte do trabalho realizado em Python na área de data science, e minha expectativa é de que eles manterão sua relevância mesmo com a evolução do ecossistema.

Considerações Sobre a Instalação

A instalação do Python e do conjunto de bibliotecas que permitem a computação científica é simples. Esta seção delineará alguns aspectos aos quais você deverá prestar atenção ao configurar seu computador.

Embora existam muitas formas de instalar o Python, minha recomendação para data science é instalar a distribuição Anaconda, que funciona de forma muito semelhante no Windows, no Linux e no macOS, tendo duas versões diferentes:

- Miniconda oferece o interpretador Python em conjunto com uma ferramenta da linha de comando chamada *conda*, que funciona como um gerenciador de pacotes multiplataforma para pacotes Python, de forma muito similar às ferramentas apt ou yum que os usuários Linux podem conhecer.
- Anaconda, por outro lado, oferece tanto o Python quanto o conda, além de um conjunto adicional de pacotes pré-instalados específicos para a computação científica. Graças ao tamanho desse pacote, a instalação deve consumir alguns gigabytes de espaço em disco.

Qualquer pacote incluso no Anaconda pode ser instalado manualmente no Miniconda e, por isso, recomendo começar com o próprio Miniconda.

Para começar, baixe e instale o pacote Miniconda — escolha uma versão com Python 3 —, em seguida, instale os principais pacotes usados neste livro:

```
[~]$ conda install numpy pandas scikit-learn matplotlib seaborn jupyter
```

No texto, também usaremos algumas ferramentas mais especializadas do ecossistema Python; a instalação não costuma ir além de digitar **`conda install`** *nome pacote*. Se você se deparar com pacotes não disponíveis no canal padrão do conda, confira o *conda-forge*, um repositório amplo e desenvolvido pela comunidade de pacotes conda.

Para ter mais informações a respeito do conda, inclusive sobre a criação e o uso dos ambientes conda (algo que recomendo *muito*), consulte a documentação online do conda [disponível em inglês].

Convenções Usadas neste Livro

As seguintes convenções tipográficas são utilizadas nesta obra:

Itálico

Indica novos termos, URLs, endereços de e-mail, nomes de arquivos e extensões de arquivos.

`Fonte monoespaçada`

Usada para a listagem de programas e dentro de parágrafos quando me referir a elementos de algum programa, como variáveis, nomes de funções, bancos de dados, tipos de dados, variáveis do ambiente, declarações e palavras-chave.

`Fonte monoespaçada em negrito`

Indica comandos ou outros textos que devem ser digitados pelo usuário.

`Fonte monoespaçada em itálico`

Mostra textos que devem ser substituídos pelo valor desejado ou pelos valores definidos pelo contexto.

Essa figura representa uma nota geral.

Usando Exemplos de Código

O livro possui material extra e para ter acesso, basta acessar o site do Grupo Editorial Alta Books. Acesse www.altabooks.com.br e procure pelo nome do livro ou ISBN, ou http://github.com/jakevdp/PythonDataScienceHandbook [conteúdo em inglês].

Em caso de pergunta técnica ou problema ao utilizar os exemplos de código, envie um e-mail para *bookquestions@oreilly.com.*

Este livro existe para você fazer o que deve ser feito. Em geral, se o livro possuir um exemplo de código, você poderá utilizá-lo em seus programas e documentação. Não precisa pedir permissão, a menos que esteja utilizando uma parte significativa do código. Por exemplo, não é preciso pedir permissão para criar um programa que usa alguns trechos de código deste livro. Vender ou distribuir os exemplos dos nossos livros requer permissão. Responder uma questão citando este livro e um exemplo presente neste livro não requer permissão. A incorporação de uma grande quantidade de exemplos de código neste livro na documentação do seu produto requer permissão prévia.

Agradecemos, mas normalmente não exigimos, a atribuição de créditos. Essas atribuições normalmente incluem o título, o autor e a editora. Por exemplo: "*Guia do Python para Data Science*, segunda edição, Jake VanderPlas (Alta Books)".

Se você acredita que o seu uso dos códigos requer permissão prévia, entre em contato por e-mail: *permissions@oreilly.com*.

PARTE I

Jupyter: Além do Python Comum

Existem muitas opções para ambientes de desenvolvimento em Python, e com frequência me perguntam qual ambiente eu uso no meu trabalho. Minha resposta, às vezes, surpreende as pessoas: meu ambiente favorito é o IPython e algum editor de texto (no meu caso, Emacs ou VSCode, dependendo do momento). Jupyter começou como um shell IPython, criado em 2001 por Fernando Perez como um interpretador aprimorado de Python e, desde então, tem se tornado um projeto com o objetivo de fornecer, nas palavras do próprio Perez, "ferramentas para todo o ciclo de vida da pesquisa computacional". Se o Python é o motor das nossas tarefas em data science, então pense no Jupyter como o painel de controle interativo.

Além de ser uma interface interativa muito útil para o Python, o Jupyter também oferece algumas adições sintáticas à linguagem, e trataremos das mais importantes aqui. Talvez a interface mais conhecida do projeto Jupyter seja o Jupyter Notebook, um ambiente em navegador que é útil para o desenvolvimento, a colaboração, o compartilhamento e até a publicação de resultados relacionados à data science. Como um exemplo da utilidade do formato, você não precisará ir muito longe: todo o manuscrito deste livro foi feito como um conjunto de notebooks Jupyter.

Esta parte do livro começará falando de algumas ferramentas do Jupyter e do IPython que são úteis para a prática de data science, com foco especial na sintaxe que vai além das funcionalidades padrão do Python. Em seguida, abordaremos com um pouco mais de profundidade alguns dos *comandos mágicos* que podem agilizar as tarefas comuns da criação e da utilização do código para data science. Por fim, falaremos sobre algumas características do formato notebook que pode ser útil para compreender os dados e compartilhar os resultados.

CAPÍTULO 1

Começando com IPython e Jupyter

Quando escrevo código Python para data science, geralmente tenho três modos de trabalhar: uso o shell IPython para realizar sequências curtas de comandos, o Jupyter Notebook para uma análise interativa mais longa e compartilhar o conteúdo com outras pessoas, e IDEs (ambientes interativos de desenvolvimento) como Emacs ou VSCode para a criação de pacotes reutilizáveis em Python. Este capítulo tem como foco os primeiros dois modos: o shell IPython e o Jupyter Notebook. O uso de um IDE para o desenvolvimento de software é uma terceira ferramenta muito importante no repertório de um cientista de dados, mas não o abordaremos diretamente aqui.

Executando o Shell IPython

O texto aqui, assim como na maior parte deste livro, não foi planejado para ser absorvido de forma passiva. Recomendo que, enquanto você lê o texto, acompanhe e experimente as ferramentas e as sintaxes abordadas: a memória muscular desenvolvida com esse processo será muito mais útil que a mera leitura do conteúdo. Comece executando o interpretador IPython ao digitar **`ipython`** na linha de comando; uma alternativa, caso tenha instalado uma distribuição como Anaconda ou EPD, pode ser um executável específico para o seu sistema.

De qualquer forma, ao executar o IPython, verá um prompt com o seguinte texto:

```
Python 3.9.2 (v3.9.2:1a79785e3e, Feb 19 2021, 09:06:10)
Type 'copyright', 'credits' or 'license' for more information
IPython 7.21.0 -- An enhanced Interactive Python. Type '?' for help.

In [1]:
```

Agora você está pronto para continuar.

Executando o Jupyter Notebook

O Jupyter Notebook é uma interface gráfica para navegadores do shell IPython, adicionando um rico conjunto de funcionalidades para exibição dinâmica. Além de executar declarações do Python/IPython, os notebooks permitem que o usuário inclua texto formatado, visualizações estáticas e dinâmicas, equações matemáticas, widgets em JavaScript e muito mais. Além disso, esses documentos podem ser salvos de forma que outras pessoas possam abri-los e executar os códigos em seus próprios sistemas.

Embora você veja e use os notebooks Jupyter no seu navegador, eles precisam se conectar a um processo Python em execução para executar o código. Você pode iniciar esse processo (conhecido como "kernel") executando a seguinte linha de comando no shell do seu sistema:

```
$ jupyter lab
```

O comando acima executará um servidor local visível para seu navegador. Ele também exibirá um log com tudo o que está sendo feito; o log será assim:

```
$ jupyter lab
[ServerApp] Serving notebooks from local directory: /Users/jakevdp/ \
PythonDataScienceHandbook
[ServerApp] Jupyter Server 1.4.1 is running at:
[ServerApp] http://localhost:8888/lab?token=dd852649
[ServerApp] Use Control-C to stop this server and shut down all kernels (twice
to skip confirmation).
```

Ao executar o comando, seu navegador padrão deverá abrir automaticamente e navegar até a URL local indicada; o endereço exato dependerá do seu sistema. Se o navegador não abrir automaticamente, é possível abri-lo manualmente e inserir o endereço (nesse exemplo, a URL é *http://localhost:8888/lab/*).

Ajuda e Documentação no IPython

Caso não leia outra seção deste capítulo, leia esta aqui: acredito que as ferramentas examinadas aqui são as contribuições mais transformadoras do IPython em meu fluxo de trabalho diário.

Quando pedem para que uma pessoa com um viés mais tecnológico ajude um amigo, um familiar ou um colega com um problema no computador, na maior parte das vezes é uma questão de saber a resposta e não de descobrir rapidamente uma resposta desconhecida. Em data science é igual: fontes da internet como documentação online, listas de discussão e respostas no Stack Overflow contêm muita informação, mesmo (e talvez até especialmente) sobre assuntos sobre os quais você pode ter pesquisado no passado. Ser um profissional eficiente de data science não é tanto uma questão de memorizar a ferramenta ou o comando que você deve usar para cada situação, mas sobre aprender como encontrar, de maneira eficaz, a informação que você não possui, por meio de uma pesquisa em ferramentas de busca ou de alguma outra forma.

Uma das funções mais úteis do IPython/Jupyter é reduzir a lacuna entre o usuário e o tipo de documentação e pesquisa que o ajudará a trabalhar com eficiência. Embora as pesquisas tenham um papel fundamental na resposta de questões difíceis, uma quantidade incrível de informação pode ser obtida apenas por meio do IPython. Alguns exemplos de perguntas que o IPython pode ajudá-lo a responder digitando algumas palavras:

- Como posso chamar essa função? Quais são seus argumentos e opções?
- Como é o código-fonte deste objeto Python?
- Qual o conteúdo deste pacote que importei?
- Quais atributos ou métodos esse objeto tem?

Aqui, veremos as ferramentas fornecidas no shell IPython e no Jupyter Notebook para acessar rapidamente essa informação, especialmente o caractere ? para explorar a documentação, os caracteres ?? para explorar o código-fonte e a tecla Tab para autocompletar o código.

Acessando a Documentação com ?

A linguagem Python e seu ecossistema de data science são criados levando o usuário em consideração, e o acesso à documentação tem um papel fundamental nisso. Cada objeto Python contém uma referência para uma string, algo conhecido como *docstring*, que na maioria dos casos terá um sumário conciso do objeto e como utilizá-lo. O Python tem uma função `help` predefinida capaz de acessar essa informação e imprimir os resultados. Por exemplo, para ver a documentação da função `len`, você pode fazer o seguinte:

```
In [1]: help(len)
Help on built-in function len in module builtins:

len(obj, /)
    Return the number of items in a container.
```

A depender do seu interpretador, essa informação pode ser exibida como um texto em linha ou em uma janela pop-up separada.

Encontrar ajuda sobre um objeto é algo tão comum e útil que o IPython e o Jupyter trouxeram também o caractere ? como atalho para acessar a documentação e outras informações relevantes:

```
In [2]: len?
Signature: len(obj, /)
Docstring: Return the number of items in a container.
Type: builtin_function_or_method
```

Essa notação funciona para praticamente qualquer coisa, incluindo métodos de objetos:

```
In [3]: L = [1, 2, 3]
In [4]: L.insert?
Signature: L.insert(index, object, /)
Docstring: Insert object before index.
Type: builtin_function_or_method
```

Ou até mesmo para os próprios objetos, com a documentação do seu tipo:

```
In [5]: L?
Type: list String form: [1, 2, 3]
Length:     3
Docstring:
Built-in mutable sequence.

If no argument is given, the constructor creates a new empty list. The
argument must be an iterable if specified.
```

E ainda mais importante, esse recurso funcionará até mesmo para funções ou outros objetos criados por você! Aqui, definiremos uma pequena função com docstring:

```
In [6]: def square(a):
....:     """Retorna o quadrado de a."""
....:     return a ** 2
....:
```

Perceba que, para criar uma docstring para nossa função, apenas criamos uma string literal na primeira linha. Uma vez que as docstrings costumam ter mais de uma linha, a convenção é usar a notação de aspas triplas do Python para as strings de múltiplas linhas.

Agora usaremos o caractere ? para encontrar essa docstring:

```
In [7]: square?
Signature: square(a)
Docstring: Retorna o quadrado de a.
File: <ipython-input-6>
Type: function
```

Esse rápido acesso à documentação por docstrings é uma das razões pelas quais você deve criar o hábito de criar esse tipo de documentação nos códigos que escrever.

Acessando o Código-fonte com ??

A linguagem Python pode ser lida tão facilmente que você pode conseguir um novo nível de discernimento ao ler o código-fonte do objeto sobre o qual está curioso. O IPython e o Jupyter fornecem um atalho para o código-fonte com o sinal duplo de interrogação (??):

```
In [8]: square??
Signature: square(a)
Source:
def square(a):
    """Retorna o quadrado de a."""
    return a ** 2
File: <ipython-input-6>
Type: function
```

Para funções simples assim, os pontos de interrogação duplos podem dar uma boa ideia de como as coisas funcionam nos bastidores.

Se lidar com isso o suficiente, perceberá que, às vezes, o sufixo ?? nem sempre exibirá um código: geralmente, isso ocorre quando o objeto não é implementado em Python, mas em C ou alguma outra linguagem compilada. Se esse for o caso, o sufixo ?? exibirá o mesmo resultado do sufixo ?. Isso acontecerá sobretudo com muitos objetos e tipos predefinidos do Python, incluindo a função `len` descrita anteriormente.

```
In [9]: len??
Signature: len(obj, /)
Docstring: Return the number of items in a container.
Type: builtin_function_or_method
```

Usar ? e/ou ?? é uma maneira rápida e poderosa de encontrar informação sobre o que faz determinada função ou módulo no Python.

Explorando Módulos com o Autocompletar

Outra interface útil é o uso da tecla Tab para autocompletar o texto e explorar o conteúdo de objetos, módulos e namespaces. Nos exemplos seguintes, usarei <TAB> para indicar quando a tecla Tab deve ser pressionada.

Autocompletando com Tab os conteúdos de objetos

Todo objeto Python tem vários atributos e métodos associados. Como a função `help` mencionada anteriormente, o Python tem uma função `dir` predefinida que retorna uma lista dessas associações, mas a interface de autocompletar da tecla Tab é muito mais simples de utilizar na prática. Para ver uma lista de todos os atributos disponíveis de determinado objeto, você pode digitar o nome do objeto seguido por um ponto (.) e a tecla Tab:

```
In [10]: L.<TAB>
            append() count    insert   reverse
            clear    extend   pop      sort
            copy     index    remove
```

Para reduzir a lista, você pode digitar o(s) primeiro(s) caractere(s) do nome e a tecla Tab encontrará os atributos e os métodos correspondentes.

```
In [10]: L.c<TAB>
             clear() count()
             copy()

In [10]: L.co<TAB>
              copy()  count()
```

Se houver uma única opção, pressionar a tecla Tab completará automaticamente a linha de código para você. Por exemplo, a linha abaixo será substituída automaticamente por L.count:

```
In [10]: L.cou<TAB>
```

Embora o Python não tenha nenhuma distinção estrita entre atributos públicos/externos e privados/internos, por convenção, um sublinhado antes da palavra costuma ser utilizado para indicar os atributos privados/internos. Esclarecendo, esses métodos privados e métodos especiais são omitidos da lista por padrão, mas é possível listá-los ao digitar manualmente o sublinhado:

```
In [10]: L._<TAB>
         __add__                 __delattr__     __eq__
         __class__               __delitem__     __format__()
         __class_getitem__()     __dir__()       __ge__            >
         __contains__            __doc__         __getattribute__
```

Para não perdermos tempo, só mostrei as primeiras colunas da saída. A maioria desses atributos e métodos são métodos especiais do Python, com sublinhado duplo (comumente chamados de métodos "dunder").

Autocompletando com Tab ao importar

Autocompletar com Tab também é útil ao importar objetos de pacotes. Aqui, usaremos isso para encontrar todas as possíveis importações do pacote `itertools` que começam com `co`.

```
In [10]: from itertools import co<TAB>
         combinations()                      compress()
         combinations_with_replacement()     count()
```

Da mesma forma, você pode usar esse recurso para ver quais funções estão disponíveis em seu sistema (e isso mudará dependendo de quais scripts e módulos de terceiros estão visíveis em sua sessão Python):

```
In [10]: import <TAB>
           abc                  anyio
           activate_this        appdirs
           aifc                 appnope          >
           antigravity          argon2

In [10]: import h<TAB>
         hashlib html
         heapq http
         hmac
```

Além do autocompletar: caracteres curinga

Autocompletar com Tab é útil se você conhece os primeiros caracteres do nome do objeto ou do atributo que está procurando, mas não será muito útil se souber apenas os termos do meio ou do final do nome. Para esses casos, o IPython e o Jupyter fornecem o caractere curinga *.

Por exemplo, podemos usar esse caractere para listar todos os objetos no namespace cujo nome termina com `Warning`:

```
In [10]: *Warning?
BytesWarning                    RuntimeWarning
DeprecationWarning              SyntaxWarning
FutureWarning                   UnicodeWarning
ImportWarning                   UserWarning
PendingDeprecationWarning       Warning
ResourceWarning
```

Perceba que o caractere * representa qualquer string, inclusive uma string vazia.

Da mesma forma, digamos que estejamos em busca de um método de string que contenha a palavra `find` em seu nome. Podemos procurar por ela usando:

```
In [11]: str.*find*?
str.find
str.rfind
```

Para mim, esse tipo de busca é muito útil se a ideia for encontrar um comando em particular quando você ainda está se adaptando a um novo pacote ou voltando a se familiarizar com um pacote usado no passado.

Atalhos de Teclado no Shell IPython

Se você já passou algum tempo no computador, então provavelmente encontrou algum uso para os atalhos de teclado em seu fluxo de trabalho. Talvez os atalhos mais conhecidos sejam Cmd-c e Cmd-v (ou Ctrl-c e Ctrl-v), utilizados para copiar e colar em inúmeros programas e sistemas. Os usuários avançados costumam ir além: editores de texto populares como Emacs, Vim e outros fornecem aos usuários um número incrível de operações por meio de combinações complexas de teclas.

O shell IPython não vai tão longe assim, mas ainda fornece uma boa quantidade de atalhos de teclado para que você possa navegar mais rápido enquanto digita seus comandos. Embora alguns desses atalhos também funcionem nos notebooks do navegador, esta seção foi pensada principalmente para ser utilizada no shell IPython.

Ao se acostumar com esses comandos, eles podem ser muito úteis para realizar certos comandos sem tirar as mãos do teclado. Se for um usuário de Emacs ou se tiver experiência com shells no estilo Linux, os atalhos a seguir serão bem familiares. Agruparei esses atalhos em algumas categorias: *atalhos de navegação*, *atalhos da entrada de texto*, *atalhos do histórico de comandos* e *atalhos diversos*.

Atalhos de Navegação

Embora o uso das setas esquerda e direita para mover à esquerda e à direita da linha seja um tanto óbvio, existem outras opções que você pode utilizar para não tirar as mãos da sua posição inicial no teclado:

Tecla	Ação
Ctrl-a	Move o cursor para o começo da linha
Ctrl-e	Move o cursor para o final da linha
Ctrl-b ou seta à esquerda	Volta o cursor um caractere
Ctrl-f ou seta à direita	Avança o cursor um caractere

Atalhos da Entrada de Texto

Embora todos já estejam acostumados a usar a tecla Backspace para apagar o caractere anterior, mover os dedos até a dita tecla costuma exigir algum tipo de ginástica das mãos, além de deletar um único caractere por vez. No IPython existem diversos atalhos para remover uma parte do texto que você está digitando: um dos comandos mais úteis dessa categoria é a possibilidade de apagar linhas inteiras de texto. Você saberá que já conhece muito bem esses atalhos quando se pegar usando Ctrl-b e Ctrl-d em vez de procurar o Backspace para deletar o caractere anterior!

Tecla	Ação
Tecla Backspace	Deleta o caractere anterior na linha
Ctrl-d	Deleta o próximo caractere na linha
Ctrl-k	Corta texto do cursor até o final da linha
Ctrl-u	Corta texto do começo da linha até o cursor
Ctrl-y	Puxa (cola) texto cortado anteriormente
Ctrl-t	Troca dois caracteres de posição entre eles

Atalhos do Histórico de Comandos

Talvez os atalhos mais impactantes vistos aqui sejam aqueles fornecidos pelo IPython para navegar no histórico de comandos. Esse histórico vai muito além da sua sessão IPython atual: todo o histórico de comandos é armazenado em um banco de dados SQLite dentro do seu diretório do perfil do IPython.

A forma mais simples de acessar os comandos anteriores é por meio das setas para cima e para baixo, mas também existem outras opções.

Tecla	Ação
Ctrl-p (ou seta para cima)	Acessa o comando anterior no histórico
Ctrl-n (ou seta para baixo)	Acessa o comando posterior no histórico
Ctrl-r	Pesquisa reversa no histórico de comandos

A opção da pesquisa reversa pode ser especialmente útil. Lembre-se que, mais cedo, definimos uma função chamada `square`. Faremos uma busca reversa em nosso histórico do Python a partir de um novo shell IPython e encontraremos essa definição novamente. Ao pressionar Ctrl-r no terminal IPython, você encontrará o seguinte prompt:

```
In [1]:
(reverse-i-search)`':
```

Caso comece a escrever alguma coisa nesse prompt, o IPython autocompletará com o comando mais recente, se houver algum, que se encaixe nos caracteres digitados:

```
In [1]:
(reverse-i-search)`sqa': square??
```

A qualquer momento, você pode adicionar novos caracteres à pesquisa ou pressionar Ctrl-r para pesquisar outro comando que possa se encaixar. No exemplo anterior, pressionar Ctrl-r duas vezes retornará o seguinte:

```
In [1]:
(reverse-i-search)`sqa': def square(a):
    """Retorna o quadrado de a"""
    return a ** 2
```

Ao encontrar o comando que procurava, pressione a tecla Return e a pesquisa terminará. Agora você pode usar o comando e prosseguir com sua sessão:

```
In [1]: def square(a):
    """Retorna o quadrado de a"""
    return a ** 2

In [2]: square(2)
Out[2]: 4
```

Perceba que é possível usar Ctrl-p/Ctrl-n ou as setas para cima/baixo para vasculhar o histórico de comandos de forma muito semelhante, mas apenas para os caracteres que estejam no começo da linha. Ou seja, caso você digite **`def`** e pressione Ctrl-p, o terminal encontrará o comando mais recente (se houver) em seu histórico que comece com os caracteres `def`.

Atalhos Diversos

Por fim, existem alguns atalhos diversos que não se encaixam nas outras categorias, mas ainda podem ser úteis:

Tecla	Ação
Ctrl-l	Limpa a sessão do terminal
Ctrl-c	Interrompe o comando atual do Python
Ctrl-d	Sai da sessão IPython

O atalho Ctrl-c pode ser especialmente útil quando você iniciar, sem querer, um processo bem demorado.

Embora alguns desses atalhos possam parecer um pouco vagos à primeira vista, eles se tornarão cada vez mais utilizados à medida que você avançar na prática. Ao desenvolver essa memória muscular, minha expectativa é de que você passe a desejar que eles estivessem disponíveis em outros contextos também.

CAPÍTULO 2

Recursos Interativos Aprimorados

Grande parte do poder do IPython e do Jupyter vem das ferramentas interativas adicionais que os dois oferecem. Este capítulo abrangerá algumas dessas ferramentas, incluindo os comandos mágicos, ferramentas criadas para explorar o histórico de entrada e saída, e ferramentas para a interação com o shell.

Comandos Mágicos do IPython

O capítulo anterior mostrou como o IPython permite usar e explorar o Python de forma eficiente e interativa. Abriremos este capítulo discutindo algumas das melhorias que o IPython oferece além da sintaxe comum do Python. Essas melhorias são conhecidas no IPython como *comandos mágicos* e são sempre prefixados com o caractere %. Tais comandos mágicos foram feitos para resolver diversos problemas comuns à análise padrão de dados de maneira sucinta. Esses comandos mágicos têm duas versões diferentes: *line magics* (*mágicas de linha)*, representada por um único % como prefixo, e *cell magics* (*mágicas de célula)*, representada pelo prefixo %% e opera em diversas linhas de entrada. Demonstrarei e explicarei alguns rápidos exemplos e, depois, retornarei aos comandos mágicos com uma discussão mais aprofundada de vários comandos úteis.

Executando o Código Externo: %run

Ao começar o desenvolvimento de códigos maiores, você acabará usando o IPython para fazer uma exploração interativa e um editor de texto para armazenar o código que poderá ser reutilizado. Em vez de executar esse código em uma nova janela, será muito mais conveniente executá-lo em sua sessão atual do IPython. Isso pode ser feito com o comando mágico `%run`.

Por exemplo, imagine que você acabou de criar o arquivo *myscript.py* com o seguinte conteúdo:

```
# arquivo: myscript.py

def square(x):
    """quadrado de um número"""
    return x ** 2

for N in range(1, 4):
    print(f"{N} squared is {square(N)}")
```

Você pode executar esse código em sua sessão atual do IPython assim:

```
In [1]: %run myscript.py
1 squared is 1
2 squared is 4
3 squared is 9
```

Perceba também que, após rodar esse script, todas as funções definidas nele também estão disponíveis para serem utilizadas dentro da sessão atual:

```
In [2]: square(5)
Out[2]: 25
```

Existem diversas opções para melhor configurar a execução do seu código; a documentação desse comando pode ser conferida digitando **%run?** no interpretador IPython.

Cronometrando a Execução do Código: %timeit

Outro exemplo de função mágica útil é o comando **%timeit**, que determinará automaticamente o tempo de execução da declaração Python de linha única que vem imediatamente após ele. Por exemplo, digamos que você queira conferir o desempenho de uma compreensão de lista (list comprehension):

```
In [3]: %timeit L = [n ** 2 for n in range(1000)]
430 µs ± 3.21 µs per loop (mean ± std. dev. of 7 runs, 1000 loops each)
```

A vantagem do **%timeit** é que, para comandos curtos, ele realizará múltiplas execuções automáticas para obter resultados robustos. Para as declarações de múltiplas linhas, adicionar um segundo caractere % transformará o comando em uma mágica de célula, capaz de lidar com diversas linhas como entrada. Por exemplo, aqui está o mesmo código anterior construído com um loop `for`:

```
In [4]: %%timeit
   ...: L = []
   ...: for n in range(1000):
   ...:         L.append(n ** 2)
   ...:
484 µs ± 5.67 µs per loop (mean ± std. dev. of 7 runs, 1000 loops each)
```

Podemos ver, de forma imediata, que as list comprehensions são cerca de 10% mais rápidas que a construção com o loop `for` neste caso. Exploraremos mais detalhadamente o comando `%timeit`, bem como outras abordagens de cronometragem e análise de códigos na seção "Perfilamento e Cronometragem de Código", Capítulo 3.

Ajuda nas Funções Mágicas: ?, %magic e %lsmagic

Assim como as funções normais do Python, os comandos mágicos do IPython têm docstrings e essa documentação útil pode ser acessada de maneira padrão. Se desejar ler a documentação da função mágica `%timeit`, por exemplo, digite:

```
In [5]: %timeit?
```

A documentação das outras funções pode ser acessada da mesma forma. Para acessar uma descrição geral das funções mágicas disponíveis, inclusive com alguns exemplos, digite:

```
In [6]: %magic
```

Para obter uma lista rápida e simples de todas as funções mágicas disponíveis, você pode digitar o comando:

```
In [7]: %lsmagic
```

Por fim, devo mencionar que definir suas próprias funções mágicas é um processo bem simples o qual não discutirei aqui, mas, caso tenha interesse, veja as referências citadas em "Mais Recursos para o IPython", Capítulo 3.

Histórico de Entradas e Saídas

Anteriormente, você viu que o shell IPython permite acessar os comandos anteriores com as setas para cima/baixo ou com os atalhos Ctrl-p/Ctrl-n, respectivamente. Além disso, tanto no shell quanto nos notebooks, o IPython fornece diversas formas de obter a saída dos comandos anteriores, além das versões em string dos próprios comandos. Veremos todas essas opções aqui.

Objetos In e Out do IPython

A essa altura, imagino que você já tenha se familiarizado com o estilo de prompts `In [1]:/Out[1]:` usado pelo IPython. Esse estilo, claro, não é só uma decoração bonita: ele oferece uma pista de como acessar as entradas e as saídas anteriores da sua sessão atual. Digamos que nossa sessão se pareça com a sessão abaixo:

```
In [1]: import math

In [2]: math.sin(2)
Out[2]: 0.9092974268256817

In [3]: math.cos(2)
Out[3]: -0.4161468365471424
```

Importamos a biblioteca predefinida `math`, então calculamos o seno e o cosseno do número 2. Essas entradas e saídas são exibidas no shell com o rótulo `In`/`Out`, mas não é só isso — o IPython cria algumas variáveis chamadas `In` e `Out` que são atualizadas automaticamente para refletir o histórico:

```
In [4]: In
Out[4]: ['', 'import math', 'math.sin(2)', 'math.cos(2)', 'In']

In [5]: Out
Out[5]:
{2: 0.9092974268256817,
 3: -0.4161468365471424,
 4: ['', 'import math', 'math.sin(2)', 'math.cos(2)', 'In', 'Out']}
```

O objeto `In` é uma lista que registra todos os comandos em ordem (o primeiro item da lista é um dado qualquer para que `In [1]` possa sempre se referir ao primeiro comando):

```
In [6]: print(In[1])
import math
```

O objeto `Out` não é uma lista, mas um dicionário que mapeia o número de entradas a suas saídas (se houver alguma):

```
In [7]: print(Out[2])
.9092974268256817
```

Perceba que nem todas as operações geram uma saída. Por exemplo, as declarações `import` e `print` não afetam a saída. Isso pode parecer surpreendente para a função `print`, mas pense que essa é uma função que retorna o valor `None`; simplificando, qualquer comando que retorna `None` não é adicionado a `Out`.

Isso pode ser útil quando você deseja interagir com resultados antigos. Por exemplo, vamos conferir a soma de `sin(2) ** 2` e `cos(2) ** 2` usando os resultados já computados:

```
In [8]: Out[2] ** 2 + Out[3] ** 2
Out[8]: 1.0
```

O resultado é `1.0`, exatamente o que esperaríamos da famosa identidade trigonométrica. Nesse caso, usar os resultados anteriores não é exatamente necessário, mas o código pode ser bem útil caso você esteja executando alguma computação custosa e se esqueceu de atribuir um determinado resultado a uma variável.

Atalhos com Sublinhado e Saídas Anteriores

O shell Python padrão contém apenas um atalho simples para acessar a saída anterior: a variável _ (um único caractere sublinhado) é atualizada com a última saída do código. Isso também funciona no IPython:

```
In [9]: print(_)
.0
```

Mas o IPython vai além — você pode usar sublinhados duplos para acessar a penúltima saída e o sublinhado triplo para acessar a antepenúltima saída (pulando quaisquer comandos sem saída):

```
In [10]: print(   )
-0.4161468365471424

In [11]: print(    )
.9092974268256817
```

E o IPython para por aí: mais de três sublinhados dificulta a contagem e passa a ser mais fácil se referir à saída pelo número da linha.

No entanto, existe outro atalho que devo mencionar — uma simplificação para `Out[X]` é _X (um sublinhado seguido do número da linha):

```
In [12]: Out[2]
Out[12]: 0.9092974268256817

In [13]: _2
Out[13]: 0.9092974268256817
```

Suprimindo a Saída

Às vezes, pode ser interessante suprimir a saída de alguma declaração (talvez seja mais comum com os comandos de plotagem que abordaremos na Parte IV). Pode ser que o comando executado produza um resultado que você não deseja armazenar no histórico de saídas, talvez para que ele possa ser desalocado quando as outras referências forem removidas. A forma mais fácil de suprimir a saída de um comando é adicionar ponto e vírgula ao final da linha:

```
In [14]: math.sin(2) + math.cos(2);
```

O resultado será computado silenciosamente e a saída não será exibida na tela nem armazenada no dicionário `Out`:

```
In [15]: 14 in Out
Out[15]: False
```

Comandos Mágicos Relacionados

Para acessar um lote de diversas entradas anteriores de uma só vez, o comando mágico `%history` é muito útil. Veja como printar as primeiras entradas:

```
In [16]: %history -n 1-3
   1: import math
   2: math.sin(2)
   3: math.cos(2)
```

Como de costume, digite `%history?` para obter mais informações e uma descrição das opções disponíveis (veja o Capítulo 1 para ter mais detalhes sobre a funcionalidade de ?). Outros comandos mágicos úteis são `%rerun`, que executará de novo parte do histórico de comandos, e `%save`, que salvará um conjunto do histórico de comandos em um arquivo.

Comandos IPython e Shell

Ao trabalhar de forma interativa com o interpretador Python padrão, uma das maiores frustrações é a necessidade de alternar entre diferentes janelas para acessar as ferramentas do Python e as ferramentas da linha de comando do sistema. O IPython resolve essa lacuna e fornece uma sintaxe para executar comandos shell diretamente do terminal IPython. A mágica acontece com o ponto de exclamação: qualquer coisa após `!` em uma linha será executado não pelo kernel Python, mas pela linha de comando do sistema.

A discussão a seguir pressupõe que você usa um sistema do tipo Unix, como o Linux ou o macOS. Alguns exemplos não funcionarão no Windows, que usa, por padrão, um tipo diferente de shell. No entanto, se você decidir usar o *Windows Subsystem for Linux (WSL)*, os exemplos deverão funcionar corretamente. Caso não esteja familiarizado com os comandos shell, sugiro rever o tutorial do shell Unix criado pela excelente Software Carpentry Foundation.

Breve Introdução ao Shell

Uma introdução completa do shell/terminal/linha de comando está muito além do escopo deste capítulo, mas farei uma breve introdução para quem não está familiarizado. O shell é uma forma de interagir por texto com seu computador. Desde meados dos anos 1980, quando a Microsoft e a Apple apresentaram as primeiras versões dos seus sistemas operacionais gráficos, hoje onipresentes, a maioria dos usuários interagia com seus sistemas operacionais por meio de seleções de menu e movimentos de arrastar e soltar. No entanto, os sistemas operacionais existiam muito antes dessas interfaces gráficas e eram controlados, principalmente, por sequências de entradas de texto: o usuário digitava um comando na tela e o computador fazia o que foi solicitado. Aqueles antigos sistemas de prompt foram os precursores dos shells e dos terminais que a maioria dos cientistas de dados usa atualmente.

Alguém sem familiaridade com o shell pode perguntar por que isso seria importante quando boa parte dos resultados pode ser alcançada apenas clicando em ícones e menus. Um usuário shell responderia com outra pergunta: por que ficar atrás de ícones e menus quando você pode fazer as coisas mais facilmente ao digitar? Muito embora isso pareça o típico impasse de preferências técnicas, ao lidar com tarefas além das atividades cotidianas, fica claro que o shell oferece um controle muito maior sobre as tarefas avançadas — ainda que, é verdade, a curva de aprendizado possa assustar um pouco.

Como exemplo, aqui está um trecho de uma sessão de shell Linux/macOS em que um usuário explora, cria e modifica diretórios e arquivos do seu sistema (`osx:~ $` é o prompt e tudo após o `$` é o comando digitado; texto antecedido pelo caractere # é apenas uma descrição e não algo que deveria ser digitado):

```
osx:~ $ echo "hello world"            # echo é como a função print do Python
hello world

osx:~ $ pwd                           # pwd = imprimir diretório de trabalho
/home/jake                            # É o "caminho" onde estamos

osx:~ $ ls                            # ls = listar conteúdo do diretório
notebooks projects                    # de trabalho

osx:~ $ cd projects/                  # cd = alterar diretório

osx:projects $ pwd
/home/jake/projects

osx:projects $ ls
datasci_book mpld3 myproject.txt

osx:projects $ mkdir myproject        # mkdir = criar novo diretório

osx:projects $ cd myproject/

osx:myproject $ mv ../myproject.txt ./ # mv = mover arquivo. Aqui estamos movendo o
                                      # arquivo myproject.txt de um diretório (..//)
                                      # para o diretório acima (./).
osx:myproject $ ls
myproject.txt
```

Perceba que é apenas uma forma compacta de fazer operações familiares (navegar um diretório/pasta, criar um diretório, mover um arquivo etc.) digitando comandos em vez de clicar em ícones e menus. Com apenas alguns comandos (`pwd`, `ls`, `cd`, `mkdir` e `cp`) é possível fazer muitas operações comuns de arquivos, mas é ao ir além dessas atividades básicas que a abordagem do shell se torna realmente poderosa.

Comandos Shell no IPython

Qualquer comando padrão shell pode ser utilizado diretamente no IPython ao prefixá-lo com o caractere !. Por exemplo, os comandos `ls`, `pwd` e `echo` podem ser utilizados assim:

```
In [1]: !ls
myproject.txt

In [2]: !pwd
/home/jake/projects/myproject

In [3]: !echo "printing from the shell"
printing from the shell
```

Passando Valores no Shell

Os comandos shell não são chamados apenas pelo IPython, mas também podem interagir com o namespace IPython. Por exemplo, você pode salvar a saída de qualquer comando shell em uma lista Python com o operador de atribuição, =:

```
In [4]: contents = !ls

In [5]: print(contents)
['myproject.txt']

In [6]: directory = !pwd

In [7]: print(directory)
['/Users/jakevdp/notebooks/tmp/myproject']
```

Esses resultados não retornarão como listas, mas um tipo especial de retorno do shell definido no IPython:

```
In [8]: type(directory)
IPython.utils.text.SList
```

Parece e age como uma lista Python, mas tem uma funcionalidade adicional, como os métodos `grep` e `fields`, e as propriedades `s`, `n` e `p` que permitem pesquisar, filtrar e exibir os resultados de forma conveniente. Para saber mais sobre esses comandos, use os recursos de ajuda predefinidos no IPython.

A comunicação na direção oposta — passar valores de variáveis Python para o shell — é possível com a sintaxe {*nome_var*}

```
In [9]: message = "hello from Python"

In [10]: !echo {message}
hello from Python
```

Essas chaves contêm o nome da variável, que será substituído pelo conteúdo da variável no comando shell.

Comandos Mágicos Relacionados ao Shell

Se lidar com os comandos do shell IPython por um tempo, perceberá que não poderá usar `!cd` para navegar o sistema de arquivos:

```
In [11]: !pwd
/home/jake/projects/myproject

In [12]: !cd ..

In [13]: !pwd
/home/jake/projects/myproject
```

A razão para isso é que os comandos shell no notebook são executados em um subshell temporário que não mantém seu estado entre os comandos. Se você deseja mudar o diretório de trabalho de uma forma mais duradoura, é possível usar o comando mágico `%cd`:

```
In [14]: %cd ..
/home/jake/projects
```

Na verdade, por padrão você nem precisa usar o caractere `%`:

```
In [15]: cd myproject
/home/jake/projects/myproject
```

Isso é conhecido como função *automagic* e a habilidade de executar esses comandos sem o caractere `%` explícito pode ser ativada ou desativada com a função mágica `%automagic`.

Além de `%cd`, temos outras funções mágicas relacionadas ao shell, como `%cat`, `%cp`, `%env`, `%ls`, `%man`, `%mkdir`, `%more`, `%mv`, `%pwd`, `%rm` e `%rmdir`, todas podendo ser usadas sem o caractere %, caso a função `automagic` esteja ativada. Isso significa que dá até mesmo para tratar o prompt IPython como um shell normal:

```
In [16]: mkdir tmp

In [17]: ls
myproject.txt  tmp/

In [18]: cp myproject.txt tmp/

In [19]: ls tmp
myproject.txt

In [20]: rm -r tmp
```

Esse acesso ao shell a partir da mesma janela de terminal da sua sessão Python permite combinar de forma muito mais natural o Python e o shell em seu fluxo de trabalho com menos mudanças de contexto.

CAPÍTULO 3

Depuração e Perfil

Além das ferramentas interativas vistas no capítulo anterior, o Jupyter fornece algumas formas de explorar e compreender o código executado, rastreando bugs na lógica ou analisando uma execução lenta inesperada. Este capítulo examinará algumas dessas ferramentas.

Erros e Depuração

O desenvolvimento de códigos e a análise de dados sempre requer um pouco de tentativa e erro, e o IPython tem ferramentas para simplificar esse processo. Esta seção abordará algumas opções para controlar o relatório de exceções do Python, bem como ferramentas de exploração para depurar erros no código.

Controlando as Exceções: %xmode

Na maior parte do tempo quando um script do Python falhar, ele gerará uma exceção. Quando o interpretador alcança uma dessas exceções, as informações sobre a causa do erro podem ser encontradas no *rastreamento* (traceback), que pode ser acessado a partir do Python. Com a função mágica `%xmode`, o IPython permite controlar a quantidade de informação exibida quando a exceção é gerada. Veja o seguinte código:

```
In [1]: def func1(a, b):
            return a / b

        def func2(x):
            a = x
            b = x - 1
            return func1(a, b)

In [2]: func2(1)
ZeroDivisionError                         Traceback (most recent call last)
<ipython-input-2-b2e110f6fc8f> in <module>()
----> 1 func2(1)

<ipython-input-1-d849e34d61fb> in func2(x)
      5         a = x
      6         b = x - 1
----> 7         return func1(a, b)

<ipython-input-1-d849e34d61fb> in func1(a, b)
```

```
      1 def func1(a, b):
----> 2     return a / b
      3
      4 def func2(x):
      5     a = x

ZeroDivisionError: division by zero
```

Chamar `func2` resulta em erro e, lendo o rastreamento impresso, é possível descobrir a razão. No modo padrão, esse rastreamento exibe diversas linhas com o contexto de cada etapa que levou ao erro. Usando a função mágica `%xmode` (abreviação de *exception mode* ou modo de exceção), é possível alterar o tipo de informação printada na tela.

`%xmode` tem um único argumento, o modo, e existem três possibilidades: `Plain`, `Context` e `Verbose`. O padrão é `Context`, que oferece uma saída igual a que acabamos de mostrar. `Plain` é mais compacto e exibe menos informação:

```
In [3]: %xmode Plain
Out[3]: Exception reporting mode: Plain

In [4]: func2(1)
Traceback (most recent call last):

      File "<ipython-input-4-b2e110f6fc8f>", line 1, in <module>
        func2(1)

      File "<ipython-input-1-d849e34d61fb>", line 7, in func2
        return func1(a, b)

      File "<ipython-input-1-d849e34d61fb>", line 2, in func1
        return a / b

ZeroDivisionError: division by zero
```

O modo `Verbose` adiciona informações extras, incluindo os argumentos de quaisquer funções chamadas:

```
In [5]: %xmode Verbose
Out[5]: Exception reporting mode: Verbose

In [6]: func2(1)
ZeroDivisionError                          Traceback (most recent call last)
<ipython-input-6-b2e110f6fc8f> in <module>()
----> 1 func2(1)
        global func2 = <function func2 at 0x103729320>

<ipython-input-1-d849e34d61fb> in func2(x=1)
      5     a = x
      6     b = x - 1
----> 7     return func1(a, b)
        global func1 = <function func1 at 0x1037294d0>
        a = 1
        b = 0
```

```
<ipython-input-1-d849e34d61fb> in func1(a=1, b=0)
      1 def func1(a, b):
----> 2     return a / b
        a = 1
        b = 0
      3
      4 def func2(x):
      5     a = x

ZeroDivisionError: division by zero
```

Essa informação extra pode ajudá-lo a identificar a razão para a ocorrência da exceção. Então, por que não usar o modo `Verbose` sempre? Conforme nosso código fica mais complexo, esse tipo de rastreamento pode ficar longo demais. Dependendo do contexto, é mais fácil trabalhar com a brevidade do modo `Plain` ou `Context`.

Depuração: Quando a Leitura dos Rastreamentos Não É Suficiente

A ferramenta Python padrão para a depuração interativa é o `pdb`, o depurador do Python. Ele permite que o usuário percorra uma linha de código por vez para descobrir o que poderia causar um erro mais complicado. A versão aprimorada do IPython é o `ipdb`, o depurador do IPython.

Existem muitas formas de inicializar e usar ambos os depuradores, portanto, não abordaremos esse assunto em sua totalidade. Consulte a documentação online dessas duas ferramentas para saber mais.

No IPython, talvez a interface de depuração mais conveniente seja o comando mágico `%debug`. Se chamar essa função após atingir uma exceção, ela abrirá automaticamente um prompt interativo de depuração no ponto da exceção. O prompt do `ipdb` permite explorar o estado atual da pilha, as variáveis disponíveis e até mesmo que você execute os comandos em Python!

Vejamos a exceção mais recente, então faremos algumas tarefas básicas. Imprimiremos os valores `a` e `b`, então digitaremos `quit` para sair da sessão de depuração:

```
In [7]: %debug <ipython-input-1-d849e34d61fb>(2)func1()
      1 def func1(a, b):
----> 2     return a / b
      3
ipdb> print(a)
1
ipdb> print(b)
0
ipdb> quit
```

O depurador interativo pode fazer muito mais do que isso — podemos até subir e descer a pilha, explorando os valores das variáveis nas diferentes posições:

```
In [8]: %debug <ipython-input-1-d849e34d61fb>(2)func1()
      1 def func1(a, b):
----> 2     return a / b
      3

ipdb> up <ipython-input-1-d849e34d61fb>(7)func2()
      5     a = x
      6     b = x - 1
----> 7     return func1(a, b)

ipdb> print(x)
1
ipdb> up <ipython-input-6-b2e110f6fc8f>(1)<module>()
----> 1 func2(1)

ipdb> down <ipython-input-1-d849e34d61fb>(7)func2()
      5     a = x
      6     b = x - 1
----> 7     return func1(a, b)

ipdb> quit
```

Isso permite não apenas descobrir rapidamente o que causou o erro, mas também quais chamadas de funções levaram ao erro.

Caso queira que o depurador inicialize automaticamente sempre que uma exceção for gerada, use a função mágica `%pdb` para ativar o comportamento automático:

```
In [9]: %xmode Plain
        %pdb on
        func2(1)
Exception reporting mode: Plain
Automatic pdb calling has been turned ON
ZeroDivisionError: division by zero <ipython-input-1-d849e34d61fb>(2)func1()
      1 def func1(a, b):
----> 2     return a / b
      3

ipdb> print(b)
0
ipdb> quit
```

Por fim, caso tenha um script que você queira executar desde o começo no modo interativo, execute-o com o comando `%run -d` e use o comando `next` para percorrer de forma interativa as próximas linhas de código.

Existem muitos outros comandos disponíveis para a depuração interativa além dos demonstrados aqui. A Tabela 3-1 contém uma descrição de alguns dos comandos mais comuns e úteis.

Tabela 3-1. Lista parcial dos comandos de depuração

Comando	Descrição
`l(ist)`	Exibe a localização atual no arquivo
`h(elp)`	Exibe uma lista de comandos ou obtém ajuda em um comando específico
`q(uit)`	Sai do depurador e do programa
`c(ontinue)`	Sai do depurador, mas permanece no programa
`n(ext)`	Vai para o próximo passo do programa
`<enter>`	Repete o comando anterior
`p(rint)`	Imprime a variável
`s(tep)`	Entra em uma subrotina
`r(eturn)`	Sai de uma subrotina

Para obter maiores informações, use o comando `help` no depurador ou veja a documentação online do `ipdb`.

Perfilamento e Cronometragem de Código

No processo do desenvolvimento de códigos e da criação de pipelines de processamento de dados, muitas vezes existem compensações (trade-offs) que você pode fazer entre as diversas implementações. No começo do desenvolvimento do seu algoritmo, é improdutivo se preocupar com esse tipo de coisa. Como diz a piada feita por Donald Knuth: "Devemos esquecer essas pequenas ineficiências em, digamos, 97% do tempo: a otimização prematura é a raiz de todo o mal".

Mas, quando seu código começar a funcionar, pode ser interessante verificar o tempo de execução de determinado comando ou conjunto de comandos. Em outros momentos, pode ser uma boa ideia examinar um processo multilinear e determinar o gargalo em algumas séries complexas de operações. O IPython fornece acesso a inúmeras funcionalidades para esse tipo de cronometragem e perfilamento do código. Aqui veremos os seguintes comandos mágicos do IPython:

`%time`
: Cronometra a execução de uma única declaração

`%timeit`
: Cronometra a execução de uma única declaração repetidamente para ter maior precisão

`%prun`
: Executa o código com o profiler

`%lprun`

Executa o código com o perfilador linha a linha

`%memit`

Calcula o uso de memória de uma única declaração

`%mprun`

Executa o código com um perfilador de memória linha a linha

Os últimos quatro comandos não vêm por padrão com o IPython. Para usá-los, é preciso utilizar as extensões `line_profiler` e `memory_profiler`, que veremos nas próximas seções.

Cronometrando Trechos de Código: %timeit e %time

Vimos o comando mágico de linha `%timeit` e o comando mágico de célula `%%timeit` na introdução às funções mágicas, na seção "Comandos Mágicos do IPython" do Capítulo 1. Esses códigos podem ser utilizados para cronometrar repetidamente a execução de certo trecho de código:

```
In [1]: %timeit sum(range(100))
1.53 µs ± 47.8 ns per loop (mean ± std. dev. of 7 runs, 1000000 loops each)
```

Perceba que essa operação é tão rápida que o comando `%timeit` a executa diversas vezes automaticamente. Para os comandos mais lentos, `%timeit` se ajustará e reduzirá automaticamente o número de repetições:

```
In [2]: %%timeit
        total = 0
        for i in range(1000):
            for j in range(1000):
                total += i * (-1) ** j
536 ms ± 15.9 ms per loop (mean ± std. dev. of 7 runs, 1 loop each)
```

Às vezes, repetir uma operação não é a melhor opção. Por exemplo, se tivermos uma lista que gostaríamos de classificar, uma operação repetida pode nos induzir ao erro; classificar uma lista pré-organizada é muito mais rápido que classificar uma lista que não foi organizada de maneira alguma, então a repetição atrapalhará o resultado.

```
In [3]: import random
        L = [random.random() for i in range(100000)]
        %timeit L.sort()
Out[3]: 1.71 ms ± 334 µs per loop (mean ± std. dev. of 7 runs, 1000 loops each)
```

Para isso, a função mágica `%time` pode ser uma escolha melhor. Ela também é uma boa opção para os comandos de execução mais longa, quando atrasos curtos e relacionados ao sistema provavelmente não afetarão o resultado. Vamos cronometrar a ordenação de uma lista sem nenhum tipo de classificação e pré-organização:

```
In [4]: import random
        L = [random.random() for i in range(100000)]
        print("organizando uma lista desorganizada:")
        %time L.sort()
Out[4]: sorting an unsorted list:
        CPU times: user 31.3 ms, sys: 686 µs, total: 32 ms
        Wall time: 33.3 ms

In [5]: print("organizando uma lista pré-organizada:")
        %time L.sort()
Out[5]: sorting an already sorted list:
        CPU times: user 5.19 ms, sys: 268 µs, total: 5.46 ms
        Wall time: 14.1 ms
```

Perceba que a lista pré-organizada é muito mais rápida, mas perceba também a duração da execução ao usar `%time` em comparação com `%timeit`, mesmo na segunda lista! Isso resulta do fato de que `%timeit` toma algumas decisões inteligentes internamente para evitar que as chamadas do sistema interfiram na cronometragem. Por exemplo, impede a limpeza dos objetos Python não utilizados (algo conhecido como *coleta de lixo*) que pode, em outras circunstâncias, interferir no tempo. Por essa razão, os resultados de `%timeit` tendem a ser muito mais rápidos que os resultados de `%time`.

Tanto para o comando `%time` quanto para o comando `%timeit`, usar a sintaxe da mágica de célula, `%%`, permite a cronometragem de scripts de múltiplas linhas.

```
In [6]: %%time
        total = 0
        for i in range(1000):
            for j in range(1000):
                total += i * (-1) ** j
CPU times: user 655 ms, sys: 5.68 ms, total: 661 ms
Wall time: 710 ms
```

Para ter mais informações sobre `%time` e `%timeit`, bem como suas opções disponíveis, use a funcionalidade help do IPython (exemplo: digite `%time?` no prompt do IPython).

Perfilando Scripts Completos: %prun

Um programa é composto de muitas declarações únicas e, às vezes, cronometrar essas declarações no contexto é mais importante que cronometrá-las separadamente. O Python tem um profiler de código predefinido (que pode ser lido na documentação do Python), mas o IPython tem uma forma muito mais conveniente de usá-lo: a função mágica `%prun`.

Como exemplo, definiremos uma função simples que faz alguns cálculos:

```
In [7]: def sum_of_lists(N):
            total = 0
            for i in range(5):
                L = [j ^ (j >> i) for j in range(N)]
                total += sum(L)
            return total
```

Agora podemos executar a função `%prun` para ver os resultados do perfilamento:

```
In [8]: %prun sum_of_lists(1000000)
14 function calls in 0.932 seconds
Ordered by: internal time
ncalls  tottime  percall  cumtime  percall filename:lineno(function)
     5    0.808    0.162    0.808  0.162 <ipython-input-7-f105717832a2>:4(<listcomp>)
     5    0.066    0.013    0.066  0.013 {built-in method builtins.sum}
     1    0.044    0.044    0.918  0.918 <ipython-input-7-f105717832a2>:1
     > (sum_of_lists)
     1    0.014    0.014    0.932  0.932 <string>:1(<module>)
     1    0.000    0.000    0.932  0.932 {built-in method builtins.exec}
     1    0.000    0.000    0.000  0.000 {method 'disable' of '_lsprof.Profiler'
     > objects}
```

O resultado é uma tabela indicando, na ordem de tempo total de cada chamada de função, onde a execução demora mais tempo. Neste caso, a maior parte do tempo está na list comprehension dentro de `sum_of_lists`. A partir disso, poderíamos pensar sobre quais alterações fazer para melhorar o desempenho do algoritmo.

Para ter mais informações sobre `%prun`, bem como suas opções disponíveis, use a funcionalidade help do IPython (exemplo: digite `%prun?` no prompt do IPython).

Perfilamento Linha a Linha com %lprun

O perfilamento de função a função do `%prun` é útil, mas, às vezes, a forma mais conveniente de analisar um código é fazer um perfilamento linha a linha. Não é uma função predefinida no Python ou no IPython, mas há um pacote `line_profiler` disponível para instalação que pode realizar essa tarefa. Comece usando a ferramenta de gerenciamento de pacotes do Python, `pip`, para instalar o pacote `line_profiler`:

```
$ pip install line_profiler
```

Em seguida, use o IPython para carregar a extensão `line_profiler`, que é fornecida como parte do pacote:

```
In [9]: %load_ext line_profiler
```

Agora o comando `%lprun` fará um perfilamento linha a linha de qualquer função. Neste caso, precisamos indicar de forma explícita quais funções queremos perfilar:

```
In [10]: %lprun -f sum_of_lists sum_of_lists(5000)
Timer unit: 1e-06 s

Total time: 0.014803 s
File: <ipython-input-7-f105717832a2>

Function: sum_of_lists at line 1


Line #     Hits         Time    Per Hit   % Time  Line Contents
===================================================================
1                                                 def sum_of_lists(N):
2          1          6.0       6.0      0.0         total = 0
3          6         13.0       2.2      0.1         for i in range(5):
4          5      14242.0    2848.4     96.2             L = [j ^ (j >> i)
                                                         for j
5          5        541.0     108.2      3.7             total += sum(L)
6          1          1.0       1.0      0.0         return total
```

A informação no topo nos dá a chave para entendermos os resultados: o tempo é informado em microssegundos e podemos ver onde o programa fica na maior parte do tempo. Nesse ponto, podemos usar essa informação para modificar aspectos do script e melhorar seu desempenho para nosso caso de uso específico.

Para ter mais informações sobre o comando `%lprun`, bem como suas opções disponíveis, use a funcionalidade help do IPython (exemplo: digite `%lprun?` no prompt do IPython).

Perfilando o Uso de Memória: %memit e %mprun

Outro aspecto do perfilamento é a quantidade de memória utilizada por uma operação. Isso pode ser analisado com outra extensão do IPython, `memory_profiler`. Assim como fizemos com `line_profiler`, começaremos usando `pip` para instalar a extensão:

```
$ pip install memory_profiler
```

Em seguida, carregamos a extensão com o IPython:

```
In [11]: %load_ext memory_profiler
```

A extensão do profiler de memória contém duas funções mágicas: `%memit` (que fornece um comando equivalente ao `%timeit` para medir a memória) e `%mprun` (que oferece uma versão do `%lprun` para medir a memória). A função mágica `%memit` pode ser usada de maneira bem simples:

```
In [12]: %memit sum_of_lists(1000000)
peak memory: 141.70 MiB, increment: 75.65 MiB
```

Podemos ver que essa função consome cerca de 140 MB de memória.

Para obtermos uma descrição linha a linha do uso de memória, podemos usar a função mágica `%mprun`. Infelizmente, isso só funciona para as funções definidas em módulos separados e não no próprio notebook, então começaremos usando a mágica de célula `%%file` para criar um módulo simples chamado `mprun_demo.py`, que contém nossa função `sum_of_lists`, com uma adição que tornará nossos resultados de perfilamento um pouco mais claros:

```
In [13]: %%file mprun_demo.py
         def sum_of_lists(N):
             total = 0
         for i in range(5):
             L = [j ^ (j >> i) for j in range(N)]
             total += sum(L)
             del L # remove refer. para L
         return total
Overwriting mprun_demo.py
```

Agora é possível importar a nova versão dessa função e executar o profiler linha a linha de uso de memória:

```
In [14]: from mprun_demo import sum_of_lists
         %mprun -f sum_of_lists sum_of_lists(1000000)


Filename: /Users/jakevdp/github/jakevdp/PythonDataScienceHandbook/notebooks_v2/
> m prun_demo.py


Line #  Mem usage     Increment  Occurrences Line Contents
============================================================
1        66.7 MiB      66.7 MiB           1   def sum_of_lists(N):
2        66.7 MiB       0.0 MiB           1       total = 0
3        75.1 MiB       8.4 MiB           6       for i in range(5):
4       105.9 MiB      30.8 MiB     5000015           L = [j ^ (j >> i) for
                                                      j
5       109.8 MiB       3.8 MiB           5           total += sum(L)
6        75.1 MiB     -34.6 MiB           5           del L # remove refer.
                                                      para L
7        66.9 MiB      -8.2 MiB           1       return total
```

Aqui, a coluna `Increment` nos mostra o quanto cada linha afeta o total de gasto de memória: note que, quando criamos e deletamos a lista `L`, adicionamos cerca de 30 MB de uso de memória além do uso de memória do próprio interpretador Python.

Para ter maiores informações sobre `%memit` e `%mprun`, bem como suas opções disponíveis, use a funcionalidade help do IPython (exemplo: digite `%memit?` no prompt do IPython).

Mais Recursos para o IPython

Nos capítulos, apenas tocamos na superfície do uso do IPython dentro do contexto do data science. Existem muitas outras informações disponíveis, de forma impressa e online, e aqui listarei algumas outras referências que podem ser úteis.

Referências na Web [conteúdos em inglês]

Site do IPython (http://ipython.org)
: O site IPython fornece links para documentações, exemplos, tutoriais e muitos outros recursos.

Site nbviewer (http://nbviewer.jupyter.org)
: Esse site mostra imagens estáticas de qualquer Jupyter Notebook disponível na internet. A página inicial exibe alguns notebooks de exemplo que você pode olhar para descobrir como as outras pessoas estão usando o IPython!

Uma curadoria de Jupyter notebooks (https://github.com/jupyter/jupyter/wiki)
: Essa crescente lista de notebooks, feita a partir do nbviewer, mostra a profundidade e amplitude da análise numérica que você pode fazer com o IPython. Essa coleção inclui de tudo, desde exemplos pequenos e tutoriais até cursos completos e livros feitos no formato notebook!

Tutoriais em vídeo
: Pesquisando na internet, você encontrará muitos tutoriais sobre o IPython. Recomendo procurar tutoriais das conferências PyCon, SciPy e PyData criadas por Fernando Perez e Brian Granger, dois dos principais criadores e mantenedores do IPython e do Jupyter.

Livros [alguns sem publicação no Brasil]

Python para Análise de Dados (Novatec)
: O livro de Wes McKinney tem um capítulo inteiro sobre como usar o IPython como um cientista de dados. Embora grande parte do conteúdo não seja diferente do que já foi abordado aqui, uma outra perspectiva é sempre útil.

Learning IPython for Interactive Computing and Data Visualization (Packt)
: Este pequeno livro escrito por Cyrille Rossant tem uma boa introdução ao uso do IPython para a análise de dados.

IPython Interactive Computing and Visualization Cookbook (Packt)

Também escrito por Cyrille Rossant, este livro é um pouco maior e contém um uso mais avançado do IPython para data science. Apesar do nome, o livro não é apenas sobre IPython; ele também trata com certa profundidade vários assuntos de data science.

Por final, lembre-se de que você pode encontrar ajuda sozinho: a funcionalidade de ajuda com o sinal de interrogação do IPython (visto no Capítulo 1) pode ser útil caso a use bem e com frequência. Ao estudar os exemplos aqui e de outras fontes, familiarize-se com todas as ferramentas que o IPython tem a oferecer.

PARTE II

Introdução ao NumPy

Esta parte do livro, junto com a Parte III, traça técnicas em Python para manipular, armazenar e carregar com eficiência dados na memória. O assunto é muito amplo: conjuntos de dados surgem das mais variadas fontes e nos mais variados formatos, incluindo coleções de documentos, imagens, sons, medidas numéricas ou praticamente qualquer outra coisa. Apesar dessa aparente heterogeneidade, muitos conjuntos de dados podem ser representados, em essência, como arrays de números.

Por exemplo, imagens — em especial, as imagens digitais — podem ser vistas como arrays bidimensionais de números, representando a luminescência dos pixels ao longo da área da imagem. Os sons, por sua vez, podem ser imaginados como arrays unidimensionais de intensidade em função do tempo. O texto pode ser convertido de várias formas diferentes em representações numéricas, como dígitos binários representando a frequência de certas palavras ou pares de palavras. Independentemente do que o dado representa, o primeiro passo para analisá-lo é transformá-lo em um array de números (veremos alguns exemplos específicos desse processo no Capítulo 40).

Por essa razão, o armazenamento e a manipulação eficientes de arrays numéricos são fundamentais no processo de data science. É por isso que, agora, nos debruçaremos sobre as ferramentas especializadas do Python para lidar com esse tipo de array: o pacote NumPy e o pacote Pandas (examinados na Parte III).

Esta parte do livro detalhará o NumPy (abreviação de *Numerical Python*). Essa biblioteca fornece uma interface eficiente para armazenar e operar conjuntos densos de dados. Os arrays NumPy são de muitas formas semelhantes ao tipo `list` predefinido do Python, mas os primeiros oferecem operações muito mais eficientes de armazenamento e manipulação de dados para arrays maiores. Os arrays NumPy são responsáveis por compor o núcleo de quase todas as ferramentas no ecossistema de data science no Python, de modo que aprender a utilizá-los bem será um aprendizado valioso, não importando a área de data science com a qual você deseja trabalhar no futuro.

Se você seguiu meu conselho no Prefácio e instalou a distribuição Anaconda, então o NumPy já está instalado e pronto para ser utilizado. Se prefere fazer as coisas do jeito mais manual, é possível visitar o site NumPy.org e acompanhar as instruções de instalação. Feito isso, basta importar a biblioteca NumPy e conferir sua versão:

```
In [1]: import numpy
        numpy.__version__
Out[1]: '1.21.2'
```

Para os trechos do pacote vistos neste livro, recomendo a versão 1.8 ou posterior do NumPy. Por convenção, você perceberá que a maioria das pessoas no mundo do SciPy/PyData importará o NumPy usando `np` como alias.

```
In [2]: import numpy as np
```

Ao longo deste capítulo, e em todo o livro, essa é a forma como importaremos e usaremos o NumPy.

Lembrete Sobre a Documentação Predefinida

Ao ler esta parte do livro, não se esqueça de que o IPython oferece a possibilidade de explorar de maneira rápida todo o conteúdo de um pacote (usando o recurso autocompletar com a tecla Tab), bem como a documentação de várias funções (usando o caractere ?). Para aprender mais sobre esses detalhes, retorne ao Capítulo 1.

Por exemplo, para exibir todo o conteúdo presente no NumPy, digite o seguinte:

```
In [3]: np.<TAB>
```

E para exibir a documentação predefinida no NumPy, pode digitar:

```
In [4]: np?
```

O NumPy tem uma documentação muito mais detalhada, bem como tutoriais e outros recursos.

CAPÍTULO 4

Entendendo os Tipos de Dados em Python

Uma computação e ciência orientada a dados eficaz requer uma boa compreensão de como esses dados são armazenados e manipulados. Este capítulo resume e destaca como os arrays de dados são tratados na própria linguagem Python e como o NumPy aprimora isso. Entender a diferença é fundamental para compreender grande parte do material restante deste livro.

Os usuários do Python costumam ser atraídos pela facilidade de uso e parte disso é graças à sua tipagem dinâmica. Enquanto uma linguagem de tipagem estática, como C ou Java, requer que cada variável seja declarada explicitamente, uma linguagem de tipagem dinâmica, como o Python, ignora essa especificação. Por exemplo, em C você pode especificar uma operação da seguinte forma:

```
/* Código em C */
int result = 0;
for(int i=0; i<100; i++){
    result += i;
}
```

A operação equivalente em Python seria assim:

```
# Código em Python
result = 0
for i in range(100):
    result += i
```

Perceba uma diferença: em C, os tipos de dados de cada variável são declarados de maneira explícita, já os tipos em Python são inferidos de forma dinâmica. Isso significa, por exemplo, que podemos atribuir qualquer tipo de dados em qualquer variável:

```
# Código em Python
x = 4
x = "four"
```

Aqui, alteramos o conteúdo de `x` de um tipo inteiro para uma string. Se fizéssemos a mesma coisa em C, causaríamos um erro de compilação ou alguma outra consequência indesejável, a depender das configurações do compilador:

```
/* Código em C */
int x = 4;
x = "four";  // FALHA
```

Essa flexibilidade é um dos elementos que tornam o Python e outras linguagens dinamicamente tipadas muito convenientes e fáceis de usar. Entender *como* funciona é parte importante do aprendizado para analisar os dados de maneira eficiente e eficaz com o Python. No entanto, essa flexibilidade também aponta para o fato de que as variáveis do Python são mais do que seus valores; elas também contêm informações extras sobre o *tipo* de seu conteúdo. Veremos isso em mais detalhes nas seções seguintes.

Um Inteiro em Python É Mais do Que Um Inteiro

A implementação padrão do Python é escrita em C. Isso significa que, na verdade, todos os objetos do Python são apenas uma estrutura em C muito bem escondida que contém não apenas seu valor, mas outras informações. Por exemplo, quando definimos um inteiro em Python, como `x = 10000`, `x` não é apenas um inteiro "bruto", mas um ponteiro para uma estrutura composta em C, com diversos valores diferentes. Ao analisarmos o código-fonte do Python 3.10, descobrimos que a definição do tipo inteiro (long) fica assim (após a expansão das macros em C):

```
struct _longobject {
        long ob_refcnt;
        PyTypeObject *ob_type;
        size_t ob_size;
        long ob_digit[1];
};
```

Um único inteiro no Python 3.10 contém quatro partes diferentes:

- `ob_refcnt`, um contador de referência que ajuda o Python a lidar com a alocação e a desalocação de memória de forma silenciosa
- `ob_type`, que codifica o tipo de variável
- `ob_size`, que especifica o tamanho dos membros de dados seguintes
- `ob_digit`, que contém o valor do inteiro em si que esperamos que a variável Python represente

Isso significa que há algum custo ao armazenarmos um inteiro no Python se comparado com o mesmo processo em uma linguagem compilada, como o C, e isso está ilustrado na Figura 4-1.

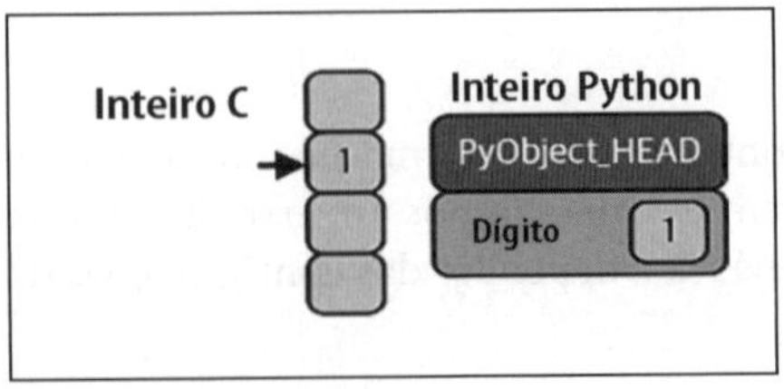

Figura 4-1. Diferença entre inteiros em C e Python

Aqui, `PyObject_HEAD` é a parte da estrutura e contém o contador de referência, o código do tipo e todas as outras partes mencionadas anteriormente.

Perceba a diferença: um inteiro em C é, em essência, um rótulo para determinada posição na memória cujos bytes codificam um valor inteiro. Um inteiro em Python é um ponteiro para uma posição de memória contendo todas as informações do objeto Python, incluindo os bytes que contêm o valor inteiro. Essa informação extra é a estrutura do inteiro em Python que permite à linguagem ser tão livre e dinâmica. Toda essa informação adicional em Python tem seu custo, e isso fica bem aparente em estruturas que combinam muitos desses objetos.

Uma Lista em Python É Mais Do Que uma Lista

Vejamos o que acontece quando usamos uma estrutura de dados em Python contendo muitos objetos Python. O contêiner padrão mutável e de múltiplos elementos em Python é a lista. Podemos criar uma lista de inteiros assim:

```
In [1]: L = list(range(10))
        L

Out[1]: [0, 1, 2, 3, 4, 5, 6, 7, 8, 9]

In [2]: type(L[0])
Out[2]: int
```

Ou, de forma muito similar, uma lista de strings:

```
In [3]: L2 = [str(c) for c in L]
        L2
Out[3]: ['0', '1', '2', '3', '4', '5', '6', '7', '8', '9']

In [4]: type(L2[0])
Out[4]: str
```

Graças à tipagem dinâmica do Python, podemos até criar listas heterogêneas:

```
In [5]: L3 = [True, "2", 3.0, 4]
        [type(item) for item in L3]
Out[5]: [bool, str, float, int]
```

Toda essa flexibilidade tem seu preço: para permitir os tipos flexíveis, cada item da lista deve conter seu próprio tipo, contador de referência e outras informações, ou seja, cada item é um objeto Python completo. Quando todas as variáveis são de um mesmo tipo, grande parte dessa informação é redundante, então pode ser muito mais eficiente armazenar os dados em um array de tamanho fixo. A diferença entre uma lista de tipo dinâmico e um array de tipo fixo (no estilo NumPy) está ilustrada na Figura 4-2.

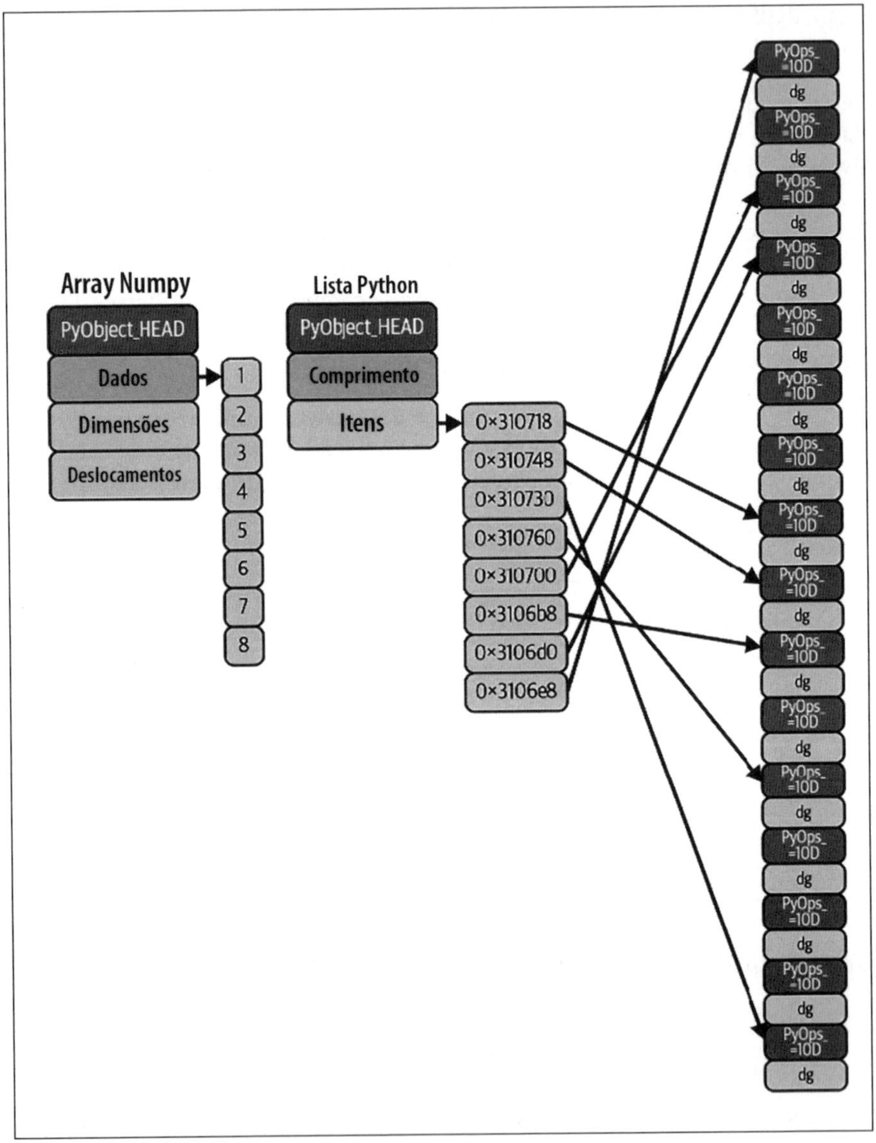

Figura 4-2. Diferença entre listas em C e Python

No nível da implementação, o array contém, em essência, um único ponteiro para um bloco contínuo de dados. Já a lista Python contém um ponteiro para um bloco de ponteiros, cada um apontando para um objeto Python completo, como o inteiro em Python visto anteriormente. Mais uma vez, a grande vantagem da lista é sua flexibilidade: considerando que cada elemento da lista é uma estrutura completa, contendo dados e informações a respeito do seu tipo, a lista pode ser preenchida com qualquer tipo de dados. O array de tamanho fixo, no estilo NumPy, não tem essa flexibilidade, mas é muito mais eficiente para armazenar e manipular dados.

Arrays do Tipo Fixo em Python

O Python fornece muitas opções diferentes para armazenar dados em buffers eficientes e de tipo fixo. O módulo `array` predefinido (disponível desde o Python 3.3) pode ser usado para criar densos arrays de um tipo uniforme:

```
In [6]: import array
        L = list(range(10))
        A = array.array('i', L)
        A
Out[6]: array('i', [0, 1, 2, 3, 4, 5, 6, 7, 8, 9])
```

Aqui, `'i'` é um código do tipo para indicar que os conteúdos são valores inteiros.

No entanto, o objeto `ndarray`, do pacote NumPy, é muito mais útil. Embora o objeto `array` do Python forneça um método eficiente de armazenamento de dados baseados em array, o NumPy adiciona *operações* eficientes nesses dados. Explicaremos mais sobre essas operações nos capítulos posteriores; em seguida, mostrarei algumas formas diferentes de criar um array NumPy.

Criando Arrays a partir de Listas Python

Começaremos com a importação padrão do NumPy, com o alias `np`:

```
In [7]: import numpy as np
```

Agora, podemos usar `np.array` para criar arrays a partir das listas Python.

```
In [8]: # Array de inteiros
        np.array([1, 4, 2, 5, 3])
Out[8]: array([1, 4, 2, 5, 3])
```

Lembre-se de que, diferente das listas Python, os arrays NumPy só podem conter dados de um mesmo tipo. Se os tipos não forem iguais, o NumPy realizará o upcast dos dados de acordo com suas regras. No código a seguir, os inteiros serão convertidos em float ou números de ponto flutuante:

```
In [9]: np.array([3.14, 4, 2, 3])
Out[9]: array([3.14, 4.  , 2.  , 3.  ])
```

Caso quisermos definir de forma explícita o tipo de dados do array resultante, poderemos usar a palavra-chave `dtype`:

```
In [10]: np.array([1, 2, 3, 4], dtype=np.float32)
Out[10]: array([1., 2., 3., 4.], dtype=float32)
```

Finalmente, diferentemente das listas Python, que sempre são sequências unidimensionais, os arrays NumPy podem ser multidimensionais. Aqui está uma forma de inicializar um array multidimensional usando uma lista de listas:

```
In [11]: # Listas aninhadas resultam em arrays multidimensionais
         np.array([range(i, i + 3) for i in [2, 4, 6]])
Out[11]: array([[2, 3, 4],
                [4, 5, 6],
                [6, 7, 8]])
```

As listas internas são tratadas como linhas do array bidimensional resultante.

Criando Arrays do Zero

É muito mais eficiente criar arrays do zero com as rotinas predefinidas do NumPy, especialmente para arrays muito grandes. Veja alguns exemplos:

```
In [12]: # Cria um array de inteiros com tamanho 10 e preenchido com 0s
         np.zeros(10, dtype=int)
Out[12]: array([0, 0, 0, 0, 0, 0, 0, 0, 0, 0])

In [13]: # Cria um array de formato 3x5 de valores float preenchido com 1s
         np.ones((3, 5), dtype=float)
Out[13]: array([[1., 1., 1., 1., 1.],
                [1., 1., 1., 1., 1.],
                [1., 1., 1., 1., 1.]])

In [14]: # Cria um array de formato 3x5 preenchido com 3.14
         np.full((3, 5), 3.14)
Out[14]: array([[3.14, 3.14, 3.14, 3.14, 3.14],
                [3.14, 3.14, 3.14, 3.14, 3.14],
                [3.14, 3.14, 3.14, 3.14, 3.14]])
In [15]: # Cria um array preenchido por uma sequência linear
         # começando em 0, finalizando em 20, com passo 2
         # (semelhante à função range)
         np.arange(0, 20, 2)
Out[15]: array([ 0,  2,  4,  6,  8, 10, 12, 14, 16, 18])

In [16]: # Cria um array de cinco valores igualmente espaçados entre 0 e 1
         np.linspace(0, 1, 5)
Out[16]: array([0.  , 0.25, 0.5 , 0.75, 1.  ])

In [17]: # Cria um array de formato 3x3 preenchido com números
         # pseudoaleatórios distribuídos uniformemente entre 0 e 1
         np.random.random((3, 3))
Out[17]: array([[0.09610171, 0.88193001, 0.70548015],
                [0.35885395, 0.91670468, 0.8721031 ],
                [0.73237865, 0.09708562, 0.52506779]])

In [18]: # Cria um array de formato 3x3 preenchido por valores
         # pseudoaleatórios distribuídos com média 0 e desvio-padrão 1
         np.random.normal(0, 1, (3, 3))
Out[18]: array([[-0.46652655, -0.59158776, -1.05392451],
                [-1.72634268,  0.03194069, -0.51048869],
                [ 1.41240208,  1.77734462, -0.43820037]])
```

```
In [19]: # Cria um array de formato 3x3 com inteiros pseudoaleatórios
         # no intervalo [0, 10)
         np.random.randint(0, 10, (3, 3))
Out[19]: array([[4, 3, 8],
                [6, 5, 0],
                [1, 1, 4]])

In [20]: # Cria uma matriz identidade de formato 3x3
         np.eye(3)
Out[20]: array([[1., 0., 0.],
                [0., 1., 0.],
                [0., 0., 1.]])

In [21]: # Cria um array não inicializado de três inteiros; os valores serão
         # qualquer coisa que já exista no momento da alocação de memória
         np.empty(3)
Out[21]: array([1., 1., 1.])
```

Tipos Padrão de Dados do NumPy

Os arrays do NumPy contêm valores de um único tipo, então é importante ter um conhecimento detalhado a respeito desses tipos, bem como suas limitações. Uma vez que o NumPy é construído em C, esses tipos serão familiares para os usuários de C, Fortran ou outras linguagens relacionadas.

Os tipos padrão de dados do NumPy estão listados na Tabela 4-1. Perceba que, ao construir um array, eles podem ser especificados com uma string:

```
np.zeros(10, dtype='int16')
```

Ou usando o objeto NumPy relacionado:

```
np.zeros(10, dtype=np.int16)
```

Especificações mais avançadas estão disponíveis, como números big endian ou little endian; para saber mais, confira a documentação do NumPy. Essa biblioteca também aceita tipos de dados compostos, os quais serão mencionados no Capítulo 12.

Tabela 4-1. Tipos padrão de dados do NumPy

Tipo de dado	Descrição
`bool_`	Booleano (Verdadeiro ou Falso) armazenado como um byte
`int_`	Tipo padrão de inteiro (o mesmo que `long` em C; geralmente `int64` ou `int32`)
`intc`	Idêntico a `int` do C (normalmente `int32` ou `int64`)
`intp`	Inteiro usado para indexação (o mesmo que `ssize_t` em C; geralmente `int32` ou `int64`)
`int8`	Byte (–128 a 127)
`int16`	Inteiro (–32768 a 32767)
`int32`	Inteiro (–2147483648 a 2147483647)
`int64`	Inteiro (–9223372036854775808 a 9223372036854775807)
`uint8`	Inteiro sem sinal (0 a 255)
`uint16`	Inteiro sem sinal (0 a 65535)
`uint32`	Inteiro sem sinal (0 a 4294967295)
`uint64`	Inteiro sem sinal (0 a 18446744073709551615)
`float_`	Abreviação de `float64`
`float16`	Float de média precisão: bit de sinal, expoente de 5 bits, mantissa de 10 bits
`float32`	Float de precisão única: bit de sinal, expoente de 8 bits, mantissa de 23 bits
`float64`	Float de precisão dupla: bit de sinal, expoente de 11 bits, mantissa de 52 bits
`complex_`	Abreviação de `complex128`
`complex64`	Número complexo, representado por dois floats de 32 bits
`complex128`	Número complexo, representado por dois floats de 64 bits

CAPÍTULO 5

O Básico sobre Arrays NumPy

A manipulação de dados em Python é quase um sinônimo para a manipulação de arrays NumPy: até as ferramentas mais novas, como o Pandas (Parte III), são construídas com base no array NumPy. Este capítulo apresentará diversos exemplos da manipulação de arrays NumPy para acessar dados e subarrays, separar, remodelar e unir arrays. Embora os tipos de operação apresentados aqui possam parecer simples e formais, eles são os fundamentos de muitos outros exemplos demonstrados ao longo do livro. Conhecê-los bem é fundamental!

Abordaremos algumas categorias da manipulação básica de arrays:

Atributos de arrays
: Determinando o tamanho, o formato, o consumo de memória e os tipos de dados dos arrays

Indexação de arrays
: Obtendo e definindo valores dos elementos individuais de um array

Fatiamento de arrays
: Obtendo e definindo subarrays a partir de um array maior

Remodelação de arrays
: Alterando o formato de determinado array

Unindo e separando arrays
: Combinando diversos arrays em um único e separando um array em vários outros

Atributos de um Array NumPy

Primeiro, veremos alguns atributos úteis de um array. Começaremos definindo arrays aleatórios de uma, duas e três dimensões. Para isso, usaremos o gerador de números aleatórios do NumPy com uma *seed* (ou *semente*) para garantir que os mesmos arrays aleatórios serão gerados a cada execução:

```
In [1]: import numpy as np
        rng = np.random.default_rng(seed=1701)  # seed para reprodução
```

```
x1 = rng.integers(10, size=6)  # array unidimensional
x2 = rng.integers(10, size=(3, 4))  # array bidimensional
x3 = rng.integers(10, size=(3, 4, 5))  # array tridimensional
```

Cada array tem atributos como `ndim` (número de dimensões), `shape` (tamanho de cada dimensão), `size` (tamanho total do array) e `dtype` (tipo de cada elemento):

```
In [2]: print("x3 ndim: ", x3.ndim)
        print("x3 shape:", x3.shape)
        print("x3 size: ", x3.size)
        print("dtype:    ", x3.dtype)
Out[2]: x3 ndim:  3
        x3 shape: (3, 4, 5)
        x3 size:  60
        dtype:    int64
```

Para uma maior discussão a respeito dos tipos de dados, veja o Capítulo 4.

Indexação de Arrays: Acessando Elementos Individualmente

Caso já tenha familiaridade com a indexação padrão do Python, você se sentirá confortável com a indexação do NumPy. Em um array unidimensional, o valor i_o (contando a partir do zero) pode ser acessado especificando o índice desejado entre colchetes, assim como acontece com as listas do Python:

```
In [3]: x1
Out[3]: array([9, 4, 0, 3, 8, 6])

In [4]: x1[0]
Out[4]: 9

In [5]: x1[4]
Out[5]: 8
```

Para acessar o índice a partir do final do array, use índices negativos:

```
In [6]: x1[-1]
Out[6]: 6

In [7]: x1[-2]
Out[7]: 8
```

Em um array multidimensional, é possível acessar os itens a partir de uma tupla separada por vírgula (*linha, coluna*):

```
In [8]: x2
Out[8]: array([[3, 1, 3, 7],
               [4, 0, 2, 3],
               [0, 0, 6, 9]])
```

```
In [9]: x2[0, 0]
Out[9]: 3

In [10]: x2[2, 0]
Out[10]: 0

In [11]: x2[2, -1]
Out[11]: 9
```

Os valores também podem ser modificados usando qualquer uma das notações de índice anteriores:

```
In [12]: x2[0, 0] = 12
         x2

Out[12]: array([[12,  1,  3,  7],
                [ 4,  0,  2,  3],
                [ 0,  0,  6,  9]])
```

Tenha em mente que, diferentemente das listas Python, os arrays NumPy têm um tipo fixo. Isso significa que, ao tentarmos, por exemplo, inserir um valor float em um array inteiro, o valor será truncado automaticamente. Não fique surpreso com esse comportamento!

```
In [13]: x1[0] = 3.14159  # esse valor será truncado!
         x1
Out[13]: array([3, 4, 0, 3, 8, 6])
```

Fatiamento de Arrays: Acessando os Subarrays

Assim como podemos usar colchetes para acessar os elementos individuais de um array, também podemos usá-los para acessar os subarrays com a notação de *fatiamento*, marcada por dois pontos (:). A sintaxe de fatiamento no NumPy segue a mesma sintaxe padrão do Python; para acessar uma parte do array x, use o seguinte formato:

```
x[start:stop:step]
```

Se algum desses elementos não for especificado, seus valores padrão serão `start=0`, `stop=<tamanho da dimensão>`, `step=1`. Vejamos alguns exemplos de como acessar subarrays em arrays unidimensionais e multidimensionais.

Subarrays Unidimensionais

Eis alguns exemplos de como acessar elementos em subarrays unidimensionais:

```
In [14]: x1
Out[14]: array([3, 4, 0, 3, 8, 6])

In [15]: x1[:3]  # primeiros três elementos
Out[15]: array([3, 4, 0])
```

```
In [16]: x1[3:]  # elementos após o índice 3
Out[16]: array([3, 8, 6])

In [17]: x1[1:4]  # subarray no meio do array
Out[17]: array([4, 0, 3])

In [18]: x1[::2]  # cada segundo elemento do array
Out[18]: array([3, 0, 8])

In [19]: x1[1::2]  # cada segundo elemento do array a partir do índice 1
Out[19]: array([4, 3, 6])
```

Um caso que pode confundir é quando o valor `step` é negativo. Nesse caso, o padrão para `start` e `stop` são invertidos. Essa é uma forma conveniente de inverter um array:

```
In [20]: x1[::-1]  # todos os elementos em ordem invertida
Out[20]: array([6, 8, 3, 0, 4, 3])

In [21]: x1[4::-2]  # cada segundo elemento do array a partir do índice 4,
                    # em ordem invertida
Out[21]: array([8, 0, 3])
```

Subarrays Multidimensionais

O fatiamento multidimensional funciona da mesma forma, com os fatiamentos separados por vírgula. Por exemplo:

```
In [22]: x2
Out[22]: array([[12,  1,  3,  7],
                [ 4,  0,  2,  3],
                [ 0,  0,  6,  9]])

In [23]: x2[:2, :3]  # primeiras duas linhas e três colunas
Out[23]: array([[12,  1,  3],
                [ 4,  0,  2]])

In [24]: x2[:3, ::2]  # três linhas e cada segunda coluna
Out[24]: array([[12,  3],
                [ 4,  2],
                [ 0,  6]])

In [25]: x2[::-1, ::-1]  # todas as linhas e colunas, em ordem
                         # invertida
Out[25]: array([[ 9,  6,  0,  0],
                [ 3,  2,  0,  4],
                [ 7,  3,  1, 12]])
```

Uma rotina geralmente necessária é aquela que acessa apenas uma linha ou uma coluna de determinado array. Isso pode ser feito combinando a indexação e o fatiamento, usando um fatiamento vazio, marcado por dois pontos (:):

```
In [26]: x2[:, 0]  # primeira coluna do array x2
Out[26]: array([12,  4,  0])
```

```
In [27]: x2[0, :]  # primeira linha do array x2
Out[27]: array([12,  1,  3,  7])
```

No caso do acesso de linhas, o fatiamento vazio pode ser omitido, resultando em uma sintaxe mais compacta:

```
In [28]: x2[0]  # equivalente a x2[0, :]
Out[28]: array([12,  1,  3,  7])
```

Subarrays como Views

Diferente dos fatiamentos do Python, o fatiamento de arrays NumPy retorna como *view* (também conhecido em outras linguagens como *passagem por referência*) e não como uma *cópia* dos dados do array. Considere nosso array bidimensional anterior:

```
In [29]: print(x2)
Out[29]: [[12  1  3  7]
          [ 4  0  2  3]
          [ 0  0  6  9]]
```

Iremos extrair um subarray 2 × 2 a partir dele:

```
In [30]: x2_sub = x2[:2, :2]
         print(x2_sub)
Out[30]: [[12  1]
          [ 4  0]]
```

Agora, se modificarmos esse subarray, veremos que o array original também foi alterado! Confira:

```
In [31]: x2_sub[0, 0] = 99
         print(x2_sub)
Out[31]: [[99  1]
          [ 4  0]]

In [32]: print(x2)
Out[32]: [[99  1  3  7]
          [ 4  0  2  3]
          [ 0  0  6  9]]
```

Alguns usuários podem ficar surpresos, mas tem suas vantagens: por exemplo, ao trabalhar com grandes conjuntos de dados, podemos acessar e processar parte desses conjuntos sem a necessidade de copiar o buffer de dados subjacente.

Criando Cópias de Arrays

Apesar de termos algumas vantagens dos arrays como views, por vezes é útil criar de forma explícita uma cópia dos dados dentro de um array ou um subarray. A forma mais fácil de fazer isso é com o método `copy`:

```
In [33]: x2_sub_copy = x2[:2, :2].copy()
         print(x2_sub_copy)
Out[33]: [[99  1]
          [ 4  0]]
```

Ao modificarmos esse subarray, agora o array original não é alterado:

```
In [34]: x2_sub_copy[0, 0] = 42
         print(x2_sub_copy)
Out[34]: [[42  1]
          [ 4  0]]

In [35]: print(x2)
Out[35]: [[99  1  3  7]
          [ 4  0  2  3]
          [ 0  0  6  9]]
```

Remodelação de Arrays

Outro tipo muito útil de operação é a remodelação de arrays, algo que pode ser feito com o método `reshape`. Por exemplo, caso queira colocar os números de 1 a 9 em uma grade 3 × 3, é possível fazer o seguinte:

```
In [36]: grid = np.arange(1, 10).reshape(3, 3)
         print(grid)
Out[36]: [[1 2 3]
          [4 5 6]
          [7 8 9]]
```

Perceba que para funcionar, o tamanho do array inicial deve ser compatível com o tamanho do array remodelado, e na maioria das vezes o método `reshape` retornará uma view sem cópia do array inicial.

Uma operação de remodelação relativamente comum é converter um array unidimensional em uma matriz de duas dimensões:

```
In [37]: x = np.array([1, 2, 3])
         x.reshape((1, 3))  # vetor de linha via reshape
Out[37]: array([[1, 2, 3]])

In [38]: x.reshape((3, 1))  # vetor de coluna via reshape
Out[38]: array([[1],
                [2],
                [3]])
```

Um atalho conveniente para isso é o uso de `np.newaxis` na sintaxe de fatiamento:

```
In [39]: x[np.newaxis, :]  # vetor de linha via newaxis
Out[39]: array([[1, 2, 3]])

In [40]: x[:, np.newaxis]  # vetor de coluna via newaxis
Out[40]: array([[1],
                [2],
                [3]])
```

É um padrão que utilizaremos com frequência ao longo deste livro.

Concatenação e Separação de Arrays

Todas as rotinas anteriores trabalharam com arrays únicos. O NumPy também fornece ferramentas para combinar diversos arrays em um único e separar um array em múltiplos arrays.

Concatenação de Arrays

A concatenação, ou a união, de dois arrays no NumPy é feita geralmente por meio de `np.concatenate`, `np.vstack` e `np.hstack`. A rotina `np.concatenate` recebe uma tupla ou lista de arrays como primeiro argumento, como é possível ver no código a seguir:

```
In [41]: x = np.array([1, 2, 3])
         y = np.array([3, 2, 1])
         np.concatenate([x, y])
Out[41]: array([1, 2, 3, 3, 2, 1])
```

Também é possível concatenar mais de dois arrays de uma só vez:

```
In [42]: z = np.array([99, 99, 99])
         print(np.concatenate([x, y, z]))
Out[42]: [ 1  2  3  3  2  1 99 99 99]
```

E isso também pode ser utilizado para os arrays bidimensionais:

```
In [43]: grid = np.array([[1, 2, 3],
                          [4, 5, 6]])

In [44]: # concatenação ao longo do primeiro eixo
        .concatenate([grid, grid])
Out[44]: array([[1, 2, 3],
                [4, 5, 6],
                [1, 2, 3],
                [4, 5, 6]])

In [45]: # concatenação ao longo do segundo eixo (indexação iniciada em zero)
         np.concatenate([grid, grid], axis=1)
Out[45]: array([[1, 2, 3, 1, 2, 3],
                [4, 5, 6, 4, 5, 6]])
```

Para trabalhar com arrays de dimensões mistas, pode ser uma melhor opção usar as funções `np.vstack` (stack vertical) e `np.hstack` (stack horizontal):

```
In [46]: # stack vertical de arrays
         np.vstack([x, grid])
Out[46]: array([[1, 2, 3],
                [1, 2, 3],
                [4, 5, 6]])
```

```
In [47]: # stack horizontal de arrays
         y = np.array([[99],
                       [99]])
         np.hstack([grid, y])
Out[47]: array([[ 1,  2,  3, 99],
                [ 4,  5,  6, 99]])
```

Da mesma forma, para os arrays de maiores dimensões, `np.dstack` criará stacks de arrays a partir do terceiro eixo.

Separação de Arrays

O oposto da concatenação é a separação, que é implementada aqui com as funções `np.split`, `np.hsplit` e `np.vsplit`. Para cada uma, podemos passar uma lista de índices com pontos de corte:

```
In [48]: x = [1, 2, 3, 99, 99, 3, 2, 1]
         x1, x2, x3 = np.split(x, [3, 5])
         print(x1, x2, x3)
Out[48]: [1 2 3] [99 99] [3 2 1]
```

Perceba que *N* pontos de corte retornarão *N* + 1 subarrays. As funções `np.hsplit` e `np.vsplit` são semelhantes:

```
In [49]: grid = np.arange(16).reshape((4, 4))
         grid
Out[49]: array([[ 0,  1,  2,  3],
                [ 4,  5,  6,  7],
                [ 8,  9, 10, 11],
                [12, 13, 14, 15]])

In [50]: upper, lower = np.vsplit(grid, [2])
         print(upper)
         print(lower)
Out[50]: [[0 1 2 3]
          [4 5 6 7]]
         [[ 8  9 10 11]
          [12 13 14 15]]

In [51]: left, right = np.hsplit(grid, [2])
         print(left)
         print(right)
Out[51]: [[ 0  1]
          [ 4  5]
          [ 8  9]
          [12 13]]
         [[ 2  3]
          [ 6  7]
          [10 11]
          [14 15]]
```

Da mesma forma, para os arrays de maiores dimensões, a função `np.dsplit` separará o array a partir do terceiro eixo.

CAPÍTULO 6

Computação com Arrays NumPy: Funções Universais

Até agora, vimos algumas características mais básicas do NumPy. Nos capítulos seguintes, abordaremos a razão pela qual o NumPy é tão relevante para o Python na seara do data science, isto é, a capacidade de fornecer uma interface simples e flexível para otimizar a computação feita com arrays de dados.

A computação nos arrays NumPy pode ser muito rápida ou muito lenta. A chave para acelerá-la é usar operações vetorizadas, geralmente implementadas por meio das *funções universais* (ufuncs) do NumPy. Este capítulo jogará luz sobre a necessidade de utilização das ufuncs, que podem ser implementadas para repetições muito mais eficientes de cálculos nos elementos de certo array. Em seguida, o capítulo também apresentará algumas ufuncs aritméticas mais comuns e úteis disponíveis no pacote NumPy.

A Lentidão dos Loops

A implementação padrão do Python (conhecida como CPython) faz algumas operações com bastante lentidão. Em parte, isso se deve à natureza dinâmica e interpretada da linguagem; os tipos são flexíveis, então as sequências de operações não podem ser compiladas em um código de máquina tão eficiente quanto em outras linguagens, como C e Fortran. Recentemente, houve diversas tentativas de abordar esse ponto fraco: exemplos bem conhecidos são o projeto PyPy, uma implementação de compilação JIT para Python; o projeto Cython, que converte o código Python em um código C compilável; e o projeto Numba, que converte trechos de código Python em um bytecode LLVM. Cada um desses projetos tem vantagens e desvantagens, mas é seguro afirmar que nenhuma das três abordagens ainda foi capaz de superar o alcance e a popularidade do CPython.

Essa lentidão do Python geralmente se manifesta em situações nas quais muitas operações pequenas se repetem; por exemplo, fazer loops nos arrays para realizar operações em cada um dos elementos. Imagine um array de valores e que gostaríamos de computar o inverso multiplicativo de cada um. Uma abordagem direta seria mais ou menos assim:

```
In [1]: import numpy as np
        rng = np.random.default_rng(seed=1701)

        def compute_reciprocals(values):
            output = np.empty(len(values))
```

```
        for i in range(len(values)):
            output[i] = 1.0 / values[i]
        return output

    values = rng.integers(1, 10, size=5)
    compute_reciprocals(values)
Out[1]: array([0.11111111, 0.25      , 1.        , 0.33333333, 0.125     ])
```

Essa implementação provavelmente parece muito natural para alguém com histórico de programação, por exemplo, em C ou Java. Mas, se medimos o tempo de execução desse código para uma entrada grande, veremos que a operação é muito lenta. Faremos esse cálculo com o comando mágico `%timeit` do IPython (visto na seção "Perfilamento e Cronometragem de Código", Capítulo 3):

```
In [2]: big_array = rng.integers(1, 100, size=1000000)
        %timeit compute_reciprocals(big_array)
Out[2]: 2.61 s ± 192 ms per loop (mean ± std. dev. of 7 runs, 1 loop each)
```

O código demora vários segundos para computar esses milhões de operações e armazenar o resultado! Considerando que até mesmo os celulares da atualidade têm suas velocidades de processamento medidas em gigaflops (bilhões de operações numéricas por segundo), isso parece absurdamente lento. Acontece que o gargalo não são as operações em si, mas a verificação de tipos e as chamadas de função que o CPython precisa fazer a cada ciclo de loop. Sempre que o inverso multiplicativo de um número é calculado, o Python examina, antes, o tipo do objeto e faz uma conferência dinâmica da função correta a ser utilizada para esse tipo. Se estivéssemos trabalhando com um código compilado, essa especificação seria conhecida antes da execução do código, portanto o resultado seria computado de forma muito mais eficiente.

Apresentando as Ufuncs

Para muitos tipos de operações, o NumPy fornece uma interface conveniente com uma rotina de tipagem estática e compilada, chamada de operação *vetorizada*. Para as operações simples, como a divisão dos elementos mostrados aqui, a vetorização é tão simples quanto usar os operadores aritméticos diretamente no objeto do array. Essa abordagem vetorizada foi criada para forçar o loop a trabalhar na camada compilada subjacente do NumPy, resultando em uma execução muito mais rápida.

Compare os resultados da operação a seguir com os da operação anterior:

```
In [3]: print(compute_reciprocals(values))
        print(1.0 / values)
Out[3]: [0.11111111 0.25 1.         0.33333333 0.125     ]
        [0.11111111 0.25 1.         0.33333333 0.125     ]
```

Ao observar o tempo de execução do nosso grande array, vemos que ele é concluído muito mais rápido que o loop Python:

```
In [4]: %timeit (1.0 / big_array)
Out[4]: 2.54 ms ± 383 µs per loop (mean ± std. dev. of 7 runs, 100 loops each)
```

As operações vetorizadas são implementadas no NumPy por meio de ufuncs. O principal propósito delas é acelerar a execução de operações repetidas em valores nos arrays NumPy. As ufuncs são extremamente flexíveis — anteriormente, vimos uma operação entre uma grandeza escalar e um array, mas também podemos realizar operações entre dois arrays:

```
In [5]: np.arange(5) / np.arange(1, 6)
Out[5]: array([0.        , 0.5       , 0.66666667, 0.75      , 0.8       ])
```

E as operações ufunc não estão limitadas aos arrays unidimensionais. Elas também podem ser utilizadas nos multidimensionais:

```
In [6]: x = np.arange(9).reshape((3, 3))
        2 ** x
Out[6]: array([[  1,   2   4],
               [  8,  16,  32],
               [ 64, 128, 256]])
```

A computação com o uso de vetorização por meio de ufuncs é quase sempre mais eficiente que seus respectivos correspondentes implementados com loops do Python, sobretudo quando os arrays aumentam de tamanho. Sempre que você se deparar com um loop assim em um script NumPy, pense se não seria mais interessante substituí-lo por uma expressão vetorizada.

Explorando as Ufuncs do NumPy

As ufuncs existem em duas versões: *ufuncs unárias*, que operam com base em um único valor de entrada, e *ufuncs binárias*, que operam com base em dois valores de entrada. Veremos exemplos desses dois tipos de funções aqui.

Aritmética dos Arrays

As ufuncs do NumPy são usadas com muita naturalidade, uma vez que usam os operadores aritméticos nativos do Python. Todas as operações padrão de adição, subtração, multiplicação e divisão podem ser utilizadas:

```
In [7]: x = np.arange(4)
        print("x      =", x)
        print("x + 5 =", x + 5)
        print("x - 5 =", x - 5)
        print("x * 2 =", x * 2)
        print("x / 2  =", x / 2)
        print("x // 2 =", x // 2)  # divisão inteira
Out[7]: x      = [0 1 2 3]
        x + 5  = [5 6 7 8]
        x - 5  = [-5 -4 -3 -2]
        x * 2  = [0 2 4 6]
        x / 2  = [0.  0.5 1.  1.5]
        x // 2 = [0 0 1 1]
```

Existe também uma ufunc unária para o negativo, um operador ** para a potenciação e um operador % para o módulo:

```
In [8]: print("-x      = ", -x)
        print("x ** 2 = ", x ** 2)
        print("x % 2  = ", x % 2)
Out[8]: -x     =  [ 0 -1 -2 -3]
        x ** 2 =  [0 1 4 9]
        x % 2  =  [0 1 0 1]
```

Além disso, todos esses operadores podem ser combinados, com a ordem padrão das operações aritméticas sendo respeitada:

```
In [9]: -(0.5*x + 1) ** 2
Out[9]: array([-1.  , -2.25, -4.  , -6.25])
```

Todas essas operações aritméticas são simplesmente componentes (wrappers) convenientes das ufuncs predefinidas no NumPy. Por exemplo, o operador + atua como um wrapper para a ufunc `add`:

```
In [10]: np.add(x, 2)
Out[10]: array([2, 3, 4, 5])
```

A Tabela 6-1 lista os operadores aritméticos implementados no NumPy.

Tabela 6-1. Operadores aritméticos implementados no NumPy

Operador	Ufunc equivalente	Descrição
+	np.add	Adição (ex: 1 + 1 = 2)
-	np.subtract	Subtração (ex: 3 - 2 = 1)
-	np.negative	Negação unária (ex: -2)
*	np.multiply	Multiplicação (ex: 2 * 3 = 6)
/	np.divide	Divisão (ex: 3 / 2 = 1.5)
//	np.floor_divide	Divisão inteira (ex: 3 // 2 = 1)
**	np.power	Potenciação (ex: 2 ** 3 = 8)
%	np.mod	Módulo/resto (ex: 9 % 4 = 1)

Além disso, também temos operadores booleanos/bitwise; falaremos mais sobre eles no Capítulo 9.

Valor Absoluto

Assim como o NumPy compreende os operadores aritméticos predefinidos do Python, ele também reconhece a função de valor absoluto do Python:

```
In [11]: x = np.array([-2, -1, 0, 1, 2])
         abs(x)
Out[11]: array([2, 1, 0, 1, 2])
```

A ufunc correspondente é `np.absolute`, também disponível sob o alias `np.abs`:

```
In [12]: np.absolute(x)
Out[12]: array([2, 1, 0, 1, 2])

In [13]: np.abs(x)
Out[13]: array([2, 1, 0, 1, 2])
```

Ela também pode lidar com dados complexos, retornando a magnitude:

```
In [14]: x = np.array([3 - 4j, 4 - 3j, 2 + 0j, 0 + 1j])
         np.abs(x)
Out[14]: array([5., 5., 2., 1.])
```

Funções Trigonométricas

O NumPy fornece inúmeras ufuncs úteis, e algumas das mais úteis para o cientista de dados são as funções trigonométricas. Começaremos definindo um array de ângulos:

```
In [15]: theta = np.linspace(0, np.pi, 3)
```

Agora podemos computar algumas funções trigonométricas nesses valores:

```
In [16]: print("theta      = ", theta)
         print("sin(theta) = ", np.sin(theta))
         print("cos(theta) = ", np.cos(theta))
         print("tan(theta) = ", np.tan(theta))
Out[16]: theta =      [0.         1.57079633 3.14159265]
         sin(theta) = [0.0000000e+00 1.0000000e+00 1.2246468e-16]
         cos(theta) = [ 1.000000e+00  6.123234e-17 -1.000000e+00]
         tan(theta) = [ 0.00000000e+00  1.63312394e+16 -1.22464680e-16]
```

Os valores são computados com precisão de máquina; os valores que deveriam ser zero nem sempre são exatamente zero. Também há funções trigonométricas inversas:

```
In [17]: x = [-1, 0, 1]
         print("x         = ", x)
         print("arcsin(x) = ", np.arcsin(x))
         print("arccos(x) = ", np.arccos(x))
         print("arctan(x) = ", np.arctan(x))
Out[17]: x         =  [-1, 0, 1]
         arcsin(x) =  [-1.57079633  0.          1.57079633]
         arccos(x) =  [3.14159265 1.57079633 0.        ]
         arctan(x) =  [-0.78539816  0.          0.78539816]
```

Expoentes e Logaritmos

Outras operações comuns disponíveis nas ufuncs são as operações de potenciação:

```
In [18]: x = [1, 2, 3]
         print("x   =", x)
         print("e^x =", np.exp(x))
         print("2^x =", np.exp2(x))
         print("3^x =", np.power(3., x))
```

```
Out[18]: x   = [1, 2, 3]
         e^x = [ 2.71828183  7.3890561  20.08553692]
         2^x = [2. 4. 8.]
         3^x = [ 3.  9. 27.]
```

O inverso da potenciação, o logaritmo, também está disponível. A função básica `np.log` retorna o logaritmo natural; caso prefira computar o logaritmo de base 2 ou logaritmo de base 10, eles também estão disponíveis:

```
In [19]: x = [1, 2, 4, 10]
         print("x        =", x)
         print("ln(x)    =", np.log(x))
         print("log2(x)  =", np.log2(x))
         print("log10(x) =", np.log10(x))
Out[19]: x        = [1, 2, 4, 10]
         ln(x)    = [0.          0.69314718 1.38629436  2.30258509]
         log2(x)  = [0.          1.         2.          3.32192809]
         log10(x) = [0.          0.30103    0.60205999  1.        ]
```

Também há algumas versões especializadas muito úteis para manter a precisão com entradas de valores bem pequenos:

```
In [20]: x = [0, 0.001, 0.01, 0.1]
         print("exp(x) - 1 =", np.expm1(x))
         print("log(1 + x) =", np.log1p(x))
Out[20]: exp(x) - 1 = [0.          0.0010005  0.01005017 0.10517092]
         log(1 + x) = [0.          0.0009995  0.00995033 0.09531018]
```

Quando `x` for muito pequeno, essas funções fornecerão valores mais precisos do que a função `np.log` ou `np.exp`.

Ufuncs Especializadas

O NumPy tem muitas outras ufuncs disponíveis, incluindo para trigonometria hiperbólica, aritmética de bitwise, operações de comparação, conversões de radianos em graus, arrendondamento, restos etc. Conferir a documentação do NumPy certamente o ajudará a descobrir muitas funcionalidades interessantes.

Outra incrível fonte para ufuncs especializadas é o submódulo `scipy.special`. Se você quiser computar alguma função matemática desconhecida em seus dados, há boas chances de que ela tenha sido implementada no `scipy.special`. As funções são muitas para que sejam listadas aqui, mas o seguinte trecho de código mostra algumas que podem aparecer no contexto estatístico:

```
In [21]: from scipy import special

In [22]: # Funções gama (fatoriais generalizadas) e funções relacionadas
         x = [1, 5, 10]
         print("gamma(x)     =", special.gamma(x))
         print("ln|gamma(x)| =", special.gammaln(x))
         print("beta(x, 2)   =", special.beta(x, 2))
Out[22]: gamma(x)     = [1.0000e+00 2.4000e+01 3.6288e+05]
         ln|gamma(x)| = [ 0.          3.17805383 12.80182748]
         beta(x, 2)   = [0.5        0.03333333 0.00909091]
```

```
In [23]: # Função de erro (integral gaussiana),
         # seu complemento e sua inversa
         x = np.array([0, 0.3, 0.7, 1.0])
         print("erf(x)  =", special.erf(x))
         print("erfc(x) =", special.erfc(x))
         print("erfinv(x) =", special.erfinv(x))
Out[23]: erf(x)  = [0.         0.32862676 0.67780119 0.84270079]
         erfc(x) = [1.         0.67137324 0.32219881 0.15729921]
         erfinv(x) = [0.  0.27246271 0.73286908        inf]
```

Existem muitas outras ufuncs disponíveis no NumPy e no `scipy.special`. Como a documentação desses pacotes está disponível online, uma pesquisa com algo como "função gama python" geralmente retornará informações relevantes.

Recursos Avançados das Ufuncs

Muitos usuários do NumPy usam as ufuncs sem nunca aprender todos os recursos disponíveis. Descreverei alguns recursos especializados nesta seção.

Especificando a Saída

Para cálculos muito longos, às vezes é útil especificar o array no qual os resultados serão armazenados. Para todas as ufuncs, isso pode ser feito com o argumento `out`:

```
In [24]: x = np.arange(5)
         y = np.empty(5)
         np.multiply(x, 10, out=y)
         print(y)
Out[24]: [  0.  10.  20.  30.  40.]
```

Isso também pode ser usado com views de arrays. Por exemplo, podemos gravar os resultados de um cálculo dentro dos elementos de certo array:

```
In [25]: y = np.zeros(10)
         np.power(2, x, out=y[::2])
         print(y)
Out[25]: [  1.   0.   2.   0.   4.   0.   8.   0.  16.   0.]
```

Se escrevêssemos `y[::2] = 2 ** x`, o código resultaria na criação de um array temporário para armazenar os resultados de `2 ** x`, seguido por uma segunda operação copiando esses valores para o array `y`. Isso não faz tanta diferença nos cálculos pequenos, mas nos arrays muito grandes, é possível poupar uma boa quantidade de memória com o uso cauteloso do argumento `out`.

Agregações

Para as ufuncs binárias, as agregações podem ser calculadas direto a partir do objeto. Por exemplo, se desejarmos *reduzir* um array com certa operação, podemos usar o método `reduce` de qualquer ufunc. Esse método aplicará certa operação aos elementos de um array até que apenas um único resultado permaneça.

Chamar `reduce` na ufunc `add` retorna a soma de todos os elementos no array:

```
In [26]: x = np.arange(1, 6)
         np.add.reduce(x)
Out[26]: 15
```

Da mesma forma, chamar `reduce` na ufunc `multiply` retornará o produto de todos os elementos do array:

```
In [27]: np.multiply.reduce(x)
Out[27]: 120
```

Se quisermos armazenar todos os resultados intermediários desse cálculo, podemos usar o `accumulate`:

```
In [28]: np.add.accumulate(x)
Out[28]: array([ 1,  3,  6, 10, 15])

In [29]: np.multiply.accumulate(x)
Out[29]: array([  1,   2,     6,  24, 120])
```

Nesses casos específicos, há funções dedicadas do NumPy para o cálculo dos resultados (`np.sum`, `np.prod`, `np.cumsum`, `np.cumprod`), as quais abordaremos no Capítulo 7.

Produtos Diádicos

Por fim, qualquer ufunc pode calcular a saída de todos os pares de duas entradas diferentes com o método `outer`. Isso permite que você, em uma linha, faça coisas como criar uma tabela de multiplicação:

```
In [30]: x = np.arange(1, 6)
         np.multiply.outer(x, x)
Out[30]: array([[ 1,  2,  3,  4,  5],
                [ 2,  4,  6,  8, 10],
                [ 3,  6,  9, 12, 15],
                [ 4,  8, 12, 16, 20],
                [ 5, 10, 15, 20, 25]])
```

Os métodos `ufunc.at` e `ufunc.reduceat` também são úteis e serão abordados no Capítulo 10.

Também descobriremos a habilidade das ufuncs de realizar operações entre arrays de formatos e tamanhos diferentes, um conjunto de operações conhecido como *broadcasting*. Esse assunto é muito importante e dedicaremos um capítulo inteiro a ele (veja o Capítulo 8).

Ufuncs: Aprendendo Ainda Mais

Maiores informações a respeito das funções universais (incluindo uma lista completa das funções disponíveis) podem ser encontradas nos sites de documentação do NumPy e do SciPy.

Também é possível acessar essa informação diretamente do IPython ao importar os pacotes e usando a funcionalidade de autocompletar com Tab e o caractere de ajuda (?), como descrito no Capítulo 1.

CAPÍTULO 7

Agregações: min, max e Tudo Mais

O primeiro passo para a exploração de qualquer conjunto de dados é fazer o cálculo de diversas estatísticas para resumir as informações. Talvez os valores mais comuns sejam a média e o desvio-padrão, que permitem resumir quais são os valores "típicos" dentro de um conjunto de dados, mas existem outras agregações igualmente úteis (soma, produto, mediana, valores mínimo e máximo, quantis etc.).

O NumPy tem funções agregadoras disponíveis para o trabalho com arrays; neste capítulo, abordaremos algumas delas.

Somando os Valores em um Array

Um exemplo rápido é o cálculo da soma de todos os valores de um array. O Python pode fazer isso sem problemas com a função `sum`:

```
In [1]: import numpy as np
        rng = np.random.default_rng()
In [2]: L = rng.random(100)
        sum(L)
Out[2]: 52.76825337322368
```

A sintaxe é bem parecida com a função `sum` do NumPy e o resultado, nos casos mais simples, é o mesmo:

```
In [3]: np.sum(L)
Out[3]: 52.76825337322366
```

No entanto, como a operação é realizada com código compilado, a versão do NumPy é muito mais rápida:

```
In [4]: big_array = rng.random(1000000)
        %timeit sum(big_array)
        %timeit np.sum(big_array)
Out[4]: 89.9 ms ± 233 µs per loop (mean ± std. dev. of 7 runs, 10 loops each)
        521 µs ± 8.37 µs per loop (mean ± std. dev. of 7 runs, 1000 loops each)
```

Cuidado: as funções `sum` e `np.sum` não são idênticas, o que pode gerar alguma confusão em certos casos. Para começo de conversa, seus argumentos opcionais têm significados diferentes (`sum(x, 1)` inicializa a soma em 1, já `np.sum(x, 1)` soma ao longo do eixo de valor 1) e a função `np.sum` pode trabalhar com arrays de múltiplas dimensões, como veremos na seção seguinte.

Mínimo e Máximo

O Python também tem as funções predefinidas `min` e `max`, usadas para encontrar o menor e o maior valor de certo array:

```
In [5]: min(big_array), max(big_array)
Out[5]: (2.0114398036064074e-07, 0.9999997912802653)
```

As funções correspondentes do NumPy têm uma sintaxe muito parecida, mas, novamente, são executadas muito mais rápido:

```
In [6]: np.min(big_array), np.max(big_array)
Out[6]: (2.0114398036064074e-07, 0.9999997912802653)

In [7]: %timeit min(big_array)
        %timeit np.min(big_array)
Out[7]: 72 ms ± 177 µs per loop (mean ± std. dev. of 7 runs, 10 loops each)
        564 µs ± 3.11 µs per loop (mean ± std. dev. of 7 runs, 1000 loops each)
```

Para as agregações como `min`, `max`, `sum` e várias outras presentes no NumPy, existe uma sintaxe mais compacta para os métodos do próprio objeto do array:

```
In [8]: print(big_array.min(), big_array.max(), big_array.sum())
Out[8]: 2.0114398036064074e-07 0.9999997912802653 499854.0273321711
```

Sempre que possível, verifique se está usando a versão do NumPy dessas agregações quando trabalhar com os arrays NumPy!

Agregações Multidimensionais

Um tipo comum de operação de agregação é uma agregação ao longo de uma linha ou uma coluna. Digamos que você tenha alguns dados armazenados em um array bidimensional:

```
In [9]: M = rng.integers(0, 10, (3, 4))
        print(M)
Out[9]: [[0 3 1 2]
         [1 9 7 0]
         [4 8 3 7]]
```

As agregações do NumPy serão aplicadas em todos os elementos de um array multidimensional:

```
In [10]: M.sum()
Out[10]: 45
```

As funções agregadoras aceitam um argumento adicional especificando o *eixo* no qual a agregação será calculada. Por exemplo, podemos encontrar o valor mínimo de cada coluna especificando `axis=0`:

```
In [11]: M.min(axis=0)
Out[11]: array([0, 3, 1, 0])
```

A função retorna quatro valores, que correspondem às quatro colunas numéricas.

Da mesma forma, podemos encontrar os valores máximos dentro de cada linha:

```
In [12]: M.max(axis=1)
Out[12]: array([3, 9, 8])
```

O modo com que o eixo é escolhido aqui pode ser confuso para os usuários acostumados com outras linguagens. A palavra-chave `axis` especifica a dimensão do array que será *colapsada*, não a que será retornada. Então, especificar `axis=0` significa que o eixo 0 será colapsado: nos arrays bidimensionais, os valores de cada coluna serão agregados.

Outras Funções Agregadas

O NumPy fornece muitas outras funções de agregação com APIs semelhantes e a maioria tem uma contraparte que pode ser usada com valores `NaN` para calcular o resultado desconsiderando os valores ausentes, marcados pelo valor especial de ponto flutuante da IEEE, `NaN` (veja o Capítulo 16).

A Tabela 7-1 fornece uma lista de agregações úteis disponíveis no NumPy.

Tabela 7-1. Funções de agregação disponíveis no NumPy

Nome da Função	Versão para Valores NaN	Descrição
`np.sum`	`np.nansum`	Calcula a soma dos elementos
`np.prod`	`np.nanprod`	Calcula o produto dos elementos
`np.mean`	`np.nanmean`	Calcula a média dos elementos
`np.std`	`np.nanstd`	Calcula o desvio-padrão
`np.var`	`np.nanvar`	Calcula a variância
`np.min`	`np.nanmin`	Encontra o valor mínimo
`np.max`	`np.nanmax`	Encontra o valor máximo
`np.argmin`	`np.nanargmin`	Encontra o índice do valor mínimo
`np.argmax`	`np.nanargmax`	Encontra o índice do valor máximo
`np.median`	`np.nanmedian`	Calcula a mediana dos elementos
`np.percentile`	`np.nanpercentile`	Calcula a estatística baseada na hierarquia dos elementos
`np.any`	N/D	Avalia se quaisquer elementos são true
`np.all`	N/D	Avalia se todos os elementos são true

Você verá essas agregações frequentemente ao longo deste livro.

Exemplo: Qual a Altura Média dos Presidentes dos Estados Unidos?

As agregações do NumPy podem servir como estatística de resumo para um conjunto de dados. Como um pequeno exemplo, consideremos a altura de todos os presidentes dos Estados Unidos. É um dado disponível no arquivo *president_heights.csv*, que é uma lista, separada por vírgula, de rótulos e valores:

```
In [13]: !head -4 data/president_heights.csv
Out[13]: order,name,height(cm)
         1,George Washington,189
         2,John Adams,170
         3,Thomas Jefferson,189
```

Usaremos o pacote Pandas, o qual abordaremos de forma mais completa na Parte III, para ler o arquivo e extrair essas informações (note que, aqui, a altura foi medida em centímetros):

```
In [14]: import pandas as pd
         data = pd.read_csv('data/president_heights.csv')
         heights = np.array(data['height(cm)'])
         print(heights)
Out[14]: [189 170 189 163 183 171 185 168 173 183 173 173 175 178 183 193 178 173
         174 183 183 168 170 178 182 180 183 178 182 188 175 179 183 193 182 183
         177 185 188 188 182 185 191 182]
```

Agora, com esse array de dados, podemos calcular várias estatísticas de resumo:

```
In [15]: print("Mean height:        ", heights.mean())
         print("Standard deviation: ", heights.std())
         print("Minimum height:     ", heights.min())
         print("Maximum height:     ", heights.max())
Out[15]: Mean height:          180.04545454545453
         Standard deviation:   6.983599441335736
         Minimum height:       163
         Maximum height:       193
```

Perceba que, em cada um dos casos, a operação de agregação reduziu todo o array a um único valor, o que nos fornece informações sobre a distribuição de valores. Também podemos calcular os quantis:

```
In [16]: print("Percentil 25: ", np.percentile(heights, 25))
         print("Mediana:      ", np.median(heights))
         print("Percentil 75: ", np.percentile(heights, 75))

Out[16]: 25th percentile:      174.75
         Median:               182.0
         75th percentile:      183.5
```

A altura mediana dos presidentes dos Estados Unidos, com base nesses dados, é de 182cm.

Claro, às vezes é melhor ter uma representação visual desses dados, algo que podemos fazer com ferramentas como Matplotlib (veremos Matplotlib em detalhes na Parte IV). Por exemplo, o código a seguir irá gerar a Figura 7-1:

```
In [17]: %matplotlib inline
         import matplotlib.pyplot as plt
         plt.style.use('seaborn-whitegrid')

In [18]: plt.hist(heights)
         plt.title('Height Distribution of US Presidents')
         plt.xlabel('height (cm)')
         plt.ylabel('number');
```

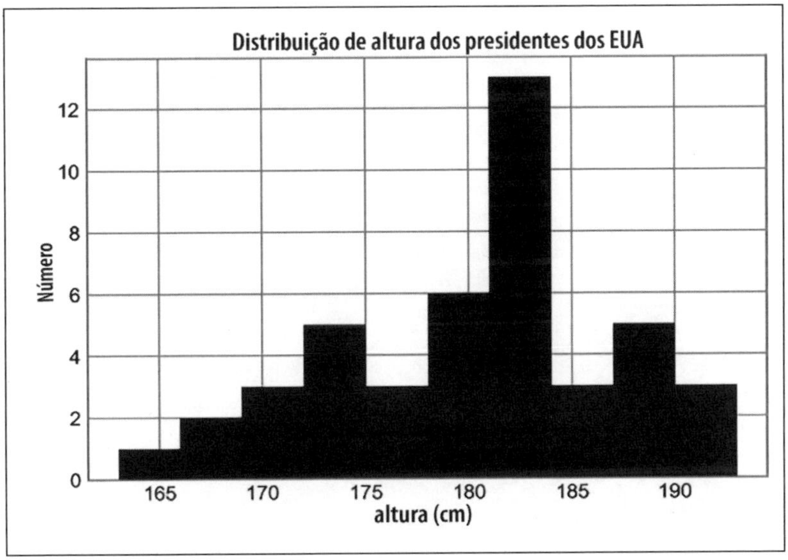

Figura 7-1. Histograma das alturas presidenciais

CAPÍTULO 8

Cálculo em Arrays: Broadcasting

Vimos no Capítulo 6 como as funções universais do NumPy podem ser usadas para *vetorizar* as operações, acabando com a lentidão dos loops em Python. Este capítulo examinará o *broadcasting*: um conjunto de regras pelas quais o NumPy permite que você aplique operações binárias (adição, subtração, multiplicação etc.) entre arrays de diferentes tamanhos e formatos.

Apresentando o Broadcasting

Lembre-se de que, para os arrays de mesmo tamanho, as operações binárias são realizadas elemento por elemento.

```
In [1]: import numpy as np

In [2]: a = np.array([0, 1, 2])
        b = np.array([5, 5, 5])
        a + b
Out[2]: array([5, 6, 7])
```

O broadcasting permite que essas operações binárias sejam realizadas em arrays de diferentes tamanhos — por exemplo, podemos adicionar uma grandeza escalar (pense nela como um array de dimensão zero) a um array:

```
In [3]: a + 5
Out[3]: array([5, 6, 7])
```

Podemos pensar nela como uma operação que estende ou duplica o valor 5 no array `[5, 5, 5]` e soma os resultados.

Da mesma forma, podemos levar essa ideia para os arrays de maiores dimensões. Observe o resultado quando adicionamos um array unidimensional a um array bidimensional:

```
In [4]: M = np.ones((3, 3))
        M
Out[4]: array([[1., 1., 1.],
               [1., 1., 1.],
               [1., 1., 1.]])

In [5]: M + a
Out[5]: array([[1., 2., 3.],
               [1., 2., 3.],
               [1., 2., 3.]])
```

Aqui, dizemos que o array unidimensional está sendo estendido, ou transmitido com broadcasting, na segunda dimensão, sendo compatível com o formato de `M`.

Embora esses exemplos sejam de fácil compreensão, alguns casos mais complicados envolvem o broadcasting de ambos arrays. Veja o seguinte exemplo:

```
In [6]: a = np.arange(3)
        b = np.arange(3)[:, np.newaxis]

        print(a)
        print(b)
Out[6]: [0 1 2]
        [[0]
         [1]
         [2]]

In [7]: a + b
Out[7]: array([[0, 1, 2],
               [1, 2, 3],
               [2, 3, 4]])
```

Como antes fizemos o broadcasting de um valor para que fosse compatível com o formato do outro array, aqui o broadcasting ocorreu *em* `a` e `b` para que fossem compatíveis com um formato em comum. O resultado é um array bidimensional! A geometria desses exemplos pode ser mais bem visualizada na Figura 8-1.

As caixas claras representam os valores de broadcasting. Essa forma de pensar a respeito do broadcasting pode fazer com que nos questionemos sobre sua eficiência em termos de uso de memória, mas não se preocupe: o broadcasting do NumPy não copia, literalmente, os valores na memória. Ainda assim, é um modelo mental útil para entendermos como ele funciona.

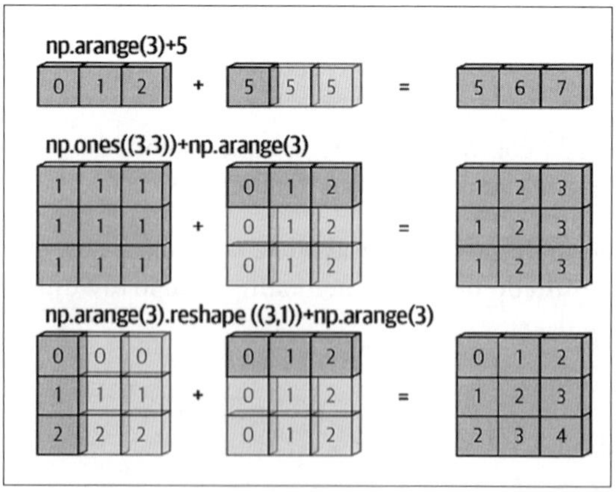

Figura 8-1. Visualização do broadcasting no NumPy (adaptada de uma fonte publicada na documentação do astroML e usada com permissão)[1]

1 O código para essa plotagem pode ser encontrado no apêndice online [em inglês].

Regras do Broadcasting

O broadcasting no NumPy segue um conjunto rígido de regras para determinar a interação entre dois arrays:

Regra 1

Se dois arrays tiverem um número de dimensão diferente, o formato do array com o menor número de dimensões é *preenchido* com 1s no lado esquerdo.

Regra 2

Se o formato dos dois arrays não corresponder em nenhuma dimensão, o array com o formato igual a 1 nessa dimensão será estendido para combinar com o outro.

Regra 3

Se os tamanhos não corresponderem em qualquer dimensão e nenhum for igual a 1, a operação resultará em um erro.

Para entendermos um pouco melhor, vejamos alguns exemplos.

Exemplo de Broadcasting 1

Digamos que nosso objetivo seja adicionar um array bidimensional a um array unidimensional:

```
In [8]: M = np.ones((2, 3))
        a = np.arange(3)
```

Para fazer uma operação nesses dois arrays, observe o formato de cada um:

- `M.shape` é `(2, 3)`
- `a.shape` é `(3,)`

De acordo com a regra 1, o array com o menor número de dimensões deve ser preenchido com o número 1 à esquerda:

- `M.shape` permanece `(2, 3)`
- `a.shape` torna-se `(1, 3)`

Pela regra 2, a primeira dimensão dos dois não corresponde, então estendemos a dimensão para que haja compatibilidade:

- `M.shape` permanece `(2, 3)`
- `a.shape` torna-se `(2, 3)`

Os formatos agora são iguais e vemos que o formato final será `(2, 3)`:

```
In [9]: M + a
Out[9]: array([[1., 2., 3.],
               [1., 2., 3.]])
```

Exemplo de Broadcasting 2

Agora, vejamos um exemplo em que ambos os arrays usarão o broadcasting:

```
In [10]: a = np.arange(3).reshape((3, 1))
         b = np.arange(3)
```

Mais uma vez, começaremos determinando os formatos dos arrays:

- `a.shape` é `(3, 1)`
- `b.shape` é `(3,)`

A regra 1 diz que devemos preencher o formato de `b` com 1s:

- `a.shape` permanece `(3, 1)`
- `b.shape` torna-se `(1, 3)`

E a regra 2 nos diz para atualizar cada um com 1s para que correspondam ao tamanho do outro array:

- `a.shape` torna-se `(3, 3)`
- `b.shape` torna-se `(3, 3)`

Como os resultados correspondem, os formatos são compatíveis. Podemos ver isso com o seguinte código:

```
In [11]: a + b
Out[11]: array([[0, 1, 2],
                [1, 2, 3],
                [2, 3, 4]])
```

Exemplo de Broadcasting 3

Agora, veremos um exemplo no qual os dois arrays não são compatíveis:

```
In [12]: M = np.ones((3, 2))
         a = np.arange(3)
```

É uma situação um pouco diferente do primeiro exemplo: a matriz `M` é transposta. Como isso afeta o cálculo? A seguir, temos os formatos dos dois arrays:

- `M.shape` é `(3, 2)`
- `a.shape` é `(3,)`

Novamente, a regra 1 nos diz para preencher o formato de `a` com 1s:

- `M.shape` permanece `(3, 2)`
- `a.shape` torna-se `(1, 3)`

Pela regra 2, a primeira dimensão de `a` é estendida para corresponder a `M`:

- `M.shape` permanece `(3, 2)`
- `a.shape` torna-se `(3, 3)`

Agora chegamos à regra 3 — os formatos finais não são compatíveis, logo esses arrays são incompatíveis. Verificamos isso tentando realizar a operação:

```
In [13]: M + a
ValueError: operands could not be broadcast together with shapes (3,2) (3,)
```

É fácil confundir: talvez você tenha imaginado que fosse possível tornar `a` e `M` compatíveis ao preencher o formato de `a` com 1s à direita, por exemplo, mas as regras de broadcasting não funcionam assim! Essa flexibilidade pode ser útil em alguns casos, mas traria algumas situações de ambiguidade. Se você quer preencher esses valores pela direita, então é possível fazê-lo de forma explícita remodelando o array (usaremos a palavra-chave `np.newaxis` vista no Capítulo 5):

```
In  [14]:  a[:, np.newaxis].shape
Out [14]: (3, 1)

In [15]: M + a[:, np.newaxis]
Out[15]: array([[1., 1.],
                [2., 2.],
                [3., 3.]])
```

Apesar de nosso foco ter sido o operador `+` aqui, essas regras se aplicam a *qualquer* ufunc binária. Por exemplo, a seguir temos a função `logaddexp(a, b)`, que calcula `log(exp(a) + exp(b))` com uma precisão maior que a abordagem mais comum:

```
In [16]: np.logaddexp(M, a[:, np.newaxis])
Out[16]: array([[1.31326169, 1.31326169],
               [1.69314718, 1.69314718],
               [2.31326169, 2.31326169]])
```

Para saber mais sobre as funções universais, veja o Capítulo 6.

Broadcasting na Prática

As operações de broadcasting são a essência de muitos exemplos que você encontrará neste livro. Aqui veremos alguns casos em que elas podem ser úteis.

Centralizando um Array

No Capítulo 6, vimos que as ufuncs evitam que um usuário NumPy escreva explicitamente os loops lentos do Python. O broadcasting estende suas possibilidades. Um exemplo visto com frequência em data science é subtrair a média dos valores calculados por linha de determinado array. Imagine um array com 10 observações, cada uma consistindo em 3 valores. Usando a convenção padrão (veja o Capítulo 38), armazenaremos esses dados em um array de formato 10 × 3:

```
In [17]: rng = np.random.default_rng(seed=1701)
         X = rng.random((10, 3))
```

Podemos calcular a média de cada coluna usando a agregação `mean` na primeira dimensão:

```
In [18]: Xmean = X.mean(0)
         Xmean
Out[18]: array([0.38503638, 0.36991443, 0.63896043])
```

E agora podemos centralizar o array `X` subtraindo a média (é uma operação com broadcasting):

```
In [19]: X_centered = X - Xmean
```

Para verificarmos se a operação foi feita corretamente, devemos conferir se a média do array centralizado está próxima de zero:

```
In [20]: X_centered.mean(0)
Out[20]: array([ 4.99600361e-17, -4.44089210e-17,  0.00000000e+00])
```

Dentro da precisão de máquina, a média do array agora é zero.

Plotando uma Função Bidimensional

Um exemplo no qual o broadcasting costuma ser útil é a exibição de imagens com base nas funções bidimensionais. Se queremos definir uma função $z = f(x, y)$, o broadcasting pode ser usado para calcular a função em toda a grade:

```
In [21]: # x e y têm 50 passos de 0 a 5
         x = np.linspace(0, 5, 50)
         y = np.linspace(0, 5, 50)[:, np.newaxis]

         z = np.sin(x) ** 10 + np.cos(10 + y * x) * np.cos(x)
```

Usaremos o Matplotlib para plotar esse array bidimensional, exibido na Figura 8-2 (essas ferramentas serão abordadas por completo no Capítulo 28):

```
In [22]: %matplotlib inline
         import matplotlib.pyplot as plt
In [23]: plt.imshow(z, origin='lower', extent=[0, 5, 0, 5])
         plt.colorbar();
```

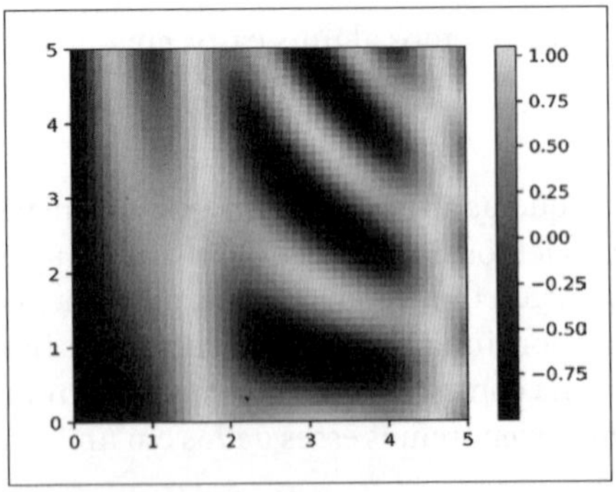

Figura 8-2. Visualização de um array 2D

O resultado é a visualização interessante de uma função bidimensional.

CAPÍTULO 9

Comparações, Máscaras e Lógica Booleana

Este capítulo aborda o uso de máscaras booleanas para examinar e manipular valores dentro dos arrays NumPy. O recurso conhecido como masking é utilizado quando você deseja extrair, modificar, contar ou manipular de alguma outra forma os valores em um array com base em algum critério: por exemplo, digamos que queira contar todos os valores maiores que certo número ou remover todos os valores acima de algum limite. Com o NumPy, a máscara booleana é, geralmente, a forma mais eficiente de realizar essas tarefas.

Exemplo: Contando Dias Chuvosos

Imagine que você tenha uma série de dados que representa a quantidade de precipitação a cada dia por ano em dada cidade. Por exemplo, aqui carregaremos as estatísticas de precipitação de chuva para a cidade de Seattle no ano de 2015 com o Pandas (veja a Parte III):

```
In [1]: import numpy as np
        from vega_datasets import data

        # Use operações de DataFrame para extrair a precipitação
        # como um array NumPy
        rainfall_mm = np.array(
           data.seattle_weather().set_index('date')['precipitation']['2015'])
        len(rainfall_mm)
Out[1]: 365
```

O array resultante contém 365 valores, com a precipitação diária, calculada em milímetros, do dia 1º de janeiro até o dia 31 de dezembro de 2015.

Como uma primeira visualização rápida, vejamos o histograma dos dias chuvosos na Figura 9-1, gerado com Matplotlib (detalharemos mais essa ferramenta na Parte IV):

```
In [2]: %matplotlib inline
        import matplotlib.pyplot as plt
        plt.style.use('seaborn-whitegrid')
In [3]: plt.hist(rainfall_mm, 40);
```

Figura 9-1. Histograma da precipitação na cidade de Seattle no ano de 2015

Esse histograma nos dá uma ideia geral dos dados: apesar da reputação de Seattle como cidade chuvosa, a maioria dos dias não teve quase nenhuma precipitação ao longo de 2015. Mas essa informação, por si só, não nos ajuda muito a extrair informações úteis a partir desses dados: Quantos dias chuvosos? Qual foi a precipitação média nesses dias chuvosos? Quantos dias com uma precipitação maior do que 10 mm?

Uma abordagem para lidar com as questões manualmente: poderíamos fazer um loop em todos os dados, incrementando um contador sempre que um valor estivesse dentro do intervalo desejado. Mas, pelas razões vistas neste capítulo, esse tipo de abordagem seria bem ineficiente, tanto do ponto de vista do tempo perdido escrevendo o código quanto do tempo perdido com o cálculo do resultado. No Capítulo 6, vimos que as ufuncs do NumPy podem ser utilizadas no lugar dos loops para realizar operações aritméticas com base em elementos nos arrays; da mesma forma, podemos usar outras ufuncs para fazer *comparações* dos elementos nos arrays e, com isso, manipular os resultados para responder nossas questões. Deixaremos os dados de lado por um momento e veremos algumas ferramentas gerais do NumPy para realizar o *masking* e responder essas questões rapidamente.

Operadores de Comparação como Ufuncs

O Capítulo 6 apresentou as ufuncs e teve como foco principal os operadores aritméticos. Vimos que usar +, -, *, / e outros operadores nos arrays leva a operações com base em elementos. O NumPy também implementa operadores de comparação, como < (menor que) e > (maior que), como ufuncs baseadas em elementos. O resultado dessas comparações é sempre um array com um tipo de dados booleano. Todas as seis operações padrão de comparação estão disponíveis:

```
In [4]: x = np.array([1, 2, 3, 4, 5])

In [5]: x < 3 # menor que
Out[5]: array([ True, True, False, False, False])

In [6]: x > 3  # maior que
Out[6]: array([False, False, False, True, True])

In [7]: x <= 3  # menor ou igual a
Out[7]: array([ True, True, True, False, False])

In [8]: x >= 3  # maior ou igual a
Out[8]: array([False, False, True, True, True])
```

```
In [9]: x != 3  # diferente de
Out[9]: array([ True, True, False, True, True])

In [10]: x == 3  # igual a
Out[10]: array([False, False, True, False, False])
```

Também é possível fazer uma comparação baseada em elementos entre dois arrays e incluir expressões compostas:

```
In [11]: (2 * x) == (x ** 2)
Out[11]: array([False, True, False, False, False])
```

Assim como no caso dos operadores aritméticos, os operadores de comparação são implementados como ufuncs no NumPy. Por exemplo, quando você escreve `x < 3`, o que o NumPy faz internamente é executar o código `np.less(x, 3)`. Um resumo dos operadores de comparação e suas ufuncs equivalentes pode ser visto a seguir:

Operador	Ufunc equivalente	Operador	Ufuncs equivalentes
`==`	`np.equal`	`!=`	`np.not_equal`
`<`	`np.less`	`<=`	`np.less_equal`
`>`	`np.greater`	`>=`	`np.greater_equal`

Assim como as ufuncs aritméticas, esses operadores funcionarão nos arrays de qualquer tamanho e formato. A seguir, temos um exemplo bidimensional:

```
In [12]: rng = np.random.default_rng(seed=1701)
         x = rng.integers(10, size=(3, 4))
         x
Out[12]: array([[9, 4, 0, 3],
                [8, 6, 3, 1],
                [3, 7, 4, 0]])

In [13]: x < 6
Out[13]: array([[False, True, True, True],
                [False, False, True, True],
                [True, False, True, True]])
```

Em cada um dos casos, o resultado é um array booleano e o NumPy fornece uma série de padrões simples para trabalhar com esses resultados.

Trabalhando com Arrays Booleanos

Dado um array booleano, existe uma série de operações úteis que podem ser feitas. Aqui trabalharemos com `x`, o array bidimensional que criamos antes:

```
In [14]: print(x)
Out[14]: [[9 4 0 3]
          [8 6 3 1]
          [3 7 4 0]]
```

Contando Entradas

Para contar o número de entradas `True` em um array booleano, `np.count_nonzero` é bem útil:

```
In [15]: # quantos valores menores que 6?
         np.count_nonzero(x < 6)
Out[15]: 8
```

Aqui, vemos que existem oito entradas do array que são menores que seis. Outra forma de obter essa informação é com `np.sum`; nesse caso, `False` é considerado `0` e `True` é `1`:

```
In [16]: np.sum(x < 6)
Out[16]: 8
```

O benefício de `np.sum` é que, assim como outras funções de agregação do NumPy, essa soma pode ser feita por linha ou por coluna:

```
In [17]: # quantos valores menores que 6 em cada linha?
         np.sum(x < 6, axis=1)
Out[17]: array([3, 2, 3])
```

Isso conta o número de valores menores que 6 em cada linha da matriz.

Se quisermos verificar rapidamente se um ou todos os valores são `True`, podemos usar (adivinha!) `np.any` ou `np.all`:

```
In [18]: # existe algum valor maior que 8?
         np.any(x > 8)
Out[18]: True

In [19]: # existe algum valor menor que zero?
         np.any(x < 0)
Out[19]: False

In [20]: # todos os valores são menores que 10?
         np.all(x < 10)
Out[20]: True

In [21]: # todos os valores são iguais a 6?
         np.all(x == 6)
Out[21]: False
```

`np.all` e `np.any` também podem ser utilizadas em qualquer um dos eixos. Por exemplo:

```
In [22]: # todos os valores em cada linha são menores que 8?
         np.all(x < 8, axis=1)
Out[22]: array([False, False, True])
```

Aqui todos os elementos da terceira linha são menores que 8, mas esse não é o caso das outras linhas.

Por fim, um aviso rápido: como mencionado no Capítulo 7, Python tem as funções predefinidas `sum`, `any` e `all`. A sintaxe delas é diferente da versão do NumPy, além de não conseguirem produzir os resultados desejados ao serem utilizadas em arrays multidimensionais. Use `np.sum`, `np.any` e `np.all` nesses exemplos!

Operadores Booleanos

Já vimos como contar, por exemplo, todos os dias com menos de 20mm de chuva ou com mais de 10mm. Mas e se quisermos saber quantos dias houve com mais de 10mm e menos de 20mm de chuva? Podemos fazer isso com os *operadores lógicos bitwise (ou bit a bit)* do Python: `&`, `|`, `^` e `~`. Assim como ocorre com os operadores aritméticos padrão, o NumPy usa esses operadores como ufuncs que trabalham elemento por elemento nos arrays (geralmente booleanos).

Por exemplo, uma forma de abordar a questão anterior é com o seguinte código:

```
In [23]: np.sum((rainfall_mm > 10) & (rainfall_mm < 20))
Out[23]: 16
```

O resultado nos mostra que houve 16 dias com precipitação entre 10 e 20mm de chuva.

Os parênteses são importantes aqui. Por conta das regras de ordem das operações, ao removermos os parênteses essa expressão seria executada da forma demonstrada a seguir, o que resultaria em um erro:

```
rainfall_mm > (10 & rainfall_mm) < 20
```

Vejamos uma expressão mais complicada. Usando os teoremas de De Morgan, podemos calcular esse mesmo resultado de forma diferente:

```
In [24]: np.sum(~( (rainfall_mm <= 10) | (rainfall_mm >= 20) ))
Out[24]: 16
```

A combinação de operadores de comparação e operadores booleanos nos arrays abre possibilidades para muitas operações lógicas eficientes.

A tabela a seguir resume os operadores booleanos bitwise e suas ufuncs equivalentes:

Operador	Ufunc equivalente	Operador	Ufunc equivalente
&	np.bitwise_and	|	np.bitwise_or
^	np.bitwise_xor	~	np.bitwise_not

Com essas ferramentas, podemos começar a responder muitas questões a respeito de nossos dados. Aqui estão alguns exemplos de resultados que podemos calcular ao combinar operações booleanas com agregações:

```
In [25]: print("Number days without rain:  ", np.sum(rainfall_mm == 0))
         print("Number days with rain:     ", np.sum(rainfall_mm != 0))
         print("Days with more than 10 mm: ", np.sum(rainfall_mm > 10))
         print("Rainy days with < 5 mm:    ", np.sum((rainfall_mm > 0) &
                                                      (rainfall_mm < 5)))
Out[25]: Number days without rain:      221
         Number days with rain:         144
         Days with more than 10 mm:     34
         Rainy days with < 5 mm:        83
```

Arrays Booleanos como Máscaras

Na seção anterior, vimos as agregações calculadas diretamente nos arrays booleanos. Um padrão mais poderoso de computação é o uso de arrays booleanos como máscaras para selecionar subconjuntos de dados específicos. Retornemos, por um momento, ao nosso array `x`:

```
In [26]: x
Out[26]: array([[9, 4, 0, 3],
                [8, 6, 3, 1],
                [3, 7, 4, 0]])
```

Suponha que queremos um array de todos os valores no array que sejam, digamos, menores que cinco. Podemos obter um array booleano para essa condição facilmente, como já vimos:

```
In [27]: x < 5
Out[27]: array([[False,  True,  True,  True],
                [False, False,  True,  True],
                [ True, False,  True,  True]])
```

Agora, para *selecionar* esses valores no array, podemos simplesmente indexar o array booleano; essa operação é conhecida como *masking* (ou *mascaramento*, em tradução livre):

```
In [28]: x[x < 5]
Out[28]: array([4, 0, 3, 3, 1, 3, 4, 0])
```

O retorno é um array unidimensional preenchido com todos os valores que atendem essa condição, ou seja, todos os valores nas posições em que o array utilizado como máscara é `True`.

Podemos, então, trabalhar com esses valores da forma que acharmos melhor. Por exemplo, podemos calcular alguns dados estatísticos relevantes em nossos dados de precipitação em Seattle:

```
In [29]: # construa uma máscara de todos os dias chuvosos
         rainy = (rainfall_mm > 0)
```

```
        # construa uma máscara de todos os dias de verão (21 de
        # junho é o dia número 172)
        days = np.arange(365)
        summer = (days > 172) & (days < 262)

        print("Median precip on rainy days in 2015 (mm):      ",
               np.median(rainfall_mm[rainy])
        print("Median precip on summer days in 2015 (mm):     ",
               np.median(rainfall_mm[summer]))
        print("Maximum precip on summer days in 2015 (mm):    ",
               np.max(rainfall_mm[summer]))
        print("Median precip on non-summer rainy days (mm):",
               np.median(rainfall_mm[rainy & ~summer]))
Out[29]: Median precip on rainy days em 2015 (mm):         3.8
         Median precip on summer days em 2015 (mm):        0.0
         Maximum precip on summer days em 2015 (mm):       32.5
         Median precip on non-summer rainy days (mm):      4.1
```

Ao combinar operações booleanas, masking e agregações, podemos responder rapidamente essas questões sobre nosso conjunto de dados.

Usando as Palavras-chave and/or Versus os Operadores &/|

Uma confusão recorrente é a diferença entre as palavras-chave `and` e `or` e os operadores `&` e `|`. Quando usar um ou outro?

A diferença é a seguinte: `and` e `or` operaram no objeto inteiro, já `&` e `|` operam nos elementos dentro do objeto.

Se usar `and` ou `or`, é como se você estivesse pedindo para que o Python trate o objeto como uma única entidade booleana. No Python, todos os inteiros diferentes de zero serão considerados `True`. Logo:

```
In [30]: bool(42), bool(0)
Out[30]: (True, False)

In [31]: bool(42 and 0)
Out[31]: False

In [32]: bool(42 or 0)
Out[32]: True
```

Quando você usa `&` e `|` em inteiros, a expressão opera na representação bitwise do elemento, aplicando *and* ou *or* aos bits individuais que formam o número:

```
In [33]: bin(42)
Out[33]: '0b101010'

In [34]: bin(59)
Out[34]: '0b111011'

In [35]: bin(42 & 59)
Out[35]: '0b101010'
```

```
In [36]: bin(42 | 59)
Out[36]: '0b111011'
```

Perceba que os bits das representações binárias são comparados para gerar o resultado.

Quando você tem um array de valores booleanos no NumPy, ele pode ser considerado uma string de bits, onde `1 = True` e `0 = False`, e os operadores `&` e `|` trabalharão de maneira semelhante aos exemplos anteriores:

```
In [37]: A = np.array([1, 0, 1, 0, 1, 0], dtype=bool)
         B = np.array([1, 1, 1, 0, 1, 1], dtype=bool) A | B
Out[37]: array([ True,  True,  True, False,  True,  True])
```

Mas se você usar `or` nesses arrays, ele tentará avaliar o objeto inteiro, o que não resultará em um valor bem definido:

```
In [38]: A or B
ValueError: The truth value of an array with more than one element is
          > ambiguous.
          a.any() or a.all()
```

Da mesma forma, ao avaliarmos uma expressão booleana de um certo array, você deve usar os operadores `|` ou `&` no lugar de `or` ou `and`:

```
In [39]: x = np.arange(10)
         (x > 4) & (x < 8)
Out[39]: array([False, False, False, False, False, True, True, True, False, False])
```

Tentar avaliar o array como um objeto inteiro retornará o mesmo `ValueError` que vimos antes:

```
In [40]: (x > 4) and (x < 8)
ValueError: The truth value of an array with more than one element is
          > ambiguous.
          a.any() or a.all()
```

Então lembre-se: `and` e `or` realizam uma única avaliação booleana em um objeto inteiro, já os operadores `&` e `|` realizam diversas avaliações booleanas no conteúdo (bits ou bytes individuais) de um objeto. Para os arrays booleanos do NumPy, esses últimos operadores serão, quase sempre, os operadores desejados.

CAPÍTULO 10
Fancy Indexing

Os capítulos anteriores examinaram como acessar e modificar partes de um array usando índices simples (`arr[0]`), fatiamentos (`arr[:5]`) e máscaras booleanas (`arr[arr > 0]`). Neste capítulo, veremos outro estilo de indexação de arrays, conhecido como *fancy indexing* ou *indexação avançada*, na qual passamos um array de índices no lugar de valores escalares únicos. Isso nos permite acessar e modificar, de maneira rápida, subconjuntos complexos de valores de um array.

Explorando a Fancy Indexing/Indexação Avançada

A fancy indexing/indexação avançada tem um conceito simples: significa passar um índice para acessar múltiplos elementos do array de uma só vez. Por exemplo, vejamos o array a seguir:

```
In [1]: import numpy as np
        rng = np.random.default_rng(seed=1701)

        x = rng.integers(100, size=10)
        print(x)
Out[1]: [90 40  9 30 80 67 39 15 33 79]
```

Se quisermos acessar três elementos diferentes, podemos fazê-lo da seguinte forma:

```
In [2]: [x[3], x[7], x[2]]
Out[2]: [30, 15, 9]
```

Uma alternativa é passar uma única lista ou array de índices e obter o mesmo resultado:

```
In [3]: ind = [3, 7, 4]
        x[ind]
Out[3]: array([30, 15, 80])
```

Quando usamos um array de índices, o formato do resultado refletirá o formato do *array de índices* e não do *array sendo indexado*:

```
In [4]: ind = np.array([[3, 7],
                        [4, 5]])
        x[ind]
Out[4]: array([[30, 15],
               [80, 67]])
```

A fancy indexing/indexação avançada também funciona em múltiplas dimensões. Observe o array a seguir:

```
In [5]: X = np.arange(12).reshape((3, 4))
        X
Out[5]: array([[ 0,  1,  2,  3],
               [ 4,  5,  6,  7],
               [ 8,  9, 10, 11]])
```

Assim como ocorre com a indexação padrão, o primeiro índice é referente à linha e o segundo à coluna:

```
In [6]: row = np.array([0, 1, 2])
        col = np.array([2, 1, 3])
        X[row, col]
Out[6]: array([ 2,  5, 11])
```

Perceba que o primeiro valor do resultado é `X[0, 2]`, o segundo é `X[1, 1]` e o terceiro é `X[2, 3]`. O pareamento de índices na fancy indexing/indexação avançada segue todas as regras de broadcasting mencionadas no Capítulo 8. Então se, por exemplo, combinamos um vetor de coluna e um vetor de linha nos índices, temos um resultado bidimensional:

```
In [7]: X[row[:, np.newaxis], col]
Out[7]: array([[ 2,  1,  3],
               [ 6,  5,  7],
               [10,  9, 11]])
```

Aqui, o valor de cada linha corresponde ao vetor de cada coluna, exatamente como vimos no broadcasting de operações aritméticas. Por exemplo:

```
In [8]: row[:, np.newaxis] * col
Out[8]: array([[0, 0, 0],
               [2, 1, 3],
               [4, 2, 6]])
```

É sempre importante lembrar que, na fancy indexing/indexação avançada, o valor de retorno reflete o *formato dos índices com broadcasting*, não o formato do array sendo indexado.

Indexação Combinada

Para as operações ainda mais avançadas, a fancy indexing/indexação avançada pode ser combinada com outros esquemas de indexação já vistos. Por exemplo, considerando o array `X`:

```
In [9]: print(X)
Out[9]: [[ 0  1  2  3]
         [ 4  5  6  7]
         [ 8  9 10 11]]
```

Podemos combinar a indexação simples e a fancy indexing/indexação avançada:

```
In [10]: X[2, [2, 0, 1]]
Out[10]: array([10,  8,  9])
```

Também podemos combinar a fancy indexing/indexação avançada com o fatiamento:

```
In [11]: X[1:, [2, 0, 1]]
Out[11]: array([[ 6,  4,  5],
                [10,  8,  9]])
```

E podemos combinar a fancy indexing/indexação avançada com as máscaras:

```
In [12]: mask = np.array([True, False, True, False])
         X[row[:, np.newaxis], mask]
Out[12]: array([[ 0,  2],
                [ 4,  6],
                [ 8, 10]])
```

Todas essas opções de indexação nos fornecem um conjunto muito flexível de operações para o acesso e a modificação eficiente dos valores de um array.

Exemplo: Selecionando Pontos Aleatórios

Um uso comum para a fancy indexing/indexação avançada é na seleção de subconjuntos de linhas de uma matriz. Por exemplo, podemos ter uma matriz $N \times D$ com N pontos em D dimensões, como os seguintes pontos obtidos a partir de uma distribuição normal (ou gaussiana) bidimensional:

```
In [13]: mean = [0, 0]
         cov = [[1, 2],
                [2, 5]]
         X = rng.multivariate_normal(mean, cov, 100)
         X.shape
Out[13]: (100, 2)
```

Usando as ferramentas de plotagem a serem vistas na Parte IV, podemos visualizar esses pontos como um gráfico de dispersão (Figura 10-1).

```
In [14]: %matplotlib inline
         import matplotlib.pyplot as plt
         plt.style.use('seaborn-whitegrid')

         plt.scatter(X[:, 0], X[:, 1]);
```

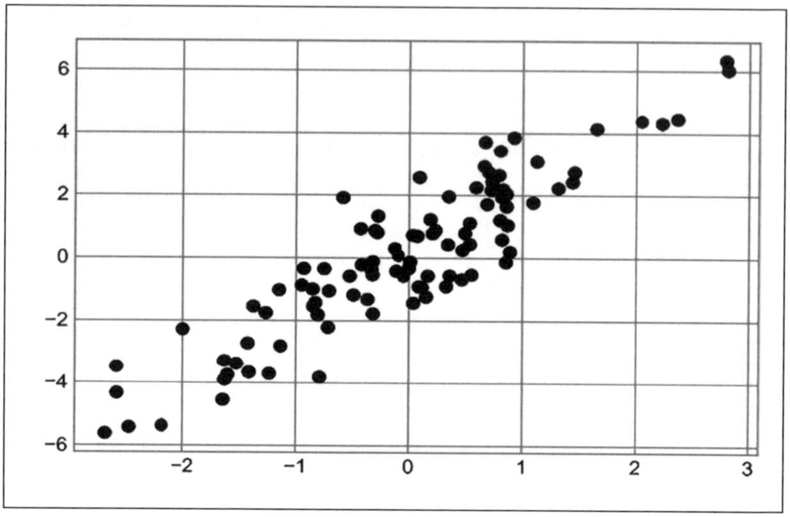

Figura 10-1. Pontos em distribuição normal

Usaremos a fancy indexing/indexação avançada para selecionar 20 pontos aleatórios. Primeiro, escolheremos 20 índices aleatórios, sem repetição, em seguida, usaremos esses índices para selecionar uma parte do array original:

```
In [15]: indices = np.random.choice(X.shape[0], 20, replace=False)
         indices
Out[15]: array([82, 84, 10, 55, 14, 33,  4, 16, 34, 92, 99, 64,  8, 76, 68, 18,
                59, 80, 87, 90])
In [16]: selection = X[indices]  # fancy indexing/indexação avançada
         selection.shape
Out[16]: (20, 2)
```

Agora, para vermos os pontos selecionados, plotamos círculos grandes sobrepostos nos locais dos pontos selecionados (veja a Figura 10-2).

```
In [17]: plt.scatter(X[:, 0], X[:, 1], alpha=0.3)
         plt.scatter(selection[:, 0], selection[:, 1],
                     facecolor='none', edgecolor='black', s=200);
```

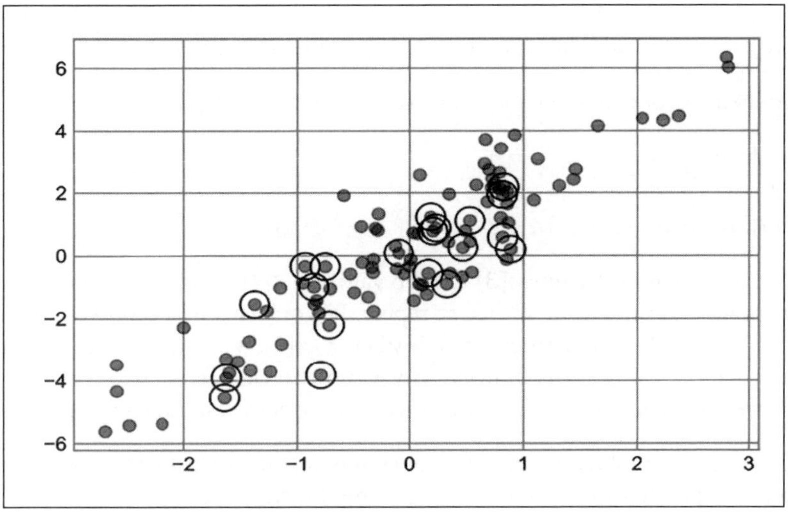

Figura 10-2. Seleção aleatória entre os pontos

Esse tipo de estratégia costuma ser utilizado para particionar conjuntos de dados rapidamente, algo que costuma ser necessário ao separar dados de treino/teste para a validação de modelos estatísticos (veja o Capítulo 39) e nas abordagens de amostragem para responder questões estatísticas.

Modificando Valores com Fancy Indexing/Indexação Avançada

Assim como a fancy indexing/indexação avançada pode ser utilizada para acessar partes de um array, ela também pode ser utilizada para modificar partes de um array. Por exemplo, imagine que temos um array de índices e gostaríamos alterar os valores dos itens correspondentes de um array:

```
In [18]: x = np.arange(10)
         i = np.array([2, 1, 8, 4])
         x[i] = 99
         print(x)
Out[18]: [ 0 99 99  3 99  5  6  7 99  9]
```

Podemos usar qualquer operador de atribuição para tanto. Por exemplo:

```
In [19]: x[i] -= 10
         print(x)
Out[19]: [ 0 89 89  3 89  5  6  7 89  9]
```

Perceba, no entanto, que os índices repetidos podem gerar resultados potencialmente inesperados com essas operações. Considere o código a seguir:

```
In [20]: x = np.zeros(10)
         x[[0, 0]] = [4, 6]
         print(x)
Out[20]: [6. 0. 0. 0. 0. 0. 0. 0. 0. 0.]
```

O número 4 sumiu? Essa operação primeiro faz a atribuição `x[0] = 4`, seguida de `x[0] = 6`. O resultado, claro, é que `x[0]` contém o valor 6.

Muito bem, a conclusão é lógica, mas veja a operação a seguir:

```
In [21]: i = [2, 3, 3, 4, 4, 4]
         x[i] += 1
         x
Out[21]: array([6., 0., 1., 1., 1., 0., 0., 0., 0., 0.])
```

Talvez você imaginasse que `x[3]` teria o valor 2 e `x[4]`, o valor 3, já que esse é o número de vezes que cada índice se repete. Por que isso não acontece? A razão é que `x[i] += 1` é uma abreviação de `x[i] = x[i] + 1`. `x[i] + 1` é avaliado e o resultado atribuído aos índices em x. Com isso em mente, não é a soma que acontece múltiplas vezes, mas a atribuição, o que gera resultados inesperados.

E se você quiser replicar o outro comportamento, em que a operação é repetida? Para tanto, podemos usar o método `at`, como mostra o código a seguir:

```
In [22]: x = np.zeros(10)
         np.add.at(x, i, 1)
         print(x)
Out[22]: [0. 0. 1. 2. 3. 0. 0. 0. 0. 0.]
```

O método `at` aplica o operador especificado nos índices especificados (aqui, `i`) com os valores especificados (aqui, 1). Outro método semelhante é `reduceat` e você pode ler mais sobre ele na documentação do NumPy.

Exemplo: Agrupando Dados

É possível usar essas ideias para realizar o agrupamento eficiente de dados. Por exemplo, imagine que tenhamos 100 valores e gostaríamos de saber se eles se encaixam em um array de intervalos predefinidos. Poderíamos fazer isso com o método `ufunc.at` da seguinte forma:

```
In [23]: rng = np.random.default_rng(seed=1701)
         x = rng.normal(size=100)

         # cria um histograma à mão
         bins = np.linspace(-5, 5, 20)
         counts = np.zeros_like(bins)

         # encontra a faixa (bin) apropriada para cada x
         i = np.searchsorted(bins, x)

         # adiciona 1 a cada uma dessas categorias
         np.add.at(counts, i, 1)
```

A variável counts agora reflete o número de pontos dentro de cada intervalo, em outras palavras, um histograma (veja a Figura 10-3).

```
In [24]: # plota os resultados
         plt.plot(bins, counts, drawstyle='steps');
```

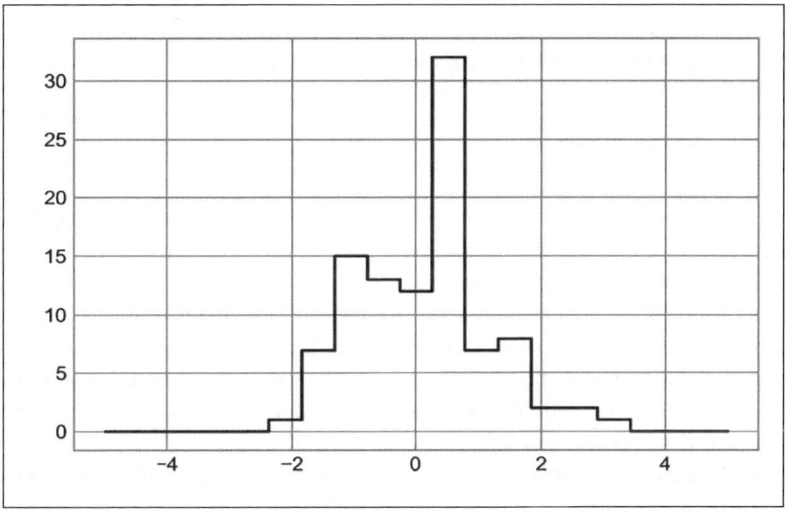

Figura 10-3. Um histograma calculado à mão

É claro que não seria conveniente fazer isso dessa forma sempre que você quisesse plotar um histograma. É por isso que Matplotlib fornece a rotina `plt.hist`, que faz o mesmo em uma única linha:

```
plt.hist(x, bins, histtype='step');
```

Essa função fará uma plotagem quase idêntica à exibida antes. Para calcular esses intervalos, Matplotlib usa a função `np.histogram`, que faz um cálculo muito parecido com o que fizemos há pouco. Compare as duas ferramentas a seguir:

```
In [25]: print(f"NumPy histogram ({len(x)} pontos):")
         %timeit counts, edges = np.histogram(x, bins)

         print(f"Custom histogram ({len(x)} points):")
         %timeit np.add.at(counts, np.searchsorted(bins, x), 1)
Out[25]: NumPy histogram (100 pontos):
         33.8 µs ± 311 ns per loop (mean ± std. dev. of 7 runs, 10000 loops each)
         Custom histogram (100 pontos):
         17.6 µs ± 113 ns per loop (mean ± std. dev. of 7 runs, 100000 loops each)
```

Nosso algoritmo de uma linha é duas vezes mais rápido que o algoritmo otimizado no NumPy! Como é possível? Se você pesquisar o código-fonte de `np.histogram` (pode fazer isso digitando `np.histogram??`), verá que é um pouco mais complicado do que a busca e a contagem simples que realizamos. Isso se dá porque o algoritmo do NumPy é mais flexível e desenvolvido para ter um melhor desempenho conforme o número de pontos de dados cresce:

```
In [26]: x = rng.normal(size=1000000)
         print(f"NumPy histogram ({len(x)} pontos):")
         %timeit counts, edges = np.histogram(x, bins)

         print(f"Custom histogram ({len(x)} pontos):")
         %timeit np.add.at(counts, np.searchsorted(bins, x), 1)
Out[26]: NumPy histogram (1000000 pontos):
         84.4 ms ± 2.82 ms per loop (mean ± std. dev. of 7 runs, 10 loops each)
         Custom histogram (1000000 pontos):
         128 ms ± 2.04 ms per loop (mean ± std. dev. of 7 runs, 10 loops each)
```

O que essa comparação nos mostra é que a eficiência de um algoritmo quase nunca é simples. Um algoritmo eficiente para grandes conjuntos de dados nem sempre será o mais eficiente para os conjuntos de dados pequenos e vice-versa (veja o Capítulo 11). A vantagem de programar seu próprio algoritmo é que, entendendo esses métodos básicos, o céu é o limite: você não está mais preso a procedimentos predefinidos e pode criar suas próprias abordagens para explorar os dados. O segredo da eficiência do Python em aplicações com grande quantidade de dados é não saber apenas o geral a respeito de procedimentos como `np.histogram` e quando eles são convenientes, mas também saber como usar as funcionalidades de baixo nível quando precisar de um comportamento mais específico.

CAPÍTULO 11

Ordenação de Arrays

Até agora, vimos principalmente as ferramentas necessárias para acessar e operar dados de arrays com o NumPy. Este capítulo tratará dos algoritmos relacionados à ordenação de valores nos arrays NumPy. Esses algoritmos são um dos assuntos favoritos nos cursos introdutórios de ciências da computação: caso você já tenha feito algum, provavelmente já sonhou (ou teve um pesadelo, a depender do seu temperamento à época) sobre *insertion sorts*, *selection sorts*, *merge sorts*, *quick sorts*, *bubble sorts* e muitos outros algoritmos. Todos são meios para realizar a mesma tarefa: ordenar os valores em uma lista ou um array.

O Python tem algumas funções e métodos predefinidos para a ordenação de listas e outros objetos iteráveis. A função `sorted` aceita uma lista e retorna uma versão ordenada dessa mesma lista:

```
In [1]: L = [3, 1, 4, 1, 5, 9, 2, 6]
        sorted(L)  # retorna uma cópia ordenada
Out[1]: [1, 1, 2, 3, 4, 5, 6, 9]
```

Por outro lado, o método `sort` ordenará a mesma lista, sem a criação de cópia:

```
In [2]: L.sort()  # atua na própria lista e retorna None
        print(L)
Out[2]: [1, 1, 2, 3, 4, 5, 6, 9]
```

Os métodos de ordenação do Python são bem flexíveis e podem trabalhar com quaisquer objetos iteráveis. Por exemplo, podemos ordenar uma string:

```
In [3]: sorted('python')
Out[3]: ['h', 'n', 'o', 'p', 't', 'y']
```

Esses métodos são convenientes, mas, como já discutimos, o dinamismo dos valores de Python significa que seu desempenho é pior do que as rotinas feitas especificamente para os arrays de números uniformes. E é para isso que usamos as rotinas de ordenação do NumPy.

Ordenação rápida no NumPy: np.sort e np.argsort

A função `np.sort` é análoga à função `sorted` do Python e retornará, de modo eficiente, uma cópia ordenada de um array:

```
In [4]: import numpy as np

        x = np.array([2, 1, 4, 3, 5])
        np.sort(x)
Out[4]: array([1, 2, 3, 4, 5])
```

De forma bastante similar ao método `sort` das listas em Python, você também pode ordenar um array sem a criação de cópia ao usar o método `sort`:

```
In [5]: x.sort()
        print(x)
Out[5]: [1 2 3 4 5]
```

Outra função relacionada é `argsort`, que retorna os *índices* dos elementos ordenados:

```
In [6]: x = np.array([2, 1, 4, 3, 5])
        i = np.argsort(x)
        print(i)
Out[6]: [1 0 3 2 4]
```

O primeiro elemento desse resultado é o índice do menor elemento, o segundo valor é o índice do segundo menor elemento, e assim por diante. Esses índices podem, então, ser utilizados (com fancy indexing) para construir o array ordenado, se desejado:

```
In [7]: x[i]
Out[7]: array([1, 2, 3, 4, 5])
```

Você verá uma aplicação da função `argsort` mais tarde neste mesmo capítulo.

Ordenando em Linhas ou Colunas

Uma característica muito útil dos algoritmos de ordenação do NumPy é a habilidade de ordenar linhas ou colunas específicas de um array multidimensional usando o argumento `axis`. Por exemplo:

```
In [8]: rng = np.random.default_rng(seed=42)
        X = rng.integers(0, 10, (4, 6))
        print(X)
Out[8]: [[0 7 6 4 4 8]
         [0 6 2 0 5 9]
         [7 7 7 7 5 1]
         [8 4 5 3 1 9]]

In [9]: # ordena cada coluna de x
        np.sort(X, axis=0)
Out[9]: array([[0, 4, 2, 0, 1, 1],
               [0, 6, 5, 3, 4, 8],
               [7, 7, 6, 4, 5, 9],
               [8, 7, 7, 7, 5, 9]])
```

```
In [10]: # ordena cada linha de x
         np.sort(X, axis=1)
Out[10]: array([[0, 4, 4, 6, 7, 8],
                [0, 0, 2, 5, 6, 9],
                [1, 5, 7, 7, 7, 7],
                [1, 3, 4, 5, 8, 9]])
```

Tenha em mente que essa função, se utilizada dessa forma, tratará cada linha ou coluna como um array independente, e quaisquer relações entre os valores da linha ou da coluna serão perdidos!

Ordenações Parciais: Particionando

Às vezes, não estamos interessados em ordenar todo o array, mas desejamos apenas encontrar os *k-ésimos* menores valores do array. O NumPy permite esse comportamento por meio da função `np.partition`, que recebe um array e um número *k*; o resultado da função é um novo array com os *k-ésimos* menores valores à esquerda da partição e os valores restantes à direita:

```
In [11]: x = np.array([7, 2, 3, 1, 6, 5, 4])
         np.partition(x, 3)
Out[11]: array([2, 1, 3, 4, 6, 5, 7])
```

Perceba que os primeiros três valores do array resultante são os três menores valores do array e as posições restantes contêm os outros valores. Nas duas partições, a ordem dos elementos é arbitrária.

Assim como fazemos com a ordenação, podemos particionar em um eixo arbitrário de um array multidimensional:

```
In [12]: np.partition(X, 2, axis=1)
Out[12]: array([[0, 4, 4, 7, 6, 8],
                [0, 0, 2, 6, 5, 9],
                [1, 5, 7, 7, 7, 7],
                [1, 3, 4, 5, 8, 9]])
```

O resultado é um array em que as duas primeiras posições de cada linha contêm os menores valores dessa linha, enquanto os outros valores preenchem os espaços restantes.

Por fim, assim como temos uma função `np.argsort` para calcular os índices da ordenação, existe uma função `np.argpartition` para calcular os índices da partição. Veremos essas duas funções em ação na próxima seção.

Exemplo: K-ésimos Vizinhos mais Próximos

Vejamos rapidamente como usar a função `argsort` em múltiplos eixos para encontrar os vizinhos mais próximos de cada ponto em certo conjunto. Para isso, começaremos criando um conjunto aleatório de 10 pontos em um plano bidimensional. Usando a convenção padrão, organizaremos esses valores em um array de dimensões 10 × 2:

```
In [13]: X = rng.random((10, 2))
```

Para termos uma ideia de como esses pontos estão distribuídos, geramos um gráfico de dispersão (veja a Figura 11-1).

```
In [14]: %matplotlib inline
         import matplotlib.pyplot as plt
         plt.style.use('seaborn-whitegrid')
         plt.scatter(X[:, 0], X[:, 1], s=100);
```

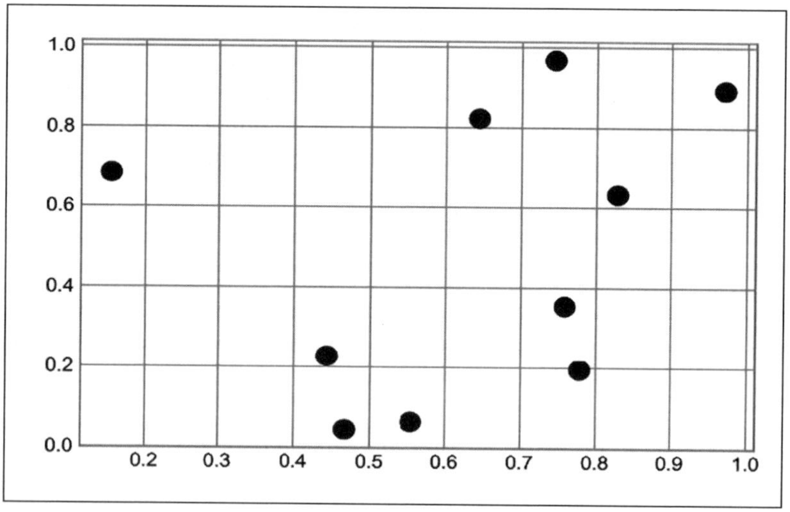

Figura 11-1. Visualização de pontos no exemplo dos k-ésimos vizinhos

Feito isso, agora calcularemos a distância entre cada par de pontos. Lembre-se de que o quadrado da distância entre dois pontos é a soma do quadrado das diferenças em cada dimensão; usando as rotinas eficientes de broadcasting (Capítulo 8) e agregações (Capítulo 7) fornecidas pelo NumPy, podemos calcular a matriz dos quadrados das distâncias em uma única linha de código:

```
In [15]: dist_sq = np.sum((X[:, np.newaxis] - X[np.newaxis, :]) ** 2, axis=-1)
```

Essa operação tem muitas informações e pode parecer confusa, caso você não tenha tanta familiaridade com as regras de broadcasting do NumPy. Ao se deparar com esse tipo de código, pode ser interessante separá-lo por partes:

```
In [16]: # para cada par de pontos, calcula a diferença das coordenadas
         differences = X[:, np.newaxis] - X[np.newaxis, :]
         differences.shape
Out[16]: (10, 10, 2)
```

```
In [17]: # calcula o quadrado das diferenças
         sq_differences = differences ** 2
         sq_differences.shape
Out[17]: (10, 10, 2)

In [18]: # soma as diferenças para obter o quadrado da distância
         dist_sq = sq_differences.sum(-1)
         dist_sq.shape
Out[18]: (10, 10)
```

Para verificar rapidamente nossa lógica, podemos conferir se a diagonal dessa matriz (ou seja, o conjunto de distâncias entre cada ponto e ele mesmo) é composta apenas por zeros:

```
In [19]: dist_sq.diagonal()
Out[19]: array([0., 0., 0., 0., 0., 0., 0., 0., 0., 0.])
```

Com os quadrados das distâncias dos pares devidamente convertidos, podemos usar `np.argsort` para organizar cada linha. As colunas mais à esquerda terão, portanto, os índices dos vizinhos mais próximos:

```
In [20]: nearest = np.argsort(dist_sq, axis=1)
         print(nearest)
Out[20]: [[0 9 3 5 4 8 1 6 2 7]
          [1 7 2 6 4 8 3 0 9 5]
          [2 7 1 6 4 3 8 0 9 5]
          [3 0 4 5 9 6 1 2 8 7]
          [4 6 3 1 2 7 0 5 9 8]
          [5 9 3 0 4 6 8 1 2 7]
          [6 4 2 1 7 3 0 5 9 8]
          [7 2 1 6 4 3 8 0 9 5]
          [8 0 1 9 3 4 7 2 6 5]
          [9 0 5 3 4 8 6 1 2 7]]
```

Perceba que a primeira coluna contém os números de 0 a 9 em ordem. Isso se deve ao fato de que o vizinho mais próximo de cada número é ele mesmo, como esperado.

Usar uma ordenação completa (full sort) aqui significa realizar um trabalho maior que o necessário. Se nosso objetivo é apenas descobrir os *k-ésimos* vizinhos mais próximos, tudo o que devemos fazer é particionar cada linha de modo que a menor k-ésima + 1 distância quadrada venha primeiro, com as maiores distâncias preenchendo o restante do array. Podemos fazer isso com a função `np.argpartition`:

```
In [21]: K = 2
         nearest_partition = np.argpartition(dist_sq, K + 1, axis=1)
```

Para visualizarmos essa rede de vizinhos, faremos uma plotagem rápida dos pontos com linhas representando as conexões de cada ponto com seus dois vizinhos mais próximos (veja a Figura 11-2).

```
In [22]: plt.scatter(X[:, 0], X[:, 1], s=100)

         # desenha linhas de cada ponto até seus dois vizinhos mais próximos
         K = 2
         for i in range(X.shape[0]):
             for j in nearest_partition[i, :K+1]:
              # plota uma linha de X[i] até X[j]
              # usa um pouco de mágica zip para fazer isso acontecer:
              plt.plot(*zip(X[j], X[i]), color='black')
```

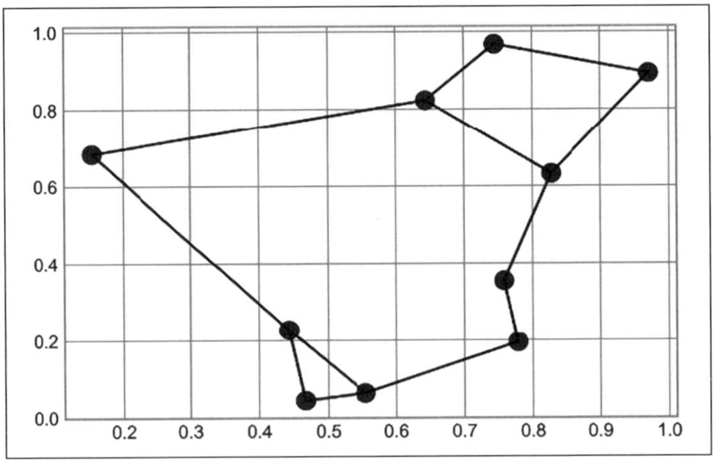

Figura 11-2. Visualização dos vizinhos mais próximos de cada ponto

Cada ponto da plotagem tem linhas até seus dois vizinhos mais próximos. À primeira vista, pode parecer estranho o fato de alguns pontos terem mais de duas linhas. A questão é que, se o ponto A é um dos dois vizinhos mais próximos do ponto B, isso não significa, necessariamente, que o ponto B é um dos dois vizinhos mais próximos do ponto A.

Embora o broadcasting e a ordenação por linhas dessa abordagem pareçam métodos menos diretos que programar um loop, o nosso método é uma forma muito eficiente de operar dados em Python. Pode ser tentador realizar a mesma operação fazendo loop nos dados e ordenando cada conjunto de vizinhos individualmente, mas isso com certeza resultaria em um algoritmo mais lento do que a versão vetorizada utilizada por nós. A beleza dessa abordagem é que ela é escrita de uma forma que não se preocupa com o tamanho dos dados de entrada: poderíamos calcular, com a mesma facilidade, os vizinhos de 100 ou 1.000.000 pontos em qualquer número de dimensões e o código funcionaria da mesma forma.

Por fim, devo salientar que, quando fazemos buscas muito grandes de vizinhos mais próximos, existem algoritmos baseados em árvores e/ou aproximações que podem ter uma escala de $N \log N$ ou melhor, em vez da escala N^2 do algoritmo de força bruta. Um exemplo disso é a Árvore KD, implementada no Scikit-Learn.

CAPÍTULO 12

Dados Estruturados: Arrays Estruturados do NumPy

Embora nossos dados possam ser bem representados com frequência por um array homogêneo de valores, às vezes esse não é o caso. Este capítulo demonstra o uso dos *arrays estruturados* e *de registro* do NumPy, que fornecem um armazenamento eficiente para dados compostos e heterogêneos. Apesar de os padrões mostrados aqui serem úteis para operações simples, cenários como esse costumam servir para o uso dos `DataFrames` do Pandas, que veremos na Parte III.

```
In [1]: import numpy as np
```

Imagine que temos várias categorias de dados sobre muitas pessoas (nome, idade e peso) e gostaríamos de armazenar esses valores para usar em um programa Python. Seria possível armazená-los em três arrays separados:

```
In [2]: name = ['Alice', 'Bob', 'Cathy', 'Doug']
        age = [25, 45, 37, 19]
        weight = [55.0, 85.5, 68.0, 61.5]
```

Mas é um pouco deselegante. Não há nada aqui que nos diga que os três arrays estão relacionados; os arrays estruturados do NumPy nos permitem fazer isso mais naturalmente usando uma única estrutura para armazenar todos os dados.

Antes criamos um array simples usando uma expressão assim:

```
In [3]: x = np.zeros(4, dtype=int)
```

Podemos igualmente criar um array estruturado usando uma especificação do tipo de dados compostos:

```
In [4]: # Use um tipo de dado composto para os arrays estruturados
        data = np.zeros(4, dtype={'names':('name', 'age', 'weight'),
                                  'formats':('U10', 'i4', 'f8')})
        print(data.dtype)
Out[4]: [('name', '<U10'), ('age', '<i4'), ('weight', '<f8')]
```

Aqui, `'U10'` se traduz em “string Unicode com tamanho máximo 10”, `'i4'` se traduz em “inteiro de 4 bytes (ou 32 bits)” e `'f8'` significa “float de 8 bytes (ou 64 bits)”. Veremos mais opções para esses códigos do tipo na seção a seguir.

Agora que criamos um array de contêiner vazio, podemos preenchê-lo com nossas listas de valores:

```
In [5]: data['name'] = name
        data['age'] = age
        data['weight'] = weight
        print(data)
Out[5]: [('Alice', 25, 55. ) ('Bob', 45, 85.5) ('Cathy', 37, 68. )
         ('Doug', 19, 61.5)]
```

Como o esperado, os dados estão bem organizados em um array estruturado.

A utilidade dos arrays estruturados é que agora podemos nos referir aos valores por índice ou nome:

```
In [6]: # Obtenha todos os nomes
        data['name']
Out[6]: array(['Alice', 'Bob', 'Cathy', 'Doug'], dtype='<U10')

In [7]: # Obtenha a primeira linha de dados
        data[0]
Out[7]: ('Alice', 25, 55.)

In [8]: # Obtenha o nome da última linha
        data[-1]['name']
Out[8]: 'Doug'
```

Usando o mascaramento booleano, podemos até fazer algumas operações mais sofisticadas, como filtrar a idade:

```
In [9]: # Obtenha os nomes com idade inferior a 30
        data[data['age'] < 30]['name']
Out[9]: array(['Alice', 'Doug'], dtype='<U10')
```

Se quiser fazer operações mais complicadas que essas, provavelmente deve considerar o pacote Pandas, examinado na Parte IV. Como verá, o Pandas fornece um objeto `DataFrame`, que é uma estrutura baseada nos arrays do NumPy com inúmeras funcionalidades úteis de manipulação de dados semelhantes ao que você viu aqui, além de muito, muito mais.

Explorando a Criação dos Arrays Estruturados

Os tipos de dados do array estruturado podem ser especificados de várias maneiras. Antes, vimos o método do dicionário:

```
In [10]: np.dtype({'names':('name', 'age', 'weight'),
                   'formats':('U10', 'i4', 'f8')})
Out[10]: dtype([('name', '<U10'), ('age', '<i4'), ('weight', '<f8')])
```

Para esclarecer, os tipos numéricos podem ser especificados usando os tipos do Python ou os `dtypes` do NumPy:

```
In [11]: np.dtype({'names':('name', 'age', 'weight'),
                   'formats':((np.str_, 10), int, np.float32)})
Out[11]: dtype([('name', '<U10'), ('age', '<i8'), ('weight', '<f4')])
```

Um tipo composto também pode ser especificado como uma lista de tuplas:

```
In [12]: np.dtype([('name', 'S10'), ('age', 'i4'), ('weight', 'f8')])
Out[12]: dtype([('name', 'S10'), ('age', '<i4'), ('weight', '<f8')])
```

Se os nomes dos tipos não forem importantes, é possível especificar os tipos apenas em uma string separada por vírgulas:

```
In [13]: np.dtype('S10,i4,f8')
Out[13]: dtype([('f0', 'S10'), ('f1', '<i4'), ('f2', '<f8')])
```

Os códigos de formato de string encurtados podem não ser claros de cara, mas se baseiam em princípios simples. O primeiro caractere (opcional) < ou >, significa "little endian" ou "big endian", respectivamente, e especifica a convenção de ordenação para os bits significativos. O próximo caractere especifica o tipo de dados: caracteres, bytes, inteiros, floats etc. (veja a Tabela 12-1). O(s) último(s) caractere(s) representa(m) o tamanho do objeto em bytes.

Tabela 12-1. Tipos de dados do NumPy

Caractere	Descrição	Exemplo
'b'	Byte	np.dtype('b')
'i'	Inteiro com sinal	np.dtype('i4') == np.int32
'u'	Inteiro sem sinal	np.dtype('u1') == np.uint8
'f'	Ponto flutuante	np.dtype('f8') == np.int64
'c'	Ponto flutuante complexo	np.dtype('c16') == np.complex128
'S', 'a'	String	np.dtype('S5')
'U'	String Unicode	np.dtype('U') == np.str_
'V'	Dados brutos (void)	np.dtype('V') == np.void

Tipos Compostos Mais Avançados

É possível definir tipos compostos ainda mais avançados. Por exemplo, você pode criar um tipo em que cada elemento contém um array ou uma matriz de valores. Aqui, criaremos um tipo de dado com um componente `mat` consistindo em uma matriz 3 × 3 de ponto flutuante:

```
In [14]: tp = np.dtype([('id', 'i8'), ('mat', 'f8', (3, 3))])
         X = np.zeros(1, dtype=tp)
         print(X[0])
         print(X['mat'][0])
Out[14]: (0, [[0., 0., 0.], [0., 0., 0.], [0., 0., 0.]])
         [[0. 0. 0.]
          [0. 0. 0.]
          [0. 0. 0.]]
```

Agora, cada elemento no array X consiste em uma id e uma matriz 3 × 3. Por que você usaria isso em vez de um array multidimensional simples ou, talvez, um dicionário Python? Um motivo é que o dtype do NumPy mapeia diretamente uma definição de estrutura C, de modo que o buffer com o conteúdo do array possa ser acessado direto dentro de um programa C devidamente escrito. Se você estiver escrevendo uma interface Python para uma antiga biblioteca C ou Fortran que manipula dados estruturados, os arrays estruturados poderão fornecer uma interface poderosa.

Arrays de Registro: Arrays Estruturados com um Ajuste

O NumPy também fornece arrays de registro (instâncias da classe np.recarray), quase idênticos aos arrays estruturados que acabamos de descrever, mas com um recurso extra: os campos podem ser acessados como atributos, em vez de chaves do dicionário. Lembre-se de que acessamos antes as idades em nosso conjunto de dados de exemplo escrevendo:

```
In [15]: data['age']
Out[15]: array([25, 45, 37, 19], dtype=int32)
```

Se exibirmos nossos dados como um array de registros, poderemos acessá-los com um pouco menos de digitação:

```
In [16]: data_rec = data.view(np.recarray)
         data_rec.age
Out[16]: array([25, 45, 37, 19], dtype=int32)
```

A desvantagem é que para os arrays de registro, há um custo extra envolvido em acessar os campos, ainda que usando a mesma sintaxe:

```
In [17]: %timeit data['age']
         %timeit data_rec['age']
         %timeit data_rec.age
Out[17]: 121 ns ± 1.4 ns per loop (mean ± std. dev. of 7 runs, 1000000 loops each)
         2.41 µs ± 15.7 ns per loop (mean ± std. dev. of 7 runs, 100000 loops each)
         3.98 µs ± 20.5 ns per loop (mean ± std. dev. of 7 runs, 100000 loops each)
```

A notação mais conveniente vale o (pequeno) custo dependendo de sua própria aplicação.

Ao Pandas

Este capítulo sobre arrays estruturados e de registro fica de propósito no final desta parte do livro, porque leva ao próximo pacote que veremos: Pandas. Os arrays estruturados podem ser úteis em determinadas situações, como quando você está usando os arrays NumPy para mapear os formatos de dados binários em C, Fortran ou outra linguagem. Mas para o uso diário de dados estruturados, o pacote Pandas é uma escolha muito melhor; iremos explorá-lo em profundidade nos capítulos a seguir.

PARTE III

Manipulação de Dados com Pandas

Na Parte II, detalhamos o NumPy e seu objeto `ndarray`, que permite o armazenamento e a manipulação eficientes de arrays tipados e densos no Python. Aqui, desenvolveremos esse conhecimento vendo em profundidade as estruturas de dados fornecidas pela biblioteca Pandas. Pandas é um pacote mais novo baseado no NumPy que fornece uma implementação eficiente de um `DataFrame`, que são basicamente arrays multidimensionais com rótulos de linha e coluna anexados, muitas vezes com tipos heterogêneos e/ou dados ausentes. Além de oferecer uma interface de armazenamento conveniente para os dados rotulados, o Pandas implementa inúmeras operações de dados poderosas e familiares para os usuários das estruturas de banco de dados e dos programas de planilha.

Como vimos, a estrutura de dados `ndarray` do NumPy fornece recursos essenciais para o tipo de dados limpos e bem organizados normalmente vistos nas tarefas de computação numérica. Embora sirva muito bem a esse propósito, suas limitações ficam claras quando precisamos de mais flexibilidade (por exemplo, anexar rótulos a dados, trabalhar com dados ausentes etc.) e ao tentar operações que não mapeiam bem o broadcasting por elementos (por exemplo, agrupamentos, elementos dinâmicos etc.), cada uma sendo uma peça importante ao analisar os dados menos estruturados disponíveis de muitas formas no mundo ao nosso redor. O Pandas, e em particular seus objetos `Series` e `DataFrame`, se baseia na estrutura do array NumPy e fornece um acesso eficiente às tarefas de "pré-processamento dos dados" que ocupam muito tempo de um cientista de dados.

Nesta parte do livro, focaremos a mecânica de usar `Series`, `DataFrame` e estruturas relacionadas de forma eficaz. Usaremos exemplos extraídos de conjuntos de dados reais quando apropriado, mas esses exemplos não são necessariamente o foco.

> Instalar o Pandas no sistema requer o NumPy e, se você estiver criando a biblioteca a partir do código-fonte, precisará das devidas ferramentas para compilar as fontes C e Cython nas quais o Pandas se baseia. Os detalhes sobre o processo de instalação podem ser encontrados na documentação do Pandas. Se você seguiu o conselho descrito no Prefácio e usou a distribuição Anaconda, já tem o Pandas instalado.

Com o Pandas instalado, você pode importar e verificar a versão; veja a versão usada por este livro:

```
In [1]: import pandas
        pandas.__version__
Out[1]: '1.3.5'
```

Como normalmente importamos o NumPy com o alias np, importaremos o Pandas com o alias pd:

```
In [2]: import pandas as pd
```

Essa convenção de importação será usada no resto do livro.

Lembrete Sobre a Documentação Predefinida

Ao ler esta parte do livro, não se esqueça de que o IPython lhe dá a capacidade de explorar rapidamente o conteúdo de um pacote (usando o recurso de autocompletar com Tab), bem como a documentação de várias funções (usando o caractere ?). Consulte o Capítulo 1 se precisar de uma atualização sobre isso.

Por exemplo, para exibir todo o conteúdo do namespace Pandas, digite:

```
In [3]: pd.<TAB>
```

E para exibir a documentação Pandas predefinida, use:

```
In [4]: pd?
```

Veja o site do Pandas [em inglês] para obter uma documentação mais detalhada, além de tutoriais e outros recursos.

CAPÍTULO 13

Introdução aos Objetos Pandas

Em um nível muito básico, os objetos Pandas podem ser considerados versões aprimoradas dos arrays estruturados do NumPy em que as linhas e as colunas são identificadas com rótulos em vez de simples índices inteiros. Como veremos ao longo deste capítulo, o Pandas fornece muitas ferramentas, métodos e funcionalidades úteis, além de estruturas de dados básicas, mas quase tudo o que se segue exigirá uma compreensão do que são essas estruturas. Assim, antes de avançar, veremos essas três estruturas de dados fundamentais do Pandas: `Series`, `DataFrame` e `Index`.

Começaremos nossas sessões de código com as importações padrões do NumPy e do Pandas:

```
In [1]: import numpy as np
        import pandas as pd
```

Objeto Series do Pandas

Um objeto `Series` do Pandas é um array unidimensional de dados indexados. Pode ser criado a partir de uma lista ou um array assim:

```
In [2]: data = pd.Series([0.25, 0.5, 0.75, 1.0])
        data
Out[2]: 0    0.25
        1    0.50
        2    0.75
        3    1.00
        dtype: float64
```

`Series` combina uma sequência de valores com uma sequência explícita de índices, que podemos acessar com os atributos `values` e `index`. Os `values` são apenas um array NumPy familiar:

```
In [3]: data.values
Out[3]: array([0.25, 0.5 , 0.75, 1.  ])
```

O `index` é um objeto `pd.Index` do tipo array, que veremos melhor em breve:

```
In [4]: data.index
Out[4]: RangeIndex(start=0, stop=4, step=1)
```

Como um array NumPy, os dados podem ser acessados pelo índice associado via notação com colchetes familiar do Python:

```
In [5]: data[1]
Out[5]: 0.5

In [6]: data[1:3]
Out[6]: 1    0.50
        2    0.75
        dtype: float64
```

Mas, como veremos, o objeto `Series` do Pandas é muito mais geral e flexível do que o array NumPy unidimensional que ele emula.

Series como um Array NumPy Generalizado

Pelo que vimos até agora, o objeto `Series` parece ser basicamente alternado com um array NumPy unidimensional. A diferença essencial é que, embora o array NumPy tenha um índice de inteiros *implicitamente definido* usado para acessar os valores, o objeto `Series` do Pandas tem um índice *explicitamente definido* associado aos valores.

Essa definição explícita do índice fornece ao objeto `Series` recursos extras. Por exemplo, o índice não precisa ser um número inteiro, mas pode consistir em valores de qualquer tipo desejado. Por isso, se quisermos, podemos usar strings como um índice:

```
In [7]: data = pd.Series([0.25, 0.5, 0.75, 1.0],
                         index=['a', 'b', 'c', 'd'])
        data
Out[7]: a      0.25
        b      0.50
        c      0.75
        d      1.00
        dtype: float64
```

E o acesso ao item funciona como o esperado:

```
In [8]: data['b']
Out[8]: 0.5
```

Podemos até usar índices descontínuos ou sem sequência:

```
In [9]: data = pd.Series([0.25, 0.5, 0.75, 1.0],
                         index=[2, 5, 3, 7])
        data
Out[9]: 2      0.25
        5      0.50
        3      0.75
        7      1.00
        dtype: float64

In [10]: data[5]
Out[10]: 0.5
```

Series como um Dicionário Especializado

Assim, você pode considerar o objeto `Series` do Pandas um pouco como a especialização de um dicionário Python. Dicionário é uma estrutura que mapeia chaves arbitrárias para um conjunto de valores arbitrários e `Series` é uma estrutura que mapeia chaves tipadas para um conjunto de valores tipados. Isso é importante: assim como o código compilado específico do tipo por trás de um array NumPy o torna mais eficiente do que uma lista Python para certas operações, as informações do tipo de um objeto `Series` do Pandas o tornam mais eficiente do que os dicionários Python para certas operações.

A analogia de `Series` como dicionário pode ficar ainda mais clara criando um objeto `Series` diretamente a partir de um dicionário Python; veja os cinco estados mais populosos dos EUA segundo o censo de 2020:

```
In [11]: population_dict = {'California': 39538223, 'Texas': 29145505, 'Florida':
                            21538187, 'New York': 20201249,
                            'Pennsylvania': 13002700}
         population = pd.Series(population_dict)
         population
Out[11]: California      39538223
         Texas           29145505
         Florida         21538187
         New York        20201249
         Pennsylvania    13002700
         dtype: int64
```

A partir deste ponto, um item típico no estilo dicionário pode ser executado:

```
In [12]: population['California']
Out[12]: 39538223
```

Mas, diferentemente de um dicionário, `Series` também tem suporte para operações no estilo array, como o fatiamento:

```
In [13]: population['California':'Florida']
Out[13]: California    39538223
         Texas         29145505
         Florida       21538187
         dtype: int64
```

Veremos algumas particularidades da indexação e do fatiamento do Pandas no Capítulo 14.

Criando Objetos Series

Já vimos modos de criar um objeto `Series` do Pandas a partir do zero. Todos são alguma versão do seguinte:

```
pd.Series(data, index=index)
```

onde `index` é um argumento opcional e `data` pode ser uma de muitas entidades.

Por exemplo, `data` pode ser uma lista ou um array NumPy e, nesse caso, `index` tem como padrão uma sequência de inteiros:

```
In [14]: pd.Series([2, 4, 6])
Out[14]: 0    2
         1    4
         2    6
         dtype: int64
```

Ou `data` pode ser um escalar, repetido para preencher o índice especificado:

```
In [15]: pd.Series(5, index=[100, 200, 300])
Out[15]: 100    5
         200    5
         300    5
         dtype: int64
```

Também pode ser um dicionário e, nesse caso, `index` tem como padrão as chaves do dicionário:

```
In [16]: pd.Series({2:'a', 1:'b', 3:'c'})
Out[16]: 2    a
         1    b
         3    c
         dtype: object
```

Em cada caso, o índice pode ser definido explicitamente para controlar a ordem ou o subconjunto de chaves usadas:

```
In [17]: pd.Series({2:'a', 1:'b', 3:'c'}, index=[1, 2])
Out[17]: 1    b
         2    a
         dtype: object
```

Objeto DataFrame do Pandas

A próxima estrutura fundamental em Pandas é `DataFrame`. Como o objeto `Series` visto na seção anterior, `DataFrame` pode ser considerado uma generalização de um array NumPy ou uma especialização de um dicionário Python. Agora veremos cada uma dessas perspectivas.

DataFrame como um Array NumPy Generalizado

Se `Series` é análogo a um array unidimensional com índices explícitos, `DataFrame` é análogo a um array bidimensional com índices explícitos de linhas e colunas. Assim como você pode considerar um array bidimensional como uma sequência ordenada de colunas unidimensionais alinhadas, pode considerar `DataFrame` como uma sequência de objetos `Series` alinhados. Aqui, "alinhado" significa que eles compartilham o mesmo índice.

Para demonstrar, primeiro criaremos um novo `Series` listando a área de cada um dos cinco estados vistos na seção anterior (em quilômetros quadrados):

```
In [18]: area_dict = {'California': 423967, 'Texas': 695662, 'Florida': 170312,
                      'New York': 141297, 'Pennsylvania': 119280}
         area = pd.Series(area_dict)
         area
Out[18]: California      423967
         Texas           695662
         Florida         170312
         New York        141297
         Pennsylvania    119280
         dtype: int64
```

Agora que temos isso junto com o objeto Series `population` de antes, podemos usar um dicionário para criar um único objeto bidimensional contendo essa informação:

```
In [19]: states = pd.DataFrame({'population': population,
                                'area': area})
         states
Out[19]:
                      population    area
           California   39538223  423967
           Texas        29145505  695662
           Florida      21538187  170312
           New York     20201249  141297
           Pennsylvania 13002700  119280
```

Como o objeto `Series`, `DataFrame` tem um atributo `index` que dá acesso aos rótulos do índice:

```
In [20]: states.index
Out[20]: Index(['California', 'Texas', 'Florida', 'New York', 'Pennsylvania'],
         > dtype='object')
```

E mais, `DataFrame` tem um atributo `columns`, que é um objeto `Index` com os rótulos da coluna:

```
In [21]: states.columns
Out[21]: Index(['population', 'area'], dtype='object')
```

Assim, `DataFrame` pode ser considerado a generalização de um array NumPy bidimensional, com linhas e colunas tendo um índice generalizado para acessar os dados.

DataFrame como um Dicionário Especializado

Da mesma forma, também podemos pensar em `DataFrame` como a especialização de um dicionário. Onde um dicionário mapeia uma chave para um valor, `DataFrame` mapeia um nome da coluna para um objeto `Series` de dados da coluna. Por exemplo, solicitar o atributo `'area'` retorna o objeto `Series` contendo as áreas vistas anteriormente:

```
In [22]: states['area']
Out[22]: California      423967
         Texas           695662
         Florida         170312
         New York        141297
         Pennsylvania    119280
         Name: area, dtype: int64
```

Observe um possível ponto confuso aqui: em um array NumPy bidimensional, `data[0]` retornará a primeira *linha*. Para `DataFrame`, `data['col0']` retornará a primeira *coluna*. Por isso, provavelmente é melhor considerar os `DataFrames` como dicionários generalizados, não como arrays generalizados, embora os dois modos de ver a situação possam ser úteis. Veremos meios mais flexíveis de indexar os `DataFrames` no Capítulo 14.

Criando Objetos DataFrame

Um `DataFrame` do Pandas pode ser criado de vários modos. Veremos diversos exemplos.

A partir de um objeto Series

`DataFrame` é uma coleção de objetos `Series` e um `DataFrame` com uma coluna pode ser criado a partir de um objeto `Series`:

```
In [23]: pd.DataFrame(population, columns=['population'])
Out[23]:                  population
              California    39538223
              Texas         29145505
              Florida       21538187
              New York      20201249
              Pennsylvania  13002700
```

A partir de uma lista de dicionários

Qualquer lista de dicionários pode ser criada em um `DataFrame`. Usaremos uma list comprehension (compreensão de lista) simples para criar alguns dados:

```
In [24]: data = [{'a': i, 'b': 2 * i}
                 for i in range(3)]
         pd.DataFrame(data)
Out[24]:    a  b
         0  0  0
         1  1  2
         2  2  4
```

Mesmo que faltem chaves no dicionário, o Pandas as preencherá com valores `NaN` ("Not a Number"; veja o Capítulo 16):

```
In [25]: pd.DataFrame([{'a': 1, 'b': 2}, {'b': 3, 'c': 4}])
Out[25]:      a  b    c
         0  1.0  2  NaN
         1  NaN  3  4.0
```

A partir de um dicionário de objetos Series

Como vimos antes, um `DataFrame` pode ser criado a partir de um dicionário de objetos `Series` também:

```
In [26]: pd.DataFrame({'population': population,
                       'area': area})
Out[26]:                population    area
         California       39538223  423967
         Texas            29145505  695662
         Florida          21538187  170312
         New York         20201249  141297
         Pennsylvania     13002700  119280
```

A partir de um array NumPy bidimensional

Em certo array bidimensional de dados, podemos criar um `DataFrame` com quaisquer nomes especificados de coluna e índice. Se omitido, um índice de inteiros será usado para cada um:

```
In [27]: pd.DataFrame(np.random.rand(3, 2),
                      columns=['foo', 'bar'],
                      index=['a', 'b', 'c'])
Out[27]:          foo       bar
         a  0.471098  0.317396
         b  0.614766  0.305971
         c  0.533596  0.512377
```

A partir de um array NumPy estruturado

Vimos os arrays estruturados no Capítulo 12. Um `DataFrame` do Pandas é muito similar a um array estruturado e pode ser criado diretamente a partir de um:

```
In [28]: A = np.zeros(3, dtype=[('A', 'i8'), ('B', 'f8')])
         A
Out[28]: array([(0, 0.), (0, 0.), (0, 0.)], dtype=[('A', '<i8'), ('B', '<f8')])

In [29]: pd.DataFrame(A)
Out[29]:    A    B
         0  0  0.0
         1  0  0.0
         2  0  0.0
```

Objeto Index do Pandas

Como visto, os objetos `Series` e `DataFrame` contêm um *índice* explícito que permite referenciar e modificar os dados. Esse objeto `Index` é uma estrutura interessante em si e pode ser considerado um *array imutável* ou um *conjunto ordenado* (tecnicamente um multiconjunto, pois os objetos `Index` podem ter valores repetidos). Essas exibições têm consequências interessantes em termos de operações disponíveis nos objetos `Index`. Como um exemplo simples, criaremos um objeto `Index` a partir de uma lista de inteiros:

```
In [30]: ind = pd.Index([2, 3, 5, 7, 11])
         ind
Out[30]: Int64Index([2, 3, 5, 7, 11], dtype='int64')
```

Index como Array Imutável

O objeto `Index` opera de muitos modos como um array. Por exemplo, podemos usar a notação de indexação padrão do Python para recuperar valores ou fatias:

```
In [31]: ind[1]
Out[31]: 3

In [32]: ind[::2]
Out[32]: Int64Index([2, 5, 11], dtype='int64')
```

Os objetos `Index` também têm muitos atributos familiares relacionados aos arrays NumPy:

```
In [33]: print(ind.size, ind.shape, ind.ndim, ind.dtype)
Out[33]: 5 (5,) 1 int64
```

Uma diferença entre os objetos `Index` e os arrays NumPy é que os índices são imutáveis, ou seja, não podem ser modificados por meios normais:

```
In [34]: ind[1] = 0
TypeError: Index does not support mutable operations
```

Essa imutabilidade torna mais seguro compartilhar os índices entre vários `DataFrames` e arrays, sem a possibilidade de efeitos colaterais devido a uma modificação acidental do índice.

Index como Conjunto Ordenado

Os objetos Pandas são planejados para facilitar as operações, como junções em conjuntos de dados, que dependem de muitos aspectos da aritmética de conjuntos. O objeto `Index` segue muitas convenções usadas pela estrutura de dados `set` predefinida do Python, para que uniões, interseções, diferenças e outras combinações possam ser calculadas de um modo familiar:

```
In [35]: indA = pd.Index([1, 3, 5, 7, 9])
         indB = pd.Index([2, 3, 5, 7, 11])

In [36]: indA.intersection(indB)
Out[36]: Int64Index([3, 5, 7], dtype='int64')

In [37]: indA.union(indB)
Out[37]: Int64Index([1, 2, 3, 5, 7, 9, 11], dtype='int64')

In [38]: indA.symmetric_difference(indB)
Out[38]: Int64Index([1, 2, 9, 11], dtype='int64')
```

CAPÍTULO 14

Indexação e Seleção de Dados

Na Parte II, detalhamos os métodos e as ferramentas para acessar, definir e modificar valores nos arrays NumPy. Isso inclui indexar (`arr[2, 1]`), fatiar (`arr[:, 1:5]`), mascarar (`arr[arr > 0]`), fancy indexing ou indexação avançada (`arr[0, [1, 5]]`) e combinações (`arr[:, [1, 5]]`). Aqui, veremos modos parecidos de acessar e modificar valores nos objetos `Series` e `DataFrame` do Pandas. Se você já usou padrões do NumPy, os padrões correspondentes no Pandas serão bem familiares, mas com algumas particularidades.

Começaremos com um caso simples de objeto `Series` unidimensional, então veremos o objeto `DataFrame` bidimensional mais complicado.

Seleção de Dados em Series

Como visto no capítulo anterior, um objeto `Series` age de muitos modos como um array unidimensional do NumPy e como um dicionário padrão do Python. Ter em mente essas duas analogias sobrepostas ajudará a entender os padrões da indexação e da seleção de dados nesses arrays.

Series como Dicionário

Como um dicionário, o objeto `Series` fornece o mapeamento de uma coleção de chaves para uma coleção de valores:

```
In [1]: import pandas as pd
        data = pd.Series([0.25, 0.5, 0.75, 1.0],
                         index=['a', 'b', 'c', 'd'])
        data
Out[1]: a    0.25
        b    0.50
        c    0.75
        d    1.00
        dtype: float64

In [2]: data['b']
Out[2]: 0.5
```

Também podemos usar expressões e métodos Python do tipo dicionário para examinar as chaves/índices e valores:

```
In [3]: 'a' in data
Out[3]: True

In [4]: data.keys()
Out[4]: Index(['a', 'b', 'c', 'd'], dtype='object')

In [5]: list(data.items())
Out[5]: [('a', 0.25), ('b', 0.5), ('c', 0.75), ('d', 1.0)]
```

Os objetos `Series` também podem ser modificados com uma sintaxe do tipo dicionário. Assim como é possível estender um dicionário atribuindo uma nova chave, você pode estender um objeto `Series` atribuindo um novo valor de índice:

```
In [6]: data['e'] = 1.25
        data
Out[6]: a      0.25
        b      0.50
        c      0.75
        d      1.00
        e      1.25
        dtype: float64
```

A facilidade de mudar os objetos é conveniente: internamente, o Pandas toma decisões sobre o layout da memória e a cópia dos dados que precisam ocorrer e normalmente o usuário não precisa se preocupar com essas questões.

Series como Array Unidimensional

`Series` se baseia na interface do tipo dicionário e fornece uma seleção de itens no estilo array com os mesmos mecanismos básicos dos arrays NumPy, ou seja, fatias, mascaramento e fancy indexing. Veja os exemplos a seguir:

```
In [7]: # fatiando por índice explícito
        data['a':'c']
Out[7]: a    0.25
        b    0.50
        c    0.75
        dtype: float64

In [8]: # fatiando por índice implícito de inteiros
        data[0:2]
Out[8]: a    0.25
        b    0.50
        dtype: float64

In [9]: # mascarando
        data[(data > 0.3) & (data < 0.8)]
Out[9]: b    0.50
        c    0.75
        dtype: float64
```

```
In [10]: # fancy indexing
         data[['a', 'e']]
Out[10]: a    0.25
         e    1.25
         dtype: float64
```

Desses, o fatiamento pode originar mais confusão. Observe que ao fatiar com um índice explícito (`data['a':'c']`), o índice final é *incluído* na fatia, mas ao fatiar com um índice implícito (`data[0:2]`), o índice final é *excluído* dela.

Indexadores: loc e iloc

Se seu objeto `Series` tem um índice explícito de inteiros, uma operação de indexação como `data[1]` usará índices explícitos, já uma operação de fatiamento como `data[1:3]` usará índices implícitos no estilo Python:

```
In [11]: data = pd.Series(['a', 'b', 'c'], index=[1, 3, 5])
         data
Out[11]: 1    a
         3    b
         5    c
         dtype: object

In [12]: # índice explícito ao indexar
         data[1]
Out[12]: 'a'

In [13]: # índice implícito ao fatiar
         data[1:3]
Out[13]: 3    b
         5    c
         dtype: object
```

Devido a essa possível confusão no caso dos índices de inteiros, o Pandas fornece alguns atributos *indexadores* especiais que expõem explicitamente certos esquemas de indexação. Não são métodos funcionais, mas atributos que expõem uma interface de fatiamento em particular para os dados no objeto `Series`.

Primeiro, o atributo `loc` permite indexar e fatiar sempre referenciando o índice explícito:

```
In [14]: data.loc[1]
Out[14]: 'a'

In [15]: data.loc[1:3]
Out[15]: 1    a
         3    b
         dtype: object
```

O atributo `iloc` permite indexar e fatiar sempre referenciando o índice implícito no estilo Python:

```
In [16]: data.iloc[1]
Out[16]: 'b'

In [17]: data.iloc[1:3]
Out[17]: 3    b
         5    c
         dtype: object
```

Um lema do código Python é que "o explícito é melhor que o implícito". A natureza explícita de `loc` e `iloc` os torna úteis para manter o código claro e legível; sobretudo no caso dos índices de inteiros, usá-los com consistência pode evitar bugs sutis devido à convenção combinada de indexação/fatiamento.

Seleção de Dados nos DataFrames

Lembre-se de que um `DataFrame` age de modos muito parecidos com um array bidimensional ou estruturado, e também como um dicionário de estruturas `Series` compartilhando o mesmo índice. Essas analogias podem ser úteis ao explorar a seleção de dados nessa estrutura.

DataFrame como Dicionário

A primeira analogia a considerar é o `DataFrame` como um dicionário de objetos `Series` afins. Vejamos de novo o exemplo das áreas e das populações dos estados:

```
In [18]: area = pd.Series({'California': 423967, 'Texas': 695662,
                           'Florida': 170312, 'New York': 141297,
                           'Pennsylvania': 119280})
         pop = pd.Series({'California': 39538223, 'Texas': 29145505,
                          'Florida': 21538187, 'New York': 20201249,
                          'Pennsylvania': 13002700})

         data = pd.DataFrame({'area':area, 'pop':pop})
         data
Out[18]:                 area       pop
          California    423967  39538223
          Texas         695662  29145505
          Florida       170312  21538187
          New York      141297  20201249
          Pennsylvania  119280  13002700
```

O objeto `Series` individual que compõe as colunas de `DataFrame` pode ser acessado com a indexação do nome da coluna no estilo dicionário:

```
In [19]: data['area']
Out[19]: California      423967
         Texas           695662
         Florida         170312
         New York        141297
         Pennsylvania    119280
         Name: area, dtype: int64
```

De forma equivalente, podemos usar o acesso ao estilo atributo com os nomes das colunas que são strings:

```
In [20]: data.area
Out[20]: California      423967
         Texas           695662
         Florida         170312
         New York        141297
         Pennsylvania    119280
         Name: area, dtype: int64
```

Embora seja um atalho útil, lembre-se de que não funciona em todos os casos! Por exemplo, se os nomes da coluna não são strings ou se entram em conflito com os métodos do `DataFrame`, esse acesso ao estilo atributo não é possível. Por exemplo, `DataFrame` tem um método `pop`, então `data.pop` apontará para ele, não para a coluna `pop`:

```
In [21]: data.pop is data["pop"]
Out[21]: False
```

Em particular, evite fazer a atribuição das colunas via atributos (ou seja, use `data['pop'] = z` no lugar de `data.pop = z`).

Como nos objetos `Series` examinados antes, a sintaxe no estilo dicionário também pode ser usada para modificar o objeto, nesse caso adicionando uma nova coluna:

```
In [22]: data['density'] = data['pop'] / data['area']
         data
Out[22]:                 area       pop     density
           California  423967  39538223   93.257784
           Texas       695662  29145505   41.896072
           Florida     170312  21538187  126.463121
           New York    141297  20201249  142.970120
           Pennsylvania 119280 13002700  109.009893
```

Isso é uma prévia da sintaxe direta da aritmética de elemento por elemento entre os objetos `Series`; detalharemos isso no Capítulo 15.

DataFrame como Array Bidimensional

Como mencionado antes, também podemos exibir o `DataFrame` como um array bidimensional aprimorado. Podemos examinar o array de dados subjacentes brutos usando o atributo `values`:

```
In [23]: data.values
Out[23]: array([[4.23967000e+05, 3.95382230e+07, 9.32577842e+01],
                [6.95662000e+05, 2.91455050e+07, 4.18960717e+01],
                [1.70312000e+05, 2.15381870e+07, 1.26463121e+02],
                [1.41297000e+05, 2.02012490e+07, 1.42970120e+02],
                [1.19280000e+05, 1.30027000e+07, 1.09009893e+02]])
```

Com isso em mente, muitas operações familiares do tipo array podem ser feitas no `DataFrame` em si. Por exemplo, podemos transpor o `DataFrame` inteiro para trocar as linhas e as colunas:

```
In [24]: data.T
Out[24]:            California         Texas       Florida      New York  Pennsylvania
         area     4.239670e+05  6.956620e+05  1.703120e+05  1.412970e+05  1.192800e+05
         pop      3.953822e+07  2.914550e+07  2.153819e+07  2.020125e+07  1.300270e+07
         density  9.325778e+01  4.189607e+01  1.264631e+02  1.429701e+02  1.090099e+02
```

Mas ao indexar um objeto `DataFrame`, fica claro que a indexação das colunas no estilo dicionário impede nossa capacidade de simplesmente tratá-lo como um array NumPy. Em particular, passar um índice para um array acessa uma linha:

```
In [25]: data.values[0]
Out[25]: array([4.23967000e+05, 3.95382230e+07, 9.32577842e+01])
```

e passar um "índice" para um `DataFrame` acessa uma coluna:

```
In [26]: data['area']
Out[26]: California      423967
         Texas           695662
         Florida         170312
         New York        141297
         Pennsylvania    119280
         Name: area, dtype: int64
```

Assim, para indexar no estilo array, precisamos de outra convenção. Aqui, o Pandas usa de novo os indexadores `loc` e `iloc` já mencionados. Usando o indexador `iloc`, podemos indexar o array subjacente como se ele fosse um array NumPy simples (com o índice implícito no estilo Python), mas o índice `DataFrame` e os rótulos da coluna são mantidos no resultado:

```
In [27]: data.iloc[:3, :2]
Out[27]:               area       pop
         California  423967  39538223
         Texas       695662  29145505
         Florida     170312  21538187
```

Do mesmo modo, usando o indexador `loc` podemos indexar os dados subjacentes em um estilo array, mas usando nomes explícitos do índice e da coluna:

```
In [28]: data.loc[:'Florida', :'pop']
Out[28]:              area       pop
         California  423967  39538223
         Texas       695662  29145505
         Florida     170312  21538187
```

Qualquer padrão familiar de acesso a dados no estilo NumPy pode ser usado nesses indexadores. Por exemplo, no indexador `loc` podemos combinar a máscara e o fancy indexing assim:

```
In [29]: data.loc[data.density > 120, ['pop', 'density']]

Out[29]:                pop     density
         Florida   21538187  126.463121
         New York  20201249  142.970120
```

Qualquer convenção de indexação também pode ser usada para definir ou modificar os valores; isso é feito do modo padrão habitual, como no NumPy:

```
In [30]: data.iloc[0, 2] = 90
         data
Out[30]:                 area       pop     density
         California    423967  39538223   90.000000
         Texas         695662  29145505   41.896072
         Florida       170312  21538187  126.463121
         New York      141297  20201249  142.970120
         Pennsylvania  119280  13002700  109.009893
```

Para aumentar sua experiência na manipulação de dados do Pandas, sugiro passar um tempo com um `DataFrame` simples e explorar a indexação, o fatiamento, o mascaramento e o fancy indexing permitidos por essas várias abordagens de indexação.

Outras Convenções de Indexação

Existem algumas convenções de indexação extras que podem parecer em desacordo com a discussão anterior, mas são úteis na prática. Primeiro, enquanto a *indexação* se refere a colunas, o *fatiamento* se refere a linhas:

```
In [31]: data['Florida':'New York']
Out[31]:             area       pop     density
         Florida   170312  21538187  126.463121
         New York  141297  20201249  142.970120
```

Tais fatias também podem se referir às linhas por número, não por índice:

```
In [32]: data[1:3]
Out[32]:              area       pop    density
         Texas      695662  29145505  41.896072
         Florida    170312  21538187 126.463121
```

Do mesmo modo, as operações de mascaramento diretas são interpretadas por linhas, não por colunas:

```
In [33]: data[data.density > 120]
Out[33]:              area       pop    density
         Florida    170312  21538187 126.463121
         New York   141297  20201249 142.970120
```

Essas duas convenções são semelhantes sintaticamente àquelas em um array NumPy e embora não se encaixem com precisão nos moldes das convenções do Pandas, são incluídas devido à sua utilidade prática.

CAPÍTULO 15

Operando com Dados no Pandas

Um dos pontos fortes do NumPy é que ele nos permite realizar operações rápidas por elementos, com uma aritmética básica (adição, subtração, multiplicação etc.) e com operações mais complexas (funções trigonométricas, funções exponenciais, logarítmicas etc.). O Pandas herda muito dessa funcionalidade do NumPy e as ufuncs introduzidas no Capítulo 6 são fundamentais para isso.

Mas o Pandas inclui algumas mudanças úteis: para as operações unárias, como funções de negação e trigonométricas, as ufuncs *preservarão os rótulos dos índices e das colunas* na saída e para as operações binárias, como adição e multiplicação, o Pandas *alinhará os índices* automaticamente ao passar os objetos para a ufunc. Isso significa que manter o contexto dos dados e combinar dados de diferentes fontes, tarefas potencialmente propensas a erros com os arrays NumPy brutos, são basicamente infalíveis com o Pandas. Além disso, veremos que existem operações bem definidas entre as estruturas `Series` unidimensionais e as estruturas `DataFrame` bidimensionais.

Ufuncs: Preservação do Índice

Como o Pandas é planejado para trabalhar com o NumPy, qualquer ufunc NumPy funcionará nos objetos `Series` e `DataFrame` do Pandas. Comecemos definindo os objetos `Series` e `DataFrame` simples para demonstrar isto:

```
In [1]: import pandas as pd
        import numpy as np

In [2]: rng = np.random.default_rng(42)
        ser = pd.Series(rng.integers(0, 10, 4))
        ser
Out[2]: 0    0
        1    7
        2    6
        3    4
        dtype: int64
```

```
In [3]: df = pd.DataFrame(rng.integers(0, 10, (3, 4)),
                          columns=['A', 'B', 'C', 'D'])
        df
Out[3]:    A  B  C  D
        0  4  8  0  6
        1  2  0  5  9
        2  7  7  7  7
```

Se aplicamos uma ufunc NumPy nesses objetos, o resultado será outro objeto Pandas *com os índices preservados:*

```
In [4]: np.exp(ser)
Out[4]: 0       1.000000
        1    1096.633158
        2     403.428793
        3      54.598150
        dtype: float64
```

Isso também acontece nas sequências de operações mais complexas:

```
In [5]: np.sin(df * np.pi / 4)
Out[5]:               A             B         C         D
        0  1.224647e-16 -2.449294e-16  0.000000 -1.000000
        1  1.000000e+00  0.000000e+00 -0.707107  0.707107
        2 -7.071068e-01 -7.071068e-01 -0.707107 -0.707107
```

Qualquer ufunc vista no Capítulo 6 pode ser usada de modo semelhante.

Ufuncs: Alinhamento do Índice

Para as operações binárias nos objetos `Series` ou `DataFrame`, o Pandas alinhará os índices no processo de realização da operação. É muito conveniente ao trabalhar com dados incompletos, como veremos nos exemplos a seguir.

Alinhamento do Índice em Series

Como exemplo, suponha que estamos combinando duas fontes de dados diferentes e queremos encontrar apenas os três primeiros estados norte-americanos por *área* e os três primeiros por *população*:

```
In [6]: area = pd.Series({'Alaska': 1723337, 'Texas': 695662,
                          'California': 423967}, name='area')
        population = pd.Series({'California': 39538223, 'Texas': 29145505,
                                'Florida': 21538187}, name='population')
```

Vejamos o que acontece quando dividimos isso para calcular a densidade populacional:

```
In [7]: population / area
Out[7]: Alaska              NaN
        California    93.257784
        Florida             NaN
        Texas         41.896072
        dtype: float64
```

O array resultante contém a *união* dos índices dos dois arrays de entrada, que poderiam ser determinados diretamente a partir destes índices:

```
In [8]: area.index.union(population.index)
Out[8]: Index(['Alaska', 'California', 'Florida', 'Texas'], dtype='object')
```

Qualquer item sem uma entrada é marcado com NaN ou "Not a Number", o modo como o Pandas marca os dados ausentes (veja uma explicação melhor sobre os dados ausentes no Capítulo 16). Essa correspondência de índice é implementada assim para qualquer expressão aritmética predefinida do Python; qualquer valor ausente é marcado com NaN:

```
In [9]: A = pd.Series([2, 4, 6], index=[0, 1, 2])
        B = pd.Series([1, 3, 5], index=[1, 2, 3])
        A + B
Out[9]: 0       NaN
        1       5.0
        2       9.0
        3       NaN
        dtype: float64
```

Se usar valores NaN não for o comportamento desejado, o valor de preenchimento poderá ser modificado usando os devidos métodos do objeto no lugar dos operadores. Por exemplo, chamar A.add(B) equivale a chamar A + B, mas permite a especificação explícita opcional do valor de preenchimento para qualquer elemento em A ou B que possa estar faltando:

```
In [10]: A.add(B, fill_value=0)
Out[10]: 0      2.0
         1      5.0
         2      9.0
         3      5.0
        dtype: float64
```

Alinhamento do Índice em DataFrames

Um tipo parecido de alinhamento ocorre *nas* colunas e *nos* índices ao realizar operações nos objetos DataFrame:

```
In [11]: A = pd.DataFrame(rng.integers(0, 20, (2, 2)),
                          columns=['a', 'b'])
         A
Out[11]:    a  b
         0  10  2
         1  16  9

In [12]: B = pd.DataFrame(rng.integers(0, 10, (3, 3)),
                          columns=['b', 'a', 'c'])
         B
Out[12]:    b  a  c
         0  5  3  1
         1  9  7  6
         2  4  8  5
```

```
In [13]: A + B
Out[12]:        a       b       c
           0  13.0    7.0     NaN
           1  23.0   18.0     NaN
           2   NaN    NaN     NaN
```

Observe que os índices estão alinhados corretamente, não importando sua ordem nos dois objetos, e os índices no resultado são ordenados. Como aconteceu em `Series`, podemos usar os métodos aritméticos do objeto associado e passar qualquer `fill_value` desejado para ser usado no lugar das entradas ausentes. Aqui preencheremos com a média de todos os valores em `A`:

```
In [14]: A.add(B, fill_value=A.values.mean())
Out[14]:        a      b      c
           0  13.00   7.00  10.25
           1  23.00  18.00  15.25
           2  17.25  13.25  14.25
```

A Tabela 15-1 lista os operadores Python e seus métodos de objeto Pandas equivalentes.

Tabela 15-1. Mapeamento entre os operadores Python e os métodos Pandas

Operador Python	Método(s) Pandas
+	`add`
-	`sub`, `subtract`
*	`mul`, `multiply`
/	`truediv`, `div`, `divide`
//	`floordiv`
%	`mod`
**	`pow`

Ufuncs: Operações Entre DataFrames e Series

Ao realizar operações entre `DataFrame` e `Series`, os alinhamentos de índice e coluna são mantidos de forma semelhante, e o resultado lembra as operações entre os arrays NumPy bidimensional e unidimensional. Considere uma operação comum, em que encontramos a diferença de um array bidimensional e uma de suas linhas:

```
In [15]: A = rng.integers(10, size=(3, 4))
         A
Out[15]: array([[4, 4, 2, 0],
                [5, 8, 0, 8],
                [8, 2, 6, 1]])
```

```
In [16]: A - A[0]
Out[16]:    array([[ 0,  0,  0,  0],
                   [ 1,  4, -2,  8],
                   [ 4, -2,  4,  1]])
```

Segundo as regras de broadcasting do NumPy (veja o Capítulo 8), a subtração entre um array bidimensional e uma de suas linhas é aplicada por linha.

No Pandas, a convenção opera igualmente por linha, como um padrão:

```
In [17]: df = pd.DataFrame(A, columns=['Q', 'R', 'S', 'T'])
         df - df.iloc[0]
Out[17]:       Q  R  S  T
            0  0  0  0  0
            1  1  4 -2  8
            2  4 -2  4  1
```

Se você quiser operar por coluna, poderá usar os métodos de objeto mencionados antes, especificando a palavra-chave `axis`:

```
In [18]: df.subtract(df['R'], axis=0)
Out[18]:    Q  R  S  T
         0  0  0 -2 -4
         1 -3  0 -8  0
         2  6  0  4 -1
```

Note que essas operações `DataFrame`/`Series`, como as examinadas antes, alinharão automaticamente os índices entre os dois elementos:

```
In [19]: halfrow = df.iloc[0, ::2]
         halfrow
Out[19]: Q    4
         S    2
         Name: 0, dtype: int64

In [20]: df - halfrow
Out[20]:        Q      R      S      T
         0    0.0    NaN    0.0    NaN
         1    1.0    NaN   -2.0    NaN
         2    4.0    NaN    4.0    NaN
```

A preservação e o alinhamento dos índices e das colunas significam que as operações nos dados do Pandas sempre manterão o contexto dos dados, evitando os erros comuns que podem surgir ao trabalhar com dados heterogêneos e/ou desalinhados nos arrays NumPy brutos.

CAPÍTULO 16

Lidando com Dados Ausentes

A diferença entre os dados em muitos tutoriais e os reais é que os dados do mundo real raramente são claros e homogêneos. Em particular, muitos conjuntos de dados interessantes terão dados ausentes. Para complicar ainda mais, diferentes fontes de dados podem indicar dados ausentes de diferentes maneiras.

Neste capítulo, vemos algumas considerações gerais sobre os dados ausentes, como o Pandas escolhe representá-los e exploraremos algumas ferramentas predefinidas do Pandas para lidar com tais dados no Python. Aqui e ao longo do livro, refiro-me aos dados ausentes em geral como valores *null*, `NaN` ou *NA*.

Compensações nas Convenções de Dados Ausentes

Várias abordagens foram desenvolvidas para controlar a presença dos dados ausentes em uma tabela ou um `DataFrame`. Geralmente envolvem uma das duas estratégias: usar uma *máscara* que indica os valores ausentes globalmente ou escolher um *valor sentinela* que indica uma entrada ausente.

Na abordagem de mascaramento, a máscara pode ser um array booleano inteiramente separado ou pode envolver a apropriação de um bit na representação de dados para indicar localmente o status nulo de um valor.

Na abordagem sentinela, o valor sentinela pode ser uma convenção específica dos dados, como indicar um valor inteiro ausente com -9999, um padrão de bits raro ou pode ser uma convenção mais global, como indicar um valor de float ausente com `NaN` (Not a Number), um valor especial que faz parte da especificação de ponto flutuante IEEE.

As duas abordagens têm compensação. O uso de um array de máscara separado requer a alocação de um array booleano adicional, que aumenta a sobrecarga (ou overhead) em armazenamento e computação. Um valor sentinela reduz o intervalo de valores válidos que podem ser representados e pode exigir uma lógica extra (muitas vezes não otimizada) na aritmética da CPU e da GPU, porque os valores especiais comuns como `NaN` não estão disponíveis para todos os tipos de dados.

Como na maioria dos casos não há uma escolha ideal e universal, diferentes linguagens e sistemas usam convenções diferentes. Por exemplo, a linguagem R usa padrões de bits reservados em cada tipo de dado como valores sentinelas indicando os dados ausentes, já o sistema SciDB usa um byte extra anexado a cada célula para indicar um estado NA.

Dados Ausentes no Pandas

A maneira como o Pandas lida com os valores ausentes está limitada por sua dependência do pacote NumPy, que não possui uma noção predefinida de valores NA para os tipos de dados não float.

Talvez o Pandas tenha seguido a orientação de R ao especificar padrões de bits para cada tipo de dado individual para indicar a nulidade, mas essa abordagem acaba sendo bem difícil. Enquanto o R tem apenas quatro tipos de dados principais, o NumPy suporta *muito mais*: por exemplo, o R tem um único tipo inteiro, já o NumPy suporta 14 tipos de inteiros básicos ao levar em conta as larguras de bits disponíveis, os sinais e os términos da codificação. Reservar um padrão de bits específico em todos os tipos NumPy disponíveis levaria a uma grande sobrecarga em várias operações de caso especial para vários tipos, provavelmente até exigindo uma nova ramificação do pacote NumPy. E mais, para os tipos de dados menores (como inteiros de 8 bits), sacrificar um bit para usar como máscara reduziria muito o intervalo de valores que ele pode representar.

Devido a essas restrições e compensações, o Pandas tem dois "modos" de armazenar e manipular os valores nulos:

- O modo padrão é usar um esquema de dados ausentes baseado em sentinela, com valores de sentinela `NaN` ou `None`, dependendo do tipo dos dados.
- Uma alternativa é usar os tipos de dados null (dtypes) que o Pandas fornece (mais adiante neste capítulo), o que resulta na criação de um array de máscaras para controlar as entradas ausentes. Essas entradas ausentes são apresentadas ao usuário como o valor especial `pd.NA`.

Em qualquer caso, as operações e as manipulações de dados fornecidas pela API do Pandas lidarão e propagarão as entradas ausentes de forma previsível. Mas para saber de cara *por que* essas escolhas são feitas, detalharemos rapidamente as compensações inerentes em `None`, `NaN` e `NA`. Como sempre, importamos NumPy e Pandas:

```
In [1]: import numpy as np
        import pandas as pd
```

None como um Valor Sentinela

Para alguns tipos de dados, o Pandas usa `None` como valor sentinela. `None` é um objeto Python, o que significa que qualquer array com `None` deve ter `dtype=object`, ou seja, deve ser uma sequência de objetos Python.

Por exemplo, observe o que acontece se você passa `None` para um array NumPy:

```
In [2]: vals1 = np.array([1, None, 2, 3])
        vals1
Out[2]: array([1, None, 2, 3], dtype=object)
```

Esse `dtype=object` significa que a melhor representação de tipo comum que o NumPy poderia inferir para o conteúdo do array é que eles são objetos Python. A desvantagem de usar `None` assim é que as operações nos dados serão feitas no nível do Python, com muito mais sobrecarga do que as operações normalmente rápidas vistas para os arrays com os tipos nativos:

```
In [3]: %timeit np.arange(1E6, dtype=int).sum()
Out[3]: 2.73 ms ± 288 µs per loop (mean ± std. dev. of 7 runs, 100 loops each)

In [4]: %timeit np.arange(1E6, dtype=object).sum()
Out[4]: 92.1 ms ± 3.42 ms per loop (mean ± std. dev. of 7 runs, 10 loops each)
```

E mais, como o Python não suporta operações aritméticas com `None`, agregações como `sum` ou `min` normalmente levarão a um erro:

```
In [5]: vals1.sum()
TypeError: unsupported operand type(s) for +: 'int' and 'NoneType'
```

Por isso, o Pandas não usa `None` como sentinela em seus arrays numéricos.

NaN: Dados Numéricos Ausentes

O outro sentinela de dados ausentes, `NaN`, é diferente; é um valor float especial reconhecido por todos os sistemas que usam a representação de ponto flutuante IEEE padrão:

```
In [6]: vals2 = np.array([1, np.nan, 3, 4])
        vals2
Out[6]: array([ 1., nan,  3.,  4.])
```

Observe que o NumPy escolheu um tipo float nativo para o array: isso significa que, ao contrário do array de objetos anterior, este aqui suporta operações rápidas colocadas no código compilado. Saiba que `NaN` é como um vírus de dados — infecta qualquer objeto que ele toca.

Não importa a operação, o resultado da aritmética com `NaN` será outro `NaN`:

```
In [7]: 1 + np.nan  Out[7]: nan

In [8]: 0 * np.nan  Out[8]: nan
```

Isso significa que os agregados dos valores são bem definidos (não resultam em erro), mas nem sempre são úteis:

```
In [9]: vals2.sum(), vals2.min(), vals2.max()
Out[9]: (nan, nan, nan)
```

O NumPy tem versões de agregações com `NaN` que ignorarão os valores ausentes:

```
In [10]: np.nansum(vals2), np.nanmin(vals2), np.nanmax(vals2)
Out[10]: (8.0, 1.0, 4.0)
```

A principal desvantagem de `NaN` é ser especificamente um valor float; não há um valor `NaN` equivalente para inteiros, strings ou outros tipos.

NaN e None no Pandas

`NaN` e `None` têm seu lugar, e o Pandas é criado para lidar com os dois de modo bem alternado, convertendo entre eles quando apropriado:

```
In [11]: pd.Series([1, np.nan, 2, None])
Out[11]: 0    1.0
         1    NaN
         2    .0
         3    NaN
         dtype: float64
```

Para os tipos sem um valor sentinela disponível, o Pandas converte o tipo automaticamente quando os valores NA estão presentes. Por exemplo, se definirmos um valor em um array de inteiros para `np.nan`, ele automaticamente sofrerá uma conversão em um tipo float para aceitar NA:

```
In [12]: x = pd.Series(range(2), dtype=int)
         x
Out[12]: 0    0
         1    1
         dtype: int64

In [13]: x[0] = None
         x
Out[13]: 0    NaN
         1    1.0
         dtype: float64
```

Observe que, além de converter o array de inteiros em float, o Pandas converte automaticamente o valor `None` em `NaN`.

Embora essa mágica pareça um pouco banal em comparação com a abordagem mais unificada dos valores NA nas linguagens específicas de domínio, como R, a abordagem de sentinela/conversão do Pandas funciona muito bem na prática e, por experiência própria, raramente causa problemas.

A Tabela 16-1 lista as convenções de conversão no Pandas quando os valores NA são introduzidos.

Tabela 16-1. Tratamento do Pandas de NAs por tipo

Classe do tipo	Conversão ao armazenar NAs	Valor sentinela NA
`floating`	Sem alteração	`np.nan`
`object`	Sem alteração	`None` **ou** `np.nan`
`integer`	Converte em `float64`	`np.nan`
`boolean`	Converte em `object`	`None` **ou** `np.nan`

No Pandas, os dados de string são sempre armazenados com um dtype `object`.

Dtypes Null do Pandas

Nas primeiras versões do Pandas, `NaN` e `None` como valores sentinela eram as únicas representações de dados ausentes disponíveis. A principal dificuldade era quanto à conversão do tipo implícita: por exemplo, não havia como representar um array de inteiros verdadeiro com dados ausentes.

Para resolver essa dificuldade, o Pandas adicionou posteriormente *dtypes null*, que diferem dos dtypes comuns por seus nomes com letra maiúscula (ex., `pd.Int32` versus `np.int32`). Para ter compatibilidade com as versões anteriores, esses dtypes null só são usados se especificamente solicitados.

Por exemplo, veja um objeto `Series` de inteiros com dados ausentes, criado a partir de uma lista contendo três marcadores disponíveis de dados ausentes:

```
In [14]: pd.Series([1, np.nan, 2, None, pd.NA], dtype='Int32')
Out[14]: 0       1
         1    <NA>
         2       2
         3    <NA>
         4    <NA>
         dtype: Int32
```

Essa representação pode ser usada de forma alternada com outras em todas as operações exploradas no resto deste capítulo.

Operando nos Valores Null

Como vimos, o Pandas trata `None`, `NaN` e `NA` basicamente de forma alternada para indicar valores ausentes ou null. Para facilitar a convenção, o Pandas fornece vários métodos para detectar, remover e substituir os valores null nas estruturas de dados do Pandas:

`isnull`
: Gera uma máscara booleana indicando os valores ausentes

`notnull`
: O oposto de `isnull`

`dropna`
: Retorna uma versão filtrada dos dados

`fillna`
: Retorna uma cópia dos dados com os dados ausentes preenchidos ou atribuídos

Finalizamos o capítulo explorando e demonstrando rápido essas rotinas.

Detectando Valores Null

As estruturas de dados Pandas têm dois métodos úteis para detectar os dados null: `isnull` e `notnull`, retornando uma máscara booleana nos dados:

```
In [15]: data = pd.Series([1, np.nan, 'hello', None])

In [16]: data.isnull()
Out[16]: 0     False
         1      True
         2     False
         3      True
         dtype: bool
```

Como mencionado no Capítulo 14, as máscaras booleanas podem ser usadas diretamente como um índice `Series` ou `DataFrame`:

```
In [17]: data[data.notnull()]
Out[17]: 0      1
         2      hello
         dtype: object
```

Os métodos `isnull()` e `notnull()` têm resultados parecidos para os objetos `DataFrame`.

Descartando os Valores Null

Além dos métodos de máscara, temos os métodos convenientes `dropna` (que remove os valores NA) e `fillna` (que preenche os valores NA). Para `Series`, o resultado é simples:

```
In [18]: data.dropna()
Out[18]: 0      1
         2      hello
         dtype: object
```

Para `DataFrame`, há mais opções. Considere o seguinte `DataFrame`:

```
In [19]: df = pd.DataFrame([[1,          np.nan,  2],
                            [2,          3,       5],
                            [np.nan,     4,       6]])
         df
Out[19]:     0    1   2
         0 1.0  NaN   2
         1 2.0  3.0   5
         2 NaN  4.0   6
```

Não podemos descartar os valores individuais de `DataFrame`, só linhas ou colunas inteiras. Dependendo da aplicação, você pode querer um ou outro, portanto `dropna` inclui várias opções para `DataFrame`.

Por padrão, `dropna` descartará todas as linhas onde *qualquer* valor null existe:

```
In [20]: df.dropna()
Out[20]:       0          1        2
         1   2.0        3.0        5
```

Uma alternativa é descartar os valores NA em um eixo diferente. Usar `axis=1` ou `axis='columns'` descartará todas as colunas com um valor null:

```
In [21]: df.dropna(axis='columns')
Out[21]:    2
         0  2
         1  5
         2  6
```

Mas isso descarta os dados bons também; você pode estar interessado em descartar linhas ou colunas com *todos* os valores NA ou a maioria deles. Isso pode ser especificado com os parâmetros `how` ou `thresh`, que permitem um controle preciso do número de nulls autorizados.

O padrão é `how='any'`, de modo que qualquer linha ou coluna com um valor null será descartada. Também é possível especificar `how='all'`, que só descartará as linhas/colunas contendo *todos* os valores null:

```
In [22]: df[3] = np.nan
         df
Out[22]:      0     1     2     3
         0  1.0   NaN     2   NaN
         1  2.0   3.0     5   NaN
         2  NaN   4.0     6   NaN

In [23]: df.dropna(axis='columns', how='all')
Out[23]:      0     1     2
         0  1.0   NaN     2
         1  2.0   3.0     5
         2  NaN   4.0     6
```

Para um controle ainda maior, o parâmetro `thresh` permite especificar um número mínimo de valores não null para a linha/coluna a ser mantida:

```
In [24]: df.dropna(axis='rows', thresh=3)
Out[24]:      0     1     2     3
         1  2.0   3.0     5   NaN
```

A primeira e última linhas foram descartadas porque têm só dois valores não null.

Preenchendo Valores Null

Às vezes, em vez de descartar os valores NA, você gostaria de substituí-los por um valor válido, como zero, ou um tipo de atribuição ou interpolação de valores bons. É possível fazer isso no local usando o método `isnull` como uma máscara, mas como é uma operação comum, o Pandas tem o método `fillna`, que retorna uma cópia do array com os valores null substituídos.

Considere o objeto `Series` a seguir:

```
In [25]: data = pd.Series([1, np.nan, 2, None, 3], index=list('abcde'),
                          dtype='Int32')
         data
```

```
Out[25]: a       1
         b    <NA>
         c       2
         d    <NA>
         e       3
         dtype: Int32
```

Podemos preencher as entradas NA com um valor, como zero:

```
In [26]: data.fillna(0)
Out[26]: a    1
         b    0
         c    2
         d    0
         e    3
         dtype: Int32
```

Podemos especificar um preenchimento posterior (ffill) para propagar o valor anterior à frente:

```
In [27]: # preenchimento posterior
         data.fillna(method='ffill')
Out[27]: a    1
         b    1
         c    2
         d    2
         e    3
         dtype: Int32
```

Ou especificar um preenchimento anterior (bfill) e propagar os próximos valores para trás:

```
In [28]: # preenchimento anterior
         data.fillna(method='bfill')
Out[28]: a    1
         b    2
         c    2
         d    3
         e    3
         dtype: Int32
```

No caso de um `DataFrame`, as opções são parecidas, mas também podemos especificar o `axis` no qual devem ocorrer os preenchimentos:

```
In [29]: df
Out[29]:          0      1      2      3
         0      1.0    NaN      2    NaN
         1      2.0    3.0      5    NaN
         2      NaN    4.0      6    NaN

In [30]: df.fillna(method='ffill', axis=1)
Out[30]:          0      1      2      3
         0      1.0    1.0    2.0    2.0
         1      2.0    3.0    5.0    5.0
         2      NaN    4.0    6.0    6.0
```

Se o valor anterior está indisponível em um preenchimento posterior, o valor NA permanece.

CAPÍTULO 17

Indexação Hierárquica

Até aqui, focamos principalmente nos dados unidimensionais e bidimensionais, armazenados nos objetos `Series` e `DataFrame` do Pandas, respectivamente. Muitas vezes, é útil ir além e armazenar dados de dimensão superior, ou seja, dados indexados por mais de uma ou duas chaves. As primeiras versões do Pandas forneciam os objetos `Panel` e `Panel4D` que poderiam ser considerados os análogos 3D ou 4D do `DataFrame` 2D, mas eram um pouco complicados para usar na prática. Um padrão muito mais comum para lidar com dados de dimensão superior é usar a *indexação hierárquica* (também conhecida como *multi-indexação*) para incorporar vários *níveis* em um único índice. Assim, dados de dimensão superior podem ser representados de forma compacta nos objetos `Series` unidimensionais e nos objetos `DataFrame` bidimensionais familiares (se você estiver interessado nos arrays *N* dimensionais verdadeiros com índices flexíveis no estilo Pandas, examine o excelente pacote Xarray).

Neste capítulo, veremos a criação direta de objetos `MultiIndex`; considerações ao indexar, fatiar e calcular estatísticas em dados indexados e múltiplos; e rotinas úteis para converter entre as representações de dados simples e hierarquicamente indexadas.

Começamos com as importações padrão:

```
In [1]: import pandas as pd
        import numpy as np
```

Objeto Series Indexado e Múltiplo

Começamos considerando como representar os dados bidimensionais em um objeto `Series` unidimensional. Para ser concreto, consideraremos uma série de dados em que cada ponto tem um caractere e uma chave numérica.

Modo Errado

Suponha que você queira rastrear dados sobre os estados em dois anos diferentes. Usando as ferramentas Pandas já abordadas, pode ser uma tentação simplesmente usar as tuplas do Python como chaves:

```
In [2]: index = [('California', 2010), ('California', 2020),
                 ('New York', 2010), ('New York', 2020),
                 ('Texas', 2010), ('Texas', 2020)]
```

```
        populations = [37253956, 39538223,
                       19378102, 20201249,
                       25145561, 29145505]
        pop = pd.Series(populations, index=index)
        pop
Out[2]: (California, 2010)    37253956
        (California, 2020)    39538223
        (New York, 2010)      19378102
        (New York, 2020)      20201249
        (Texas, 2010)         25145561
        (Texas, 2020)         29145505
        dtype: int64
```

Com esse esquema de indexação, é possível indexar ou fatiar diretamente a série com base neste índice de tuplas:

```
In [3]: pop[('California', 2020):('Texas', 2010)]
Out[3]: (California, 2020)    39538223
        (New York, 2010)      19378102
        (New York, 2020)      20201249
        (Texas, 2010)         25145561
        dtype: int64
```

Mas a conveniência acaba aí. Por exemplo, se precisar selecionar todos os valores de 2010, precisará fazer algumas ações confusas (e potencialmente lentas):

```
In [4]: pop[[i for i in pop.index if i[1] == 2010]]
Out[4]: (California, 2010)    37253956
        (New York, 2010)      19378102
        (Texas, 2010)         25145561
        dtype: int64
```

Isso produz o resultado desejado, mas não é tão claro (ou eficiente para os grandes conjuntos de dados) como a sintaxe de fatiamento que aprendemos a amar no Pandas.

Modo Certo: MultiIndex do Pandas

Por sorte, o Pandas tem uma maneira melhor. Nossa indexação baseada em tuplas é basicamente um multi-índice rudimentar e o tipo `MultiIndex` do Pandas nos dá as operações que desejamos. Podemos criar um multi-índice a partir de tuplas da seguinte forma:

```
In [5]: index = pd.MultiIndex.from_tuples(index)
```

`MultiIndex` representa os vários *níveis* de indexação, neste caso, os nomes do estado e os anos, bem como vários *rótulos* para cada ponto de dados que codificam esses níveis.

Se reindexarmos nossa série com `MultiIndex`, veremos a representação hierárquica dos dados:

```
In [6]: pop = pop.reindex(index)
        pop
Out[6]: California  2010    37253956
                    2020    39538223
        New York    2010    19378102
                    2020    20201249
        Texas       2010    25145561
                    2020    29145505
        dtype: int64
```

Aqui, as duas primeiras colunas da representação Series mostram os diversos valores de índice, enquanto a terceira coluna mostra os dados. Observe que faltam algumas entradas na primeira coluna: nessa representação multi-índice, qualquer entrada em branco indica o mesmo valor da linha acima.

Agora, para acessar todos os dados para os quais o segundo índice é 2020, podemos usar a notação de fatiamento do Pandas:

```
In [7]: pop[:, 2020]
Out[7]: California    39538223
        New York      20201249
        Texas         29145505
        dtype: int64
```

O resultado é uma representação Series indexada individualmente só com as chaves que nos interessam. Essa sintaxe é muito mais conveniente (e a operação bem mais eficiente!) do que a solução de multi-indexação baseada em tuplas inicial. Agora veremos a operação de indexação nos dados hierarquicamente indexados.

MultiIndex Como uma Dimensão Extra

Você pode notar outra coisa aqui: poderíamos ter armazenado com facilidade os mesmos dados usando um `DataFrame` simples com rótulos de índice e coluna. Na verdade, o Pandas é criado com essa equivalência em mente. O método `unstack` converterá rapidamente um objeto `Series` indexado e múltiplo em um `DataFrame` indexado de modo convencional:

```
In [8]: pop_df = pop.unstack()
        pop_df
Out[8]:
                  2010      2020
        California  37253956  39538223
        New York    19378102  20201249
        Texas       25145561  29145505
```

Naturalmente, o método `stack` fornece a operação oposta:

```
In [9]:  pop_df.stack()
Out[9]: California  2010    37253956
                    2020    39538223
        New York    2010    19378102
                    2020    20201249
        Texas       2010    25145561
                    2020    29145505
        dtype: int64
```

Vendo isso, você pode se perguntar por que nos preocupar com a indexação hierárquica. A razão é simples: assim como conseguimos usar a multi-indexação para manipular dados bidimensionais em um objeto `Series` unidimensional, também podemos usá-la para manipular dados de três ou mais dimensões em um objeto `Series` ou `DataFrame`. Cada nível extra em um multi-índice representa uma dimensão extra de dados; utilizar essa propriedade nos dá muito mais flexibilidade nos tipos de dados que podemos representar. Especificamente, podemos adicionar outra coluna de dados demográficos para cada estado a cada ano (digamos, a população com menos de 18 anos); com um `MultiIndex`, isso é tão fácil quanto adicionar outra coluna ao `DataFrame`:

```
In [10]: pop_df = pd.DataFrame({'total': pop,
                                'under18': [9284094, 8898092,
                                            4318033, 4181528,
                                            6879014, 7432474]})
         pop_df

Out[10]:                        total    under18
          California  2010   37253956   9284094
                      2020   39538223   8898092
          New York    2010   19378102   4318033
                      2020   20201249   4181528
          Texas       2010   25145561   6879014
                      2020   29145505   7432474
```

E mais, todas as ufuncs e outras funcionalidades vistas no Capítulo 15 também trabalham com índices hierárquicos. Aqui, calculamos a fração de pessoas com menos de 18 anos por ano, com os dados acima:

```
In [11]: f_u18 = pop_df['under18'] / pop_df['total']
         f_u18.unstack()
Out[11]:                 2010      2020
        California   0.249211  0.225050
        New York     0.222831  0.206994
        Texas        0.273568  0.255013
```

Isso nos permite manipular e explorar com rapidez e facilidade até os dados de alta dimensão.

Métodos de Criação de MultiIndex

O modo mais simples de criar um objeto `Series` ou `DataFrame` multi-indexado é passando uma lista de dois ou mais arrays de índice para o construtor:

```
In [12]: df = pd.DataFrame(np.random.rand(4, 2),
                           index=[['a', 'a', 'b', 'b'], [1, 2, 1, 2]],
                           columns=['data1', 'data2'])
        df
Out[12]:         data1     data2
          a 1  0.748464  0.561409
            2  0.379199  0.622461
          b 1  0.701679  0.687932
            2  0.436200  0.950664
```

O trabalho de criar `MultiIndex` é feito em segundo plano.

Da mesma forma, se você passar um dicionário com as devidas tuplas como chaves, o Pandas reconhecerá automaticamente e usará `MultiIndex` por padrão:

```
In [13]: data = {('California', 2010): 37253956,
                 ('California', 2020): 39538223,
                 ('New York', 2010): 19378102,
                 ('New York', 2020): 20201249,
                 ('Texas', 2010): 25145561,
                 ('Texas', 2020): 29145505}
         pd.Series(data)
Out[13]: California  2010    37253956
                     2020    39538223
         New York    2010    19378102
                     2020    20201249
         Texas       2010    25145561
                     2020    29145505
         dtype: int64
```

No entanto, às vezes é útil criar explicitamente um `MultiIndex`; veremos alguns métodos para fazer isso em seguida.

Construtores MultiIndex Explícitos

Para ter mais flexibilidade sobre como o índice é criado, você pode usar os métodos do construtor disponíveis na classe `pd.MultiIndex`. Por exemplo, como antes, é possível criar um `MultiIndex` a partir de uma lista de arrays simples com os valores do índice em cada nível:

```
In [14]: pd.MultiIndex.from_arrays([['a', 'a', 'b', 'b'], [1, 2, 1, 2]])
Out[14]: MultiIndex([('a', 1),
                     ('a', 2),
                     ('b', 1),
                     ('b', 2)],
                    )
```

Ou pode criá-lo a partir de uma lista de tuplas fornecendo os diversos valores do índice de cada ponto:

```
In [15]: pd.MultiIndex.from_tuples([('a', 1), ('a', 2), ('b', 1), ('b', 2)])
Out[15]: MultiIndex([('a', 1),
                     ('a', 2),
                     ('b', 1),
                     ('b', 2)],
                    )
```

Pode até criá-lo a partir de um produto cartesiano de índices individuais:

```
In [16]: pd.MultiIndex.from_product([['a', 'b'], [1, 2]])
Out[16]: MultiIndex([('a', 1),
                     ('a', 2),
                     ('b', 1),
                     ('b', 2)],
                    )
```

Da mesma forma, é possível criar um `MultiIndex` diretamente usando sua codificação interna e passando `levels` (uma lista de listas contendo os valores de índice disponíveis para cada nível) e `codes` (uma lista de listas que referenciam esses rótulos):

```
In [17]: pd.MultiIndex(levels=[['a', 'b'], [1, 2]],
                       codes=[[0, 0, 1, 1], [0, 1, 0, 1]])
Out[17]: MultiIndex([('a', 1),
                     ('a', 2),
                     ('b', 1),
                     ('b', 2)],
                    )
```

Qualquer um desses objetos pode ser passado como o argumento `index` ao criar um objeto `Series` ou `DataFrame`, ou ser passado para o método `reindex` de um objeto `Series` ou `DataFrame` existente.

Nomes do Nível de MultiIndex

Por vezes, é conveniente nomear os níveis do objeto `MultiIndex`. Isso pode ser feito passando o argumento `names` para qualquer um dos construtores `MultiIndex` vistos antes ou definindo o atributo `names` do índice depois:

```
In [18]: pop.index.names = ['state', 'year']
         pop
Out[18]: state       year
         California  2010    37253956
                     2020    39538223
         New York    2010    19378102
                     2020    20201249
         Texas       2010    25145561
                     2020    29145505
         dtype: int64
```

Nos conjuntos de dados mais complexos, essa pode ser uma maneira útil de controlar o significado dos diversos valores de índice.

MultiIndex para Colunas

Em um `DataFrame`, as linhas e as colunas são bem simétricas e assim como as linhas podem ter vários níveis de índices, as colunas também podem. Considere o seguinte, que é um modelo de alguns dados médicos (meio realistas):

```
In [19]: # índices hierárquicos e colunas
         index = pd.MultiIndex.from_product([[2013, 2014], [1, 2]],
                                            names=['year', 'visit'])
         columns = pd.MultiIndex.from_product([['Bob', 'Guido', 'Sue'],
                                               ['HR', 'Temp']],
                                              names=['subject', 'type'])

         # simule alguns dados
         data = np.round(np.random.randn(4, 6), 1)
```

```
data[:, ::2] *= 10
data += 37

# crie o DataFrame
health_data = pd.DataFrame(data, index=index, columns=columns)
health_data
Out[19]: subject      Bob        Guido        Sue
         type          HR  Temp    HR  Temp    HR  Temp
         year visit
         2013 1      30.0  38.0  56.0  38.3  45.0  35.8
              2      47.0  37.1  27.0  36.0  37.0  36.4
         2014 1      51.0  35.9  24.0  36.7  32.0  36.2
              2      49.0  36.3  48.0  39.2  31.0  35.7
```

Basicamente são dados com quatro dimensões, com as dimensões sendo o assunto, o tipo de medição, o ano e o número da visita. Com isso, podemos indexar a coluna de nível superior pelo nome da pessoa e obter um `DataFrame` completo contendo apenas as informações dela:

```
In [20]: health_data['Guido']
Out[20]: type          HR  Temp
         year visit
         2013 1      56.0  38.3
              2      27.0  36.0
         2014 1      24.0  36.7
              2      48.0  39.2
```

Indexando e Fatiando um MultiIndex

A indexação e o fatiamento em um `MultiIndex` devem ser intuitivos e ajuda se você pensar nos índices como dimensões adicionadas. Primeiro analisaremos a indexação do objeto `Series` indexado e múltiplo, depois o objeto `DataFrame` indexado e múltiplo.

Objeto Series Indexado e Múltiplo

Considere o objeto `Series` indexado e múltiplo das populações no estado que vimos antes:

```
In [21]: pop
Out[21]: state       year
         California  2010    37253956
                     2020    39538223
         New York    2010    19378102
                     2020    20201249
         Texas       2010    25145561
                     2020    29145505
dtype: int64
```

Podemos acessar os elementos individuais indexando com vários termos:

```
In [22]: pop['California', 2010]
Out[22]: 37253956
```

`MultiIndex` também suporta a *indexação parcial* ou indexação de apenas um dos níveis no índice. O resultado é outro objeto `Series`, com os índices de nível inferior mantidos:

```
In [23]: pop['California']
Out[23]: year
         2010    37253956
         2020    39538223
         dtype: int64
```

O fatiamento parcial também está disponível, desde que `MultiIndex` esteja ordenado (veja a análise em "Índices Ordenados e Não Ordenados" adiante):

```
In [24]: poploc['california':'new york']
Out[24]: state          year
         california     2010      37253956
                        2020      39538223
         new york       2010      19378102
                        2020      20201249
         dtype: int64
```

Nos índices ordenados, a indexação parcial pode ser feita nos níveis mais baixos passando uma fatia vazia no primeiro índice:

```
In [25]: pop[:, 2010]
Out[25]: state
         california     37253956
         new york       19378102
         texas          25145561
         dtype: int64
```

Outros tipos de indexação e seleção (examinados no Capítulo 14) também funcionam; por exemplo, seleção baseada em máscaras booleanas:

```
In [26]: pop[pop > 22000000]
Out[26]: state        year
         California   2010     37253956
                      2020     39538223
         Texas        2010     25145561
                      2020     29145505
         dtype: int64
```

A seleção baseada em fancy indexing (indexação avançada) também dá certo:

```
In [27]: pop[['California', 'Texas']]
Out[27]: state          year
         California     2010      37253956
                        2020      39538223
         Texas          2010      25145561
                        2020      29145505
         dtype: int64
```

DataFrames Indexados e Múltiplos

Um `DataFrame` multi-indexado se comporta de maneira semelhante. Considere nosso pequeno `DataFrame` médico de antes:

```
In [28]: health_data
Out[28]: subject          Bob         Guido         Sue
         type             HR   Temp   HR    Temp    HR    Temp
         year   visit
         2013   1         30.0 38.0   56.0  38.3    45.0  35.8
                2         47.0 37.1   27.0  36.0    37.0  36.4
         2014   1         51.0 35.9   24.0  36.7    32.0  36.2
                2         49.0 36.3   48.0  39.2    31.0  35.7
```

Lembre-se de que as colunas são primárias em um `DataFrame` e a sintaxe usada para o objeto `Series` indexado e múltiplo se aplica às colunas. Podemos recuperar os dados da frequência cardíaca de Guido com uma operação simples:

```
In [29]: health_data['Guido', 'HR']
Out[29]: year   visit
         2013   1        56.0
                2        27.0
         2014   1        24.0
                2        48.0
         Name: (Guido, HR), dtype: float64
```

Além disso, como no caso de índice único, podemos usar os indexadores `loc`, `iloc` e `ix` apresentados no Capítulo 14. Por exemplo:

```
In [30]: health_data.iloc[:2, :2]
Out[30]: subject        Bob
         type           HR    Temp
         year   visit
         2013   1       30.0  38.0
                2       47.0  37.1
```

Esses indexadores fornecem uma exibição em array dos dados bidimensionais subjacentes, mas cada índice individual em `loc` ou `iloc` pode receber uma tupla de vários índices. Por exemplo:

```
In [31]: health_data.loc[:, ('Bob', 'HR')]
Out[31]: year  visit
         2013  1        30.0
               2        47.0
         2014  1        51.0
               2        49.0
         Name: (Bob, HR), dtype: float64
```

Trabalhar com fatias nessas tuplas de índice não é muito conveniente; tentar criar uma fatia dentro de uma tupla irá gerar um erro de sintaxe:

```
In [32]: health_data.loc[(:, 1), (:, 'HR')]
SyntaxError: invalid syntax (3311942670.py, line 1)
```

Você poderia resolver isso criando a fatia desejada explicitamente com a função `slice` predefinida do Python, mas uma maneira melhor nesse contexto é usar um objeto `IndexSlice`, que o Pandas fornece exatamente para tal situação:

```
In [33]: idx = pd.IndexSlice
         health_data.loc[idx[:, 1], idx[:, 'HR']]
Out[33]: subject  Bob Guido  Sue
         type      HR    HR   HR
         year visit
         2013 1   30.0  56.0  45.0
         2014 1   51.0  24.0  32.0
```

Como pode ver, há muitos modos de interagir com os dados nos objetos `Series` e `DataFrames` indexados e múltiplos, e como em muitas ferramentas neste livro, a melhor maneira de se familiarizar é experimentando!

Reorganizando os Índices Múltiplos

Um dos segredos de trabalhar com dados indexados e múltiplos é saber como transformar efetivamente os dados. Há várias operações que preservarão todas as informações no conjunto de dados, mas reorganize-o para os vários cálculos. Vimos um breve exemplo nos métodos `stack` e `unstack`, mas há muitas outras maneiras de controlar com precisão a reorganização dos dados entre os índices hierárquicos e as colunas, e vamos explorá-las aqui.

Índices Ordenados e Não Ordenados

Antes, fiz uma rápida advertência, mas devo enfatizá-la mais aqui. *Muitas operações de fatiamento do `MultiIndex` falharão se o índice não estiver ordenado.* Vejamos melhor.

Começaremos criando alguns dados simples indexados e múltiplos, onde os índices *não são ordenados por léxico*:

```
In [34]: index = pd.MultiIndex.from_product([['a', 'c', 'b'], [1, 2]])
         data = pd.Series(np.random.rand(6), index=index)
         data.index.names = ['char', 'int']
         data
Out[34]: char  int
          a    1      0.280341
               2      0.097290
          c    1      0.206217
               2      0.431771
          b    1      0.100183
               2      0.015851
         dtype: float64
```

Se tentarmos pegar uma fatia parcial desse índice, isso resultará em um erro:

```
In [35]: try:
             data['a':'b']
         except KeyError as e:
             print("KeyError", e)
KeyError 'Key length (1) was greater than MultiIndex lexsort depth (0)'
```

Embora não esteja muito claro na mensagem de erro, esse é o resultado de `MultiIndex` não sendo ordenado. Por várias razões, as fatias parciais e outras operações similares requerem que os níveis no `MultiIndex` sejam ordenados (ou seja, ordem lexográfica). O Pandas fornece várias rotinas convenientes para realizar esse tipo de ordenação, como os métodos `sort_index` e `sortlevel` do `DataFrame`. Usaremos aqui o mais simples, `sort_index`:

```
In [36]: data = data.sort_index()
         data
Out[36]: char   int
          a      1        0.280341
                 2        0.097290
          b      1        0.100183
                 2        0.015851
          c      1        0.206217
                 2        0.431771
         dtype: float64
```

Com o índice ordenado assim, o fatiamento parcial funcionará como o esperado:

```
In [37]: data['a':'b']
Out[37]: char   int
          a      1        0.280341
                 2        0.097290
          b      1        0.100183
                 2        0.015851
         dtype: float64
```

Montando e Desmontando os Índices

Como vimos rapidamente antes, é possível converter o conjunto de dados de um índice múltiplo montado em uma representação bidimensional simples, especificando o nível a ser usado, se desejar:

```
In [38]:  pop.unstack(level=0)
Out[38]:  year             2010        2020
          state
          California   37253956    39538223
          New York     19378102    20201249
          Texas        25145561    29145505

In [39]:  pop.unstack(level=1)
Out[39]:  state        year
          California   2010      37253956

                       2020      39538223
          New York     2010      19378102
                       2020      20201249
          Texas        2010      25145561
                       2020      29145505
         dtype: int64
```

O oposto de `unstack` é `stack`, que pode ser usado aqui para recuperar a série original:

```
In [40]: pop.unstack().stack()
Out[40]: state        year
          California  2010    37253956
                      2020    39538223
          New York    2010    19378102
                      2020    20201249
          Texas       2010    25145561
                      2020    29145505
         dtype: int64
```

Definindo e Redefinindo o Índice

Outra maneira de reorganizar os dados hierárquicos é transformar os rótulos do índice em colunas; isso pode ser feito com o método `reset_index`. Chamar isso no dicionário de população resultará em um `DataFrame` com as colunas `state` e `year` contendo as informações que estavam anteriormente no índice. Para ser mais claro, uma opção é especificar o nome dos dados para a representação da coluna:

```
In [41]: pop_flat = pop.reset_index(name='population')
         pop_flat
Out[41]:          state  year  population
          0  California  2010    37253956
          1  California  2020    39538223
          2    New York  2010    19378102
          3    New York  2020    20201249
          4       Texas  2010    25145561
          5       Texas  2020    29145505
```

Um padrão comum é criar um `MultiIndex` a partir dos valores da coluna. Isso pode ser feito com o método `set_index` do `DataFrame`, que retorna um `DataFrame` indexado e múltiplo:

```
In [42]: pop_flat.set_index(['state', 'year'])
Out[42]:                   population
         state      year
         California 2010     37253956
                    2020     39538223
         New York   2010     19378102
                    2020     20201249
         Texas      2010     25145561
                    2020     29145505
```

Na prática, esse tipo de reindexação é um dos padrões mais úteis ao explorar conjuntos de dados reais.

CAPÍTULO 18

Combinando Conjuntos de Dados: concat e append

Alguns estudos interessantes de dados vêm da combinação de fontes de dados variadas. Essas operações podem envolver desde a concatenação muito simples de dois conjuntos de dados diferentes até junções e mesclagens no estilo banco de dados mais complexas que lidam corretamente com quaisquer sobreposições entre os conjuntos. Os objetos `Series` e `DataFrames` são criados com essa operação em mente e o Pandas inclui funções e métodos que tornam essa preparação dos dados rápida e simples.

Aqui, veremos uma concatenação simples de `Series` e `DataFrames` com a função `pd.concat`; depois, detalharemos as mesclagens e as junções na memória mais sofisticadas implementadas no Pandas.

Começamos com as importações padrão:

```
In [1]: import pandas as pd
        import numpy as np
```

Por conveniência, definiremos esta função, que cria o `DataFrame` com um formato particular que será útil nos exemplos a seguir:

```
In [2]: def make_df(cols, ind):
            """Rapidamente cria um DataFrame"""
            data = {c: [str(c) + str(i) for i in ind]
                        for c in cols}
            return pd.DataFrame(data, ind)

        # DataFrame de exemplo
        make_df('ABC', range(3))
Out[2]:      A       B       C
        0    A0      B0      C0
        1    A1      B1      C1
        2    A2      B2      C2
```

E mais, criaremos uma classe rápida que nos permite exibir vários `DataFrames` lado a lado. O código usa o método especial `_repr_html_` que o IPython/Jupyter usa para implementar sua exibição de objetos avançada:

```
In [3]: class display(object):
            """Exibir representação HTML de objetos múltiplos"""
            template = """<div style="float: left; padding: 10px;">
            <p style='font-family:"Courier New", Courier, monospace'>{0}{1}
            """
            def __init__(self, *args):
                self.args = args

            def _repr_html_(self):
                return '\n'.join(self.template.format(a, eval(a)._repr_html_())
                                 for a in self.args)

            def __repr__(self):
                return '\n\n'.join(a + '\n' + repr(eval(a))
                                   for a in self.args)
```

O uso ficará mais claro à medida que continuarmos nossa análise na próxima seção.

Lembrete: Concatenação dos Arrays NumPy

A concatenação dos objetos `Series` e `DataFrame` se comporta como a concatenação dos arrays NumPy, que pode ser feita via função `np.concatenate`, como visto no Capítulo 5. Lembre-se de que com ela, é possível combinar o conteúdo de dois ou mais arrays em um único array:

```
In [4]: x = [1, 2, 3]
        y = [4, 5, 6]
        z = [7, 8, 9]
        np.concatenate([x, y, z])
Out[4]: array([1, 2, 3, 4, 5, 6, 7, 8, 9])
```

O primeiro argumento é uma lista ou tupla de arrays a concatenar. Além disso, no caso dos arrays multidimensionais, requer a palavra-chave `axis` que permite especificar o eixo ao longo do qual o resultado será concatenado:

```
In [5]: x = [[1, 2],
             [3, 4]]
        np.concatenate([x, x], axis=1)
Out[5]: array([[1, 2, 1, 2],
               [3, 4, 3, 4]])
```

Concatenação Simples com pd.concat

A função `pd.concat` fornece uma sintaxe semelhante a `np.concatenate`, mas tem várias opções que veremos em breve:

```
# Assinatura no Pandas v1.3.5
pd.concat(objs, axis=0, join='outer', ignore_index=False, keys=None,
          levels=None, names=None, verify_integrity=False,
          sort=False, copy=True)
```

pd.concat pode ser usada para uma concatenação simples dos objetos Series ou DataFrame, assim como np.concatenate pode ser usada para as concatenações simples dos arrays:

```
In [6]: ser1 = pd.Series(['A', 'B', 'C'], index=[1, 2, 3])
        ser2 = pd.Series(['D', 'E', 'F'], index=[4, 5, 6])
        pd.concat([ser1, ser2])
Out[6]: 1     A
        2     B
        3     C
        4     D
        5     E
        6     F
        dtype: object
```

Também funciona para concatenar objetos de dimensões superiores, como DataFrames:

```
In [7]: df1 = make_df('AB', [1, 2])
        df2 = make_df('AB', [3, 4])
        display('df1', 'df2', 'pd.concat([df1, df2])')
Out[7]: df1       df2        pd.concat([df1, df2])
          A   B     A   B      A  B
        1 A1  B1 3  A3  B3   1 A1 B1
        2 A2  B2 4  A4  B4   2 A2 B2
                             3 A3 B3
                             4 A4 B4
```

Seu comportamento padrão é concatenar por linhas no DataFrame (ou axis=0). Como np.concatenate, pd.concat permite a especificação de um eixo ao longo do qual a concatenação ocorrerá. Considere o seguinte exemplo:

```
In [8]: df3 = make_df('AB', [0, 1])
        df4 = make_df('CD', [0, 1])
        display('df3', 'df4', "pd.concat([df3, df4], axis='columns')")
Out[8]: df3              df4              pd.concat([df3, df4], axis='columns')
            A   B            C   D            A   B   C   D
         0  A0  B0        0  C0  D0        0  A0  B0  C0  D0
         1  A1  B1        1  C1  D1        1  A1  B1  C1  D1
```

Poderíamos ter especificado de forma equivalente axis=1; aqui usamos axis='columns', que é mais intuitivo.

Índices Duplicados

Uma diferença importante entre np.concatenate e pd.concat é que a concatenação Pandas *preserva os índices*, mesmo que o resultado tenha índices duplicados! Considere este pequeno exemplo:

```
In [9]: x = make_df('AB', [0, 1])
        y = make_df('AB', [2, 3])
        y.index = x.index  # corresponda os índices
        display('x', 'y', 'pd.concat([x, y])')
```

```
Out[9]: x            y            pd.concat([x, y])
           A   B           A   B            A   B
        0  A0  B0       0  A2  B2        0  A0  B0
        1  A1  B1       1  A3  B3        1  A1  B1
                                         0  A2  B2
                                         1  A3  B3
```

Observe os índices repetidos no resultado. Embora seja válido nos `DataFrames`, o resultado é muitas vezes indesejado. Lidamos com isso usando `pd.concat`.

Tratando os índices repetidos como um erro

Se quiser apenas verificar se os índices no resultado de `pd.concat` não se sobrepõem, você pode incluir o flag `verify_integrity`. Com isso definido para `True`, a concatenação gerará uma exceção se houver índices duplicados. Veja um exemplo; para maior clareza, pegaremos e imprimiremos a mensagem de erro:

```
In [10]: try:
             pd.concat([x, y], verify_integrity=True)
         except ValueError as e:
             print("ValueError:", e)
ValueError: Indexes have overlapping values: Int64Index([0, 1], dtype='int64')
```

Ignorando o índice

Por vezes, o índice em si não importa e você prefere que seja simplesmente ignorado. Esta opção pode ser especificada com o flag `ignore_index`. Com isso definido para `True`, a concatenação criará um novo índice de inteiros para o `DataFrame` resultante:

```
In [11]: display('x', 'y', 'pd.concat([x, y], ignore_index=True)')
Out[11]: x            y            pd.concat([x, y], ignore_index=True)
            A   B           A   B            A   B
         0  A0  B0       0  A2  B2        0  A0  B0
         1  A1  B1       1  A3  B3        1  A1  B1
                                          2  A2  B2
                                          3  A3  B3
```

Adicionando chaves MultiIndex

Uma possibilidade é usar a opção `keys` para especificar um rótulo para as fontes de dados; o resultado será uma série hierarquicamente indexada contendo os dados:

```
In [12]: display('x', 'y', "pd.concat([x, y], keys=['x', 'y'])")
Out[12]: x            y            pd.concat([x, y], keys=['x', 'y'])
            A   B           A   B              A   B
         0  A0  B0       0  A2  B2        x 0  A0  B0
         1  A1  B1       1  A3  B3          1  A1  B1
                                          y 0  A2  B2
                                            1  A3  B3
```

Podemos usar as ferramentas vistas no Capítulo 17 para transformar esse `DataFrame` indexado e múltiplo na representação que nos interessa.

Concatenação com Joins

Nos exemplos curtos que acabamos de ver, concatenamos principalmente `DataFrames` com nomes de colunas compartilhados. Na prática, dados de diferentes fontes podem ter conjuntos de nomes de colunas variados e `pd.concat` tem várias opções nesse caso. Considere a concatenação dos dois `DataFrames` a seguir, que têm algumas (mas não todas!) colunas em comum:

```
In [13]: df5 = make_df('ABC', [1, 2])
         df6 = make_df('BCD', [3, 4])
         display('df5', 'df6', 'pd.concat([df5, df6])')
Out[13]: df5                  df6                pd.concat([df5, df6])
            A   B   C            B   C   D          A    B   C    D
         1  A1  B1  C1        3  B3  C3  D3      1  A1   B1  C1  NaN
         2  A2  B2  C2        4  B4  C4  D4      2  A2   B2  C2  NaN
                                                 3  NaN  B3  C3   D3
                                                 4  NaN  B4  C4   D4
```

O comportamento padrão é preencher as entradas para as quais nenhum dado está disponível com valores NA. Para mudar isso, podemos ajustar o parâmetro `join` da função `concat`. Por padrão, junção é a união das colunas de entrada (`join='outer'`), mas podemos mudar isso para uma interseção das colunas usando `join='inner'`:

```
In [14]: display('df5', 'df6',
                 "pd.concat([df5, df6], join='inner')")
Out[14]: df5                  df6
            A   B   C            B   C   D
         1  A1  B1  C1        3  B3  C3  D3
         2  A2  B2  C2        4  B4  C4  D4

         pd.concat([df5, df6], join='inner')
            B   C
            B1  C1
         1  B2  C2
         2  B3  C3
         3  B4  C4
```

Outro padrão útil é usar o método `reindex` antes da concatenação para um maior controle sobre quais colunas são descartadas:

```
In [15]: pd.concat([df5, df6.reindex(df5.columns, axis=1)])
Out[15]:        A       B       C
         1      A1      B1      C1
         2      A2      B2      C2
         3      NaN     B3      C3
         4      NaN     B4      C4
```

Método append

Como a concatenação direta do array é muito comum, os objetos `Series` e `DataFrame` têm um método `append` que pode fazer a mesma coisa com menos digitação. Por exemplo, no lugar de `pd.concat([df1, df2])`, você pode usar `df1.append(df2)`:

```
In [16]: display('df1', 'df2', 'df1.append(df2)')
Out[16]: df1              df2              df1.append(df2)
              A   B            A   B            A   B
          1  A1  B1        3  A3  B3        1  A1  B1
          2  A2  B2        4  A4  B4        2  A2  B2
                                            3  A3  B3
                                            4  A4  B4
```

Tenha em mente que, ao contrário dos métodos `append` e `extend` das listas Python, o método `append` no Pandas não modifica o objeto original; pelo contrário, ele cria um novo objeto com os dados combinados. Também não é um método muito eficiente, pois envolve a criação de um novo índice *e* um buffer de dados. Assim, se você planeja fazer várias operações `append`, geralmente é melhor criar uma lista de objetos `DataFrame` e passá-los todos de uma só vez para a função `concat`.

No próximo capítulo, veremos uma abordagem mais avançada para combinar os dados de várias fontes: mesclagens/junções no estilo banco de dados implementadas em `pd.merge`. Para ter mais informações sobre `concat`, `append` e as funcionalidades relacionadas, veja "Merge, Join, Concatenate and Compare" na documentação do Pandas [conteúdo em inglês].

CAPÍTULO 19

Combinando Conjuntos de Dados: merge e join

Um recurso importante oferecido pelo Pandas são suas operações de junção e mesclagem de alto desempenho realizadas em memória, com as quais você pode estar familiarizado se já trabalhou com bancos de dados. A interface principal é a função `pd.merge` e veremos alguns exemplos de como funciona na prática.

Por conveniência, definiremos novamente a função `display` do capítulo anterior após as importações usuais:

```
In [1]: import pandas as pd
        import numpy as np

        class display(object):
          """Exibir representação HTML de múltiplos objetos"""
          template = """<div style="float: left; padding: 10px;">
          <p style='font-family:"Courier New", Courier, monospace'>{0}{1} """
          def _init_(self, *args):
               self.args = args

          def _repr_html_(self):
              return '\n'.join(self.template.format(a, eval(a)._repr_html_())
                               for a in self.args)

          def _repr_(self):
              return '\n\n'.join(a + '\n' + repr(eval(a))
                              for a in self.args)
```

Álgebra Relacional

O comportamento implementado em `pd.merge` é um subconjunto do que é conhecido como *álgebra relacional*, que é um conjunto formal de regras para manipular os dados relacionais que formam a base conceitual das operações disponíveis na maioria dos bancos de dados. O poder da abordagem da álgebra relacional é que ela propõe várias operações fundamentais, que se tornam os blocos de construção das operações mais complexas em qualquer conjunto de dados. Com esse léxico de operações fundamentais implementado de forma eficiente em um BD ou outro programa, inúmeras operações compostas bem complexas podem ser realizadas.

O Pandas implementa esses blocos de construção essenciais na função `pd.merge` e no método `join` afim dos objetos `Series` e `DataFrame`. Como você verá, isso permite vincular com eficiência dados de diferentes fontes.

Categorias de Junções

A função `pd.merge` implementa várias junções: *um para um*, *muitos para um* e *muitos para muitos*. Os três tipos são acessados com uma chamada idêntica para a interface `pd.merge`; o tipo de junção realizada depende do formato dos dados de entrada. Começaremos com alguns exemplos simples dos três tipos de mesclagens e veremos as opções detalhadas um pouco mais adiante.

Junções Um para Um

Talvez o tipo mais simples de mesclagem seja a junção "um para um", que é em muitos aspectos semelhante à concatenação por coluna vista no Capítulo 18. Como exemplo real, considere os dois objetos `DataFrame` a seguir, que contêm informações sobre vários funcionários em uma empresa:

```
In [2]: df1 = pd.DataFrame({'employee': ['Bob', 'Jake', 'Lisa', 'Sue'],
                            'group': ['Accounting', 'Engineering',
                            'Engineering', 'HR']})
        df2 = pd.DataFrame({'employee': ['Lisa', 'Bob', 'Jake', 'Sue'],
                            'hire_date': [2004, 2008, 2012, 2014]})
        display('df1', 'df2')
Out[2]: df1                                   df2
          employee        group                 employee  hire_date
        0      Bob   Accounting               0     Lisa       2004
        1     Jake  Engineering               1      Bob       2008
        2     Lisa  Engineering               2     Jake       2012
        3      Sue           HR               3      Sue       2014
```

Para combinar as informações em um `DataFrame`, usamos a função `pd.merge`:

```
In [3]: df3 = pd.merge(df1, df2)
        df3
Out[3]:   employee        group  hire_date
        0      Bob   Accounting       2008
        1     Jake  Engineering       2012
        2     Lisa  Engineering       2004
        3      Sue           HR       2014
```

A função `pd.merge` reconhece que cada `DataFrame` tem uma coluna `employee` e se une automaticamente usando essa coluna como uma chave. O resultado da mesclagem é um novo `DataFrame` que combina as informações das duas entradas. Observe que a ordem das entradas em cada coluna não é necessariamente mantida: nesse caso, a ordem da coluna `employee` difere entre `df1` e `df2`, e a função `pd.merge` leva isso em conta corretamente. Além disso, saiba que a mesclagem em geral descarta o índice, exceto no caso especial das mesclagens por índice (veja as palavras-chave `left_index` e `right_index` em breve).

Junções Muitos para Um

São junções em que uma das duas colunas-chave contém entradas duplicadas. Para o caso "muitos para um", o `DataFrame` resultante preservará essas entradas duplicadas se apropriado. Considere o exemplo a seguir:

```
In [4]: df4 = pd.DataFrame({'group': ['Accounting', 'Engineering', 'HR'],
                            'supervisor': ['Carly', 'Guido', 'Steve']})
        display('df3', 'df4', 'pd.merge(df3, df4)')
Out[4]: df3                                     df4
           employee        group  hire_date              group supervisor
        0       Bob   Accounting       2008     0 Accounting        Carly
        1      Jake  Engineering       2012     1 Engineering       Guido
        2      Lisa  Engineering       2004     2 HR                Steve
        3       Sue           HR       2014

        pd.merge(df3, df4)
           employee        group  hire_date supervisor
        0       Bob   Accounting       2008      Carly
        1      Jake  Engineering       2012      Guido
        2      Lisa  Engineering       2004      Guido
        3       Sue           HR       2014      Steve
```

O `DataFrame` resultante tem uma coluna adicional com a informação "supervisor", que é repetida em uma ou mais posições como requerido pelas entradas.

Junções Muitos para Muitos

As junções "muitos para muitos" podem ser um pouco confusas conceitualmente, mas são bem definidas. Se a coluna-chave nos arrays esquerdo e direito tiver duplicatas, o resultado será uma mesclagem de "muitos para muitos". Talvez fique mais claro com um exemplo concreto. Considere o seguinte, onde temos um `DataFrame` mostrando uma ou mais habilidades associadas a certo grupo.

Ao realizar uma junção "muitos para muitos", podemos recuperar as habilidades associadas a qualquer indivíduo:

```
In [5]: df5 = pd.DataFrame({'group': ['Accounting', 'Accounting',
                                      'Engineering', 'Engineering', 'HR', 'HR'],
                            'skills': ['math', 'spreadsheets', 'software', 'math',
                                       'spreadsheets', 'organization']})
        display('df1', 'df5', "pd.merge(df1, df5)")
Out[5]: df1                              df5
          employee        group              group         skills
        0      Bob   Accounting       0   Accounting           math
        1     Jake  Engineering       1   Accounting   spreadsheets
        2     Lisa  Engineering       2  Engineering       software
        3      Sue           HR       3  Engineering           math
                                      4           HR   spreadsheets
                                      5           HR   organization

        pd.merge(df1, df5)
          employee        group         skills
        0      Bob   Accounting           math
        1      Bob   Accounting   spreadsheets
        2     Jake  Engineering       software
        3     Jake  Engineering           math
        4     Lisa  Engineering       software
        5     Lisa  Engineering           math
        6      Sue           HR   spreadsheets
        7      Sue           HR   organization
```

Esses três tipos de junções podem ser usados com outras ferramentas Pandas para implementar inúmeras funcionalidades. Mas, na prática, os conjuntos de dados raramente são tão claros quanto o que estamos trabalhando aqui. Na seção a seguir, veremos algumas opções fornecidas por `pd.merge` que permitem ajustar como as operações de junção funcionam.

Especificação da Chave de Mesclagem

Já vimos o comportamento padrão de `pd.merge`: busca um ou mais nomes de coluna correspondentes entre as duas entradas e usa isso como a chave. Porém, muitas vezes os nomes das colunas não correspondem tão bem e `pd.merge` tem várias opções para lidar com isso.

Palavra-chave on

Simplificando, você pode especificar explicitamente o nome da coluna-chave usando a palavra-chave `on`, que requer um nome de coluna ou uma lista de nomes de coluna:

```
In [6]: display('df1', 'df2', "pd.merge(df1, df2, on='employee')")
Out[6]: df1                                 df2
          employee        group           employee   hire_date
        0      Bob   Accounting         0     Lisa        2004
        1     Jake  Engineering         1      Bob        2008
        2     Lisa  Engineering         2     Jake        2012
        3      Sue           HR         3      Sue        2014

        pd.merge(df1, df2, on='employee')
          employee        group  hire_date
        0      Bob   Accounting       2008
        1     Jake  Engineering       2012
        2     Lisa  Engineering       2004
        3      Sue           HR       2014
```

Essa opção só funciona se os `DataFrames` esquerdo e direito têm o nome da coluna especificado.

Palavras-chave left_on e right_on

Às vezes, você pode querer mesclar dois conjuntos de dados com nomes de colunas diferentes; por exemplo, podemos ter um conjunto de dados no qual o nome do funcionário é rotulado como "name" em vez de "employee". Nesse caso, podemos usar as palavras-chave `left_on` e `right_on` para especificar os dois nomes das colunas:

```
In [7]: df3 = pd.DataFrame({'name': ['Bob', 'Jake', 'Lisa', 'Sue'],
                            'salary': [70000, 80000, 120000, 90000]})
        display('df1', 'df3', 'pd.merge(df1, df3, left_on="employee",
                 right_on="name")')
```

```
Out[7]: df1                              df3
          employee        group            name   salary
        0      Bob   Accounting         0   Bob    70000
        1     Jake  Engineering         1  Jake    80000
        2     Lisa  Engineering         2  Lisa   120000
        3      Sue           HR         3   Sue    90000

        pd.merge(df1, df3, left_on="employee", right_on="name")
          employee        group  name  salary
        0      Bob   Accounting   Bob   70000
        1     Jake  Engineering  Jake   80000
        2     Lisa  Engineering  Lisa  120000
        3      Sue           HR   Sue   90000
```

O resultado tem uma coluna redundante que podemos descartar se desejado; por exemplo, usando o método `DataFrame.drop()`:

```
In [8]: pd.merge(df1, df3, left_on="employee", right_on="name").drop('name', axis=1)
Out[8]:   employee        group  salary
        0      Bob   Accounting   70000
        1     Jake  Engineering   80000
        2     Lisa  Engineering  120000
        3      Sue           HR   90000
```

Palavras-chave left_index e right_index

Em vez de mesclar em uma coluna, você gostaria de mesclar em um índice. Por exemplo, os seus dados podem ficar assim:

```
In [9]: df1a = df1.set_index('employee')
        df2a = df2.set_index('employee')
        display('df1a', 'df2a')

Out[9]: df1a                          df2a
                        group                     hire_date
        employee                      employee
        Bob        Accounting         Lisa             2004
        Jake      Engineering         Bob              2008
        Lisa      Engineering         Jake             2012
        Sue                HR         Sue              2014
```

É possível usar o índice como a chave para mesclar, especificando os flags `left_index` e/ou `right_index` em `pd.merge()`:

```
In [10]: display('df1a', 'df2a',
                 "pd.merge(df1a, df2a, left_index=True, right_index=True)")
Out[10]: df1a                        df2a
                       group                   hire_date
         employee                    employee
         Bob       Accounting        Lisa      2004
         Jake     Engineering        Bob       2008
         Lisa     Engineering        Jake      2012
         Sue               HR        Sue       2014
```

```
pd.merge(df1a, df2a, left_index=True, right_index=True)
                    group     hire_date
employee

Bob            Accounting          2008
Jake          Engineering          2012
Lisa          Engineering          2004
Sue                    HR          2014
```

Por conveniência, o Pandas inclui o método `DataFrame.join()`, que faz uma mesclagem baseada em índice sem palavras-chave extras:

```
In [11]: df1a.join(df2a)
Out[11]:                  group    hire_date
        employee
        Bob          Accounting    2008
        Jake        Engineering    2012
        Lisa        Engineering    2004
        Sue                  HR    2014
```

Se quiser misturar índices e colunas, pode combinar `left_index` com `right_on` ou `left_on` com `right_index` para ter o comportamento desejado:

```
In [12]: display('df1a', 'df3', "pd.merge(df1a, df3, left_index=True,
                   right_on='name')")
Out[12]: df1a                           df3
                             group        name      salary
         employee                         0   Bob    70000
         Bob            Accounting        1  Jake    80000
         Jake          Engineering        2  Lisa   120000
         Lisa          Engineering        3   Sue    90000
         Sue                    HR

         pd.merge(df1a, df3, left_index=True, right_on='name')

                  group  name   salary
         0   Accounting   Bob    70000
         1  Engineering  Jake    80000
         2  Engineering  Lisa   120000
         3           HR   Sue    90000
```

Todas essas opções também funcionam com vários índices e/ou colunas; a interface para esse comportamento é muito intuitiva. Para ter mais informações, veja a seção "Merge, Join, and Concatenate" da documentação do Pandas [em inglês].

Especificando o Conjunto Aritmético para as Junções

Em todos os exemplos anteriores, temos uma consideração importante na realização de uma junção: o tipo de conjunto aritmético usado na junção. Isso surge quando um valor aparece em uma coluna-chave, mas não na outra. Exemplo:

```
In [13]: df6 = pd.DataFrame({'name': ['Peter', 'Paul', 'Mary'],
                             'food': ['fish', 'beans', 'bread']},
                            columns=['name', 'food'])
         df7 = pd.DataFrame({'name': ['Mary', 'Joseph'],
                             'drink': ['wine', 'beer']},
                            columns=['name', 'drink'])
         display('df6', 'df7', 'pd.merge(df6, df7)')
Out[13]: df6                        df7
              name   food               name drink
           0  Peter  fish          0    Mary  wine
           1  Paul   beans         1  Joseph  beer
           2  Mary   bread

         pd.merge(df6, df7)
             name  food   drink
          0  Mary  bread  wine
```

Aqui mesclamos dois conjuntos de dados com apenas uma entrada "name" em comum: Mary. Por padrão, o resultado contém a *interseção* dos dois conjuntos de entradas, que é conhecido como *junção interna*. Podemos especificar isso explicitamente usando a palavra-chave `how`, que tem como padrão `"inner"`:

```
In [14]: pd.merge(df6, df7, how='inner')
Out[14]:         name     food  drink
            0    Mary     bread  wine
```

As opções para a palavra-chave `how` são `'outer'`, `'left'` e `'right'`. Uma *junção externa* retorna uma junção na união das colunas de entrada e preenche os valores ausentes com NAs:

```
In [15]: display('df6', 'df7', "pd.merge(df6, df7, how='outer')")
Out[15]: df6                    df7
             name   food            name   drink
         0   Peter  fish      0     Mary    wine
         1   Paul   beans     1     Joseph  beer
         2   Mary   bread

         pd.merge(df6, df7, how='outer')
             name        food   drink
         0   Peter       fish     NaN
         1   Paul        beans    NaN
         2   Mary        bread   wine
         3   Joseph       NaN    beer
```

A *junção esquerda* e a *junção direita* retornam junções nas entradas esquerda e direita, respectivamente. Por exemplo:

```
In [16]: display('df6', 'df7', "pd.merge(df6, df7, how='left')")
Out[16]: df6                        df7
              name   food               name drink
           0  Peter  fish          0    Mary  wine
           1  Paul   beans         1  Joseph  beer
           2  Mary   bread
```

```
pd.merge(df6, df7, how='left')
      name      food    drink
   0  Peter      fish     NaN
   1  Paul      beans     NaN
   2  Mary      bread    wine
```

Agora as linhas da saída correspondem às entradas na informação esquerda. Usar `how='right'` funciona de modo parecido.

Todas essas opções podem ser aplicadas direto em qualquer junção anterior.

Sobrepondo os Nomes da Coluna: Palavra-chave suffixes

Por último, você pode ter um caso em que os dois `DataFrames` de entrada têm nomes de colunas em conflito. Considere este exemplo:

```
In [17]: df8 = pd.DataFrame({'name': ['Bob', 'Jake', 'Lisa', 'Sue'],
                             'rank': [1, 2, 3, 4]})
         df9 = pd.DataFrame({'name': ['Bob', 'Jake', 'Lisa', 'Sue'],
                             'rank': [3, 1, 4, 2]})
         display('df8', 'df9', 'pd.merge(df8, df9, on="name")')
Out[17]: df8                    df9
             name  rank             name  rank
         0    Bob     1         0    Bob     3
         1   Jake     2         1   Jake     1
         2   Lisa     3         2   Lisa     4
         3    Sue     4         3    Sue     2

         pd.merge(df8, df9, on="name") name  rank_x  rank_y
         0     Bob        1        3
         1   Jake        2        1
         2   Lisa        3        4
         3     Sue        4        2
```

Como a saída teria dois nomes de coluna em conflito, a função `merge` anexa automaticamente os sufixos `_x` e `_y` para tornar as colunas da saída únicas. Se os padrões não são adequados, é possível especificar um sufixo personalizado usando a palavra-chave `suffixes`:

```
In [18]: pd.merge(df8, df9, on="name", suffixes=["_L", "_R"])
Out[18]:     name  rank_L  rank_R
         0    Bob       1       3
         1   Jake       2       1
         2   Lisa       3       4
         3    Sue       4       2
```

Esses sufixos funcionam em qualquer padrão de junção possível e também se há várias colunas sobrepostas.

No Capítulo 20, detalharemos um pouco mais a álgebra relacional. Para ter mais informação, veja "Merge, Join, Concatenate and Compare" na documentação do Pandas [em inglês].

Exemplo: Dados dos Estados nos EUA

As operações de mesclagem e junção surgem com mais frequência ao combinar dados de diferentes fontes. Aqui consideraremos um exemplo de alguns dados sobre os estados nos EUA e suas populações:

```
In [19]: # A seguir estão os comandos para download dos dados
         # repo = "https://raw.githubusercontent.com/jakevdp/data-USstates/mas ter"
         # !cd data && curl -O {repo}/state-population.csv
         # !cd data && curl -O {repo}/state-areas.csv
         # !cd data && curl -O {repo}/state-abbrevs.csv
```

Vejamos os três conjuntos de dados, usando a função `read_csv` do Pandas:

```
In [20]: pop = pd.read_csv('data/state-population.csv')
         areas = pd.read_csv('data/state-areas.csv')
         abbrevs = pd.read_csv('data/state-abbrevs.csv')

         display('pop.head()', 'areas.head()', 'abbrevs.head()')
Out[20]: pop.head()
           state/region     ages  year  population
         0           AL  under18  2012   1117489.0
         1           AL    total  2012   4817528.0
         2           AL  under18  2010   1130966.0
         3           AL    total  2010   4785570.0
         4           AL  under18  2011   1125763.0

         areas.head()
                 state  area (sq. mi)
         0     Alabama          52423
         1      Alaska         656425
         2     Arizona         114006
         3    Arkansas          53182
         4  California         163707

         abbrevs.head()
                 state abbreviation
         0     Alabama           AL
         1      Alaska           AK
         2     Arizona           AZ
         3    Arkansas           AR
         4  California           CA
```

Dada essa informação, digamos que queremos calcular um resultado relativamente simples: classificar os estados e os territórios dos EUA pela densidade populacional em 2010. Temos claramente os dados aqui para encontrar esse resultado, mas teremos que combinar os conjuntos de dados.

Começaremos com uma mesclagem de "muitos para um" que nos dará os nomes completos do estado no `DataFrame` da população. Queremos mesclar com base na coluna `state/region` de `pop` e na coluna `abbreviation` de `abbrevs`. Usaremos `how='outer'` para que nenhum dado seja descartado devido a rótulos sem correspondência:

```
In [21]: merged = pd.merge(pop, abbrevs, how='outer',
                           left_on='state/region', right_on='abbreviation')
         merged = merged.drop('abbreviation', axis=1) # descarte informação
         duplicada
         merged.head()
Out[21]:     state/region     ages  year  population    state
          0            AL  under18  2012   1117489.0  Alabama
          1            AL    total  2012   4817528.0  Alabama
          2            AL  under18  2010   1130966.0  Alabama
          3            AL    total  2010   4785570.0  Alabama
          4            AL  under18  2011   1125763.0  Alabama
```

Veremos se houve alguma incompatibilidade aqui, o que pode ser feito procurando as linhas com nulls:

```
In [22]: merged.isnull().any()
Out[22]: state/region    False
         ages            False
         year            False
         population       True
         state            True
         dtype: bool
```

Alguns valores `population` são nulos; descobriremos quais são!

```
In [23]: merged[merged['population'].isnull()].head()
Out[23]:       state/region     ages  year  population  state
         2448            PR  under18  1990         NaN    NaN
         2449            PR    total  1990         NaN    NaN
         2450            PR    total  1991         NaN    NaN
         2451            PR  under18  1991         NaN    NaN
         2452            PR    total  1993         NaN    NaN
```

Parece que todos os valores nulos da população são de Porto Rico antes de 2000; é provável devido a esses dados não estarem disponíveis na fonte original.

O mais importante, vemos que algumas das novas entradas `state` também são nulas, o que significa que não havia entrada correspondente na chave `abbrevs`! Descobriremos quais regiões não têm essa correspondência:

```
In [24]: merged.loc[merged['state'].isnull(), 'state/region'].unique()
Out[24]: array(['PR', 'USA'], dtype=object)
```

Podemos inferir rapidamente o problema: nossos dados populacionais incluem entradas para Porto Rico (PR) e os Estados Unidos inteiros (EUA), mas essas entradas não aparecem na chave de abreviação do estado. Podemos corrigir isso rapidamente preenchendo as devidas entradas:

```
In [25]: merged.loc[merged['state/region'] == 'PR', 'state'] = 'Puerto Rico'
         merged.loc[merged['state/region'] == 'USA', 'state'] = 'United States'
         merged.isnull().any()
Out[25]: state/region    False
         ages            False
         year            False
```

```
population       True
state           False
dtype: bool
```

Os valores nulos acabaram na coluna `state`: estamos prontos!

Agora podemos mesclar o resultado com os dados da área usando um procedimento parecido. Examinando os nossos resultados, queremos unir na coluna `state` de ambos:

```
In [26]: final = pd.merge(merged, areas, on='state', how='left')
         final.head()
Out[26]: state/region     ages  year  population    state  area (sq. mi)
      0            AL  under18  2012   1117489.0  Alabama        52423.0
      1            AL    total  2012   4817528.0  Alabama        52423.0
      2            AL  under18  2010   1130966.0  Alabama        52423.0
      3            AL    total  2010   4785570.0  Alabama        52423.0
      4            AL  under18  2011   1125763.0  Alabama        52423.0
```

Novamente, veremos se há valores nulos para saber se houve incompatibilidade:

```
In [27]: final.isnull().any()
Out[27]: state/region     False
         ages             False
         year             False
         population        True
         state            False
         area (sq. mi)     True
         dtype: bool
```

Há valores nulos na coluna `area`; podemos ver quais regiões foram ignoradas aqui:

```
In [28]: final['state'][final['area (sq. mi)'].isnull()].unique()
Out[28]: array(['United States'], dtype=object)
```

Vemos que nosso `DataFrame` `areas` não contém a área inteira dos EUA. Poderíamos inserir o valor correto (usando a soma de todas as áreas do estado, por exemplo), mas nesse caso, apenas descartaremos os valores nulos porque a densidade populacional dos Estados Unidos não é relevante para nossa análise atual:

```
In [29]: final.dropna(inplace=True)
         final.head()
Out[29]: state/region     ages  year  population    state  area (sq. mi)
      0            AL  under18  2012   1117489.0  Alabama        52423.0
      1            AL    total  2012   4817528.0  Alabama        52423.0
      2            AL  under18  2010   1130966.0  Alabama        52423.0
      3            AL    total  2010   4785570.0  Alabama        52423.0
      4            AL  under18  2011   1125763.0  Alabama        52423.0
```

Agora temos todos os dados necessários. Para responder à questão de interesse, primeiro selecionaremos a parte dos dados correspondentes ao ano de 2010 e a população total. Usaremos a função `query` para fazer isso rapidamente (requer o pacote NumExpr instalado; consulte o Capítulo 24):

```
In [30]: data2010 = final.query("year == 2010 & ages == 'total'")
         data2010.head()
Out[30]:   state/region   ages  year   population       state  area (sq. mi)
        3            AL  total  2010    4785570.0     Alabama        52423.0
        91           AK  total  2010     713868.0      Alaska       656425.0
        101          AZ  total  2010    6408790.0     Arizona       114006.0
        189          AR  total  2010    2922280.0    Arkansas        53182.0
        197          CA  total  2010   37333601.0  California       163707.0
```

Agora calcularemos a densidade populacional e a exibiremos em ordem. Começaremos reindexando os dados na coluna state, depois calcularemos o resultado:

```
In [31]: data2010.set_index('state', inplace=True)
         density = data2010['population'] / data2010['area (sq. mi)']

In [32]: density.sort_values(ascending=False, inplace=True)
         density.head()
Out[32]: state
         District of Columbia       8898.897059
         Puerto Rico                1058.665149
         New Jersey                 1009.253268
         Rhode Island                681.339159
         Connecticut                 645.600649
         dtype: float64
```

O resultado é um ranking dos estados norte-americanos, além de Washington, DC, e Porto Rico, em ordem de sua densidade populacional de 2010, segundo os residentes por quilômetro quadrado. Podemos ver que, de longe, a região mais densa nesse conjunto de dados é Washington, DC (ou seja, o Distrito de Columbia); entre os estados, o mais denso é Nova Jersey.

Também podemos verificar o final da lista:

```
In [33]: density.tail()
Out[33]: state
         South Dakota    10.583512
         North Dakota     9.537565
         Montana          6.736171
         Wyoming          5.768079
         Alaska           1.087509
         dtype: float64
```

Vemos que o estado menos denso, de longe, é o Alasca, em média com pouco mais de um residente por quilômetro quadrado.

Esse tipo de mesclagem de dados é uma tarefa comum ao tentar responder perguntas usando fontes de dados reais. Espero que o exemplo tenha lhe dado uma ideia de algumas maneiras de combinar as ferramentas que abordamos para obter insights com seus dados!

CAPÍTULO 20

Agregação e Agrupamento

Uma parte fundamental de muitas tarefas de análise de dados é a sumarização eficiente: agregações computacionais, como `sum`, `mean`, `median`, `min` e `max`, nas quais um único número resume os aspectos de um conjunto de dados potencialmente grande. Neste capítulo, veremos as agregações no Pandas, desde operações simples, como as que vimos nos arrays NumPy, até operações mais sofisticadas baseadas no conceito de `groupby`.

Por conveniência, usaremos a mesma função mágica `display` utilizada nos capítulos anteriores:

```
In [1]: import numpy as np
        import pandas as pd

        class display(object):
            """Exibir representação HTML de múltiplos objetos"""
            template = """<div style="float: left; padding: 10px;">
            <p style='font-family:"Courier New", Courier, monospace'>{0}{1}
            """
            def _init_(self, *args):
                self.args = args

           def _repr_html_(self):
                return '\n'.join(self.template.format(a, eval(a)._repr_html_())
                                 for a in self.args)

           def __repr__(self):
                return '\n\n'.join(a + '\n' + repr(eval(a))
                                  for a in self.args)
```

Dados dos Planetas

Aqui usaremos o conjunto de dados Planets, disponível no pacote Seaborn (veja o Capítulo 36). Ele fornece informações sobre os planetas que os astrônomos descobriram em torno de outras estrelas (conhecidos como *planetas extrassolares* ou *exoplanetas* para abreviar). Ele pode ser baixado com um simples comando Seaborn:

```
In [2]: import seaborn as sns
        planets = sns.load_dataset('planets')
        planets.shape
Out[2]: (1035, 6)
```

```
In [3]: planets.head()
Out[3]:          method  number  orbital_period   mass  distance  year
        0  Radial Velocity       1         269.300   7.10     77.40  2006
        1  Radial Velocity       1         874.774   2.21     56.95  2008
        2  Radial Velocity       1         763.000   2.60     19.84  2011
        3  Radial Velocity       1         326.030  19.40    110.62  2007
        4  Radial Velocity       1         516.220  10.50    119.47  2009
```

Tem detalhes sobre os mais de mil planetas extrassolares descobertos até 2014.

Agregação Simples no Pandas

No Capítulo 7, exploramos algumas agregações de dados disponíveis para os arrays NumPy. Tal como acontece com um array NumPy unidimensional, para um objeto `Series` do Pandas, as agregações retornam um único valor:

```
In [4]: rng = np.random.RandomState(42)
        ser = pd.Series(rng.rand(5))
        ser
Out[4]: 0    0.374540
        1    0.950714
        2    0.731994
        3    0.598658
        4    0.156019
        dtype: float64

In [5]: ser.sum()
Out[5]: 2.811925491708157

In [6]: ser.mean()
Out[6]: 0.5623850983416314
```

Para um `DataFrame`, por padrão as agregações retornam os resultados em cada coluna:

```
In [7]: df = pd.DataFrame({'A': rng.rand(5),
                           'B': rng.rand(5)})
        df
Out[7]:          A         B
        0  0.155995  0.020584
        1  0.058084  0.969910
        2  0.866176  0.832443
        3  0.601115  0.212339
        4  0.708073  0.181825

In [8]: df.mean()
Out[8]: A    0.477888
        B    0.443420
        dtype: float64
```

Especificando o argumento `axis`, é possível agregar em cada linha:

```
In [9]: df.mean(axis='columns')
```

```
Out[9]: 0    0.088290
        1    0.513997
        2    0.849309
        3    0.406727
        4    0.444949
        dtype: float64
```

Os objetos `Series` e `DataFrame` do Pandas incluem todos as agregações comuns mencionadas no Capítulo 7; além disso, há um método conveniente, `describe`, que calcula várias agregações comuns para cada coluna e retorna o resultado. Usaremos isso nos dados Planets, por enquanto descartando as linhas com valores ausentes:

```
In [10]: planets.dropna().describe()
Out[10]:          number  orbital_period        mass    distance         year
         count  498.00000      498.000000  498.000000  498.000000   498.000000
         mean     1.73494      835.778671    2.509320   52.068213  2007.377510
         std      1.17572     1469.128259    3.636274   46.596041     4.167284
         min      1.00000        1.328300    0.003600    1.350000  1989.000000
         25%      1.00000       38.272250    0.212500   24.497500  2005.000000
         50%      1.00000      357.000000    1.245000   39.940000  2009.000000
         75%      2.00000      999.600000    2.867500   59.332500  2011.000000
         max      6.00000    17337.500000   25.000000  354.000000  2014.000000
```

Esse método nos ajuda a entender as propriedades gerais de um conjunto de dados. Por exemplo, vemos na coluna `year` que, embora os exoplanetas tenham sido descobertos em 1989, metade dos planetas no conjunto de dados não foi descoberta até 2010 ou depois. Em grande parte é graças à missão *Kepler*, que visava encontrar planetas eclipsantes em torno de outras estrelas usando um telescópio espacial especialmente projetado.

A Tabela 20-1 resume outras agregações predefinidas do Pandas.

Tabela 20-1. Listagem dos métodos de agregação do Pandas

Agregação	Retorna
`count`	Número total de itens
`first`, `last`	Primeiro e último itens
`mean`, `median`	Média e mediana
`min`, `max`	Mínimo e máximo
`std`, `var`	Desvio-padrão e variância
`mad`	Desvio médio absoluto
`prod`	Produto de todos os itens
`sum`	Soma de todos os itens

Todos são métodos dos objetos `DataFrame` e `Series`.

Mas para se aprofundar nos dados, as agregações simples não costumam ser suficientes. O próximo nível de sumarização de dados é a operação `groupby`, que calcula de forma rápida e eficiente as agregações nos subconjuntos de dados.

groupby: Dividir, Aplicar, Combinar

As agregações simples podem lhe dar uma ideia do seu conjunto de dados, mas muitas vezes preferimos agregar condicionalmente em algum rótulo ou índice: isso é implementado na conhecida operação `groupby`. O termo "group by" (agrupar por) vem de um comando na linguagem de banco de dados SQL, mas talvez seja mais esclarecedor pensar nisso nos termos criados pela primeira vez por Hadley Wickham do Rstats: *dividir, aplicar, combinar.*

Dividir, Aplicar, Combinar

Um exemplo aceito da operação "dividir, aplicar, combinar", em que "aplicar" é uma agregação por soma, é mostrada na Figura 20-1.

A Figura 20-1 mostra o que a operação `groupby` faz:

- A etapa *dividir* envolve separar e agrupar um `DataFrame` dependendo do valor da chave especificada.
- A etapa *aplicar* envolve o cálculo de alguma função, geralmente uma agregação, uma transformação ou uma filtragem, dentro dos grupos individuais.
- A etapa *combinar* mescla os resultados dessas operações em um array de saída.

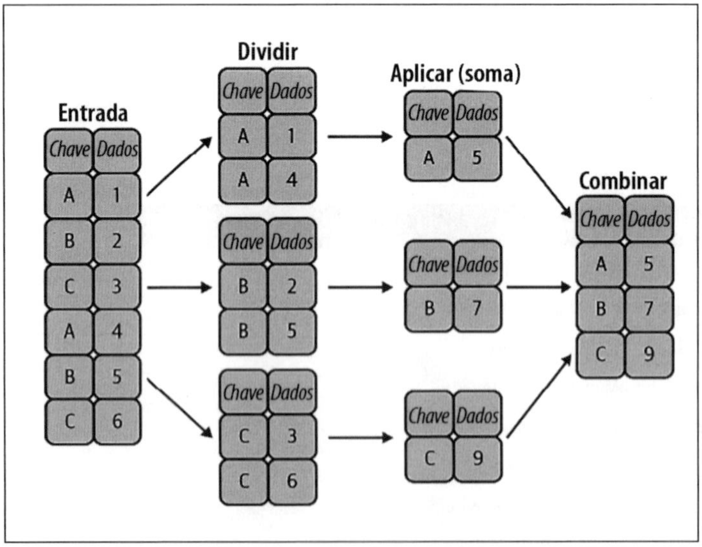

Figura 20-1. Uma representação visual da operação groupby[1]

1 O código para produzir a imagem pode ser encontrado no apêndice online.

É certo que isso pode ser feito manualmente usando uma combinação dos comandos de mascaramento, agregação e mesclagem abordados antes, mas uma constatação importante é que as *divisões intermediárias não precisam ser instanciadas explicitamente*. Pelo contrário, `groupby` pode (muitas vezes) fazer isso em uma única passagem nos dados, atualizando a soma, a média, a contagem, o mínimo ou outra agregação para cada grupo ao longo do caminho. O poder de `groupby` está em sua abstração das etapas: o usuário não precisa pensar em *como* o cálculo é feito internamente, mas pode pensar na *operação por completo*.

Como um exemplo concreto, vejamos o uso do Pandas para o cálculo mostrado na tabela a seguir. Começaremos criando o `DataFrame` de entrada:

```
In [11]: df = pd.DataFrame({'key': ['A', 'B', 'C', 'A', 'B', 'C'],
                            'data': range(6)}, columns=['key', 'data'])
         df
Out[11]: key  data
      0   A     0
      1   B     1
      2   C     2
      3   A     3
      4   B     4
      5   C     5
```

A operação mais básica para dividir, aplicar e combinar pode ser calculada com o método `groupby` de `DataFrame`, passando o nome da coluna-chave desejada:

```
In [12]: df.groupby('key')
Out[12]: <pandas.core.groupby.generic.DataFrameGroupBy object at 0x11d241e20>
```

Observe que o retorno é um objeto `DataFrameGroupBy`, não um conjunto de objetos `DataFrame`. É onde acontece a mágica: você pode considerá-lo como uma exibição especial do `DataFrame`, que está pronto para entrar nos grupos, mas não faz nenhum cálculo real até a agregação ser aplicada. Essa abordagem de "avaliação atrasada" significa que as agregações comuns podem ser implementados com eficiência, de uma forma quase invisível para o usuário.

Para produzir um resultado, podemos aplicar uma agregação no objeto `DataFrameGroupBy`, que executará as devidas etapas para aplicar/combinar, produzindo o resultado desejado:

```
In [13]: df.groupby('key').sum()
Out[13]:      data
         key
         A       3
         B       5
         C       7
```

O método `sum` é só uma possibilidade aqui; você pode aplicar a maioria das funções de agregação do Pandas ou do NumPy, bem como a maioria das operações `DataFrame`, como verá a seguir.

Objeto GroupBy

O objeto `GroupBy` é uma abstração flexível: em muitos aspectos, pode ser tratado como simplesmente uma coleção de `DataFrames`, embora esteja fazendo coisas mais sofisticadas internamente. Vejamos exemplos com os dados Planets.

Talvez as operações mais importantes disponibilizadas por um `GroupBy` sejam *agregar, filtrar, transformar* e *aplicar*. Detalharemos cada uma na próxima seção, mas antes, veremos outras funcionalidades que podem ser usadas com a operação básica `GroupBy`.

Indexação de colunas

O objeto `GroupBy` suporta a indexação de colunas como faz o `DataFrame` e retorna um objeto `GroupBy` modificado. Por exemplo:

```
In [14]: planets.groupby('method')
Out[14]: <pandas.core.groupby.generic.DataFrameGroupBy object at 0x11d1bc820>

In [15]: planets.groupby('method')['orbital_period']
Out[15]: <pandas.core.groupby.generic.SeriesGroupBy object at 0x11d1bcd60>
```

Aqui selecionamos um grupo `Series` específico no grupo `DataFrame` original por referência ao nome da coluna. Como no objeto `GroupBy`, nenhum cálculo é feito até chamar uma agregação no objeto:

```
In [16]: planets.groupby('method')['orbital_period'].median()
Out[16]: method
         Astrometry                         631.180000
         Eclipse Timing Variations         4343.500000
         Imaging                          27500.000000
         Microlensing                      3300.000000
         Orbital Brightness Modulation        0.342887
         Pulsar Timing                       66.541900
         Pulsation Timing Variations       1170.000000
         Radial Velocity                    360.200000
         Transit                              5.714932
         Transit Timing Variations           57.011000
         Name: orbital_period, dtype: float64
```

Isso dá uma ideia da escala geral dos períodos orbitais (em dias) aos quais cada método é sensível.

Iteração nos grupos

O objeto `GroupBy` suporta uma iteração direta nos grupos, retornando cada um como `Series` ou `DataFrame`:

```
In [17]: for (method, group) in planets.groupby('method'):
             print("{0:30s} shape={1}".format(method, group.shape))
Out[17]: Astrometry                     shape=(2, 6)
```

```
Eclipse Timing Variations          shape=(9, 6)
Imaging                            shape=(38, 6)
Microlensing                       shape=(23, 6)
Orbital Brightness Modulation      shape=(3, 6)
Pulsar Timing                      shape=(5, 6)
Pulsation Timing Variations        shape=(1, 6)
Radial Velocity                    shape=(553, 6)
Transit                            shape=(397, 6)
Transit Timing Variations          shape=(4, 6)
```

Isso pode ser útil para uma inspeção manual dos grupos para uma depuração, mas muitas vezes é bem mais rápido usar a funcionalidade `apply` predefinida, que veremos em breve.

Métodos de envio

Usando a mágica das classes Python, qualquer método não implementado explicitamente pelo objeto `GroupBy` será passado e chamado nos grupos, sendo eles objetos `DataFrame` ou `Series`. Por exemplo, usar o método `describe` equivale a chamar `describe` no `DataFrame` que representa cada grupo:

```
In [18]: planets.groupby('method')['year'].describe().unstack()
Out[18]:         method
         count   Astrometry                          2.0
                 Eclipse Timing Variations           9.0
                 Imaging                            38.0
                 Microlensing                       23.0
                 Orbital Brightness Modulation       3.0
                                                     ...
         max     Pulsar Timing                    2011.0
                 Pulsation Timing Variations      2007.0
                 Radial Velocity                  2014.0
                 Transit                          2014.0
               T ransit Timing Variations         2014.0
         Length: 80, dtype: float64
```

Examinar a tabela nos ajuda a entender melhor os dados: por exemplo, a grande maioria dos planetas até 2014 foi descoberta pelos métodos Velocidade Radial e Trajeto, embora o último tenha se tornado comum mais recentemente. Os métodos mais recentes parecem ser Variação de Tempo do Trajeto e Modulação do Brilho Orbital, que não foram usados para descobrir um novo planeta até 2011.

Observe que esses métodos de envio são aplicados *a cada grupo individual* e os resultados são combinados em `GroupBy` e retornados. De novo, qualquer método `DataFrame`/`Series` válido pode ser chamado de modo parecido no objeto `GroupBy` correspondente.

Agregar, Filtrar, Transformar, Aplicar

A análise anterior focou a agregação para a operação de combinação, mas há mais opções disponíveis. Em particular, os objetos `GroupBy` têm métodos aggregate, filter, transform e apply que implementam bem inúmeras operações úteis antes de combinar os dados agrupados.

Para as seguintes subseções, usaremos este DataFrame:

```
In [19]: rng = np.random.RandomState(0)
         df = pd.DataFrame({'key': ['A', 'B', 'C', 'A', 'B', 'C'],
                            'data1': range(6),
                            'data2': rng.randint(0, 10, 6)},
                            columns = ['key', 'data1', 'data2'])
         df
Out[19]:   key  data1  data2
         0   A      0      5
         1   B      1      0
         2   C      2      3
         3   A      3      3
         4   B      4      7
         5   C      5      9
```

Agregação

Agora você está familiarizado com as agregações GroupBy com sum, median etc., mas o método aggregate permite ainda mais flexibilidade. Pode ter uma string, uma função ou uma lista, e calcular todos as agregações de uma só vez. Veja um exemplo rápido combinando tudo:

```
In [20]: df.groupby('key').aggregate(['min', np.median, max])
Out[20]:      data1              data2
              min median max     min median max
         key
         A      0    1.5   3       3    4.0   5
         B      1    2.5   4       0    3.5   7
         C      2    3.5   5       3    6.0   9
```

Outro padrão comum é passar os nomes das colunas de mapeamento do dicionário para as operações a serem aplicadas nessa coluna:

```
In [21]: df.groupby('key').aggregate({'data1': 'min',
                                      'data2': 'max'})
Out[21]:      data1  data2
          key
          A       0      5
          B       1      7
          C       2      9
```

Filtragem

Uma operação de filtragem permite descartar os dados com base nas propriedades do grupo. Por exemplo, queremos manter todos os grupos cujo desvio-padrão é maior do que um valor crítico:

```
In [22]: def filter_func(x):
             return x['data2'].std() > 4

         display('df', "df.groupby('key').std()",
                 "df.groupby('key').filter(filter_func)")
Out[22]: df                          df.groupby('key').std()
           key  data1  data2              data1     data2
         0  A      0      5          key
         1  B      1      0          A    2.12132  1.414214
         2  C      2      3          B    2.12132  4.949747
         3  A      3      3          C    2.12132  4.242641
         4  B      4      7
         5  C      5      9

         df.groupby('key').filter(filter_func)
           key  data1  data2
         1  B      1      0
         2  C      2      3
         4  B      4      7
         5  C      5      9
```

A função de filtro deve retornar um valor booleano especificando se o grupo passa na filtragem. Aqui, como o grupo A não tem um desvio-padrão maior que 4, ele é descartado do resultado.

Transformação

Enquanto a agregação deve retornar uma versão reduzida dos dados, a transformação pode retornar alguma versão transformada dos dados completos para recombinar. Para tal transformação, a saída tem a mesma forma da entrada. Um exemplo comum é centralizar os dados subtraindo a média por grupo:

```
In [23]: def center(x):
             return x - x.mean()
         df.groupby('key').transform(center)
Out[23]:     data1  data2
         0    -1.5    1.0
         1    -1.5   -3.5
         2    -1.5   -3.0
         3     1.5   -1.0
         4     1.5    3.5
         5     1.5    3.0
```

Método apply

O método `apply` permite aplicar uma função arbitrária aos resultados do grupo. A função deve ter um `DataFrame` e retorna um objeto Pandas (por exemplo, `DataFrame`, `Series`) ou um escalar; o comportamento da etapa de combinação será adaptado ao tipo de saída retornado.

Por exemplo, veja uma operação `apply` que normaliza a primeira coluna pela soma da segunda:

```
In [24]: def norm_by_data2(x):
             # x é um DataFrame de valores do grupo
             x['data1'] /= x['data2'].sum()
             return x

         df.groupby('key').apply(norm_by_data2)
Out[24]:   key     data1  data2
         0   A  0.000000      5
         1   B  0.142857      0
         2   C  0.166667      3
         3   A  0.375000      3
         4   B  0.571429      7
         5   C  0.416667      9
```

O método `apply` em `GroupBy` é flexível: o único critério é que a função requer um `DataFrame` e retorna um objeto Pandas ou um escalar. O que você faz no meio é de sua responsabilidade!

Especificando a Chave da Divisão

Nos exemplos simples apresentados antes, dividimos o `DataFrame` em um único nome de coluna. É apenas uma das muitas opções como os grupos podem ser definidos; veremos algumas opções para a especificação do grupo aqui.

Lista, array, série ou índice fornecendo as chaves de agrupamento

A chave pode ser qualquer série ou lista com um comprimento correspondendo ao do `DataFrame`. Por exemplo:

```
In [25]: L = [0, 1, 0, 1, 2, 0]
         df.groupby(L).sum()
Out[25]:      data1  data2
         0        7     17
         1        4      3
         2        4      7
```

Claro, isso significa que há outra maneira, mais detalhada, de usar `df.groupby('key')` comparando com antes:

```
In [26]: df.groupby(df['key']).sum()
Out[26]:       data1  data2
          key
          A        3      8
          B        5      7
          C        7     12
```

Dicionário ou série mapeando o índice para o grupo

Outro método é fornecer um dicionário que mapeie os valores de índice para as chaves do grupo:

```
In [27]: df2 = df.set_index('key')
         mapping = {'A': 'vowel', 'B': 'consonant'', 'C': 'consonant'}
         display('df2', 'df2.groupby(mapping).sum()')
Out[27]: df2                        df2.groupby(mapping).sum()
                data1  data2                     data1   data2
         key                        key
         A          0      5        consonant       12      19
         B          1      0        vowel            3       8
         C          2      3
         A          3      3
         B          4      7
         C          5      9
```

Qualquer função Python

Semelhante ao mapeamento, você pode passar qualquer função Python que irá inserir o valor do índice e gerar o grupo:

```
In [28]: df2.groupby(str.lower).mean()
Out[28]:        data1  data2
         key
         a      1.5      4.0
         b      2.5      3.5
         c      3.5      6.0
```

Uma lista de chaves válidas

E mais, qualquer uma das opções de chave anteriores pode ser combinada para agrupar em um multi-índice:

```
In [29]: df2.groupby([str.lower, mapping]).mean()
Out[29]:                  data1  data2
         key key
         a   vowel        1.5      4.0
         b   consonant    2.5      3.5
         c   consonant    3.5      6.0
```

Exemplo de Agrupamento

Como exemplo, em algumas linhas de código Python podemos reunir tudo isso e contar os planetas descobertos por método e por década:

```
In [30]: decade = 10 * (planets['year'] // 10)
         decade = decade.astype(str) + 's'
         decade.name = 'decade'
         planets.groupby(['method', decade])['number'].sum().unstack().fillna(0)
```

```
Out[30]: decade                          1980s  1990s  2000s  2010s
         method
         Astrometry                        0.0    0.0    0.0    2.0
         Eclipse Timing Variations         0.0    0.0    5.0   10.0
         Imaging                           0.0    0.0   29.0   21.0
         Microlensing                      0.0    0.0   12.0   15.0
         Orbital Brightness Modulation     0.0    0.0    0.0    5.0
         Pulsar Timing                     0.0    9.0    1.0    1.0
         Pulsation Timing Variations       0.0    0.0    1.0    0.0
         Radial Velocity                   1.0   52.0  475.0  424.0
         Transit                           0.0    0.0   64.0  712.0
         Transit Timing Variations         0.0    0.0    0.0    9.0
```

Isso mostra o poder de combinar muitas das operações vistas até agora ao analisar conjuntos de dados realistas: tivemos uma rápida compreensão geral de quando e como os planetas extrassolares foram detectados nos anos após a primeira descoberta.

Sugiro investigar essas linhas de código e avaliar as etapas individuais para garantir que você entendeu exatamente o que elas estão fazendo com o resultado. Certamente é um exemplo um pouco complicado, mas entender essas partes lhe dará meios para explorar igualmente seus próprios dados.

CAPÍTULO 21

Tabelas Dinâmicas

Vimos que a abstração `groupby` nos permite explorar relacionamentos em um conjunto de dados. *Tabela dinâmica* é uma operação semelhante comumente vista em planilhas e outros programas que operam em dados tabulares. Ela recebe dados simples de coluna como entrada e agrupa as entradas em uma tabela bidimensional que fornece uma sumarização multidimensional dos dados. A diferença entre tabelas dinâmicas e `groupby` às vezes pode causar confusão; é bom pensar nas tabelas dinâmicas como essencialmente uma versão *multidimensional* da agregação `groupby`, ou seja, você divide, aplica e combina, mas a divisão e a combinação acontecem não em um índice unidimensional, mas na grade bidimensional.

Motivando as Tabelas Dinâmicas

Para os exemplos nesta seção, usaremos o banco de dados de passageiros do *Titanic*, disponível na biblioteca Seaborn (veja o Capítulo 36):

```
In [1]: import numpy as np
        import pandas as pd
        import seaborn as sns
        titanic = sns.load_dataset('titanic')

In [2]: titanic.head()
Out[2]:    survived  pclass     sex   age  sibsp  parch     fare embarked  class  \
        0         0       3    male  22.0      1      0   7.2500        S  Third
        1         1       1  female  38.0      1      0  71.2833        C  First
        2         1       3  female  26.0      0      0   7.9250        S  Third
        3         1       1  female  35.0      1      0  53.1000        S  First
        4         0       3    male  35.0      0      0   8.0500        S  Third

             who  adult_male deck  embark_town alive  alone
         0    man        True  NaN  Southampton    no  False
         1  woman       False    C    Cherbourg   yes  False
         2  woman       False  NaN  Southampton   yes   True
         3  woman       False    C  Southampton   yes  False
         4    man        True  NaN  Southampton    no   True
```

Como a saída mostra, isso contém vários pontos de dados sobre cada passageiro nessa malfadada viagem, incluindo sexo, idade, classe, tarifa paga etc.

Tabelas Dinâmicas Feitas à Mão

Para saber mais sobre esses dados, agrupe de acordo com sexo, status de sobrevivência ou uma combinação disso. Se leu o capítulo anterior, pode querer aplicar uma operação `groupby` — vejamos a taxa de sobrevivência por sexo:

```
In [3]: titanic.groupby('sex')[['survived']].mean()
Out[3]:         survived
        sex
        female 0.742038
        male   0.188908
```

Isso nos dá uma visão inicial: no geral, três em cada quatro mulheres a bordo sobreviveram, mas apenas um em cada cinco homens conseguiu!

Isso é útil, mas gostaríamos de ir um pouco além e ver as taxas de sobrevivência por sexo e, digamos, classe. Usando o vocabulário de `groupby`, podemos prosseguir usando um processo assim: primeiro *agrupamos por* classe e sexo, depois *selecionamos* a sobrevivência, *aplicamos* um agregado médio, *combinamos* os grupos resultantes e, finalmente, *desempilhamos* o índice hierárquico para revelar a multidimensionalidade oculta. No código:

```
In [4]: titanic.groupby(['sex', 'class'])['survived'].aggregate('mean').unstack()
Out[4]: class       First     Second     Third
        sex
        female   0.968085   0.921053   0.500000
        male     0.368852   0.157407   0.135447
```

Isso nos dá uma ideia melhor de como o sexo e a classe afetaram a sobrevivência, mas o código parece um pouco confuso. Embora cada etapa desse pipeline faça sentido considerando as ferramentas vistas anteriormente, a longa linha de código não é muito fácil de ler ou usar. Esse `groupby` bidimensional é comum o suficiente para que o Pandas inclua uma rotina conveniente, `pivot_table`, que lida de forma sucinta com essa agregação multidimensional.

Sintaxe da Tabela Dinâmica

Veja o equivalente da operação anterior usando o método `DataFrame.pivot_table`:

```
In [5]: titanic.pivot_table('survived', index='sex', columns='class', aggfunc='mean')
Out[5]: class       First     Second     Third
        sex
        female   0.968085   0.921053   0.500000
        male     0.368852   0.157407   0.135447
```

Isso é bem mais legível do que a abordagem `groupby` manual e produz o mesmo resultado. Como se pode esperar de um cruzeiro transatlântico do início do século XX, o gradiente de sobrevivência favorece as classes mais altas e as pessoas registradas como mulheres nos dados. As mulheres da primeira classe sobreviveram com muita certeza (oi, Rose!), mas apenas um em cada oito ou mais homens da terceira classe sobreviveu (desculpe, Jack!).

Tabelas Dinâmicas com Vários Níveis

Assim como em `groupby`, o agrupamento nas tabelas dinâmicas pode ser especificado com vários níveis e com inúmeras opções. Por exemplo, podemos estar interessados em ver a idade como uma terceira dimensão. Armazenaremos a idade usando a função pd.cut:

```
In [6]:  age = pd.cut(titanic['age'], [0, 18, 80])
         titanic.pivot_table('survived', ['sex', age], 'class')
Out[6]:  class               First     Second     Third
         sex      age
         female   (0, 18]    0.909091  1.000000   0.511628
                  (18, 80]   0.972973  0.900000   0.423729
         male     (0, 18]    0.800000  0.600000   0.215686
                  (18, 80]   0.375000  0.071429   0.133663
```

Podemos aplicar a mesma estratégia ao trabalhar com colunas também; adicionaremos informações sobre a tarifa paga, usando pd.qcut para calcular os quantis automaticamente:

```
In [7]: fare = pd.qcut(titanic['fare'], 2)
        titanic.pivot_table('survived', ['sex', age], [fare, 'class'])
Out[7]: fare            (-0.001, 14.454]                      (14.454, 512.329] \
        class                      First    Second    Third            First
        sex    age
        female (0, 18]               NaN  1.000000  0.714286        0.909091
               (18, 80]              NaN  0.880000  0.444444        0.972973
        male   (0, 18]               NaN  0.000000  0.260870        0.800000
               (18, 80]              0.0  0.098039  0.125000        0.391304

        fare
        class              Second     Third
        sex    age
        female (0, 18]   1.000000  0.318182
               (18, 80]  0.914286  0.391304
        male   (0, 18]   0.818182  0.178571
               (18, 80]  0.030303  0.192308
```

O resultado é uma agregação quadridimensional com índices hierárquicos (veja o Capítulo 17), em uma grade demonstrando a relação entre os valores.

Opções Adicionais da Tabela Dinâmica

Veja a assinatura completa da chamada do método DataFrame.pivot_table:

```
# assinatura de chamadas a partir do Pandas 1.3.5
DataFrame.pivot_table(data, values=None, index=None, columns=None,
                      aggfunc='mean', fill_value=None, margins=False, dropna=
                      True, margins_name='All', observed=False,
                      sort=True)
```

Já vimos exemplos dos três primeiros argumentos; aqui veremos os restantes. Duas das opções, fill_value e dropna, têm a ver com dados ausentes e são bem simples; não darei exemplos delas aqui.

A palavra-chave aggfunc controla o tipo de agregação aplicado, que é uma média por padrão. Como em groupby, a especificação da agregação pode ser uma string representando uma das várias escolhas comuns ('sum', 'mean', 'count', 'min', 'max' etc.) ou uma função que implementa uma agregação (por exemplo, np.sum(), min(), sum() etc.). E mais, pode ser especificada como um dicionário mapeando uma coluna para qualquer uma das opções desejadas:

```
In [8]: titanic.pivot_table(index='sex', columns='class',
                            aggfunc={'survived':sum, 'fare':'mean'})
Out[8]:              fare                                  survived
        class        First       Second       Third        First    Second   Third
        sex
        female  106.125798    21.970121   16.118810       91       70       72
        male     67.226127    19.741782   12.661633       45       17       47
```

Observe também aqui que omitimos a palavra-chave values; ao especificar um mapeamento para aggfunc, isso é determinado automaticamente.

Por vezes, é útil calcular os totais em cada agrupamento. Isso pode ser feito com a palavra-chave margins:

```
In [9]: titanic.pivot_table('survived', index='sex', columns='class', margins=True)
Out[9]: class        First       Second      Third       All
        sex
        female       0.968085    0.921053    0.500000    0.742038
        male         0.368852    0.157407    0.135447    0.188908
        All          0.629630    0.472826    0.242363    0.383838
```

Aqui, isso nos dá automaticamente informações sobre a taxa de sobrevivência por sexo não importando a classe, a taxa de sobrevivência por classe não importando o sexo e a taxa de sobrevivência geral de 38%. O rótulo da margem pode ser especificado com a palavra-chave margins_name; o padrão é "All".

Exemplo: Dados de Natalidade

Como outro exemplo, vejamos os dados disponíveis gratuitamente sobre nascimentos nos EUA, fornecidos pelo CDC (Centro de Controle de Doenças). (Esse conjunto de dados foi analisado extensivamente por Andrew Gelman e sua equipe; veja, por exemplo, o blog sobre processamento de sinais usando processos gaussianos):[1]

```
In [10]: # comando do shell para baixar os dados:
         # !cd data && curl -O \
         # https://raw.githubusercontent.com/jakevdp/data-CDCbirths/master/births.csv

In [11]: births = pd.read_csv('data/births.csv')
```

Examinando os dados, vemos que são relativamente simples: contêm o número de nascimentos agrupados por data e gênero:

1 O conjunto de dados do CDC nesta seção usa o sexo atribuído ao nascimento, que ele chama de "gênero", e limita os dados a homens e mulheres. Embora o gênero seja um espectro independente da biologia, usarei a mesma terminologia ao examinar esse conjunto de dados para ter consistência e clareza.

```
In [12]: births.head()
Out[12]:     year  month  day gender  births
          0  1969      1  1.0      F    4046
          1  1969      1  1.0      M    4440
          2  1969      1  2.0      F    4454
          3  1969      1  2.0      M    4548
          4  1969      1  3.0      F    4548
```

Começamos a entender esses dados um pouco mais usando uma tabela dinâmica. Adicionaremos uma coluna decade e veremos os nascimentos de meninos e meninas em função da década:

```
In [13]: births['decade'] = 10 * (births['year'] // 10)
         births.pivot_table('births', index='decade', columns='gender',
                            aggfunc='sum')
Out[13]: gender          F         M
         decade
         1960      1753634   1846572
         1970     16263075  17121550
         1980     18310351  19243452
         1990     19479454  20420553
         2000     18229309  19106428
```

Vemos que os nascimentos de meninos superam os de meninas em todas as décadas. Para ver essa tendência um pouco mais claramente, podemos usar as ferramentas de plotagem predefinidas no Pandas para visualizar o número total de nascimentos por ano, como mostrado na Figura 21-1 (veja a Parte IV para ter uma análise sobre plotagem com Matplotlib):

```
In [14]: %matplotlib inline
         import matplotlib.pyplot as plt
         plt.style.use('seaborn-whitegrid')
         births.pivot_table(
         'births', index='year', columns='gender', aggfunc='sum').plot()
      plt.ylabel('total births per year');
```

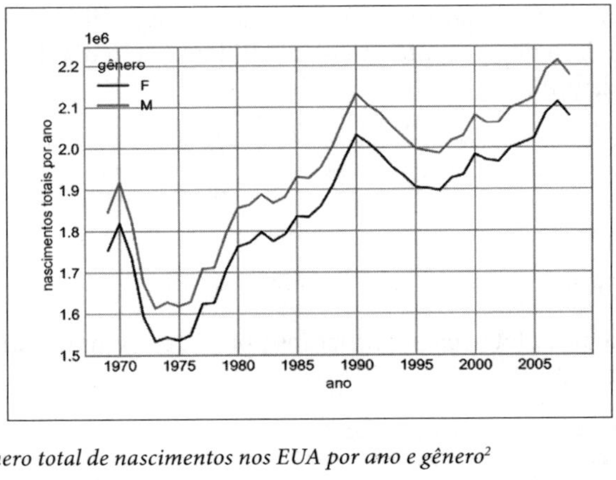

Figura 21-1. Número total de nascimentos nos EUA por ano e gênero[2]

2 Há uma versão colorida da figura no GitHub.

Com uma tabela dinâmica simples e o método `plot`, podemos ver de cara a tendência anual de nascimentos por gênero. Visualmente, parece que nos últimos 50 anos os nascimentos de meninos superaram os de meninas em cerca de 5%.

Embora não esteja necessariamente relacionado à tabela dinâmica, há alguns recursos mais interessantes que podemos extrair desse conjunto de dados usando as ferramentas Pandas vistas até agora. Devemos começar limpando um pouco os dados, removendo os valores atípicos causados por datas digitadas incorretamente (por exemplo, 31 de junho) ou valores inexistentes (como 99 de junho). Um jeito fácil de remover tudo de uma vez é cortar os valores atípicos; faremos isso com uma operação robusta de sigma-clipping operation:

```
In [15]: quartiles = np.percentile(births['births'], [25, 50, 75])
         mu = quartiles[1]
         sig = 0.74 * (quartiles[2] - quartiles[0])
```

A linha final é uma estimativa robusta do desvio-padrão da amostra, em que 0,74 vem da faixa interquartil de uma distribuição gaussiana (você pode aprender mais sobre as operações de corte sigma em um livro meu com coautoria de Željko Ivezić, Andrew J. Connolly e Alexander Gray, *Statistics, Data Mining, and Machine Learning in Astronomy* [sem publicação no Brasil]).

Com isso, podemos usar o método `query` (visto no Capítulo 24) para filtrar as linhas com nascimentos fora desses valores:

```
In [16]: births = births.query('(births > @mu - 5 * @sig) &
                                (births < @mu + 5 * @sig)')
```

Então, definimos a coluna `day` para inteiros; antes, ela era uma coluna de string porque algumas colunas no conjunto de dados tinham o valor `'null'`:

```
In [17]: # defina coluna 'day' para inteiro; antes era string devido a nulls
         births['day'] = births['day'].astype(int)
```

Por fim, podemos combinar dia, mês e ano para criar um índice de datas (veja o Capítulo 23). Isso nos permite calcular rapidamente o dia da semana correspondente a cada linha:

```
In [18]: # crie um índice datetime a partir do ano, do mês, do dia
         births.index = pd.to_datetime(10000 * births.year +
                                       100 * births.month +
                                       births.day, format='%Y%m%d')

         births['dayofweek'] = births.index.dayofweek
```

Com isso, podemos plotar os nascimentos por dia da semana para várias décadas (veja a Figura 21-2).

```
In [19]: import matplotlib.pyplot as plt
         import matplotlib as mpl
```

```
    births.pivot_table('births', index='dayofweek',
                       columns='decade', aggfunc='mean').plot()
plt.gca().set(xticks=range(7),
              xticklabels=['Mon', 'Tues', 'Wed', 'Thurs',
                           'Fri', 'Sat', 'Sun'])
plt.ylabel('mean births by day');
```

Aparentemente, os nascimentos são um pouco menos comuns nos fins de semana do que nos dias de semana! Note que os anos 1990 e 2000 faltam porque a partir de 1989, os dados do CDC contêm apenas o mês de nascimento.

Outra exibição interessante é plotar o número médio de nascimentos por dia do ano. Primeiro agruparemos os dados por mês e dia separadamente:

```
In [20]: births_by_date = births.pivot_table('births',
                                              [births.index.month, births.index.day])
         births_by_date.head()
Out[20]:         births
         1 1   4009.225
           2   4247.400
           3   4500.900
           4   4571.350
           5   4603.625
```

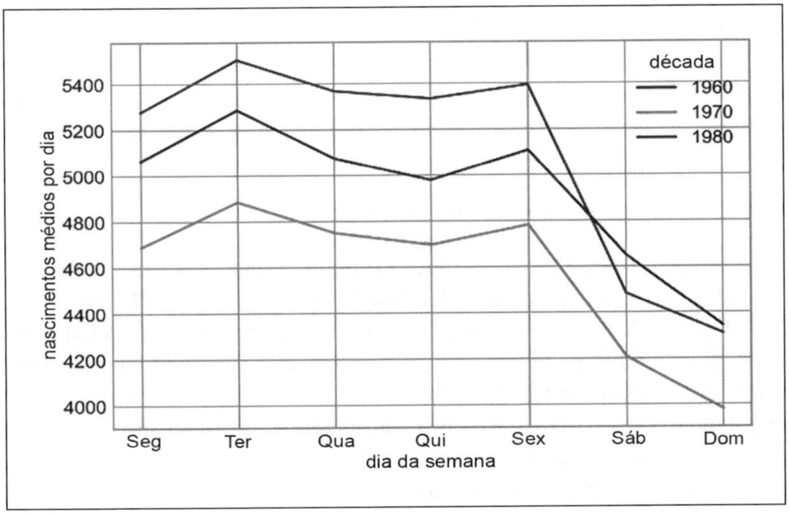

Figura 21-2. Nascimentos diários médios por dia da semana e década[3]

O resultado é um multi-índice ao longo de meses e dias. Para visualizar isso, transformaremos esses meses e dias em datas associando-os a uma variável do ano fictícia (escolha um ano bissexto para 29 de fevereiro ser lidado corretamente!):

3 Há uma versão colorida da figura no GitHub.

```
In [21]: from datetime import datetime
         births_by_date.index = [datetime(2012, month, day)
                                 for (month, day) in births_by_date.index]
         births_by_date.head()
Out[21]:               births
         2012-01-01  4009.225
         2012-01-02  4247.400
         2012-01-03  4500.900
         2012-01-04  4571.350
         2012-01-05  4603.625
```

Focando apenas o mês e o dia, agora temos uma série temporal que reflete o número médio de nascimentos por data do ano. A partir disso, podemos usar o método `plot` para plotar os dados. Ele revela tendências interessantes, como visto na Figura 21-3.

```
In [22]: # Plote os resultados
         fig, ax = plt.subplots(figsize=(12, 4))
         births_by_date.plot(ax=ax);
```

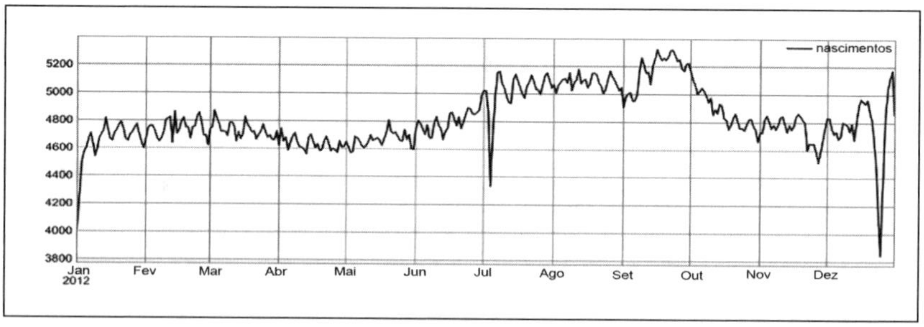

Figura 21-3. Nascimentos diários médios por data[4]

Em particular, o traço marcante deste gráfico é a queda na taxa de natalidade nos feriados dos EUA (por exemplo, Dia da Independência, Dia do Trabalho, Ação de Graças, Natal, Ano Novo), embora isso provavelmente reflita tendências em nascimentos programados induzidos, não um efeito psicossomático profundo sobre os nascimentos naturais. Para ter uma maior discussão sobre essa tendência, veja a análise e os links no blog de Andrew Gelman sobre o assunto. Voltaremos a essa figura no Capítulo 32, onde usaremos as ferramentas de Matplotlib para fazer anotações na plotagem.

Vendo este pequeno exemplo, é possível perceber que muitas ferramentas do Python e do Pandas vistas até agora podem ser combinadas e usadas para obter insights de inúmeros conjuntos de dados. Veremos algumas aplicações mais sofisticadas dessas manipulações de dados nos próximos capítulos!

4 Há uma versão em tamanho grande da figura no GitHub.

CAPÍTULO 22

Operações de String Vetorizadas

Uma vantagem do Python é sua relativa facilidade de lidar e manipular dados de string. O Pandas se baseia nisso e fornece um conjunto abrangente de *operações de string vetorizadas* que são uma parte importante da preparação necessária ao trabalhar com dados reais (leia-se: limpeza). Neste capítulo, veremos algumas operações de string do Pandas, em seguida, veremos o uso delas para limpar parcialmente um conjunto de dados muito confuso de receitas coletadas na internet.

Introdução das Operações de String do Pandas

Vimos nos capítulos anteriores que ferramentas como NumPy e Pandas generalizam as operações aritméticas para que possamos executar com facilidade e rapidez a mesma operação em muitos elementos do array. Por exemplo:

```
In [1]: import numpy as np
        x = np.array([2, 3, 5, 7, 11, 13])
        x * 2
Out[1]: array([ 4,  6, 10, 14, 22, 26])
```

Essa *vetorização* de operações simplifica a sintaxe de operar nos arrays de dados: não precisamos mais nos preocupar com o tamanho ou a forma do array, apenas com qual operação queremos fazer. Para os arrays de strings, o NumPy não tem um acesso tão simples, portanto, você está limitado a usar uma sintaxe de loop mais verbosa:

```
In [2]: data = ['peter', 'Paul', 'MARY', 'gUIDO']
        [s.capitalize() for s in data]
Out[2]: ['Peter', 'Paul', 'Mary', 'Guido']
```

Isso talvez seja suficiente para trabalhar com alguns dados, mas falhará se houver valores ausentes, assim, a abordagem requer verificações extras:

```
In [3]: data = ['peter', 'Paul', None, 'MARY', 'gUIDO']
        [s if s is None else s.capitalize() for s in data]
Out[3]: ['Peter', 'Paul', None, 'Mary', 'Guido']
```

Essa abordagem manual não é apenas verbosa e inconveniente, pode ser propensa a erros.

O Pandas inclui recursos para lidar com a necessidade de operações de string vetorizadas, bem como a necessidade de lidar corretamente com os dados ausentes por meio do atributo `str` dos objetos `Series` e `Index` do Pandas contendo strings. Por exemplo, se criarmos um objeto `Series` do Pandas com esses dados, poderemos chamar diretamente o método `str.capitalize`, que tem o tratamento de valor ausente predefinido:

```
In [4]: import pandas as pd
        names = pd.Series(data)
        names.str.capitalize()
Out[4]: 0        Peter
        1        Paul
        2        None
        3        Mary
        4        Guido
        dtype: object
```

Tabelas de Métodos de String do Pandas

Se você tem uma boa compreensão da manipulação de strings em Python, a maior parte da sintaxe de strings do Pandas é intuitiva o suficiente para listar apenas os métodos disponíveis. Começaremos com isso aqui, antes de detalhar algumas sutilezas. Os exemplos nesta seção usam o seguinte objeto `Series`:

```
In [5]: monte = pd.Series(['Graham Chapman', 'John Cleese', 'Terry Gilliam',
                           'Eric Idle', 'Terry Jones', 'Michael Palin'])
```

Métodos Similares aos Métodos de String do Python

Quase todos os métodos de string predefinidos do Python são espelhados por um método de string vetorizado do Pandas. Os seguintes métodos `str` do Pandas espelham os métodos de string do Python:

```
len          lower        translate    islower  ljust
upper        startswith   isupper      rjust    find
endswith     isnumeric    center       rfind    isalnum
isdecimal    zfill        index        isalpha  split
strip        rindex       isdigit      rsplit   rstrip
capitalize   isspace      partition    lstrip   swapcase
```

Observe que todos têm valores de retorno variados. Alguns, como `lower`, retornam uma série de strings:

```
In [6]: monte.str.lower()
Out[6]: 0    graham chapman
        1       john cleese
        2     terry gilliam
        3         eric idle
        4       terry jones
        5     michael palin
        dtype: object
```

Mas outros retornam números:

```
In [7]: monte.str.len()
Out[7]: 0    14
        1    11
        2    13
        3     9
        4    11
        5    13
        dtype: int64
```

Ou valores booleanos:

```
In [8]: monte.str.startswith('T')
Out[8]: 0    False
        1    False
        2     True
        3    False
        4     True
        5    False
        dtype: bool
```

E há aqueles que retornam listas ou outros valores compostos para cada elemento:

```
In [9]: monte.str.split()
Out[9]: 0    [Graham, Chapman]
        1       [John, Cleese]
        2     [Terry, Gilliam]
        3         [Eric, Idle]
        4       [Terry, Jones]
        5      [Michael, Palin]
        dtype: object
```

Veremos mais manipulações desse tipo de objeto "série de listas" conforme continuamos nossa análise.

Métodos Usando Expressões Regulares

Além disso, há vários métodos que aceitam expressões regulares (regexps) para examinar o conteúdo de cada elemento de string e seguem algumas convenções de API do módulo `re` predefinido do Python (veja a Tabela 22-1).

Tabela 22-1. Mapeamento entre os métodos e as funções do Pandas no módulo `re` *do Python*

Método	Descrição
`match`	Chama `re.match` em cada elemento, retornando um booleano
`extract`	Chama `re.match` em cada elemento, retornando grupos combinados como strings
`findall`	Chama `re.findall` em cada elemento
`replace`	Substitui as ocorrências do padrão por alguma outra string
`contains`	Chama `re.search` em cada elemento, retornando um booleano

`count`	Conta as ocorrências do padrão
`split`	Equivalente a `str.split`, mas aceita regexps
`rsplit`	Equivalente a `str.rsplit`, mas aceita regexps

Com isso, podemos fazer inúmeras operações. Por exemplo, podemos extrair o primeiro nome de cada elemento pedindo um grupo contínuo de caracteres no início de cada elemento:

```
In [10]: monte.str.extract('([A-Za-z]+)', expand=False)
Out[10]: 0     Graham
         1       John
         2      Terry
         3       Eric
         4      Terry
         5    Michael
         dtype: object
```

Ou podemos fazer algo mais complicado, como encontrar todos os nomes que começam e terminam com uma consoante, usando os caracteres de expressão regular "início da string" (^) e "fim da string" ($):

```
In [11]: monte.str.findall(r'^[^AEIOU].*[^aeiou]$')
Out[11]: 0    [Graham Chapman]
         1                  []
         2     [Terry Gilliam]
         3                  []
         4       [Terry Jones]
         5     [Michael Palin]
         dtype: object
```

A capacidade de aplicar de forma concisa expressões regulares nas entradas `Series` ou `DataFrame` abre muitas possibilidades para a análise e a limpeza dos dados.

Métodos Diversos

Por fim, a Tabela 22-2 listas diversos métodos que permitem outras operações convenientes.

Tabela 22-2. Outros métodos de string do Pandas

Método	Descrição
`get`	Indexa cada elemento
`slice`	Fatia cada elemento
`slice_replace`	Substitui a fatia em cada elemento pelo valor passado
`cat`	Concatena as strings
`repeat`	Repete os valores

`normalize`	Retorna o formato Unicode das strings
`pad`	Adiciona um espaço em branco à esquerda, à direita ou aos dois lados das strings
`wrap`	Divide as strings longas em linhas com um comprimento menor que certa largura
`join`	Une as strings em cada elemento de `Series` com o separador passado
`get_dummies`	Extrai as variáveis dummy como um `DataFrame`

Acesso e fatiamento vetorizados do item

As operações `get` e `slice`, em particular, permitem o acesso vetorizado do elemento a partir de cada array. Por exemplo, podemos obter uma fatia dos três primeiros caracteres de cada array usando `str.slice(0, 3)`. Esse comportamento também está disponível na sintaxe normal de indexação do Python; por exemplo, `df.str.slice(0, 3)` equivale a `df.str[0:3]`:

```
In [12]: monte.str[0:3]
Out[12]: 0    Gra
         1    Joh
         2    Ter
         3    Eri
         4    Ter
         5    Mic
         dtype: object
```

Indexar via `df.str.get(i)` e `df.str[i]` é parecido.

Esses métodos de indexação também permitem acessar elementos dos arrays retornados por `split`. Por exemplo, para extrair o sobrenome de cada entrada, combine `split` com a indexação `str`:

```
In [13]: monte.str.split().str[-1]
Out[13]: 0    Chapman
         1     Cleese
         2    Gilliam
         3       Idle
         4      Jones
         5      Palin
         dtype: object
```

Variáveis indicadoras

Outro método que requer um pouco mais de explicação é `get_dummies`. Isso é útil quando seus dados têm uma coluna contendo algum indicador codificado.

Por exemplo, podemos ter um conjunto de dados com informações no formato de códigos, como A = "nasceu nos EUA", B = "nasceu no Reino Unido", C = "gosta de queijo", D = "gosta de spam":

```
In [14]: full_monte = pd.DataFrame({'name': monte,
                                    'info': ['B|C|D', 'B|D', 'A|C',
                                             'B|D', 'B|C', 'B|C|D']})
         full_monte
Out[14]:         name          info
         0       Graham Chapman  B|C|D
         1       John Cleese       B|D
         2       Terry Gilliam     A|C
         3       Eric Idle         B|D
         4       Terry Jones       B|C
         5       Michael Palin   B|C|D
```

A rotina `get_dummies` nos permite dividir essas variáveis indicadoras em um `DataFrame`:

```
In [15]: full_monte['info'].str.get_dummies('|')
Out[15]:    A  B  C  D
         0  0  1  1  1
         1  0  1  0  1
         2  1  0  1  0
         3  0  1  0  1
         4  0  1  1  0
         5  0  1  1  1
```

Com essas operações como blocos de construção, é possível criar uma gama infinita de procedimentos de processamento de strings ao limpar os dados.

Não detalharemos mais esses métodos aqui, mas recomendo ler "Working with Text Data" na documentação online do Pandas [em inglês] ou consultar os recursos listados em "Mais Recursos", Capítulo 24.

Exemplo: Banco de Dados de Receitas

As operações de string vetorizadas ficaram mais úteis no processo de limpeza de dados reais e confusos. Aqui darei um exemplo usando um banco de dados de receitas aberto e compilado de várias fontes na web. Nosso objetivo será analisar os dados da receita em listas de ingredientes, para que possamos encontrar rapidamente uma receita com base nos ingredientes que temos à mão. Os scripts usados para compilar isso podem ser encontrados no GitHub e o link para a versão mais recente do banco de dados se encontra lá também.

Esse banco de dados tem cerca de 30MB, pode ser baixado e descompactado com estes comandos:

```
In [16]: # repo = "https://raw.githubusercontent.com/jakevdp/open-recipe-data/master"
         # !cd data && curl -O {repo}/recipeitems.json.gz
         # !gunzip data/recipeitems.json.gz
```

O banco de dados está no formato JSON, então usaremos `pd.read_json` para lê-lo (`lines=True` é necessário para o conjunto de dados porque cada linha do arquivo é uma entrada JSON):

```
In [17]: recipes = pd.read_json('data/recipeitems.json', lines=True)
         recipes.shape
Out[17]: (173278, 17)
```

Note que há quase 175 mil receitas e 17 colunas. Veremos uma linha para saber o que temos:

```
In [18]: recipes.iloc[0]
Out[18]: _id                                {'$oid': '5160756b96cc62079cc2db15'}
         name                                  Drop Biscuits and Sausage Gravy
         ingredients           Biscuits\n3 cups All-purpose Flour\n2 Tablespo...
         url                   http://thepioneerwoman.com/cooking/2013/03/dro...
         image                 http://static.thepioneerwoman.com/cooking/file...
         ts                                         {'$date': 1365276011104}
         cookTime                                                       PT30M
         source                                                thepioneerwoman
         recipeYield                                                       12
         datePublished                                             2013-03-11
         prepTime                                                       PT10M
         description           Late Saturday afternoon, after Marlboro Man ha...
         totalTime                                                        NaN
         creator                                                          NaN
         recipeCategory                                                   NaN
         dateModified                                                     NaN
         recipeInstructions                                               NaN
         Name: 0, dtype: object
```

Há muita informação, mas grande parte é bem confusa, como é típico dos dados retirados da web. Em particular, a lista de ingredientes está no formato de string; teremos que extrair com cuidado as informações nas quais estamos interessados. Vamos começar dando uma olhada nos ingredientes:

```
In [19]: recipes.ingredients.str.len().describe()
Out[19]: count   173278.000000
         mean       244.617926
         std        146.705285
         min          0.000000
         25%        147.000000
         50%        221.000000
         75%        314.000000
         max       9067.000000
         Name: ingredients, dtype: float64
```

As listas têm, em média, 250 caracteres, com um mínimo de 0 e um máximo de quase 10 mil caracteres!

Só por curiosidade, vejamos qual receita tem a lista de ingredientes mais longa:

```
In [20]: recipes.name[np.argmax(recipes.ingredients.str.len())]
Out[20]: 'Carrot Pineapple Spice &amp; Brownie Layer Cake with Whipped Cream &amp;
         > Cream Cheese Frosting and Marzipan Carrots'
```

Podemos fazer outras explorações agregadas; por exemplo, podemos ver quantas receitas são para o café da manhã (usando sintaxe de expressão regular para combinar letras minúsculas e maiúsculas):

```
In [21]: recipes.description.str.contains('[Bb]reakfast').sum()
Out[21]: 3524
```

Ou quantas receitas listam canela (cinnamon) como um ingrediente:

```
In [22]: recipes.ingredients.str.contains('[Cc]innamon').sum()
Out[22]: 10526
```

Podemos até verificar se alguma receita escreveu errado o ingrediente como "cinamon":

```
In [23]: recipes.ingredients.str.contains('[Cc]inamon').sum()
Out[23]: 11
```

Esse é o tipo de exploração de dados possível com as ferramentas de string do Pandas. É nessa preparação de dados que o Python realmente se destaca.

Recomendação Simples de Receitas

Iremos um pouco mais longe começando a trabalhar em um sistema simples de recomendação de receitas: dada uma lista de ingredientes, queremos encontrar qualquer receita que use todos eles. Embora conceitualmente seja simples, a tarefa é complicada pela heterogeneidade dos dados: não há uma operação fácil, por exemplo, para extrair uma lista limpa de ingredientes a partir de cada linha. Então, trapacearemos um pouco: começaremos com uma lista de ingredientes comuns e simplesmente procuramos ver se eles estão na lista de ingredientes de cada receita. Para simplificar, ficaremos apenas com ervas e especiarias por enquanto:

```
In [24]: spice_list = ['salt', 'pepper', 'oregano', 'sage', 'parsley',
                       'rosemary', 'tarragon', 'thyme', 'paprika', 'cumin']
```

Podemos então criar um `DataFrame` booleano que consiste em valores `True` e `False`, indicando se cada ingrediente aparece na lista:

```
In [25]: import re
         spice_df = pd.DataFrame({
               spice: recipes.ingredients.str.contains(spice, re.IGNORECASE)
               for spice in spice_list})
         spice_df.head()
Out[25]:     salt   pepper  oregano   sage  parsley  rosemary  tarragon  thyme
         0  False    False    False   True    False     False     False  False
         1  False    False    False  False    False     False     False  False
         2   True     True    False  False    False     False     False  False
         3  False    False    False  False    False     False     False  False
         4  False    False    False  False    False     False     False  False

           paprika   cumin
         0   False   False
         1   False   False
         2   False    True
         3   False   False
         4   False   False
```

Agora, como exemplo, digamos que gostaríamos de encontrar uma receita que use salsa, páprica e estragão. Podemos calcular isso muito rápido usando o método `query` dos `DataFrames`, visto melhor no Capítulo 24:

```
In [26]: selection = spice_df.query('parsley & paprika & tarragon')
         len(selection)
Out[26]: 10
```

Encontramos apenas 10 receitas com essa combinação. Usaremos o índice retornado pela seleção para descobrir os nomes dessas receitas:

```
In [27]: recipes.name[selection.index]
Out[27]: 2069          All cremat with a Little Gem, dandelion and wa...
         74964                             Lobster with Thermidor butter
         93768          Burton's Southern Fried Chicken with White Gravy
         113926                         Mijo's Slow Cooker Shredded Beef
         137686                         Asparagus Soup with Poached Eggs
         140530                                     Fried Oyster Po'boys
         158475                      Lamb shank tagine with herb tabbouleh
         158486                        Southern fried chicken in buttermilk
         163175                     Fried Chicken Sliders with Pickles + Slaw
         165243                             Bar Tartine Cauliflower Salad
         Name: name, dtype: object
```

Agora que reduzimos nossa seleção de receitas de 175 mil para 10, estamos em posição de tomar uma decisão mais fundamentada sobre o que gostaríamos de preparar para o jantar.

Indo Além com Receitas

Esperamos que este exemplo tenha lhe dado um gostinho (hehe) das operações de limpeza de dados permitidas com eficiência pelos métodos de string do Pandas. Claro, criar um sistema robusto de recomendação de receitas exigiria *muito* mais trabalho! Extrair listas completas de ingredientes de cada receita seria uma parte importante da tarefa; infelizmente, a grande variedade de formatos utilizados torna esse processo relativamente demorado. Isso aponta para a verdade de que, em data science, a limpeza e a preparação dos dados reais geralmente compreendem grande parte do trabalho, e o Pandas fornece as ferramentas que podem ajudá-lo a fazer isso com eficiência.

CAPÍTULO 23

Trabalhando com Séries Temporais

O Pandas foi originalmente desenvolvido no contexto da modelagem financeira, de modo que, como se pode esperar, ele tem um extenso conjunto de ferramentas para trabalhar com datas, horas e dados indexados por tempo. Os dados de data e hora têm alguns tipos, que veremos aqui:

Registros temporais ou timestamp
: Momentos em particular no tempo (ex., 4 de julho de 2021 às 7h).

Intervalos e períodos de tempo
: Um período de tempo entre certo ponto inicial e final; por exemplo, o mês de junho de 2021. Em geral, os períodos referenciam um caso especial de intervalos de tempo, com cada intervalo tendo uma duração uniforme e não se sobrepondo (por exemplo, períodos de 24 horas compreendendo os dias).

Delta time ou durações
: Uma duração exata (ex., uma duração de 22,56 segundos).

Este capítulo mostrará como trabalhar com cada tipo de dados de data/hora no Pandas. Não é um guia completo para as ferramentas de séries temporais disponíveis no Python ou no Pandas, mas pretende dar uma visão geral de como você, usuário, deve abordar o trabalho com séries temporais. Começaremos com uma breve análise das ferramentas para lidar com datas e horas no Python, antes de passar mais especificamente para uma discussão das ferramentas fornecidas pelo Pandas. Por fim, iremos rever pequenos exemplos de trabalho com dados das séries temporais no Pandas.

Datas e Horas no Python

O mundo Python tem várias representações disponíveis de datas, horas, deltas e períodos de tempo. Embora as ferramentas de séries temporais fornecidas pelo Pandas tendam a ser mais úteis para as aplicações em data science, é bom ver sua relação com outras ferramentas usadas no Python.

Datas e Horas Nativas do Python: datetime e dateutil

Os objetos básicos do Python para trabalhar com datas e horas residem no módulo `datetime` predefinido. Junto com o módulo `dateutil` de terceiros, você pode usar isso para executar rapidamente uma série de funcionalidades úteis em datas e horas. Por exemplo, pode criar manualmente uma data usando o tipo `datetime`:

```
In [1]: from datetime import datetime
        datetime(year=2021, month=7, day=4)
Out[1]: datetime.datetime(2021, 7, 4, 0, 0)
```

Ou usando o módulo `dateutil`, pode analisar as datas a partir de inúmeros formatos de string:

```
In [2]: from dateutil import parser
        date = parser.parse("4th of July, 2021")
        date
Out[2]: datetime.datetime(2021, 7, 4, 0, 0)
```

Depois de ter um objeto `datetime`, é possível fazer coisas como imprimir o dia da semana:

```
In [3]: date.strftime('%A')
Out[3]: 'Sunday'
```

Aqui usamos um dos códigos de formato de string padrão para imprimir datas (`'%A'`), que você pode ler na seção `strftime` da documentação `datetime` do Python. A documentação de outros utilitários de data úteis pode ser encontrada na documentação online de `dateutil`. Um pacote relacionado a saber é o `pytz`, que contém ferramentas para trabalhar com o elemento de dados de séries temporais que mais dá enxaqueca: os fusos horários.

O poder de `datetime` e `dateutil` está em sua flexibilidade e sintaxe fácil: você pode usar esses objetos e seus métodos predefinidos para realizar facilmente quase qualquer operação na qual possa estar interessado. Eles falham quando você deseja trabalhar com grandes arrays de datas e horas: assim como as listas de variáveis numéricas do Python são inferiores em comparação com os arrays numéricos tipados no estilo NumPy, as listas de objetos `datetime` do Python são inferiores se comparadas com os arrays tipados de datas codificadas.

Arrays Tipados de Horas: datetime64 do NumPy

O dtype `datetime64` do NumPy codifica as datas como inteiros de 64 bits, permitindo arrays de dados representados de forma compacta e operados de modo eficiente. `datetime64` requer um formato de entrada específico:

```
In [4]: import numpy as np
        date = np.array('2021-07-04', dtype=np.datetime64)
        date
Out[4]: array('2021-07-04', dtype='datetime64[D]')
```

Uma vez que temos datas nesse formato, podemos rapidamente fazer operações vetorizadas:

```
In [5]: date + np.arange(12)
Out[5]: array(['2021-07-04', '2021-07-05', '2021-07-06', '2021-07-07',
                '2021-07-08', '2021-07-09', '2021-07-10', '2021-07-11',
                '2021-07-12', '2021-07-13', '2021-07-14', '2021-07-15'],
        dtype='datetime64[D]')
```

Por causa do tipo uniforme nos arrays `datetime64` do NumPy, essa operação pode ser realizada com muito mais rapidez do que se estivéssemos trabalhando diretamente com os objetos `datetime` do Python, em especial quando os arrays ficam grandes (apresentamos esse tipo de vetorização no Capítulo 6).

Um detalhe do objeto `datetime64` e o `timedelta64` afim é que eles são criados em uma *unidade de tempo fundamental.* Como o objeto `datetime64` está limitado à precisão de 64 bits, o intervalo de tempo codificável é 2^{64} vezes essa unidade fundamental, ou seja, `datetime64` impõe uma compensação entre *resolução do tempo* e *intervalo de tempo máximo.*

Por exemplo, se você deseja uma resolução de tempo em 1 nanossegundo, tem somente informação suficiente para codificar um intervalo de 2^{64} nanossegundos ou inferior a 600 anos. O NumPy irá inferir a unidade desejada a partir da entrada; por exemplo, veja um `datetime` baseado em dias:

```
In [6]: np.datetime64('2021-07-04')
Out[6]: numpy.datetime64('2021-07-04')
```

Agora um `datetime` baseado em minutos:

```
In [7]: np.datetime64('2021-07-04 12:00')
Out[7]: numpy.datetime64('2021-07-04T12:00')
```

Você pode forçar qualquer unidade fundamental desejada usando um dos muitos códigos de formato; por exemplo, aqui forçamos um tempo baseado em nanossegundos:

```
In [8]: np.datetime64('2021-07-04 12:59:59.50', 'ns')
Out[8]: numpy.datetime64('2021-07-04T12:59:59.500000000')
```

A Tabela 23-1, extraída da documentação `datetime64` do NumPy, lista os códigos de formato disponíveis, junto com os intervalos de tempo relativo e absoluto que eles podem codificar.

Tabela 23-1. Descrição dos códigos de data e hora

Código	Significado	Intervalo de tempo (relativo)	Intervalo de tempo (absoluto)
`Y`	Ano	± 9.2e18 anos	[9.2e18 BC, 9.2e18 AD]
`M`	Mês	± 7.6e17 anos	[7.6e17 BC, 7.6e17 AD]
`W`	Semana	± 1.7e17 anos	[1.7e17 BC, 1.7e17 AD]
`D`	Dia	± 2.5e16 anos	[2.5e16 BC, 2.5e16 AD]
`h`	Hora	± 1.0e15 anos	[1.0e15 BC, 1.0e15 AD]
`m`	Minuto	± 1.7e13 anos	[1.7e13 BC, 1.7e13 AD]
`s`	Segundo	± 2.9e12 anos	[2.9e9 BC, 2.9e9 AD]
`ms`	Milissegundo	± 2.9e9 anos	[2.9e6 BC, 2.9e6 AD]
`us`	Microssegundo	± 2.9e6 anos	[290301 BC, 294241 AD]
`ns`	Nanossegundo	± 292 anos	[1678 AD, 2262 AD]
`ps`	Picossegundo	± 106 dias	[1969 AD, 1970 AD]
`fs`	Femtossegundo	± 2.6 horas	[1969 AD, 1970 AD]
`as`	Attossegundo	± 9.2 segundos	[1969 AD, 1970 AD]

Para os dados que vemos no mundo real, um padrão útil é `datetime64[ns]`, pois pode codificar um intervalo útil de datas modernas com uma precisão bem fina.

Por fim, note que embora os dados `datetime64` lidem com algumas deficiências do tipo `datetime` predefinido do Python, faltam muitos métodos e funções convenientes fornecidos por `datetime` e especialmente `dateutil`. Mais informações podem ser encontradas na documentação `datetime64` do NumPy.

Datas e Horas no Pandas: O Melhor dos Dois Mundos

O Pandas se baseia em todas as ferramentas vistas para fornecer um objeto `Timestamp`, que combina a facilidade de uso de `datetime` e `dateutil` com o armazenamento eficiente e a interface vetorizada de `numpy.datetime64`. A partir de um grupo de objetos `Timestamp`, o Pandas pode criar um `DatetimeIndex` que pode ser usado para indexar dados em um objeto `Series` ou `DataFrame`.

Por exemplo, podemos usar as ferramentas do Pandas para repetir a demonstração de antes. Podemos analisar uma data de string formatada de forma flexível e usar códigos de formato para exibir o dia da semana assim:

```
In [9]: import pandas as pd
        date = pd.to_datetime("4th of July, 2021")
        date
Out[9]: Timestamp('2021-07-04 00:00:00')

In [10]: date.strftime('%A')
Out[10]: 'Sunday'
```

Além disso, podemos fazer operações vetorizadas no estilo NumPy diretamente no mesmo objeto:

```
In [11]: date + pd.to_timedelta(np.arange(12), 'D')
Out[11]: DatetimeIndex(['2021-07-04', '2021-07-05', '2021-07-06', '2021-07-07',
                        '2021-07-08', '2021-07-09', '2021-07-10', '2021-07-11',
                        '2021-07-12', '2021-07-13', '2021-07-14', '2021-07-15'],
                        dtype='datetime64[ns]', freq=None)
```

Na próxima seção, veremos melhor a manipulação de dados da série temporal com as ferramentas fornecidas pelo Pandas.

Série Temporal do Pandas: Indexando por Tempo

As ferramentas da série temporal do Pandas realmente se tornam úteis quando você começa a indexar os dados por registros temporais. Por exemplo, podemos criar um objeto `Series` que tenha dados indexados pelo tempo:

```
In [12]: index = pd.DatetimeIndex(['2020-07-04', '2020-08-04',
                                   '2021-07-04', '2021-08-04'])
         data = pd.Series([0, 1, 2, 3], index=index)
         data
Out[12]: 2020-07-04    0
         2020-08-04    1
         2021-07-04    2
         2021-08-04    3
         dtype: int64
```

E agora que temos esses dados em um objeto `Series`, podemos usar qualquer um dos padrões de indexação de `Series` vistos nos capítulos anteriores, passando valores que podem sofrer conversão nas datas:

```
In [13]: data['2020-07-04':'2021-07-04']
Out[13]: 2020-07-04    0
         2020-08-04    1
         2021-07-04    2
         dtype: int64
```

Há operações adicionais de indexação por data apenas, como passar um ano para obter uma fatia de todos os dados desse ano:

```
In [14]: data['2021']
Out[14]: 2021-07-04    2
         2021-08-04    3
         dtype: int64
```

Mais tarde, veremos outros exemplos convenientes de datas como índices. Mas primeiro, vejamos melhor as estruturas de dados da série temporal disponíveis.

Estruturas de Dados da Série Temporal do Pandas

Esta seção apresentará as estruturas de dados fundamentais do Pandas para trabalhar com dados da série temporal:

- Para os *registros temporais*, o Pandas fornece o tipo `Timestamp`. Como mencionado antes, é basicamente um substituto do `datetime` nativo do Python, mas baseado no tipo de dado `numpy.datetime64` mais eficiente. A estrutura `Index` associada é `DatetimeIndex`.
- Para os *períodos de tempos*, o Pandas fornece o tipo `Period`, que codifica um intervalo de frequência fixa baseado no `numpy.datetime64`. A estrutura de índice associada é `PeriodIndex`.
- Para os *deltaTimes* ou *durações*, o Pandas fornece o tipo `Timedelta`, que é um substituto mais eficiente para o tipo `datetime.timedelta` nativo do Python e baseado no `numpy.timedelta64`. A estrutura de índice associada é `TimedeltaIndex`.

Os mais fundamentais desses objetos de data/hora são `Timestamp` e `DatetimeIndex`. Embora esses objetos de classe possam ser chamados diretamente, é mais comum usar a função `pd.to_datetime`, que pode analisar uma ampla variedade de formatos. Passar uma única data para `pd.to_datetime` gera um `Timestamp`; passar uma série de datas por padrão gera um `DatetimeIndex`, como pode ser visto aqui:

```
In [15]: dates = pd.to_datetime([datetime(2021, 7, 3), '4th of July, 2021',
                                 '2021-Jul-6', '07-07-2021', '20210708'])
         dates
Out[15]: DatetimeIndex(['2021-07-03', '2021-07-04', '2021-07-06', '2021-07-07',
                        '2021-07-08'],
                       dtype='datetime64[ns]', freq=None)
```

Qualquer `DatetimeIndex` pode ser convertido em `PeriodIndex` com a função `to_period`, adicionando um código de frequência; aqui usaremos `'D'` para indicar a frequência diária:

```
In [16]: dates.to_period('D')
Out[16]: PeriodIndex(['2021-07-03', '2021-07-04', '2021-07-06', '2021-07-07',
                      '2021-07-08'],
                     dtype='period[D]')
```

`TimedeltaIndex` é criado, por exemplo, quando uma data é subtraída de outra:

```
In [17]: dates - dates[0]
Out[17]: TimedeltaIndex(['0 days', '1 days', '3 days', '4 days', '5 days'],
         > dtype='timedelta64[ns]', freq=None)
```

Sequências Regulares: pd.date_range

Para tornar a criação das sequências de datas regulares mais conveniente, o Pandas tem algumas funções: `pd.date_range` para os registros temporais, `pd.period_range` para os períodos e `pd.timedelta_range` para os deltaTimes. Vimos que `range` do Python e `np.arange` do NumPy têm um ponto inicial, um ponto final e o tamanho de passo opcional, retornando uma sequência. Da mesma forma, `pd.date_range` aceita uma data inicial, uma data final e um código de frequência opcional para criar uma sequência regular de datas:

```
In [18]: pd.date_range('2015-07-03', '2015-07-10')
Out[18]: DatetimeIndex(['2015-07-03', '2015-07-04', '2015-07-05', '2015-07-06',
                        '2015-07-07', '2015-07-08', '2015-07-09', '2015-07-10'],
                       dtype='datetime64[ns]', freq='D')
```

Uma alternativa é o intervalo de datas que pode ser especificado não com pontos inicial e final, mas com um ponto inicial e um número de períodos:

```
In [19]: pd.date_range('2015-07-03', periods=8)
Out[19]: DatetimeIndex(['2015-07-03', '2015-07-04', '2015-07-05', '2015-07-06',
                        '2015-07-07', '2015-07-08', '2015-07-09', '2015-07-10'],
                       dtype='datetime64[ns]', freq='D')
```

O espaçamento pode ser modificado alterando o argumento `freq`, que tem como padrão `D`. Por exemplo, aqui criamos um intervalo de registros temporais por hora:

```
In [20]: pd.date_range('2015-07-03', periods=8, freq='H')
Out[20]: DatetimeIndex(['2015-07-03 00:00:00', '2015-07-03 01:00:00',
                        '2015-07-03 02:00:00', '2015-07-03 03:00:00',
                        '2015-07-03 04:00:00', '2015-07-03 05:00:00',
                        '2015-07-03 06:00:00', '2015-07-03 07:00:00'],
                       dtype='datetime64[ns]', freq='H')
```

Para criar sequências regulares de valores `Period` ou `Timedelta`, as funções `pd.period_range` e `pd.timedelta_range` semelhantes são úteis. Veja alguns períodos mensais:

```
In [21]: pd.period_range('2015-07', periods=8, freq='M')
Out[21]: PeriodIndex(['2015-07', '2015-08', '2015-09',
                      '2015-10', '2015-11', '2015-12',
                      '2016-01', '2016-02'],
                     dtype='period[M]')
```

E uma sequência de durações aumentando por hora:

```
In [22]: pd.timedelta_range(0, periods=6, freq='H')
Out[22]: TimedeltaIndex(['0 days 00:00:00', '0 days 01:00:00', '0 days 02:00:00',
                         '0 days 03:00:00', '0 days 04:00:00', '0 days 05:00:00'],
                        dtype='timedelta64[ns]', freq='H')
```

Todas requerem uma compreensão dos códigos de frequência do Pandas, que são resumidos na próxima seção.

Frequências e Diferenças de Data

Fundamental para as ferramentas da série temporal do Pandas é o conceito de *frequência* ou *diferença de data*. A tabela a seguir resume os principais códigos disponíveis; como os códigos D (dia) e H (hora) demonstrados nas seções anteriores, podemos usá-los para especificar qualquer espaçamento de frequência desejado. A Tabela 23-2 resume os principais códigos disponíveis.

Tabela 23-2. Listagem dos códigos de frequência do Pandas

Código	Descrição	Código	Descrição
D	Dia civil	B	Dia útil
W	Semanal		
M	Fim do mês	BM	Fim do mês fiscal
Q	Fim do trimestre	BQ	Fim do trimestre fiscal
A	Fim do ano	BA	Fim do ano fiscal
H	Horas	BH	Horário comercial
T	Minutos		
S	Segundos		
L	Milissegundos		
U	Microssegundos		
N	Nanossegundos		

As frequências mensal, trimestral e anual são marcadas no final do período especificado. A adição de um sufixo S a qualquer um faz com que sejam marcados no início (veja a Tabela 23-3).

Tabela 23-3. Listagem dos códigos de frequência indexados pelo início (start)

Código	Descrição	Código	Descrição
MS	Início do mês	BMS	Início do mês fiscal
QS	Início do trimestre	BQS	Início do trimestre fiscal
AS	Início do ano	BAS	Início do ano fiscal

E mais, você pode mudar o mês usado para marcar qualquer código trimestral ou anual adicionando um código de mês com três letras como sufixo:

- Q-JAN, BQ-FEB, QS-MAR, BQS-APR etc.
- A-JAN, BA-FEB, AS-MAR, BAS-APR etc.

Da mesma forma, o ponto de divisão da frequência semanal pode ser modificado adicionando um código de dia da semana com três letras: `W-SUN`, `W-MON`, `W-TUE`, `W-WED` etc.

Além disso, os códigos podem ser combinados com números para especificar outras frequências. Por exemplo, para uma frequência de 2 horas e 30 minutos, podemos combinar os códigos de hora (`H`) e minuto (`T`) assim:

```
In [23]: pd.timedelta_range(0, periods=6, freq="2H30T")
Out[23]: TimedeltaIndex(['0 days 00:00:00', '0 days 02:30:00', '0 days 05:00:00',
                         '0 days 07:30:00', '0 days 10:00:00', '0 days 12:30:00'],
                        dtype='timedelta64[ns]', freq='150T')
```

Todos esses códigos curtos se referem a instâncias específicas das diferenças de data das séries temporais do Pandas, encontradas no módulo `pd.tseries.offsets`. Por exemplo, podemos criar uma diferença de dia útil diretamente:

```
In [24]: from pandas.tseries.offsets import BDay
         pd.date_range('2015-07-01', periods=6, freq=BDay())
Out[24]: DatetimeIndex(['2015-07-01', '2015-07-02', '2015-07-03', '2015-07-06',
                        '2015-07-07', '2015-07-08'],
                       dtype='datetime64[ns]', freq='B')
```

Para saber mais sobre o uso de frequências e diferenças de data, veja a seção DateOffset da documentação do Pandas [em inglês].

Nova Amostragem, Deslocamento e Janelas

A capacidade de usar datas e horas como índices para organizar e acessar os dados por intuição é um aspecto importante das ferramentas da série temporal do Pandas. Os benefícios dos dados indexados em geral (alinhamento automático durante as operações, fatiamento e acesso intuitivos dos dados etc.) ainda se aplicam e o Pandas fornece várias outras operações específicas da série temporal.

Veremos algumas aqui, usando dados de ações como exemplo. Como o Pandas foi desenvolvido em grande parte em um contexto financeiro, ele inclui algumas ferramentas muito específicas para os dados financeiros. Por exemplo, o pacote `pandas-datareader` incluído (instalado via `pip install pandas-datareader`) sabe como importar os dados de várias fontes online. Aqui carregaremos parte do histórico de preços do S&P 500:

```
In [25]: from pandas_datareader import data

         sp500 = data.DataReader('^GSPC', start='2018', end='2022',
                                 data_source='yahoo')
         sp500.head()
```

```
Out[25]:                  High          Low         Open        Close      Volume \
          Date
          2018-01-02  2695.889893  2682.360107  2683.729980  2695.810059  3367250000
          2018-01-03  2714.370117  2697.770020  2697.850098  2713.060059  3538660000
          2018-01-04  2729.290039  2719.070068  2719.310059  2723.989990  3695260000
          2018-01-05  2743.449951  2727.919922  2731.330078  2743.149902  3236620000
          2018-01-08  2748.510010  2737.600098  2742.669922  2747.709961  3242650000

                        Adj Close
          Date
          2018-01-02  2695.810059
          2018-01-03  2713.060059
          2018-01-04  2723.989990
          2018-01-05  2743.149902
          2018-01-08  2747.709961
```

Para simplificar, usaremos apenas o preço de fechamento:

```
In [26]: sp500 = sp500['Close']
```

Podemos visualizar isso usando o método `plot` após a configuração normal de Matplotlib (veja a Parte IV); o resultado é mostrado na Figura 23-1.

```
In [27]: %matplotlib inline
         import matplotlib.pyplot as plt
         plt.style.use('seaborn-whitegrid')
         sp500.plot();
```

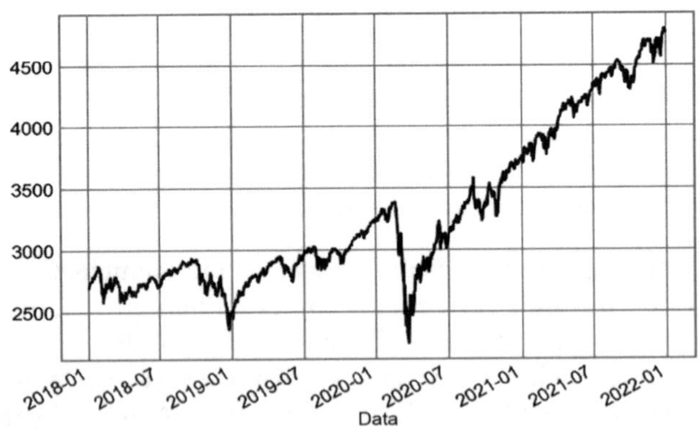

Figura 23-1. Preço de fechamento do S&P500 ao longo do tempo

Amostragem e Conversão das Frequências

Uma necessidade comum ao lidar com dados da série temporal é a amostragem em uma frequência maior ou menor. Isso pode ser feito usando o método `resample` ou o `asfreq` muito mais simples. A principal diferença entre os dois é que `resample` é fundamentalmente uma *agregação de dados*, já `asfreq` é uma *seleção de dados*.

Iremos comparar o que os dois retornam quando reduzimos a amostragem dos dados do preço de fechamento do S&P 500. Aqui fazemos a amostragem dos dados no fim do ano fiscal; a Figura 23-2 mostra o resultado.

```
In [28]: sp500.plot(alpha=0.5, style='-')
         sp500.resample('BA').mean().plot(style=':')
         sp500.asfreq('BA').plot(style='--');
         plt.legend(['input', 'resample', 'asfreq'],
                    loc='upper left');
```

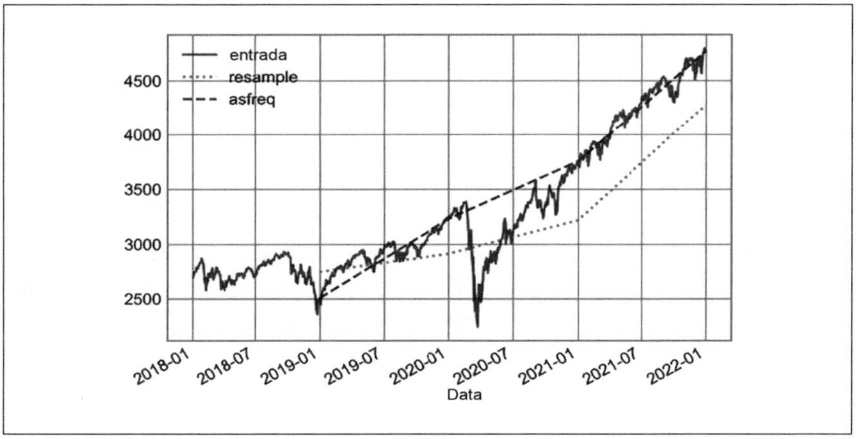

Figura 23-2. Amostragem do preço de fechamento do S&P500

Observe a diferença: em cada ponto, `resample` informa a *média do ano anterior* e `asfreq` informa o *valor no final do ano.*

Para aumentar a amostragem, `resample` e `asfreq` são bem equivalentes, embora `resample` tenha muito mais opções disponíveis. Nesse caso, o padrão para os dois métodos é deixar vazios os pontos da amostra aumentada, ou seja, preenchidos com valores NA. Como a função `pd.fillna` vista no Capítulo 16, `asfreq` aceita um argumento `method` para especificar como os valores são atribuídos. Aqui, faremos a amostragem dos dados do dia útil em uma frequência diária (isto é, incluindo os fins de semana); a Figura 23-3 mostra o resultado.

```
In [29]: fig, ax = plt.subplots(2, sharex=True)
         data = sp500.iloc[:20]

         data.asfreq('D').plot(ax=ax[0], marker='o')

         data.asfreq('D', method='bfill').plot(ax=ax[1], style='-o')
         data.asfreq('D', method='ffill').plot(ax=ax[1], style='--o')
         ax[1].legend(["back-fill", "forward-fill"]);
```

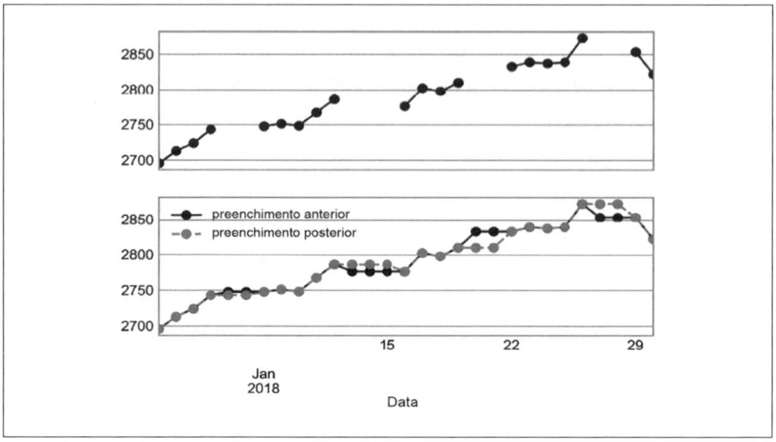

Figura 23-3. Comparação entre a interpolação com preenchimentos posterior e anterior

Como os dados do S&P 500 só existem para os dias úteis, o painel superior tem lacunas que representam os valores NA. O painel inferior mostra as diferenças entre as duas estratégias para preencher as lacunas: preenchimentos posterior e anterior.

Mudanças do Tempo

Outra operação comum específica das séries temporais é a mudança de dados no tempo. Para isso, o Pandas fornece o método `shift`, que pode ser usado para deslocar os dados por determinado número de entradas. Com a amostra dos dados da série temporal em uma frequência regular, isso pode nos dar um modo de explorar as tendências ao longo do tempo.

Por exemplo, aqui fazemos a nova amostra dos dados para os valores diários e mudamos em 364 para calcular o retorno no investimento em 1 ano para o S&P 500 ao longo do tempo (veja a Figura 23-4).

```
In [30]: sp500 = sp500.asfreq('D', method='pad')

         ROI = 100 * (sp500.shift(-365) - sp500) / sp500
         ROI.plot()
         plt.ylabel('% Return on Investment after 1 year');
```

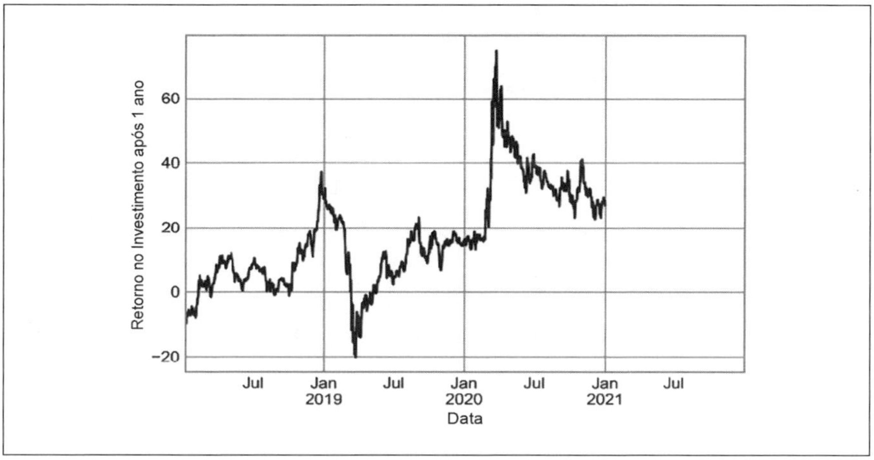

Figura 23-4. Retorno no investimento após um ano

O pior retorno em um ano foi por volta de março de 2019, com a queda do mercado relacionada ao coronavírus exatamente um ano depois. Como se pode esperar, o melhor retorno em um ano foi encontrado em março de 2020, para quem fez previsão ou teve sorte suficiente para comprar na baixa.

Janelas Contínuas

Calcular estatísticas contínuas é um terceiro tipo de operação específica das séries temporais implementada pelo Pandas. Isso pode ser feito com o atributo `rolling` dos objetos `Series` e `DataFrame`, que retorna uma exibição semelhante ao que vimos com a operação `groupby` (veja o Capítulo 20). Por padrão, essa exibição contínua disponibiliza várias operações de agregação.

Por exemplo, podemos ver a média contínua centrada de um ano e o desvio-padrão dos preços das ações (veja a Figura 23-5).

```
In [31]: rolling = sp500.rolling(365, center=True)

         data = pd.DataFrame({'input': sp500,
                              'one-year rolling_mean': rolling.mean(),
                              'one-year rolling_median': rolling.median()})
         ax = data.plot(style=['-', '--', ':'])
         ax.lines[0].set_alpha(0.3)
```

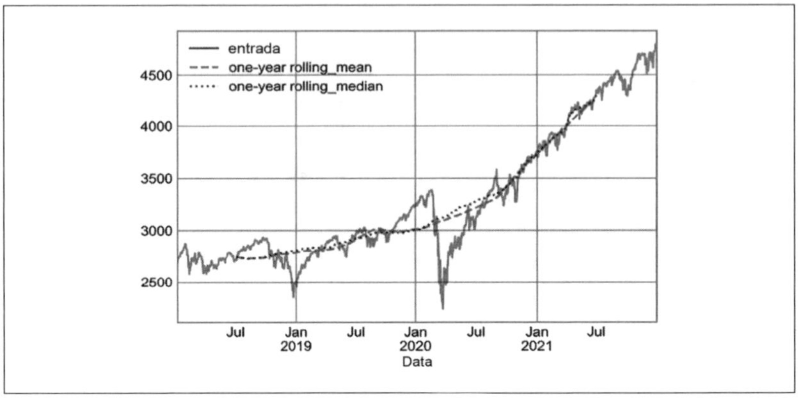

Figura 23-5. Estatística contínua sobre o índice S&P500

Como as operações `groupby`, os métodos `aggregate` e `apply` podem ser usados para cálculos contínuos personalizados.

Onde Aprender Mais

Este capítulo fez apenas um breve resumo de alguns dos recursos mais essenciais das ferramentas de séries temporais fornecidas pelo Pandas; para ter uma análise mais completa, você pode consultar a seção "Time Series/Date Functionality" da documentação online do Pandas [em inglês].

Outro recurso excelente é o livro *Python para análise de dados* de Wes McKinney. É um recurso valioso sobre o uso do Pandas. Em particular, o livro enfatiza as ferramentas das séries temporais no contexto de negócios e finanças, e foca muito mais os detalhes particulares dos calendários de negócios, dos fusos horários e tópicos afins.

Como sempre, você também pode usar a funcionalidade de ajuda do IPython para explorar e experimentar mais opções disponíveis para as funções e os métodos vistos aqui. Acho que é a melhor maneira de aprender uma nova ferramenta Python.

Exemplo: Visualizando a Contagem de Bicicletas em Seattle

Como um exemplo mais complexo de trabalhar com dados da série temporal, vejamos as contagens de bicicletas na Ponte Fremont de Seattle. Esses dados vêm de um contador de bicicletas automatizado instalado no final de 2012, que possui sensores indutivos nas passagens leste e oeste da ponte. As contagens de bicicletas por hora podem ser baixadas em *http:// data.seattle.gov* [em inglês]; o conjunto de dados Fremont Bridge Bicycle Counter está disponível na categoria Transportation.

O CSV usado para este livro pode ser baixado da seguinte forma:

```
In [32]: # url = ('https://raw.githubusercontent.com/jakevdp/'
         #        'bicycle-data/main/FremontBridge.csv')
         # !curl -O {url}
```

Com o conjunto de dados baixado, podemos usar o Pandas para ler a saída CSV em um `DataFrame`. Especificaremos que queremos a coluna `Date` como um índice e que essas datas sejam analisadas automaticamente:

```
In [33]: data = pd.read_csv('FremontBridge.csv', index_col='Date', parse_dates=True)
         data.head()
Out[33]:                      Fremont Bridge Total  Fremont Bridge East Sidewalk \
          Date
          2019-11-01 00:00:00                 12.0                           7.0
          2019-11-01 01:00:00                  7.0                           0.0
          2019-11-01 02:00:00                  1.0                           0.0
          2019-11-01 03:00:00                  6.0                           6.0
          2019-11-01 04:00:00                  6.0                           5.0

                               Fremont Bridge West Sidewalk
          Date
          2019-11-01 00:00:00                           5.0
          2019-11-01 01:00:00                           7.0
          2019-11-01 02:00:00                           1.0
          2019-11-01 03:00:00                           0.0
          2019-11-01 04:00:00                           1.0
```

Por conveniência, encurtaremos os nomes da coluna:

```
In [34]: data.columns = ['Total', 'East', 'West']
```

Agora vejamos as estatísticas resumidas desses dados:

```
In [35]: data.dropna().describe()
Out[35]:              Total           East           West
         count  147255.000000  147255.000000  147255.000000
         mean      110.341462      50.077763      60.263699
         std       140.422051      64.634038      87.252147
         min         0.000000       0.000000       0.000000
         25%        14.000000       6.000000       7.000000
         50%        60.000000      28.000000      30.000000
         75%       145.000000      68.000000      74.000000
         max      1097.000000     698.000000     850.000000
```

Visualizando os Dados

Podemos obter algumas informações sobre o conjunto de dados visualizando-o. Começaremos plotando os dados brutos (veja a Figura 23-6).

```
In [36]: data.plot()
         plt.ylabel('Hourly Bicycle Count');
```

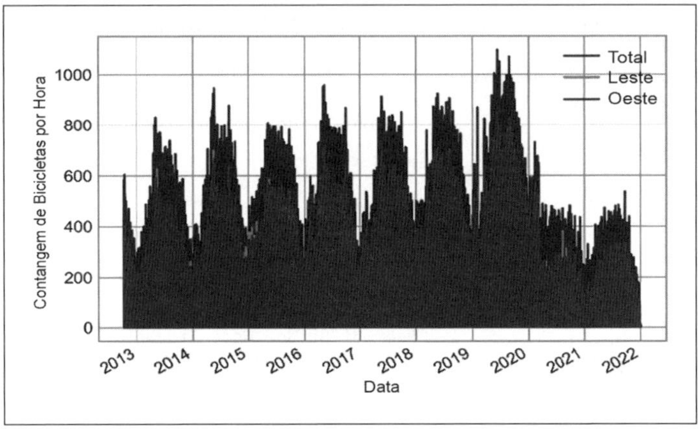

Figura 23-6. Contagens de bicicletas por hora na Ponte Fremont de Seattle

As ~150 mil amostras por hora são densas demais para entendermos. Podemos obter mais informações fazendo a amostragem dos dados em uma grade maior. Faremos a amostragem por semana (veja a Figura 23-7).

```
In [37]: weekly = data.resample('W').sum()
         weekly.plot(style=['-', ':', '--'])
         plt.ylabel('Weekly bicycle count');
```

Isso revela algumas tendências: como o esperado, as pessoas pedalam mais no verão do que no inverno e mesmo em determinada estação, o uso da bicicleta varia de semana para semana (provavelmente dependendo do clima; veja o Capítulo 42, onde exploramos mais isso). Além disso, o efeito da pandemia de Covid-19 nos padrões de deslocamento é bem claro, a partir do início de 2020.

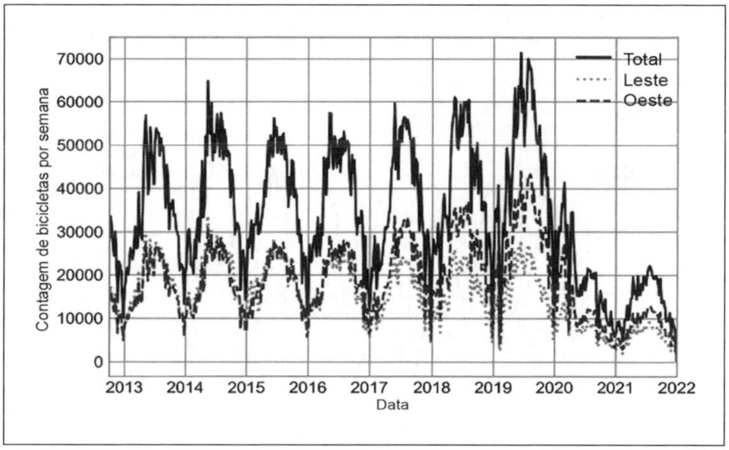

Figura 23-7. Travessias de bicicletas por semana na Ponte Fremont de Seattle

Uma opção útil para agregar os dados é usar uma média contínua, utilizando a função `pd.rolling_mean`. Aqui examinaremos a média contínua de 30 dias dos nossos dados, centralizando a janela (veja a Figura 23-8).

```
In [38]: daily = data.resample('D').sum()
         daily.rolling(30, center=True).sum().plot(style=['-', ':', '--'])
         plt.ylabel('mean hourly count');
```

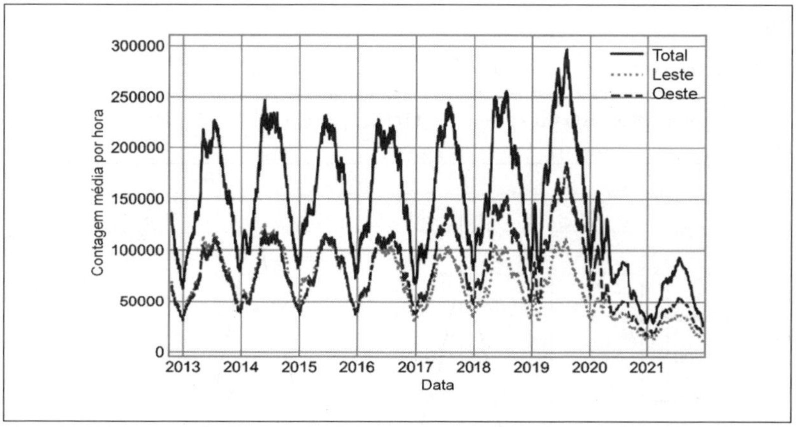

Figura 23-8. Média contínua das contagens de bicicletas por semana

A irregularidade do resultado é devido ao corte preciso da janela. Podemos obter uma versão mais suavizada de uma média contínua usando uma função de janela — por exemplo, uma janela gaussiana, como na Figura 23-9. O código a seguir especifica a largura da janela (aqui, 50 dias) e a largura da janela gaussiana (aqui, 10 dias):

```
In [39]: daily.rolling(50, center=True,
                       win_type='gaussian').sum(std=10).plot(style=['-', ':', '--']);
```

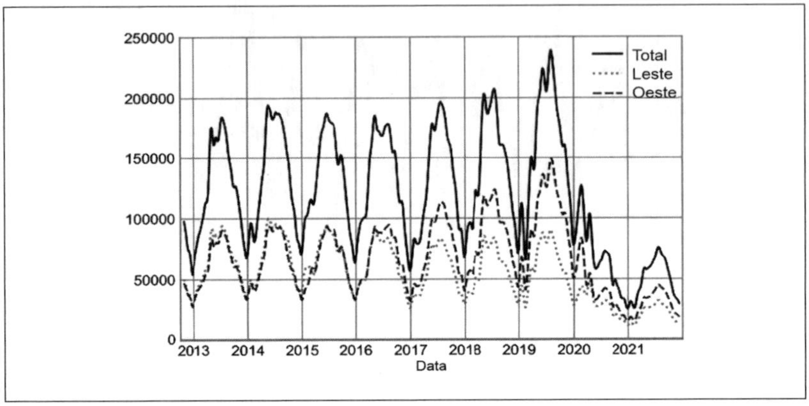

Figura 23-9. Contagens gaussianas e suavizadas das bicicletas por semana

Aprofundando os Dados

Embora essas visualizações de dados suavizadas sejam úteis para ter uma ideia da tendência geral nos dados, elas ocultam grande parte da estrutura. Por exemplo, podemos querer olhar o tráfego médio em função da hora do dia. Podemos fazer isso usando a funcionalidade `groupby` vista no Capítulo 20 (veja a Figura 23-10).

```
In [40]: by_time = data.groupby(data.index.time).mean()
         hourly_ticks = 4 * 60 * 60 * np.arange(6)
         by_time.plot(xticks=hourly_ticks, style=['-', ':', '--']);
```

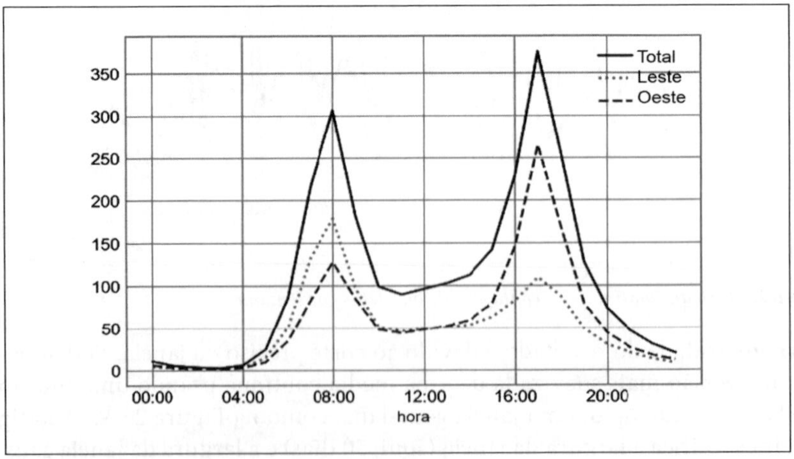

Figura 23-10. Contagens médias de bicicletas por hora

O tráfego por hora é uma sequência bem bimodal, com picos em torno de 8h e 17h. Provavelmente é a evidência de um forte componente do tráfego de usuários atravessando a ponte. Há um componente direcional também: de acordo com os dados, a passagem leste é mais usada pela manhã e a passagem oeste é mais durante o trajeto à tarde.

Também podemos estar curiosos sobre como as coisas mudam com base no dia da semana. Novamente, podemos fazer isso com um `groupby` simples (veja a Figura 23-11).

```
In [41]: by_weekday = data.groupby(data.index.dayofweek).mean()
         by_weekday.index = ['Mon', 'Tues', 'Wed', 'Thurs', 'Fri', 'Sat', 'Sun']
         by_weekday.plot(style=['-', ':', '--']);
```

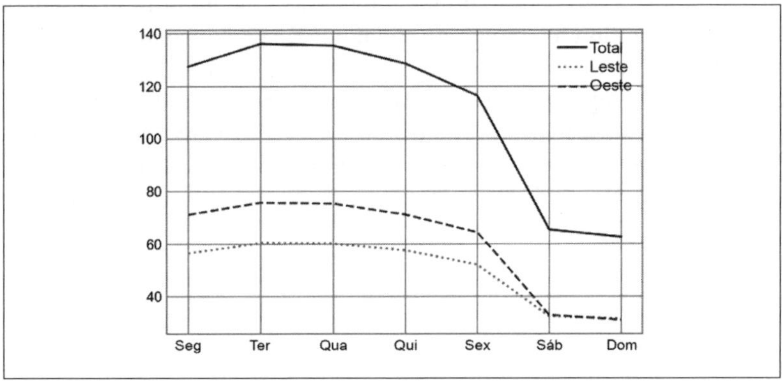

Figura 23-11. Contagens médias das bicicletas por dia

Isso mostra uma forte distinção entre os totais de dias da semana e fins de semana, com cerca de duas vezes mais ciclistas em média atravessando a ponte de segunda a sexta-feira do que aos sábados e aos domingos.

Com isso em mente, faremos um `groupby` composto e veremos as tendências por hora nos dias de semana versus fins de semana. Começaremos agrupando pelos flags que marcam o fim de semana e a hora do dia:

```
In [42]: weekend = np.where(data.index.weekday < 5, 'Weekday', 'Weekend')
         by_time = data.groupby([weekend, data.index.time]).mean()
```

Agora usaremos algumas ferramentas do Matplotlib que serão descritas no Capítulo 31 para plotar dois painéis lado a lado, como na Figura 23-12.

```
In [43]: import matplotlib.pyplot as plt
         fig, ax = plt.subplots(1, 2, figsize=(14, 5))
         by_time.loc['Weekday'].plot(ax=ax[0], title='Weekdays',
                                    xticks=hourly_ticks, style=['-', ':', '--'])
         by_time.loc['Weekend'].plot(ax=ax[1], title='Weekends',
                                    xticks=hourly_ticks, style=['-', ':', '--']);
```

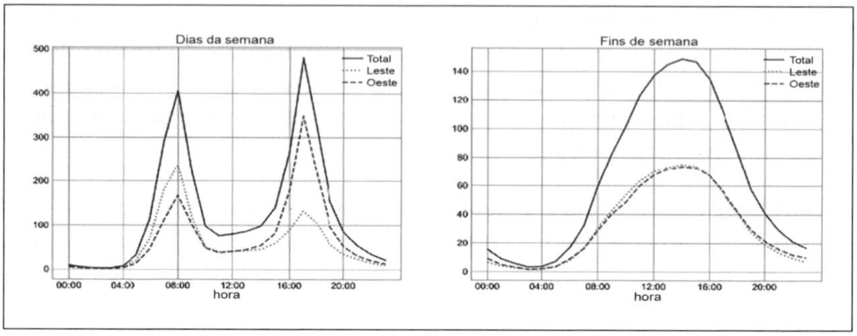

Figura 23-12. Contagens médias de bicicletas por hora segundo o dia da semana e os fins de semana

O resultado mostra um padrão bimodal de deslocamento durante a semana de trabalho e um padrão recreativo unimodal nos finais de semana. Pode ser interessante analisar esses dados com mais detalhes e examinar os efeitos do clima, da temperatura, da época do ano e outros fatores nos padrões de deslocamento das pessoas; para saber mais, veja meu blog "Is Seattle Really Seeing an Uptick in Cycling?" [em inglês], que usa um subconjunto desses dados. Também veremos de novo esse conjunto de dados no contexto da modelagem no Capítulo 42.

CAPÍTULO 24

Pandas de Alta Performance: eval e query

Como já vimos nos capítulos anteriores, o poder da distribuição PyData se baseia na capacidade do NumPy e do Pandas de colocar as operações básicas no código compilado de nível inferior usando uma sintaxe intuitiva de nível superior: exemplos são as operações vetorizadas/broadcasting em NumPy e as operações de agrupamento em Pandas. Embora essas abstrações sejam eficientes e eficazes para muitos casos de uso comuns, com frequência elas dependem da criação de objetos intermediários temporários, o que pode causar um overhead excessivo no uso do tempo e da memória computacionais.

Para resolver isso, o Pandas inclui alguns métodos que permitem acessar diretamente as operações rápidas em C sem a alocação custosa dos arrays intermediários: `eval` e `query`, que dependem do pacote NumExpr. Neste capítulo, mostrarei como usá-los e darei algumas regras básicas sobre quando pensar em usá-los.

Motivando query e eval: Expressões Compostas

Vimos antes que o NumPy e o Pandas suportam operações vetorizadas rápidas; por exemplo, ao adicionar os elementos de dois arrays:

```
In [1]: import numpy as np
        rng = np.random.default_rng(42)
        x = rng.random(1000000)
        y = rng.random(1000000)
        %timeit x + y
Out[1]: 2.21 ms ± 142 µs per loop (mean ± std. dev. of 7 runs, 100 loops each)
```

Como visto no Capítulo 6, isso é muito mais rápido do que fazer a adição com um loop Python ou uma compreensão:

```
In [2]: %timeit np.fromiter((xi + yi for xi, yi in zip(x, y)),
                            dtype=x.dtype, count=len(x))
Out[2]: 263 ms ± 43.4 ms per loop (mean ± std. dev. of 7 runs, 1 loop each)
```

Mas essa abstração pode se tornar menos eficiente ao calcular expressões compostas. Por exemplo, considere a seguinte expressão:

```
In [3]: mask = (x > 0.5) & (y < 0.5)
```

Como o NumPy avalia cada subexpressão, isso equivale mais ou menos a:

```
In [4]: tmp1 = (x > 0.5)
        tmp2 = (y < 0.5)
        mask = tmp1 & tmp2
```

Em outras palavras, *cada etapa intermediária é explicitamente alocada na memória*. Se os arrays `x` e `y` forem muito grandes, isso poderá levar a um overhead computacional e de memória significativo. A biblioteca NumExpr oferece a capacidade de calcular esse tipo de expressão composta elemento por elemento, sem precisar alocar arrays intermediários completos. A documentação NumExpr tem mais detalhes, mas por enquanto é suficiente dizer que a biblioteca aceita uma *string* que fornece a expressão no estilo NumPy que você gostaria de calcular:

```
In [5]: import numexpr
        mask_numexpr = numexpr.evaluate('(x > 0.5) & (y < 0.5)')
        np.all(mask == mask_numexpr)
Out[5]: True
```

A vantagem aqui é que NumExpr avalia a expressão de uma forma que evita os arrays temporários sempre que possível, assim, pode ser muito mais eficiente do que NumPy, sobretudo para as sequências longas de cálculos nos arrays grandes. As ferramentas `eval` e `query` do Pandas examinadas aqui são conceitualmente semelhantes e basicamente são wrappers da funcionalidade NumExpr específicos do Pandas.

pandas.eval para Operações Eficientes

A função `eval` no Pandas usa expressões de strings para calcular com eficiência as operações nos objetos `DataFrame`. Por exemplo, considere os seguintes dados:

```
In [6]: import pandas as pd
        nrows, ncols = 100000, 100
        df1, df2, df3, df4 = (pd.DataFrame(rng.random((nrows, ncols)))
                              for i in range(4))
```

Para calcular a soma de todos os quatro `DataFrame`s usando a abordagem Pandas típica, podemos escrever apenas a soma:

```
In [7]: %timeit df1 + df2 + df3 + df4
Out[7]: 73.2 ms ± 6.72 ms per loop (mean ± std. dev. of 7 runs, 10 loops each)
```

O mesmo resultado pode ser calculado com `pd.eval` criando a expressão como uma string:

```
In [8]: %timeit pd.eval('df1 + df2 + df3 + df4')
Out[8]: 34 ms ± 4.2 ms per loop (mean ± std. dev. of 7 runs, 10 loops each)
```

A versão `eval` dessa expressão é cerca de 50% mais rápida (e usa muito menos memória), dando o mesmo resultado:

```
In [9]: np.allclose(df1 + df2 + df3 + df4,
                    pd.eval('df1 + df2 + df3 + df4'))
Out[9]: True
```

`pd.eval` tem suporte para inúmeras operações. Para demonstrar isso, usaremos os seguintes dados inteiros:

```
In [10]: df1, df2, df3, df4, df5 = (pd.DataFrame(rng.integers(0, 1000, (100, 3)))
                                    for i in range(5))
```

Veja um resumo das operações que `pd.eval` suporta:

Operadores aritméticos

`pd.eval` suporta todos os operadores aritméticos. Por exemplo:

```
In [11]: result1 = -df1 * df2 / (df3 + df4) - df5
         result2 = pd.eval('-df1 * df2 / (df3 + df4) - df5')
         np.allclose(result1, result2)
Out[11]: True
```

Operadores de comparação

`pd.eval` suporta todos os operadores de comparação, inclusive expressões em cadeia:

```
In [12]: result1 = (df1 < df2) & (df2 <= df3) & (df3 != df4)
         result2 = pd.eval('df1 < df2 <= df3 != df4')
         np.allclose(result1, result2)
Out[12]: True
```

Operadores de bitwise

`pd.eval` suporta os operadores & e | de bitwise:

```
In [13]: result1 = (df1 < 0.5) & (df2 < 0.5) | (df3 < df4)
         result2 = pd.eval('(df1 < 0.5) & (df2 < 0.5) | (df3 < df4)')
         np.allclose(result1, result2)
Out[13]: True
```

E mais, suporta o uso de `and` e `or` literais nas expressões booleanas:

```
In [14]: result3 = pd.eval('(df1 < 0.5) and (df2 < 0.5) or (df3 < df4)')
         np.allclose(result1, result3)
Out[14]: True
```

Atributos e índices dos objetos

pd.eval suporta o acesso aos atributos do objeto com a sintaxe obj.attr e indexa via sintaxe the obj[index]:

```
In [15]: result1 = df2.T[0] + df3.iloc[1]
         result2 = pd.eval('df2.T[0] + df3.iloc[1]')
         np.allclose(result1, result2)
Out[15]: True
```

Outras operações

Outras operações, como as chamadas da função, as instruções condicionais, os loops e outras construções mais complexas, *não* são atualmente implementadas em pd.eval. Se quiser executar esses tipos mais complicados de expressões, você poderá usar a própria biblioteca NumExpr.

DataFrame.eval para Operações por Coluna

Assim como o Pandas tem uma função pd.eval de alto nível, os objetos DataFrame têm um método eval que funciona de maneiras semelhantes. A vantagem do método eval é que as colunas podem ser referenciadas pelo nome. Usaremos este array rotulado como exemplo:

```
In [16]: df = pd.DataFrame(rng.random((1000, 3)), columns=['A', 'B', 'C']) df.head()
Out[16]:            A         B         C
         0   0.850888  0.966709  0.958690
         1   0.820126  0.385686  0.061402
         2   0.059729  0.831768  0.652259
         3   0.244774  0.140322  0.041711
         4   0.818205  0.753384  0.578851
```

Usando pd.eval como na seção anterior, podemos calcular as expressões com as três colunas assim:

```
In [17]: result1 = (df['A'] + df['B']) / (df['C'] - 1)
         result2 = pd.eval("(df.A + df.B) / (df.C - 1)")
         np.allclose(result1, result2)
Out[17]: True
```

O método DataFrame.eval permite uma avaliação muito mais sucinta das expressões com as colunas:

```
In [18]: result3 = df.eval('(A + B) / (C - 1)')
         np.allclose(result1, result3)
Out[18]: True
```

Observe aqui que tratamos os *nomes da coluna como variáveis* dentro da expressão avaliada e o resultado é o que desejamos.

Atribuição em DataFrame.eval

Além das opções que acabamos de ver, `DataFrame.eval` também permite a atribuição para qualquer coluna. Usaremos o `DataFrame` de antes, que tem as colunas `'A'`, `'B'` e `'C'`:

```
In [19]: df.head()
Out[19]:           A         B         C
         0  0.850888  0.966709  0.958690
         1  0.820126  0.385686  0.061402
         2  0.059729  0.831768  0.652259
         3  0.244774  0.140322  0.041711
         4  0.818205  0.753384  0.578851
```

Podemos usar `df.eval` para criar uma nova coluna `'D'` e atribuir a ela um valor calculado a partir das outras colunas:

```
In [20]: df.eval('D = (A + B) / C', inplace=True)
         df.head()
Out[20]:           A         B         C          D
         0  0.850888  0.966709  0.958690   1.895916
         1  0.820126  0.385686  0.061402  19.638139
         2  0.059729  0.831768  0.652259   1.366782
         3  0.244774  0.140322  0.041711   9.232370
         4  0.818205  0.753384  0.578851   2.715013
```

Da mesma forma, qualquer coluna existente pode ser modificada:

```
In [21]: df.eval('D = (A - B) / C', inplace=True)
         df.head()
Out[21]:           A         B         C          D
         0  0.850888  0.966709  0.958690  -0.120812
         1  0.820126  0.385686  0.061402   7.075399
         2  0.059729  0.831768  0.652259  -1.183638
         3  0.244774  0.140322  0.041711   2.504142
         4  0.818205  0.753384  0.578851   0.111982
```

Variáveis Locais em DataFrame.eval

O método `DataFrame.eval` suporta uma sintaxe adicional que permite trabalhar com variáveis Python locais. Considere o seguinte:

```
In [22]: column_mean = df.mean(1) result1 = df['A'] + column_mean
         result2 = df.eval('A + @column_mean')
         np.allclose(result1, result2)
Out[22]: True
```

O caractere `@` aqui marca um *nome de variável* em vez de um *nome de coluna* e permite avaliar com eficiência as expressões envolvendo os dois "namespaces": os namespaces das colunas e dos objetos Python. Observe que esse caractere `@` é suportado apenas pelo *método* `DataFrame.eval`, não pela *função* `pandas.eval`, porque essa função só tem acesso a um namespace (Python).

Método DataFrame.query

`DataFrame` tem outro método baseado em strings avaliadas, chamado `query`. Considere o seguinte:

```
In [23]: result1 = df[(df.A < 0.5) & (df.B < 0.5)]
         result2 = pd.eval('df[(df.A < 0.5) & (df.B < 0.5)]')
         np.allclose(result1, result2)
Out[23]: True
```

Como no exemplo usado em nossa análise de `DataFrame.eval`, esta é uma expressão envolvendo colunas do `DataFrame`. No entanto, não pode ser expressa usando a sintaxe `DataFrame.eval`! Ao contrário, para esse tipo de operação de filtragem, você pode usar o método `query`:

```
In [24]: result2 = df.query('A < 0.5 and B < 0.5')
         np.allclose(result1, result2)
Out[24]: True
```

Além de ser um cálculo mais eficiente, em comparação com a expressão de mascaramento, isso é muito mais fácil de ler e entender. Observe que o método `query` também aceita o flag `@` para marcar as variáveis locais:

```
In [25]: Cmean = df['C'].mean()
         result1 = df[(df.A < Cmean) & (df.B < Cmean)]
         result2 = df.query('A < @Cmean and B < @Cmean')
         np.allclose(result1, result2)
Out[25]: True
```

Performance: Quando Usar Estas Funções

Ao considerar se deve usar `eval` e `query`, há duas considerações: *tempo de computação* e *uso da memória*. O uso da memória é o aspecto mais previsível. Como já mencionado, toda expressão composta envolvendo arrays NumPy ou `DataFrames` do Pandas resultará na criação implícita de arrays temporários. Por exemplo:

```
In [26]: x = df[(df.A < 0.5) & (df.B < 0.5)]
```

equivale mais ou menos a:

```
In [27]: tmp1 = df.A < 0.5
         tmp2 = df.B < 0.5
         tmp3 = tmp1 & tmp2
         x = df[tmp3]
```

Se o tamanho dos `DataFrames` temporários for significativo em comparação com a memória do sistema disponível (em geral vários gigabytes), é recomendável usar uma expressão `eval` ou `query`. Você pode verificar o tamanho aproximado de seu array em bytes usando:

```
In [28]: df.values.nbytes
Out[28]: 32000
```

Quanto ao desempenho, `eval` pode ser mais rápida mesmo quando você não está excedendo a memória do sistema. O problema é como seus objetos temporários se comparam ao tamanho do cache de CPU L1 ou L2 no sistema (normalmente alguns megabytes); se eles forem muito maiores, `eval` poderá evitar algum movimento potencialmente lento de valores entre os diferentes caches de memória. Na prática, acho que a diferença no tempo de computação entre os métodos tradicionais e o método `eval/query` geralmente não é significativa — quando muito, o método tradicional é mais rápido para os arrays menores! A vantagem de `eval/query` está principalmente na economia de memória e, por vezes, na sintaxe mais clara.

Abordamos a maioria dos detalhes de `eval` e `query` aqui; para ter mais informações, consulte a documentação do Pandas. Em particular, diferentes analisadores e mecanismos podem ser especificados para executar essas consultas; para obter detalhes, veja a análise na seção "Enhancing Performance" da documentação [em inglês].

Mais Recursos

Nesta parte do livro, vimos muitos conceitos básicos de como usar o Pandas de forma eficaz para a análise de dados. Ainda assim, muito foi omitido na nossa análise. Para saber mais sobre o Pandas, recomendo os seguintes recursos:

Documentação online do Pandas

Esta é a fonte da documentação completa do pacote. Embora os exemplos na documentação tendam a se basear em pequenos conjuntos de dados gerados, a descrição das opções é completa e geralmente muito útil para entender o uso de várias funções.

Python para análise de dados

Escrito por Wes McKinney (criador original do Pandas), este livro contém muito mais detalhes sobre o pacote Pandas do que tínhamos espaço neste capítulo. Em particular, McKinney detalha as ferramentas para as séries temporais, que eram o seu ganha-pão como consultor financeiro. O livro também tem muitos exemplos divertidos de aplicação do Pandas para obter insights de conjuntos de dados reais.

Effective Pandas

Este pequeno ebook do desenvolvedor Pandas, Tom Augspurger, fornece um resumo sucinto de como usar todo o poder da biblioteca Pandas de uma maneira eficaz e idiomática.

Pandas on PyVideo

Desde PyCon até SciPy e PyData, muitas conferências apresentaram tutoriais de desenvolvedores Pandas e usuários avançados. Os tutoriais PyCon em particular tendem a ser feitos por apresentadores muito bem avaliados.

Usando esses recursos, combinados com o passo a passo nestes capítulos, espero que você esteja pronto para usar o Pandas para resolver qualquer problema de análise de dados que encontrar!

PARTE IV

Visualização com Matplotlib

Agora veremos com atenção o pacote Matplotlib para a visualização em Python. Matplotlib é uma biblioteca de visualização de dados multiplataforma baseada nos arrays NumPy e projetada para trabalhar com a distribuição SciPy maior. Foi concebido por John Hunter em 2002, originalmente como um patch para o IPython para permitir a plotagem interativa no estilo MATLAB com `gnuplot` a partir da linha de comando do IPython. O criador do IPython, Fernando Perez, na época tentava terminar seu doutorado e informou a John que ele não teria tempo para revisar o patch por vários meses. John tomou isso como uma sugestão para fazer por conta própria, e o pacote Matplotlib nasceu, com a versão 0.1 lançada em 2003. O pacote teve um impulso inicial quando foi adotado como o pacote de plotagem escolhido do Space Telescope Science Institute (as pessoas por trás do Telescópio Hubble), que financeiramente apoiou o desenvolvimento do Matplotlib e expandiu muito suas capacidades.

Uma das características mais importantes do Matplotlib é sua capacidade de lidar bem com muitos sistemas operacionais e back-ends gráficos. O Matplotlib suporta dezenas de back-ends e tipos de saída, significando que você pode contar com ele para trabalhar independentemente do sistema operacional usado ou do formato de saída desejado. Essa abordagem multiplataforma, "tudo para todos", era uma das grandes vantagens do Matplotlib. Isso levou a uma boa base de usuários, que, por sua vez, levou a uma base de desenvolvedores ativa, a ferramentas avançadas e à onipresença do Matplotlib no mundo científico do Python.

Mas nos últimos anos, a interface e o estilo do Matplotlib começaram a dar sinais de sua idade. Ferramentas mais recentes como `ggplot` e `ggvis` na linguagem R, junto com kits de ferramentas de visualização da web baseados em D3js e canvas HTML5, muitas vezes fazem o Matplotlib parecer desajeitado e antiquado. Ainda assim, sou da opinião de que não podemos ignorar a capacidade do Matplotlib como um mecanismo gráfico multiplataforma bem testado. Versões recentes do Matplotlib tornam relativamente fácil definir novos estilos de plotagem global (veja o Capítulo 34) e pessoas desenvolveram novos pacotes que se baseiam na capacidade de seus componentes internos para orientar o Matplotlib com APIs mais clara e modernas — por exemplo, o Seaborn (visto no Capítulo 36), o `ggpy`, o HoloViews e até o próprio Pandas podem ser usados como wrappers em torno da API do Matplotlib. Mesmo com esses wrappers, ainda é útil se aprofundar na sintaxe do Matplotlib para ajustar a saída final do gráfico. Por essa razão, acredito que o próprio Matplotlib continuará sendo uma peça vital da distribuição de visualização de dados, mesmo que novas ferramentas signifiquem que a comunidade pare aos poucos de usar a API do Matplotlib diretamente.

CAPÍTULO 25

Dicas Gerais do Matplotlib

Antes de entrar nos detalhes da criação de visualizações com o Matplotlib, há algumas coisas úteis que você deve saber sobre o uso do pacote.

Importando o Matplotlib

Assim como usamos a abreviação `np` para NumPy e `pd` para Pandas, usaremos algumas abreviações padrão para as importações do Matplotlib:

```
In [1]: import matplotlib as mpl
        import matplotlib.pyplot as plt
```

É a interface `plt` que usaremos mais, como você verá nesta parte do livro.

Definindo Estilos

Usaremos a diretiva `plt.style` para escolher os devidos estilos estéticos para nossas figuras. Aqui definiremos o estilo `classic`, o que garante que as plotagens criadas usem o estilo clássico do Matplotlib:

```
In [2]: plt.style.use('classic')
```

Ao longo deste capítulo, ajustaremos o estilo quando necessário. Para mais informações sobre as folhas de estilo, veja o Capítulo 34.

Usando show ou Não? Como Exibir Suas Plotagens

Uma visualização que não pode ser vista não será muito útil, mas como você vê suas plotagens Matplotlib depende do contexto. O melhor uso do Matplotlib difere dependendo de como você o está usando; basicamente, os três contextos aplicáveis usam o Matplotlib em um script, um terminal IPython ou um Jupyter Notebook.

Plotando a partir de um Script

Se você está usando o Matplotlib de dentro de um script, a função `plt.show` é sua amiga. Ela inicia um loop de eventos, procura todos os objetos `Figure` atualmente ativos e abre uma ou mais janelas interativas exibindo sua imagem ou imagens.

Por exemplo, você pode ter um arquivo chamado *myplot.py* com o seguinte:

```
# arquivo: myplot.py
import matplotlib.pyplot as plt
import numpy as np

x = np.linspace(0, 10, 100)

plt.plot(x, np.sin(x))
plt.plot(x, np.cos(x))

plt.show()
```

Você pode executar esse script no prompt da linha de comando, o que resultará em uma janela abrindo com sua imagem exibida:

```
$ python myplot.py
```

O comando `plt.show` faz muitas coisas internamente, pois deve interagir com o back-end gráfico e interativo do sistema. Os detalhes dessa operação podem variar muito entre os sistemas e até mesmo entre as instalações, mas o Matplotlib faz o melhor que pode para ocultar todos esses detalhes.

Fique atento: o comando `plt.show` deve ser usado *apenas uma vez* por sessão do Python e costuma ser visto no final do script. Vários comandos `show` podem levar a um comportamento imprevisível dependendo do back-end e devem ser evitados.

Plotando a partir de um Shell IPython

Matplotlib também funciona perfeitamente em um shell IPython (veja a Parte I). O IPython foi criado para funcionar bem com o Matplotlib se você especifica o modo Matplotlib. Para ativá-lo, use o comando mágico `%matplotlib` após iniciar `ipython`:

```
In [1]: %matplotlib
Using matplotlib backend: TkAgg

In [2]: import matplotlib.pyplot as plt
```

Nesse ponto, qualquer comando de plotagem `plt` fará com que uma janela de imagem seja aberta e outros comandos possam ser executados para atualizar a plotagem. Algumas alterações (como modificar as propriedades das linhas já desenhadas) não serão feitas automaticamente: para forçar uma atualização, use `plt.draw`. Não é necessário usar `plt.show` no modo Matplotlib do IPython.

Plotando a partir de um Jupyter Notebook

O Jupyter Notebook é uma ferramenta de análise de dados interativa baseada em navegador que pode combinar narrativa, código, gráficos, elementos HTML e muito mais em um único documento executável (veja a Parte I).

A plotagem interativa em um Jupyter Notebook pode ser feita com o comando `%matplotlib` e funciona de forma semelhante ao shell IPython. Você também tem a opção de incorporar gráficos diretamente no notebook, com duas opções possíveis:

- `%matplotlib inline` levará a imagens *estáticas* de sua plotagem incorporada no notebook.
- `%matplotlib notebook` levará a plotagens *interativas* incorporadas no notebook.

Neste livro, geralmente ficaremos com o padrão, com as imagens renderizadas como estáticas (a Figura 25-1 mostra o resultado do exemplo básico de plotagem):

```
In [3]: %matplotlib inline

In [4]: import numpy as np
        x = np.linspace(0, 10, 100)

        fig = plt.figure()
        plt.plot(x, np.sin(x), '-')
        plt.plot(x, np.cos(x), '--');
```

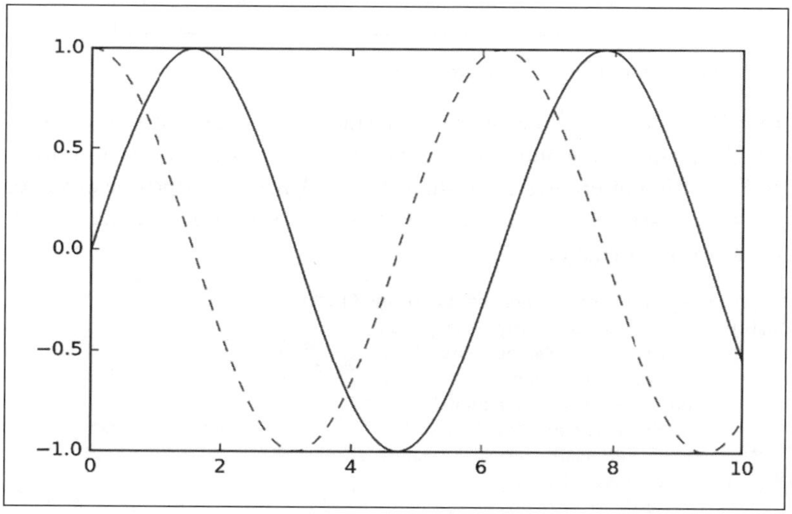

Figura 25-1. Exemplo básico de plotagem

Salvando Imagens no Arquivo

Uma boa funcionalidade do Matplotlib é a capacidade de salvar imagens em vários formatos. O comando `savefig` pode ser usado para salvar a imagem. Por exemplo, para salvar a imagem anterior como um arquivo PNG, execute isto:

```
In [5]: fig.savefig('my_figure.png')
```

Agora temos um arquivo chamado *my_figure.png* no diretório de trabalho atual:

```
In [6]: !ls -lh my_figure.png
Out[6]: -rw-r--r--  1 jakevdp  staff     26K Feb  1 06:15 my_figure.png
```

Para confirmar se ele contém o que imaginamos, usaremos o objeto `Image` do IPython para exibir o conteúdo do arquivo (veja a Figura 25-2).

```
In [7]: from IPython.display import Image
        Image('my_figure.png')
```

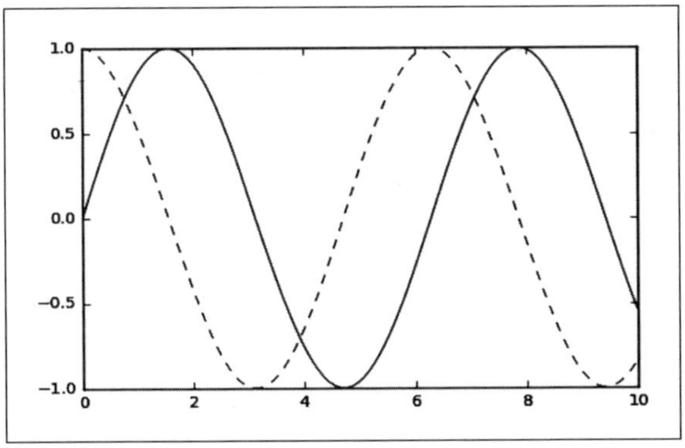

Figura 25-2. Renderização PNG da plotagem básica

Em `savefig`, o formato do arquivo é inferido a partir da extensão do nome de arquivo fornecido. Dependendo de quais back-ends você instalou, muitos formatos de arquivo diferentes estão disponíveis. A lista dos tipos de arquivos suportados pode ser encontrada para seu sistema usando o seguinte método do objeto canvas da imagem:

```
In [8]: fig.canvas.get_supported_filetypes()
Out[8]: {'eps': 'Encapsulated Postscript',
         'jpg': 'Joint Photographic Experts Group',
         'jpeg': 'Joint Photographic Experts Group',
         'pdf': 'Portable Document Format',
         'pgf': 'PGF code for LaTeX',
         'png': 'Portable Network Graphics',
         'ps': 'Postscript',
         'raw': 'Raw RGBA bitmap',
         'rgba': 'Raw RGBA bitmap',
         'svg': 'Scalable Vector Graphics',
         'svgz': 'Scalable Vector Graphics',
         'tif': 'Tagged Image File Format',
         'tiff': 'Tagged Image File Format'}
```

Observe que ao salvar sua imagem, não é necessário usar `plt.show` nem os comandos relacionados vistos anteriormente.

Duas Interfaces pelo Preço de Uma

Uma característica muito confusa do Matplotlib são suas interfaces duplas: uma interface conveniente baseada em estados no estilo MATLAB e uma interface orientada a objetos mais poderosa. Destacarei rapidamente as diferenças aqui.

Interface no estilo MATLAB

Matplotlib foi originalmente concebido como uma alternativa Python para os usuários MATLAB e grande parte de sua sintaxe reflete isso. As ferramentas no estilo MATLAB estão contidas na interface `pyplot` (`plt`). Por exemplo, o código a seguir provavelmente será bastante familiar para os usuários do MATLAB (a Figura 25-3 mostra o resultado).

```
In [9]: plt.figure()  # crie uma imagem de plotagem

        # crie o primeiro dos dois painéis e defina o eixo atual
        plt.subplot(2, 1, 1) # (linhas, colunas, número do painel)
        plt.plot(x, np.sin(x))

        # crie o segundo painel e defina o eixo atual
        plt.subplot(2, 1, 2)
        plt.plot(x, np.cos(x));
```

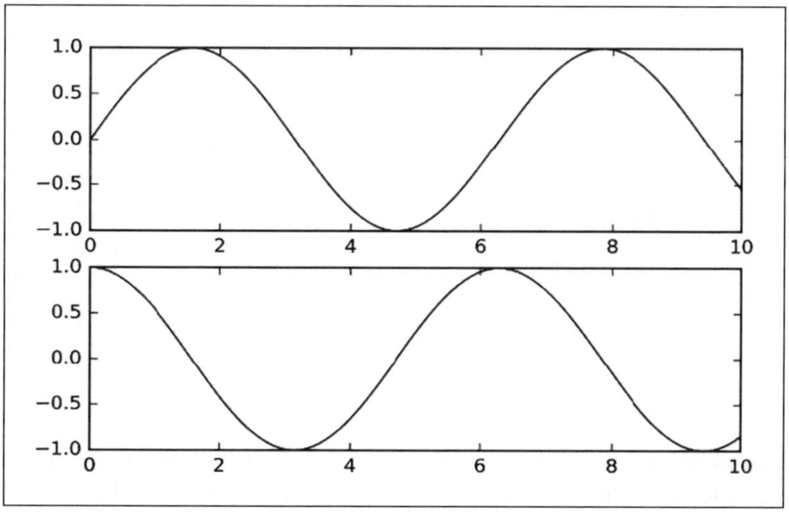

Figura 25-3. Plotagens secundárias usando a interface no estilo MATLAB

É importante reconhecer que essa interface *tem estado*: ela mantém o controle da imagem "atual" e dos eixos, onde todos os comandos `plt` são aplicados. Você pode obter uma referência para eles usando as rotinas `plt.gcf` (obter imagem atual) e `plt.gca` (obter eixos atuais).

Embora a interface com estado seja rápida e conveniente para plotagens simples, é fácil ter problemas. Por exemplo, assim que o segundo painel é criado, como podemos voltar e adicionar algo ao primeiro? Isso é possível na interface no estilo MATLAB, mas um pouco deselegante. Por sorte, há um jeito melhor.

Interface orientada a objetos

A interface orientada a objetos está disponível para essas situações mais complicadas e quando você quer mais controle sobre a imagem. Em vez de depender de alguma noção de imagem "ativa" ou eixos, na interface orientada a objetos as funções de plotagem são *métodos* dos objetos `Figure` e `Axes` explícitos. Para recriar a plotagem anterior usando esse estilo de plotagem, como na Figura 25-4, você pode fazer o seguinte:

```
In [10]: # Primeiro crie uma grade de plotagens
         # ax será um array de dois objetos Axes
         fig, ax = plt.subplots(2)

         # Chame o método plot() no devido objeto
         ax[0].plot(x, np.sin(x))
         ax[1].plot(x, np.cos(x));
```

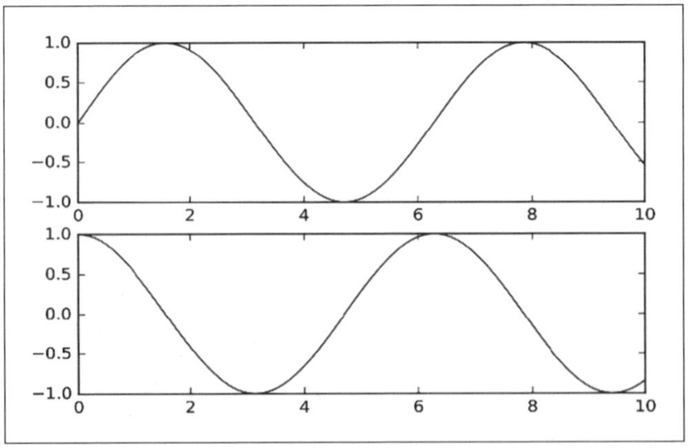

Figura 25-4. Plotagens secundárias usando a interface orientada a objetos

Para as plotagens mais simples, a escolha de qual estilo usar é em grande parte uma questão de preferência, mas a abordagem orientada a objetos pode se tornar uma necessidade à medida que as plotagens ficam mais complexas. Nos capítulos a seguir, trocaremos entre as interfaces no estilo MATLAB e orientada a objetos, dependendo da conveniência. Na maioria dos casos, a diferença é tão pequena quanto mudar `plt.plot` para `ax.plot`, mas há algumas pegadinhas que destacarei quando elas aparecerem nos próximos capítulos.

CAPÍTULO 26

Gráficos com Linhas Simples

Talvez a mais simples de todas as plotagens seja a visualização de uma única função $y = f(x)$. Aqui veremos primeiro a criação desse tipo de gráfico simples. Como em todos os capítulos seguintes, começaremos configurando o notebook para plotar e importar os pacotes que usaremos:

```
In [1]: %matplotlib inline
        import matplotlib.pyplot as plt
        plt.style.use('seaborn-whitegrid')
        import numpy as np
```

Para todas as plotagens do Matplotlib, começamos criando uma imagem e os eixos. Na sua forma mais simples, isto pode ser feito assim (veja a Figura 26-1).

```
In [2]: fig = plt.figure()
        ax = plt.axes()
```

No Matplotlib, a *imagem* (instância da classe `plt.Figure`) pode ser considerada um único contêiner com todos os objetos representando eixos, gráficos, texto e rótulos. Os *eixos* (instância da classe `plt.Axes`) são o que vemos acima: uma caixa delimitadora com marcações, grades e rótulos, contendo os elementos de plotagem compondo nossa visualização. Nesta parte do livro, normalmente usarei o nome da variável `fig` para referenciar uma instância da imagem e `ax` para referenciar uma instância de eixos ou um grupo de instâncias de eixos.

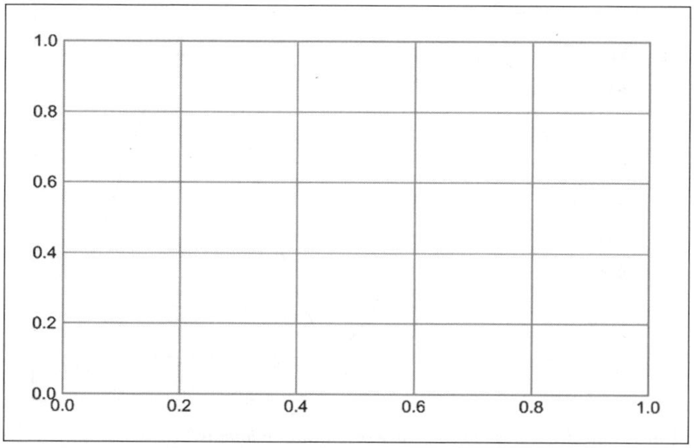

Figura 26-1. Eixos em grade e vazios

Assim que criamos um eixo, podemos usar o método `ax.plot` para plotar alguns dados. Começaremos com um senoidal simples, como na Figura 26-2.

```
In [3]: fig = plt.figure()
        ax = plt.axes()

        x = np.linspace(0, 10, 1000)
        ax.plot(x, np.sin(x));
```

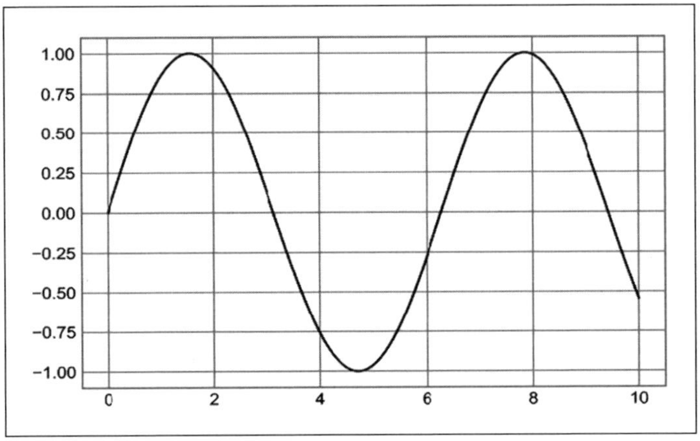

Figura 26-2. Um senoidal simples

Note que o ponto e vírgula no final da última linha é intencional: suprime a representação textual da plotagem na saída.

Uma alternativa é usar a interface PyLab e deixar que a imagem e os eixos sejam criados em segundo plano (veja a Parte IV para uma análise dessas duas interfaces); como mostra a Figura 26-3, o resultado é igual.

```
In [4]: plt.plot(x, np.sin(x));
```

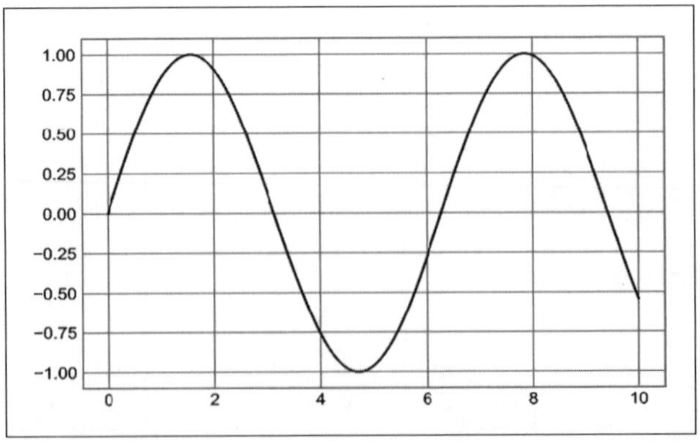

Figura 26-3. Um senoidal simples via interface orientada a objetos

Se quisermos criar uma única imagem com várias linhas (veja a Figura 26-4), basta chamar a função `plot` diversas vezes:

```
In [5]: plt.plot(x, np.sin(x))
        plt.plot(x, np.cos(x));
```

Isso é tudo para plotar funções simples no Matplotlib! Agora veremos mais alguns detalhes sobre como controlar a aparência dos eixos e das linhas.

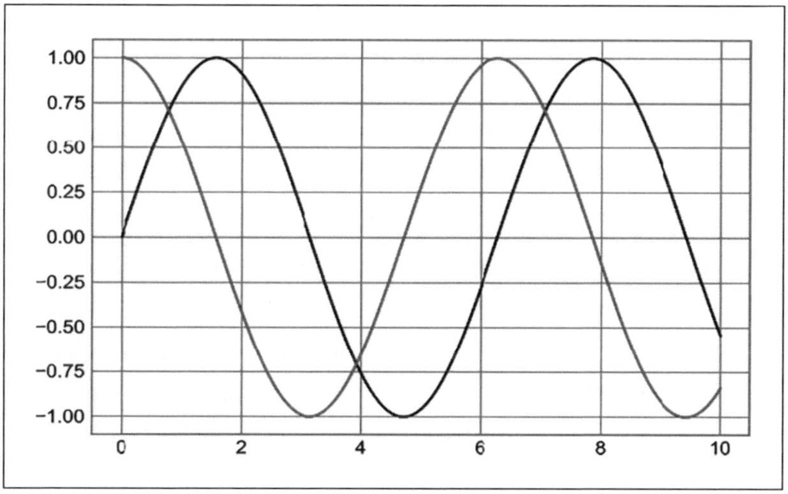

Figura 26-4. Plotagem sobreposta de várias linhas

Ajustando a Plotagem: Cores e Estilos de Linha

O primeiro ajuste que você pode querer fazer em uma plotagem é controlar as cores e os estilos da linha. A função `plt.plot` tem argumentos adicionais que podem ser usados para especificar isso. Para ajustar a cor, você pode usar a palavra-chave `color`, que aceita um argumento de string representando praticamente qualquer cor imaginável. A cor pode ser especificada de várias maneiras; veja a Figura 26-5 para conhecer a saída dos exemplos a seguir:

```
In [6]: plt.plot(x, np.sin(x - 0), color='blue')        # especifique a cor pelo nome
        plt.plot(x, np.sin(x - 1), color='g')           # código curto da cor (rgbcmyk)
        plt.plot(x, np.sin(x - 2), color='0.75')        # cinzas entre 0 e 1.
        plt.plot(x, np.sin(x - 3), color='#FFDD44')     # código hex (RRGGBB, 00 a FF)
        plt.plot(x, np.sin(x - 4), color=(1.0,0.2,0.3)) # tupla RGB, valores 0 a 1
        plt.plot(x, np.sin(x - 5), color='chartreuse'); # nomes das cores HTML suportadas
```

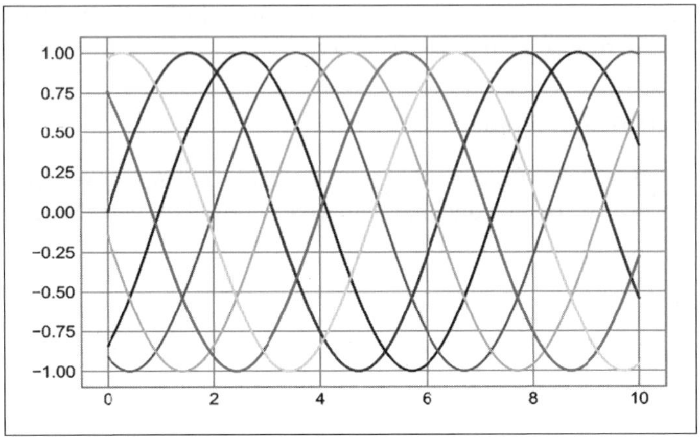

Figura 26-5. Controlando a cor dos elementos plotados

Se nenhuma cor for especificada, o Matplotlib percorrerá automaticamente um conjunto de cores padrão para as várias linhas.

Da mesma forma, o estilo de linha pode ser ajustado usando a palavra-chave `linestyle` (veja a Figura 26-6).

```
In [7]: plt.plot(x, x + 0, linestyle='solid')
        plt.plot(x, x + 1, linestyle='dashed')
        plt.plot(x, x + 2, linestyle='dashdot')
        plt.plot(x, x + 3, linestyle='dotted');

        # Para abreviar, você pode usar os códigos a seguir:
        plt.plot(x, x + 4, linestyle='-') # sólida
        plt.plot(x, x + 5, linestyle='--') # tracejada
        plt.plot(x, x + 6, linestyle='-.') # traço e ponto
        plt.plot(x, x + 7, linestyle=':'); # pontilhada
```

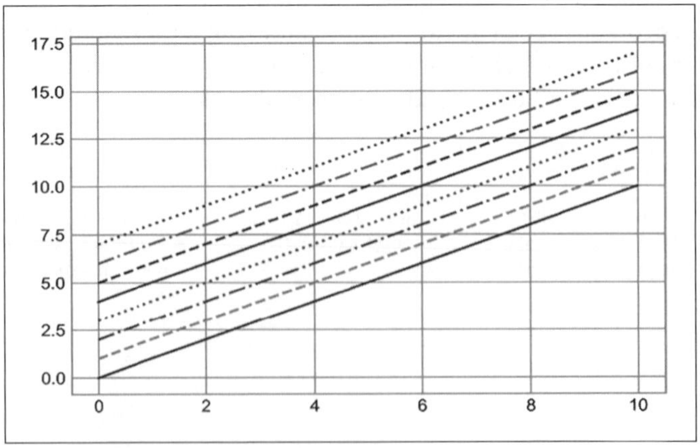

Figura 26-6. Exemplos de vários estilos de linha

Embora não fique muito claro para alguém lendo seu código, você pode economizar alguma digitação combinando os códigos `linestyle` e `color` em um único argumento sem palavra-chave para a função `plt.plot`; a Figura 26-7 mostra o resultado.

```
In [8]: plt.plot(x, x + 0, '-g')  # verde sólido
        plt.plot(x, x + 1, '--c') # ciano tracejado
        plt.plot(x, x + 2, '-.k') # preto com traço e ponto
        plt.plot(x, x + 3, ':r'); # vermelho pontilhado
```

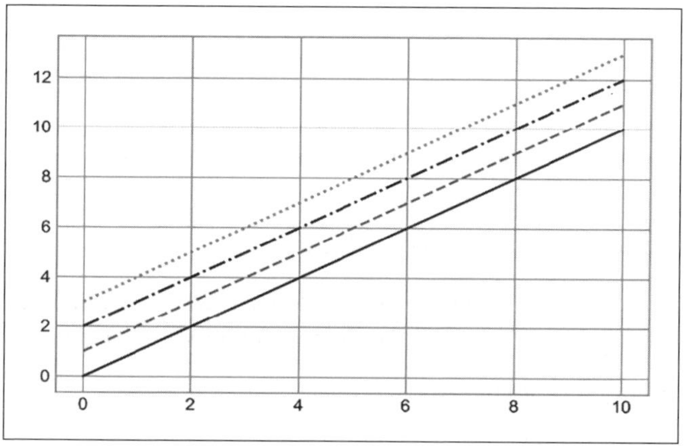

Figura 26-7. Controlando cores e estilos com uma sintaxe abreviada

Os códigos de cores com um caractere refletem as abreviações padrão nos sistemas de cores RGB (vermelho/verde/azul) e CMYK (ciano/magenta/amarelo/preto), normalmente usados para gráficos coloridos digitais.

Existem muitos outros argumentos de palavra-chave que podem ser usados para ajustar a aparência da plotagem; para obter detalhes, leia a docstring da função `plt.plot` usando as ferramentas de ajuda do IPython (veja o Capítulo 1).

Ajudando a Plotagem: Limites dos Eixos

O Matplotlib faz um bom trabalho ao escolher os limites dos eixos padrão para a plotagem, mas às vezes é interessante ter mais controle. A maneira mais básica de ajustar os limites é usar as funções `plt.xlim` e `plt.ylim` (veja a Figura 26-8).

```
In [9]: plt.plot(x, np.sin(x))

        plt.xlim(-1, 11)
        plt.ylim(-1.5, 1.5);
```

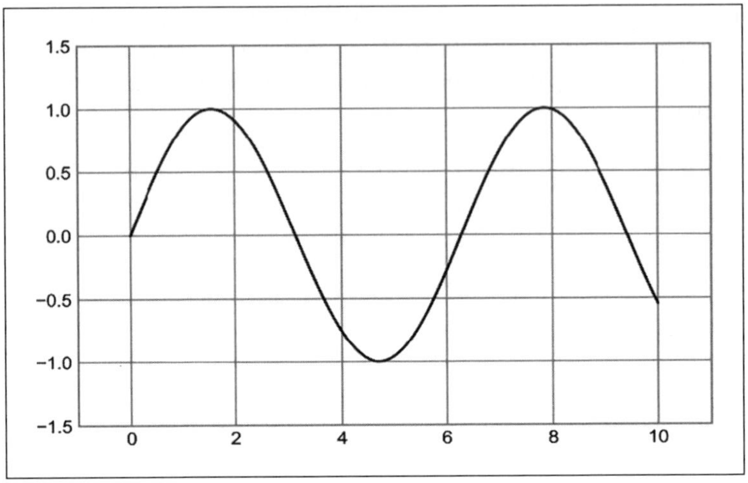

Figura 26-8. Exemplo de definição dos limites dos eixos

Se por algum motivo você quiser que qualquer eixo seja exibido ao contrário, pode simplesmente inverter a ordem dos argumentos (veja a Figura 26-9).

```
In [10]: plt.plot(x, np.sin(x))

         plt.xlim(10, 0)
         plt.ylim(1.2, -1.2);
```

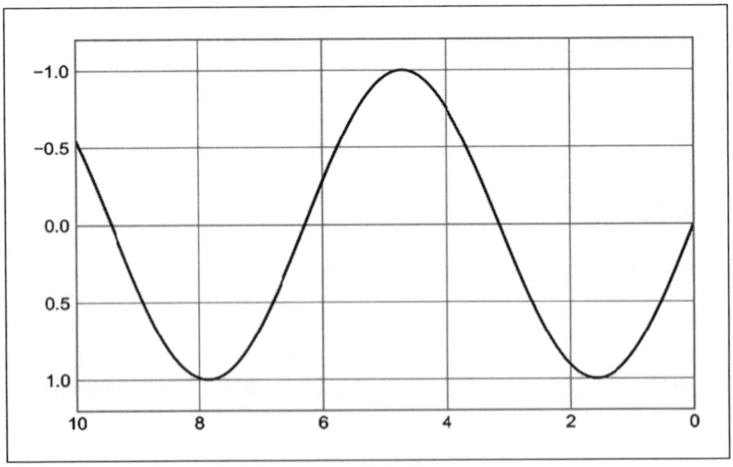

Figura 26-9. Exemplo de inversão do eixo y

Um método relacionado útil é `plt.axis` (note aqui a possível confusão na grafia de *axis* com *i*), que permite especificações mais qualitativas dos limites dos eixos. Por exemplo, você pode compactar automaticamente os limites em torno do conteúdo atual, como mostrado na Figura 26-10.

```
In [11]: plt.plot(x, np.sin(x))
         plt.axis('tight');
```

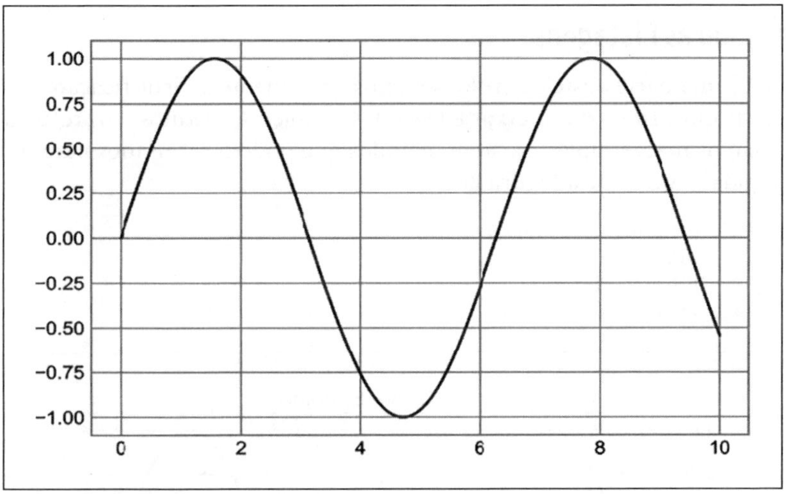

Figura 26-10. Exemplo de um layout "compactado"

Ou pode especificar que deseja uma proporção de eixo igual, de modo que uma unidade em x seja visualmente equivalente a uma unidade em y, como na Figura 26-11.

```
In [12]: plt.plot(x, np.sin(x))
         plt.axis('equal26');
```

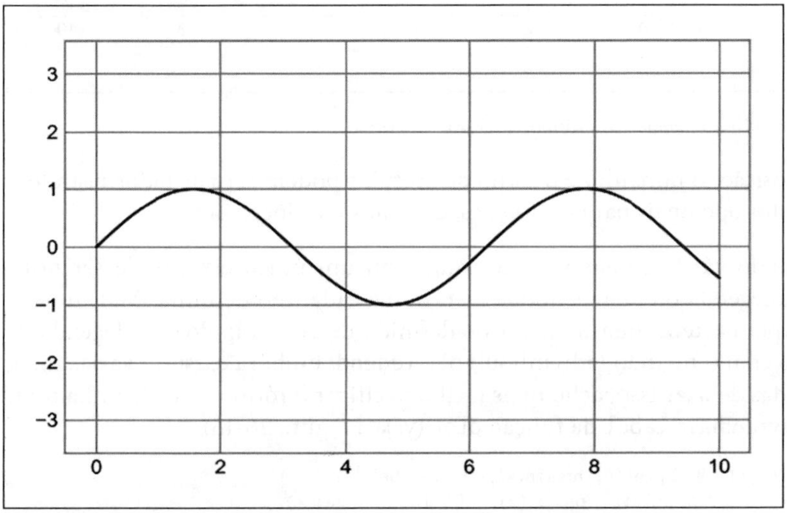

Figura 26-11. Exemplo de um layout "igual", com as unidades correspondendo à resolução da saída

Outras opções do eixo incluem 'on', 'off', 'square', 'image' etc. Para ter mais informações, consulte a docstring de plt.axis.

Rotulando as Plotagens

Como última parte deste capítulo, veremos brevemente a identificação das plotagens: títulos, rótulos dos eixos e legendas simples. Os títulos e os rótulos dos eixos são os mais simples; existem métodos que podem ser usados para defini-los rapidamente (veja a Figura 26-12).

```
In [13]: plt.plot(x, np.sin(x))
         plt.title("A Sine Curve")
         plt.xlabel("x")
         plt.ylabel("sin(x)");
```

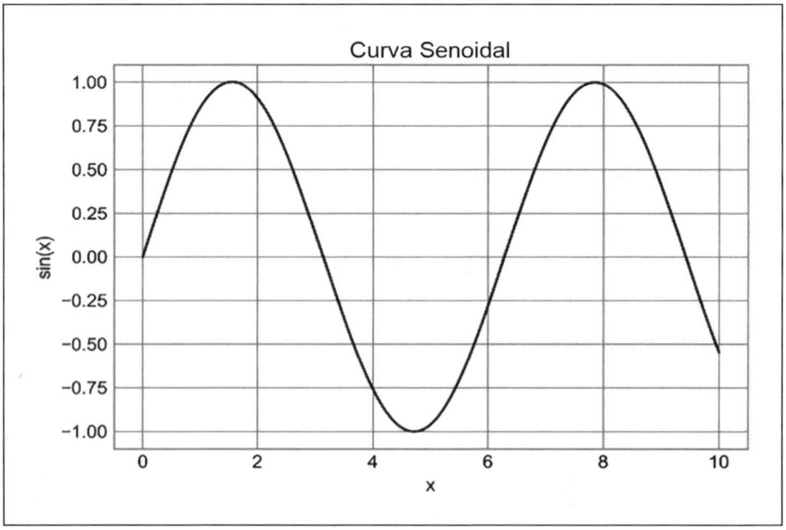

Figura 26-12. Exemplos dos rótulos dos eixos e do título

A posição, o tamanho e o estilo dos rótulos podem ser ajustados usando argumentos opcionais para as funções, descritos nas docstrings.

Quando várias linhas são mostradas em um único eixo, pode ser útil criar uma legenda da plotagem que identifique cada tipo de linha. Mais uma vez, o Matplotlib tem uma maneira predefinida de criar rápido essa legenda; isso é feito com o método (adivinhou!) plt.legend. Embora existam várias maneiras válidas de usar isso, acho mais fácil especificar o rótulo de cada linha usando a palavra-chave label da função plot (veja a Figura 26-13).

```
In [14]: plt.plot(x, np.sin(x), '-g', label='sin(x)')
         plt.plot(x, np.cos(x), ':b', label='cos(x)')
         plt.axis('equal')

         plt.legend();
```

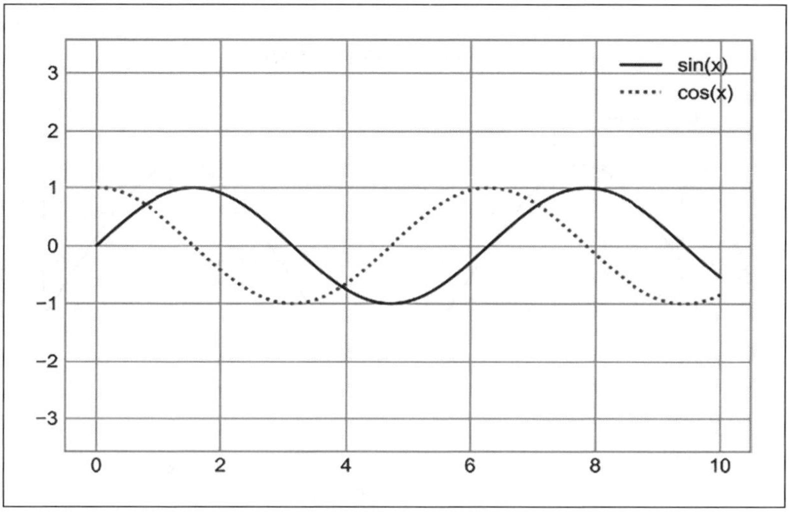

Figura 26-13. Exemplo de legenda da plotagem

Como você pode ver, a função `plt.legend` controla o estilo de linha e a cor, e combina com o rótulo correto. Mais informações sobre como especificar e formatar as legendas da plotagem podem ser encontradas na docstring `plt.legend`; além disso, veremos algumas opções de legendas mais avançadas no Capítulo 29.

Pegadinhas do Matplotlib

Embora a maioria das funções `plt` converta diretamente nos métodos `ax` (`plt.plot` → `ax.plot`, `plt.legend` → `ax.legend` etc.), este não é o caso para todos os comandos. Em particular, as funções para definir limites, rótulos e títulos são um pouco modificadas. Para a transição entre funções no estilo MATLAB e os métodos orientados a objetos, faça as seguintes alterações:

- `plt.xlabel` → `ax.set_xlabel`
- `plt.ylabel` → `ax.set_ylabel`
- `plt.xlim` → `ax.set_xlim`
- `plt.ylim` → `ax.set_ylim`
- `plt.title` → `ax.set_title`

Na interface orientada a objetos para a plotagem, em vez de chamar essas funções individualmente, muitas vezes é mais conveniente usar o método `ax.set` para definir todas essas propriedades de uma só vez (veja a Figura 26-14).

```
In [15]: ax = plt.axes()
         ax.plot(x, np.sin(x))
         ax.set(xlim=(0, 10), ylim=(-2, 2),
                xlabel='x', ylabel='sin(x)',
                title='A Simple Plot');
```

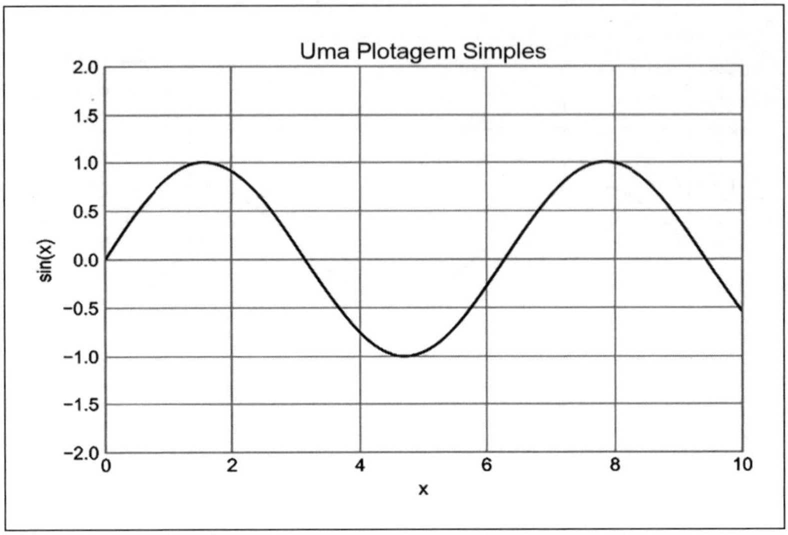

Figura 26-14. Exemplo de usar `ax.set` *para definir várias propriedades de uma só vez*

CAPÍTULO 27

Gráficos de Dispersão Simples

Outro tipo de plotagem comumente usado é o gráfico de dispersão simples, um primo próximo do gráfico de linhas. Em vez de os pontos serem unidos por segmentos de linha, aqui eles são representados individualmente com um pontinho, um círculo ou outra forma. Começaremos configurando o notebook para plotar e importar os pacotes que usaremos:

```
In [1]: %matplotlib inline
        import matplotlib.pyplot as plt
        plt.style.use('seaborn-whitegrid')
        import numpy as np
```

Gráficos de Dispersão com plt.plot

No capítulo anterior, vimos o uso de `plt.plot`/`ax.plot` para produzir gráficos de linha e essa mesma função também pode produzir gráficos de dispersão (veja a Figura 27-1).

```
In [2]: x = np.linspace(0, 10, 30)
        y = np.sin(x)

        plt.plot(x, y, 'o', color='black');
```

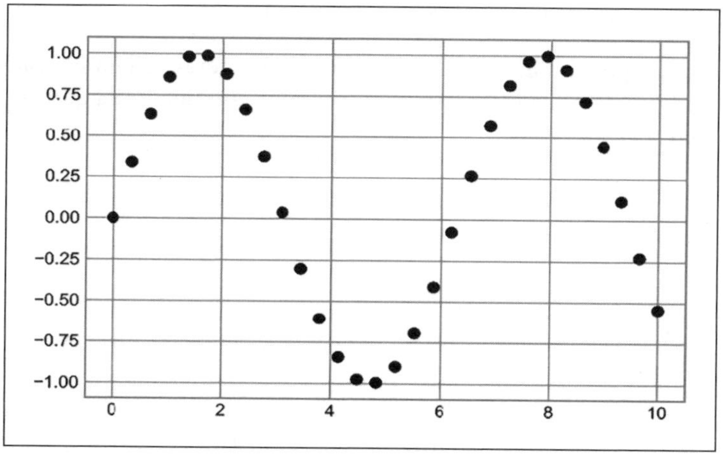

Figura 27-1. Exemplo de gráfico de dispersão

O terceiro argumento na chamada da função é um caractere que representa o tipo de símbolo usado para a plotagem. Assim como você pode especificar as opções '-' ou '--' para controlar o estilo de linha, o estilo de marcador tem seu próprio conjunto de códigos de string curtos. A lista completa dos símbolos disponíveis pode ser vista na documentação de `plt.plot` ou na documentação online do Matplotlib. A maioria das possibilidades é bem intuitiva e as mais comuns são demonstradas aqui (veja a Figura 27-2).

```
In [3]: rng = np.random.default_rng(0)
        for marker in ['o', '.', ',', 'x', '+', 'v', '^', '<', '>', 's', 'd']:
                plt.plot(rng.random(2), rng.random(2), marker, color='black',
                         label="marker='{0}'".format(marker))
        plt.legend(numpoints=1, fontsize=13)
        plt.xlim(0, 1.8);
```

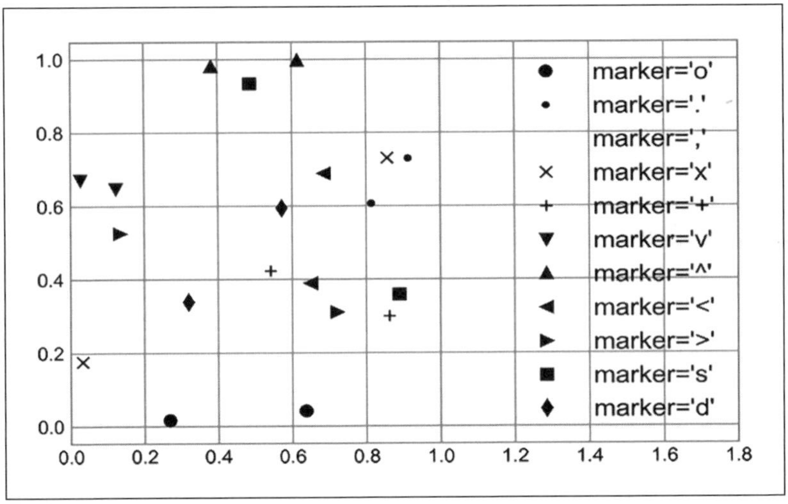

Figura 27-2. Demonstração de números em pontos

Para ter outras possibilidades, esses códigos de caracteres podem ser usados junto com códigos de linha e cor para plotar pontos em uma linha que os conecta (veja a Figura 27-3).

```
In [4]: plt.plot(x, y, '-ok');
```

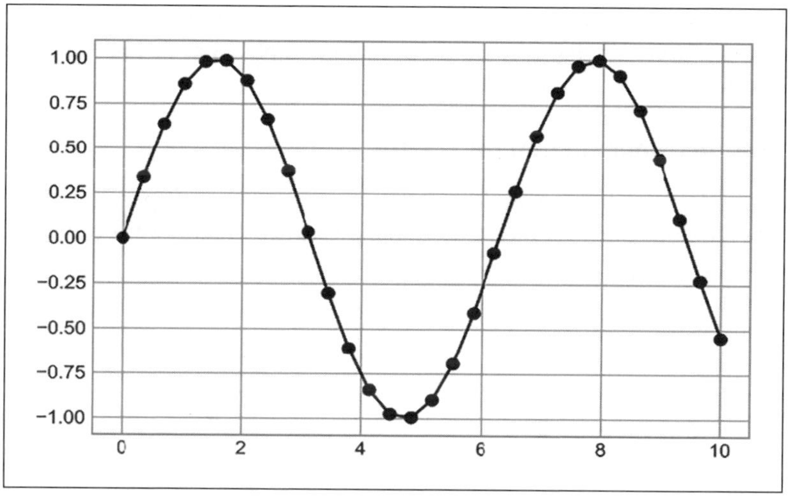

Figura 27-3. Combinando marcadores de linha e ponto

Os argumentos de palavras-chave adicionais para `plt.plot` especificam inúmeras propriedades das linhas e dos marcadores, como visto na Figura 27-4.

```
In [5]: plt.plot(x, y, '-p', color='gray',
                 markersize=15, linewidth=4,
                 markerfacecolor='white',
                 markeredgecolor='gray',
                 markeredgewidth=2)
        plt.ylim(-1.2, 1.2);
```

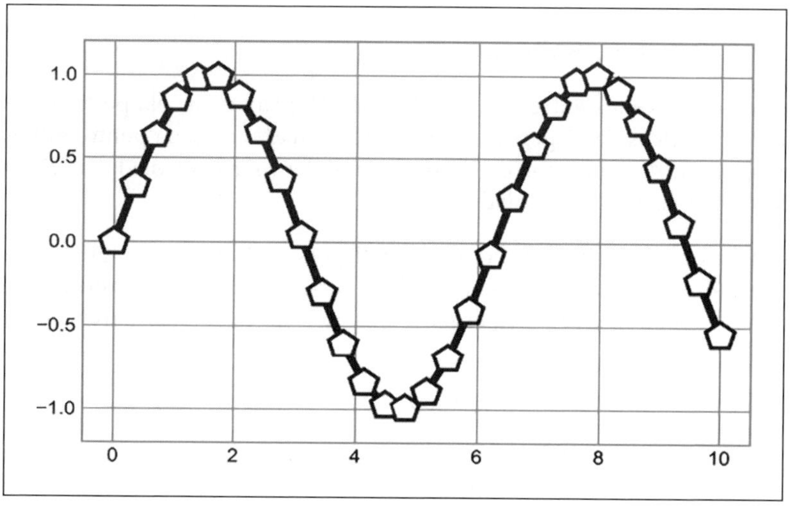

Figura 27-4. Personalizando os marcadores de linha e ponto

Essas opções fazem de plt.plot uma mão na roda para os gráficos bidimensionais no Matplotlib. Para ter uma descrição completa das opções disponíveis, consulte a documentação de plt.plot.

Gráficos de Dispersão com plt.scatter

Um segundo método mais poderoso de criar gráficos de dispersão é a função plt.scatter, que pode ser usada de forma muito semelhante à função plt.plot (veja a Figura 27-5).

```
In [6]: plt.scatter(x, y, marker='o');
```

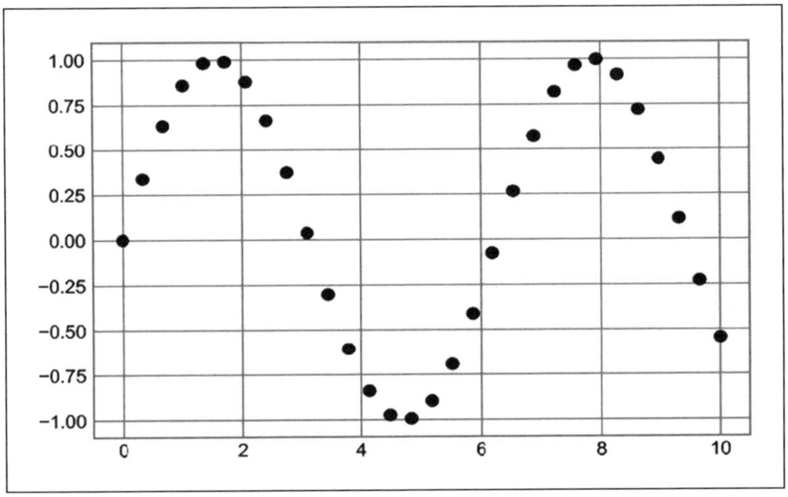

Figura 27-5. Gráfico de dispersão simples

A principal diferença entre plt.scatter e plt.plot é que ela pode ser usada para criar gráficos de dispersão onde as propriedades de cada ponto individual (tamanho, cor da fonte, cor da borda etc.) podem ser controladas individualmente ou mapeadas para os dados.

Mostraremos isso criando um gráfico de dispersão aleatório com pontos de cores e tamanhos variados. Para ver melhor os resultados sobrepostos, também usaremos a palavra-chave alpha para ajustar o nível de transparência (veja a Figura 27-6).

```
In [7]: rng = np.random.default_rng(0)
        x = rng.normal(size=100)
        y = rng.normal(size=100)
        colors = rng.random(100)
        sizes = 1000 * rng.random(100)

        plt.scatter(x, y, c=colors, s=sizes, alpha=0.3)
        plt.colorbar(); # mostre a escala de cores
```

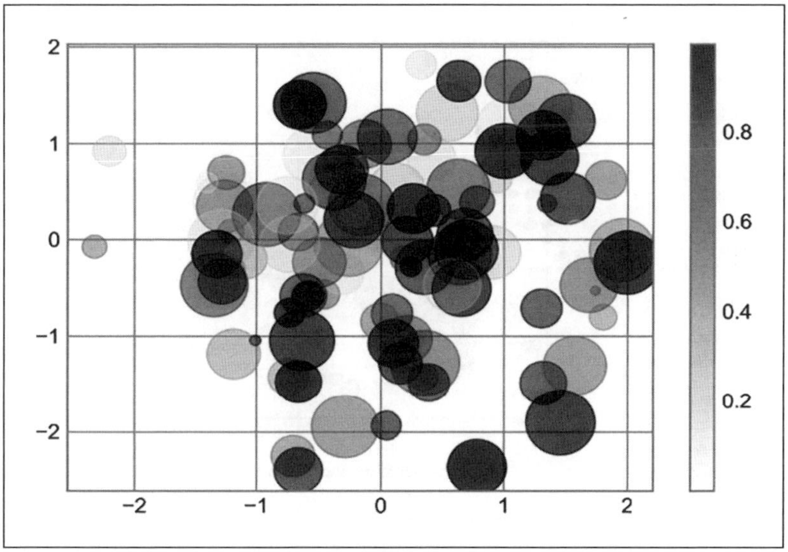

Figura 27-6. Mudando o tamanho e a cor nos pontos de dispersão

Observe que o argumento da cor é automaticamente mapeado para uma escala de cores (mostrado aqui pelo comando `colorbar`) e o argumento do tamanho é dado em pixels. Assim, a cor e o tamanho dos pontos podem ser usados para transmitir informações na exibição, a fim de visualizar os dados multidimensionais.

Por exemplo, podemos usar o conjunto de dados Iris do Scikit-Learn, em que cada amostra é um dos três tipos de flores que tiveram o tamanho de suas pétalas e sépalas cuidadosamente medido (veja a Figura 27-7).

```
In [8]: from sklearn.datasets import load_iris
        iris = load_iris()
        features = iris.data.T

        plt.scatter(features[0], features[1], alpha=0.4,
                    s=100*features[3], c=iris.target, cmap='viridis')
        plt.xlabel(iris.feature_names[0])
        plt.ylabel(iris.feature_names[1]);
```

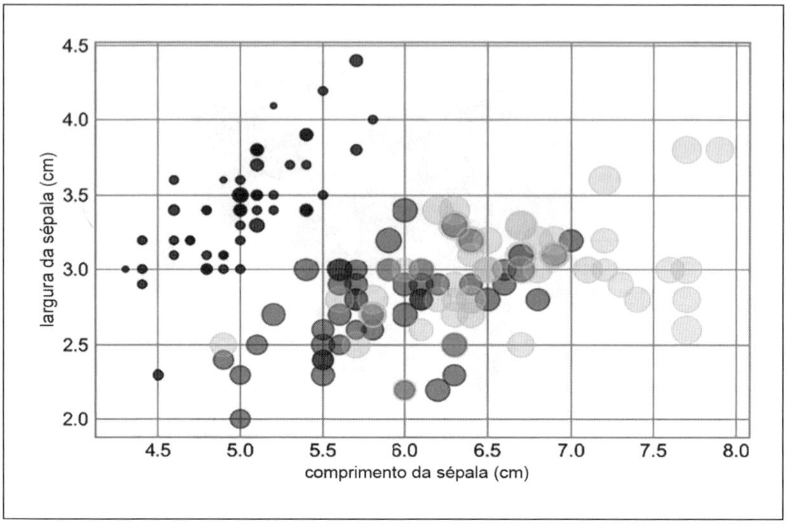

Figura 27-7. Usando as propriedades do ponto para codificar as características dos dados Iris[1]

Podemos ver que o gráfico de dispersão nos deu a capacidade de explorar simultaneamente quatro dimensões diferentes dos dados: a localização (*x, y*) de cada ponto corresponde ao comprimento e à largura da sépala, o tamanho do ponto está relacionado à largura da pétala e a cor está relacionada à espécie da flor em particular. Gráficos de dispersão cheios de cores e recursos como este podem ser úteis para a exploração e a apresentação dos dados.

plot Versus scatter: Uma Observação sobre Eficiência

Exceto os diferentes recursos disponíveis em `plt.plot` e `plt.scatter`, por que escolher usar um e não o outro? Embora não importe tanto para pequenas quantidades de dados, quando os conjuntos de dados ficam maiores com alguns milhares de pontos, `plt.plot` pode ser visivelmente mais eficiente do que `plt.scatter`. A razão é que `plt.scatter` tem a capacidade de renderizar um tamanho e/ou cor diferente para cada ponto, então o renderizador tem o trabalho extra de criar cada ponto individualmente. Já com `plt.plot`, os marcadores de cada ponto são idênticos, de modo que o trabalho de determinar a aparência dos pontos é feito apenas uma vez em todo o conjunto de dados. Para os grandes conjuntos de dados, essa diferença pode levar a um desempenho muito diferente e, por isso, `plt.plot` deve ser preferido para os grandes conjuntos de dados.

1 Há uma versão colorida da figura no GitHub.

Visualizando as Incertezas

Para qualquer medição científica, a contagem precisa das incertezas é quase tão importante, se não mais, quanto a informação precisa do número em si. Por exemplo, imagine que eu esteja usando observações astrofísicas para estimar a constante de Hubble, a medida local da taxa de expansão do Universo. Sei que a literatura atual sugere um valor em cerca de 70 (km/s)/Mpc e eu meço 74 (km/s)/Mpc com meu método. Os valores são consistentes? Com essa informação, a única resposta correta é: não tem como saber.

Suponha que eu aumente essa informação com as incertezas relatadas: a literatura atual sugere um valor de 70 ±2,5 (km/s)/Mpc e meu método mediu 74 ±5 (km/s)/Mpc. Agora os valores são consistentes? Essa é uma pergunta que pode ser respondida quantitativamente.

Na visualização de dados e resultados, mostrar esses erros de forma eficaz pode fazer um gráfico transmitir informações muito mais completas.

Barras de Erros Básicas

Uma maneira padrão de visualizar as incertezas é usando uma barra de erros. Uma barra básica pode ser criada com uma única chamada de função do Matplotlib, como mostrado na Figura 27-8.

```
In [1]: %matplotlib inline
        import matplotlib.pyplot as plt
        plt.style.use('seaborn-whitegrid')
        import numpy as np

In [2]: x = np.linspace(0, 10, 50)
        dy = 0.8
        y = np.sin(x) + dy * np.random.randn(50)

        plt.errorbar(x, y, yerr=dy, fmt='.k');
```

Aqui, `fmt` é um código de formato que controla a aparência das linhas e dos pontos, e tem a mesma sintaxe da abreviação usada em `plt.plot`, descrita no capítulo anterior e no início deste capítulo.

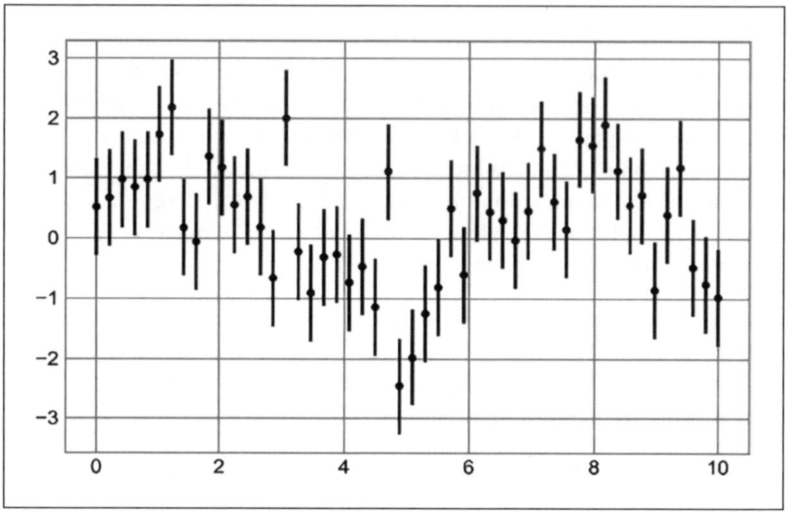

Figura 27-8. Exemplo de barra de erros

Além dessas opções básicas, a função `errorbar` tem muitas opções para ajustar as saídas. Usando tais opções, você pode personalizar facilmente a estética do seu gráfico da barra de erros. Muitas vezes acho útil tornar as barras de erros mais claras do que os próprios pontos, sobretudo nos gráficos muito cheios (veja a Figura 27-9).

```
In [3]: plt.errorbar(x, y, yerr=dy, fmt='o', color='black',
                     ecolor='lightgray', elinewidth=3, capsize=0);
```

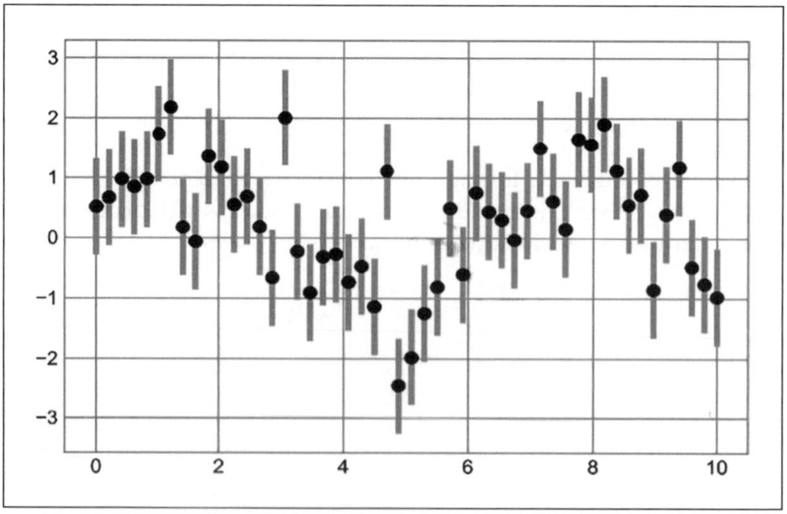

Figura 27-9. Personalizando as barras de erros

Além dessas opções, você também pode especificar barras de erros horizontais, unilaterais e muitas outras variantes. Para ter mais informações sobre as opções disponíveis, consulte a docstring de `plt.errorbar`.

Erros Contínuos

Em algumas situações, é desejável mostrar as barras de erros em quantidades contínuas. Embora o Matplotlib não tenha uma rotina conveniente predefinida para esse tipo de aplicação, é bem fácil combinar primitivos como `plt.plot` e `plt.fill_between`, e obter um resultado útil.

Aqui faremos uma *regressão de processo gaussiano* simples, usando a API do Scikit-Learn (veja o Capítulo 38 para obter detalhes). É um método para ajustar uma função não paramétrica muito flexível aos dados com uma medida contínua de incerteza. Não detalharemos a regressão de processo gaussiano neste momento, mas em como visualizar uma medição de erro contínua:

```
In [4]: from sklearn.gaussian_process import GaussianProcessRegressor

        # defina o modelo e desenhe alguns dados
        model = lambda x: x * np.sin(x)
        xdata = np.array([1, 3, 5, 6, 8])
        ydata = model(xdata)

        # Calcule o ajuste do processo gaussiano
        gp = GaussianProcessRegressor()
        gp.fit(xdata[:, np.newaxis], ydata)

        xfit = np.linspace(0, 10, 1000)
        yfit, dyfit = gp.predict(xfit[:, np.newaxis], return_std=True)
```

Agora temos `xfit`, `yfit` e `dyfit`, que testam o ajuste contínuo para nossos dados. Poderíamos passá-los para a função `plt.errorbar` como na seção anterior, mas não queremos plotar 1.000 pontos com 1.000 barras de erros. Ao contrário, podemos usar a função `plt.fill_between` com uma cor clara para visualizar esse erro contínuo (veja a Figura 27-10).

```
In [5]: # Visualize o resultado
        plt.plot(xdata, ydata, 'or')
        plt.plot(xfit, yfit, '-', color='gray')
        plt.fill_between(xfit, yfit - dyfit, yfit + dyfit,
                         color='gray', alpha=0.2)
        plt.xlim(0, 10);
```

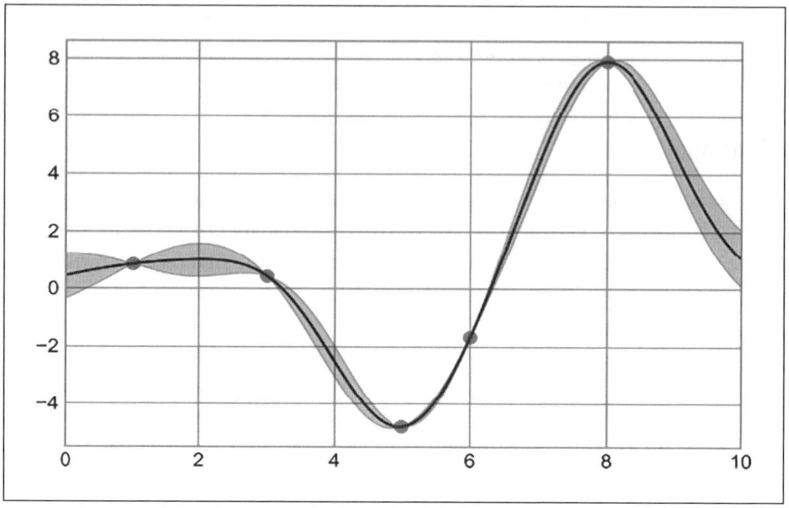

Figura 27-10. Representando a incerteza contínua com regiões preenchidas

Veja a assinatura da chamada `fill_between`: passamos um valor x, o limite *y* inferior, depois o limite *y* superior e o resultado é a área preenchida entre as regiões.

A imagem resultante dá uma visão intuitiva do que o algoritmo de regressão do processo gaussiano está fazendo: nas regiões perto de um ponto de dados medido, o modelo é fortemente restrito, e isso se reflete nas pequenas incertezas do modelo. Nas regiões distantes de um ponto de dados medido, o modelo não é fortemente restrito e as incertezas do modelo aumentam.

Para obter mais informações sobre as opções disponíveis em `plt.fill_between` (e a função `plt.fill` estreitamente relacionada), veja a docstring da função ou a documentação do Matplotlib.

Por fim, se parece um pouco de baixo nível na sua opinião, consulte o Capítulo 36, onde examinamos o pacote Seaborn, que tem uma API mais simplificada para visualizar esse tipo de barra de erros contínua.

CAPÍTULO 28

Gráficos de Densidade e Contorno

Às vezes, é útil exibir dados tridimensionais em duas dimensões usando contornos ou regiões codificadas por cores. Existem três funções Matplotlib que podem ser boas para essa tarefa: `plt.contour` para gráficos de contorno, `plt.contourf` para gráficos de contorno preenchido e `plt.imshow` para mostrar imagens. Este capítulo analisa vários exemplos de sua utilização. Começaremos configurando o notebook para plotar e importar as funções que usaremos:

```
In [1]: %matplotlib inline
        import matplotlib.pyplot as plt
        plt.style.use('seaborn-white')
        import numpy as np
```

Visualizando uma Função Tridimensional

Nosso primeiro exemplo demonstra um gráfico de contorno usando uma função $z = f(x, y)$, com a seguinte escolha particular para f (já vimos antes no Capítulo 8, quando usamos como um exemplo motivador para o broadcasting de arrays):

```
In [2]: def f(x, y):
            return np.sin(x) ** 10 + np.cos(10 + y * x) * np.cos(x)
```

Pode ser criado um gráfico de contorno com a função `plt.contour`. São necessários três argumentos: uma grade com valores x, y e z. Os valores x e y representam as posições no gráfico e os valores z serão representados pelos níveis de contorno. Talvez o modo mais simples de preparar esses dados seja usar a função `np.meshgrid`, que cria grades bidimensionais a partir de arrays unidimensionais:

```
In [3]: x = np.linspace(0, 5, 50)
        y = np.linspace(0, 5, 40)
        X, Y = np.meshgrid(x, y)
        Z = f(X, Y)
```

Vejamos isso com um gráfico de contorno padrão (Figura 28-1).

```
In [4]: plt.contour(X, Y, Z, colors='black');
```

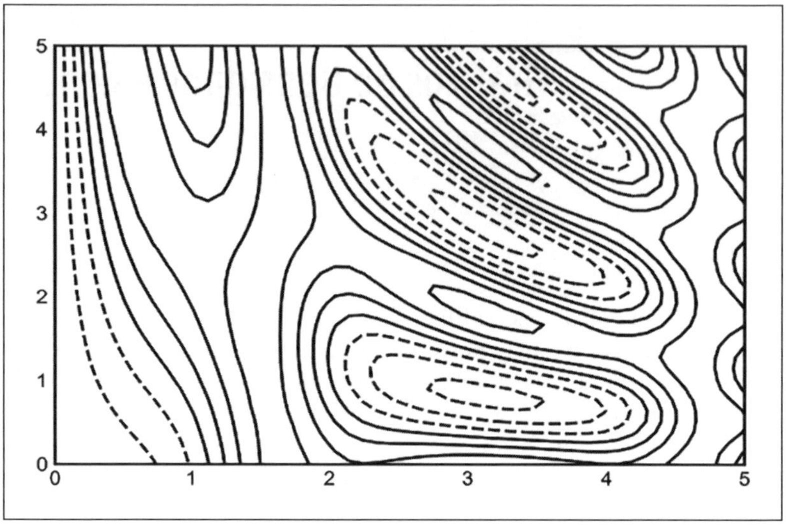

Figura 28-1. Visualizando dados tridimensionais com contornos

Observe que quando uma única cor é usada, os valores negativos são representados por linhas tracejadas e os valores positivos por linhas sólidas. Como alternativa, as linhas podem ser codificadas por cores especificando um mapa de cores com o argumento `cmap`. Aqui também especificaremos que queremos que mais linhas sejam desenhadas, em 20 intervalos igualmente espaçados dentro do intervalo de dados, como na Figura 28-2.

```
In [5]: plt.contour(X, Y, Z, 20, cmap='RdGy');
```

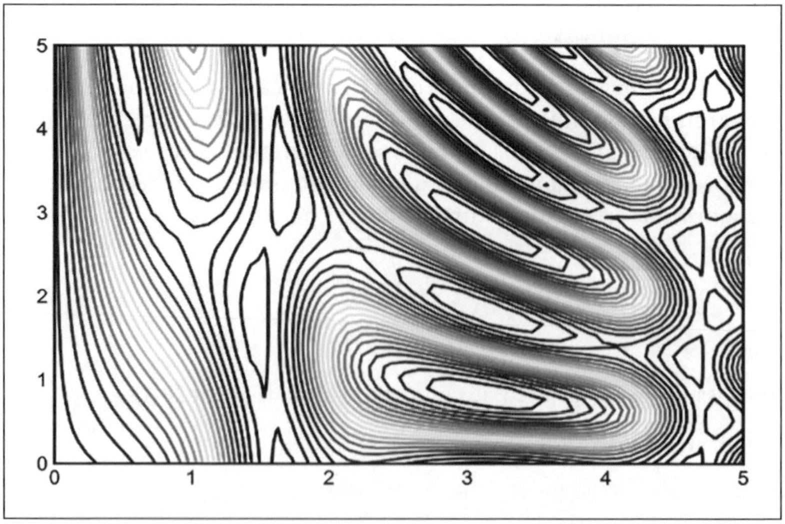

Figura 28-2. Visualizando dados tridimensionais com contornos coloridos (veja figura online)

Aqui escolhemos o mapa de cores RdGy (abreviação de *Red-Gray*), que é uma boa escolha para os dados divergentes, ou seja, dados com variações positiva e negativa em torno de zero. O Matplotlib tem inúmeros mapas de cores disponíveis, que você pode navegar facilmente no IPython usando o recurso de autocompletar com Tab no módulo plt.cm:

```
plt.cm.<TAB>
```

Nosso gráfico está mais bonito, mas os espaços entre as linhas podem ser uma distração. Podemos mudar isso trocando para um gráfico de contorno preenchido usando a função plt.contourf, que utiliza em grande parte a mesma sintaxe de plt.contour.

Além disso, adicionaremos um comando plt.colorbar, que cria um eixo adicional com informações de cor rotuladas para o gráfico (veja a Figura 28-3).

```
In [6]: plt.contourf(X, Y, Z, 20, cmap='RdGy')
        plt.colorbar()
```

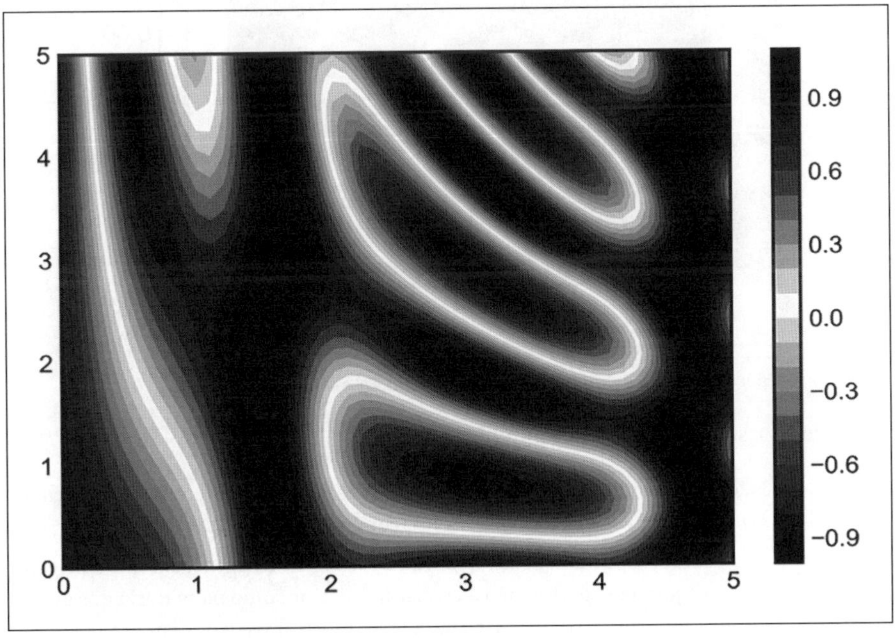

Figura 28-3. Visualizando os dados tridimensionais com contornos preenchidos

A barra de cores deixa claro que as regiões pretas são "picos" e as regiões em outra tonalidade são "vales".

Um possível problema no gráfico é que ele é um pouco manchado: as etapas de cor são separadas, não contínuas, o que nem sempre é o desejado. Isso poderia ser corrigido definindo os contornos para um número muito elevado, mas isso resulta em um gráfico bem ineficiente: o Matplotlib deve renderizar um novo polígono para cada etapa no nível. Um jeito melhor de gerar uma representação suave é usar a função `plt.imshow`, que fornece o argumento `interpolation` para gerar uma representação bidimensional suave dos dados (Figura 28-4).

```
In [7]: plt.imshow(Z, extent=[0, 5, 0, 5], origin='lower', cmap='RdGy',
                   interpolation='gaussian', aspect='equal')
        plt.colorbar();
```

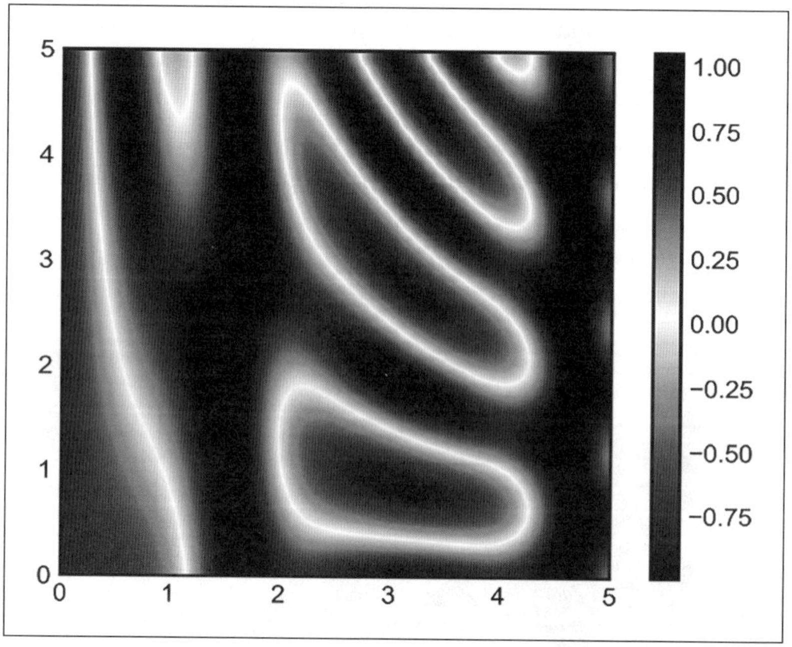

Figura 28-4. Representando dados tridimensionais como uma imagem

Existem possíveis pegadinhas com `plt.imshow`:

- Não aceita uma grade *x* e *y*, então você deve especificar manualmente *extent* [*xmin,xmax, ymin, ymax*] para a imagem no gráfico.
- Por padrão, segue a definição padrão do array de imagens, em que a origem está à esquerda superior, não à esquerda inferior como na maioria dos gráficos de contorno. Isso deve ser alterado ao mostrar os dados em grade.
- Ajustará automaticamente a proporção do eixo para corresponder aos dados de entrada; isso pode ser alterado com o argumento `aspect`.

Por fim, às vezes pode ser útil combinar gráficos de contorno e de imagem. Por exemplo, aqui usaremos uma imagem de fundo parcialmente transparente (com a transparência definida com o parâmetro `alfa`) e contornos com plotagem sobreposta com rótulos nos próprios contornos, usando a função `plt.clabel` (veja a Figura 28-5).

```
In [8]: contours = plt.contour(X, Y, Z, 3, colors='black')
        plt.clabel(contours, inline=True, fontsize=8)

        plt.imshow(Z, extent=[0, 5, 0, 5], origin='lower',
                   cmap='RdGy', alpha=0.5)
        plt.colorbar();
```

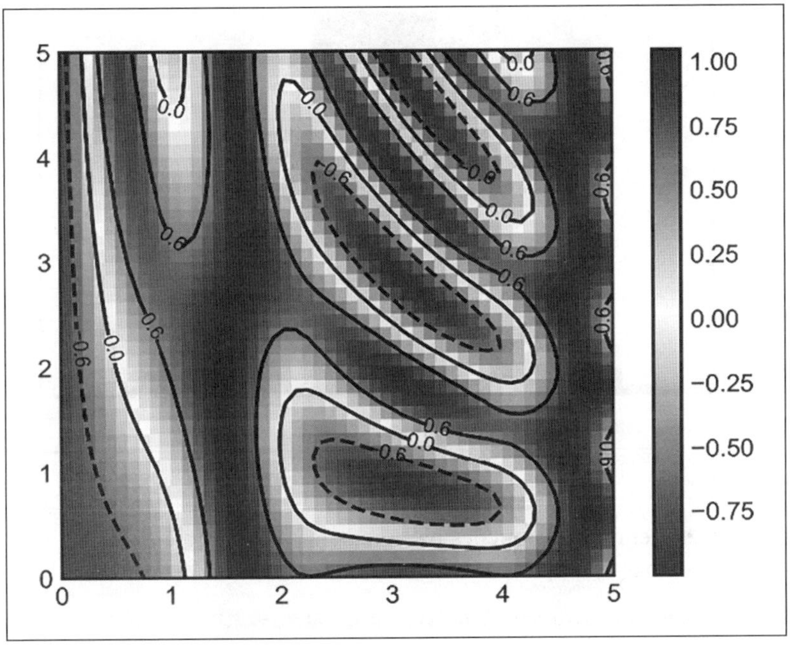

Figura 28-5. Contornos rotulados sobre a imagem

A combinação dessas três funções (`plt.contour`, `plt.contourf` e `plt.imshow`) oferece possibilidades quase ilimitadas para exibir esse tipo de dados tridimensionais em um gráfico bidimensional. Para obter mais informações sobre as opções disponíveis nessas funções, consulte suas docstrings. Se estiver interessado nas visualizações tridimensionais desse tipo de dados, veja o Capítulo 35.

Histogramas, Agrupamentos e Densidade

Um histograma simples pode ser um ótimo primeiro passo para entender um conjunto de dados. Antes, vimos uma prévia da função de histograma do Matplotlib (examinada no Capítulo 9), que cria um histograma básico em uma linha, assim que as importações padrão normais são feitas (Figura 28-6).

```
In [1]: %matplotlib inline
        import numpy as np
        import matplotlib.pyplot as plt
        plt.style.use('seaborn-white')
```

```
        rng = np.random.default_rng(1701)
        data = rng.normal(size=1000)

In [2]: plt.hist(data);
```

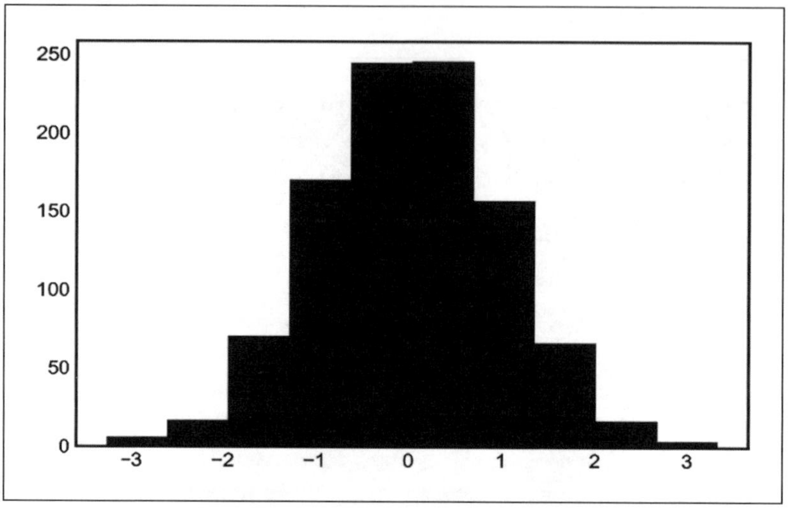

Figura 28-6. Um histograma simples

A função `hist` tem muitas opções para ajustar o cálculo e a exibição; veja um exemplo de histograma mais personalizado, mostrado na Figura 28-7.

```
In [3]: plt.hist(data, bins=30, density=True, alpha=0.5,
                 histtype='stepfilled', color='steelblue',
                 edgecolor='none');
```

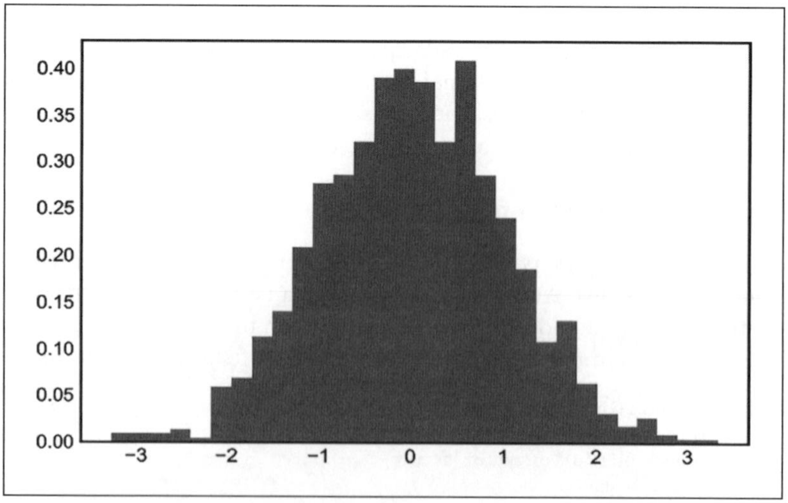

Figura 28-7. Um histograma personalizado

A docstring de `plt.hist` tem mais informações sobre outras opções de personalização disponíveis. Acho útil a combinação de `histtype='stepfilled'` com alguma transparência `alpha` ao comparar histogramas de várias distribuições (veja a Figura 28-8).

```
In [4]: x1 = rng.normal(0, 0.8, 1000)
        x2 = rng.normal(-2, 1, 1000)
        x3 = rng.normal(3, 2, 1000)

        kwargs = dict(histtype='stepfilled', alpha=0.3, density=True, bins=40)

        plt.hist(x1, **kwargs)
        plt.hist(x2, **kwargs)
        plt.hist(x3, **kwargs);
```

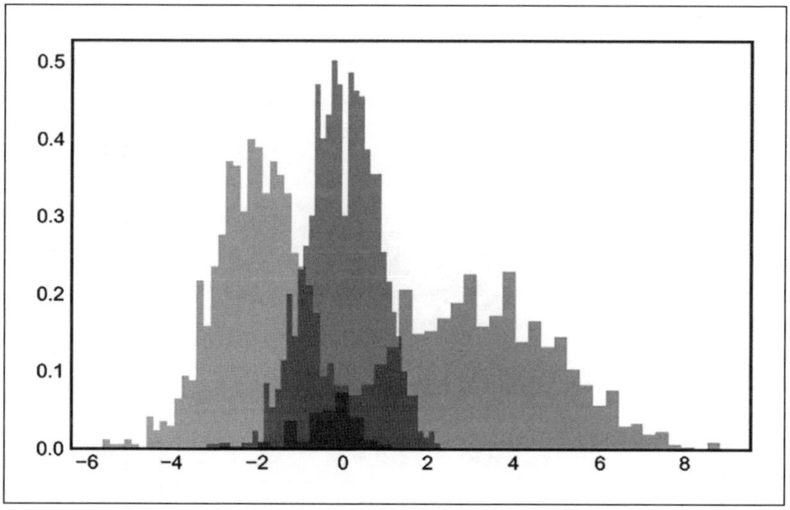

Figura 28-8. Plotagem sobreposta de vários histogramas[1]

Se estiver interessado em calcular, mas não exibir, o histograma (isto é, a contagem do número de pontos em determinado grupo), você poderá usar a função `np.histogram`:

```
In [5]: counts, bin_edges = np.histogram(data, bins=5)
        print(counts)
Out[5]: [ 23 241 491 224  21]
```

Histogramas e Agrupamentos Bidimensionais

Assim como criamos histogramas em uma dimensão dividindo a linha numérica em grupos, também podemos criar histogramas em duas dimensões dividindo os pontos entre os grupos bidimensionais. Vejamos rapidamente várias

1 Há uma versão colorida da figura no GitHub.

maneiras de fazer isso. Começaremos definindo alguns dados: um array x e y desenhado a partir de uma distribuição gaussiana com múltiplas variáveis:

```
In [6]: mean = [0, 0]
        cov = [[1, 1], [1, 2]]
        x, y = rng.multivariate_normal(mean, cov, 10000).T
```

plt.hist2d: Histograma Bidimensional

Um modo simples de plotar um histograma bidimensional é usar a função `plt.hist2d` do Matplotlib (veja a Figura 28-9).

```
In [7]: plt.hist2d(x, y, bins=30)
        cb = plt.colorbar()
        cb.set_label('counts in bin')
```

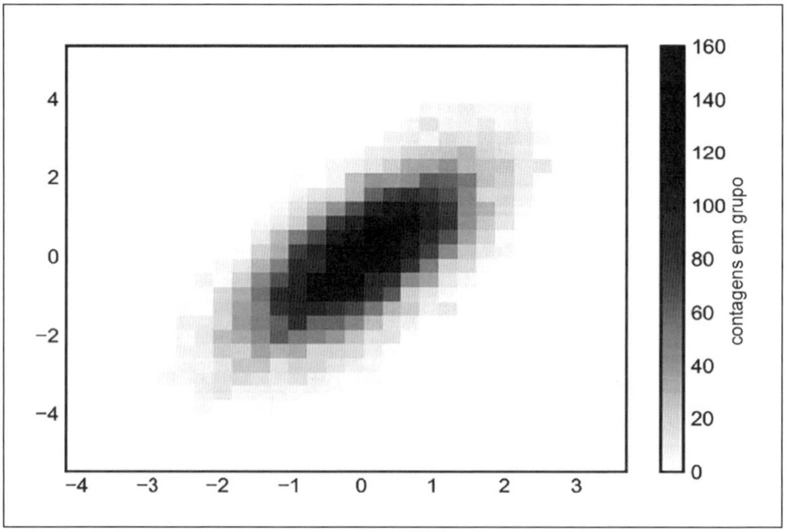

Figura 28-9. Histograma bidimensional com plt.hist2d

Assim como `plt.hist`, `plt.hist2d` tem uma série de opções extras para ajustar o gráfico e o agrupamento, bem descritas na docstring da função. Além disso, assim como `plt.hist` tem uma correspondência em `np.histogram`, `plt.hist2d` tem uma em `np.histogram2d`:

```
In [8]: counts, xedges, yedges = np.histogram2d(x, y, bins=30)
        print(counts.shape)
Out[8]: (30, 30)
```

Para a generalização desse agrupamento de histograma quando há mais de duas dimensões, veja a função `np.histogramdd`.

plt.hexbin: Agrupamentos Hexagonais

O histograma bidimensional cria um mosaico de quadrados nos eixos. Outra forma natural para tal mosaico é o hexágono regular. Para tanto, o Matplotlib fornece a rotina `plt.hexbin`, que representa um conjunto de dados bidimensionais agrupados em uma grade de hexágonos (veja a Figura 28-10).

```
In [9]: plt.hexbin(x, y, gridsize=30)
        cb = plt.colorbar(label='count in bin')
```

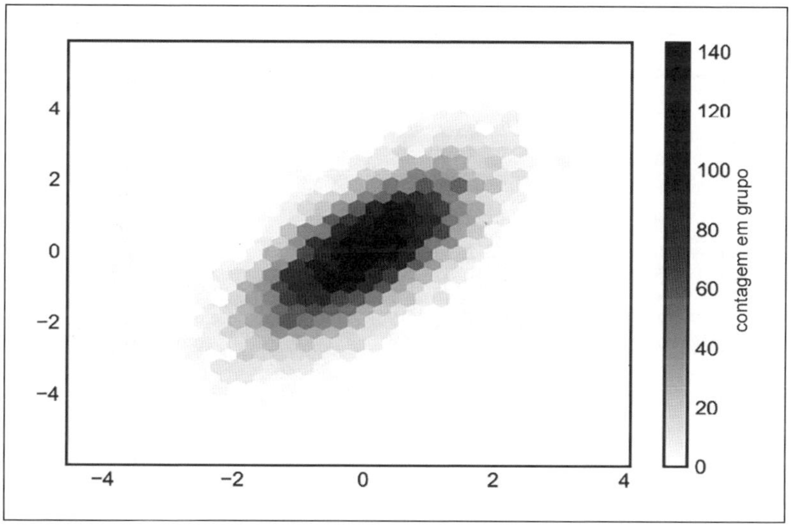

Figura 28-10. Um histograma bidimensional com plt.hexbin

`plt.hexbin` tem opções adicionais, incluindo a capacidade de especificar pesos para cada ponto e alterar a saída em cada grupo para qualquer agregado do NumPy (média dos pesos, desvio-padrão dos pesos etc.).

Estimativa de Densidade por Kernel

Outro método comum para estimar e representar as densidades em múltiplas dimensões é a *estimativa de densidade por kernel* (KDE). Isso será visto mais detalhadamente no Capítulo 49, mas por enquanto simplesmente mencionarei que o KDE pode ser considerado uma maneira de "manchar" os pontos no espaço e somar o resultado para obter uma função suave. Existe uma implementação do KDE extremamente rápida e simples no pacote `scipy.stats`. Veja um exemplo rápido de como usar o KDE (Figura 28- 11).

```
In [10]: from scipy.stats import gaussian_kde

         # ajuste um array do tamanho [Ndim, Nsamples]
         data = np.vstack([x, y])
         kde = gaussian_kde(data)
```

```
# avalie em uma grade normal
xgrid = np.linspace(-3.5, 3.5, 40)
ygrid = np.linspace(-6, 6, 40)
Xgrid, Ygrid = np.meshgrid(xgrid, ygrid)
Z = kde.evaluate(np.vstack([Xgrid.ravel(), Ygrid.ravel()]))

# Plote o resultado como uma imagem
plt.imshow(Z.reshape(Xgrid.shape),
           origin='lower', aspect='auto',
           extent=[-3.5, 3.5, -6, 6])
cb = plt.colorbar() cb.set_label("density")
```

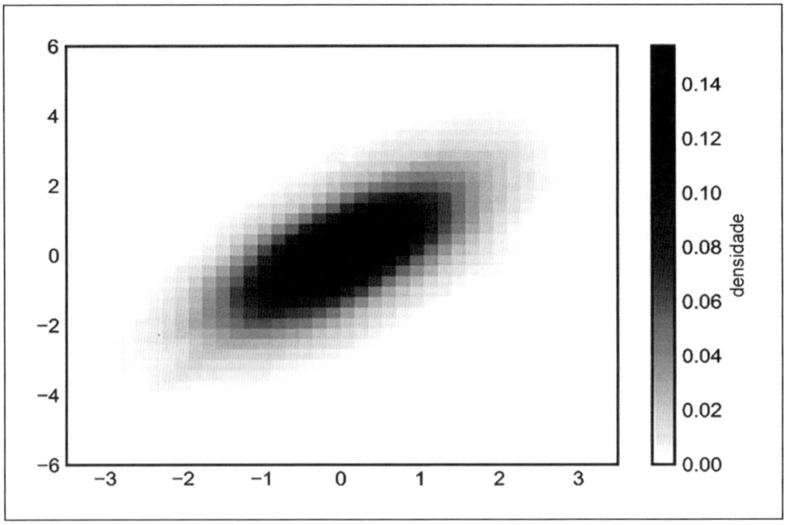

Figura 28-11. Uma representação da densidade por kernel de uma distribuição

O KDE tem um comprimento de suavização que fica efetivamente entre o detalhe e a suavidade (um exemplo do equilíbrio onipresente entre viés e variância). A literatura sobre escolher um comprimento de suavização apropriado é vasta; `gaussian_kde` usa uma regra de ouro para tentar encontrar um comprimento de suavização quase ideal para os dados de entrada.

Outras implementações do KDE estão disponíveis no ecossistema do SciPy, cada uma com pontos fortes e fracos; veja, por exemplo, `sklearn.neighbors.KernelDensity` e `statsmodels.nonparametric.KDEMultivariate`.

Para ter visualizações baseadas no KDE, usar o Matplotlib costuma ser excessivamente detalhado. A biblioteca Seaborn, a ser vista no Capítulo 36, fornece uma API muito mais compacta para criar visualizações baseadas no KDE.

CAPÍTULO 29

Customizando as Legendas do Gráfico

As legendas dos gráficos dão significado a uma visualização, atribuindo sentido aos vários elementos dos gráficos. Vimos anteriormente como criar uma legenda simples; aqui veremos como personalizar a colocação e a estética da legenda no Matplotlib.

A legenda mais simples pode ser feita com o comando `plt.legend`, que cria automaticamente uma legenda para qualquer elemento do gráfico rotulado (veja a Figura 29-1).

```
In [1]: import matplotlib.pyplot as plt
        plt.style.use('seaborn-whitegrid')

In [2]: %matplotlib inline
        import numpy as np

In [3]: x = np.linspace(0, 10, 1000)
        fig, ax = plt.subplots()
        ax.plot(x, np.sin(x), '-b', label='Sine')
        ax.plot(x, np.cos(x), '--r', label='Cosine') ax.axis('equal')
        leg = ax.legend()
```

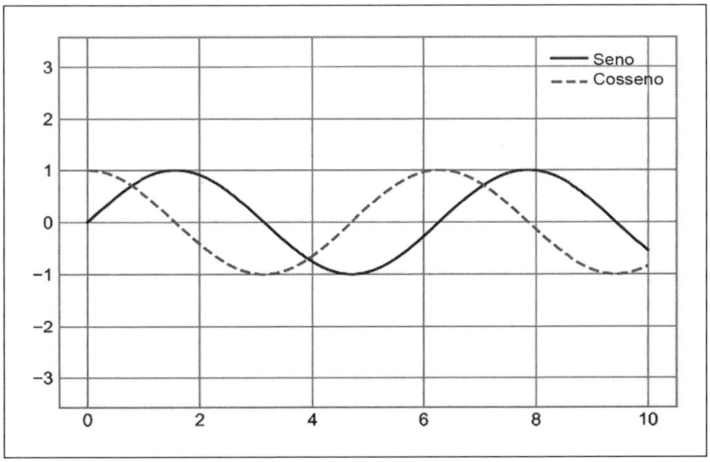

Figura 29-1. Uma legenda padrão do gráfico

Mas há muitas formas de personalizar essa legenda. Por exemplo, podemos especificar a localização e ativar o quadro (veja a Figura 29-2).

```
In [4]: ax.legend(loc='upper left', frameon=True)
        fig
```

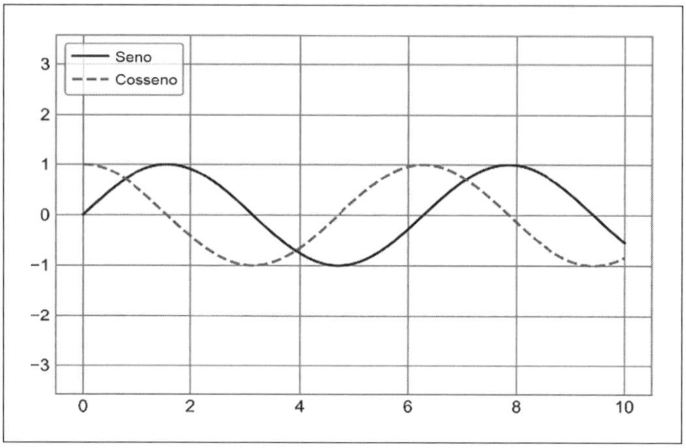

Figura 29-2. Legenda personalizada do gráfico

Podemos usar o comando `ncol` para especificar o número de colunas na legenda, como na Figura 29-3.

```
In [5]: ax.legend(loc='lower center', ncol=2)
        fig
```

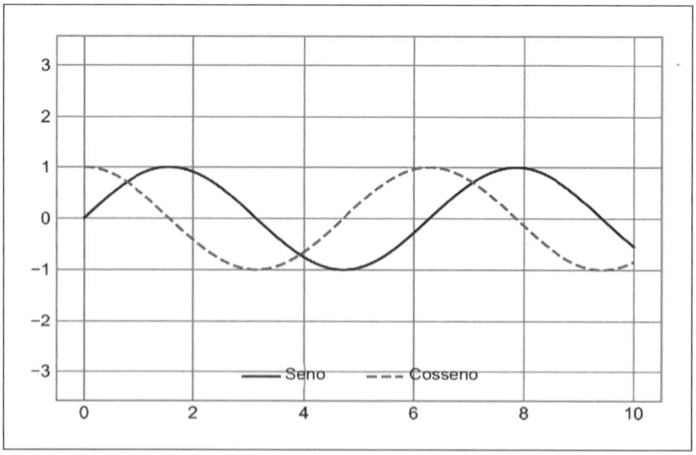

Figura 29-3. Legenda do gráfico com duas colunas

E podemos usar uma caixa arredondada (`fancybox`) ou adicionar uma sombra, alterar a transparência (valor alfa) do quadro ou alterar o preenchimento em torno do texto (veja a Figura 29-4).

```
In [6]: ax.legend(frameon=True, fancybox=True, framealpha=1,
                  shadow=True, borderpad=1)
        fig
```

Para saber mais sobre as opções disponíveis, veja a docstring `plt.legend`.

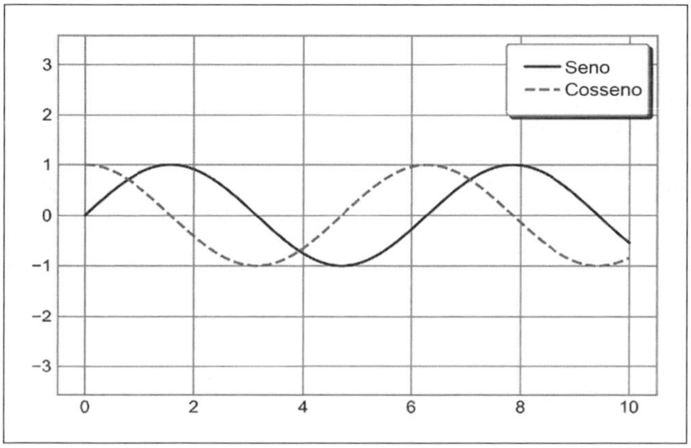

Figura 29-4. Legenda fancybox dos gráficos

Escolhendo os Elementos da Legenda

Como já vimos, por padrão, a legenda inclui todos os elementos rotulados do gráfico. Se isso não for o desejado, podemos ajustar quais elementos e rótulos aparecem nela usando os objetos retornados pelos comandos `plot` `plt.plot` consegue criar várias linhas de uma só vez e retorna uma lista de instâncias de linha criadas. Passar qualquer um para `plt.legend` informará qual identificar, junto com os rótulos que gostaríamos de especificar (veja a Figura 29-5).

```
In [7]: y = np.sin(x[:, np.newaxis] + np.pi * np.arange(0, 2, 0.5))
        lines = plt.plot(x, y)

        # lines é uma lista de instâncias plt.Line2D
        plt.legend(lines[:2], ['first', 'second'], frameon=True);
```

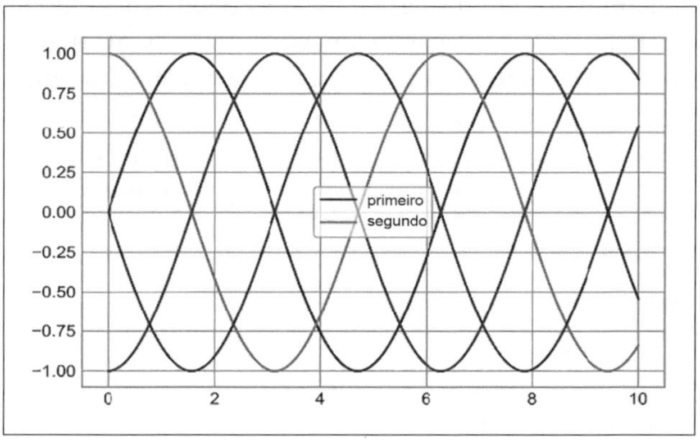

Figura 29-5. Customização dos elementos da legenda[1]

1 Há uma versão colorida da figura no GitHub.

Em geral, na prática acho mais claro usar o primeiro método, aplicando rótulos nos elementos do gráfico que gostaria de mostrar na legenda (Figura 29-6).

```
In [8]: plt.plot(x, y[:, 0], label='first')
        plt.plot(x, y[:, 1], label='second')
        plt.plot(x, y[:, 2:])
        plt.legend(frameon=True);
```

Observe que a legenda ignora todos os elementos sem um atributo `label` definido.

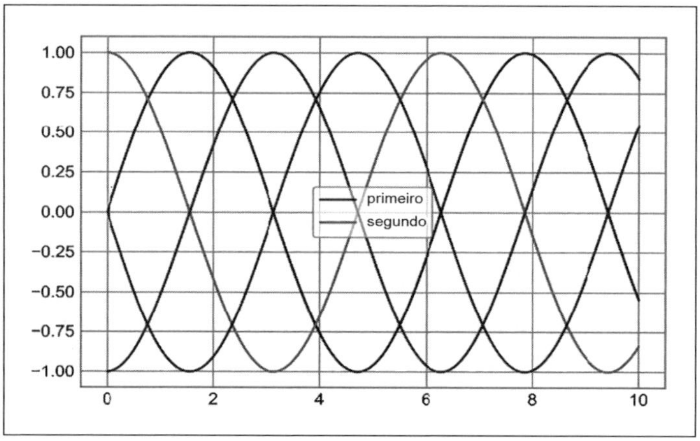

Figura 29-6. Método alternativo de customização dos elementos da legenda[2]

Legenda para o Tamanho dos Pontos

Às vezes, os padrões da legenda não são suficientes para a visualização dada. Talvez você esteja usando o tamanho dos pontos para marcar certos aspectos dos dados e queira criar uma legenda refletindo isso. Veja um exemplo onde usaremos o tamanho dos pontos para indicar as populações das cidades na Califórnia. Gostaríamos de uma legenda especificando a escala dos tamanhos dos pontos e faremos isso plotando dados rotulados sem entradas (Figura 29-7).

```
In [9]: # Descomente para baixar os dados
        # url = ('https://raw.githubusercontent.com/jakevdp/
        #         PythonDataScienceHandbook/' 'master/notebooks/data/
        #         california_cities.csv')
        # !cd data && curl -O {url}

In [10]: import pandas as pd
         cities = pd.read_csv('data/california_cities.csv')

         # Extraia os dados que nos interessam
         lat, lon = cities['latd'], cities['longd']
         population, area = cities['population_total'], cities['area_total_km2']
```

2 Há uma versão colorida da figura no GitHub.

```
# Espalhe os pontos, usando o tamanho e a cor, mas sem rótulo
plt.scatter(lon, lat, label=None,
            c=np.log10(population), cmap='viridis',
            s=area, linewidth=0, alpha=0.5)
plt.axis('equal')
plt.xlabel('longitude')
plt.ylabel('latitude')
plt.colorbar(label='log$_{10}$(population)')
plt.clim(3, 7)

# Aqui criamos uma legenda:
# plotaremos listas vazias com o tamanho e o rótulo desejados
for area in [100, 300, 500]:
    plt.scatter([], [], c='k', alpha=0.3, s=area,
                label=str(area) + ' km$^2$')
plt.legend(scatterpoints=1, frameon=False, labelspacing=1,
           title='City Area')

plt.title('California Cities: Area and Population');
```

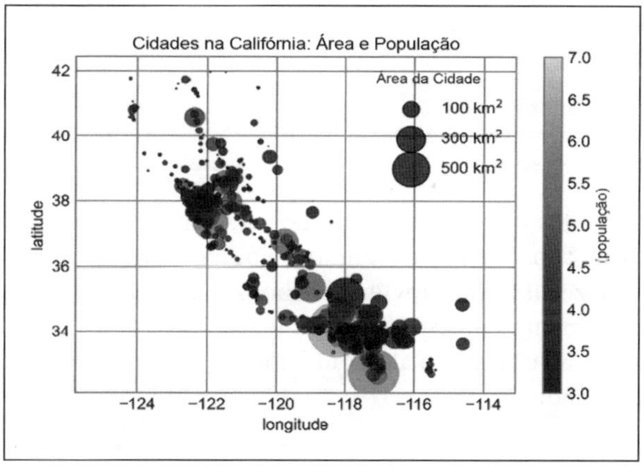

Figura 29-7. Local, tamanho geográfico e população das cidades na Califórnia

A legenda sempre fará referência a algum objeto no gráfico, por isso, se quisermos exibir uma forma em particular, precisamos plotá-la. Nesse caso, os objetos que queremos (círculos cinza) não estão no gráfico, então os imitamos plotando listas vazias. Lembre-se de que a legenda lista apenas os elementos do gráfico que têm um rótulo especificado.

Plotando listas vazias, criamos objetos do gráfico rotulados que são selecionados pela legenda e, agora, nossa legenda nos mostra algumas informações úteis. Essa estratégia pode ser útil para criar visualizações mais sofisticadas.

Múltiplas Legendas

Às vezes, ao planejar um gráfico, você gostaria de adicionar várias legendas aos mesmos eixos. Infelizmente, o Matplotlib não facilita: com a interface `legend` padrão, só é possível criar uma legenda para todo o gráfico. Se você tentar criar uma segunda legenda usando `plt.legend` ou `ax.legend`, ele simplesmente substituirá a primeira. Podemos resolver isso criando um novo artista de legenda a partir do zero (`Artist` é a classe base que o Matplotlib usa para os atributos visuais) e usando o método `ax.add_artist` de nível inferior para adicionar manualmente a segundo artista ao gráfico (veja a Figura 29-8).

```
In [11]: fig, ax = plt.subplots()

         lines = []
         styles = ['-', '--', '-.', ':']
         x = np.linspace(0, 10, 1000)

         for i in range(4):
             lines += ax.plot(x, np.sin(x - i * np.pi / 2),
                              styles[i], color='black')
         ax.axis('equal')

         # Especifique as linhas e os rótulos da primeira legenda
         ax.legend(lines[:2], ['line A', 'line B'], loc='upper right')

         # Crie a segunda legenda e adicione o artista manualmente
         from matplotlib.legend import Legend
         leg = Legend(ax, lines[2:], ['line C', 'line D'], loc='lower right')
         ax.add_artist(leg);
```

Esta é uma visão dos objetos de artista de baixo nível que compõem qualquer gráfico do Matplotlib. Se você examinar o código-fonte de `ax.legend` (lembra que você pode fazer isso no Jupyter Notebook usando `ax.legend??`), verá que a função simplesmente consiste em uma lógica para criar um artista `Legend` adequado, que então é salva no atributo `legend_` e adicionada à figura quando o gráfico é desenhado.

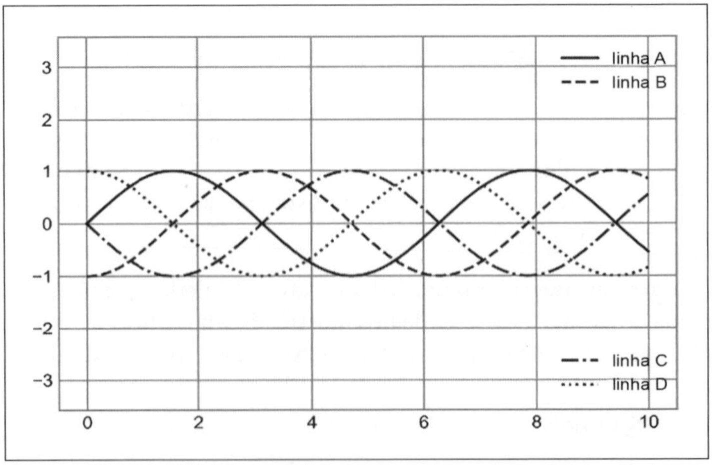

Figura 29-8. Legenda dos gráficos dividida

CAPÍTULO 30

Customizando as Barras de Cores

As legendas dos gráficos identificam rótulos separados de pontos separados. Para os rótulos contínuos com base na cor de pontos, linhas ou regiões, uma barra de cores rotulada pode ser uma ótima ferramenta. No Matplotlib, a barra de cores é desenhada como um eixo separado que pode fornecer uma explicação para o significado das cores em um gráfico. Como o livro é impresso em preto e branco, este capítulo tem um suplemento online onde você pode ver as figuras em cores. Começaremos configurando o notebook para plotar e importar as funções que usaremos:

```
In [1]: import matplotlib.pyplot as plt
        plt.style.use('seaborn-white')

In [2]: %matplotlib inline
        import numpy as np
```

Como já vimos várias vezes, a barra de cores mais simples pode ser criada com a função `plt.colorbar` (veja a Figura 30-1).

```
In [3]: x = np.linspace(0, 10, 1000)
        I = np.sin(x) * np.cos(x[:, np.newaxis])

        plt.imshow(I)
        plt.colorbar();
```

Há uma versão colorida das figuras no material complementar no GitHub.

Agora veremos algumas ideias para personalizar essas barras de cores e usá-las de forma eficaz em várias situações.

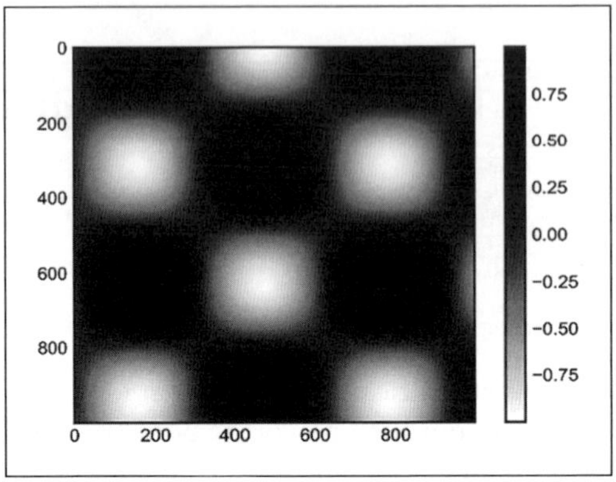

Figura 30-1. Legenda simples da barra de cores

Customizando as Barras de Cores

O mapa de cores pode ser especificado usando o argumento `cmap` para a função de plotagem que está criando a visualização (veja a Figura 30-2).

```
In [4]: plt.imshow(I, cmap='Blues');
```

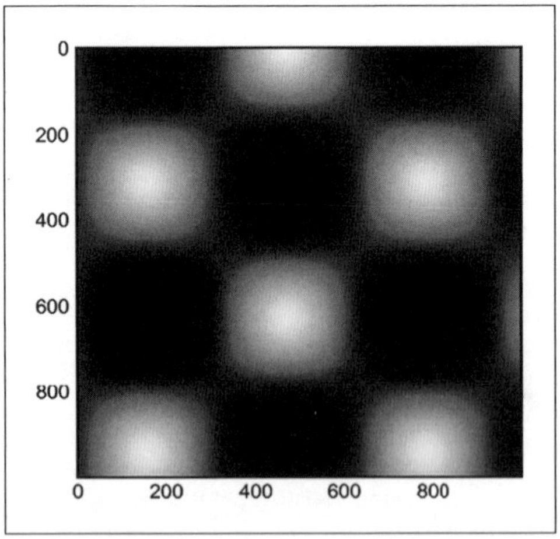

Figura 30-2. Mapa de cores em escala de cores

Os nomes dos mapas de cores disponíveis estão no namespace `plt.cm`; usar o recurso de autocompletar com Tab do IPython lhe dará uma lista completa das possibilidades predefinidas:

```
plt.cm.<TAB>
```

Mas *poder* escolher um mapa de cores é apenas o primeiro passo: o mais importante é *decidir* entre as possibilidades! A escolha acaba sendo muito mais sutil do que você poderia esperar inicialmente.

Escolhendo o Mapa de Cores

Um tratamento completo da escolha de cores nas visualizações está além do escopo deste livro, mas para uma leitura divertida sobre este assunto e outros, veja o artigo "Ten Simple Rules for Better Figures" ["Dez regras simples para ter imagens melhores", em tradução livre] de Nicholas Rougier, Michael Droettboom e Philip Bourne. A documentação online do Matplotlib também tem uma análise interessante sobre a escolha do mapa de cores.

Em termos gerais, conheça as três categorias diferentes de mapas de cores:

Mapas de cores sequenciais
: São compostos de uma sequência contínua de cores (ex., `binary` ou `viridis`).

Mapas de cores divergentes
: Geralmente contêm duas cores distintas, que mostram os desvios positivos e negativos de uma média (ex., `RdBu` ou `PuOr`).

Mapas de cores qualitativos
: Misturam cores sem nenhuma sequência em particular (ex., `rainbow` ou `jet`).

O mapa de cores `jet`, que era o padrão no Matplotlib antes da versão 2.0, é um exemplo de mapa qualitativo. Seu status como padrão foi bastante infeliz, porque os mapas qualitativos são muitas vezes uma escolha ruim para representar dados quantitativos. Entre os problemas está o fato de que os mapas qualitativos normalmente não exibem nenhuma progressão uniforme no brilho conforme a escala aumenta.

Podemos ver isso convertendo a barra de cores `jet` em preto e branco (veja a Figura 30-3).

```
In [5]: from matplotlib.colors import LinearSegmentedColormap

        def grayscale_cmap(cmap):
            """Retorne uma versão em tons de cinza do mapa de cor"""
            cmap = plt.cm.get_cmap(cmap)
            colors = cmap(np.arange(cmap.N))

            # Converta RGBA na luminância percebida em tons de cinza
            # cf. http://alienryderflex.com/hsp.html
            RGB_weight = [0.299, 0.587, 0.114]
            luminance = np.sqrt(np.dot(colors[:, :3] ** 2, RGB_weight))
            colors[:, :3] = luminance[:, np.newaxis]

            return LinearSegmentedColormap.from_list(
                cmap.name + "_gray", colors, cmap.N)

        def view_colormap(cmap):
            """Plote um mapa de cores com seu equivalente em tons de cinza"""
            cmap = plt.cm.get_cmap(cmap)
            colors = cmap(np.arange(cmap.N))
```

```
    cmap = grayscale_cmap(cmap)
    grayscale = cmap(np.arange(cmap.N))

    fig, ax = plt.subplots(2, figsize=(6, 2),
                           subplot_kw=dict(xticks=[], yticks=[]))
    ax[0].imshow([colors], extent=[0, 10, 0, 1])
    ax[1].imshow([grayscale], extent=[0, 10, 0, 1])

In [6]: view_colormap('jet')
```

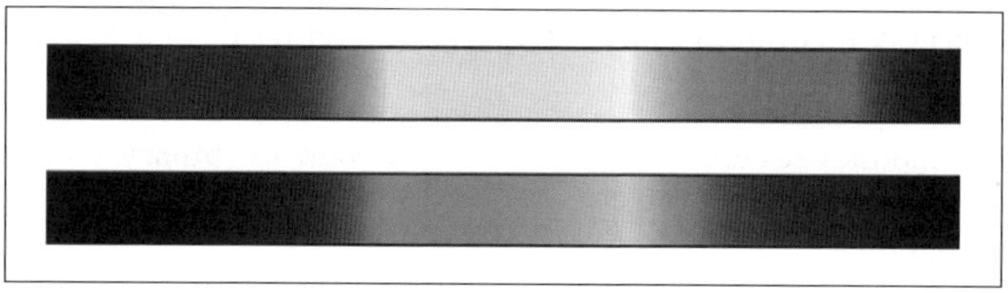

Figura 30-3. Mapa de cores `jet` e sua escala de luminância desigual

Observe as faixas brilhantes na imagem em tons de cinza. Mesmo em cores, esse brilho desigual significa que o olho será atraído para certas partes do intervalo de cores, o que potencialmente enfatizará as áreas sem importância do conjunto de dados. É melhor usar um mapa de cores como `viridis` (padrão a partir do Matplotlib 2.0), criado especificamente para ter uma variação de brilho uniforme no intervalo; assim, não só funciona bem com nossa percepção de cores, mas também converterá bem na impressão em tons de cinza (veja a Figura 30-4).

```
In [7]: view_colormap('viridis')
```

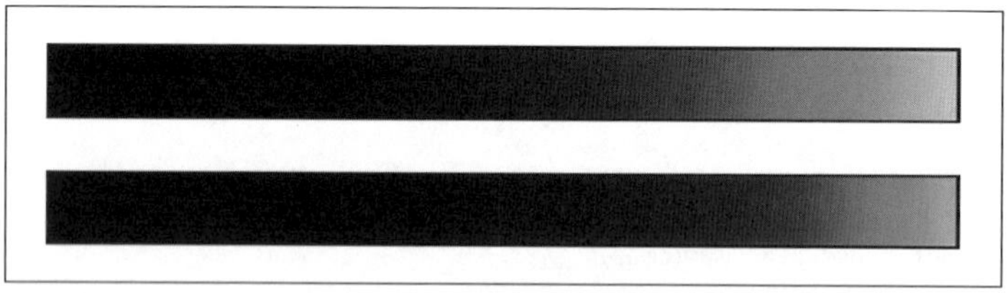

Figura 30-4. Mapa de cores `viridis` e sua escala de luminância uniforme

Para outras situações, como mostrar os desvios positivos e negativos de alguma média, as barras com duas cores, como RdBu (*Red–Blue*), são úteis. No entanto, como se pode ver na Figura 30-5, é importante notar que as informações positivas/negativas serão perdidas após a conversão em tons de cinza!

```
In [8]: view_colormap('RdBu')
```

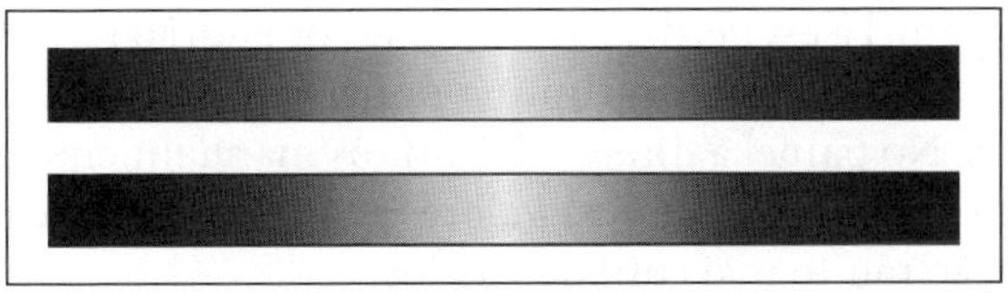

Figura 30-5. Mapa de cores RdBu e sua luminância

Veremos exemplos de uso de alguns desses mapas de cores em seguida.

Há inúmeros mapas de cores disponíveis no Matplotlib; para ver uma lista, você pode usar o IPython para explorar o submódulo `plt.cm`. Para uma abordagem dos princípios das cores em Python, consulte as ferramentas e a documentação na biblioteca Seaborn (Capítulo 36).

Limites e Extensões das Cores

O Matplotlib permite muita personalização da barra de cores. A barra em si é apenas uma instância de `plt.Axes`, então todos os eixos e truques de formatação das marcas vistos até agora se aplicam. A barra de cores tem uma flexibilidade interessante: por exemplo, podemos restringir os limites da cor e indicar valores fora dos limites com uma seta triangular nas partes superior e inferior, definindo a propriedade `extend`. Isso pode ser útil se você exibe uma imagem sujeita a ruído (veja a Figura 30-6).

```
In [9]: # crie um ruído em 1% dos pixels da imagem
        speckles = (np.random.random(I.shape) < 0.01)
        I[speckles] = np.random.normal(0, 3, np.count_nonzero(speckles))
        plt.figure(figsize=(10, 3.5))

        plt.subplot(1, 2, 1)
        plt.imshow(I, cmap='RdBu')
        plt.colorbar()

        plt.subplot(1, 2, 2)
        plt.imshow(I, cmap='RdBu')
        plt.colorbar(extend='both')
        plt.clim(-1, 1)
```

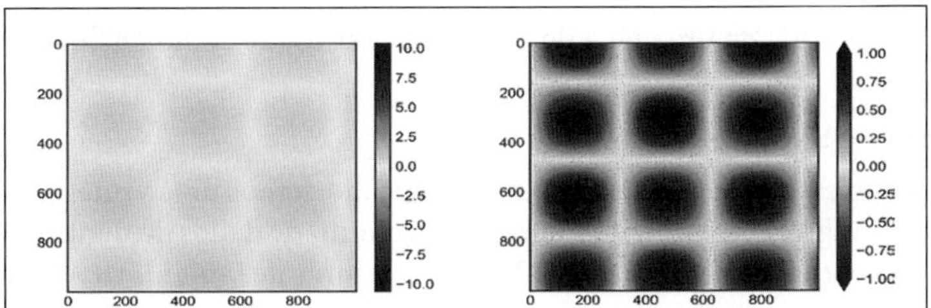

Figura 30-6. Especificando as extensões do mapa de cores[1]

1 Há uma versão em tamanho grande da figura no GitHub.

Observe que no painel à esquerda, os limites de cor padrão respondem aos pixels com ruído e o intervalo do ruído elimina por completo o padrão no qual estamos interessados. No painel à direita, definimos manualmente os limites da cor e adicionamos extensões para indicar valores acima ou abaixo deles. O resultado é uma visualização muito mais útil dos dados.

Barras de Cores Separadas

Os mapas de cores são contínuos por padrão, mas às vezes você gostaria de representar valores separados. A maneira mais fácil de fazer isso é com a função `plt.cm.get_cmap` e passar o nome de um mapa de cores adequado junto com o número de grupos desejados (veja a Figura 30-7).

```
In [10]: plt.imshow(I, cmap=plt.cm.get_cmap('Blues', 6))
         plt.colorbar(extend='both')
         plt.clim(-1, 1);
```

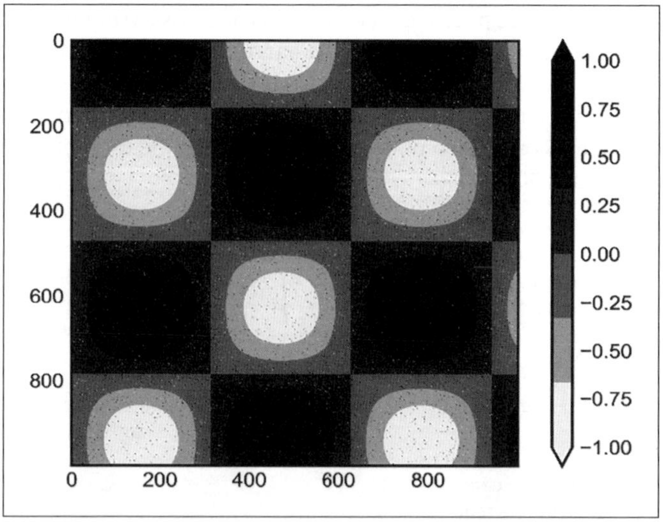

Figura 30-7. Mapa de cores separado

A versão separada de um mapa de cores pode ser usada como qualquer outro.

Exemplo: Dígitos Feitos à Mão

Como um exemplo de onde isso pode ser aplicado, temos uma visualização interessante de alguns dígitos feitos à mão do conjunto de dados de dígitos, incluído no Scikit-Learn; consiste em quase 2 mil miniaturas de tamanho 8 × 8 mostrando vários dígitos feitos à mão.

Por enquanto, começaremos baixando o conjunto de dados de dígitos e visualizando as várias imagens de exemplo com `plt.imshow` (veja a Figura 30-8).

```
In [11]: # carregue imagens dos dígitos de 0 a 5 e visualize várias
         from sklearn.datasets import load_digits
         digits = load_digits(n_class=6)

         fig, ax = plt.subplots(8, 8, figsize=(6, 6))
         for i, axi in enumerate(ax.flat):
             axi.imshow(digits.images[i], cmap='binary')
             axi.set(xticks=[], yticks=[])
```

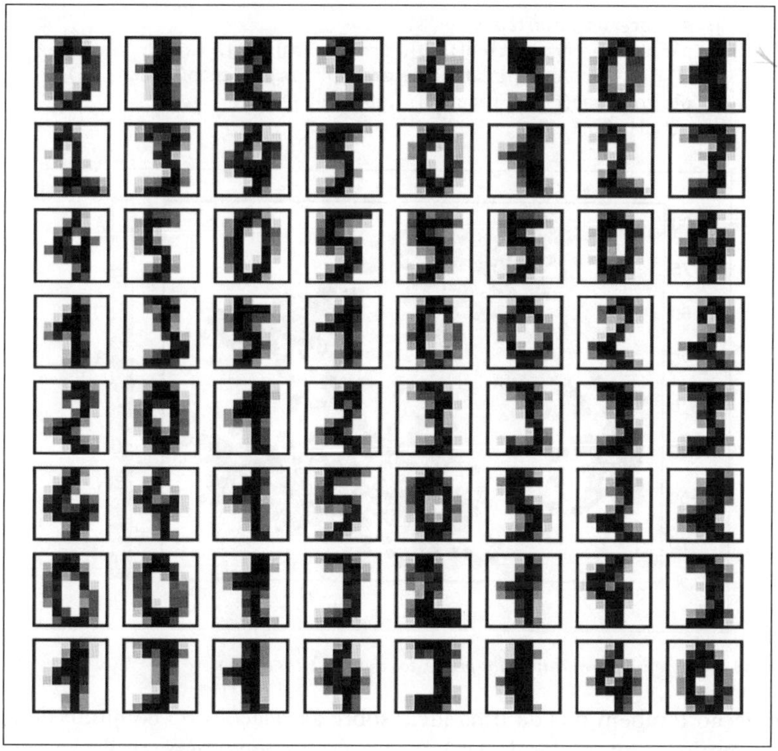

Figura 30-8. Exemplo de dados com dígitos feitos à mão

Como cada dígito é definido pela tonalidade de seus 64 pixels, podemos considerar cada qual como um ponto situado no espaço de 64 dimensões: cada dimensão representa o brilho de um pixel. A visualização desses dados de alta dimensão pode ser difícil, mas uma maneira de abordar essa tarefa é usar uma técnica de *redução da dimensionalidade*, como o aprendizado múltiplo, para reduzir a dimensionalidade dos dados, mantendo as relações de interesse. A redução da dimensionalidade é um exemplo de aprendizado de máquina não supervisionado e detalharemos isso no Capítulo 37.

Adiando a análise desses detalhes, vejamos uma projeção de aprendizado múltiplo bidimensional dos dados dos dígitos (veja o Capítulo 46 para ter detalhes):

```
In [12]: # projete os dígitos em 2 dimensões usando Isomap
         from sklearn.manifold import Isomap
         iso = Isomap(n_components=2, n_neighbors=15)
         projection = iso.fit_transform(digits.data)
```

Usaremos nosso mapa de cores separado para visualizar os resultados, definindo `ticks` e `clim` para melhorar a estética da barra de cores resultante (veja a Figura 30-9) .

```
In [13]: # plote os resultados
         plt.scatter(projection[:, 0], projection[:, 1], lw=0.1,
                     c=digits.target, cmap=plt.cm.get_cmap('plasma', 6))
         plt.colorbar(ticks=range(6), label='digit value')
         plt.clim(-0.5, 5.5)
```

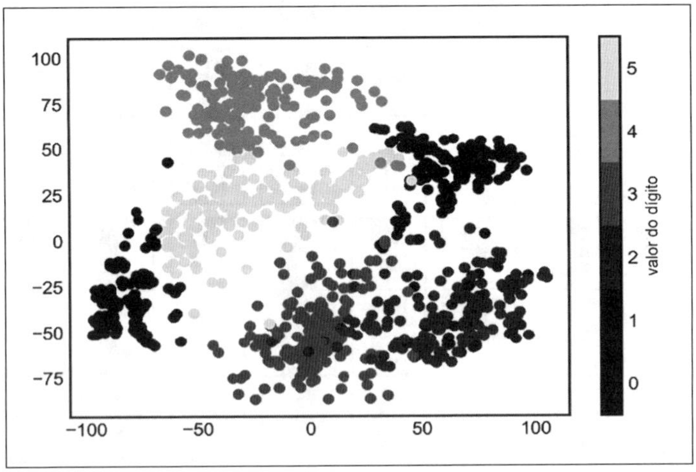

Figura 30-9. Predefinição múltipla dos pixels dos dígitos feitos à mão

A projeção também nos dá uma ideia sobre as relações no conjunto de dados: por exemplo, os intervalos de 2 e 3 quase se sobrepõem nessa projeção, indicando que alguns números 2 e 3 feitos à mão são difíceis de distinguir, e muito provavelmente serão confundidos por um algoritmo de classificação automatizado. Outros valores, como 0 e 1, estão mais distantes e podem ser menos propensos a confusão.

Voltaremos ao aprendizado múltiplo e à classificação de dígitos na Parte V.

CAPÍTULO 31

Múltiplos Gráficos Secundários

Às vezes, é bom comparar diferentes visualizações de dados lado a lado. Para tanto, o Matplotlib tem o conceito de *gráficos secundários* (*subplots*): grupos de eixos menores que podem coexistir em uma única figura. Esses gráficos secundários podem ser inserções, grades de gráficos ou outros layouts mais complexos. Neste capítulo, veremos quatro rotinas para criar gráficos secundários no Matplotlib. Começaremos importando os pacotes a usar:

```
In [1]: %matplotlib inline
        import matplotlib.pyplot as plt
        plt.style.use('seaborn-white')
        import numpy as np
```

plt.axes: Gráficos Secundários Feitos à Mão

O método mais básico de criar um eixo é usar a função `plt.axes`. Como vimos antes, por padrão isso cria um objeto de eixo padrão que preenche a figura inteira. `plt.axes` também tem um argumento opcional que é uma lista de quatro números no sistema de coordenadas da figura (`[left, bottom, width, height]`), que varia de 0 à esquerda inferior da figura até 1 à direita superior.

Por exemplo, podemos criar eixos de inserção à direita superior dos outros eixos definindo as posições *x* e *y* para 0,65 (ou começando em 65% da largura e 65% da altura da figura) e as extensões *x* e *y* para 0,2 (ou o tamanho dos eixos é 20% da largura e 20% da altura da figura). A Figura 31-1 mostra o resultado:

```
In [2]: ax1 = plt.axes()  # eixos padrão
        ax2 = plt.axes([0.65, 0.65, 0.2, 0.2])
```

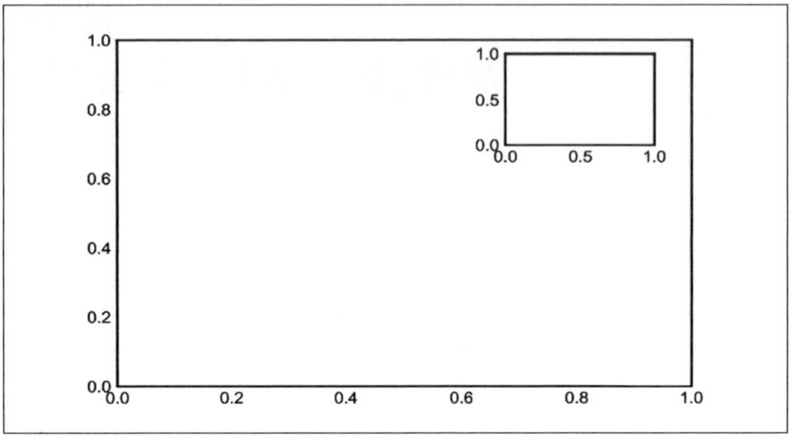

Figura 31-1. Exemplo de eixos de inserção

O equivalente a este comando na interface orientada a objetos é `fig.add_axes`. Usaremos isso para criar dois eixos empilhados na vertical, como na Figura 31-2.

```
In [3]: fig = plt.figure()
        ax1 = fig.add_axes([0.1, 0.5, 0.8, 0.4],
                           xticklabels=[], ylim=(-1.2, 1.2))
        ax2 = fig.add_axes([0.1, 0.1, 0.8, 0.4],
                           ylim=(-1.2, 1.2))

        x = np.linspace(0, 10)
        ax1.plot(np.sin(x))
        ax2.plot(np.cos(x));
```

Agora temos dois eixos (o superior sem rótulos com marcas) que quase se tocam: a parte inferior do painel superior (na posição 0.5) corresponde à parte superior do painel inferior (na posição 0.1 + 0.4).

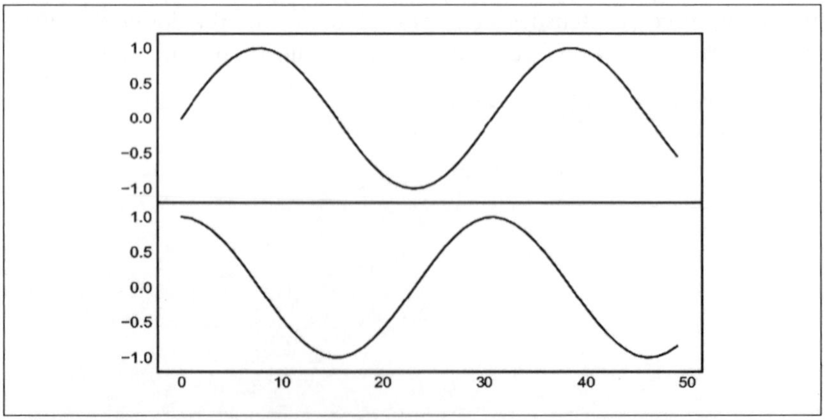

Figura 31-2. Exemplo de eixos empilhados na vertical

plt.subplot: Grades Simples dos Gráficos Secundários

Colunas alinhadas ou linhas de gráficos secundários são uma necessidade muito comum e o Matplotlib tem várias rotinas convenientes que as tornam fáceis de criar. O nível mais baixo é `plt.subplot`, que cria um único gráfico secundário em uma grade. Como se pode ver, esse comando tem três argumentos inteiros: o número de linhas, o número de colunas e o índice do gráfico a ser criado no esquema, que vai da esquerda superior até a direita inferior (veja a Figura 31-3).

```
In [4]: for i in range(1, 7):
            plt.subplot(2, 3, i)
            plt.text(0.5, 0.5, str((2, 3, i)),
                     fontsize=18, ha='center')
```

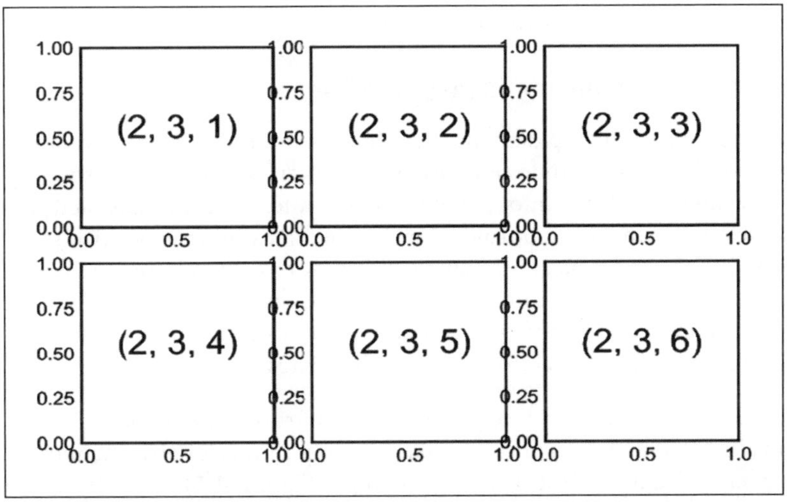

Figura 31-3. Exemplo de `plt.subplot`

O comando `plt.subplots_adjust` pode ser usado para ajustar o espaçamento entre os gráficos. O código a seguir usa o comando equivalente orientado a objetos, `fig.add_subplot`; a Figura 31-4 mostra o resultado:

```
In [5]: fig = plt.figure()
        fig.subplots_adjust(hspace=0.4, wspace=0.4)
        for i in range(1, 7):
            ax = fig.add_subplot(2, 3, i)
            ax.text(0.5, 0.5, str((2, 3, i)),
                   fontsize=18, ha='center')
```

Aqui, usamos os argumentos `hspace` e `wspace` de `plt.subplots_adjust`, que especificam o espaçamento ao longo da altura e da largura da figura, em unidades do tamanho do gráfico secundário (neste caso, o espaço é 40% da largura e da altura do gráfico secundário).

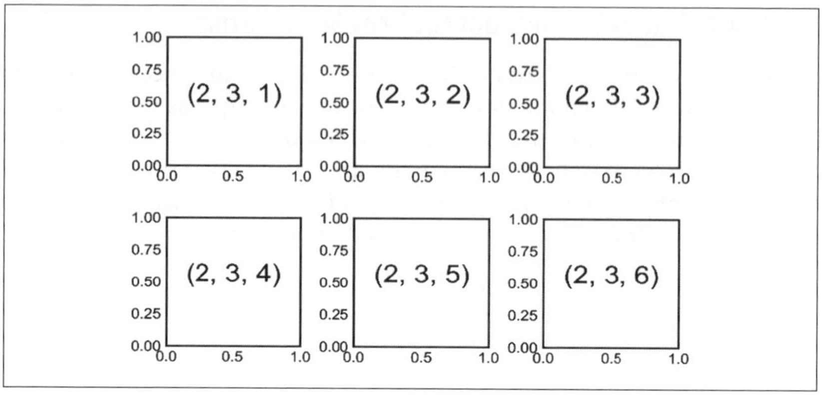

Figura 31-4. `plt.subplot` com as margens ajustadas

plt.subplots: A Grade Inteira de Uma Só Vez

A abordagem descrita rapidamente fica chata ao criar uma grande grade de gráficos secundários, sobretudo se você deseja ocultar os rótulos dos eixos x e y nos gráficos internos. Para tanto, `plt.subplots` é a ferramenta mais fácil de usar (observe o `s` no final de `subplots`). Em vez de criar um único gráfico secundário, essa função cria uma grade completa de gráficos secundários em uma única linha, retornando-os em um array NumPy. Os argumentos são o número de linhas e colunas, junto com as palavras-chave opcionais `sharex` e `sharey`, que permitem especificar as relações entre os diferentes eixos.

Criaremos uma grade 2 × 3 de gráficos secundários, em que todos os eixos na mesma linha compartilham sua escala do eixo y e todos os eixos na mesma coluna compartilham sua escala do eixo x (veja a Figura 31-5).

```
In [6]: fig, ax = plt.subplots(2, 3, sharex='col', sharey='row')
```

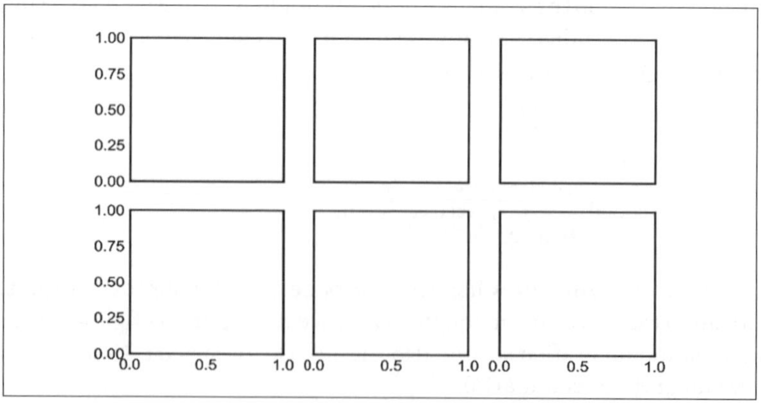

Figura 31-5. Eixos x e y compartilhados em `plt.subplots`

Especificando `sharex` e `sharey`, removemos automaticamente os rótulos internos na grade para deixar o gráfico mais claro. A grade resultante de instâncias dos eixos é retornada em um array NumPy, permitindo a especificação conveniente dos eixos desejados com a notação de indexação do array padrão (veja a Figura 31-6).

```
In [7]: # eixos em um array bidimensional, indexados por [row, col]
        for i in range(2):
            for j in range(3):
                ax[i, j].text(0.5, 0.5, str((i, j)),
                              fontsize=18, ha='center')
        fig
```

Comparando com `plt.subplot`, `plt.subplots` é mais consistente com a indexação convencional baseada em zero do Python, já `plt.subplot` usa a indexação baseada em um, no estilo MATLAB.

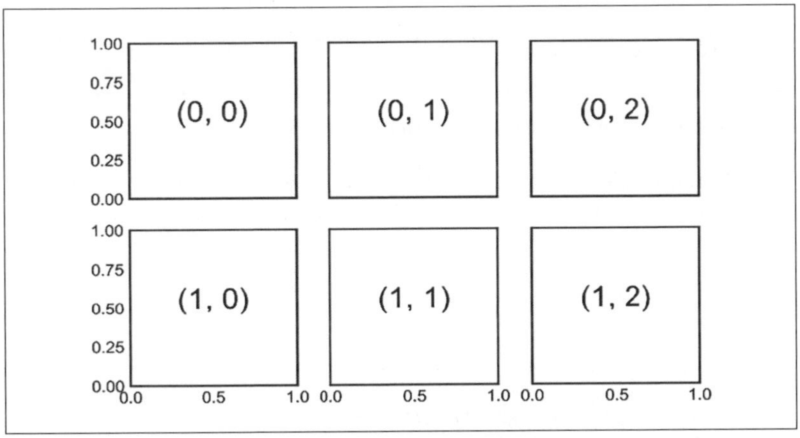

Figura 31-6. Identificando os gráficos em uma grade de gráficos secundários

plt.GridSpec: Organizações Mais Complexas

Para ir além de uma grade normal para os gráficos secundários que abrangem várias linhas e colunas, `plt.GridSpec` é a melhor ferramenta. `plt.GridSpec` não cria um gráfico por si só; é uma interface conveniente reconhecida pelo comando `plt.subplot`. Por exemplo, veja `GridSpec` para uma grade de duas linhas e três colunas com algum espaço de largura e altura especificado:

```
In [8]: grid = plt.GridSpec(2, 3, wspace=0.4, hspace=0.3)
```

A partir disso, podemos especificar os locais e as extensões dos gráficos secundários usando a sintaxe de fatiamento familiar do Python (veja a Figura 31-7).

```
In [9]: plt.subplot(grid[0, 0])
        plt.subplot(grid[0, 1:])
```

```
plt.subplot(grid[1, :2])
plt.subplot(grid[1, 2]);
```

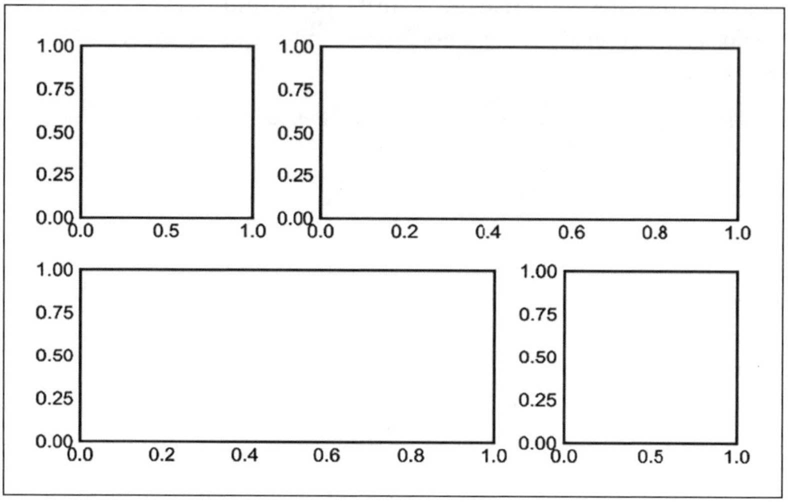

Figura 31-7. Gráficos secundários irregulares com `plt.GridSpec`

Esse alinhamento de grade flexível tem muitos usos. Costumo usá-lo ao criar gráficos de histograma com múltiplos eixos, como os mostrados na Figura 31-8.

```
In [10]: # Crie alguns dados distribuídos normalmente
         mean = [0, 0]
         cov = [[1, 1], [1, 2]]
         rng = np.random.default_rng(1701)
         x, y = rng.multivariate_normal(mean, cov, 3000).T

         # Configure os eixos com GridSpec
         fig = plt.figure(figsize=(6, 6))
         grid = plt.GridSpec(4, 4, hspace=0.2, wspace=0.2)
         main_ax = fig.add_subplot(grid[:-1, 1:])
         y_hist = fig.add_subplot(grid[:-1, 0], xticklabels=[], sharey=main_ax)
         x_hist = fig.add_subplot(grid[-1, 1:], yticklabels=[], sharex=main_ax)

         # Espalhe os pontos nos eixos principais
         main_ax.plot(x, y, 'ok', markersize=3, alpha=0.2)

         # Histograma nos eixos anexados
         x_hist.hist(x, 40, histtype='stepfilled',
                     orientation='vertical', color='gray')
         x_hist.invert_yaxis()

         y_hist.hist(y, 40, histtype='stepfilled',
                    orientation='horizontal', color='gray')
         y_hist.invert_xaxis()
```

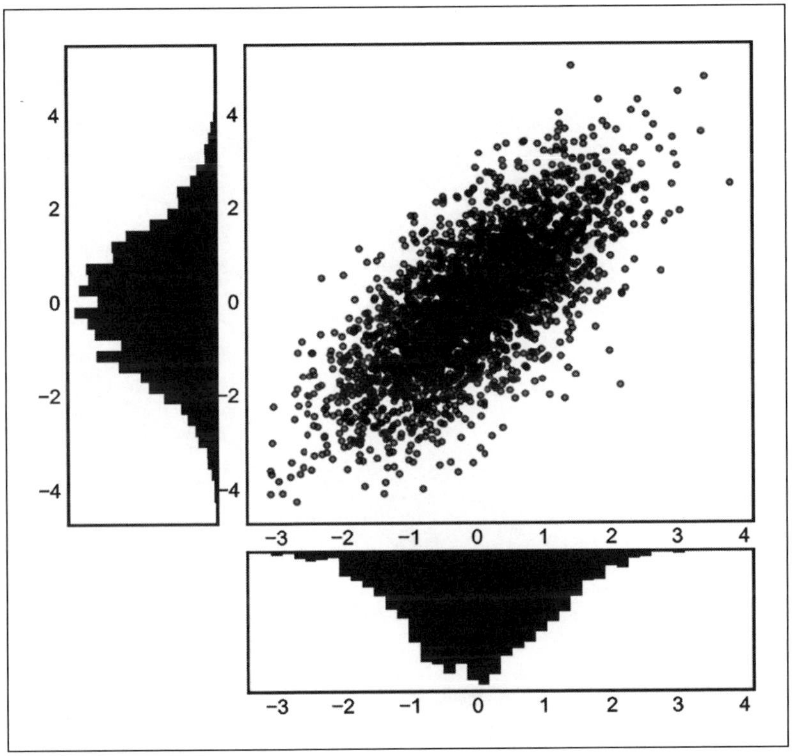

Figura 31-8. Visualizando distribuições multidimensionais com `plt.GridSpec`

Esse tipo de distribuição plotada nas margens é comum o suficiente para que tenha sua própria API de plotagem no pacote Seaborn; veja o Capítulo 36 para obter mais detalhes.

CAPÍTULO 32

Texto e Anotação

Criar uma boa visualização envolve guiar o leitor para que a imagem conte uma história. Em alguns casos, essa história pode ser contada de maneira totalmente visual, sem texto adicionado, mas em outros, pequenas pistas textuais e rótulos são necessários. Talvez os tipos mais básicos de anotações que você usará sejam os rótulos e os títulos dos eixos, mas as opções vão além. Vejamos alguns dados, como podemos visualizá-los e anotá-los para ajudar a transmitir informações interessantes. Começaremos configurando o notebook para plotar e importar as funções que usaremos:

```
In [1]: %matplotlib inline
        import matplotlib.pyplot as plt
        import matplotlib as mpl
        plt.style.use('seaborn-whitegrid')
        import numpy as np
        import pandas as pd
```

Exemplo: Efeitos dos Feriados nos Nascimentos nos EUA

Voltemos a alguns dados com os quais trabalhamos antes em "Exemplo: Dados de Natalidade" no Capítulo 21, onde geramos um gráfico de nascimentos médios ao longo do ano civil. Começaremos com o mesmo procedimento de limpeza usado lá e plotaremos os resultados (veja a Figura 32-1).

```
In [2]: # comando do shell para baixar os dados:
        # !cd data && curl -O \
        #   https://raw.githubusercontent.com/jakevdp/data-CDCbirths/master/
        #   births.csv

In [3]: from datetime import datetime

        births = pd.read_csv('data/births.csv')

        quartiles = np.percentile(births['births'], [25, 50, 75])
        mu, sig = quartiles[1], 0.74 * (quartiles[2] - quartiles[0])
        births = births.query('(births > @mu - 5 * @sig) &
                              (births < @mu + 5 * @sig)')

        births['day'] = births['day'].astype(int)

        births.index = pd.to_datetime(10000 * births.year +
                                      100 * births.month +
                                      births.day, format='%Y%m%d')
```

```
        births_by_date = births.pivot_table('births',
                                            [births.index.month, births.index.day])
        births_by_date.index = [datetime(2012, month, day)
                                for (month, day) in births_by_date.index]

In [4]: fig, ax = plt.subplots(figsize=(12, 4))
        births_by_date.plot(ax=ax);
```

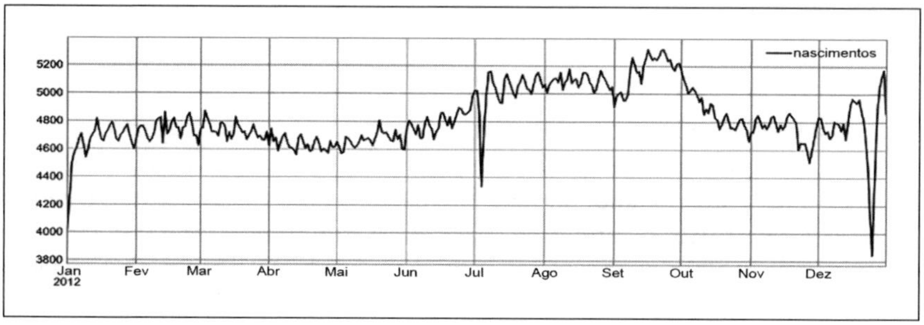

Figura 32-1. Nascimentos médios diários por data[1]

Quando visualizamos dados como estes, muitas vezes é útil anotar certos aspectos do gráfico para chamar a atenção do leitor. Isso pode ser feito manualmente com as funções `plt.text`/`ax.text`, que colocarão o texto em determinado valor *x*/*y* (veja a Figura 32-2).

```
In [5]: fig, ax = plt.subplots(figsize=(12, 4))
        births_by_date.plot(ax=ax)

        # Adicione rótulos ao gráfico
        style = dict(size=10, color='gray')

        ax.text('2012-1-1', 3950, "New Year's Day", **style)
        ax.text('2012-7-4', 4250, "Independence Day", ha='center', **style)
        ax.text('2012-9-4', 4850, "Labor Day", ha='center', **style)
        ax.text('2012-10-31', 4600, "Halloween", ha='right', **style)
        ax.text('2012-11-25', 4450, "Thanksgiving", ha='center', **style)
        ax.text('2012-12-25', 3850, "Christmas ", ha='right', **style)

        # Rotule os eixos
        ax.set(title='USA births by day of year (1969-1988)',
               ylabel='average daily births')

        # Formate o eixo x com os rótulos do mês no centro
        ax.xaxis.set_major_locator(mpl.dates.MonthLocator())
        ax.xaxis.set_minor_locator(mpl.dates.MonthLocator(bymonthday=15))
        ax.xaxis.set_major_formatter(plt.NullFormatter())
        ax.xaxis.set_minor_formatter(mpl.dates.DateFormatter('%h'));
```

1 Há uma versão em tamanho grande da figura no GitHub.

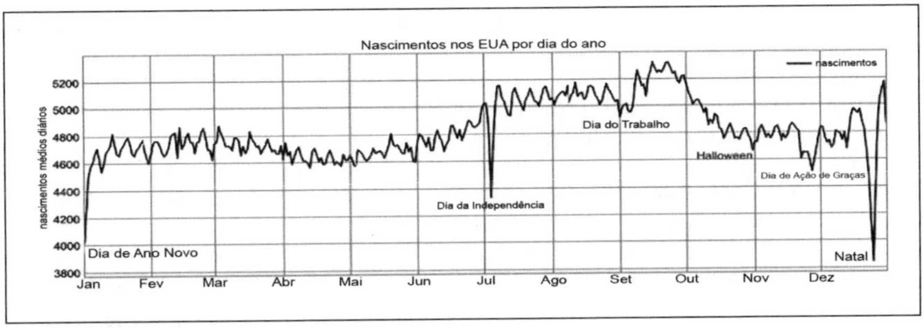

Figura 32-2. Nascimentos médios diários anotados por data[2]

O método `ax.text` tem uma posição *x*, uma posição *y*, uma string e palavras-chave opcionais especificando a cor, o tamanho, o estilo, o alinhamento e outras propriedades do texto. Aqui usamos `ha='right'` e `ha='center'`, com `ha` sendo a abreviação de *alinhamento horizontal*. Veja as docstrings de `plt.text` e `mpl.text.Text` para ter mais informações sobre as opções disponíveis.

Transformações e Posição do Texto

No exemplo anterior, ancoramos nossas anotações de texto nos locais dos dados. Às vezes, é preferível ancorar o texto em uma posição fixa nos eixos ou na imagem, independentemente dos dados. No Matplotlib, isso é feito modificando a *transformação*.

O Matplotlib usa alguns sistemas de coordenadas diferentes: um ponto de dados em *(x, y)* = (1, 1) corresponde a certo local nos eixos ou na imagem, que por sua vez corresponde a um pixel em particular na tela. Matematicamente, a transformação entre tais sistemas de coordenadas é bem simples e o Matplotlib tem um conjunto bem desenvolvido de ferramentas que ele usa internamente para fazer essas transformações (essas ferramentas podem ser exploradas no submódulo `matplotlib.transforms`).

Um usuário típico raramente precisa se preocupar com os detalhes das transformações, mas é bom saber ao considerar a colocação do texto em uma imagem. Existem três transformações predefinidas que podem ser úteis nessa situação:

`ax.transData`
: Transformação associada às coordenadas dos dados

`ax.transAxes`
: Transformação associada aos eixos (nas unidades das dimensões dos eixos)

`fig.transFigure`
: Transformação associada à imagem (nas unidades das dimensões da imagem)

2 Há uma versão em tamanho grande da figura no GitHub.

Um exemplo de desenho de texto em vários locais usando essas transformações (veja a Figura 32-3):

```
In [6]: fig, ax = plt.subplots(facecolor='lightgray')
        ax.axis([0, 10, 0, 10])

        # transform=ax.transData é o padrão, mas especificaremos mesmo assim
        ax.text(1, 5, ". Data: (1, 5)", transform=ax.transData)
        ax.text(0.5, 0.1, ". Axes: (0.5, 0.1)", transform=ax.transAxes)
        ax.text(0.2, 0.2, ". Figure: (0.2, 0.2)", transform=fig.transFigure);
```

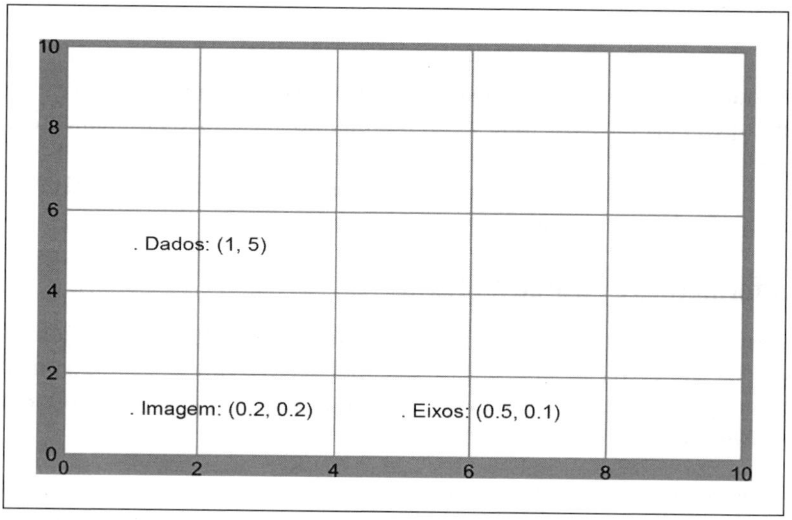

Figura 32-3. Comparando os sistemas de coordenadas do Matplotlib

O alinhamento de texto padrão do Matplotlib é tal que o "." no início de cada string marcará o local aproximado especificado das coordenadas.

As coordenadas `transData` fornecem as coordenadas de dados usuais associadas aos rótulos dos eixos x e y. As coordenadas `transAxes` dão a localização do canto inferior esquerdo dos eixos (a caixa branca), como uma fração do tamanho total dos eixos. As coordenadas `transFigure` são parecidas, mas especificam a posição do canto inferior esquerdo da figura (a caixa cinza) como uma fração do tamanho total da figura.

Observe agora que se mudarmos os limites dos eixos, apenas as coordenadas `transData` serão afetadas, enquanto as outras permanecerão estacionárias (veja a Figura 32-4).

```
In [7]: ax.set_xlim(0, 2)
        ax.set_ylim(-6, 6)
        fig
```

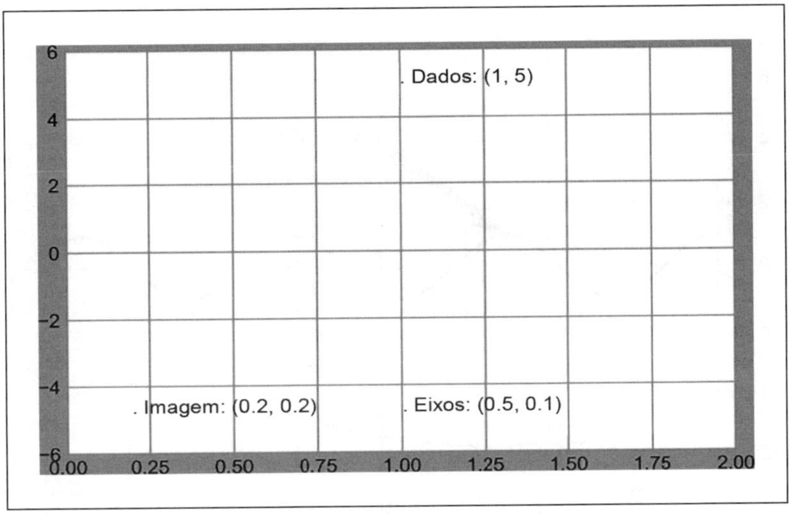

Figura 32-4. Comparando os sistemas de coordenadas do Matplotlib

Esse comportamento pode ser visto mais claramente mudando os limites dos eixos de forma interativa: se você estiver executando esse código em um notebook, poderá fazer isso mudando `%matplotlib inline` para `%matplotlib notebook` e usando o menu de cada gráfico para interagir com o gráfico.

Setas e Anotação

Junto com as marcações e o texto, outra anotação útil é a seta simples.

Embora haja uma função `plt.arrow` disponível, não sugiro usá-la: as setas criadas são objetos SVG sujeitos à proporção variável dos gráficos, tornando complicado obtê-las corretamente. Em vez disso, indico a função `plt.annotate`, que cria algum texto e uma seta, permitindo que as setas sejam especificadas de forma muito flexível.

Veja uma demonstração de `annotate` com várias opções (Figura 32-5).

```
In [8]: fig, ax = plt.subplots()

        x = np.linspace(0, 20, 1000)
        ax.plot(x, np.cos(x))
        ax.axis('equal')

        ax.annotate('local maximum', xy=(6.28, 1), xytext=(10, 4),
                    arrowprops=dict(facecolor='black', shrink=0.05))

        ax.annotate('local minimum', xy=(5 * np.pi, -1), xytext=(2, -6),
                    arrowprops=dict(arrowstyle="->",
                                    connectionstyle="angle3,angleA=0,angleB=-90"));
```

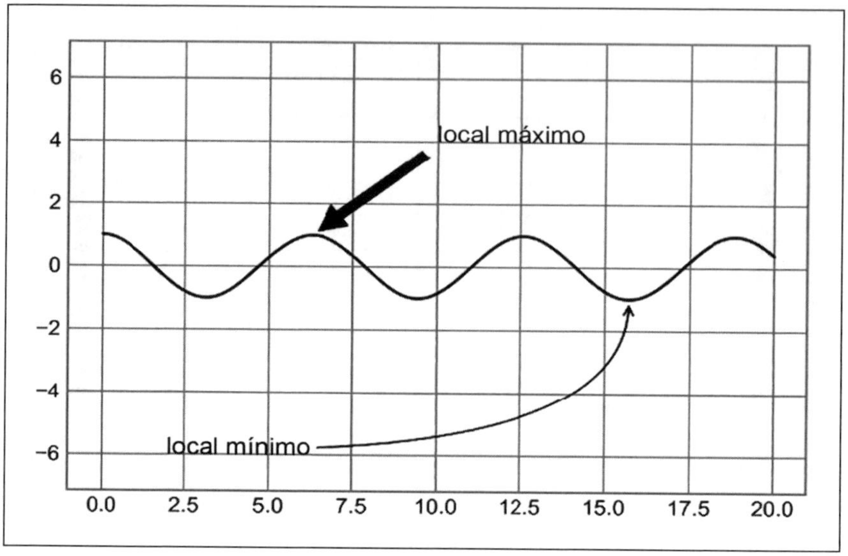

Figura 32-5. Exemplos de anotação

O estilo de seta é controlado com o dicionário `arrowprops`, que tem inúmeras opções disponíveis. Essas opções estão bem explicadas na documentação online do Matplotlib, então, em vez de repeti-las aqui, provavelmente é mais útil mostrar alguns exemplos. Demonstraremos várias opções possíveis usando o gráfico de natalidade de antes (veja a Figura 32-6).

```
In [9]: fig, ax = plt.subplots(figsize=(12, 4))
        births_by_date.plot(ax=ax)

        # Adicione rótulos ao gráfico
        ax.annotate("New Year's Day", xy=('2012-1-1', 4100),  xycoords='data',
                    xytext=(50, -30), textcoords='offset points',
                    arrowprops=dict(arrowstyle="->",
                                    connectionstyle="arc3,rad=-0.2"))
        ax.annotate("Independence Day", xy=('2012-7-4', 4250),  xycoords='data',
                    bbox=dict(boxstyle="round", fc="none", ec="gray"),
                    xytext=(10, -40), textcoords='offset points', ha='center',
                    arrowprops=dict(arrowstyle="->"))

        ax.annotate('Labor Day Weekend', xy=('2012-9-4', 4850), xycoords='data',
                    ha='center', xytext=(0, -20), textcoords='offset points')
        ax.annotate('', xy=('2012-9-1', 4850), xytext=('2012-9-7', 4850),
                    xycoords='data', textcoords='data',
                    arrowprops={'arrowstyle': '|-|,widthA=0.2,widthB=0.2', })

        ax.annotate('Halloween', xy=('2012-10-31', 4600),  xycoords='data',
                    xytext=(-80, -40), textcoords='offset points',
                    arrowprops=dict(arrowstyle="fancy",
                                    fc="0.6", ec="none",
                                    connectionstyle="angle3,angleA=0,angleB=-90"))
```

```
ax.annotate('Thanksgiving', xy=('2012-11-25', 4500), xycoords='data',
            xytext=(-120, -60), textcoords='offset points',
            bbox=dict(boxstyle="round4,pad=.5", fc="0.9"),
            arrowprops=dict(
                arrowstyle="->",
                connectionstyle="angle,angleA=0,angleB=80,rad=20"))


ax.annotate('Christmas', xy=('2012-12-25', 3850), xycoords='data',
             xytext=(-30, 0), textcoords='offset points',
             size=13, ha='right', va="center",
             bbox=dict(boxstyle="round", alpha=0.1),
             arrowprops=dict(arrowstyle="wedge,tail_width=0.5", alpha=0.1));

# Rotule os eixos
ax.set(title='USA births by day of year (1969-1988)',
       ylabel='average daily births')

# Formate o eixo x com os rótulos do mês no centro
ax.xaxis.set_major_locator(mpl.dates.MonthLocator())
ax.xaxis.set_minor_locator(mpl.dates.MonthLocator(bymonthday=15))
ax.xaxis.set_major_formatter(plt.NullFormatter())
ax.xaxis.set_minor_formatter(mpl.dates.DateFormatter('%h'));

ax.set_ylim(3600, 5400);
```

A variedade de opções torna a função `annotate` poderosa e flexível: você pode criar praticamente qualquer estilo de seta desejado. Infelizmente, também significa que esses recursos devem ser ajustados manualmente, um processo que pode ser muito demorado ao produzir gráficos com qualidade de publicação! Por fim, é bom observar que a combinação anterior de estilos não é a recomendada para apresentar os dados, mas é incluída como uma demonstração de algumas opções disponíveis.

Mais análise e exemplos dos estilos de seta e anotação disponíveis podem ser encontrados no tutorial Annotations do Matplotlib [em inglês].

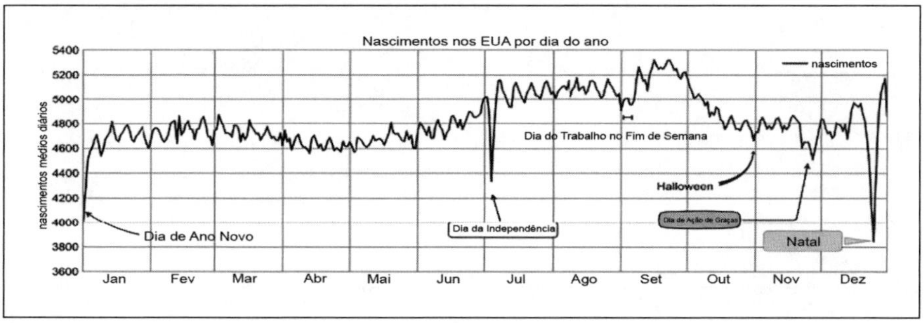

Figura 32-6. Taxas de natalidade médias e anotadas por dia[3]

3 Há uma versão em tamanho grande da figura no GitHub.

CAPÍTULO 33

Customizando os Ticks

Os localizadores e os formatadores de marcas (*ticks*) padrão do Matplotlib são planejados para serem suficientes em muitas situações comuns, mas não são, de forma alguma, ideais para todo gráfico. Este capítulo dará vários exemplos de ajuste dos locais e da formatação das marcas para o gráfico em particular no qual você está interessado.

Antes de ver os exemplos, falaremos um pouco mais sobre a hierarquia de objetos dos gráficos do Matplotlib, que visa ter um objeto Python representando tudo o que aparece no gráfico: por exemplo, lembre-se de que `Figure` é a caixa delimitadora dentro da qual os elementos do gráfico aparecem. Cada objeto Matplotlib também pode atuar como um contêiner de objetos secundários: por exemplo, cada `Figure` pode ter um ou mais objetos `Axes`, cada um tendo outros objetos que representam o conteúdo do gráfico.

As marcas não são exceção. Cada eixo tem atributos `xaxis` e `yaxis`, por sua vez tendo atributos com todas as propriedades das linhas, das marcas e dos rótulos que compõem os eixos.

Marcas Maiores e Menores

Em cada eixo, há o conceito de marcas *maior* e *menor*. Como os nomes sugerem, as marcas maiores costumam ser grandes ou mais pronunciadas, já as marcas menores são pequenas. Por padrão, o Matplotlib raramente usa as marcas menores, mas um lugar onde é possível vê-las é nos gráficos logarítmicos (veja a Figura 33-1).

```
In [1]: import matplotlib.pyplot as plt
        plt.style.use('classic')
        import numpy as np

        %matplotlib inline
In [2]: ax = plt.axes(xscale='log', yscale='log')
        ax.set(xlim=(1, 1E3), ylim=(1, 1E3))
        ax.grid(True);
```

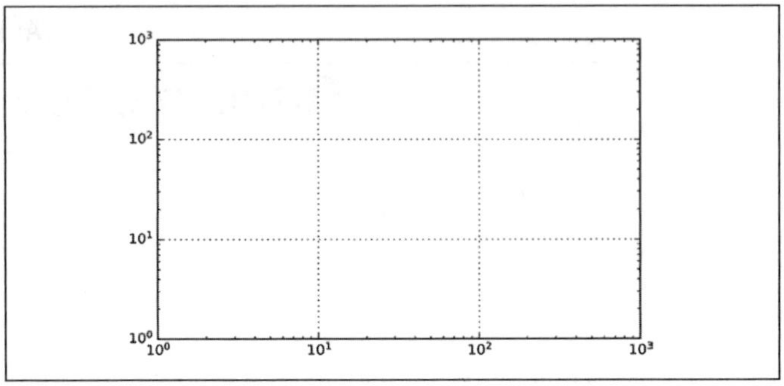

Figura 33-1. Exemplo de escalas e rótulos logarítmicos

No gráfico, cada marca maior mostra uma marcação grande, um rótulo e uma linha de grade, e cada marca menor mostra uma pequena marcação sem rótulo nem linha de grade.

Essas propriedades da marca (locais e rótulos) podem ser personalizadas definindo os objetos `formatter` e `locator` de cada eixo. Veremos isto para o eixo x do gráfico que acabamos de mostrar:

```
In [3]: print(ax.xaxis.get_major_locator())
        print(ax.xaxis.get_minor_locator())
Out[3]: <matplotlib.ticker.LogLocator object at 0x1129b9370>
        <matplotlib.ticker.LogLocator object at 0x1129aaf70>

In [4]: print(ax.xaxis.get_major_formatter())
        print(ax.xaxis.get_minor_formatter())
Out[4]: <matplotlib.ticker.LogFormatterSciNotation object at 0x1129aaa00>
        <matplotlib.ticker.LogFormatterSciNotation object at 0x1129aac10>
```

Vemos que os rótulos das marcas maiores e menores têm suas localizações especificadas por `LogLocator` (o que faz sentido para um gráfico logarítmico). Mas as marcas menores têm seus rótulos formatados por `NullFormatter`: isso informa que nenhum rótulo será exibido.

Agora os exemplos da configuração de localizadores e formatadores para vários gráficos.

Ocultando Marcas ou Rótulos

Talvez a operação de formatação de marca/rótulo mais comum seja a ocultação deles. Isso pode ser feito usando `plt.NullLocator` e `plt.NullFormatter`, como mostrado aqui (veja a Figura 33-2).

```
In [5]: ax = plt.axes()
        rng = np.random.default_rng(1701)
        ax.plot(rng.random(50))
        ax.grid()

        ax.yaxis.set_major_locator(plt.NullLocator())
        ax.xaxis.set_major_formatter(plt.NullFormatter())
```

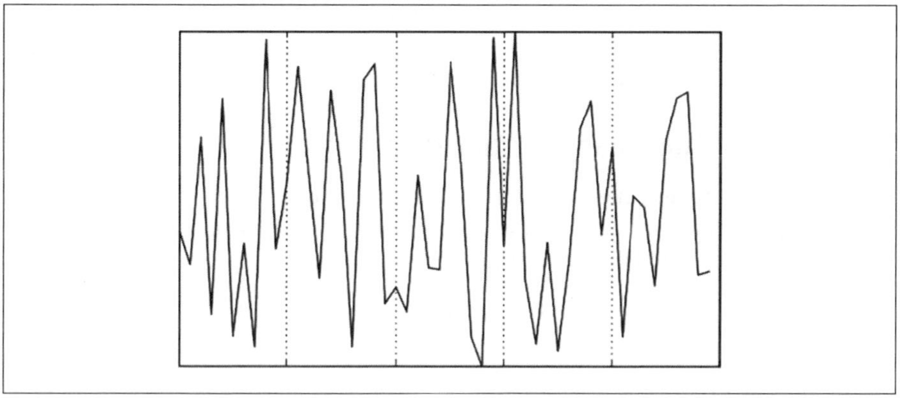

Figura 33-2. Plotagem com rótulos de marca ocultos (eixo x) e marcas ocultas (eixo y)

Removemos os rótulos (mas mantivemos as marcas/linhas de grade) do eixo x e removemos as marcas (portanto, os rótulos e as linhas de grade também) do eixo y. Não ter marcas pode ser útil em muitas situações, por exemplo, quando você quer mostrar uma grade de imagens. Considere a Figura 33-3, que inclui imagens de diferentes rostos, um exemplo muito utilizado em problemas de aprendizado de máquina supervisionado (veja o Capítulo 43):

```
In [6]: fig, ax = plt.subplots(5, 5, figsize=(5, 5))
        fig.subplots_adjust(hspace=0, wspace=0)

        # Obtenha alguns dados de rostos em Scikit-Learn
        from sklearn.datasets import fetch_olivetti_faces
        faces = fetch_olivetti_faces().images
        for i in range(5):
            for j in range(5):
                ax[i, j].xaxis.set_major_locator(plt.NullLocator())
                ax[i, j].yaxis.set_major_locator(plt.NullLocator())
                ax[i, j].imshow(faces[10 * i + j], cmap='binary_r')
```

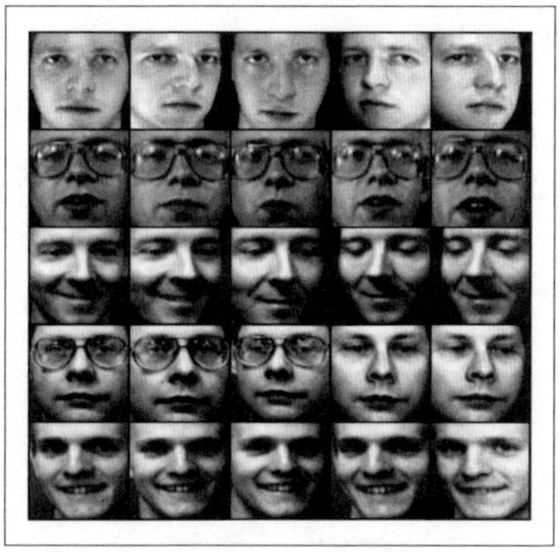

Figura 33-3. Ocultando as marcas nos gráficos de imagens

Cada imagem é mostrada em seus próprios eixos e definimos os localizadores de marca para null porque os valores da marca (números de pixel, no caso) não passam informações relevantes para essa visualização específica.

Reduzindo ou Aumentando o Número de Marcas

Um problema comum nas configurações padrão é que os gráficos secundários menores podem acabar com rótulos amontoados. Podemos ver isso na grade do gráfico mostrada aqui (Figura 33-4).

```
In [7]: fig, ax = plt.subplots(4, 4, sharex=True, sharey=True)
```

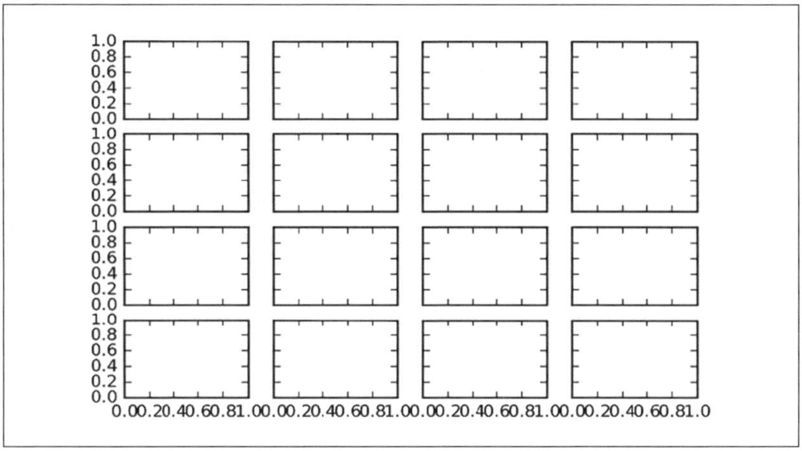

Figura 33-4. Um gráfico padrão com marcas amontoadas

Em particular para as marcas do eixo x, os números quase se sobrepõem, dificultando interpretar. Uma maneira de ajustar isso é com `plt.MaxNLocator`, que permite especificar o número máximo de marcas exibidas. Com esse número máximo, o Matplotlib usará a lógica interna para escolher os locais específicos das marcas (veja a Figura 33-5).

```
In [8]: # Para todo eixo, defina os localizadores maiores x e y
        for axi in ax.flat:
            axi.xaxis.set_major_locator(plt.MaxNLocator(3))
            axi.yaxis.set_major_locator(plt.MaxNLocator(3))
        fig
```

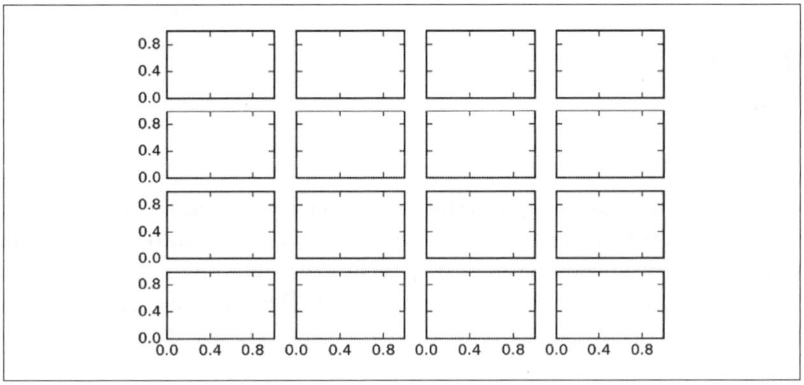

Figura 33-5. Customizando o número de marcas

Isso deixa tudo muito mais claro. Se quiser ainda mais controle sobre os locais das marcas espaçadas com regularidade, também é possível usar `plt.MultipleLocator`, que veremos na seção a seguir.

Formatos Elegantes das Marcas

A formatação das marcas padrão do Matplotlib pode deixar muito a desejar: funciona bem como um padrão em geral, mas às vezes você gostaria de fazer algo diferente. Veja o gráfico de uma curva de seno e cosseno (Figura 33-6).

```
In [9]: # Plote uma curva de seno e cosseno
        fig, ax = plt.subplots()
        x = np.linspace(0, 3 * np.pi, 1000)
        ax.plot(x, np.sin(x), lw=3, label='Sine')
        ax.plot(x, np.cos(x), lw=3, label='Cosine')

        # Configure a grade, a legenda e os limites
        ax.grid(True)
        ax.legend(frameon=False)
        ax.axis('equal')
        ax.set_xlim(0, 3 * np.pi);
```

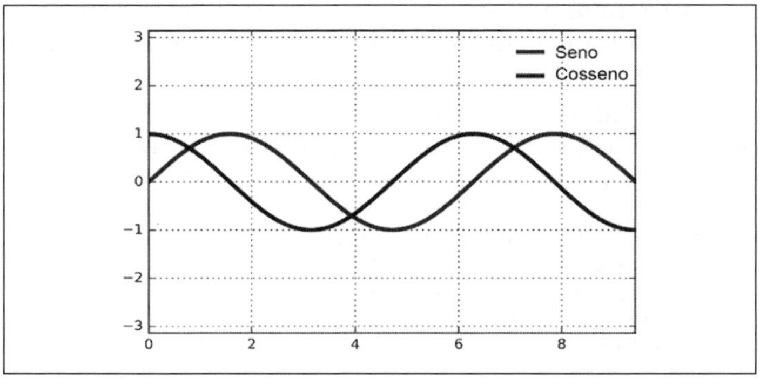

Figura 33-6. Um gráfico padrão com marcas de inteiros

Há uma versão colorida das figuras no material complementar no GitHub.

Há algumas mudanças que gostaríamos de fazer aqui. Primeiro, é mais natural que os dados espacem as marcas e as linhas de grade em múltiplos de π. Podemos fazer isso configurando um `MultipleLocator`, que coloca as marcas em um múltiplo do número fornecido. Para uma boa medida, adicionaremos as marcas maiores e menores em múltiplos de $\pi/2$ e $\pi/4$ (veja a Figura 33-7).

```
In [10]: ax.xaxis.set_major_locator(plt.MultipleLocator(np.pi / 2))
         ax.xaxis.set_minor_locator(plt.MultipleLocator(np.pi / 4))
         fig
```

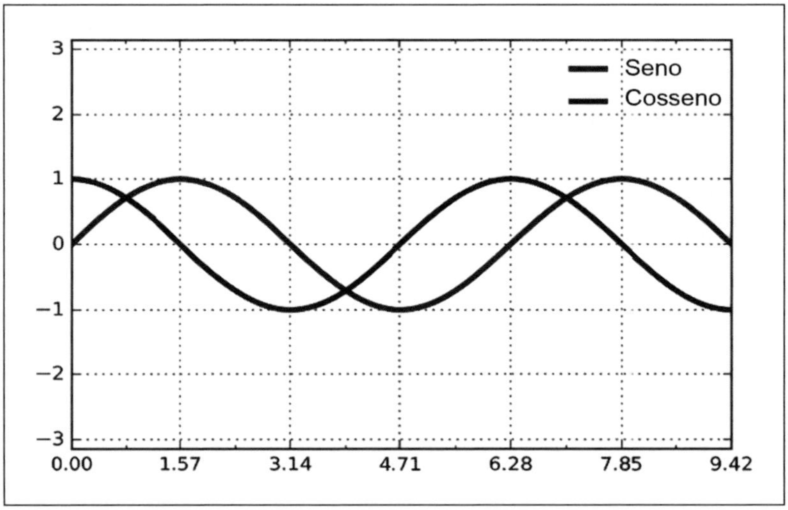

Figura 33-7. Marcas em múltiplos de π/2 e π/4

Mas agora esses rótulos parecem um pouco sem sentido: podemos ver que são múltiplos de π, mas a representação decimal não transmite isso de imediato. Para corrigir, podemos mudar o formatador de marcas. Não há um formatador predefinido para o que queremos fazer, então usaremos `plt.FuncFormatter`, que aceita uma função definida pelo usuário, dando um controle refinado sobre as saídas das marcas (veja a Figura 33-8).

```
In [11]: def format_func(value, tick_number):
             # encontre o número de múltiplos de pi/2
             N = int(np.round(2 * value / np.pi))
             if N == 0:
                 return "0"
             elif N == 1:
```

```
        return r"$\pi/2$"
    elif N == 2:
        return r"$\pi$"
    elif N % 2 > 0:
        return rf"${N}\pi/2$"
    else:
        return rf"${N // 2}\pi$"

ax.xaxis.set_major_formatter(plt.FuncFormatter(format_func))
fig
```

Muito melhor! Observe que usamos o suporte LaTeX do Matplotlib, especificado colocando a string entre cifrões. Isso é muito conveniente para a exibição de símbolos matemáticos e fórmulas. No caso, "`$\pi$`" é renderizado como o caractere grego π.

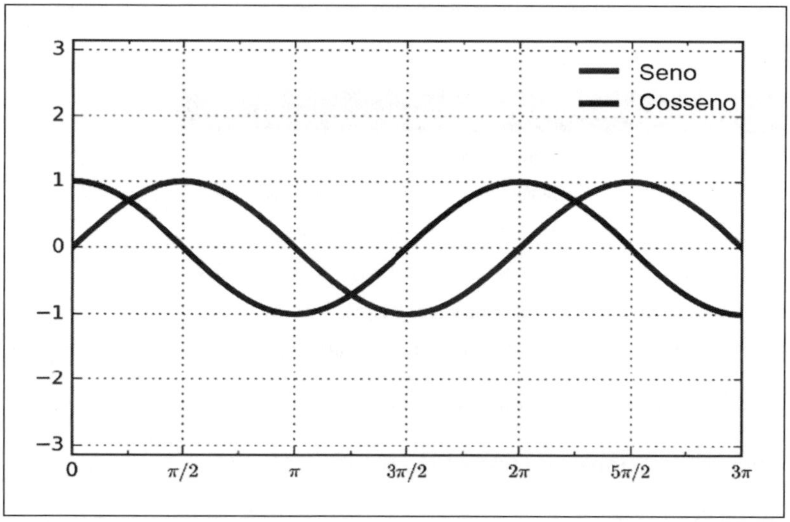

Figura 33-8. Marcas com rótulos personalizados

Resumo de Formatadores e Localizadores

Vimos alguns formatadores e localizadores disponíveis; fecharei o capítulo listando todas as opções predefinidas de localizadores (Tabela 33-1) e formatadores (Tabela 33-2). Para ter mais informações, consulte as docstrings ou a documentação do Matplotlib. Cada um está disponível no namespace `plt`.

Tabela 33-1. Opções do localizador do Matplotlib

Classe do localizador	Descrição
`NullLocator`	Nenhuma marca
`FixedLocator`	Os locais das marcas são fixos
`IndexLocator`	Localizador para gráficos do índice (ex., onde `x = range(len(y))`)
`LinearLocator`	Marcas espaçadas igualmente de mín. para máx.
`LogLocator`	Marcas espaçadas de forma logarítmica de mín. para máx.
`MultipleLocator`	Marcas e intervalo como múltiplo da base
`MaxNLocator`	Encontra um número máximo de marcas em bons locais
`AutoLocator`	(Padrão) `MaxNLocator` com padrões simples
`AutoMinorLocator`	Localizador de marcas menores

Tabela 33-2. Opções do formatador do Matplotlib

Classe do formatador	Descrição
`NullFormatter`	Nenhum rótulo nas marcas
`IndexFormatter`	Define strings a partir da lista de rótulos
`FixedFormatter`	Define as strings à mão para os rótulos
`FuncFormatter`	A função definida pelo usuário define os rótulos
`FormatStrFormatter`	Usa um formato de string para cada valor
`ScalarFormatter`	Formatador padrão para valores escalares
`LogFormatter`	Formatador padrão para eixos do log

Veremos mais exemplos no resto do livro.

CAPÍTULO 34

Customizando o Matplotlib: Configurações e Folhas de Estilo

Embora muitos dos tópicos abordados nos capítulos anteriores envolvam ajustar um por um o estilo dos elementos do gráfico, o Matplotlib também oferece mecanismos para ajustar o estilo geral de um gráfico de uma só vez. Neste capítulo, veremos algumas opções da configuração de runtime (*rc*) do Matplotlib e o recurso *folhas de estilo* (stylesheets), que contém belos conjuntos de configurações padrão.

Customização do Gráfico à Mão

Nesta parte do livro, você viu como é possível ajustar as configurações individuais do gráfico para ficar com algo um pouco melhor do que o padrão. Também é possível fazer essas personalizações em cada gráfico individual. Por exemplo, veja um histograma padrão bem monótono, mostrado na Figura 34-1.

```
In [1]: import matplotlib.pyplot as plt
        plt.style.use('classic')
        import numpy as np

        %matplotlib inline
In [2]: x = np.random.randn(1000)
        plt.hist(x)
```

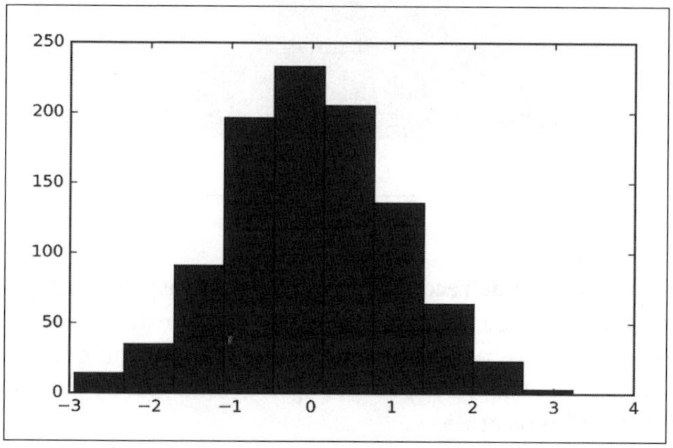

Figura 34-1. Histograma no estilo padrão do Matplotlib

Podemos ajustar manualmente e torná-lo um gráfico muito mais agradável visualmente, como se pode ver na Figura 34-2.

```
In [3]: # use um fundo cinza
        fig = plt.figure(facecolor='white')
        ax = plt.axes(facecolor='#E6E6E6')
        ax.set_axisbelow(True)

        # desenhe linhas de grade brancas e sólidas
        plt.grid(color='w', linestyle='solid')

        # oculte as colunas dos eixos
        for spine in ax.spines.values():
            spine.set_visible(False)

        # oculte as marcas superior e direita
        ax.xaxis.tick_bottom()
        ax.yaxis.tick_left()

        # clareie as marcas e os rótulos
        ax.tick_params(colors='gray', direction='out')
        for tick in ax.get_xticklabels():
            tick.set_color('gray')
        for tick in ax.get_yticklabels():
            tick.set_color('gray')

        # controle a fonte e a cor da borda do histograma
        ax.hist(x, edgecolor='#E6E6E6', color='#EE6666');
```

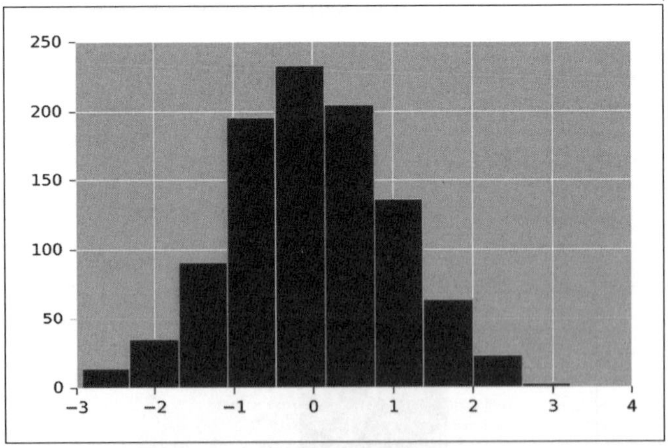

Figura 34-2. Histogramas com customizações manuais

Parece melhor e você pode reconhecer a aparência inspirada no pacote de visualização `ggplot` da linguagem R. Mas exigiu muito esforço! Definitivamente não queremos fazer todos os ajustes sempre que criamos um gráfico. Por sorte, há uma maneira de ajustar esses padrões apenas uma vez, de uma maneira que funcionará para todos os gráficos.

Mudando os Padrões: rcParams

Sempre que o Matplotlib carrega, ele define uma configuração de runtime contendo os estilos padrão para cada elemento do gráfico criado. Essa configuração pode ser ajustada a qualquer momento usando a rotina conveniente `plt.rc`. Vejamos como modificar os parâmetros rc para que nosso gráfico padrão seja semelhante ao que fizemos antes.

Podemos usar a função `plt.rc` para mudar algumas configurações:

```
In [4]: from matplotlib import cycler
        colors = cycler('color',
                        ['#EE6666', '#3388BB', '#9988DD',
                         '#EECC55', '#88BB44', '#FFBBBB'])
        plt.rc('figure', facecolor='white')
        plt.rc('axes', facecolor='#E6E6E6', edgecolor='none',
               axisbelow=True, grid=True, prop_cycle=colors)
        plt.rc('grid', color='w', linestyle='solid')
        plt.rc('xtick', direction='out', color='gray')
        plt.rc('ytick', direction='out', color='gray')
        plt.rc('patch', edgecolor='#E6E6E6')
        plt.rc('lines', linewidth=2)
```

Com as configurações feitas, agora podemos criar um gráfico e ver nossas configurações em ação (Figura 34-3).

```
In [5]: plt.hist(x);
```

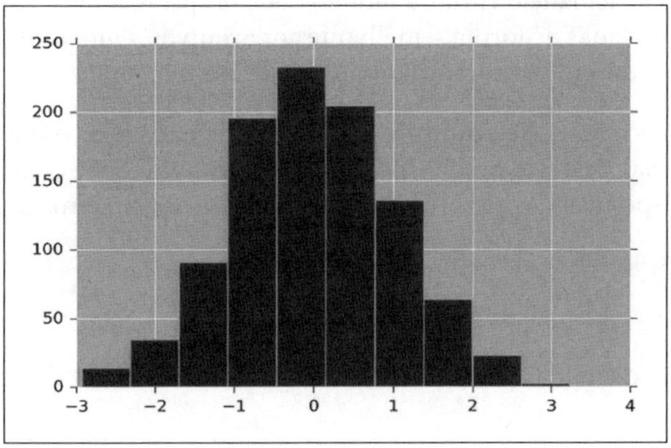

Figura 34-3. Um histograma personalizado usando as configurações rc

Vejamos como ficam os gráficos de linhas simples com os parâmetros rc (Figura 34-4).

```
In [6]: for i in range(4):
            plt.plot(np.random.rand(10))
```

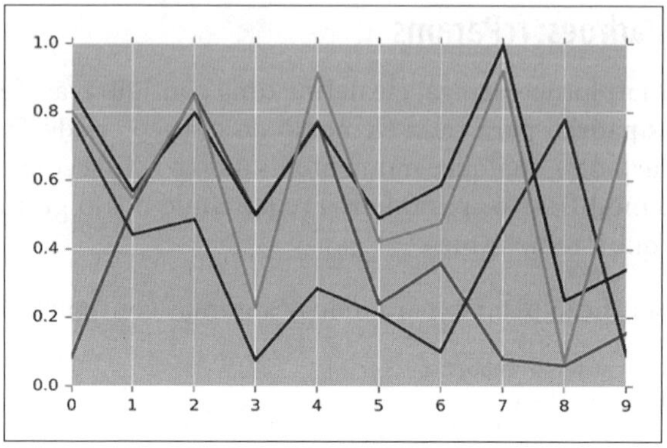

Figura 34-4. Um gráfico de linhas com estilos personalizados

Para os gráficos visualizados na tela, e não impressos, acho isso muito mais agradável esteticamente do que o estilo padrão. Se você não concorda com o meu senso estético, a boa notícia é que pode ajustar os parâmetros rc a seu gosto! Outra opção é salvar essas configurações em um arquivo *.matplotlibrc*, que você pode ler na documentação do Matplotlib.

Folhas de Estilo

Um mecanismo mais recente para ajustar os estilos gerais de gráficos é com o módulo `style` do Matplotlib, que inclui uma série de folhas de estilo padrão, bem como a capacidade de criar e montar seus próprios estilos. Essas folhas de estilo são formatadas de forma semelhante aos arquivos *.matplotlibrc* mencionados antes, mas devem ser nomeadas com uma extensão *.mplstyle*.

Mesmo que você não crie seu próprio estilo, pode encontrar o que está procurando nas folhas de estilo predefinidas. `plt.style.available` contém uma lista dos estilos disponíveis — aqui listarei apenas os cinco primeiros para abreviar:

```
In [7]: plt.style.available[:5]
Out[7]: ['Solarize_Light2', '_classic_test_patch', 'bmh', 'classic',
        >'dark_background']
```

O jeito padrão de mudar para uma folha de estilo é chamar `style.use`:

```
plt.style.use('stylename')
```

Mas saiba que isso mudará o estilo do resto da sessão Python! Uma alternativa é usar o gerenciador de contexto do estilo, que define um estilo temporariamente:

```
with plt.style.context('stylename'):
    make_a_plot()
```

Para demonstrar esses estilos, criaremos uma função que fará dois tipos básicos de plotagem:

```
In [8]: def hist_and_lines():
            np.random.seed(0)
            fig, ax = plt.subplots(1, 2, figsize=(11, 4))
            ax[0].hist(np.random.randn(1000))
            for i in range(3):
                ax[1].plot(np.random.rand(10))
            ax[1].legend(['a', 'b', 'c'], loc='lower left')
```

Usaremos isso para explorar como os gráficos ficam usando os vários estilos predefinidos.

> Há uma versão colorida das figuras no material complementar no GitHub.

Estilo Default

O estilo `default` do Matplotlib foi atualizado na versão 2.0; vejamos isso primeiro (Figura 34-5).

```
In [9]: with plt.style.context('default'):
            hist_and_lines()
```

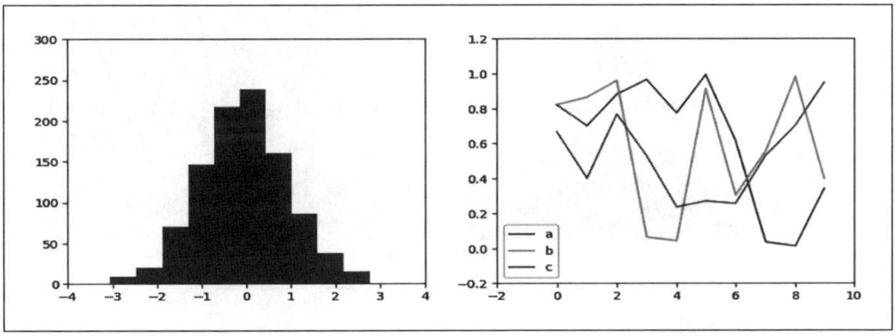

Figura 34-5. Estilo `default` do Matplotlib

Estilo FiveThirtyEight

O estilo `fivethirtyeight` imita os gráficos encontrados no site FiveThirtyEight popular. Como se pode ver na Figura 34-6, ele é caracterizado por cores fortes, linhas grossas e eixos transparentes:

```
In [10]: with plt.style.context('fivethirtyeight'):
             hist_and_lines()
```

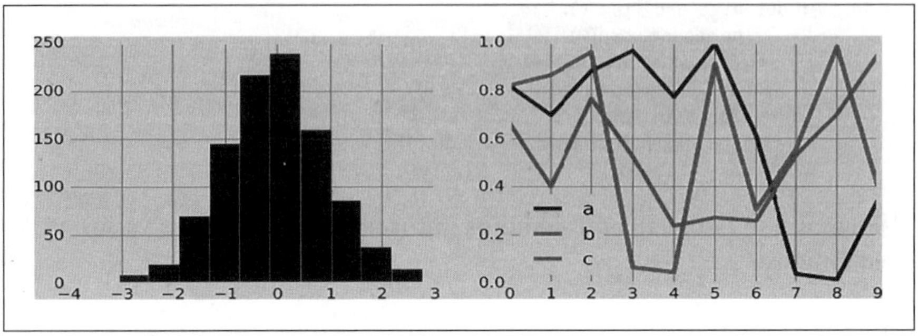

Figura 34-6. Estilo `fivethirtyeight`

Estilo ggplot

O pacote `ggplot` na linguagem R é uma ferramenta de visualização popular entre os cientistas de dados. O estilo `ggplot` do Matplotlib imita os estilos padrão desse pacote (veja a Figura 34-7).

```
In [11]: with plt.style.context('ggplot'):
             hist_and_lines()
```

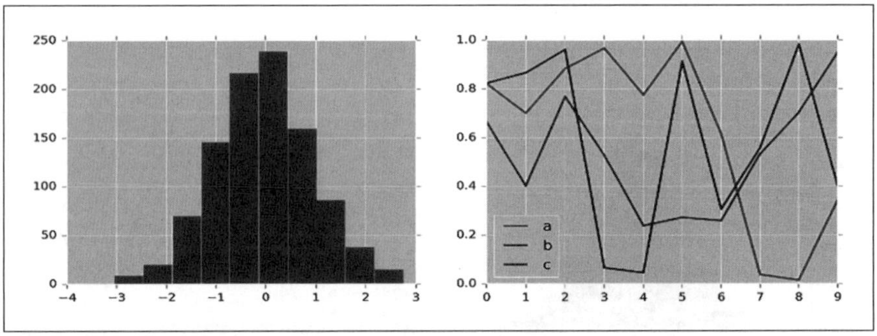

Figura 34-7. Estilo `ggplot`

Métodos Bayesianos para o Estilo Hackers

Há um pequeno livro online chamado *Probabilistic Programming and Bayesian Methods for Hackers* [em inglês] de Cameron Davidson-Pilon que apresenta imagens criadas com o Matplotlib e usa um bom conjunto de parâmetros rc para criar um estilo consistente e visualmente atraente no livro. Esse estilo é reproduzido na folha de estilo `bmh` (veja a Figura 34-8).

```
In [12]: with plt.style.context('bmh'):
             hist_and_lines()
```

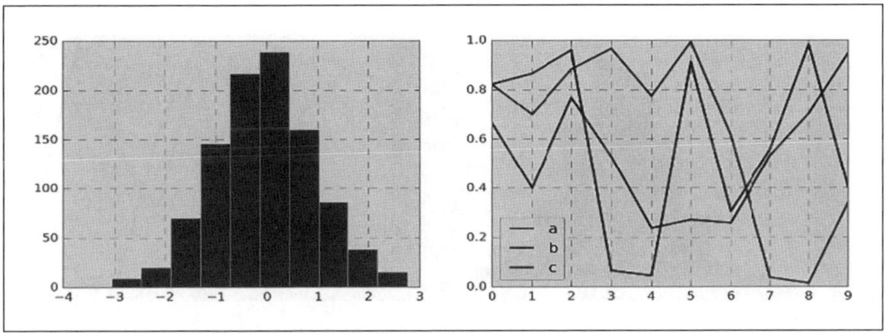

Figura 34-8. Estilo `bmh`

Estilo com Fundo Escuro

Para as imagens usadas em apresentações, muitas vezes é útil ter um fundo escuro. O estilo `dark_background` fornece isso (veja a Figura 34-9).

```
In [13]: with plt.style.context('dark_background'):
             hist_and_lines()
```

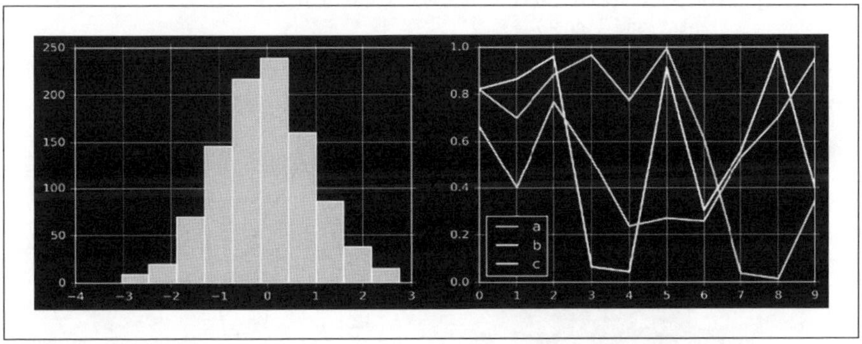

Figura 34-9. Estilo `dark_background`

Estilo em Tons de Cinza

Você pode estar preparando imagens para uma publicação impressa que não aceita figuras coloridas. Para tanto, o estilo `grayscale` (veja a Figura 34-10) pode ser útil.

```
In [14]: with plt.style.context('grayscale'):
             hist_and_lines()
```

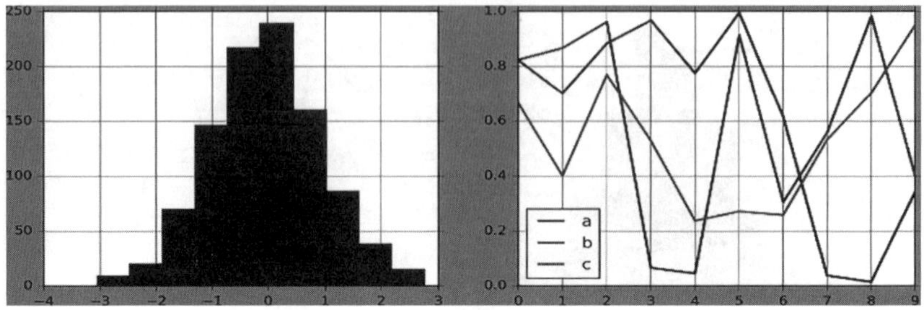

Figura 34-10. Estilo `grayscale`

Estilo Seaborn

O Matplotlib também tem várias folhas de estilo inspiradas na biblioteca Seaborn (detalhada no Capítulo 36). Descobri que essas configurações são muito boas e costumo usá-las como padrões em minha própria exploração de dados (veja a Figura 34-11).

```
In [15]: with plt.style.context('seaborn-whitegrid'):
             hist_and_lines()
```

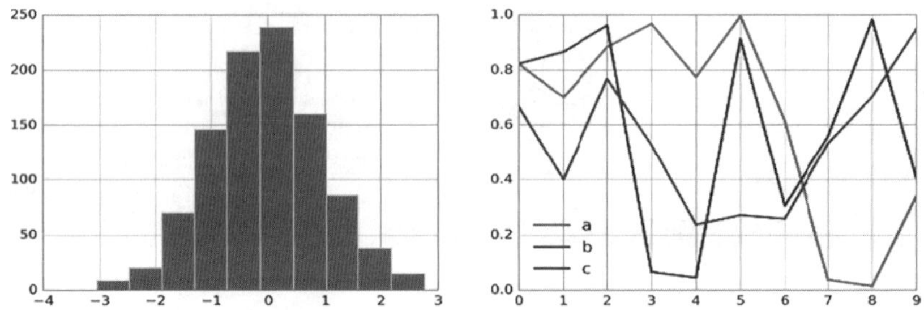

Figura 34-11. Estilo de plotagem `seaborn`

Reserve um tempo para explorar as opções predefinidas e encontre uma que o agrada! Neste livro, geralmente usarei uma ou mais convenções de estilo ao criar gráficos.

CAPÍTULO 35

Gráfico Tridimensional no Matplotlib

O Matplotlib foi inicialmente planejado apenas com o gráfico bidimensional em mente. Na época da versão 1.0, alguns utilitários de gráfico tridimensional foram construídos em cima da exibição bidimensional do Matplotlib e o resultado é um conjunto conveniente de ferramentas (embora um pouco limitado) para a visualização de dados tridimensionais. Os gráficos tridimensionais são habilitados importando o kit de ferramentas `mplot3d`, incluído na instalação principal do Matplotlib:

```
In [1]: from mpl_toolkits import mplot3d
```

Assim que o submódulo é importado, um eixo tridimensional pode ser criado passando a palavra-chave `projection='3d'` para qualquer uma das rotinas normais de criação de eixos, como mostrado aqui (veja a Figura 35-1).

```
In [2]: %matplotlib inline
        import numpy as np
        import matplotlib.pyplot as plt

In [3]: fig = plt.figure()
        ax = plt.axes(projection='3d')
```

Com os eixos tridimensionais habilitados, agora podemos plotar vários gráficos tridimensionais. O gráfico tridimensional é uma das funcionalidades que se beneficiam muitíssimo de visualizar imagens interativas no notebook; lembre-se de que para usar imagens interativas, você pode usar `%matplotlib notebook` no lugar de `%matplotlib inline` ao executar este código.

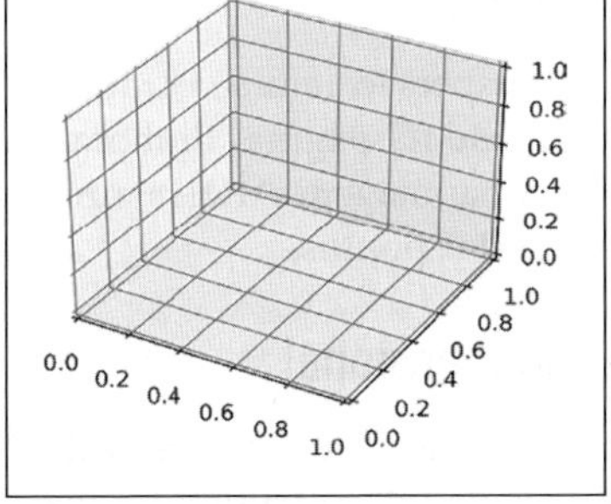

Figura 35-1. Eixo tridimensional vazio

Pontos e Linhas Tridimensionais

O gráfico tridimensional mais básico é uma linha ou uma coleção de gráficos de dispersão criados a partir de conjuntos de triplas (x, y, z). Fazendo uma analogia com os gráficos bidimensionais mais comuns vistos antes, estes podem ser criados usando as funções `ax.plot3D` e `ax.scatter3D`. A assinatura de chamada para eles é quase idêntica à de seus correspondentes bidimensionais, portanto, você pode consultar os Capítulos 26 e 27 para ter mais informações sobre como controlar a saída. Aqui, plotaremos uma espiral trigonométrica, junto com alguns pontos desenhados aleatoriamente perto da linha (veja a Figura 35-2).

```
In [4]: ax = plt.axes(projection='3d')

        # Dados para uma linha tridimensional
        zline = np.linspace(0, 15, 1000)
        xline = np.sin(zline)
        yline = np.cos(zline)
        ax.plot3D(xline, yline, zline, 'gray')

        # Dados para pontos dispersos tridimensionais
        zdata = 15 * np.random.random(100)
        xdata = np.sin(zdata) + 0.1 * np.random.randn(100)
        ydata = np.cos(zdata) + 0.1 * np.random.randn(100)
        ax.scatter3D(xdata, ydata, zdata, c=zdata, cmap='Greens');
```

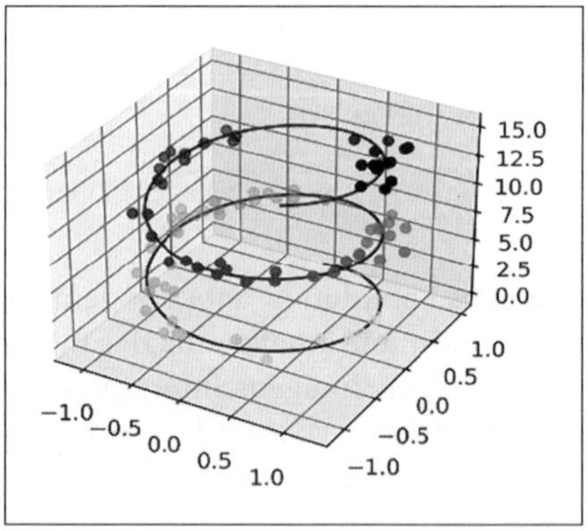

Figura 35-2. Pontos e linhas em três dimensões

Observe que os pontos de dispersão têm sua transparência ajustada para dar uma sensação de profundidade na página. Embora o efeito tridimensional às vezes seja difícil de ver em uma imagem estática, uma visão interativa pode dar uma boa ideia sobre o layout dos pontos.

Gráficos de Contorno Tridimensional

Análogo aos gráficos de contorno vistos no Capítulo 28, `mplot3d` contém ferramentas para criar gráficos de relevo tridimensionais usando as mesmas entradas. Como `ax.contour`, `ax.contour3D` requer que todos os dados de entrada estejam na forma de grades regulares bidimensionais, com os dados *z* avaliados em cada ponto. Aqui mostraremos um diagrama de contorno tridimensional de uma função senoidal tridimensional (veja a Figura 35-3).

```
In [5]: def f(x, y):
            return np.sin(np.sqrt(x ** 2 + y ** 2))

        x = np.linspace(-6, 6, 30)
        y = np.linspace(-6, 6, 30)

        X, Y = np.meshgrid(x, y)
        Z = f(X, Y)

In [6]: fig = plt.figure()
        ax = plt.axes(projection='3d')
        ax.contour3D(X, Y, Z, 40, cmap='binary')
        ax.set_xlabel('x')
        ax.set_ylabel('y')
        ax.set_zlabel('z');
```

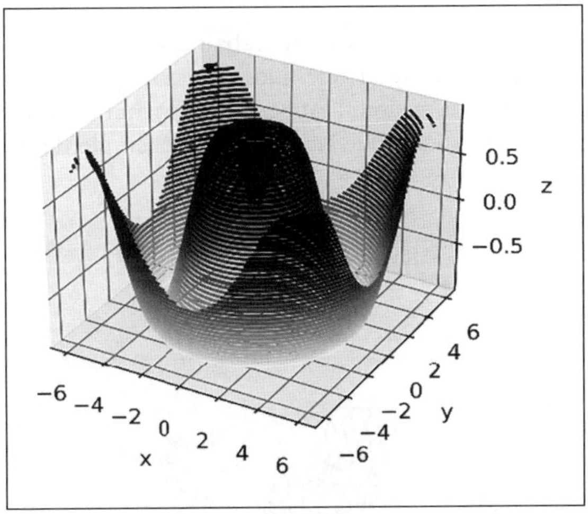

Figura 35-3. Gráfico de contorno tridimensional

Às vezes, o ângulo de exibição padrão não é o ideal, caso em que podemos usar o método `view_init` para definir os ângulos de elevação e azimutal. No exemplo a seguir, visualizado na Figura 35-4, usaremos uma elevação de 60° (ou 60° acima do plano x-y) e um azimute de 35° (ou girado 35° para a esquerda no eixo z):

```
In [7]: ax.view_init(60, 35)
        fig
```

Novamente, note que essa rotação pode ser feita interativamente clicando e arrastando ao usar um dos back-ends interativos do Matplotlib.

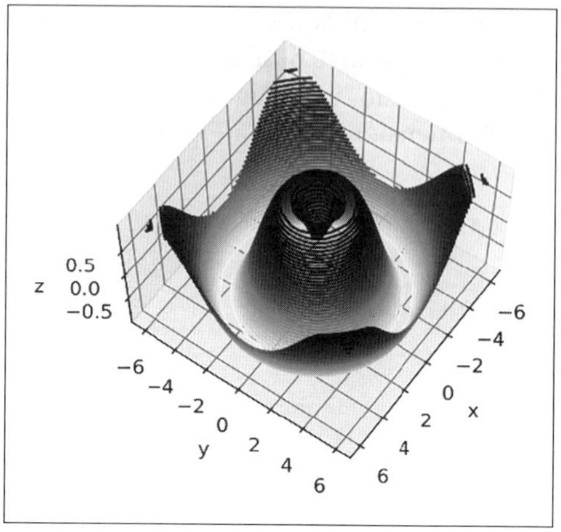

Figura 35-4. Ajustando o ângulo de exibição de um gráfico tridimensional

Gráficos Wireframes e de Superfície

Dois outros gráficos tridimensionais que trabalham com dados em grade são os wireframes e os gráficos de superfície. Eles têm uma grade de valores e projetam-na na superfície tridimensional especificada, tornando as formas tridimensionais resultantes muito fáceis de visualizar. Um exemplo de uso de wireframe (veja a Figura 35-5).

```
In [8]: fig = plt.figure()
        ax = plt.axes(projection='3d')
        ax.plot_wireframe(X, Y, Z)
        ax.set_title('wireframe');
```

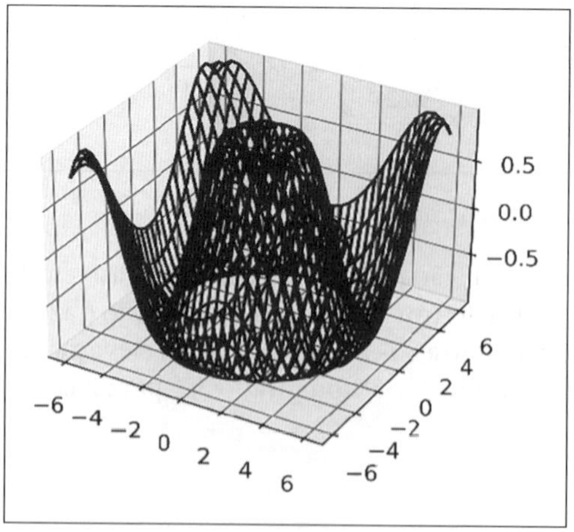

Figura 35-5. Um gráfico wireframe

Um gráfico de superfície é como um gráfico wireframe, mas cada face do wireframe é um polígono preenchido. Adicionar um mapa de cores aos polígonos preenchidos pode ajudar na percepção da topologia da superfície que está sendo visualizada, como se pode ver na Figura 35-6.

```
In [9]: ax = plt.axes(projection='3d')
        ax.plot_surface(X, Y, Z, rstride=1, cstride=1,
                        cmap='viridis', edgecolor='none')
        ax.set_title('surface');
```

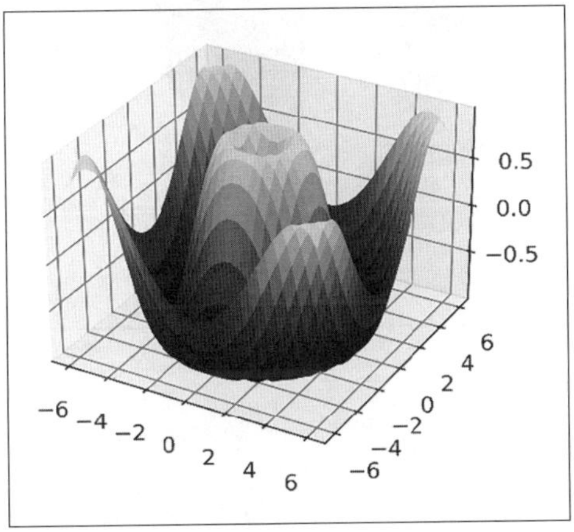

Figura 35-6. Gráfico de superfície tridimensional

Embora a grade de valores para um gráfico de superfície precise ser bidimensional, ela não precisa ser retilínea. Veja um exemplo de criação de grade polar parcial, que quando usada com o gráfico `surface3D` pode nos dar uma fatia da função que estamos visualizando (Figura 35-7).

```
In [10]: r = np.linspace(0, 6, 20)
         theta = np.linspace(-0.9 * np.pi, 0.8 * np.pi, 40)
         r, theta = np.meshgrid(r, theta)

         X = r * np.sin(theta)
         Y = r * np.cos(theta)
         Z = f(X, Y)

         ax = plt.axes(projection='3d')
         ax.plot_surface(X, Y, Z, rstride=1, cstride=1,
                         cmap='viridis', edgecolor='none');
```

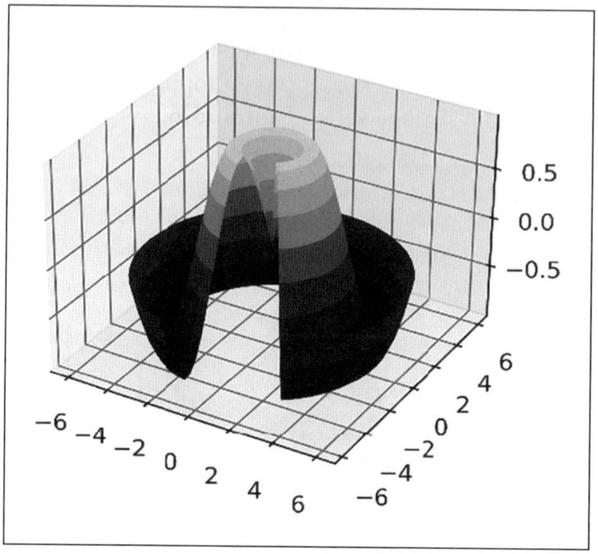

Figura 35-7. Gráfico de superfície polar

Triangulações da Superfície

Para algumas aplicações, as grades com amostra uniforme requeridas pelas rotinas anteriores são muito restritivas. Nessas situações, os gráficos baseados em triangulação podem ser úteis. E se, em vez do desenho uniforme de uma grade cartesiana ou polar, tivermos um conjunto de desenhos aleatórios?

```
In [11]: theta = 2 * np.pi * np.random.random(1000)
         r = 6 * np.random.random(1000)
         x = np.ravel(r * np.sin(theta))
         y = np.ravel(r * np.cos(theta))
         z = f(x, y)
```

Poderíamos criar um gráfico de dispersão dos pontos para ter uma ideia da superfície sendo amostrada, como na Figura 35-8.

```
In [12]: ax = plt.axes(projection='3d')
         ax.scatter(x, y, z, c=z, cmap='viridis', linewidth=0.5);
```

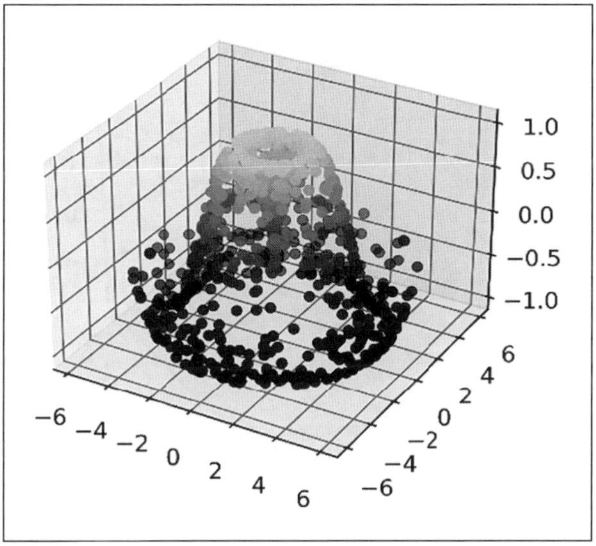

Figura 35-8. Superfície amostrada tridimensional

Essa nuvem de pontos deixa muito a desejar. A função que nos ajudará neste caso é `ax.plot_trisurf`, que cria uma superfície primeiro encontrando um conjunto de triângulos formados entre os pontos adjacentes (lembre-se de que `x`, `y` e `z` aqui são arrays unidimensionais); a Figura 35-9 mostra o resultado:

```
In [13]: ax = plt.axes(projection='3d')
         ax.plot_trisurf(x, y, z,
                         cmap='viridis', edgecolor='none');
```

O resultado certamente não é tão claro comparado a quando é plotado com uma grade, mas a flexibilidade de tal triangulação permite alguns gráficos tridimensionais muito interessantes. Por exemplo, é realmente possível plotar uma fita de Möbius tridimensional dessa forma, como veremos a seguir.

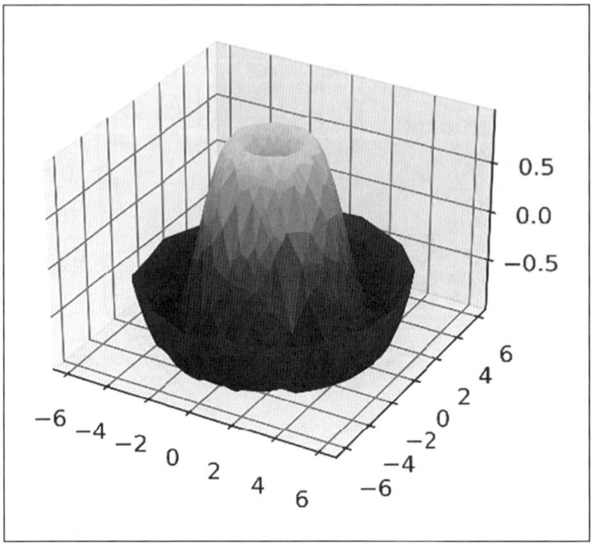

Figura 35-9. Um gráfico de superfície tridimensional

Exemplo: Visualizando uma fita de Möbius

A fita de Möbius é semelhante a uma tira de papel colada em loop com meia-volta, resultando em um objeto com um único lado! Aqui visualizaremos tal objeto usando as ferramentas tridimensionais do Matplotlib. O segredo para criar a fita de Möbius é pensar em sua parametrização: é uma fita bidimensional, então precisamos de duas dimensões intrínsecas. Iremos chamá-las de θ, que varia de 0 a 2π ao longo do loop, e w, que varia de –1 a 1 na largura da fita:

```
In [14]: theta = np.linspace(0, 2 * np.pi, 30)
         w = np.linspace(-0.25, 0.25, 8)
         w, theta = np.meshgrid(w, theta)
```

Agora, a partir dessa parametrização, devemos determinar as posições (x, y, z) da fita inserida.

Pensando assim, percebemos que há duas rotações acontecendo: uma é a posição do loop sobre seu centro (o que chamamos de θ), enquanto a outra é a torção da fita sobre seu eixo (chamaremos isso de φ). Para uma fita de Möbius, devemos fazer com que ela faça uma meia-volta em um loop completo ou $\Delta\varphi = \Delta\theta/2$:

```
In [15]: phi = 0.5 * theta
```

Agora usamos nossa memória de trigonometria para derivar a inserção tridimensional. Definiremos *r*, a distância de cada ponto do centro e usaremos isso para encontrar as coordenadas *x*, *y*, *z* inseridas:

```
In [16]: # raio no plano x-y
         r = 1 + w * np.cos(phi)

         x = np.ravel(r * np.cos(theta))
         y = np.ravel(r * np.sin(theta))
         z = np.ravel(w * np.sin(phi))
```

Por fim, para plotar o objeto, devemos garantir que a triangulação esteja correta. A melhor maneira de fazer isso é definir a triangulação *dentro da parametrização subjacente*, então deixar o Matplotlib projetar essa triangulação no espaço tridimensional da fita de Möbius. Isso pode ser feito da seguinte forma (Figura 35-10).

```
In [17]: # triangule na parametrização subjacente
         from matplotlib.tri import Triangulation
         tri = Triangulation(np.ravel(w), np.ravel(theta))

         ax = plt.axes(projection='3d')
         ax.plot_trisurf(x, y, z, triangles=tri.triangles,
                         cmap='Greys', linewidths=0.2);

         ax.set_xlim(-1, 1); ax.set_ylim(-1, 1); ax.set_zlim(-1, 1)
         ax.axis('off');
```

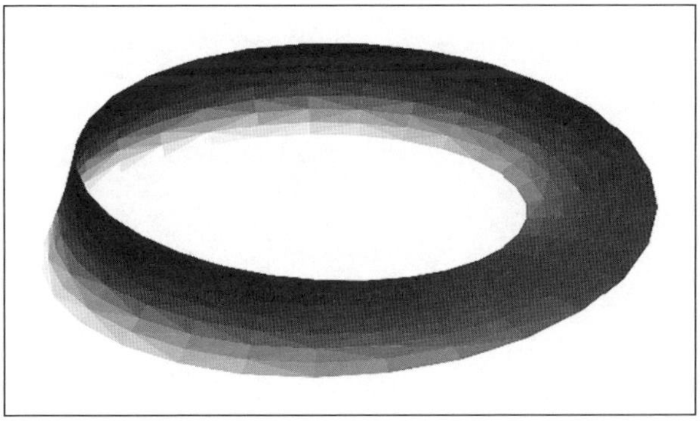

Figura 35-10. Visualizando uma fita de Möbius

Combinando todas essas técnicas, é possível criar e exibir inúmeros objetos e padrões tridimensionais no Matplotlib.

CAPÍTULO 36

Visualização com Seaborn

O Matplotlib tem estado no centro da visualização científica em Python há décadas, mas mesmo os usuários ávidos admitirão que inúmeras vezes ele deixa muito a desejar. Há várias queixas que surgem com frequência:

- Uma queixa comum, que agora está ultrapassada: antes da versão 2.0, os padrões de cor e estilo do Matplotlib eram às vezes ruins e pareciam datados.
- A API do Matplotlib é relativamente de baixo nível. Uma visualização estatística sofisticada é possível, mas muitas vezes requer *muito* código padrão.
- O Matplotlib antecedeu o Pandas em mais de uma década, portanto, não foi planejado para usar com os objetos `DataFrame` do Pandas. Para visualizar os dados de um `DataFrame`, você deve extrair cada objeto `Series` e, muitas vezes, concatená-lo no formato correto. Seria melhor ter uma biblioteca de plotagem que possa usar com inteligência os rótulos do `DataFrame` em um gráfico.

Uma resposta para esses problemas é o Seaborn, que fornece uma API em cima do Matplotlib com boas escolhas para o estilo de gráfico e os padrões de cores, define funções simples de alto nível para os tipos de plotagem estatística comuns e integra-se com a funcionalidade fornecida pelo Pandas.

Para ser justo, a equipe do Matplotlib se adaptou ao cenário em constante mudança: adicionou as ferramentas `plt.style` do Capítulo 34 e o Matplotlib está começando a lidar com os dados do Pandas com mais facilidade. Mas por todas as razões vistas, o Seaborn continua sendo um complemento útil.

Por convenção, o Seaborn costuma ser importado como `sns`:

```
In [1]: %matplotlib inline
        import matplotlib.pyplot as plt
        import seaborn as sns
        import numpy as np
        import pandas as pd

        sns.set()  # método do seaborn para definir o estilo do gráfico
```

Há uma versão colorida das figuras no material complementar no GitHub.

Explorando os Gráficos Seaborn

A ideia principal do Seaborn é que ele fornece comandos de alto nível para criar vários tipos de gráficos úteis para a exploração de dados estatísticos, e até mesmo ajustes de modelos estatísticos.

Vejamos alguns conjuntos de dados e tipos de gráfico disponíveis no Seaborn. Note que o seguinte *poderia* ser feito usando os comandos brutos do Matplotlib (na verdade, é o que Seaborn faz internamente), mas a API do Seaborn é muito mais conveniente.

Histogramas, KDE e Densidades

Muitas vezes, na visualização de dados estatísticos, tudo o que você deseja é plotar histogramas e distribuições conjuntas de variáveis. Vimos que isso é bem simples no Matplotlib (Figura 36-1).

```
In [2]: data = np.random.multivariate_normal([0, 0], [[5, 2], [2, 2]], size=2000)
        data = pd.DataFrame(data, columns=['x', 'y'])

        for col in 'xy':
            plt.hist(data[col], density=True, alpha=0.5)
```

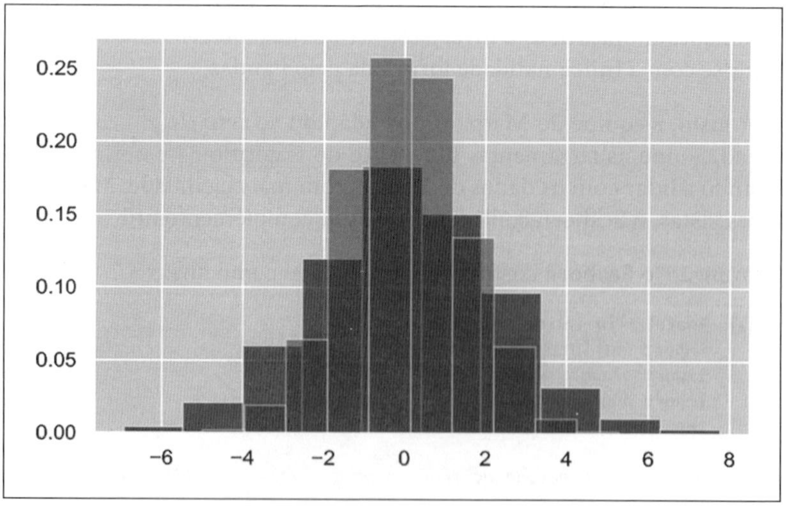

Figura 36-1. Histogramas para visualizar distribuições

Em vez de apenas fornecer um histograma como uma saída visual, podemos obter uma estimativa suave da distribuição usando a estimativa de densidade por kernel ou KDE (introduzida no Capítulo 28), que o Seaborn faz com `sns.kdeplot` (veja a Figura 36-2).

```
In [3]: sns.kdeplot(data=data, shade=True);
```

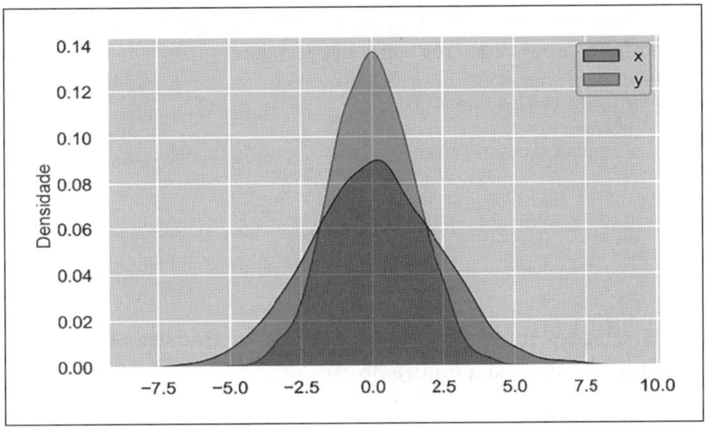

Figura 36-2. Estimativas de densidade por kernel para visualizar distribuições

Se passarmos as colunas `x` e `y` para `kdeplot`, obteremos uma visualização bidimensional da densidade conjunta (veja a Figura 36-3).

```
In [4]: sns.kdeplot(data=data, x='x', y='y');
```

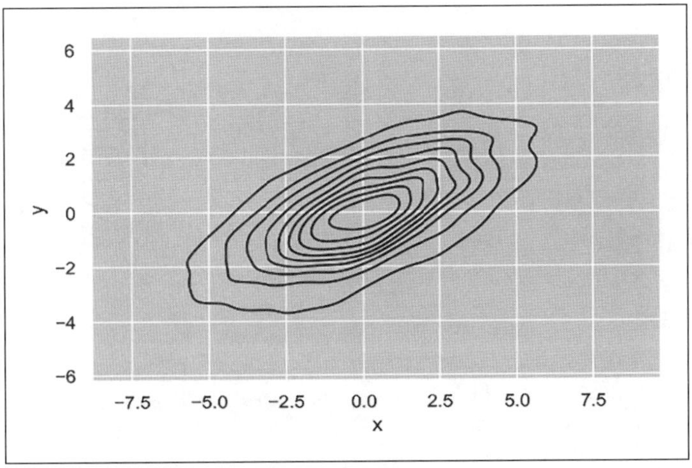

Figura 36-3. Gráfico bidimensional de densidade por kernel

Podemos ver a distribuição conjunta e as distribuições marginais juntas usando `sns.jointplot`, que detalharemos mais adiante neste capítulo.

Gráficos em Pares

Quando generaliza os gráficos conjuntos para os conjuntos de dados de dimensões maiores, você acaba com *gráficos em pares*. Eles são muito úteis para explorar as correlações entre os dados multidimensionais, quando você quiser plotar todos os pares de valores entre si.

Demonstraremos isso com o conhecido conjunto de dados Iris, que lista as medições de pétalas e sépalas de três espécies de Iris:

```
In [5]: iris = sns.load_dataset("iris")
        iris.head()
Out[5]:       sepal_length   sepal_width   petal_length   petal_width  species
        0              5.1           3.5            1.4           0.2   setosa
        1              4.9           3.0            1.4           0.2   setosa
        2              4.7           3.2            1.3           0.2   setosa
        3              4.6           3.1            1.5           0.2   setosa
        4              5.0           3.6            1.4           0.2   setosa
```

Visualizar as relações multidimensionais entre as amostras é tão fácil quanto chamar `sns.pairplot` (veja a Figura 36-4).

```
In [6]: sns.pairplot(iris, hue='species', height=2.5);
```

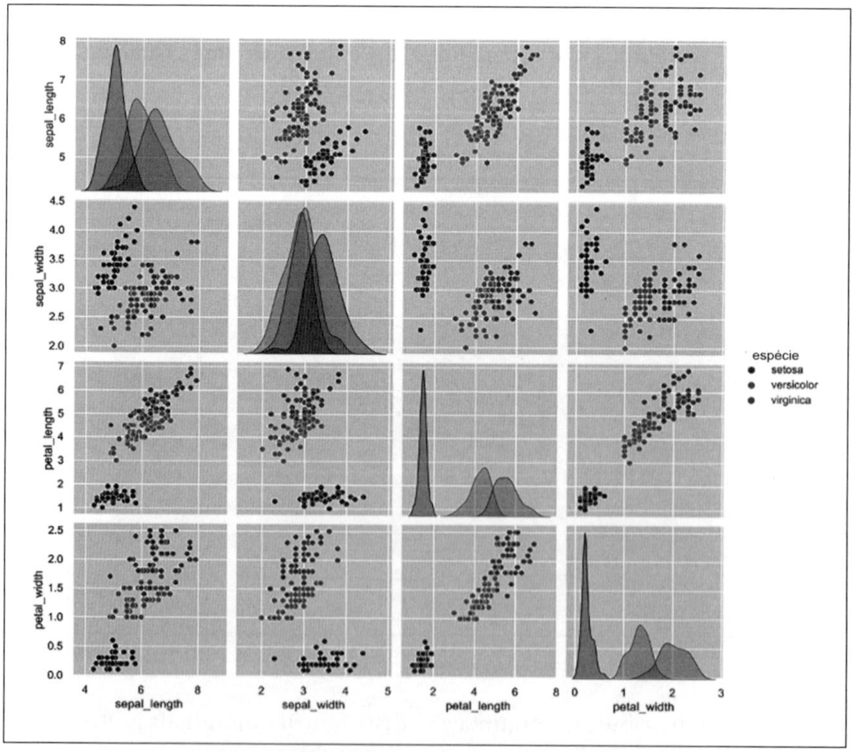

Figura 36-4. Um gráfico em pares mostrando as relações entre quatro variáveis

Histogramas Facetados

Às vezes, a melhor maneira de visualizar os dados é com histogramas dos subconjuntos, como na Figura 36-5. `FacetGrid` do Seaborn facilita isso. Vejamos alguns dados que mostram a quantidade que a equipe do restaurante recebe em gorjetas com base em vários dados do indicador:[1]

```
In [7]: tips = sns.load_dataset('tips')
        tips.head()
Out[7]:     total_bill   tip     sex smoker  day    time   size
        0        16.99  1.01  Female     No  Sun  Dinner      2
        1        10.34  1.66    Male     No  Sun  Dinner      3
        2        21.01  3.50    Male     No  Sun  Dinner      3
        3        23.68  3.31    Male     No  Sun  Dinner      2
        4        24.59  3.61  Female     No  Sun  Dinner      4

In [8]: tips['tip_pct'] = 100 * tips['tip'] / tips['total_bill']

        grid = sns.FacetGrid(tips, row="sex", col="time", margin_titles=True)
        grid.map(plt.hist, "tip_pct", bins=np.linspace(0, 40, 15));
```

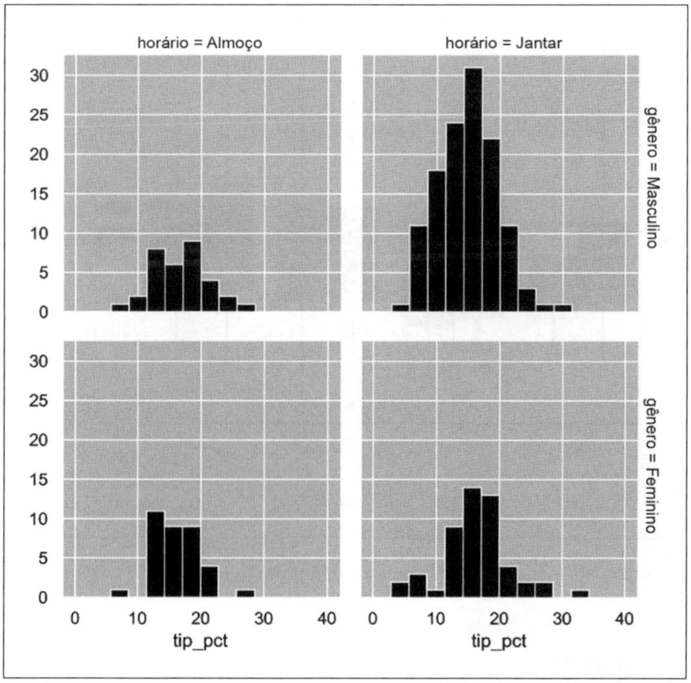

Figura 36-5. Exemplo de histograma facetado

1 Os dados da equipe do restaurante utilizados nesta seção dividem os funcionários em dois tipos: feminino e masculino. O sexo biológico não é binário, mas as análises e as visualizações a seguir são limitadas por esses dados.

O gráfico facetado nos dá ideias imediatas sobre o conjunto de dados: por exemplo, vemos que ele contém muito mais dados sobre garçons durante o jantar do que em outras categorias e as gorjetas típicas parecem variar cerca de 10% a 20%, com alguns valores atípicos em cada extremidade.

Gráficos com Categorias

Os gráficos com categorias também podem ser úteis para esse tipo de visualização. Eles permitem visualizar a distribuição de um parâmetro dentro de grupos definidos por qualquer outro parâmetro, como na Figura 36-6.

```
In [9]: with sns.axes_style(style='ticks'):
            g = sns.catplot(x="day", y="total_bill", hue="sex",
                            data=tips, kind="box")
            g.set_axis_labels("Day", "Total Bill");
```

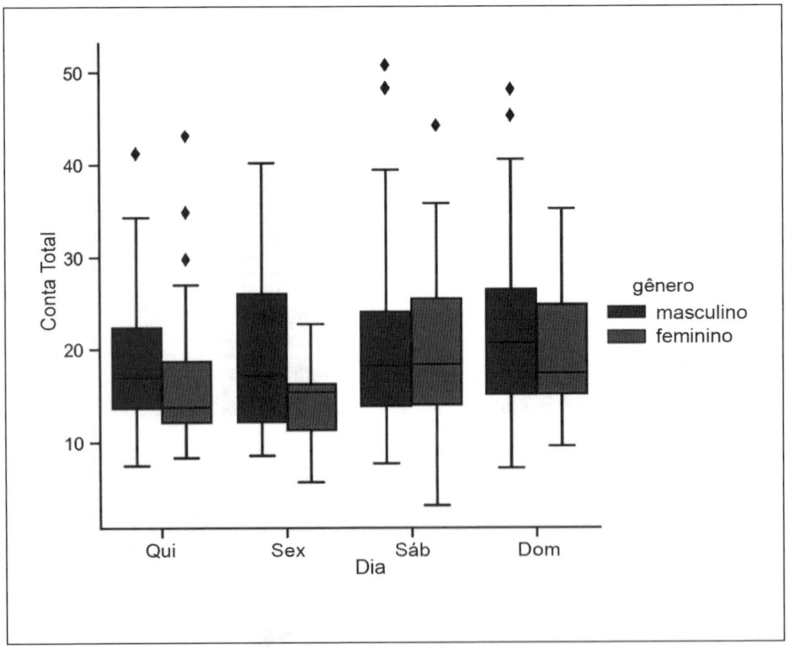

Figura 36-6. Um exemplo de gráfico de fatores, comparando as distribuições segundo vários fatores separados

Distribuições Conjuntas

Semelhante ao gráfico em pares visto antes, podemos usar `sns.jointplot` para mostrar a distribuição conjunta entre diferentes conjuntos de dados, junto com as distribuições marginais associadas (veja a Figura 36-7).

```
In [10]: with sns.axes_style('white'):
             sns.jointplot(x="total_bill", y="tip", data=tips, kind='hex')
```

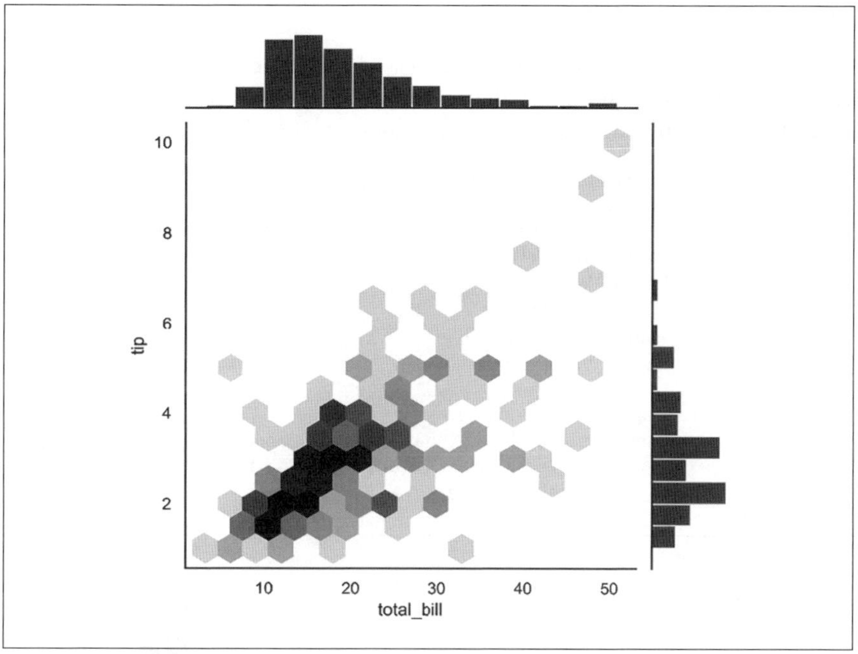

Figura 36-7. Gráfico da distribuição conjunta

O gráfico conjunto pode até fazer uma estimativa automática de densidade e regressão por kernel, como mostrado na Figura 36-8.

```
In [11]: sns.jointplot(x="total_bill", y="tip", data=tips, kind='reg');
```

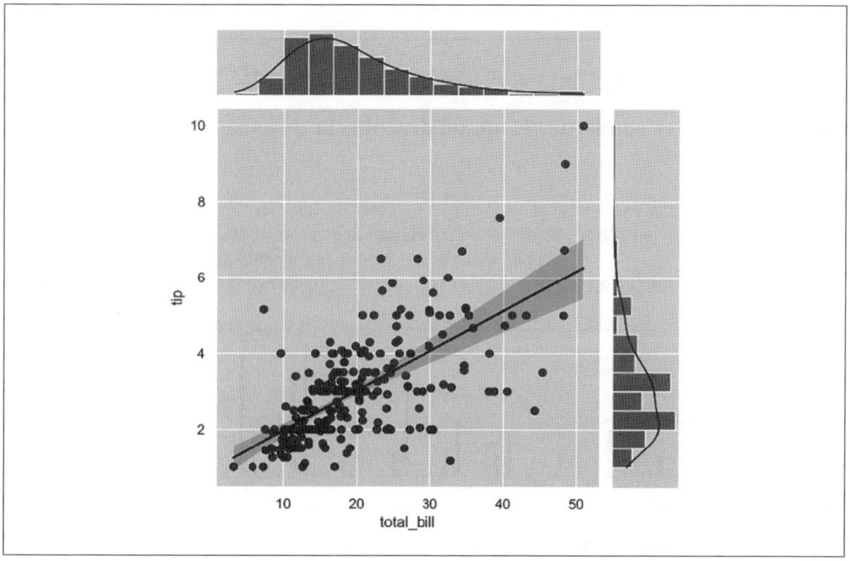

Figura 36-8. Gráfico de distribuição conjunta com um ajuste da regressão

Gráficos de Barras

As séries temporais podem ser plotadas usando `sns.factorplot`. No exemplo a seguir, usaremos o conjunto de dados Planets que vimos pela primeira vez no Capítulo 20; consulte a Figura 36-9 para saber o resultado.

```
In [12]: planets = sns.load_dataset('planets')
         planets.head()
Out[12]:           method  number  orbital_period   mass  distance  year
         0  Radial Velocity       1         269.300   7.10     77.40  2006
         1  Radial Velocity       1         874.774   2.21     56.95  2008
         2  Radial Velocity       1         763.000   2.60     19.84  2011
         3  Radial Velocity       1         326.030  19.40    110.62  2007
         4  Radial Velocity       1         516.220  10.50    119.47  2009
```

```
In [13]: with sns.axes_style('white'):
             g = sns.catplot(x="year", data=planets, aspect=2,
                             kind="count", color='steelblue')
             g.set_xticklabels(step=5)
```

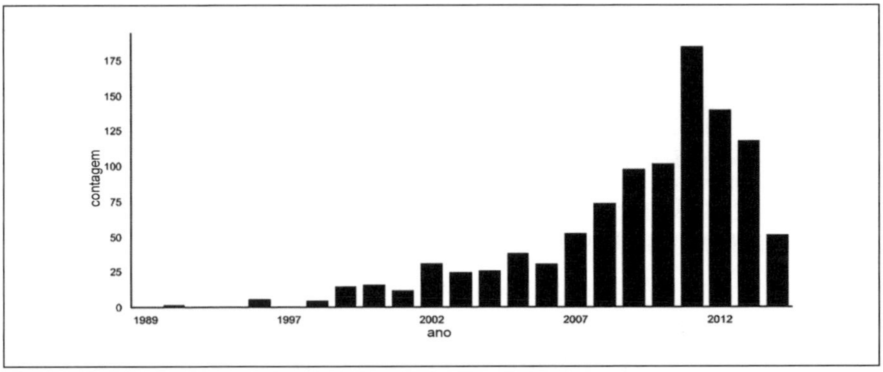

Figura 36-9. Um histograma como um caso especial de gráfico de fatores

Podemos aprender vendo o *método* de descoberta de cada um dos planetas (Figura 36-10).

```
In [14]: with sns.axes_style('white'):
             g = sns.catplot(x="year", data=planets, aspect=4.0, kind='count',
                             hue='method', order=range(2001, 2015))
             g.set_ylabels('Number of Planets Discovered')
```

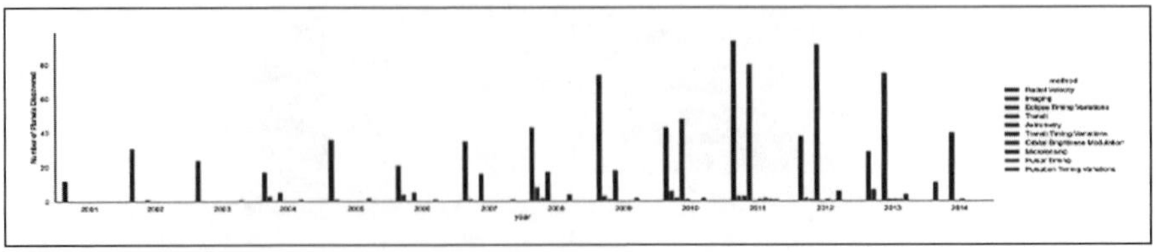

Figura 36-10. Número de planetas descobertos por ano e tipo

Para ter mais informações sobre a plotagem com Seaborn, consulte a documentação, em particular a galeria de exemplos.

Exemplo: Explorando os Tempos de Término da Maratona

Aqui veremos como usar o Seaborn para ajudar a visualizar e entender os resultados de término de uma maratona.[2] Coletei os dados em fontes na web, agreguei-os, removi qualquer informação de identificação e coloquei no GitHub, onde podem ser baixados.[3]

Começaremos baixando os dados e carregando-os no Pandas:

```
In [15]: # url = ('https://raw.githubusercontent.com/jakevdp/'
         #        'marathon-data/master/marathon-data.csv')
         # !cd data && curl -O {url}

In [16]: data = pd.read_csv('data/marathon-data.csv')
         data.head()
Out[16]:   age  gender     split     final
        0   33       M  01:05:38  02:08:51
        1   32       M  01:06:26  02:09:28
        2   31       M  01:06:49  02:10:42
        3   38       M  01:06:16  02:13:45
        4   31       M  01:06:32  02:13:59
```

Observe que o Pandas carregou as colunas do tempo como strings Python (tipo `object`); podemos ver isso no atributo `dtypes` do `DataFrame`:

```
In [17]: data.dtypes
Out[17]: age          int64
         gender      object
         split       object
         final       object
         dtype: object
```

Corrigiremos fornecendo um conversor para os tempos:

```
In [18]: import datetime

         def convert_time(s):
             h, m, s = map(int, s.split(':'))
             return datetime.timedelta(hours=h, minutes=m, seconds=s)

           data = pd.read_csv('data/marathon-data.csv',
                              converters={'split':convert_time, 'final':convert_time})
         data.head()
```

2 Os dados da maratona utilizados nesta seção dividem os corredores em dois gêneros: homens e mulheres. Embora o gênero seja um espectro, as análises e as visualizações a seguir usam esse binário porque dependem dos dados.

3 Se você estiver interessado em usar o Python para a coleta na web, eu recomendaria o livro *Web Scraping com Python* de Ryan Mitchell.

```
Out[18]:         age  gender         split            final
         0        33       M 0 days 01:05:38 0 days 02:08:51
         1        32       M 0 days 01:06:26 0 days 02:09:28
         2        31       M 0 days 01:06:49 0 days 02:10:42
         3        38       M 0 days 01:06:16 0 days 02:13:45
         4        31       M 0 days 01:06:32 0 days 02:13:59
```

```
In [19]: data.dtypes
Out[19]: age                int64
         gender            object
         split   timedelta64[ns]
         final   timedelta64[ns]
         dtype: object
```

Isso facilitará manipular os dados temporais. Para nossos utilitários de gráfico do Seaborn, adicionaremos colunas que dão os tempos em segundos:

```
In [20]: data['split_sec'] = data['split'].view(int) / 1E9
         data['final_sec'] = data['final'].view(int) / 1E9
         data.head()
Out[20]:    age gender           split           final  split_sec  final_sec
         0   33      M 0 days 01:05:38 0 days 02:08:51     3938.0     7731.0
         1   32      M 0 days 01:06:26 0 days 02:09:28     3986.0     7768.0
         2   31      M 0 days 01:06:49 0 days 02:10:42     4009.0     7842.0
         3   38      M 0 days 01:06:16 0 days 02:13:45     3976.0     8025.0
         4   31      M 0 days 01:06:32 0 days 02:13:59     3992.0     8039.0
```

Para ter uma ideia de como os dados ficam, podemos plotar `jointplot` nos dados; a Figura 36-11 mostra o resultado.

```
In [21]: with sns.axes_style('white'):
             g = sns.jointplot(x='split_sec', y='final_sec', data=data, kind='hex')
             g.ax_joint.plot(np.linspace(4000, 16000),
                             np.linspace(8000, 32000), ':k')
```

A linha pontilhada mostra onde o tempo de alguém ficaria se corresse a maratona em um ritmo perfeitamente estável. O fato de que a distribuição está acima disso indica (como se pode esperar) que a maioria das pessoas desacelera ao longo da maratona. Se você já correu em competições, sabe que aqueles que fazem o oposto (correm mais rápido na segunda metade da corrida), dizem ter uma "divisão negativa de ritmo" (ou "negative-split") da corrida.

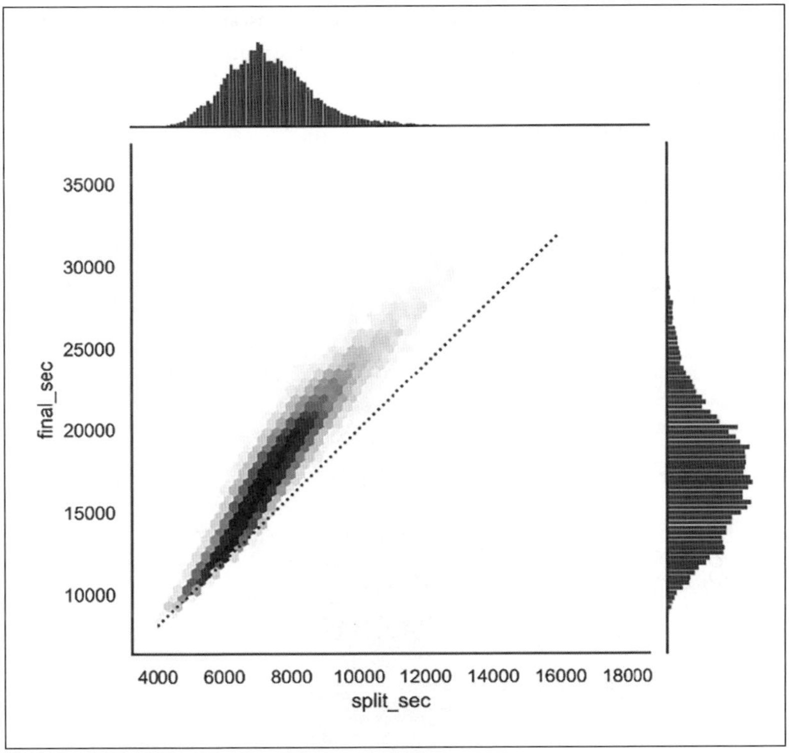

Figura 36-11. Relação entre a divisão da primeira metade da maratona e o tempo de término da maratona completa

Criaremos outra coluna nos dados, a fração de divisão, que mede o grau em que cada corredor divide negativa ou positivamente a corrida:

```
In [22]: data['split_frac'] = 1 - 2 * data['split_sec'] / data['final_sec']
         data.head()
```

```
Out[22]:    age gender           split            final  split_sec  final_sec  \
         0   33      M 0 days 01:05:38 0 days 02:08:51     3938.0     7731.0
         1   32      M 0 days 01:06:26 0 days 02:09:28     3986.0     7768.0
         2   31      M 0 days 01:06:49 0 days 02:10:42     4009.0     7842.0
         3   38      M 0 days 01:06:16 0 days 02:13:45     3976.0     8025.0
         4   31      M 0 days 01:06:32 0 days 02:13:59     3992.0     8039.0

            split_frac
         0   -0.018756
         1   -0.026262
         2   -0.022443
         3    0.009097
         4    0.006842
```

Onde a diferença de divisão é menor que zero, a pessoa divide negativamente a corrida por essa fração. Faremos um gráfico de distribuição dessa fração dividida (veja a Figura 36-12).

```
In [23]: sns.displot(data['split_frac'], kde=False)
         plt.axvline(0, color="k", linestyle="--");
```

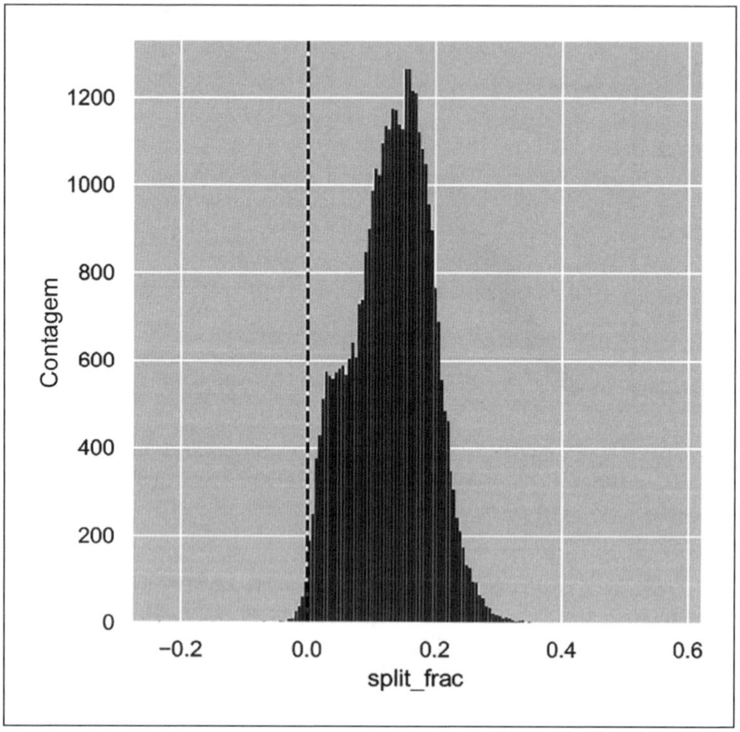

Figura 36-12. Distribuição das frações divididas; 0.0 indica um corredor que completou a primeira e a segunda metades com tempos idênticos

```
In [24]: sum(data.split_frac < 0)
Out[24]: 251
```

Dos quase 40 mil participantes, apenas 250 pessoas dividiram negativamente sua maratona.

Vejamos se há alguma correlação entre essa fração dividida e outras variáveis. Faremos isso usando `PairGrid`, que desenha gráficos de todas as correlações (veja a Figura 36-13).

```
In [25]: g = sns.PairGrid(data, vars=['age', 'split_sec', 'final_sec', 'split_frac'],
                          hue='gender', palette='RdBu_r')
         g.map(plt.scatter, alpha=0.8)
         g.add_legend();
```

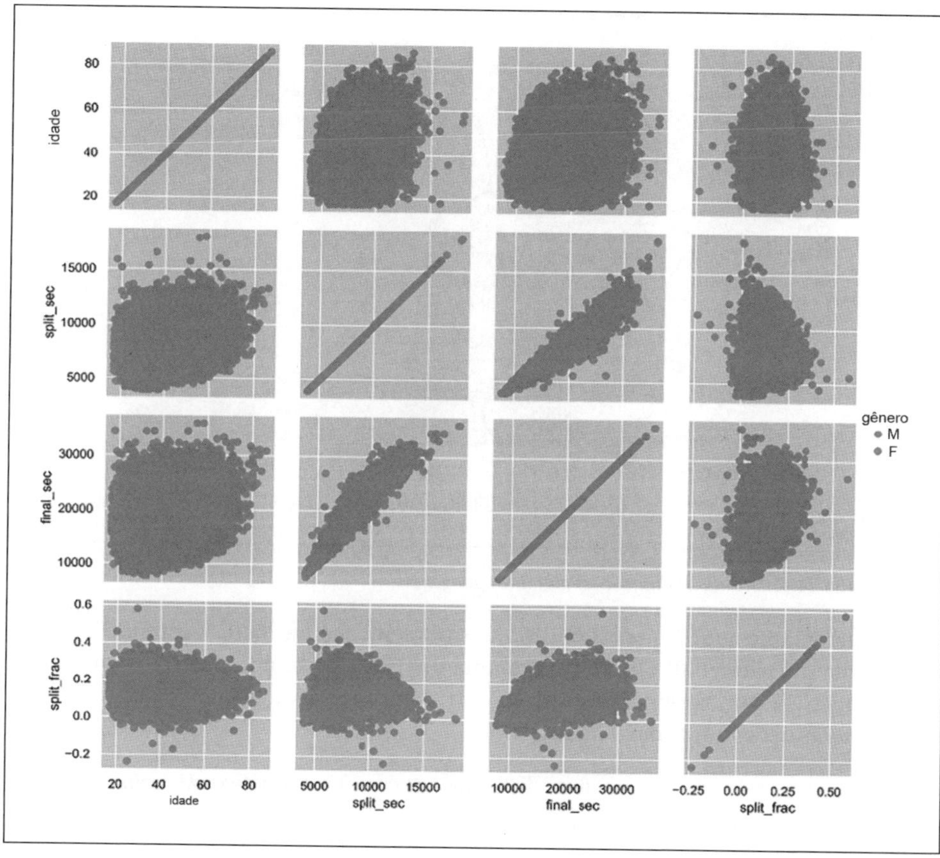

Figura 36-13. Relação entre as quantidades no conjunto de dados da maratona

Parece que a fração de divisão não se correlaciona particularmente com a idade, mas com o tempo final: os corredores mais rápidos tendem a ter mais divisões iguais em seu tempo de maratona. Ampliaremos o histograma de frações divididas separadas por gênero, como na Figura 36-14.

```
In [26]: sns.kdeplot(data.split_frac[data.gender=='M'], label='men', shade=True)
         sns.kdeplot(data.split_frac[data.gender=='W'], label='women', shade=True)
         plt.xlabel('split_frac');
```

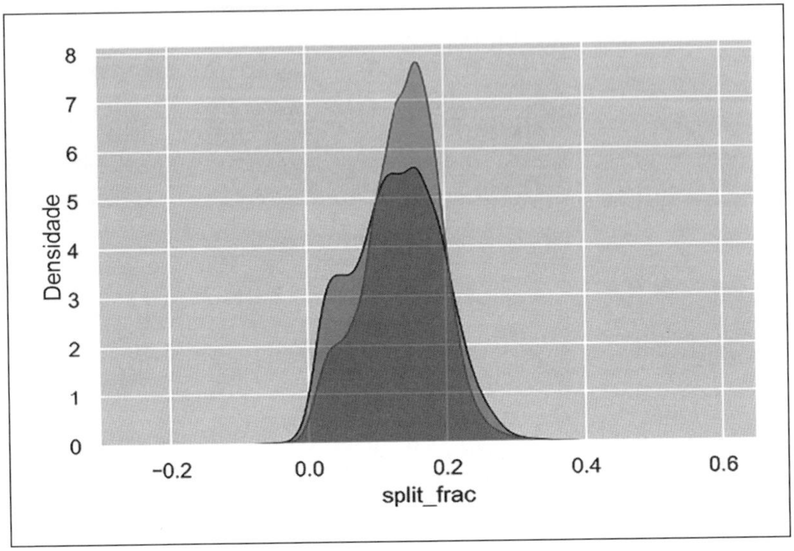

Figura 36-14. Distribuição das frações divididas por gênero

O interessante aqui é que há muito mais homens que mulheres correndo perto de uma divisão igual! Quase parece uma distribuição bimodal entre homens e mulheres. Vejamos se podemos descobrir o que está acontecendo examinando as distribuições em função da idade.

Uma boa maneira de comparar as distribuições é usar um *gráfico de violino*, mostrado na Figura 36-15.

```
In [27]: sns.violinplot(x="gender", y="split_frac", data=data,
                        palette=["lightblue", "lightpink"]);
```

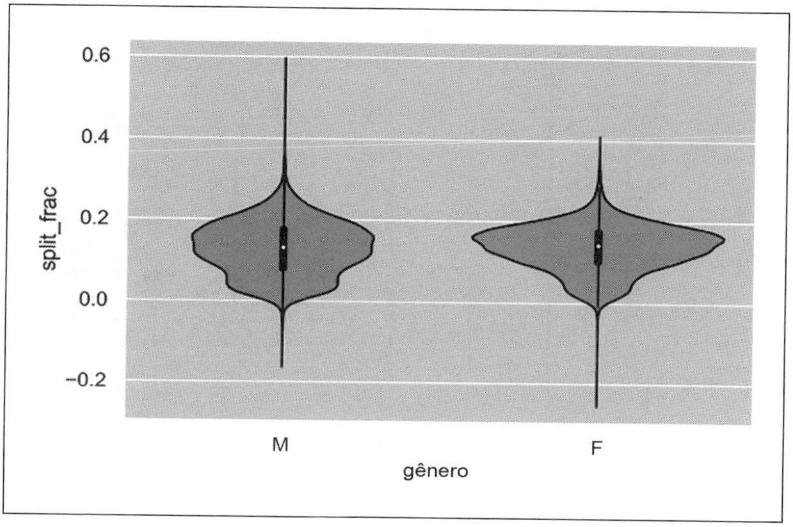

Figura 36-15. Um gráfico de violino mostrando a fração dividida por gênero

Vejamos um pouco mais a fundo, comparando os gráficos de violino como uma função da idade (veja a Figura 36-16). Começaremos criando uma nova coluna no array que especifica a faixa etária em que cada pessoa está, por década:

```
In [28]: data['age_dec'] = data.age.map(lambda age: 10 * (age // 10))
         data.head()
Out[28]:    age gender            split             final  split_sec  final_sec\
         0   33      M 0 days 01:05:38 0 days  02:08:51     3938.0     7731.0
         1   32      M 0 days 01:06:26 0 days  02:09:28     3986.0     7768.0
         2   31      M 0 days 01:06:49 0 days  02:10:42     4009.0     7842.0
         3   38      M 0 days 01:06:16 0 days  02:13:45     3976.0     8025.0
         4   31      M 0 days 01:06:32 0 days  02:13:59     3992.0     8039.0

            split_frac  age_dec
         0   -0.018756       30
         1   -0.026262       30
         2   -0.022443       30
         3    0.009097       30
         4    0.006842       30
```

```
In [29]: men = (data.gender == 'M')
         women = (data.gender == 'W')

         with sns.axes_style(style=None):
             sns.violinplot(x="age_dec", y="split_frac", hue="gender", data=data,
                            split=True, inner="quartile",
                            palette=["lightblue", "lightpink"]);
```

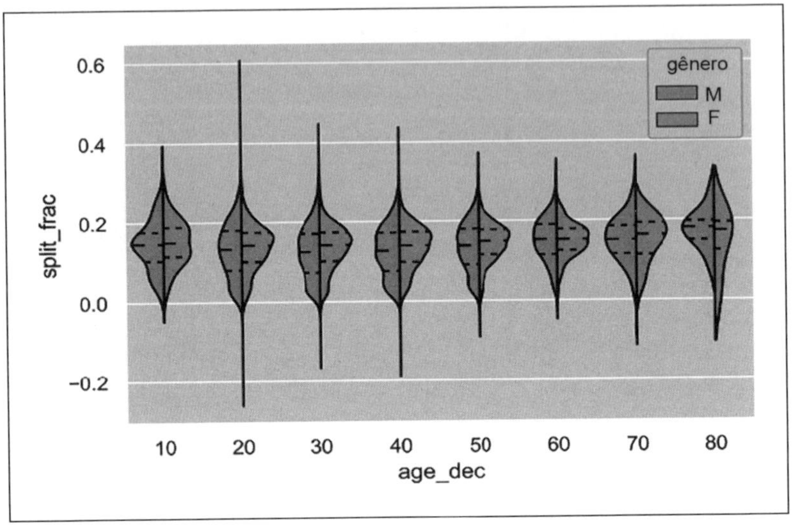

Figura 36-16. Um gráfico de violino mostrando a fração dividida por gênero e idade

Podemos ver onde as distribuições entre homens e mulheres diferem: as distribuições divididas de homens de 20 a 50 anos mostram uma hiperdensidade pronunciada nas divisões inferiores quando comparadas com mulheres da mesma idade (ou qualquer idade, por sinal).

Também surpreendente é que as mulheres de 80 anos parecem superar *todos* em termos de tempo dividido, embora provavelmente seja um efeito de número pequeno, pois há poucos corredores nessa faixa:

```
In [30]: (data.age > 80).sum()
Out[30]: 7
```

De volta aos homens com divisões negativas: quem são esses corredores? Essa fração de divisão se correlaciona com o término rápido? Podemos plotar isso com facilidade. Usaremos `regplot`, que ajustará automaticamente um modelo de regressão linear aos dados (veja a Figura 36-17).

```
In [31]: g = sns.lmplot(x='final_sec', y='split_frac', col='gender', data=data,
                        markers=".", scatter_kws=dict(color='c'))
         g.map(plt.axhline, y=0.0, color="k", ls=":");
```

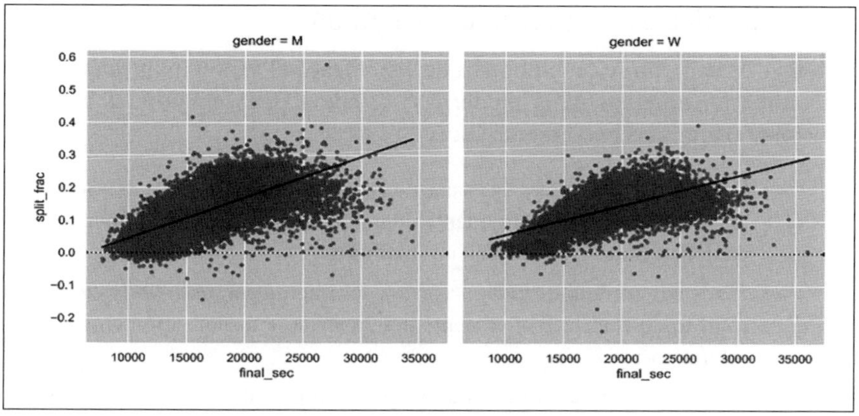

Figura 36-17. Fração dividida versus tempo de término por gênero

Aparentemente, entre homens e mulheres, as pessoas com divisões rápidas tendem a ser corredores mais rápidos terminando em ~ 15 mil segundos ou cerca de 4 horas. As pessoas mais lentas que isso são bem menos propensas a ter uma segunda divisão rápida.

Mais Recursos

Uma única parte de um livro nunca pode cobrir todos os recursos disponíveis e tipos de gráfico disponíveis no Matplotlib. Como em outros pacotes que já vimos, o uso livre do recurso de autocompletar com Tab e das funções de ajuda do IPython (veja o Capítulo 1) pode ser muito útil ao explorar a API do Matplotlib. Além disso, a documentação online dele pode ser uma referência útil. Veja em particular a galeria do Matplotlib, que mostra miniaturas de centenas de diferentes tipos de gráficos, cada um vinculado a uma página com o fragmento de código Python usado para gerá-lo. Isso permite examinar visualmente e aprender muitos estilos de gráfico diferentes e técnicas de visualização.

Para um tratamento completo do Matplotlib, recomendo o livro *Interactive Applications Using Matplotlib* [sem publicação no Brasil], escrito pelo principal desenvolvedor do Matplotlib, Ben Root.

Outras Bibliotecas de Visualização do Python

Embora o Matplotlib seja a biblioteca de visualização Python mais ilustre, existem outras ferramentas mais modernas — vale a pena explorá-las também. Mencionarei algumas brevemente aqui:

- Bokeh é uma biblioteca de visualização JavaScript com um front-end Python que cria visualizações altamente interativas capazes de lidar com conjuntos de dados muito grandes e/ou de streaming.
- Plotly é o produto de código aberto epônimo da empresa Plotly, no mesmo espírito do Bokeh. É ativamente desenvolvido e fornece inúmeros gráficos interativos.
- HoloViews é uma API mais declarativa e unificada para gerar gráficos em vários back-ends, incluindo Bokeh e Matplotlib.
- Vega e Vega-Lite são representações gráficas declarativas, e são o produto de anos de pesquisa sobre como pensar a visualização de dados e a interação. A implementação de renderização de referência é o JavaScript e o pacote Altair fornece uma API Python para gerar esses gráficos.

O cenário de visualização no mundo Python está em constante evolução e espero que essa lista esteja desatualizada no momento em que o livro for publicado. Além disso, como o Python é usado em muitos domínios, você encontrará inúmeras outras ferramentas de visualização criadas para casos de uso mais específicos. Pode ser difícil acompanhar todas, mas um bom recurso para aprender essa grande variedade de ferramentas de visualização é o PyViz, um site aberto e orientado pela comunidade que contém tutoriais e exemplos de muitas ferramentas de visualização diferentes.

PARTE V

Aprendizado de Máquina

Esta parte final é uma introdução ao tópico muito amplo do aprendizado de máquina, principalmente com o pacote Scikit-Learn do Python. Você pode considerar o aprendizado de máquina como uma classe de algoritmos que permitem a um programa detectar padrões específicos em um conjunto de dados e, assim, "aprender" com os dados para fazer inferências. Este texto não pretende ser uma introdução abrangente do campo do aprendizado de máquina; esse é um assunto grande e requer uma abordagem mais técnica do que a adotada aqui. Também não se destina a ser um manual abrangente para o uso do pacote Scikit-Learn (para isso, você pode consultar os recursos listados em "Mais Recursos do Aprendizado de Máquina", no Capítulo 50). Os objetivos aqui são:

- Introduzir o vocabulário fundamental e os conceitos do aprendizado de máquina
- Apresentar a API Scikit-Learn e mostrar alguns exemplos de seu uso
- Detalhar mais as várias abordagens clássicas do aprendizado de máquina mais importantes e ter uma ideia sobre como elas funcionam, quando e onde são aplicáveis

Muito desse material é extraído dos tutoriais e workshops do Scikit-Learn que dei em várias ocasiões na PyCon, na SciPy, na PyData e em outras conferências. Qualquer clareza nas páginas a seguir provavelmente se deve aos muitos participantes do workshop e coinstrutores que me deram um feedback valioso sobre este material ao longo dos anos!

CAPÍTULO 37

O que É Aprendizado de Máquina?

Antes de ver os detalhes de vários métodos do aprendizado de máquina (ML), começaremos olhando o que é ou não ML. O aprendizado de máquina costuma ser categorizado como um subcampo da inteligência artificial, mas acho isso um erro. O estudo do aprendizado de máquina certamente surgiu a partir de pesquisas nesse contexto, mas na aplicação de data science dos métodos de aprendizado de máquina, é mais útil considerá-lo um meio para *criar modelos de dados*.

Nesse contexto, "aprender" entra na briga quando damos a esses modelos *parâmetros ajustáveis* que podem ser adaptados aos dados observados; dessa forma, o programa pode ser considerado como "aprendendo" com os dados. Uma vez que esses modelos foram ajustados aos dados vistos previamente, eles podem ser usados para prever e compreender as features dos dados recém-observados. Deixarei para o leitor a digressão mais filosófica em relação a quanto esse "aprendizado" matemático baseado em modelos é semelhante ao "aprendizado" apresentado pelo cérebro humano.

Entender a definição do problema em aprendizado de máquina é essencial para usar essas ferramentas de forma eficaz, portanto, começaremos com algumas categorias amplas das abordagens que veremos aqui.

Todas as imagens deste capítulo são geradas com base em cálculos reais do aprendizado de máquina; o código pode ser encontrado no apêndice online.

Categorias de Aprendizado de Máquina

O aprendizado de máquina tem dois tipos principais: aprendizado supervisionado e não supervisionado.

O *aprendizado supervisionado* envolve de alguma forma modelar a relação entre as features medidas dos dados e alguns rótulos associados a eles; com o modelo determinado, ele pode ser usado para aplicar rótulos a dados novos e desconhecidos. Por vezes isso é subdividido em tarefas de classificação e regressão: na *classificação*, os rótulos são categorias separadas, já na *regressão*, os rótulos são quantidades contínuas. Você verá exemplos dos dois tipos de aprendizado supervisionado na seção a seguir.

O *aprendizado não supervisionado* envolve a modelagem das features de um conjunto de dados sem referenciar nenhum rótulo. Esses modelos incluem tarefas como *clusterização* e *redução da dimensionalidade*. Os algoritmos de clusterização identificam grupos distintos de dados, enquanto os algoritmos de redução da dimensionalidade buscam representações mais sucintas dos dados. Você também verá exemplos dos dois tipos de aprendizado não supervisionado na seção a seguir.

Além disso, há os chamados métodos de *aprendizado semissupervisionado*, que se situam entre os aprendizados supervisionado e não supervisionado. Os métodos de aprendizado semissupervisionado costumam ser úteis quando apenas rótulos incompletos estão disponíveis.

Exemplos Qualitativos das Aplicações do Aprendizado de Máquina

Para tornar essas ideias mais concretas, veremos alguns exemplos muito simples de uma tarefa de aprendizado de máquina. Esses exemplos são para dar uma visão geral intuitiva e não quantitativa das tarefas de aprendizado de máquina que veremos nesta parte do livro. Nos capítulos posteriores, detalharemos os modelos particulares e como eles são usados. Para ter uma prévia dos aspectos mais técnicos, você pode encontrar a fonte do Python que gera as figuras no apêndice online.

Classificação: Prevendo Rótulos Separados

Primeiro veremos uma tarefa de classificação simples, na qual recebemos um conjunto de pontos rotulados e queremos usá-los para classificar alguns pontos não rotulados.

Imagine que temos os dados mostrados na Figura 37-1. Esses dados são bidimensionais, ou seja, temos duas *features* para cada ponto, representados pelas posições (x,y) dos pontos no plano. Além disso, temos um dos dois *rótulos de classe* para cada ponto, aqui representados pelas cores dos pontos. A partir dessas features e rótulos, gostaríamos de criar um modelo que nos permita decidir se um novo ponto deve ser rotulado como "azul" ou "vermelho".

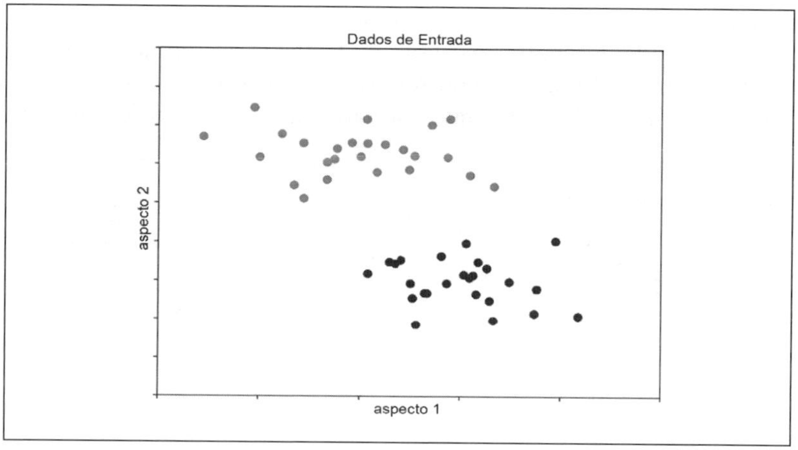

Figura 37-1. Conjunto de dados simples para classificação

Existem vários modelos possíveis para essa tarefa de classificação, mas começaremos com um muito simples. Faremos a suposição de que os dois grupos podem ser separados desenhando uma linha reta no plano entre eles, de modo que os pontos em cada lado da linha fiquem no mesmo grupo. Aqui o *modelo* é uma versão quantitativa da instrução "uma linha reta separa as classes", já os *parâmetros do modelo* são os números em particular que descrevem a localização e a orientação dessa linha para os dados. Os valores ideais desses parâmetros do modelo são aprendidos com os dados (este é o "aprendizado" no termo aprendizado de máquina), o que costuma ser chamado de *treinamento do modelo.*

A Figura 37-2 mostra uma representação visual do modelo treinado para esses dados.

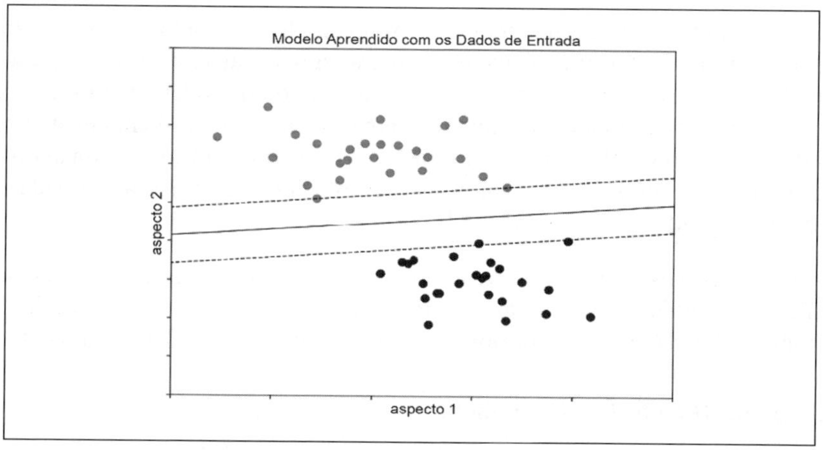

Figura 37-2. Modelo de classificação simples

Agora que esse modelo foi treinado, ele pode ser generalizado para os dados novos e sem rótulo. Em outras palavras, podemos pegar um novo conjunto de dados, desenhar essa linha e atribuir rótulos aos novos pontos com base no modelo (veja a Figura 37-3). Este estágio normalmente é chamado de *predição*.

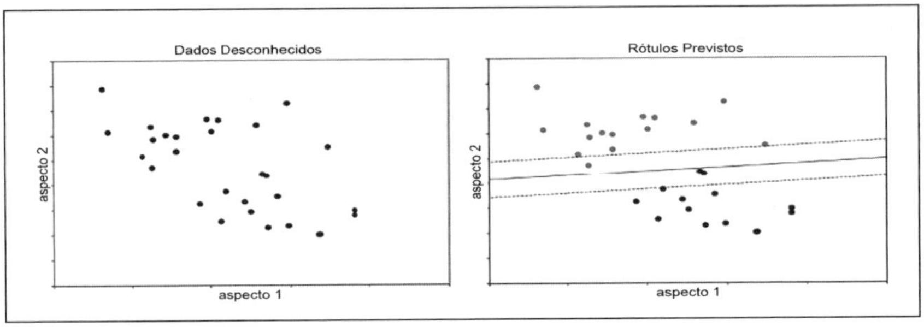

Figura 37-3. Aplicando um modelo de classificação aos novos dados

Essa é a ideia básica de uma tarefa de classificação no aprendizado de máquina, em que "classificação" indica que os dados têm rótulos de classe separados. À primeira vista, pode parecer comum: é fácil ver os dados e desenhar uma linha de separação para fazer essa classificação. Mas uma vantagem da abordagem de aprendizado de máquina é que ela pode generalizar conjuntos de dados muito maiores em muito mais dimensões. Por exemplo, é semelhante à tarefa da detecção automática de spam para e-mail. Neste caso, podemos utilizar as seguintes features e rótulos:

- *feature 1*, *feature 2* etc. → contagens normalizadas de palavras ou frases importantes ("Viagra", "Garantia estendida" etc.)
- *rótulo* → "spam" ou "não é spam"

Para o conjunto de treinamento, esses rótulos podem ser determinados com a inspeção individual de uma pequena amostra representativa de e-mails; para os e-mails restantes, o rótulo seria determinado usando o modelo. Para um algoritmo de classificação adequadamente treinado com features bem construídas e suficientes (em geral milhares ou milhões de palavras ou frases), essa abordagem pode ser muito eficaz. Veremos um exemplo dessa classificação baseada em texto no Capítulo 41.

Alguns algoritmos de classificação importantes que detalharemos são Gaussian naive Bayes (Capítulo 41), máquinas de vetores de suporte (support vector machines) (Capítulo 43) e classificação por floresta aleatória (random forest) (Capítulo 44).

Regressão: Prevendo Rótulos Contínuos

Em contraste com os rótulos separados de um algoritmo de classificação, veremos em seguida uma tarefa de regressão simples na qual os rótulos são quantidades contínuas.

Considere os dados mostrados na Figura 37-4, que consistem em um conjunto de pontos, cada um com um rótulo contínuo.

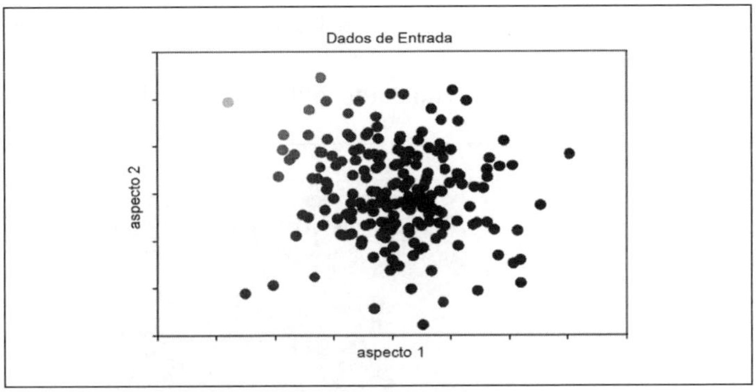

Figura 37-4. Conjunto de dados simples para regressão

Tal como acontece no exemplo de classificação, temos dados bidimensionais, ou seja, há duas features que descrevem cada ponto de dados. A cor de cada ponto representa o rótulo contínuo desse ponto.

Existem vários modelos de regressão possíveis que podemos usar para esse tipo de dados, mas aqui usaremos um modelo de regressão linear simples para prever os pontos. O modelo simples pressupõe que, se tratarmos o rótulo como uma terceira dimensão espacial, poderemos ajustar um plano aos dados. É uma generalização de alto nível do problema bem conhecido de ajustar uma linha a dados com duas coordenadas.

Podemos visualizar essa configuração como mostrado na Figura 37-5.

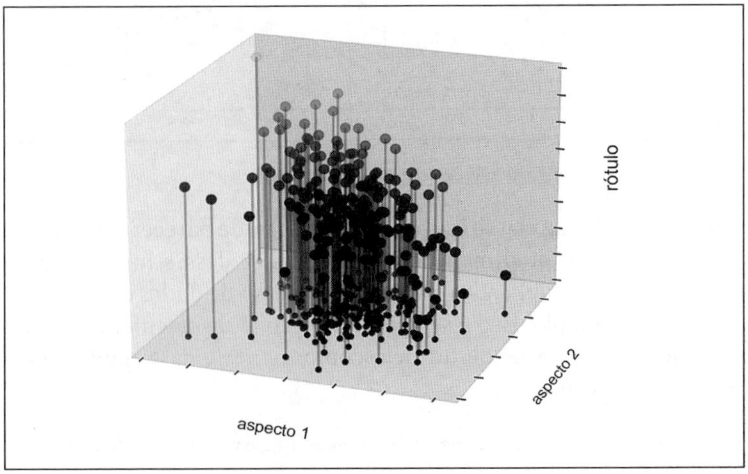

Figura 37-5. Exibição tridimensional dos dados de regressão

Observe que o plano *feature 1–feature 2* aqui é o mesmo no gráfico bidimensional da Figura 37-4; mas neste caso, representamos os rótulos pela cor e pela posição do eixo tridimensional. Desse ponto de vista, parece razoável que o ajuste de um plano com esses dados tridimensionais nos permita prever o rótulo esperado para qualquer conjunto de parâmetros de entrada. Voltando à projeção bidimensional, quando ajustamos tal plano, obtemos o resultado da Figura 37-6.

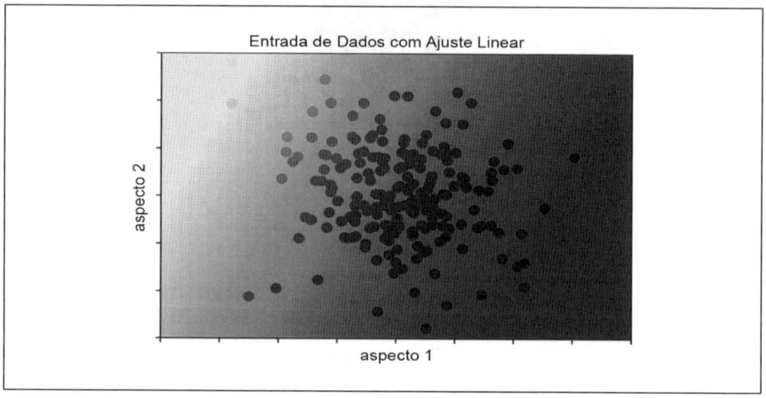

Figura 37-6. Representação do modelo de regressão

Esse plano de ajuste nos dá o que precisamos para prever os rótulos para os novos pontos. Visualmente, encontramos os resultados mostrados na Figura 37-7.

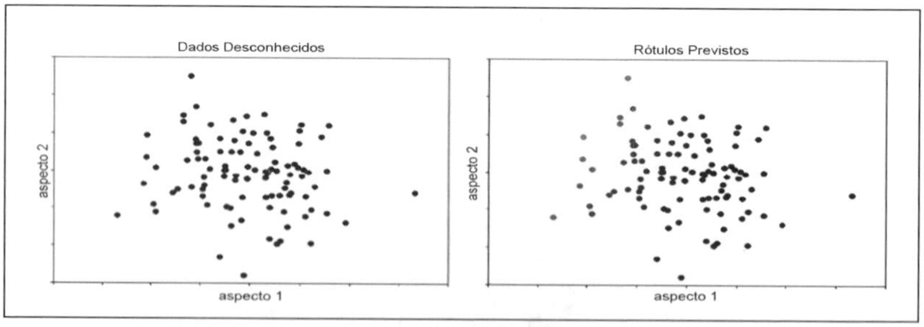

Figura 37-7. Aplicando o modelo de regressão nos novos dados

Tal como no exemplo de classificação, esta tarefa pode parecer sem importância em um número baixo de dimensões. Mas o poder desses métodos é que eles podem ser diretamente aplicados e avaliados no caso de dados com muitas, muitas features. Por exemplo, isso é semelhante à tarefa de calcular a distância das galáxias observadas através de um telescópio — neste caso, podemos usar os seguintes recursos e rótulos:

- *feature 1*, *feature 2* etc. → brilho de cada galáxia em um dos vários comprimentos de onda ou cores
- *rótulo* → distância ou desvio para o vermelho da galáxia

As distâncias para um pequeno número dessas galáxias podem ser determinadas com um conjunto independente de observações (em geral mais caras ou complexas). As distâncias para as galáxias restantes poderiam então ser estimadas usando um modelo de regressão adequado, sem utilizar a observação mais cara em todo o conjunto. Nos círculos de astronomia, isso é conhecido como o problema "desvio para o vermelho fotométrico".

Alguns algoritmos de regressão importantes que veremos são regressão linear (Capítulo 42), máquinas de vetores de suporte (Capítulo 43) e regressão por floresta aleatória (Capítulo 44).

Clusterização: Inferindo Rótulos em Dados Não Rotulados

As ilustrações de classificação e regressão que acabamos de ver são exemplos de algoritmos de aprendizado supervisionado, nos quais tentamos criar um modelo que prevê rótulos para os dados novos. O aprendizado não supervisionado envolve modelos que descrevem dados sem referência a rótulos conhecidos.

Um caso comum de aprendizado não supervisionado é a "clusterização", na qual os dados são atribuídos automaticamente a alguns grupos separados. Por exemplo, podemos ter dados bidimensionais como na Figura 37-8.

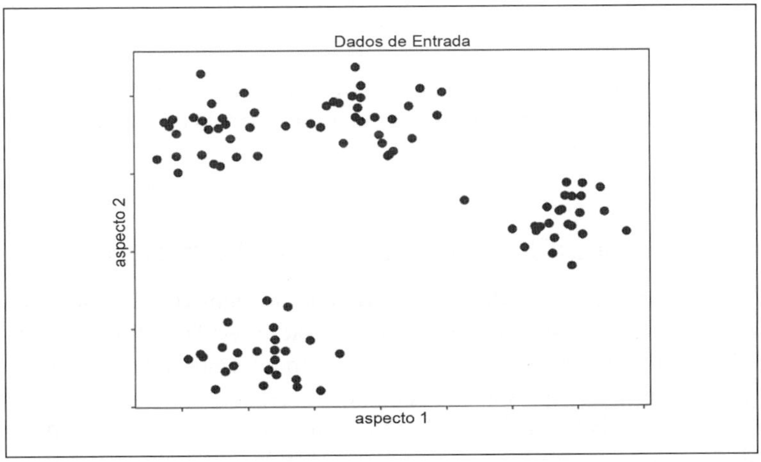

Figura 37-8. Dados de exemplo para clusterização

A olho nu, fica claro que cada um dos pontos faz parte de um grupo distinto. Com essa entrada, um modelo de clusterização usará a estrutura intrínseca dos dados para determinar quais pontos estão relacionados. Usando o algoritmo *k*-means, que é muito rápido e intuitivo (veja o Capítulo 47), encontramos os clusters mostrados na Figura 37-9.

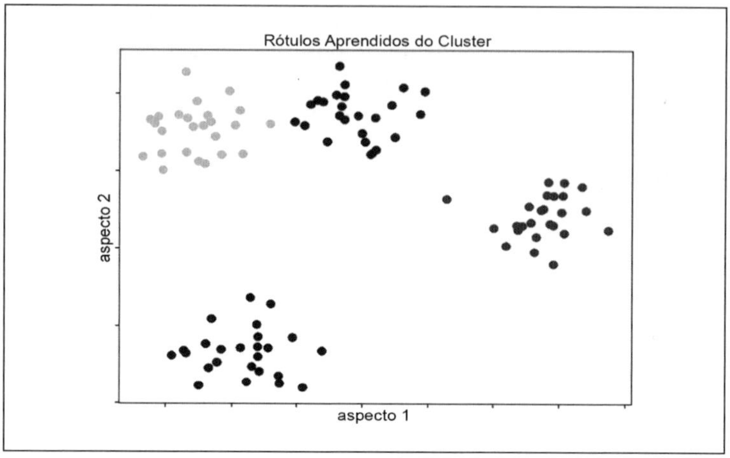

Figura 37-9. Dados rotulados com um modelo de cluster k-means

k-means se ajusta a um modelo que consiste em *k* centros de cluster; os centros ideais são considerados como aqueles que minimizam a distância de cada ponto a partir de seu centro atribuído. Novamente, isso pode parecer um exercício bobo em duas dimensões, mas à medida que nossos dados ficam maiores e mais complexos, esses algoritmos de cluster podem continuar sendo utilizados para extrair informações úteis do conjunto de dados.

Veremos o algoritmo *k*-means com mais detalhes no Capítulo 47. Outros algoritmos de clusterização importantes incluem os modelos de mistura gaussiana (Capítulo 48) e a clusterização espectral (veja a documentação da clusterização do Scikit-Learn).

Redução da Dimensionalidade: Inferindo a Estrutura dos Dados Sem Rótulo

Redução de dimensionalidade é outro exemplo de algoritmo não supervisionado, no qual os rótulos ou outras informações são inferidas a partir da estrutura do próprio conjunto de dados. A redução da dimensionalidade é um pouco mais abstrata do que os exemplos que analisamos antes, mas costuma extrair alguma representação de dados de baixa dimensão que, de alguma forma, preservam qualidades relevantes do conjunto de dados inteiro. Diferentes rotinas de redução de dimensionalidade medem essas qualidades relevantes de formas variadas, como veremos no Capítulo 46.

Como exemplo, considere os dados mostrados na Figura 37-10.

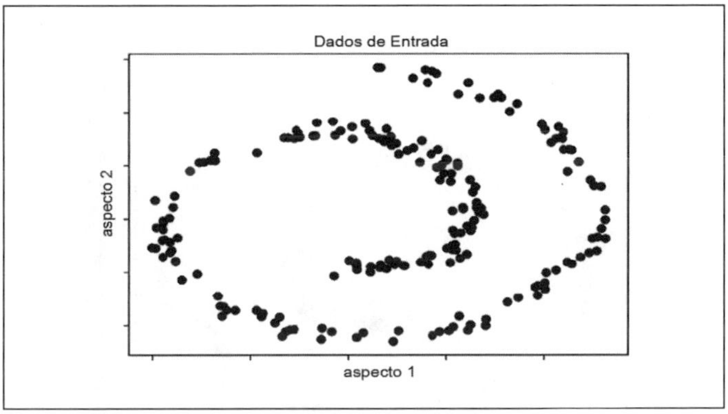

Figura 37-10. Exemplo de dados para redução da dimensionalidade

Visualmente, é claro que há alguma estrutura nesses dados: são desenhados a partir de uma linha unidimensional organizada em espiral no espaço bidimensional. Em certo sentido, você poderia dizer que esses dados são "intrinsecamente" apenas unidimensionais, embora esses dados unidimensionais estejam incorporados no espaço bidimensional. Um modelo de redução de dimensionalidade adequado, neste caso, seria sensível a essa estrutura incorporada não linear e conseguiria detectar essa representação de dimensionalidade inferior.

A Figura 37-11 mostra uma visualização dos resultados do algoritmo Isomap, um algoritmo de aprendizado múltiplo que faz exatamente isso.

Observe que as cores (que representam a variável latente unidimensional extraída) mudam uniformemente ao longo da espiral, o que indica que o algoritmo detectou, de fato, a estrutura que vimos a olho nu. Como nos exemplos anteriores, o poder dos algoritmos de redução da dimensionalidade fica mais claro nos casos de maior dimensão. Por exemplo, podemos querer visualizar relações importantes dentro de um conjunto de dados que tem 100 ou 1.000 features. Visualizar dados de 1.000 dimensões é um desafio, e uma maneira de tornar isso mais gerenciável é usar uma técnica de redução da dimensionalidade para reduzir os dados para 2 ou 3 dimensões.

Alguns algoritmos importantes de redução da dimensionalidade que examinaremos são a análise de componentes principais (Capítulo 45) e vários algoritmos de aprendizagem múltiplos, incluindo Isomap e LLE (incorporação localmente linear) (Capítulo 46).

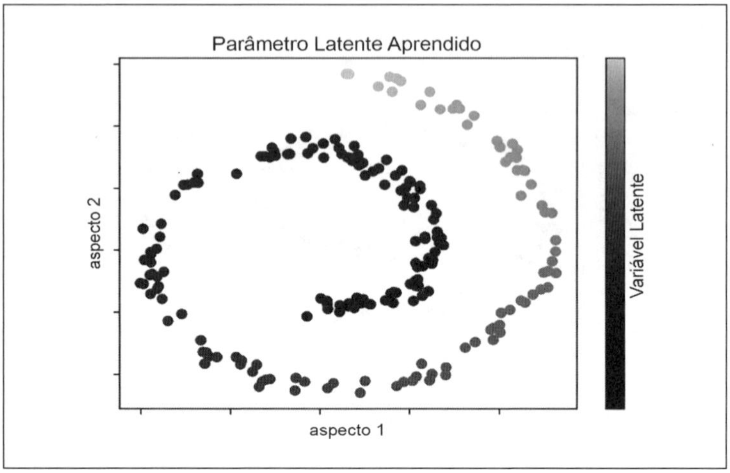

Figura 37-11. Dados com rótulos aprendidos com a redução da dimensionalidade

Resumo

Aqui vimos alguns exemplos simples dos tipos básicos de abordagens de aprendizado de máquina. Nem é preciso dizer que há inúmeros detalhes práticos importantes que não vimos, mas este capítulo foi planejado para lhe dar uma ideia básica dos problemas que as abordagens do aprendizado de máquina podem resolver.

Resumindo, vimos o seguinte:

- *Aprendizado supervisionado*: Modelos que podem prever os rótulos com base nos dados de treinamento rotulados
  - *Classificação*: Modelos que preveem os rótulos como duas ou mais categorias separadas
  - *Regressão*: Modelos que preveem rótulos contínuos
- *Aprendizado não supervisionado*: Modelos que identificam a estrutura nos dados não rotulados
  - *Clusterização*: Modelos que detectam e identificam grupos separados nos dados
  - *Redução da dimensionalidade*: Modelos que detectam e identificam a estrutura de menor dimensão nos dados de maior dimensão

Nos capítulos seguintes, detalharemos essas categorias e veremos alguns exemplos mais interessantes de onde esses conceitos podem ser úteis.

CAPÍTULO 38

Apresentando o Scikit-Learn

Várias bibliotecas Python fornecem boas implementações de inúmeros algoritmos do aprendizado de máquina. Uma das mais conhecidas é o Scikit-Learn, um pacote que fornece versões eficientes de vários algoritmos comuns. O Scikit-Learn é caracterizado por uma API limpa, uniforme e simplificada, bem como uma documentação muito útil e completa. Uma vantagem dessa uniformidade é que quando entendemos o uso básico e a sintaxe do Scikit-Learn para um tipo de modelo, mudar para um novo modelo ou algoritmo é simples.

Este capítulo fornece uma visão geral da API do Scikit-Learn. Uma boa compreensão desses elementos da API será a base para entender a análise prática mais profunda dos algoritmos do aprendizado de máquina e das abordagens nos capítulos seguintes.

Começaremos com a representação de dados no Scikit-Learn, detalharemos a API Estimator e, por fim, veremos um exemplo mais interessante de uso dessas ferramentas para explorar um conjunto de imagens de dígitos feitos à mão.

Representação dos Dados no Scikit-Learn

O aprendizado de máquina é sobre a criação de modelos a partir de dados; por isso, começaremos examinando como os dados podem ser representados. A melhor maneira de pensar sobre dados no Scikit-Learn é em termos de *tabelas*.

Uma tabela básica é uma grade de dados bidimensional, na qual as linhas representam os elementos individuais do conjunto de dados e as colunas representam as quantidades relacionadas a cada um dos elementos. Por exemplo, considere o conjunto de dados Iris, analisado por Ronald Fisher em 1936. Podemos baixar esse conjunto na forma de um `DataFrame` do Pandas usando a biblioteca Seaborn e veremos os primeiros itens:

```
In [1]: import seaborn as sns
        iris = sns.load_dataset('iris')
        iris.head()
Out[1]:    sepal_length  sepal_width  petal_length  petal_width species
        0           5.1          3.5           1.4          0.2  setosa
        1           4.9          3.0           1.4          0.2  setosa
        2           4.7          3.2           1.3          0.2  setosa
        3           4.6          3.1           1.5          0.2  setosa
        4           5.0          3.6           1.4          0.2  setosa
```

Aqui, cada linha dos dados se refere a uma flor observada e o número de linhas é o número total de flores no conjunto de dados. Em geral, iremos nos referir às linhas da matriz como *amostras* e ao número de linhas como `n_samples`.

Da mesma forma, cada coluna dos dados se refere a determinada parte quantitativa da informação que descreve cada amostra. Em geral, faremos referência às colunas da matriz como *features* e ao número de colunas como `n_features`.

Matriz de Features

O layout da tabela deixa claro que as informações podem ser consideradas como um array numérico bidimensional ou uma matriz, que chamaremos de *matriz de features*. Por convenção, essa matriz costuma ser armazenada em uma variável chamada `X`. A matriz de features é presumida como bidimensional, com a forma `[n_samples, n_features]`, e com frequência fica em um array NumPy ou um `DataFrame` do Pandas, embora alguns modelos Scikit-Learn também aceitem matrizes esparsas SciPy.

As amostras (ou linhas) sempre se referem aos objetos individuais descritos pelo conjunto de dados. Por exemplo, uma amostra pode representar uma flor, uma pessoa, um documento, uma imagem, um arquivo de som, um vídeo, um objeto astronômico ou qualquer outra coisa que você possa descrever com um conjunto de medidas quantitativas.

As features (ou colunas) sempre se referem às observações distintas que descrevem cada amostra de forma quantitativa. Muitas vezes as features são um valor real, mas podem ser um valor booleano ou separado em alguns casos.

Array de Destino

Além da matriz de features `X`, também trabalhamos geralmente com um array de *rótulos* ou de *destino*, que por convenção normalmente chamaremos de `y`. O array de destino costuma ser unidimensional, com um comprimento `n_samples` e está geralmente contido em um array NumPy ou um objeto `Series` do Pandas. O array de destino pode ter valores numéricos contínuos ou classes/rótulos separados. Embora alguns estimadores do Scikit-Learn lidem com muitos valores de destino na forma de um array de destino bidimensional `[n_samples, n_targets]`, trabalharemos principalmente com o caso comum de um array de destino unidimensional.

Um ponto confuso é como o array de destino difere das outras colunas de features. A característica diferencial do array de destino é que ele costuma ser a quantidade que queremos *prever a partir das features*: em termos estatísticos, é a variável dependente. Por exemplo, com os dados anteriores, podemos querer criar um modelo que possa prever a espécie de flor com base em outras medições; neste caso, a coluna `species` seria considerada o array de destino.

Com esse array de destino em mente, podemos usar o Seaborn (visto no Capítulo 36) para visualizar os dados de modo conveniente (Figura 38-1).

```
In [2]: %matplotlib inline
        import seaborn as sns
        sns.pairplot(iris, hue='species', height=1.5);
```

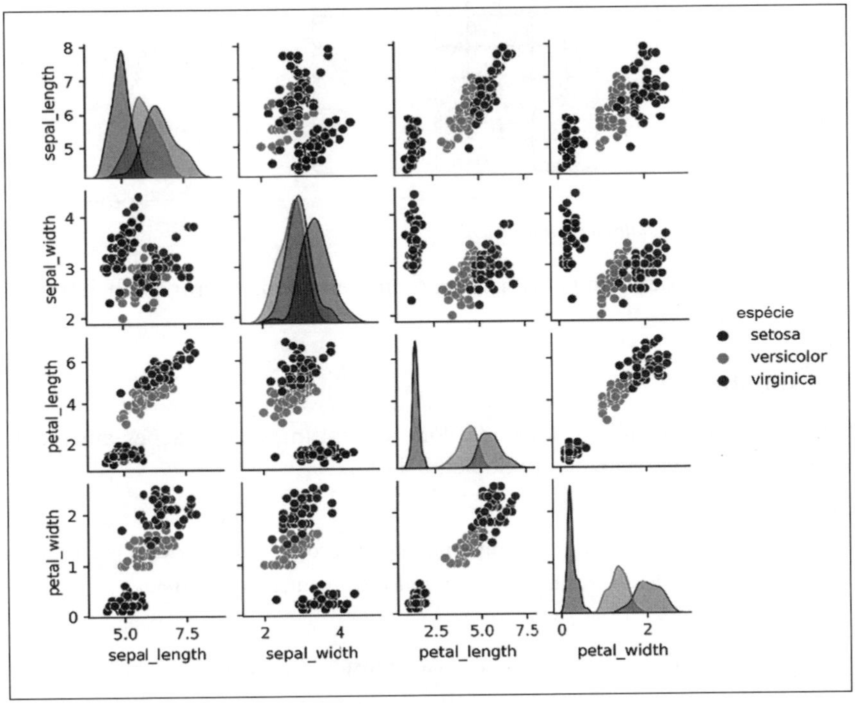

Figura 38-1. Visualização do conjunto de dados Iris[1]

Para usar no Scikit-Learn, extrairemos a matriz de features e o array de destino do `DataFrame`, o que podemos fazer usando algumas operações `DataFrame` do Pandas vistas na Parte III:

```
In [3]: X_iris = iris.drop('species', axis=1)
        X_iris.shape
Out[3]: (150, 4)

In [4]: y_iris = iris['species']
        y_iris.shape
Out[4]: (150,)
```

Para resumir, o layout esperado das features e dos valores de destino é exibido na Figura 38-2.

1 Há uma versão colorida e em tamanho grande desta figura no GitHub.

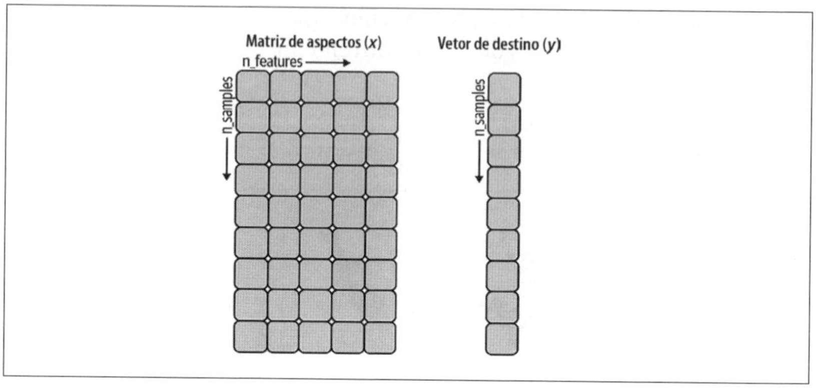

Figura 38-2. Layout de dados do Scikit-Learn[2]

Com esses dados devidamente formatados, podemos considerar a API Estimator do Scikit-Learn.

API Estimator

A API do Scikit-Learn é planejada com as seguintes orientações em mente, como descrito no artigo da API no Scikit-Learn:

Consistência

Todos os objetos compartilham uma interface comum desenhada a partir de um conjunto limitado de métodos, com uma documentação consistente.

Inspeção

Todos os parâmetros especificados são expostos como atributos públicos.

Hierarquia de objetos limitada

Apenas os algoritmos são representados por classes Python; os conjuntos de dados são representados nos formatos padrão (arrays NumPy, objetos `DataFrame` do Pandas, matrizes esparsas SciPy) e os nomes de parâmetros usam strings Python padrão.

Composição

Muitas tarefas do aprendizado de máquina podem ser expressas como sequências de algoritmos mais fundamentais e o Scikit-Learn usa isso sempre que possível.

Padrões sensíveis

Quando os modelos exigem parâmetros especificados pelo usuário, a biblioteca define um valor padrão apropriado.

Na prática, esses princípios tornam o Scikit-Learn muito fácil de usar quando os princípios básicos são compreendidos. Cada algoritmo do aprendizado de máquina no Scikit-Learn é implementado com a API Estimator, que fornece uma interface consistente para várias aplicações do aprendizado de máquina.

2 O código para produzir esta imagem se encontra no apêndice online.

Noções Básicas da API

Mais comumente, as etapas ao usar a API Estimator do Scikit-Learn são:

1. Escolha uma classe de modelo importando a classe do estimador apropriada a partir do Scikit- Learn.
2. Escolha os hiperparâmetros do modelo instanciando essa classe com os valores desejados.
3. Organize os dados em uma matriz de features e um vetor de destino, como descrito antes no capítulo.
4. Ajuste o modelo aos dados chamando o método `fit` da instância do modelo.
5. Aplique o modelo nos novos dados:
    - Para o aprendizado supervisionado, muitas vezes prevemos os rótulos para os dados desconhecidos usando o método `predict`.
    - Para o aprendizado não supervisionado, muitas vezes transformamos ou inferimos as propriedades dos dados usando o método `transform` ou `predict`.

Agora veremos vários exemplos simples de aplicação dos métodos de aprendizado supervisionado e não supervisionado.

Exemplo de Aprendizado Supervisionado: Regressão Linear Simples

Como um exemplo desse processo, iremos considerar uma regressão linear simples, ou seja, o caso comum de ajustar uma linha aos dados *(x, y)*. Usaremos os seguintes dados simples para nosso exemplo de regressão (veja a Figura 38-3).

```
In [5]: import matplotlib.pyplot as plt
        import numpy as np

        rng = np.random.RandomState(42)
        x = 10 * rng.rand(50)
        y = 2 * x - 1 + rng.randn(50)
        plt.scatter(x, y);
```

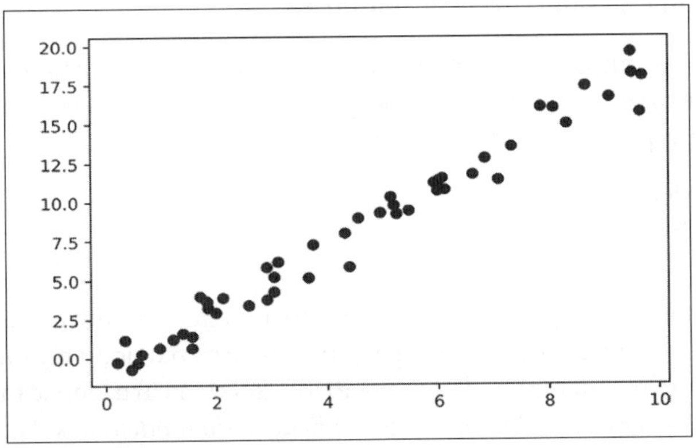

Figura 38-3. Dados da regressão linear

Com estes dados, podemos usar a receita descrita antes. Veremos o processo nas seções a seguir.

1. **Escolha uma classe de modelo**

No Scikit-Learn, cada classe de modelo é representada por uma classe Python. Por exemplo, se quisermos calcular um modelo `LinearRegression` simples, podemos importar a classe de regressão linear:

```
In [6]: from sklearn.linear_model import LinearRegression
```

Note que também existem outros modelos de regressão linear mais gerais; você pode ler mais sobre eles na documentação do módulo `sklearn.linear_model`.

2. **Escolha os hiperparâmetros do modelo**

Um ponto importante é que *uma classe do modelo não é igual a uma instância de um modelo.*

Quando tivermos decidido sobre nossa classe de modelo, ainda haverá algumas opções abertas. Dependendo da classe do modelo com a qual estamos trabalhando, talvez seja necessário responder a uma ou mais perguntas:

- Gostaríamos de ajustar para o deslocamento (ou interceptação *y*)?
- Gostaríamos que o modelo fosse normalizado?
- Gostaríamos de pré-processar as features para adicionar flexibilidade ao modelo?
- Qual grau de regularização gostaríamos de utilizar em nosso modelo?
- Quantos componentes do modelo gostaríamos de usar?

São exemplos das escolhas importantes que devem ser feitas *assim que a classe do modelo é selecionada*. Essas escolhas costumam ser representadas como *hiperparâmetros* ou parâmetros que devem ser definidos antes que o modelo seja ajustado aos dados. No Scikit-Learn, os hiperparâmetros são escolhidos passando valores na instanciação do modelo. Exploraremos como escolher quantitativamente os hiperparâmetros no Capítulo 39.

Para nosso exemplo de regressão linear, podemos instanciar a classe `LinearRegression` e especificar que gostaríamos de ajustar a interceptação usando o hiperparâmetro `fit_intercept`:

```
In [7]: model = LinearRegression(fit_intercept=True)
        model
Out[7]: LinearRegression()
```

Tenha em mente que quando o modelo é instanciado, a única ação é o armazenamento desses valores de hiperparâmetros. Em particular, ainda não aplicamos o modelo a nenhum dado: a API do Scikit-Learn deixa muito clara a diferença entre a *escolha do modelo* e a *aplicação do modelo nos dados*.

3. Organize os dados em uma matriz de features e um vetor de destino

Antes, examinamos a representação de dados do Scikit-Learn, que requer uma matriz de features bidimensional e um array de destino unidimensional. Aqui nossa variável de destino `y` já está na forma correta (um array de comprimento `n_samples`), mas precisamos manipular os dados `x` para torná-los uma matriz de tamanho `[n_samples, n_features]`.

No caso, isso equivale a uma simples reformulação do array unidimensional:

```
In [8]: X = x[:, np.newaxis]
        X.shape
Out[8]: (50, 1)
```

4. Ajuste o modelo aos dados

Agora é hora de aplicar nosso modelo nos dados. Isso pode ser feito com o método `fit` do modelo:

```
In [9]: model.fit(X, y)
Out[9]: LinearRegression()
```

Esse comando `fit` faz uma série de cálculos internos dependentes do modelo e os resultados dos cálculos são armazenados em atributos específicos do modelo que o usuário pode explorar. No Scikit-Learn, por convenção, todos os parâmetros do modelo aprendidos durante o processo `fit` têm sublinhados à direita; por exemplo, neste modelo linear, temos o seguinte:

```
In [10]: model.coef_
Out[10]: array([1.9776566])

In [11]: model.intercept_
Out[11]: -0.9033107255311146
```

Esses dois parâmetros representam a inclinação e a interceptação do ajuste linear simples aos dados. Comparando os resultados com a definição dos dados, vemos que estão próximos dos valores usados para gerar os dados: uma inclinação 2 e uma intercepção –1.

Uma questão que surge muitas vezes diz respeito à incerteza em tais parâmetros internos do modelo. Em geral, o Scikit-Learn não fornece ferramentas para tirar conclusões a partir dos próprios parâmetros internos do modelo: interpretar os parâmetros do modelo é muito mais uma questão de *modelagem estatística* do que de *aprendizado de máquina*. O aprendizado de máquina se concentra no que o modelo *prevê*. Se você quiser se aprofundar no significado dos parâmetros de ajuste no modelo, outras ferramentas estão disponíveis, inclusive o pacote `statsmodels` do Python.

5. Preveja os rótulos dos dados desconhecidos

Assim que o modelo é treinado, a principal tarefa do aprendizado de máquina supervisionado é avaliá-lo com base no que diz sobre os novos dados que não faziam parte do conjunto de treinamento. No Scikit-Learn, isso pode ser feito usando o método `predict`. Para este exemplo, nossos "novos dados" serão uma grade de valores *x* e perguntaremos quais valores *y* o modelo prevê:

```
In [12]: xfit = np.linspace(-1, 11)
```

Como antes, precisamos fazer a conversão dos valores *x* em uma matriz de features `[n_samples, n_features]` e depois podemos alimentá-la ao modelo:

```
In [13]: Xfit = xfit[:, np.newaxis]
         yfit = model.predict(Xfit)
```

Por fim, visualizamos os resultados plotando primeiro os dados brutos, em seguida, esse modelo é ajustado (Figura 38-4).

```
In [14]: plt.scatter(x, y)
         plt.plot(xfit, yfit);
```

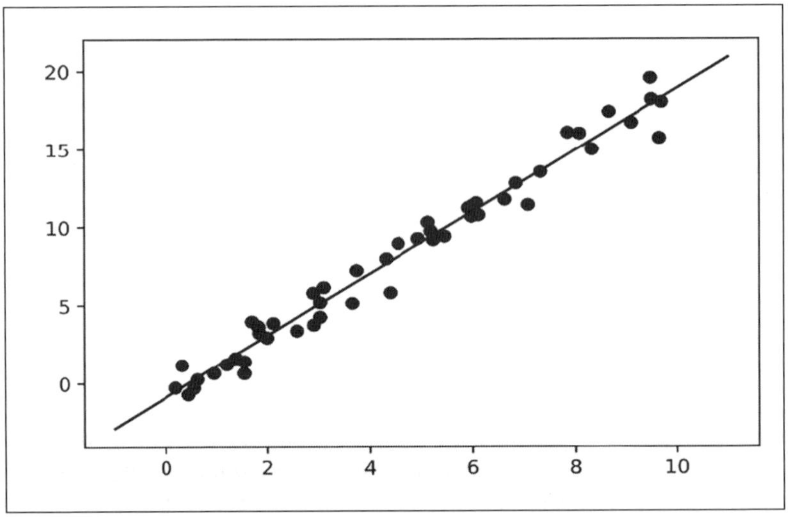

Figura 38-4. Regressão linear simples ajustada aos dados

Em geral, a eficácia do modelo é avaliada comparando seus resultados com alguma base conhecida, como veremos no próximo exemplo.

Exemplo de Aprendizado Supervisionado: Classificação Iris

Outro exemplo desse processo, usando o conjunto de dados do Iris já visto. Nossa pergunta será: com um modelo treinado em uma parte dos dados Iris, como podemos prever os rótulos restantes?

Para essa tarefa, usaremos um modelo generativo simples conhecido como *Gaussian naive Bayes*, que presume que cada classe é desenhada a partir de uma distribuição gaussiana alinhada ao eixo (veja o Capítulo 41 para ter mais detalhes). Por ser muito rápido e não ter hiperparâmetros para escolher, o Gaussian naive Bayes costuma ser um bom modelo para usar como uma classificação de base, antes de explorar se há melhorias com modelos mais sofisticados.

Queremos avaliar o modelo nos dados que não vimos antes, então dividiremos os dados em um *conjunto de treinamento* e um *conjunto de teste*. Isso pode ser feito à mão, porém é mais conveniente com a função utilitária `train_test_split`:

```
In [15]: from sklearn.model_selection import train_test_split
         Xtrain, Xtest, ytrain, ytest = train_test_split(X_iris, y_iris,
                                                         random_state=1)
```

Com os dados organizados, podemos seguir nossa receita para prever os rótulos:

```
In [16]: from sklearn.naive_bayes import GaussianNB  # 1. escolha classe modelo
         model = GaussianNB()                         # 2. instancie o modelo
         model.fit(Xtrain, ytrain)                    # 3. ajuste o modelo aos
                                                      dados
         y_model = model.predict(Xtest)               # 4. preveja novos dados
```

Por fim, podemos usar a função utilitária `accuracy_score` para ver a fração dos rótulos previstos que correspondem aos valores verdadeiros:

```
In [17]: from sklearn.metrics import accuracy_score
         accuracy_score(ytest, y_model)
Out[17]: 0.9736842105263158
```

Com uma precisão superior a 97%, vemos que mesmo esse algoritmo de classificação muito ingênuo (naive) é eficaz para o conjunto de dados em particular!

Exemplo de Aprendizado Não Supervisionado: Dimensionalidade de Iris

Como exemplo do problema de aprendizado não supervisionado, veremos a redução da dimensionalidade dos dados Iris para visualizá-los com mais facilidade. Lembre-se de que os dados Iris são quadridimensionais: há quatro features registradas para cada amostra.

A tarefa de redução da dimensionalidade determina se existe uma representação de dimensão menor adequada que mantém as features essenciais dos dados. Muitas vezes, a redução de dimensionalidade é usada como um auxílio para visualizar os dados: afinal, é muito mais fácil plotar dados em duas dimensões do que em quatro dimensões ou mais!

Aqui usaremos a *análise de componentes principais* (PCA; veja o Capítulo 45), que é uma técnica de redução de dimensionalidade linear rápida. Pediremos ao modelo para retornar dois componentes, ou seja, uma representação bidimensional dos dados.

Seguindo a sequência das etapas descritas anteriormente, temos:

```
In [18]: from sklearn.decomposition import PCA       # 1. escolha classe modelo
         model = PCA(n_components=2)                  # 2. instancie o modelo
```

```
model.fit(X_iris)                    # 3. ajuste o modelo aos
                                        dados
X_2D = model.transform(X_iris)       # 4. transforme os dados
```

Agora plotamos os resultados. Uma maneira rápida de fazer isso é inserir os resultados no `DataFrame` Iris original e usar `lmplot` do Seaborn para mostrar os resultados (Figura 38-5).

```
In [19]: iris['PCA1'] = X_2D[:, 0]
         iris['PCA2'] = X_2D[:, 1]
         sns.lmplot(x="PCA1", y="PCA2", hue='species', data=iris, fit_reg=False);
```

Vemos que na representação bidimensional, as espécies estão bem separadas, mesmo que o algoritmo PCA não tenha conhecimento dos rótulos das espécies! Isso sugere a probabilidade de uma classificação relativamente simples ser eficiente no conjunto de dados, como vimos antes.

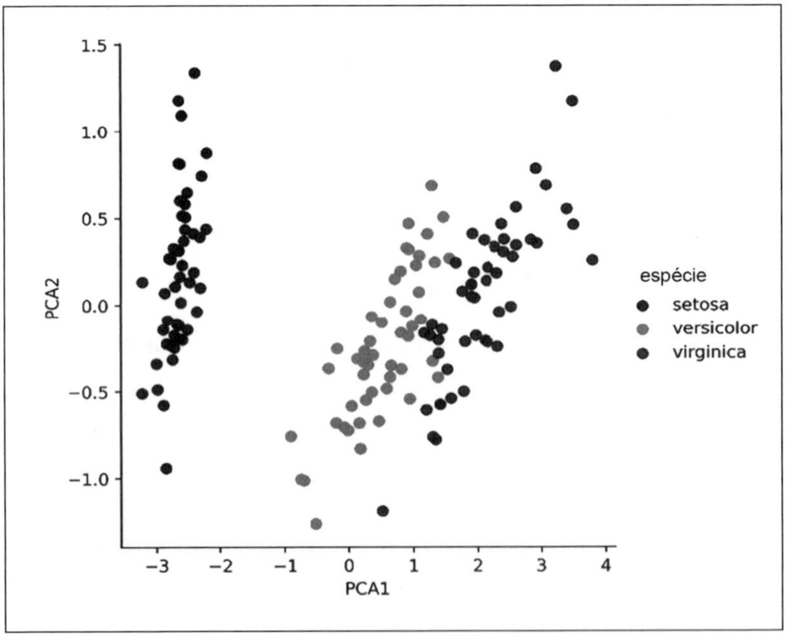

Figura 38-5. Dados Iris projetados em duas dimensões[3]

Exemplo de Aprendizado Não Supervisionado: Clusterização Iris

Vejamos a seguir a aplicação da clusterização nos dados Iris. Um algoritmo de clusterização tenta encontrar grupos distintos de dados sem referência a nenhum rótulo. Aqui usaremos um método de clusterização avançado chamado *modelo de mistura gaussiana* (GMM), detalhado no Capítulo 48. Um GMM tenta modelar os dados como uma coleção de blobs gaussianos.

3 Há uma versão colorida desta figura no GitHub.

Podemos ajustar o modelo de mistura gaussiana assim:

```
In [20]: from sklearn.mixture import GaussianMixture          # 1. escolha a classe modelo
         model = GaussianMixture(n_components=3,
                                 covariance_type='full')      # 2. instancie o modelo
         model.fit(X_iris)                                    # 3. ajuste o modelo aos dados
         y_gmm = model.predict(X_iris)                        # 4. determine os rótulos
```

Como antes, adicionaremos o rótulo do cluster ao `DataFrame` Iris e usaremos o Seaborn para plotar os resultados (veja a Figura 38-6).

```
In [21]: iris['cluster'] = y_gmm
         sns.lmplot(x="PCA1", y="PCA2", data=iris, hue='species',
                    col='cluster', fit_reg=False);
```

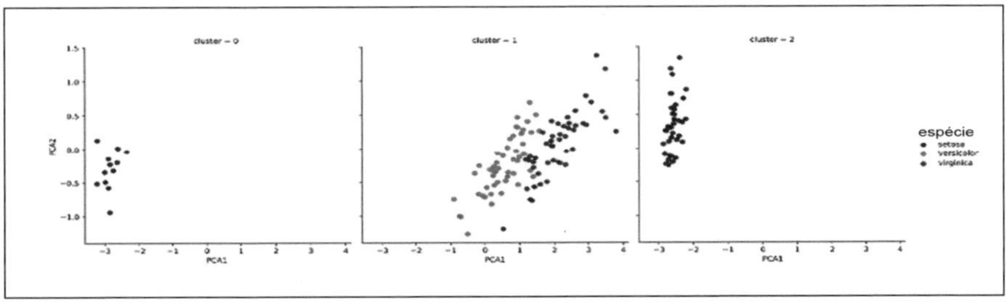

Figura 38-6. Clusters k-means nos dados Iris[4]

Ao dividir os dados por número de clusters, vemos exatamente como o algoritmo GMM recuperou os rótulos subjacentes: a espécie *setosa* é separada perfeitamente no cluster 0, restando uma pequena quantidade mista entre *versicolor* e *virginica*. Isso significa que, mesmo sem um especialista para nos dizer os rótulos das espécies das flores individuais, as medições dessas flores são distintas o suficiente para que possamos identificar *automaticamente* a presença dos diferentes grupos de espécies com um algoritmo simples de clusterização! Esse tipo de algoritmo pode ainda dar aos especialistas da área pistas sobre as relações entre as amostras sendo observadas.

Aplicação: Explorando Dígitos Feitos à Mão

Para demonstrar esses princípios em um problema mais interessante, consideremos uma parte do problema de reconhecimento ótico de caracteres: a identificação de dígitos feitos à mão. Por natureza, esse problema envolve a localização e a identificação dos caracteres em uma imagem. Aqui pegaremos um atalho e usaremos o conjunto de dígitos pré-formatados do Scikit-Learn, predefinido na biblioteca.

4 Há uma versão colorida e em tamanho grande desta figura no GitHub.

Carregando e Visualizando os Dados dos Dígitos

Podemos usar a interface de acesso a dados do Scikit-Learn para ver os dados:

```
In [22]: from sklearn.datasets import load_digits
         digits = load_digits()
         digits.images.shape
Out[22]: (1797, 8, 8)
```

Os dados das imagens são um array tridimensional: 1.797 amostras cada uma consistindo em uma grade 8 × 8 de pixels. Exibiremos os 100 primeiros (Figura 38-7).

```
In [23]: import matplotlib.pyplot as plt

         fig, axes = plt.subplots(10, 10, figsize=(8, 8),
                                  subplot_kw={'xticks':[], 'yticks':[]},
                                  gridspec_kw=dict(hspace=0.1, wspace=0.1))

         for i, ax in enumerate(axes.flat):
             ax.imshow(digits.images[i], cmap='binary', interpolation='nearest')
             ax.text(0.05, 0.05, str(digits.target[i]),
                     transform=ax.transAxes, color='green')
```

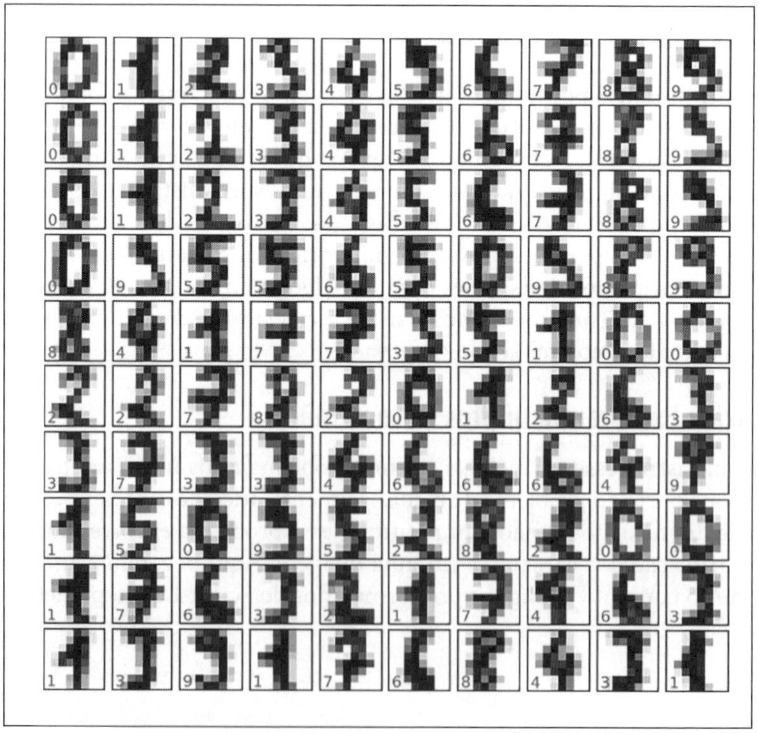

Figura 38-7. Dados dos dígitos feitos à mão; cada amostra é representada por uma grade 8 × 8 de pixels

Para trabalhar com esses dados no Scikit-Learn, precisamos de uma representação bidimensional [n_samples, n_features]. Podemos conseguir isso tratando cada pixel na imagem como uma feature, isto é, nivelando os arrays de pixels para ter um array de valores com comprimento 64, representando cada dígito. Além disso, precisamos do array de destino, que fornece o rótulo previamente determinado para cada dígito. Essas duas quantidades são predefinidas no conjunto de dados de dígitos com os atributos data e target, respectivamente:

```
In [24]: X = digits.data
         X.shape
Out[24]: (1797, 64)

In [25]: y = digits.target
         y.shape
Out[25]: (1797,)
```

Vemos aqui que existem 1.797 amostras e 64 features.

Exemplo de Aprendizado Não Supervisionado: Redução da Dimensionalidade

Gostaríamos de visualizar nossos pontos no espaço de parâmetros com 64 dimensões, mas é difícil visualizar com eficácia os pontos em um espaço de alta dimensão. Em vez disso, reduziremos o número de dimensões, usando um método não supervisionado. Aqui, usaremos um algoritmo de aprendizado múltiplo chamado Isomap (Capítulo 46) e transformaremos os dados em duas dimensões:

```
In [26]: from sklearn.manifold import Isomap
         iso = Isomap(n_components=2)
         iso.fit(digits.data)
         data_projected = iso.transform(digits.data)
         print(data_projected.shape)
Out[26]: (1797, 2)
```

Vemos que os dados projetados agora são bidimensionais. Plotaremos os dados para ver se podemos aprender algo com sua estrutura (veja a Figura 38-8).

```
In [27]: plt.scatter(data_projected[:, 0], data_projected[:, 1], c=digits.target,
                     edgecolor='none', alpha=0.5,
                     cmap=plt.cm.get_cmap('viridis', 10))
         plt.colorbar(label='digit label', ticks=range(10))
         plt.clim(-0.5, 9.5);
```

Este gráfico nos dá uma boa ideia de como os vários números são separados no espaço maior de 64 dimensões. Por exemplo, zeros e uns têm muito pouca sobreposição no espaço do parâmetro. Por intuição, isso faz sentido: o zero tem um vazio no meio da imagem, enquanto o número um geralmente terá tinta no meio. Por outro lado, parece haver um espectro mais ou menos contínuo entre os números um e quatro: podemos entender isso constatando que algumas pessoas escrevem os números um com "chapéus", fazendo com que se pareçam com os números quatro.

Mas no geral, apesar de algumas misturas nas bordas, os diferentes grupos parecem bem localizados no espaço dos parâmetros: isso sugere que até mesmo um algoritmo de classificação supervisionado muito simples deve ser adequado no conjunto de dados de alta dimensão completo. Vamos experimentar.

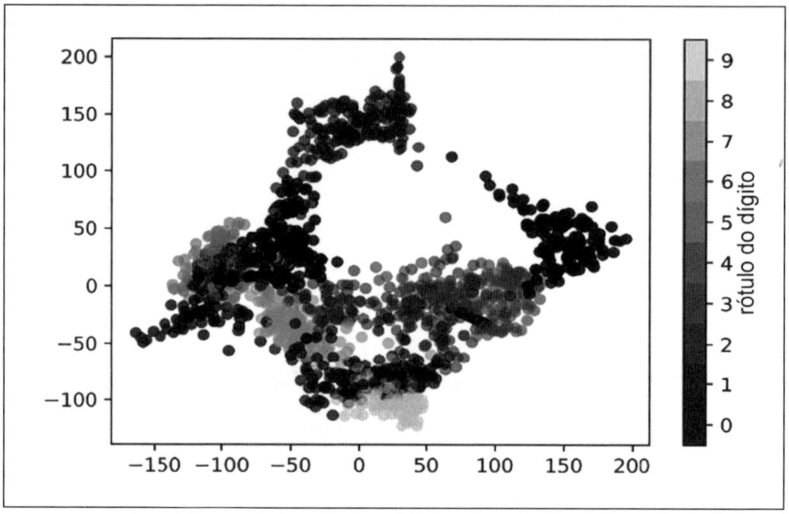

Figura 38-8. Um Isomap incorporando os dados dos dígitos

Classificação nos Dígitos

Aplicaremos um algoritmo de classificação nos dados dos dígitos. Como fizemos com os dados Iris anteriormente, dividiremos os dados em conjuntos de treinamento e teste, e ajustaremos um modelo Gaussian naive Bayes:

```
In [28]: Xtrain, Xtest, ytrain, ytest = train_test_split(X, y, random_state=0)

In [29]: from sklearn.naive_bayes import GaussianNB
         model = GaussianNB()
         model.fit(Xtrain, ytrain)
         y_model = model.predict(Xtest)
```

Agora que temos as previsões do modelo, podemos medir sua precisão comparando os valores reais do conjunto de testes com as previsões:

```
In [30]: from sklearn.metrics import accuracy_score
         accuracy_score(ytest, y_model)
Out[30]: 0.8333333333333334
```

Mesmo com esse modelo muito simples, temos cerca de 83% de precisão para a classificação dos dígitos! No entanto, esse único número não nos diz onde erramos. Uma boa maneira de fazer isso é usar a *matriz de confusão*, que podemos calcular com o Scikit-Learn e plotar com o Seaborn (veja a Figura 38-9).

```
In [31]: from sklearn.metrics import confusion_matrix

         mat = confusion_matrix(ytest, y_model)

         sns.heatmap(mat, square=True, annot=True, cbar=False, cmap='Blues')
         plt.xlabel('predicted value')
         plt.ylabel('true value');
```

Isso nos mostra onde os pontos mal rotulados tendem a estar: por exemplo, muitos números dois aqui são mal classificados como números um ou oito.

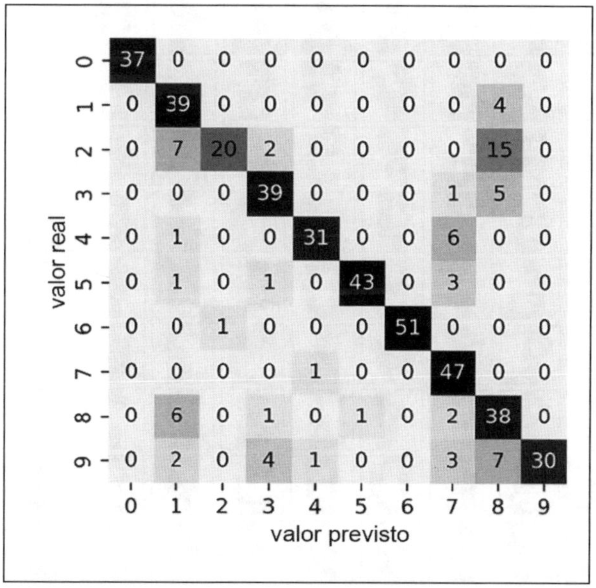

Figure 38-9. Matriz de confusão mostrando a frequência de classificações erradas feitas por nosso classificador

Outra maneira de ter uma ideia das características do modelo é plotar as entradas novamente, com seus rótulos previstos. Usaremos verde para os rótulos corretos e vermelho para os incorretos; veja a Figura 38-10 (e a versão online).

```
In [32]: fig, axes = plt.subplots(10, 10, figsize=(8, 8),
                                  subplot_kw={'xticks':[], 'yticks':[]},
                                  gridspec_kw=dict(hspace=0.1, wspace=0.1))

         test_images = Xtest.reshape(-1, 8, 8)

         for i, ax in enumerate(axes.flat):
             ax.imshow(test_images[i], cmap='binary', interpolation='nearest')
             ax.text(0.05, 0.05, str(y_model[i]),
                     transform=ax.transAxes,
                     color='green' if (ytest[i] == y_model[i]) else 'red')
```

Examinar esse subconjunto de dados pode nos dar uma ideia sobre onde o algoritmo pode não estar funcionando de maneira ideal. Além da nossa taxa de sucesso de 83%, podemos mudar para um algoritmo mais sofisticado, como máquinas de vetores de suporte (Capítulo 43), florestas aleatórias (Capítulo 44) ou outra abordagem de classificação.

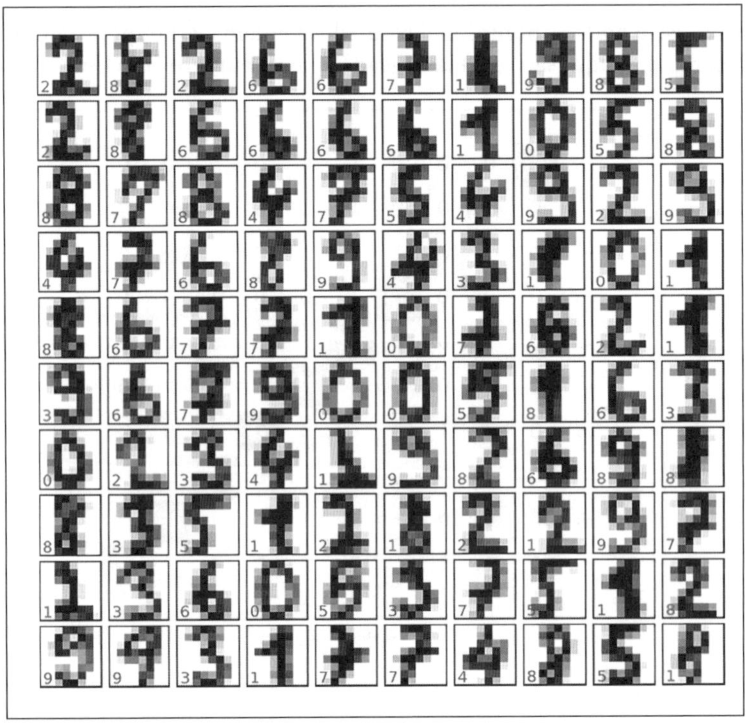

Figura 38-10. Dados mostrando os rótulos corretos (verdes) e os incorretos (vermelhos); para ter uma versão colorida do gráfico, veja a versão online do livro

Resumo

Neste capítulo, abordamos os recursos essenciais da representação de dados do Scikit-Learn e da API Estimator. Independentemente do tipo de estimador usado, o mesmo padrão de importação/instanciação/ajuste/predição é válido. Com essas informações, é possível explorar a documentação do Scikit-Learn e experimentar vários modelos em seus dados.

No próximo capítulo, veremos talvez o tópico mais importante no aprendizado de máquina: como selecionar e validar seu modelo.

CAPÍTULO 39

Hiperparâmetros e Validação do Modelo

No capítulo anterior, vimos a receita básica para aplicar um modelo de aprendizado de máquina supervisionado:

1. Escolha uma classe de modelo.
2. Escolha os hiperparâmetros do modelo.
3. Ajuste o modelo aos dados de treinamento.
4. Use o modelo para prever os rótulos dos novos dados.

As duas primeiras partes (a escolha do modelo e dos hiperparâmetros) talvez sejam as mais importantes para o uso eficaz dessas ferramentas e técnicas. Para fazer escolhas fundamentadas, precisamos de uma maneira de *validar* se nosso modelo e hiperparâmetros são adequados aos dados. Embora possa parecer simples, há algumas armadilhas que você deve evitar para fazer isso com eficiência.

Considerando a Validação do Modelo

A princípio, a validação do modelo é bem simples: depois de escolher um modelo e seus hiperparâmetros, podemos estimar sua eficácia aplicando-o em alguns dados de treinamento e comparando as previsões com os valores conhecidos.

Esta seção primeiro mostrará uma abordagem naive (ingênua) para a validação do modelo e por que falha, antes de explorar o uso dos conjuntos de validação e a validação cruzada para uma avaliação do modelo mais robusta.

Validação do Modelo do Jeito Errado

Iniciaremos com a abordagem naive da validação usando o conjunto de dados Iris visto no capítulo anterior. Começaremos carregando os dados:

```
In [1]: from sklearn.datasets import load_iris
        iris = load_iris()
        X = iris.data
        y = iris.target
```

Em seguida, escolhemos um modelo e os hiperparâmetros. Aqui, usaremos um classificador *k* vizinhos mais próximos com `n_neighbors=1`. É um modelo muito simples e intuitivo que informa "o rótulo de um ponto desconhecido é igual ao rótulo de seu ponto de treinamento mais próximo":

```
In [2]: from sklearn.neighbors import KNeighborsClassifier
        model = KNeighborsClassifier(n_neighbors=1)
```

Em seguida, treinamos o modelo e o usamos para prever os rótulos dos dados cujos rótulos já conhecemos:

```
In [3]: model.fit(X, y)
        y_model = model.predict(X)
```

Por fim, calculamos a fração dos pontos corretamente rotulados:

```
In [4]: from sklearn.metrics import accuracy_score
        accuracy_score(y, y_model)
Out[4]: 1.0
```

Vemos uma pontuação com precisão 1.0, o que indica que 100% dos pontos foram rotulados corretamente por nosso modelo! Mas isso de fato mede a precisão esperada? Realmente encontramos um modelo que esperamos estar correto 100% das vezes?

Como você deve ter percebido, a resposta é não. Na verdade, essa abordagem tem uma falha fundamental: *treina e avalia o modelo nos mesmos dados*. Além disso, esse modelo de vizinho mais próximo é um estimador *baseado em instâncias* que simplesmente armazena os dados de treinamento e prevê os rótulos comparando os novos dados com esses pontos armazenados: exceto nos casos planejados, ele obterá 100% de precisão sempre!

Validação do Modelo do Jeito Certo: Conjuntos de Validação

Então, o que pode ser feito? Uma melhor sensação de desempenho de um modelo pode ser encontrada usando o que é conhecido como *conjunto de validação*, isto é, mantemos um subconjunto dos dados a partir do treinamento do modelo, então, usamos esse conjunto para verificar o desempenho do modelo. Essa divisão pode ser feita usando o utilitário `train_test_split` no Scikit-Learn:

```
In [5]: from sklearn.model_selection import train_test_split
        # divida os dados com 50% em cada conjunto
        X1, X2, y1, y2 = train_test_split(X, y, random_state=0,
                                          train_size=0.5)

        # ajuste o modelo em um conjunto de dados
        model.fit(X1, y1)

        # avalie o modelo no segundo conjunto de dados
        y2_model = model.predict(X2)
        accuracy_score(y2, y2_model)
Out[5]: 0.9066666666666666
```

Vemos aqui um resultado mais razoável: o classificador de um vizinho mais próximo é cerca de 90% preciso nesse conjunto de validação. O conjunto é semelhante aos dados desconhecidos, porque o modelo não os "viu" antes.

Validação do Modelo com Validação Cruzada

Uma desvantagem do uso de um conjunto de validação para a validação do modelo é que perdemos uma parte de nossos dados para o treinamento do modelo. No caso anterior, metade do conjunto de dados não contribui no treinamento do modelo! Isso não é ideal, sobretudo se o conjunto inicial de dados de treinamento é pequeno.

Uma maneira de resolver isso é com a *validação cruzada*, isto é, fazer uma sequência de ajustes onde cada subconjunto dos dados é usado como um conjunto de treinamento e um conjunto de validação. Visualmente, pode parecer com a Figura 39-1.

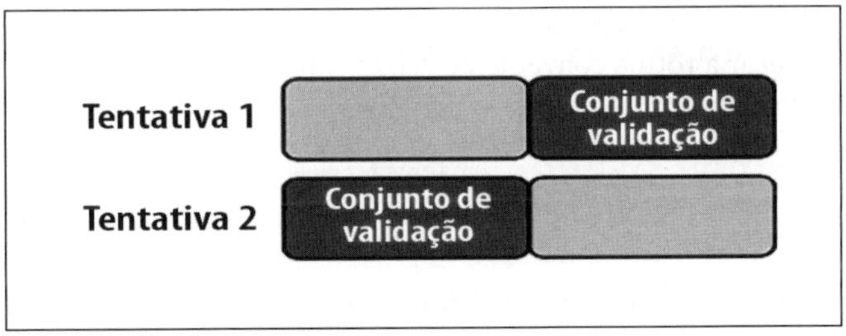

Figura 39-1. Visualização da validação cruzada dupla[1]

Aqui fazemos duas tentativas de validação e uma alternativa é usar cada metade dos dados como um conjunto de validação. Usando os dados divididos anteriores, podemos implementar assim:

```
In [6]: y2_model = model.fit(X1, y1).predict(X2)
        y1_model = model.fit(X2, y2).predict(X1)
        accuracy_score(y1, y1_model), accuracy_score(y2, y2_model)
Out[6]: (0.96, 0.9066666666666666)
```

O resultado são duas pontuações de precisão, que poderíamos combinar (por exemplo, pegando a média) para obter uma melhor medida do desempenho global do modelo. Essa forma particular de validação cruzada é uma *validação cruzada dupla*, ou seja, uma em que dividimos os dados em dois conjuntos e usamos cada um como um conjunto de validação.

Poderíamos expandir essa ideia para usar ainda mais tentativas e mais partes nos dados, por exemplo, a Figura 39-2 mostra a representação visual de uma validação cruzada com cinco partes.

1 O código para produzir esta figura pode ser encontrado no apêndice online.

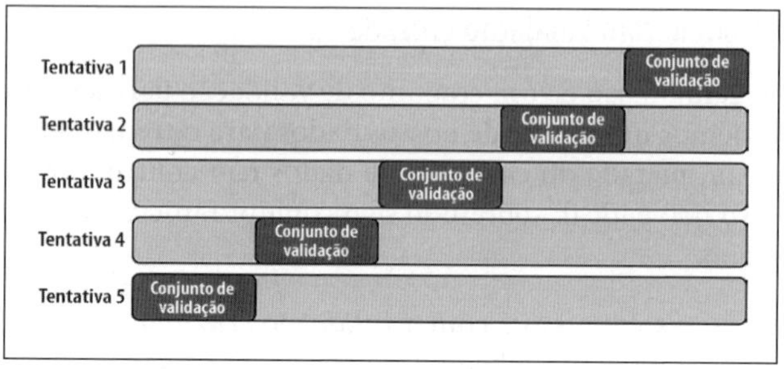

Figura 39-2. Visualização da validação cruzada com cinco partes[2]

Aqui dividimos os dados em cinco grupos e usamos cada um para avaliar o ajuste do modelo nos outros quatro quintos dos dados. Seria bastante chato de fazer à mão, mas podemos usar a rotina conveniente `cross_val_score` do Scikit-Learn para fazê-lo de forma sucinta:

```
In [7]: from sklearn.model_selection import cross_val_score
        cross_val_score(model, X, y, cv=5)
Out[7]: array([0.96666667, 0.96666667, 0.93333333, 0.93333333, 1.        ])
```

Repetir a validação em diferentes subconjuntos de dados nos dá uma ideia ainda melhor do desempenho do algoritmo.

O Scikit-Learn implementa vários esquemas de validação cruzada úteis em certas situações; eles são implementados através de iteradores no módulo `model_selection`. Por exemplo, podemos ter o caso extremo em que o nosso número de partes é igual ao número de pontos de dados, ou seja, treinamos todos os pontos, exceto um em cada tentativa. Essa validação cruzada é conhecida como validação cruzada *leave-one-out* e pode ser usada da seguinte maneira:

```
In [8]: from sklearn.model_selection import LeaveOneOut
        scores = cross_val_score(model, X, y, cv=LeaveOneOut())
        scores
Out[8]: array([1., 1., 1., 1., 1., 1., 1., 1., 1., 1., 1., 1., 1., 1., 1., 1., 1.,
               1., 1., 1., 1., 1., 1., 1., 1., 1., 1., 1., 1., 1., 1., 1., 1., 1.,
               1., 1., 1., 1., 1., 1., 1., 1., 1., 1., 1., 1., 1., 1., 1., 1., 1.,
               1., 1., 1., 1., 1., 1., 1., 1., 1., 1., 1., 1., 1., 1., 1., 1., 1.,
               1., 1., 0., 1., 0., 1., 1., 1., 1., 1., 1., 1., 1., 1., 1., 0., 1.,
               1., 1., 1., 1., 1., 1., 1., 1., 1., 1., 1., 1., 1., 1., 1., 1., 1.,
               1., 1., 1., 1., 0., 1., 1., 1., 1., 1., 1., 1., 1., 1., 1., 1., 1.,
               0., 1., 1., 1., 1., 1., 1., 1., 1., 1., 1., 1., 1., 1., 0., 1., 1.,
               1., 1., 1., 1., 1., 1., 1., 1., 1., 1., 1., 1., 1., 1.])
```

Como temos 150 amostras, a validação cruzada leave-one-out produz pontuações para 150 tentativas e cada pontuação indica uma previsão bem-sucedida (1.0) ou malsucedida (0.0). A média dá uma estimativa da taxa de erro:

```
In [9]: scores.mean()
Out[9]: 0.96
```

2 O código para produzir esta figura pode ser encontrado no apêndice online.

Outros esquemas de validação cruzada podem ser usados de forma semelhante. Para uma descrição do que está disponível no Scikit-Learn, use o IPython para explorar o submódulo `sklearn.model_selection` ou veja a documentação da validação cruzada do Scikit-Learn.

Escolhendo o Melhor Modelo

Agora que exploramos os conceitos básicos da validação e da validação cruzada, detalharemos mais a seleção dos modelos e dos hiperparâmetros. Essas questões são alguns dos aspectos mais importantes da prática do aprendizado de máquina, mas acho que essas informações são muitas vezes evitadas nos tutoriais introdutórios do aprendizado de máquina.

A seguinte pergunta tem uma importância fundamental: *se o nosso estimador está com baixo desempenho, como devemos avançar?* Há várias respostas possíveis:

- Use um modelo mais complexo/flexível.
- Use um modelo menos complexo/flexível.
- Reúna mais amostras de treinamento.
- Reúna mais dados para adicionar features a cada amostra.

A resposta muitas vezes é um contrassenso. Em particular, às vezes, usar um modelo mais complexo trará resultados piores e adicionar mais amostras de treinamento pode não melhorar os resultados! A capacidade de determinar quais etapas melhorarão seu modelo é o que separa os profissionais de aprendizado de máquina bem-sucedidos dos malsucedidos.

Equilíbrio entre Viés e Variância

Fundamentalmente, encontrar "o melhor modelo" é encontrar um ponto ideal no equilíbrio entre *viés* e *variância*. Considere a Figura 39-3, que apresenta dois ajustes de regressão para o mesmo conjunto de dados.

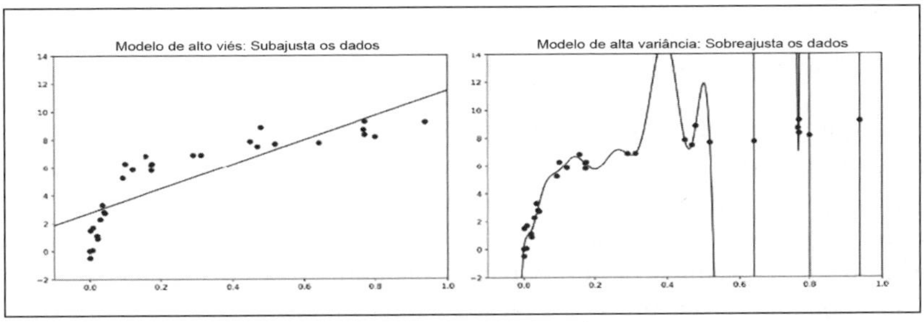

Figura 39-3. Modelos de regressão com alto viés e variância[3]

3 O código para produzir esta figura pode ser encontrado no apêndice online.

É claro que nenhum dos modelos é particularmente um bom ajuste nos dados, mas eles falham de maneiras diferentes.

O modelo à esquerda tenta encontrar um ajuste em linha reta nos dados. Como, nesse caso, uma linha reta não pode dividir os dados com precisão, o modelo de linha reta nunca conseguirá descrever bem esse conjunto de dados. Tal modelo é conhecido como *underfitting* (subajuste dos dados), isto é, não tem flexibilidade suficiente para explicar adequadamente todas as features nos dados. Outra maneira de dizer isso é que o modelo tem um alto viés.

O modelo à direita tenta ajustar um polinômio de alta ordem nos dados. Aqui o ajuste do modelo tem flexibilidade suficiente para explicar quase perfeitamente as features finas nos dados, mas mesmo que ele descreva com muita precisão os dados de treinamento, sua forma precisa parece ser mais um reflexo das propriedades de ruído em particular dos dados do que das propriedades intrínsecas de qualquer processo gerado por esses dados. Tal modelo é conhecido como *overfitting* (sobreajuste dos dados), isto é, tem tanta flexibilidade que o modelo acaba contabilizando os erros aleatórios, bem como a distribuição dos dados subjacente. Outra maneira de dizer isso é que o modelo tem uma alta variância.

Para analisar de outra perspectiva, considere o que acontece se usamos esses dois modelos para prever os valores *y* para alguns dados novos. Nos gráficos da Figura 39-4, os pontos vermelho/claros (na versão online) indicam dados que são omitidos do conjunto de treinamento.

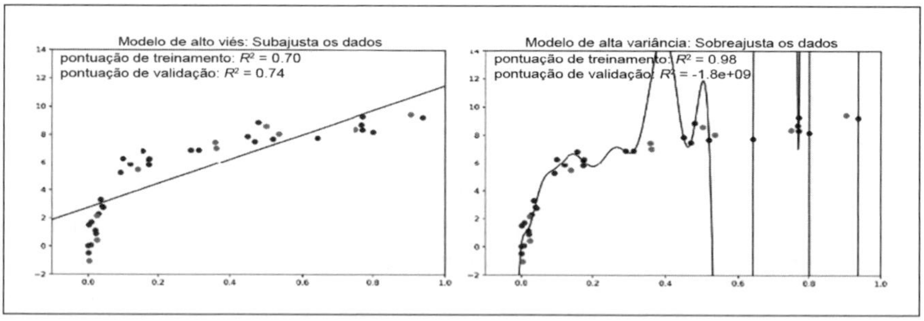

Figura 39-4. Pontuações de treinamento e validação nos modelos de alto viés e variância[4]

A pontuação aqui é R^2 ou o coeficiente de determinação, que mede o desempenho de um modelo em relação a uma média simples dos valores de destino. $R^2 = 1$ indica uma correspondência perfeita, $R^2 = 0$ indica que o modelo não foi melhor, simplesmente pegando a média dos dados, e os valores negativos significam modelos ainda piores. A partir das pontuações associadas aos dois modelos, podemos fazer uma observação de forma mais geral:

4 O código para produzir esta figura pode ser encontrado no apêndice online.

- Para os modelos de alto viés, o desempenho do modelo no conjunto de validação é semelhante ao desempenho no conjunto de treinamento.
- Para os modelos de alta variância, o desempenho do modelo no conjunto de validação é muito pior do que o desempenho no conjunto de treinamento.

Se pensarmos que temos alguma capacidade de ajustar a complexidade do modelo, esperaríamos que as pontuações de treinamento e validação se comportassem como na Figura 39-5, geralmente chamada de *curva de validação*, e veríamos os seguintes aspectos:

- A pontuação de treinamento é, em todos os lugares, maior do que a pontuação de validação. Geralmente é o caso: o modelo será um ajuste melhor para os dados vistos do que para os não vistos.
- Para uma complexidade de modelo muito baixa (um modelo de alto viés), os dados de treinamento são um subajuste, significando que o modelo é um preditor ruim para os dados de treinamento e para quaisquer dados não vistos anteriormente.
- Para uma complexidade de modelo muito alta (um modelo de alta variância), os dados de treinamento são um sobreajuste, ou seja, o modelo prevê os dados de treinamento muito bem, mas falha em qualquer dado não visto.
- Para um valor intermediário, a curva de validação tem um máximo. Esse nível de complexidade indica um equilíbrio adequado entre viés e variância.

Os meios de ajustar a complexidade do modelo variam entre os modelos; quando detalharmos os modelos individuais nos capítulos posteriores, veremos como cada modelo permite tal ajuste.

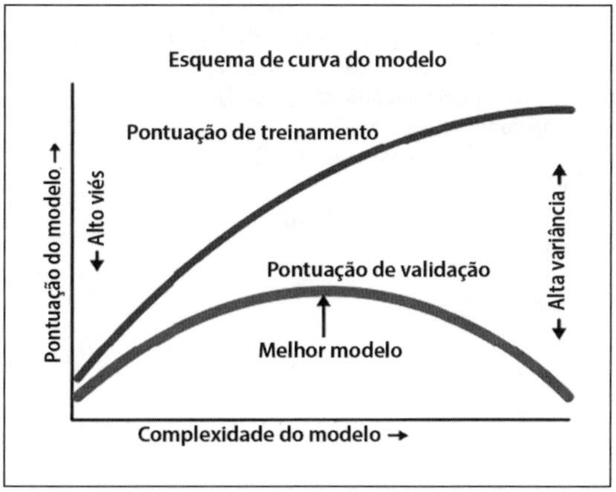

Figura 39-5. Um esquema da relação entre complexidade do modelo, pontuação de treinamento e pontuação de validação[5]

5 O código para produzir esta figura pode ser encontrado no apêndice online.

Curvas de Validação no Scikit-Learn

Um exemplo de uso de validação cruzada para calcular a curva de validação para uma classe de modelos. Aqui usaremos um modelo de *regressão polinomial*, um modelo linear generalizado em que o grau do polinômio é um parâmetro ajustável. Por exemplo, um polinômio de grau 1 ajusta uma linha reta aos dados; para os parâmetros do modelo a e b:

$$y = ax + b$$

Um polinômio de grau 3 ajusta uma curva cúbica aos dados; para os parâmetros do modelo a, b, c, d:

$$y = ax^3 + bx^2 + cx + d$$

Podemos generalizar para quaisquer recursos polinomiais. No Scikit-Learn, podemos implementar isso com um classificador de regressão linear combinado com o pré-processador polinomial. Usaremos um *pipeline* para juntar essas operações (veremos melhor os recursos polinomiais e os pipelines no Capítulo 40):

```
In [10]: from sklearn.preprocessing import PolynomialFeatures
         from sklearn.linear_model import LinearRegression
         from sklearn.pipeline import make_pipeline

         def PolynomialRegression(degree=2, **kwargs):
             return make_pipeline(PolynomialFeatures(degree),
                                  LinearRegression(**kwargs))
```

Agora criaremos alguns dados aos quais ajustaremos nosso modelo:

```
In [11]: import numpy as np

         def make_data(N, err=1.0, rseed=1):
             # amostra aleatória dos dados
             rng = np.random.RandomState(rseed)
             X = rng.rand(N, 1) ** 2
             y = 10 - 1. / (X.ravel() + 0.1)
             if err > 0:
                 y += err * rng.randn(N)
             return X, y

         X, y = make_data(40)
```

Agora podemos visualizar nossos dados, junto com os ajustes polinomiais de vários graus (veja a Figura 39-6).

```
In [12]: %matplotlib inline
         import matplotlib.pyplot as plt
         plt.style.use('seaborn-whitegrid')

         X_test = np.linspace(-0.1, 1.1, 500)[:, None]

         plt.scatter(X.ravel(), y, color='black')
```

```
axis = plt.axis()
for degree in [1, 3, 5]:
    y_test = PolynomialRegression(degree).fit(X, y).predict(X_test)
    plt.plot(X_test.ravel(), y_test, label='degree={0}'.format(degree))
plt.xlim(-0.1, 1.0)
plt.ylim(-2, 12)
plt.legend(loc='best');
```

A complexidade do modelo de controle neste caso é o grau do polinômio, que pode ser qualquer número inteiro não negativo. Uma pergunta útil é: que grau de polinômio fornece um equilíbrio adequado entre viés (subajuste) e variância (sobreajuste)?

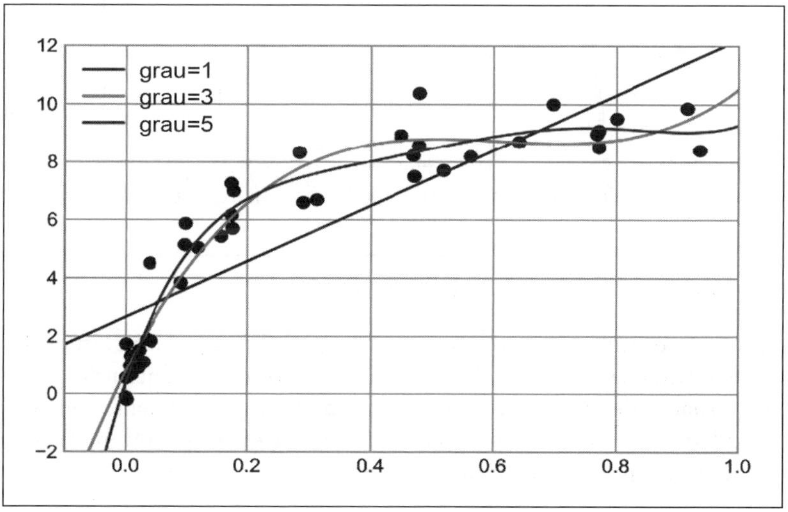

Figura 39-6. Três modelos de polinômio diferentes se ajustam a um conjunto de dados[6]

Podemos progredir visualizando a curva de validação desses dados e modelo específicos; isso pode ser feito diretamente usando a rotina conveniente `validation_curve` fornecida pelo Scikit-Learn. Com um modelo, dados, nome do parâmetro e um intervalo a explorar, essa função calculará automaticamente as pontuações de treinamento e validação em todo o intervalo (Figura 39-7).

```
In [13]: from sklearn.model_selection import validation_curve
         degree = np.arange(0, 21)
         train_score, val_score = validation_curve(
               PolynomialRegression(), X, y,
               param_name='polynomialfeatures__degree',
               param_range=degree, cv=7)

         plt.plot(degree, np.median(train_score, 1),
                  color='blue', label='training score')
```

6 Há uma versão colorida desta figura no GitHub.

```
plt.plot(degree, np.median(val_score, 1),
         color='red', label='validation score')
plt.legend(loc='best')
plt.ylim(0, 1)
plt.xlabel('degree')
plt.ylabel('score');
```

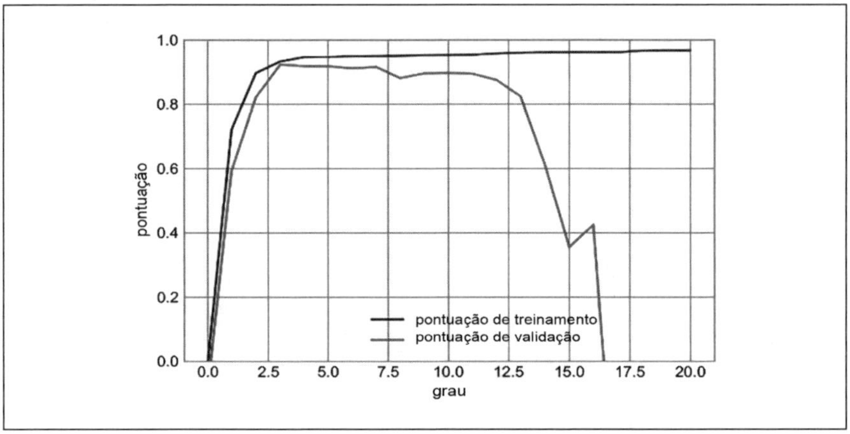

Figura 39-7. As curvas de validação dos dados na Figura 39-9

Isso mostra precisamente o comportamento qualitativo que esperamos: a pontuação de treinamento é, em todos os lugares, maior que a pontuação de validação, a pontuação de treinamento está melhorando uniformemente com a maior complexidade do modelo e a pontuação de validação atinge um máximo antes de cair quando o modelo se torna de sobreajuste.

A partir da curva de validação, podemos determinar que o equilíbrio ideal entre viés e variância é encontrado para um polinômio de terceira ordem. Podemos calcular e exibir esse ajuste nos dados originais da seguinte forma (Figura 39-8).

```
In [14]: plt.scatter(X.ravel(), y)
         lim = plt.axis()
         y_test = PolynomialRegression(3).fit(X, y).predict(X_test)
         plt.plot(X_test.ravel(),
         y_test);
         plt.axis(lim);
```

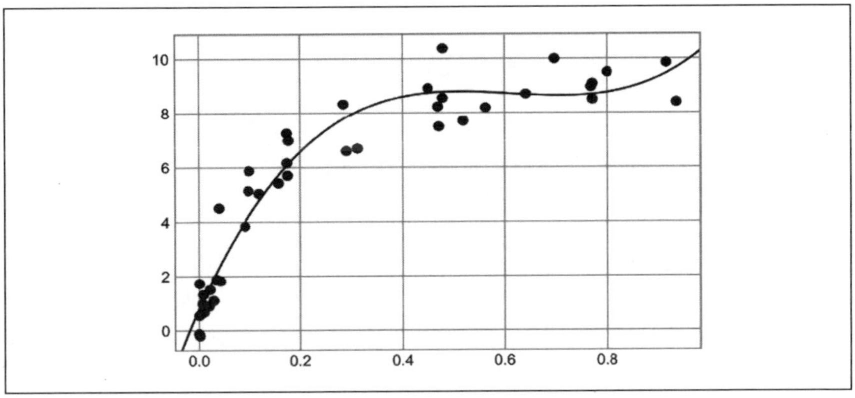

Figura 39-8. Modelo ideal de validação cruzada para os dados na Figura 39-6

Observe que encontrar esse modelo ideal não nos exigiu calcular a pontuação de treinamento, mas examinar a relação entre as pontuações de treinamento e validação pode nos dar informações úteis sobre o desempenho do modelo.

Curvas de Aprendizado

Um aspecto importante da complexidade do modelo é que o modelo ideal em geral dependerá do tamanho dos seus dados de treinamento. Por exemplo, iremos gerar um novo conjunto de dados com cinco vezes mais pontos (veja a Figura 39-9).

```
In [15]: X2, y2 = make_data(200)
         plt.scatter(X2.ravel(), y2);
```

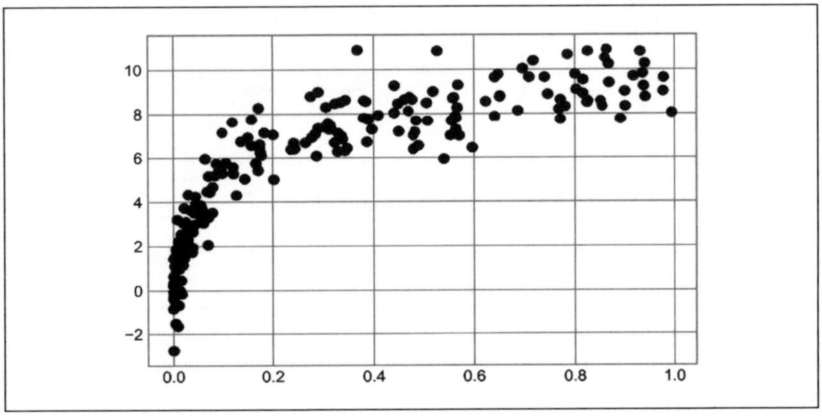

Figura 39-9. Dados para demonstrar as curvas de aprendizado

Agora duplicaremos o código anterior para plotar a curva de validação para o conjunto de dados maior; para ter uma referência, plotaremos os resultados anteriores sobrepostos também (veja a Figura 39-10).

```
In [16]: degree = np.arange(21)
         train_score2, val_score2 = validation_curve(
                PolynomialRegression(), X2, y2,
                param_name='polynomialfeatures__degree',
                param_range=degree, cv=7)

         plt.plot(degree, np.median(train_score2, 1),
                  color='blue', label='training score')
         plt.plot(degree, np.median(val_score2, 1),
                  color='red', label='validation score')
         plt.plot(degree, np.median(train_score, 1),
                  color='blue', alpha=0.3, linestyle='dashed')
         plt.plot(degree, np.median(val_score, 1),
                  color='red', alpha=0.3, linestyle='dashed')
         plt.legend(loc='lower center')
         plt.ylim(0, 1)
         plt.xlabel('degree')
         plt.ylabel('score');
```

As linhas sólidas mostram os novos resultados, já as linhas tracejadas mais fracas mostram os resultados no conjunto de dados menor anterior. Fica claro a partir da curva de validação que o conjunto de dados maior pode suportar um modelo muito mais complexo: o pico aqui é provavelmente em torno do grau 6, mas até um modelo de grau 20 não está sobreajustando seriamente os dados — as pontuações de validação e treinamento permanecem muito próximas.

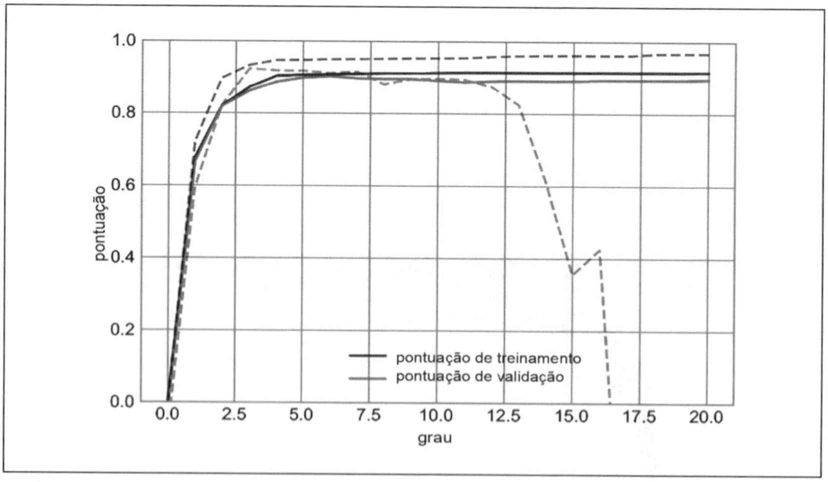

Figura 39-10. Curvas de aprendizado para o ajuste do modelo de polinômio aos dados na Figura 39-9[7]

Assim, o comportamento da curva de validação não possui uma, mas duas entradas importantes: a complexidade do modelo e o número de pontos de treinamento. Podemos obter mais informações explorando o comportamento do

7 Há uma versão colorida desta figura no GitHub.

modelo em função do número de pontos de treinamento, o que podemos fazer usando subconjuntos cada vez maiores dos dados para ajustar nosso modelo. Um gráfico da pontuação de treinamento/validação em relação ao tamanho do conjunto de treinamento por vezes é conhecido como *curva de aprendizado.*

O comportamento geral que esperaríamos de uma curva de aprendizado é:

- Um modelo de certa complexidade será um *sobreajuste* de um pequeno conjunto de dados: isso significa que a pontuação de treinamento será relativamente alta e a pontuação de validação será relativamente baixa.
- Um modelo de certa complexidade terá um *subajuste* de um grande conjunto de dados: isso significa que a pontuação de treinamento diminuirá, mas a pontuação de validação aumentará.
- Um modelo nunca dará, exceto por acaso, uma melhor pontuação ao conjunto de validação do que o conjunto de treinamento: isso significa que as curvas devem ficar mais próximas, mas nunca se cruzam.

Com essas features em mente, esperaríamos que uma curva de aprendizado parecesse qualitativamente com a Figura 39-11.

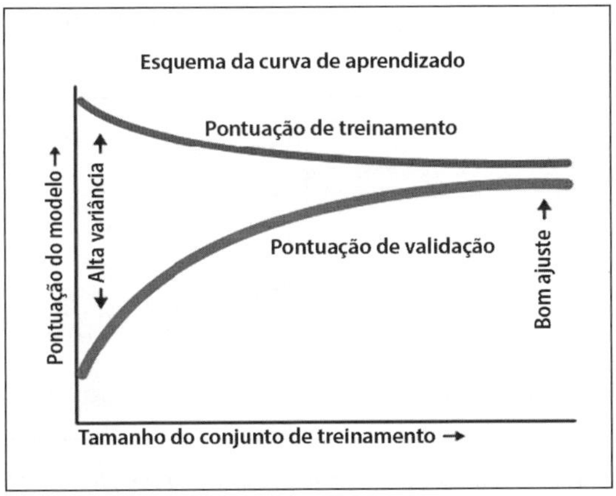

Figura 39-11. Esquema mostrando a interpretação típica das curvas de aprendizado[8]

Um aspecto notável da curva de aprendizado é a convergência para uma pontuação específica à medida que o número de amostras de treinamento cresce. Em particular, quando você tem pontos suficientes que um modelo específico convergiu, *adicionar mais dados de treinamento não ajudará!* A única maneira de aumentar o desempenho do modelo nesse caso é usar outro modelo (muitas vezes mais complexo).

O Scikit-Learn tem um utilitário conveniente para calcular tais curvas de aprendizado a partir dos modelos; aqui calcularemos uma curva de aprendizado para

8 O código para produzir esta figura pode ser encontrado no apêndice online.

nosso conjunto de dados original com um modelo polinomial de segunda ordem e um polinômio de nona ordem (veja a Figura 39-12).

```
In [17]: from sklearn.model_selection import learning_curve

         fig, ax = plt.subplots(1, 2, figsize=(16, 6))
         fig.subplots_adjust(left=0.0625, right=0.95, wspace=0.1)

         for i, degree in enumerate([2, 9]):
             N, train_lc, val_lc = learning_curve(
                 PolynomialRegression(degree), X, y, cv=7,
                 train_sizes=np.linspace(0.3, 1, 25))

             ax[i].plot(N, np.mean(train_lc, 1),
                        color='blue', label='training score')
             ax[i].plot(N, np.mean(val_lc, 1),
                        color='red', label='validation score')
             ax[i].hlines(np.mean([train_lc[-1], val_lc[-1]]), N[0],
                          N[-1], color='gray', linestyle='dashed')

             ax[i].set_ylim(0, 1)
             ax[i].set_xlim(N[0], N[-1])
             ax[i].set_xlabel('training size')
             ax[i].set_ylabel('score')
             ax[i].set_title('degree = {0}'.format(degree), size=14)
             ax[i].legend(loc='best')
```

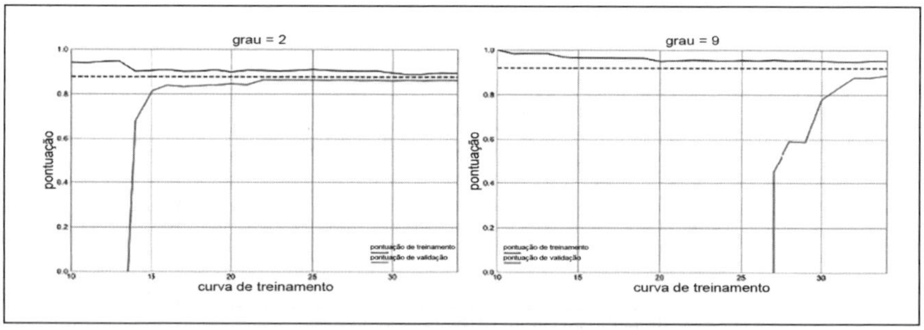

Figura 39-12. Curvas de aprendizado para um modelo de baixa complexidade (esquerda) e um modelo de alta complexidade (direita)[9]

É um diagnóstico valioso, porque nos dá uma representação visual de como nosso modelo responde a quantidades crescentes de dados de treinamento. Em particular, quando a curva de aprendizado já convergiu (ou quando as curvas de treinamento e validação já estão próximas) *adicionar mais dados de treinamento não melhorará muito o ajuste!* Essa situação é vista no painel à esquerda, com a curva de aprendizagem para o modelo de grau 2.

A única maneira de aumentar a pontuação convergente é com um modelo diferente (em geral mais complexo). Vemos isso no painel à direita: ao passar para um modelo muito mais complexo, aumentamos a pontuação de convergência

9 Há uma versão em tamanho grande da figura no GitHub.

(indicada pela linha tracejada), mas às custas de maior variância do modelo (indicada pela diferença entre as pontuações de treinamento e validação). Se fôssemos adicionar ainda mais pontos de dados, a curva de aprendizado para o modelo mais complexo acabaria convergindo.

Plotar uma curva de aprendizado para sua escolha em particular do modelo e do conjunto de dados pode ajudá-lo a tomar uma decisão sobre como avançar na melhoria de sua análise.

As linhas sólidas mostram os novos resultados, já as linhas tracejadas mais fracas mostram os resultados no conjunto de dados menor anterior. Está claro, a partir da curva de validação, que o conjunto de dados maior pode suportar um modelo muito mais complexo: o pico aqui provavelmente fica em torno do grau 6, mas até um modelo de grau 20 não está sobreajustando seriamente os dados — as pontuações de validação e treinamento permanecem muito próximas.

Validação na Prática: Pesquisa em Grade

A análise anterior é para lhe dar uma ideia sobre o equilíbrio entre viés e variância, e sua dependência da complexidade do modelo e do tamanho do conjunto de treinamento. Na prática, os modelos costumam ter mais de um botão para girar, o que significa que os gráficos das curvas de validação e aprendizagem mudam de linhas para superfícies multidimensionais. Nesses casos, essas visualizações são difíceis e preferimos simplesmente encontrar o modelo específico que maximiza a pontuação de validação.

O Scikit-Learn tem algumas ferramentas para tornar essa pesquisa mais conveniente: aqui consideraremos o uso da pesquisa em grade (grid search) para encontrar o modelo polinomial ideal. Veremos uma grade bidimensional de features do modelo, ou seja, o grau polinomial e o flag informando se é para ajustar a interceptação. Isso pode ser configurado usando o metaestimador `GridSearchCV` do Scikit-Learn:

```
In [18]: from sklearn.model_selection import GridSearchCV

         param_grid = {'polynomialfeatures  degree': np.arange(21),
                       'linearregression  fit_intercept': [True, False]}

         grid = GridSearchCV(PolynomialRegression(), param_grid, cv=7)
```

Observe que, como um estimador normal, isso ainda não foi aplicado a nenhum dado. Chamar o método `fit` ajustará o modelo em cada ponto da grade, controlando as pontuações ao longo do caminho:

```
In [19]: grid.fit(X, y);
```

Agora que o modelo está ajustado, podemos pedir parâmetros melhores:

```
In [20]: grid.best_params_
Out[20]: {'linearregression  fit_intercept': False, 'polynomialfeatures  degree': 4}
```

Por fim, se quisermos, podemos usar o melhor modelo e mostrar o ajuste para os dados usando o código de antes (veja a Figura 39-13).

```
In [21]: model = grid.best_estimator_

         plt.scatter(X.ravel(), y)
         lim = plt.axis()
         y_test = model.fit(X, y).predict(X_test)
         plt.plot(X_test.ravel(), y_test);
         plt.axis(lim);
```

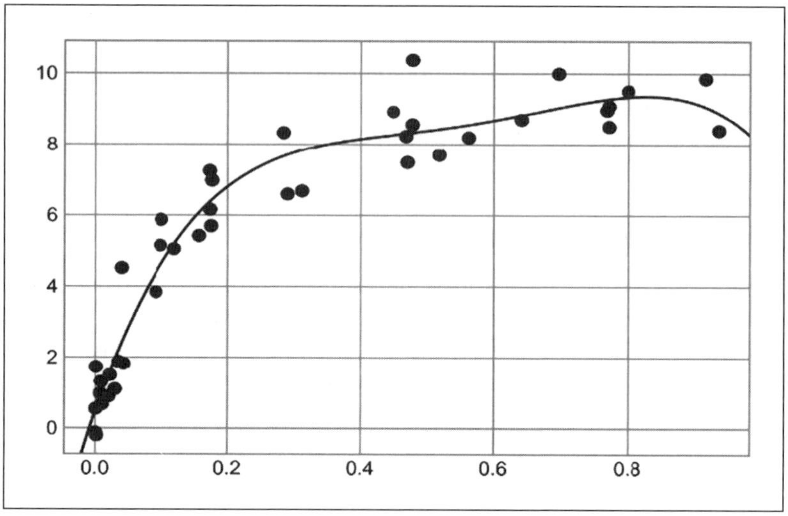

Figura 39-13. Modelo de melhor ajuste determinado com uma pesquisa em grade automática

Mais opções no `GridSearchCV` incluem a capacidade de especificar uma função de pontuação personalizada, fazer cálculos paralelos, fazer pesquisas aleatórias etc. Para obter mais informações, consulte os exemplos nos Capítulos 49 e 50, ou consulte a documentação de pesquisa na grade do Scikit-Learn.

Resumo

Neste capítulo, começamos a explorar o conceito de validação do modelo e otimização de hiperparâmetros, focando os aspectos intuitivos do equilíbrio entre viés e variância, e como ele atua ao ajustar os modelos aos dados. Em particular, descobrimos que o uso de um conjunto de validação ou uma abordagem de validação cruzada é essencial ao ajustar parâmetros para evitar o sobreajuste para modelos mais complexos/flexíveis.

Nos capítulos posteriores, detalharemos modelos particularmente úteis, qual ajuste está disponível para esses modelos e como esses parâmetros livres afetam a complexidade do modelo. Mantenha as lições deste capítulo em mente enquanto lê e aprende sobre as abordagens do aprendizado de máquina!

CAPÍTULO 40

Feature Engineering

Os capítulos anteriores descreveram as ideias fundamentais do aprendizado de máquina, mas todos os exemplos até agora presumiram que você tem dados numéricos em um formato `[n_samples, n_features]` organizado. No mundo real, os dados raramente são assim. Com isso em mente, uma das etapas mais importantes no uso do aprendizado de máquina na prática é a *feature enginneering* (*engenharia de recursos*), isto é, pegar qualquer informação sobre seu problema e transformá-la em números que você possa usar para criar sua matriz de features.

Neste capítulo, abordaremos alguns exemplos comuns das tarefas de feature enginneering: veremos as features para representar dados categóricos, texto e imagens. Além disso, veremos as features derivadas para aumentar a complexidade do modelo e a entrada de dados ausentes. Esse processo é comumente referido como vetorização, pois envolve a conversão de dados arbitrários em vetores bem comportados.

Features Categóricas

Um tipo comum de dados não numéricos são os dados *categóricos*. Por exemplo, imagine que esteja explorando alguns dados sobre os preços de habitação e, junto com as features numéricas, como "preço" e "quartos", você também tem informações do "bairro". Por exemplo, seus dados poderão ser mais ou menos assim:

```
In [1]: data = [
            {'price': 850000, 'rooms': 4, 'neighborhood': 'Queen Anne'},
            {'price': 700000, 'rooms': 3, 'neighborhood': 'Fremont'},
            {'price': 650000, 'rooms': 3, 'neighborhood': 'Wallingford'},
            {'price': 600000, 'rooms': 2, 'neighborhood': 'Fremont'}
        ]
```

Você pode ficar tentado a codificar esses dados com um mapeamento numérico simples:

```
In [2]: {'Queen Anne': 1, 'Fremont': 2, 'Wallingford': 3};
```

Mas acontece que geralmente não é uma abordagem útil no Scikit-Learn. Os modelos do pacote fazem a suposição fundamental de que as features numéricas refletem quantidades algébricas, de modo que tal mapeamento implicaria, por exemplo, que *Queen Anne* < *Fremont* < *Wallingford* ou mesmo que *Wallingford–Queen Anne* = *Fremont*, o que (piadas demográficas de nicho à parte) não faz muito sentido.

Nesse caso, uma técnica comprovada é usar a *one-hot encoding*, que efetivamente cria colunas extras indicando a presença ou a ausência de uma categoria com um valor 1 ou 0, respectivamente. Quando seus dados tiverem a forma de uma lista de dicionários, `DictVectorizer` do Scikit-Learn fará isto:

```
In [3]: from sklearn.feature_extraction import DictVectorizer
        vec = DictVectorizer(sparse=False, dtype=int)
        vec.fit_transform(data)
Out[3]: array([[      0,      1,      0, 850000,      4],
               [      1,      0,      0, 700000,      3],
               [      0,      0,      1, 650000,      3],
               [      1,      0,      0, 600000,      2]])
```

Observe que a coluna `neighborhood` foi expandida em três colunas separadas representando os três rótulos de vizinhança e cada linha tem 1 na coluna associada à sua vizinhança. Com essas features categóricas assim codificadas, você pode proceder normalmente com o ajuste de um modelo Scikit-Learn.

Para ver o significado de cada coluna, examine os nomes das features:

```
In [4]: vec.get_feature_names_out()
Out[4]: array(['neighborhood=Fremont', 'neighborhood=Queen Anne',
               'neighborhood=Wallingford', 'price', 'rooms'], dtype=object)
```

Há uma clara desvantagem nessa abordagem: se sua categoria tiver muitos valores possíveis, isso poderá aumentar *muito* o tamanho do conjunto de dados. No entanto, como os dados codificados contêm principalmente zeros, uma saída esparsa pode ser uma solução muito eficiente:

```
In [5]: vec = DictVectorizer(sparse=True, dtype=int)
        vec.fit_transform(data)
Out[5]: <4x5 sparse matrix of type '<class 'numpy.int64'>'
            with 12 stored elements in Compressed Sparse Row format>
```

Quase todos os estimadores do Scikit-Learn aceitam essas entradas esparsas ao ajustar e avaliar os modelos. Duas ferramentas adicionais que o Scikit-Learn inclui para suportar essa codificação são `sklearn.preprocessing.OneHotEncoder` e `sklearn.feature_extraction.FeatureHasher`.

Features de Texto

Outra necessidade comum na feature enginneering é converter o texto em um conjunto de valores numéricos representativos. Por exemplo, a mineração mais automática de dados das redes sociais depende de alguma forma de codificação do texto como números. Um dos métodos mais simples de codificação desse tipo de dado é por *contagem de palavras*: você pega cada trecho de texto, conta as ocorrências de cada palavra dentro dele e coloca os resultados em uma tabela.

Por exemplo, considere o seguinte conjunto de três frases:

```
In [6]: sample = ['problem of evil',
                  'evil queen',
                  'horizon problem']
```

Para uma vetorização desses dados com base na contagem de palavras, poderíamos criar colunas individuais representando as palavras "problem", "of", "evil" etc. Embora fazer isso à mão seja possível neste exemplo simples, o tédio pode ser evitado usando `CountVectorizer` do Scikit-Learn:

```
In [7]: from sklearn.feature_extraction.text import CountVectorizer

        vec = CountVectorizer()
        X = vec.fit_transform(sample)
        X
Out[7]: <3x5 sparse matrix of type '<class 'numpy.int64'>'
                with 7 stored elements in Compressed Sparse Row format>
```

O resultado é uma matriz esparsa registrando o número de vezes que cada palavra aparece; será mais fácil inspecionar se convertermos isso em um `DataFrame` com colunas rotuladas:

```
In [8]: import pandas as pd
        pd.DataFrame(X.toarray(), columns=vec.get_feature_names_out())
Out[8]:    evil  horizon  of  problem  queen
        0     1        0   1        1      0
        1     1        0   0        0      1
        2     0        1   0        1      0
```

Mas há problemas no uso de uma simples contagem de palavras brutas: pode levar a features que colocam muito peso nas palavras que aparecem com muita frequência e pode não ser ideal em alguns algoritmos de classificação. Uma abordagem para corrigir isso é conhecida como *term frequency–inverse documento frequency (TF-IDF)*, que pondera a contagem de palavras por uma medida de quantas vezes elas aparecem nos documentos. A sintaxe para calcular essas features é semelhante ao exemplo anterior:

As linhas sólidas mostram os novos resultados e as tracejadas mais fracas mostram os resultados no conjunto de dados menor anterior. Fica claro a partir da curva de validação que o conjunto de dados maior pode suportar um modelo muito mais complexo: o pico aqui é provavelmente em torno de um grau 6, mas mesmo um modelo de grau 20 não está sobreajustando seriamente os dados — as pontuações de validação e treinamento permanecem muito próximas.

```
In [9]: from sklearn.feature_extraction.text import TfidfVectorizer
        vec = TfidfVectorizer()
        X = vec.fit_transform(sample)
```

```
        pd.DataFrame(X.toarray(), columns=vec.get_feature_names_out())
Out[9]:          evil   horizon        of   problem     queen
        0    0.517856  0.000000  0.680919  0.517856  0.000000
        1    0.605349  0.000000  0.000000  0.000000  0.795961
        2    0.000000  0.795961  0.000000  0.605349  0.000000
```

Para um exemplo de uso de TF-IDF em um problema de classificação, veja o Capítulo 41.

Features da Imagem

Outra necessidade comum é codificar as imagens adequadamente para a análise do aprendizado de máquina. A abordagem mais simples é a que usamos para os dados dos dígitos no Capítulo 38: basta usar os próprios valores de pixel. Mas dependendo da aplicação, pode não ser o ideal.

Um resumo completo das técnicas de extração de features para imagens está muito além do escopo deste capítulo, mas você pode encontrar excelentes implementações de muitas abordagens padrão no projeto Scikit-Image. Para um exemplo de uso do Scikit-Learn e do Scikit-Image juntos, veja o Capítulo 50.

Features Derivadas

Outro tipo útil de recurso é o matematicamente derivado de algumas features de entrada. Vimos um exemplo no Capítulo 39 quando criamos *features polinomiais* a partir dos dados de entrada. Vimos que poderíamos converter uma regressão linear em uma regressão polinomial sem mudar o modelo, mas transformando a entrada!

Por exemplo, fica claro que estes dados não podem ser bem descritos por uma linha reta (veja a Figura 40-1):

```
In [10]: %matplotlib inline
         import numpy as np
         import matplotlib.pyplot as plt

         x = np.array([1, 2, 3, 4, 5])
         y = np.array([4, 2, 1, 3, 7])
         plt.scatter(x, y)
```

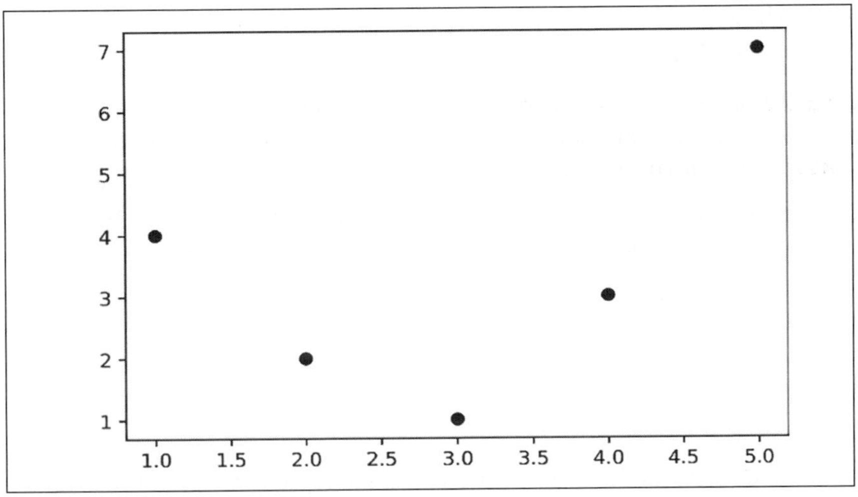

Figura 40-1. Dados que não são bem descritos por uma linha reta

Ainda podemos ajustar uma linha aos dados usando `LinearRegression` e obter o resultado ideal, como na Figura 40-2:

```
In [11]: from sklearn.linear_model import LinearRegression
         X = x[:, np.newaxis]
         model = LinearRegression().fit(X, y)
         yfit = model.predict(X)
         plt.scatter(x, y)
         plt.plot(x, yfit);
```

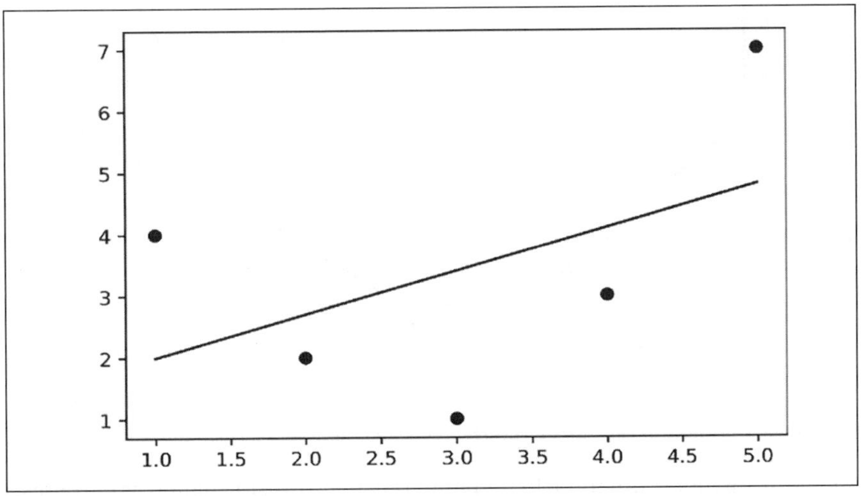

Figura 40-2. Ajuste de linha reta ruim

Mas é claro que precisamos de um modelo mais sofisticado para descrever a relação entre x e y.

Uma abordagem é transformar os dados adicionando colunas extras de features para gerar mais flexibilidade no modelo. Por exemplo, podemos adicionar features polinomiais aos dados assim:

```
In [12]: from sklearn.preprocessing import PolynomialFeatures
         poly = PolynomialFeatures(degree=3, include_bias=False)
         X2 = poly.fit_transform(X)
         print(X2)
Out[12]: [[  1.   1.   1.]
          [  2.   4.   8.]
          [  3.   9.  27.]
          [  4.  16.  64.]
          [  5.  25. 125.]]
```

A matriz de features derivadas tem uma coluna representando x, uma segunda coluna representando x^2 e uma terceira representando x^3. Calcular uma regressão linear nessa entrada expandida dá um ajuste muito mais próximo aos dados, como se pode ver na Figura 40-3:

```
In [13]: model = LinearRegression().fit(X2, y)
         yfit = model.predict(X2)
         plt.scatter(x, y)
         plt.plot(x, yfit);
```

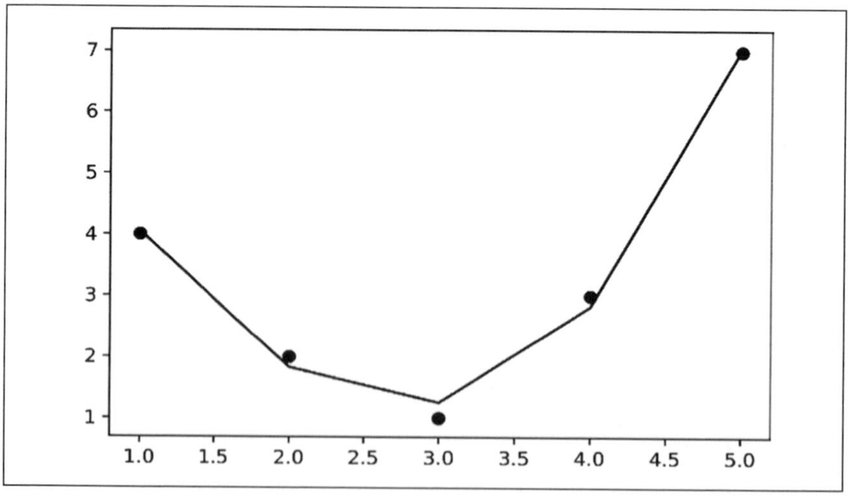

Figura 40-3. Um ajuste linear para as features polinomiais derivadas a partir dos dados

A ideia de melhorar um modelo sem mudá-lo, mas transformando as entradas, é fundamental para muitos métodos de aprendizado de máquina mais avançados. Exploraremos essa ideia mais adiante no Capítulo 42 no contexto da *regressão de função base*.

De modo geral, é uma motivação para o poderoso conjunto de técnicas conhecidas como *métodos de kernel*, que veremos no Capítulo 43.

Imputação de Dados Ausentes

Outra necessidade comum na feature enginnering é o tratamento de dados ausentes. Vimos esse tratamento nos objetos `DataFrame` no Capítulo 16 e vimos que `NaN` costuma ser usado para marcar os valores ausentes. Por exemplo, podemos ter um conjunto de dados assim:

```
In [14]: from numpy import nan
         X = np.array([[ nan, 0,   3  ],
                       [ 3,   7,   9  ],
                       [ 3,   5,   2  ],
                       [ 4,   nan, 6  ],
                       [ 8,   8,   1  ]])
         y = np.array([14, 16, -1,  8, -5])
```

Ao aplicar um modelo típico de aprendizado de máquina nos dados, precisaremos primeiro substituir os valores ausentes por algum valor de preenchimento adequado. Isso é conhecido como *imputação* de valores ausentes e as estratégias variam de simples (por exemplo, substituir os valores ausentes pela média da coluna) a sofisticadas (usar a conclusão da matriz ou um modelo robusto para lidar com os dados).

As abordagens sofisticadas tendem a ser muito específicas da aplicação e não serão detalhadas aqui. Para uma abordagem de imputação da linha de base usando o valor médio, mediano ou mais frequente, o Scikit-Learn fornece a classe `SimpleImputer`:

```
In [15]: from sklearn.impute import SimpleImputer
         imp = SimpleImputer(strategy='mean')
         X2 = imp.fit_transform(X)
         X2
Out[15]: array([[4.5, 0. , 3. ],
                [3. , 7. , 9. ],
                [3. , 5. , 2. ],
                [4. , 5. , 6. ],
                [8. , 8. , 1. ]])
```

Vemos que nos dados resultantes, os dois valores ausentes foram substituídos pela média dos valores restantes na coluna. Esses dados atribuídos podem então ser alimentados diretamente em, por exemplo, um estimador `LinearRegression`:

```
In [16]: model = LinearRegression().fit(X2, y)
         model.predict(X2)
Out[16]: array([13.14869292, 14.3784627 , -1.15539732, 10.96606197, -5.33782027])
```

Feature Pipelines

Com qualquer um dos exemplos anteriores, fica chato muito rápido fazer as transformações à mão, sobretudo se você deseja encadear várias etapas. Por exemplo, podemos querer um pipeline de processamento assim:

1. Atribua os valores ausentes usando a média.
2. Transforme as features em quadráticos.
3. Ajuste um modelo de regressão linear.

Para simplificar esse pipeline de processamento, o Scikit-Learn fornece um objeto `Pipeline`, que pode ser usado da seguinte forma:

```
In [17]: from sklearn.pipeline import make_pipeline

         model = make_pipeline(SimpleImputer(strategy='mean'),
                               PolynomialFeatures(degree=2),
                               LinearRegression())
```

Esse pipeline parece e age como um objeto padrão do Scikit-Learn e aplicará todas as etapas especificadas a qualquer dado de entrada:

```
In [18]: model.fit(X, y)  # X com valores ausentes, de antes
         print(y)
         print(model.predict(X))
Out[18]: [14 16 -1  8 -5]
         [14. 16. -1.  8. -5.]
```

Todas as etapas do modelo são aplicadas automaticamente. Observe que para simplificar, nesta demonstração aplicamos o modelo aos dados nos quais ele foi treinado; é por isso que ele conseguiu prever perfeitamente o resultado (consulte o Capítulo 39 para ter uma análise melhor).

Para alguns exemplos de pipelines do Scikit-Learn em ação, consulte o capítulo seguinte sobre a classificação naive Bayes, bem como os Capítulos 42 e 43.

CAPÍTULO 41

Aprofundando: Classificação Naive Bayes

Os quatro capítulos anteriores deram uma visão geral dos conceitos de aprendizado de máquina. No resto da Parte V, primeiro veremos melhor os quatro algoritmos para o aprendizado supervisionado, depois os quatro algoritmos para o aprendizado não supervisionado. Começamos aqui com nosso primeiro método supervisionado, a classificação naive Bayes.

Os modelos naive Bayes são um grupo de algoritmos de classificação extremamente rápidos e simples, sempre adequados para os conjuntos de dados de alta dimensão. Por serem tão rápidos e terem tão poucos parâmetros ajustáveis, acabam sendo úteis como uma linha de base rápida para um problema de classificação. Este capítulo dará uma explicação intuitiva de como os classificadores naive Bayes funcionam, seguida por alguns exemplos em ação usando certos conjuntos de dados.

Classificação Bayesiana

Os classificadores naive Bayes se baseiam nos métodos de classificação bayesiana. Eles se apoiam no teorema de Bayes, que é uma equação que descreve a relação das probabilidades condicionais de grandezas estatísticas. Na classificação bayesiana, estamos interessados em encontrar a probabilidade de certo rótulo L com algumas features observadas, que podemos escrever como $P(L \mid \text{features})$. O teorema de Bayes nos diz como expressar isso em termos de quantidades que podemos calcular mais diretamente:

$$P(L \mid \text{aspectos}) = \frac{P(\text{aspectos} \mid L)P(L)}{P(\text{aspectos})}$$

Para decidir entre os dois rótulos (iremos chamá-los de L_1 e L_2), então uma maneira de tomar essa decisão é calcular a razão das probabilidades posteriores para cada rótulo:

$$\frac{P(L_1 \mid \text{aspectos})}{P(L_2 \mid \text{aspectos})} = \frac{P(\text{aspectos} \mid L_1)}{P(\text{aspectos} \mid L_2)} \frac{P(L_1)}{P(L_2)}$$

Tudo que precisamos agora é de um modelo com o qual calcular $P(\text{features} \mid L_i)$ para cada rótulo. Tal modelo é chamado de *modelo generativo* porque especifica o processo aleatório hipotético que gera os dados. Especificar esse modelo generativo para cada rótulo é a principal parte do treinamento de um classificador bayesiano. A versão geral de tal etapa de treinamento é uma tarefa muito difícil, mas podemos torná-la mais simples fazendo suposições simplificadoras sobre a forma do modelo.

É onde entra a parte "naive" em "naive Bayes": se fizermos suposições muito ingênuas sobre o modelo generativo para cada rótulo, poderemos encontrar uma aproximação preliminar do modelo generativo para cada classe, em seguida, prosseguir com a classificação bayesiana. Diferentes classificadores naive Bayes se baseiam em diferentes suposições ingênuas sobre os dados e examinaremos alguns nas seções a seguir.

Começaremos com as importações padrão:

```
In [1]: %matplotlib inline
        import numpy as np
        import matplotlib.pyplot as plt
        import seaborn as sns
        plt.style.use('seaborn-whitegrid')
```

Gaussian Naive Bayes

Talvez o classificador naive Bayes mais fácil de entender seja o Gaussian naive Bayes. Com esse classificador, a suposição é que *os dados de cada rótulo são desenhados a partir de uma distribuição gaussiana simples*. Imagine que temos os seguintes dados, mostrados na Figura 41-1:

```
In [2]: from sklearn.datasets import make_blobs
        X, y = make_blobs(100, 2, centers=2, random_state=2, cluster_std=1.5)
        plt.scatter(X[:, 0], X[:, 1], c=y, s=50, cmap='RdBu');
```

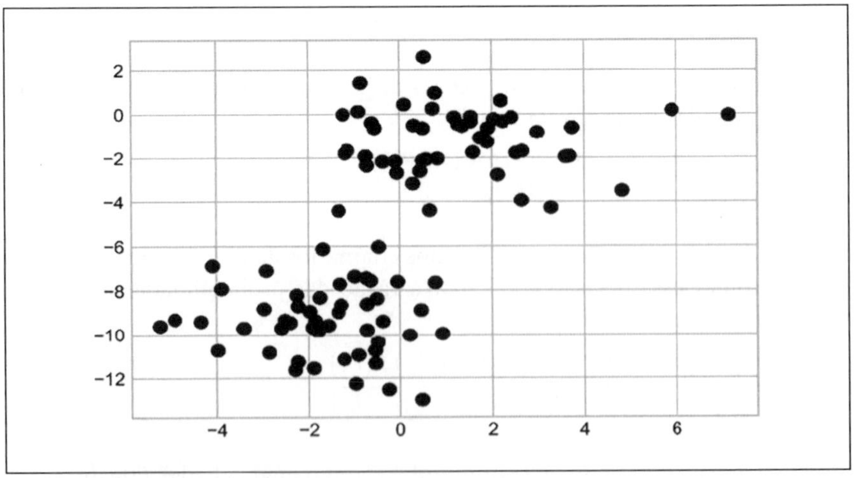

Figura 41-1. Dados para uma classificação Gaussian naive Bayes[1]

1 Há uma versão colorida desta figura no GitHub.

O modelo gaussiano mais simples é presumir que os dados são descritos por uma distribuição gaussiana sem covariância entre as dimensões. Esse modelo pode ser ajustado calculando a média e o desvio-padrão dos pontos em cada rótulo, que é tudo o que precisamos para definir tal distribuição. O resultado dessa suposição naive Gaussian é mostrado na Figura 41-2.

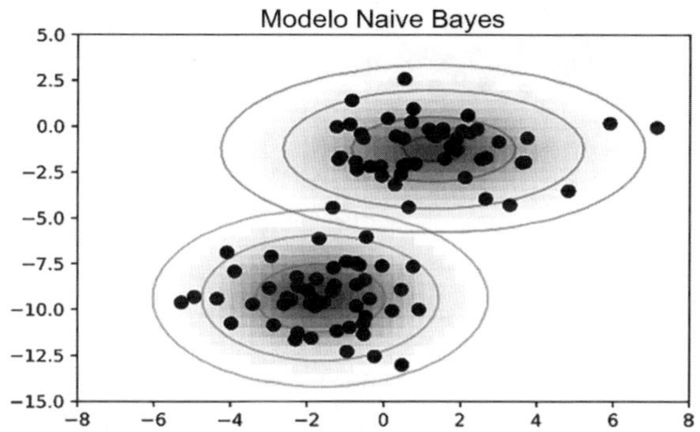

Figura 41-2. Visualização do modelo Gaussian naive Bayes[2]

As elipses aqui representam o modelo generativo gaussiano de cada rótulo, com maior probabilidade no centro delas. Com esse modelo generativo para cada classe, temos uma receita simples para calcular a probabilidade $P(\text{features} \mid L_1)$ para qualquer ponto de dados, assim, podemos calcular rápido a proporção posterior e determinar qual rótulo é o mais provável para certo ponto.

Este procedimento é implementado no estimador `sklearn.naive_bayes.GaussianNB` do Scikit-Learn:

```
In [3]: from sklearn.naive_bayes import GaussianNB
        model = GaussianNB()
        model.fit(X, y);
```

Iremos gerar dados novos e prever o rótulo:

```
In [4]: rng = np.random.RandomState(0)
        Xnew = [-6, -14] + [14, 18] * rng.rand(2000, 2)
        ynew = model.predict(Xnew)
```

Agora podemos plotar os novos dados para ter uma ideia de onde está o limite da decisão (veja a Figura 41-3).

```
In [5]: plt.scatter(X[:, 0], X[:, 1], c=y, s=50, cmap='RdBu')
        lim = plt.axis()
        plt.scatter(Xnew[:, 0], Xnew[:, 1], c=ynew, s=20, cmap='RdBu', alpha=0.1)
        plt.axis(lim);
```

2 O código para produzir esta figura pode ser encontrado no apêndice online.

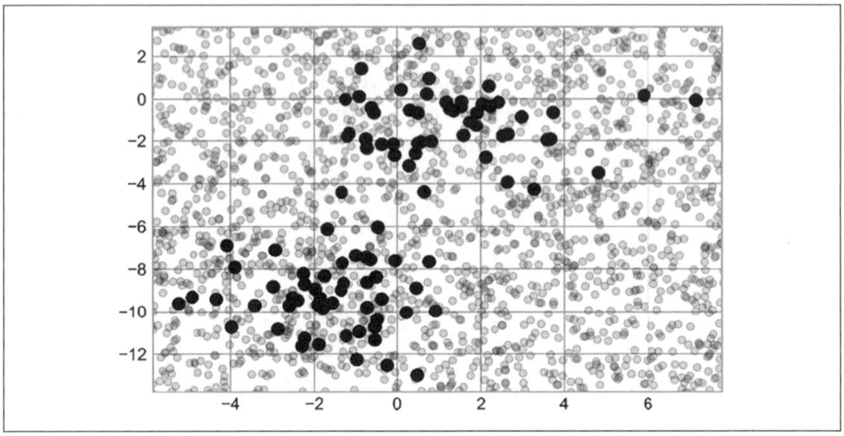

Figura 41-3. Visualização da classificação Gaussian naive Bayes

Vemos um limite ligeiramente curvo nas classificações — em geral, o limite produzido por um modelo Gaussian naive Bayes será quadrático.

Um bom aspecto do formalismo bayesiano é que ele permite naturalmente a classificação probabilística, que podemos calcular usando o método `predict_proba`:

```
In [6]: yprob = model.predict_proba(Xnew)
        yprob[-8:].round(2)
Out[6]: array([[0.89, 0.11 ],
               [1.  , 0.  ],
               [1.  , 0.  ],
               [1.  , 0.  ],
               [1.  , 0.  ],
               [1.  , 0.  ],
               [0.  , 1.  ],
               [0.15 , 0.85 ]])
```

As colunas dão as probabilidades posteriores do primeiro e do segundo rótulos, respectivamente. Se você estiver procurando estimativas de incerteza em sua classificação, abordagens bayesianas como essa poderão ser um bom lugar para começar.

É claro que a classificação final será tão boa quanto as suposições do modelo que levam a ela, e é por isso que Gaussian naive Bayes não costuma produzir resultados muito bons. Ainda assim, em muitos casos, sobretudo conforme o número de features aumenta, essa suposição não atrapalha o suficiente para impedir que o Gaussian naive Bayes seja um método confiável.

Multinomial Naive Bayes

A suposição gaussiana descrita não é de modo algum a única suposição simples que poderia ser usada para especificar a distribuição generativa de cada rótulo.

Outro exemplo útil é o multinomial naive Bayes, em que as features são presumidas como geradas a partir de uma distribuição multinomial simples. A distribuição multinomial descreve a probabilidade de observar as contagens entre as categorias, assim, o multinomial naive Bayes é mais adequado para as features que representam contagens ou taxas de contagem.

A ideia é exatamente a mesma de antes, exceto que, em vez de modelar a distribuição de dados com o gaussiano de melhor ajuste, ela é modelada com uma distribuição multinomial de melhor ajuste.

Exemplo: Classificando Texto

Um lugar onde o multinomial naive Bayes costuma ser usado é na classificação do texto, onde as features são relacionadas às contagens ou às frequências das palavras nos documentos a classificar. Vimos a extração de tais recursos do texto no Capítulo 40; aqui usaremos os recursos de contagem de palavras esparsas da coleção de 20 newsgroups disponibilizados pelo Scikit-Learn para mostrar como podemos colocar esses documentos curtos em categorias.

Baixaremos os dados e veremos os nomes de destino:

```
In [7]: from sklearn.datasets import fetch_20newsgroups

        data = fetch_20newsgroups()
        data.target_names
Out[7]: ['alt.atheism',
         'comp.graphics',
         'comp.os.ms-windows.misc',
         'comp.sys.ibm.pc.hardware',
         'comp.sys.mac.hardware',
         'comp.windows.x',
         'misc.forsale',
         'rec.autos',
         'rec.motorcycles',
         'rec.sport.baseball',
         'rec.sport.hockey',
         'sci.crypt',
         'sci.electronics',
         'sci.med',
         'sci.space',
         'soc.religion.christian',
         'talk.politics.guns',
         'talk.politics.mideast',
         'talk.politics.misc',
         'talk.religion.misc']
```

Para simplificar aqui, selecionaremos apenas algumas categorias e baixaremos os conjuntos de treinamento e teste:

```
In [8]: categories = ['talk.religion.misc', 'soc.religion.christian',
                      'sci.space', 'comp.graphics']
        train = fetch_20newsgroups(subset='train', categories=categories)
        test = fetch_20newsgroups(subset='test', categories=categories)
```

Uma entrada representativa dos dados:

```
In [9]: print(train.data[5][48:])
Out[9]: Subject: Federal Hearing
        Originator: dmcgee@uluhe
        Organization: School of Ocean and Earth Science and Technology
        Distribution: us
        Lines: 10


Fact or rumor....?  Madalyn Murray O'Hare an atheist who eliminated the use
of the bible reading and prayer in public schools 15 years ago is now going
to appear before the FCC with a petition to stop the reading of the Gospel
on the airways of America.  And she is also campaigning to remove Christmas
programs, songs, etc from the public schools.  If it is true then mail to
Federal Communications Commission 1919 H Street Washington DC
20054 expressing your opposition to her request. Reference Petition number

2493.
```

Para usar esses dados para o aprendizado de máquina, precisamos converter o conteúdo de cada string em um vetor de números. Para tanto, usaremos o vetorizador TF-IDF (introduzido no Capítulo 40) e criaremos um pipeline que o conecta a um classificador multinomial naive Bayes:

```
In [10]: from sklearn.feature_extraction.text import TfidfVectorizer
         from sklearn.naive_bayes import MultinomialNB
         from sklearn.pipeline import make_pipeline

         model = make_pipeline(TfidfVectorizer(), MultinomialNB())
```

Com esse pipeline, podemos aplicar o modelo aos dados de treinamento e prever os rótulos para os dados de teste:

```
In [11]: model.fit(train.data, train.target)
         labels = model.predict(test.data)
```

Agora que previmos os rótulos para os dados de teste, podemos avaliá-los para aprender sobre o desempenho do estimador. Por exemplo, vejamos a matriz de confusão entre os rótulos reais e previstos dos dados de teste (Figura 41-4).

```
In [12]: from sklearn.metrics import confusion_matrix
         mat = confusion_matrix(test.target, labels)
         sns.heatmap(mat.T, square=True, annot=True, fmt='d', cbar=False,
                     xticklabels=train.target_names, yticklabels=train.target_names,
                     cmap='Blues')
         plt.xlabel('true label')
         plt.ylabel('predicted label');
```

É evidente que até esse classificador muito simples pode separar com sucesso as discussões espaciais das discussões de computação, mas fica confuso entre discussões sobre religião e cristianismo. Como era de se esperar!

O legal aqui é que agora temos ferramentas para determinar a categoria de *qualquer* string, usando o método `predict` desse pipeline. Veja uma função utilitária que retornará a predição para uma única string:

```
In [13]: def predict_category(s, train=train, model=model):
             pred = model.predict([s])
             return train.target_names[pred[0]]
```

Experimente:

```
In [14]: predict_category('sending a payload to the ISS')
Out[14]: 'sci.space'

In [15]: predict_category('discussing the existence of God')
Out[15]: 'soc.religion.christian'

In [16]: predict_category('determining the screen resolution')
Out[16]: 'comp.graphics'
```

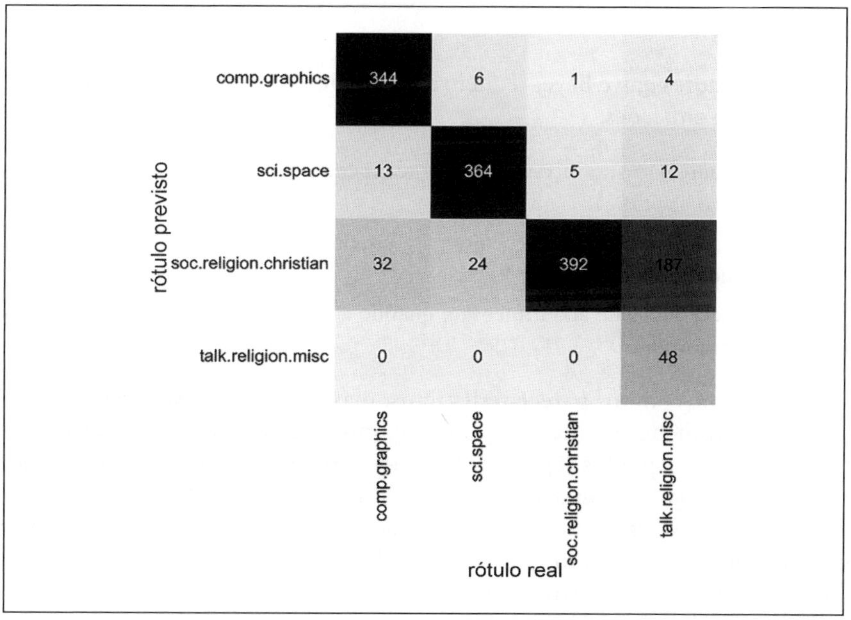

Figura 41-4. Matriz de confusão para o classificador de texto multinomial naive Bayes

Lembre-se de que isso é tão sofisticado quanto um modelo de probabilidade simples para a frequência (ponderada) de cada palavra na string; no entanto, o resultado é impressionante. Até um algoritmo muito ingênuo, quando usado com cuidado e treinado em um grande conjunto de dados de alta dimensão, pode ter uma eficácia surpreendente.

Quando Usar Naive Bayes

Como os classificadores naive Bayes fazem suposições muito rigorosas sobre os dados, normalmente eles não funcionarão tão bem quanto os modelos mais complexos. Dito isto, eles têm inúmeras vantagens:

- São rápidos para o treinamento e a predição.
- Fornecem uma predição probabilística simples.
- Muitas vezes são fáceis de interpretar.
- Têm poucos (se houver) parâmetros ajustáveis.

Essas vantagens significam que um classificador naive Bayes é muitas vezes uma boa escolha como uma classificação inicial da linha de base. Se funcionar adequadamente, parabéns: você tem um classificador muito rápido e interpretável para o seu problema. Se não funcionar bem, então pode começar a explorar modelos mais sofisticados, com algum conhecimento básico de seu bom desempenho.

Os classificadores naive Bayes tendem a ter um desempenho especialmente bom nas seguintes situações:

- Quando as suposições ingênuas realmente correspondem aos dados (muito raro na prática)
- Para categorias muito bem separadas, quando a complexidade do modelo é menos importante
- Para dados de alta dimensão, quando a complexidade do modelo é menos importante

Os dois últimos pontos parecem distintos, mas na verdade estão relacionados: conforme a dimensionalidade de um conjunto de dados cresce, é muito menos provável que dois pontos sejam encontrados próximos (afinal, eles devem estar próximos *em todas as dimensões*). Isso significa que os clusters em dimensões altas tendem a ser mais separados, em média, do que os clusters em dimensões menores, presumindo que as novas dimensões realmente adicionam informações. Por isso, classificadores simplistas, como os vistos aqui, tendem a funcionar tão bem ou melhor do que os classificadores mais complexos quando a dimensionalidade aumenta: com dados suficientes, até mesmo um modelo simples pode ser muito poderoso.

CAPÍTULO 42

Aprofundando: Regressão Linear

Assim como o naive Bayes (visto no Capítulo 41) é um bom ponto de partida para as tarefas de classificação, os modelos de regressão linear são um bom ponto de partida para as tarefas de regressão. Esses modelos são populares porque podem ser ajustados rapidamente e são simples de interpretar. Você já está familiarizado com a forma mais simples do modelo de regressão linear (ou seja, ajustar uma linha reta a dados bidimensionais), mas esses modelos podem ser estendidos para modelar um comportamento de dados mais complexo.

Neste capítulo, começaremos com um rápido passo a passo da matemática por trás deste problema bem conhecido, antes de ver como os modelos lineares podem ser generalizados para explicar padrões mais complexos nos dados.

Começaremos com as importações padrão:

```
In [1]: %matplotlib inline
        import matplotlib.pyplot as plt
        plt.style.use('seaborn-whitegrid')
        import numpy as np
```

Regressão Linear Simples

Iniciaremos com a regressão linear mais familiar, um ajuste de linha reta aos dados. Um ajuste em linha reta é um modelo com a forma:

$$y = ax + b$$

onde a é normalmente conhecido como *inclinação* e b é a *interceptação.*

Considere os seguintes dados, que estão espalhados em uma linha com uma inclinação 2 e uma interceptação –5 (veja a Figura 42-1).

```
In [2]: rng = np.random.RandomState(1)
        x = 10 * rng.rand(50)
        y = 2 * x - 5 + rng.randn(50)
        plt.scatter(x, y);
```

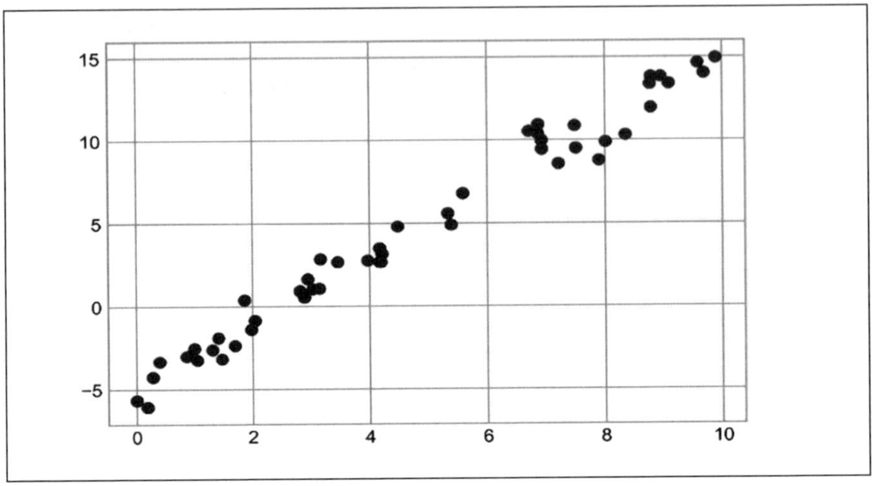

Figura 42-1. Dados da regressão linear

Podemos usar o estimador `LinearRegression` do Scikit-Learn para ajustar esses dados e criar a linha de melhor ajuste, como na Figura 42-2.

```
In [3]: from sklearn.linear_model import LinearRegression
        model = LinearRegression(fit_intercept=True)

        model.fit(x[:, np.newaxis], y) xfit = np.linspace(0, 10, 1000)

        yfit = model.predict(xfit[:,
        np.newaxis])

        plt.scatter(x, y)
        plt.plot(xfit, yfit);
```

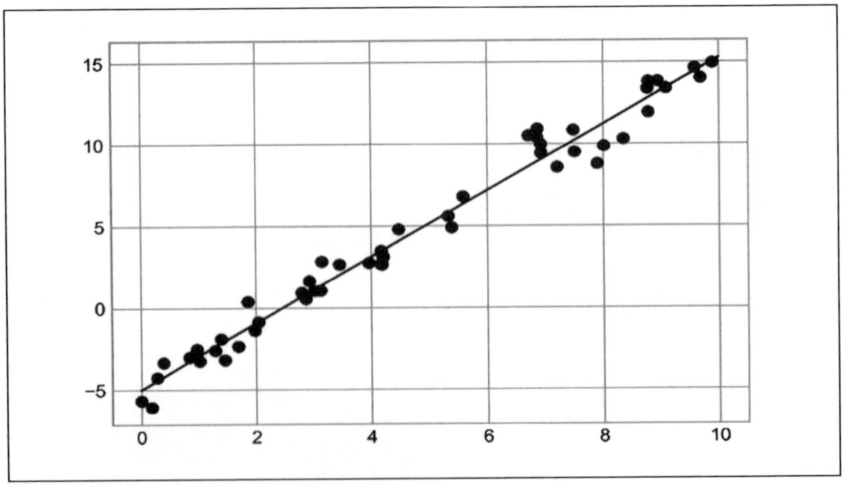

Figura 42-2. Modelo de regressão linear simples

A inclinação e a interceptação dos dados estão contidas nos parâmetros de ajuste do modelo, que no Scikit-Learn são sempre marcados por um sublinhado à direita. Aqui os parâmetros relevantes são `coef_` e `intercept_`:

```
In [4]: print("Model slope:     ", model.coef_[0])
        print("Model intercept:", model.intercept_)
Out[4]: Model slope:     2.0272088103606953
        Model intercept: -4.998577085553204
```

Vemos que os resultados estão muito próximos dos valores usados para gerar os dados, como o esperado.

Mas o estimador `LinearRegression` tem muito mais capacidade que isso — além dos ajustes simples de linha reta, ele também pode lidar com modelos lineares multidimensionais com a forma:

$$y = a_0 + a_1x_1 + a_2x_2 + \ldots$$

onde há múltiplos valores x. Geometricamente, é semelhante a ajustar um plano aos pontos em três dimensões ou ajustar um hiperplano aos pontos em dimensões maiores.

A natureza multidimensional de tais regressões dificulta visualizar, mas podemos ver um desses ajustes em ação criando alguns dados de exemplo, usando o operador de multiplicação de matriz do NumPy:

```
In [5]: rng = np.random.RandomState(1)
        X = 10 * rng.rand(100, 3)
        y = 0.5 + np.dot(X, [1.5, -2., 1.])
        model.fit(X, y)
        print(model.intercept_)
        print(model.coef_)
Out[5]: 0.50000000000001
        [ 1.5 -2.   1. ]
```

Aqui os dados y são criados a partir de uma combinação linear de três valores x aleatórios e a regressão linear recupera os coeficientes usados para criar os dados.

Dessa forma, podemos usar um estimador `LinearRegression` para ajustar as linhas, os planos ou os hiperplanos aos nossos dados. Ainda parece que essa abordagem seria limitada a relações estritamente lineares entre as variáveis, mas acontece que podemos mitigar isso também.

Regressão de Função Base

Um truque que você pode usar para adaptar a regressão linear a relações não lineares entre as variáveis é transformar os dados de acordo com as *funções base*. Já vimos uma versão antes, no pipeline `PolynomialRegression` usado nos Capítulos 39 e 40. A ideia é pegar nosso modelo linear multidimensional:

$$y = a_0 + a_1x_1 + a_2x_2 + a_3x_3 + \ldots$$

e criar x_1, x_2, x_3 etc. a partir de nossa entrada unidimensional x, ou seja, deixamos $x_n = f_n(x)$, onde $f_n()$ é uma função que transforma nossos dados.

Por exemplo, se $f_n(x) = x^n$, nosso modelo se torna uma regressão polinomial:

$$y = a_0 + a_1x + a_2x^2 + a_3x^3 + \ldots$$

Observe que *ainda é um modelo linear* — a linearidade se refere ao fato de que os coeficientes a_n nunca se multiplicam ou se dividem. O que fizemos efetivamente foi pegar nossos valores x unidimensionais e projetá-los em uma dimensão mais alta, de modo que um ajuste linear possa caber nas relações mais complexas entre x e y.

Funções de Base Polinomial

Essa projeção polinomial é tão útil que está predefinida no Scikit-Learn, usando o transformador `PolynomialFeatures`:

```
In [6]: from sklearn.preprocessing import PolynomialFeatures
        x = np.array([2, 3, 4])
        poly = PolynomialFeatures(3, include_bias=False)
        poly.fit_transform(x[:, None])
Out[6]: array([[ 2.,  4.,  8.],
               [ 3.,  9., 27.],
               [ 4., 16., 64.]])
```

Vemos aqui que o transformador converteu nosso array unidimensional em um tridimensional, em que cada coluna contém um valor com expoente. Essa nova representação de dados de maior dimensão pode então ser conectada a uma regressão linear.

Como vimos no Capítulo 40, a maneira mais clara de fazer isso é com um pipeline. Faremos um modelo polinomial de 7º grau assim:

```
In [7]: from sklearn.pipeline import make_pipeline
        poly_model = make_pipeline(PolynomialFeatures(7),
                                   LinearRegression())
```

Com essa transformação, podemos usar o modelo linear para ajustar relações muito mais complexas entre x e y. Por exemplo, aqui está uma onda senoidal com ruído (veja a Figura 42-3).

```
In [8]: rng = np.random.RandomState(1)
        x = 10 * rng.rand(50)
        y = np.sin(x) + 0.1 * rng.randn(50)

        poly_model.fit(x[:, np.newaxis], y)
        yfit = poly_model.predict(xfit[:, np.newaxis])

        plt.scatter(x, y)
        plt.plot(xfit, yfit);
```

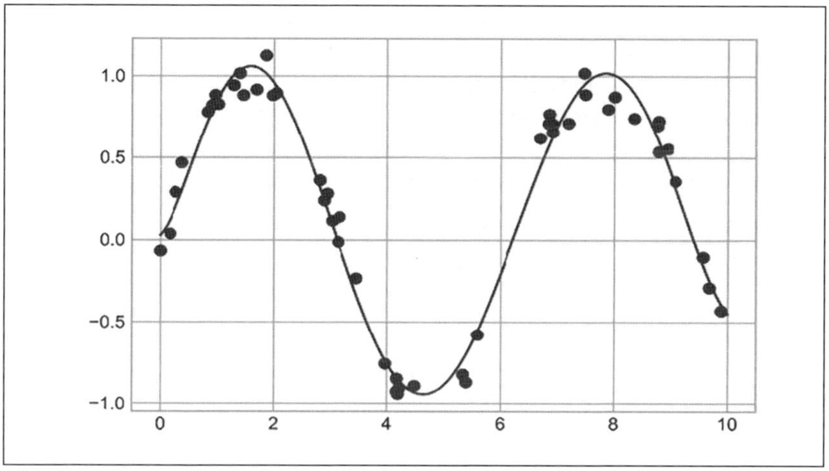

Figura 42-3. Ajuste polinomial linear a dados de treinamento não lineares

Nosso modelo linear, com o uso de funções de base polinomial de 7ª ordem, pode fornecer um excelente ajuste a esses dados não lineares!

Funções de Base Gaussianas

Claro, outras funções básicas são possíveis. Por exemplo, um padrão útil é ajustar um modelo que não é uma soma das bases polinomiais, mas uma soma de bases gaussianas. O resultado pode lembrar a Figura 42-4.

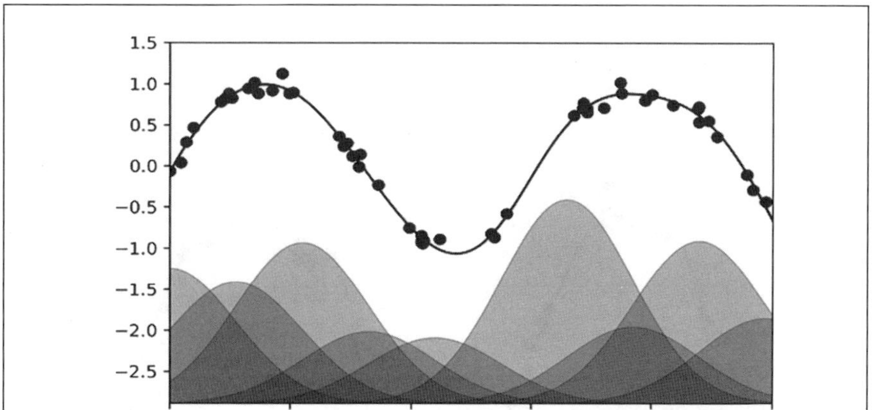

Figura 42-4. Um ajuste da função de base gaussiana a dados não lineares[1]

1 O código para produzir esta figura pode ser encontrado no apêndice online.

As regiões sombreadas no gráfico são as funções de base dimensionadas e, quando somadas, reproduzem a curva suave nos dados. Essas funções de base gaussiana não estão predefinidas no Scikit-Learn, mas podemos escrever um transformador personalizado que as criará, como mostrado aqui e ilustrado na Figura 42-5 (os transformadores Scikit-Learn são implementados como classes Python; ler o código-fonte do Scikit-Learn é uma boa maneira de ver como podem ser criados):

```
In [9]: from sklearn.base import BaseEstimator, TransformerMixin

        class GaussianFeatures(BaseEstimator, TransformerMixin):
            """Features Gaussianas uniformemente espaçadas para uma entrada unidimensional"""

            def __init__(self, N, width_factor=2.0):
                self.N = N
                self.width_factor = width_factor

            @staticmethod
            def _gauss_basis(x, y, width, axis=None):
                arg = (x - y) / width
                return np.exp(-0.5 * np.sum(arg ** 2, axis))

            def fit(self, X, y=None):
                # crie N centros espalhados no intervalo de dados
                self.centers_ = np.linspace(X.min(), X.max(), self.N)
                self.width_ = self.width_factor*(self.centers_[1]-self.centers_[0])
                return self

            def transform(self, X):
                return self._gauss_basis(X[:, :, np.newaxis], self.centers_,
                                         self.width_, axis=1)

        gauss_model = make_pipeline(GaussianFeatures(20),
                                    LinearRegression())
        gauss_model.fit(x[:, np.newaxis], y)
        yfit = gauss_model.predict(xfit[:, np.newaxis])

        plt.scatter(x, y)
        plt.plot(xfit, yfit)
        plt.xlim(0, 10);
```

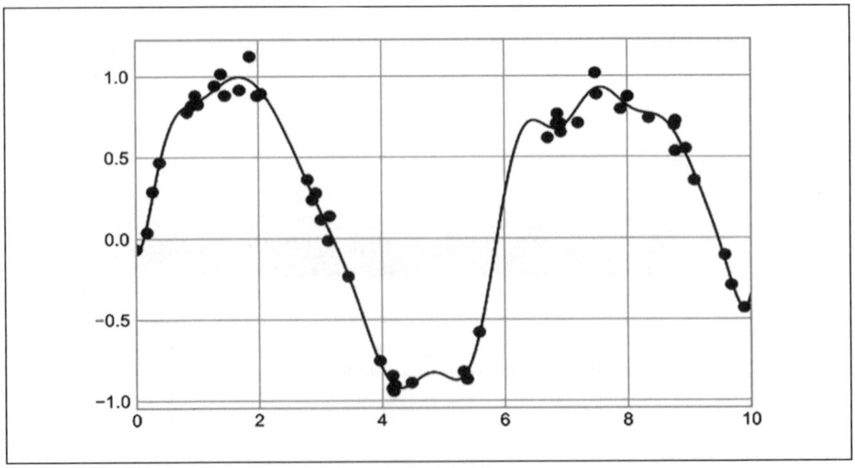

Figura 42-5. Um ajuste da função de base gaussiana calculado com um transformador personalizado

Incluí este exemplo apenas para deixar claro que não há nada mágico nas funções de base polinomial: se você tem alguma ideia do processo de geração de seus dados que o faz pensar que uma base ou outra pode ser adequada, pode usar isso no lugar.

Regularização

A introdução de funções base em nossa regressão linear torna o modelo muito mais flexível, mas também pode levar muito rápido ao sobreajuste (veja o Capítulo 39 para ter uma análise sobre isso). Por exemplo, a Figura 42-6 mostra o que acontece se usamos muitas funções de base gaussiana:

```
In [10]: model = make_pipeline(GaussianFeatures(30),
                               LinearRegression())
         model.fit(x[:, np.newaxis], y)

         plt.scatter(x, y)
         plt.plot(xfit, model.predict(xfit[:, np.newaxis]))

         plt.xlim(0, 10)
         plt.ylim(-1.5, 1.5);
```

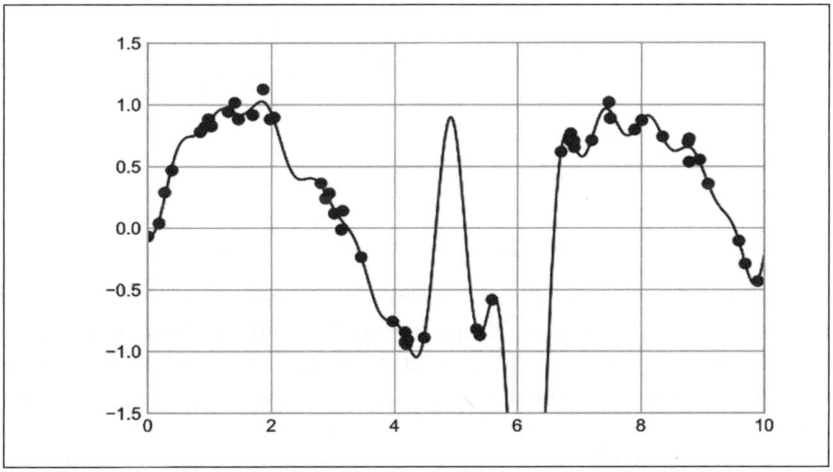

Figura 42-6. Modelo de função base muito complexa que sobreajusta os dados

Com os dados projetados para a base de 30 dimensões, o modelo tem muita flexibilidade e chega a valores extremos nos locais onde é restrito por dados. Podemos ver o motivo se plotamos os coeficientes das bases gaussianas em relação aos locais, como mostrado na Figura 42-7.

```
In [11]: def basis_plot(model, title=None):
             fig, ax = plt.subplots(2, sharex=True)
             model.fit(x[:, np.newaxis], y)
             ax[0].scatter(x, y)
```

```
    ax[0].plot(xfit, model.predict(xfit[:, np.newaxis]))
    ax[0].set(xlabel='x', ylabel='y', ylim=(-1.5, 1.5))

    if title:
        ax[0].set_title(title)

    ax[1].plot(model.steps[0][1].centers_,
               model.steps[1][1].coef_)
    ax[1].set(xlabel='basis location',
              ylabel='coefficient',
              xlim=(0, 10))
model = make_pipeline(GaussianFeatures(30), LinearRegression())
basis_plot(model)
```

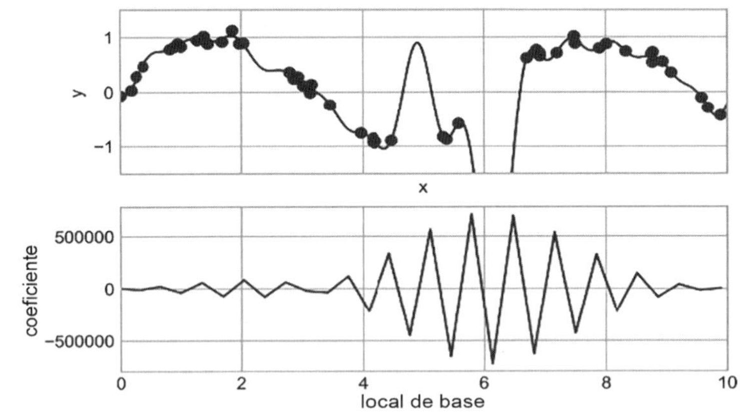

Figura 42-7. Os coeficientes das bases gaussianas no modelo muito complexo

O painel inferior da figura mostra a amplitude da função base em cada local. É o comportamento típico do sobreajuste quando as funções base se sobrepõem: os coeficientes das funções base adjacentes explodem e se anulam. Sabemos que esse comportamento é problemático e seria bom se pudéssemos limitar os picos explicitamente no modelo, penalizando os grandes valores dos parâmetros do modelo. Tal penalidade é conhecida como *regularização* e tem várias formas.

Regressão Ridge (Regularização L_2)

Talvez a forma mais comum de regularização seja conhecida como *regressão ridge* ou regularização L_2 (às vezes também chamada de *regularização de Tikhonov*). Isso ocorre penalizando a soma dos quadrados (normas 2) dos coeficientes do modelo θ_n. Nesse caso, a penalidade no ajuste do modelo seria:

$$P = \alpha \sum_{n=1}^{N} \theta_n^2$$

onde α é um parâmetro livre que controla a força da penalidade. Esse tipo de modelo penalizado é predefinido no Scikit-Learn com o estimador `Ridge` (veja a Figura 42-8).

```
In [12]: from sklearn.linear_model import Ridge
         model = make_pipeline(GaussianFeatures(30), Ridge(alpha=0.1))
         basis_plot(model, title='Ridge Regression')
```

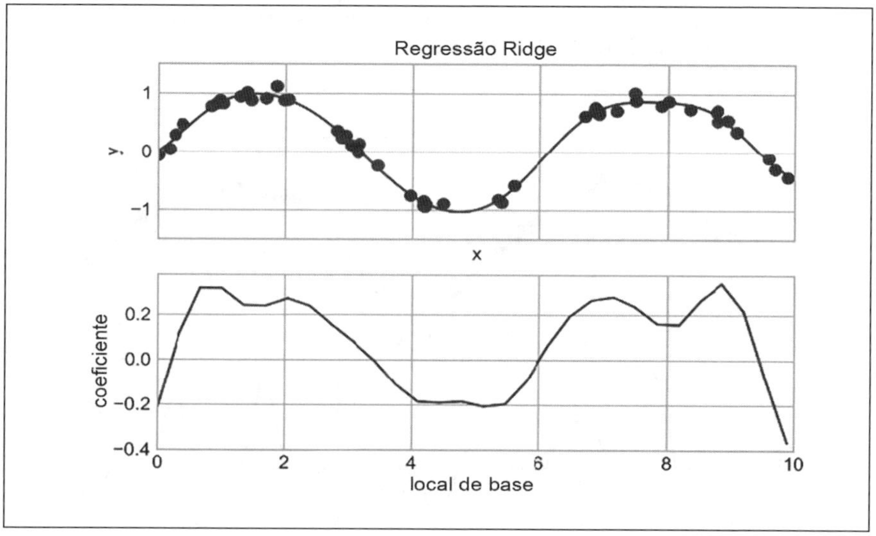

Figura 42-8. Regularização ridge (L_2) aplicada no modelo muito complexo (compare com a Figura 42-7)

O parâmetro α é essencialmente um controle para a complexidade do modelo resultante. No limite $\alpha \to 0$, recuperamos o resultado da regressão linear padrão; no limite $\alpha \to \infty$, todas as respostas do modelo serão suprimidas. Uma vantagem da regressão ridge em particular é que ela pode ser calculada com muita eficiência, com um custo computacional muito menor do que o modelo de regressão linear original.

Regressão Lasso (Regularização L_1)

Outro tipo comum de regularização é conhecido como *regressão lasso* ou *regularização L_1* e envolve a penalização da soma dos valores absolutos (normas 1) dos coeficientes de regressão:

$$P = \alpha \sum_{n=1}^{N} |\theta_n|$$

Embora seja conceitualmente muito semelhante à regressão ridge, os resultados podem diferir muitíssimo. Por exemplo, devido à sua construção, a regressão lasso tende a favorecer os *modelos esparsos* sempre que possível, isto é, de preferência define muitos coeficientes de modelo para exatamente zero.

Podemos ver esse comportamento se duplicamos o exemplo anterior usando coeficientes normalizados L_1 (Figura 42-9).

```
In [13]: from sklearn.linear_model import Lasso
         model = make_pipeline(GaussianFeatures(30),
                               Lasso(alpha=0.001, max_iter=2000))
         basis_plot(model, title='Lasso Regression')
```

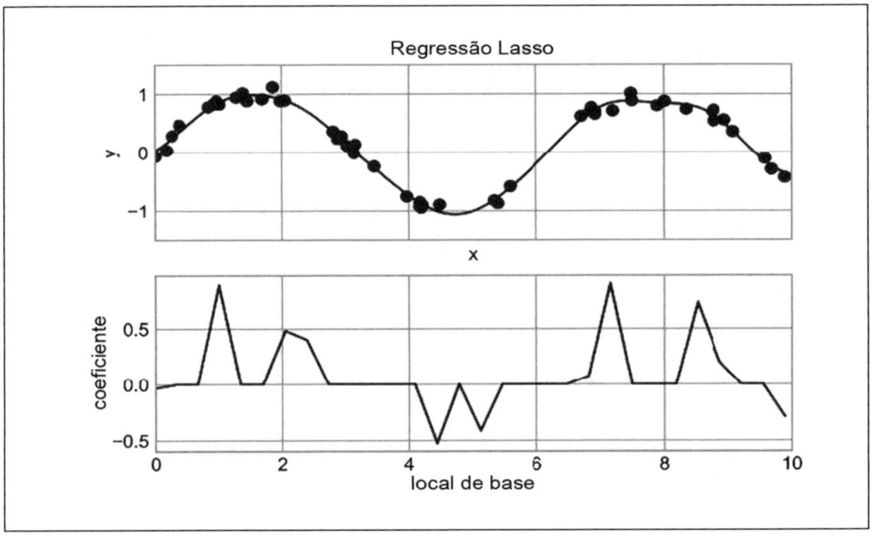

Figura 42-9. Regularização lasso (L_1) aplicada no modelo muito complexo (compare com a Figura 42-8)

Com a penalidade da regressão lasso, a maioria dos coeficientes é exatamente zero, com o comportamento funcional sendo modelado por um pequeno subconjunto de funções base disponíveis. Tal como acontece com a regularização ridge, o parâmetro α ajusta a força da penalidade e deve ser determinado, por exemplo, com a validação cruzada (veja o Capítulo 39 para ter uma análise sobre isso).

Exemplo: Prevendo o Tráfego de Bicicletas

Como exemplo, vejamos se podemos prever o número de travessias de bicicleta pela Ponte Fremont de Seattle com base no clima, na estação e em outros fatores. Já vimos esses dados no Capítulo 23, mas aqui juntaremos os dados da bicicleta com outro conjunto de dados e tentaremos determinar em que medida o clima e os fatores sazonais (temperatura, precipitação e horas de sol) afetam o volume de tráfego de bicicletas nesse corredor. Por sorte, a Administração Oceânica e Atmosférica Nacional (NOAA) disponibiliza seus dados diários das estações meteorológicas — usei a estação ID USW00024233 — e podemos facilmente usar o Pandas para juntar as duas fontes de dados. Faremos uma regressão linear simples para relacionar o tempo e outras informações à contagem de bicicletas, a fim de estimar como uma mudança em um desses parâmetros afeta o número de usuários em determinado dia.

Em particular, este é um exemplo de como as ferramentas do Scikit-Learn podem ser usadas em uma estrutura de modelagem estatística, na qual os parâmetros do modelo são assumidos como tendo um significado passível de interpretação. Como visto antes, não é uma abordagem padrão no aprendizado de máquina, mas essa interpretação é possível para alguns modelos.

Começaremos carregando os dois conjuntos de dados, indexando por data:

```
In [14]: # url = 'https://raw.githubusercontent.com/jakevdp/bicycle-data/main'
         # !curl -O {url}/FremontBridge.csv
         # !curl -O {url}/SeattleWeather.csv
```

```
In [15]: import pandas as pd
         counts = pd.read_csv('FremontBridge.csv',
                              index_col='Date', parse_dates=True)
         weather = pd.read_csv('SeattleWeather.csv',
                               index_col='DATE', parse_dates=True)
```

Para simplificar, veremos os dados anteriores a 2020 para evitar os efeitos da pandemia de Covid-19, que afetou significativamente os padrões de deslocamento em Seattle:

```
In [16]: counts = counts[counts.index < "2020-01-01"]
         weather = weather[weather.index < "2020-01-01"]
```

Em seguida, calcularemos o tráfego diário total de bicicletas e colocaremos isso em seu próprio `DataFrame`:

```
In [17]: daily = counts.resample('d').sum()
         daily['Total'] = daily.sum(axis=1)
         daily = daily[['Total']] # remova as outras colunas
```

Vimos antes que os padrões de uso geralmente variam segundo o dia. Explicaremos isso em nossos dados adicionando colunas binárias que indicam o dia da semana:

```
In [18]: days = ['Mon', 'Tue', 'Wed', 'Thu', 'Fri', 'Sat', 'Sun']
         for i in range(7):
             daily[days[i]] = (daily.index.dayofweek == i).astype(float)
```

Da mesma forma, podemos esperar que os usuários se comportem de forma diferente nos feriados; adicionaremos um indicador disso também:

```
In [19]: from pandas.tseries.holiday import USFederalHolidayCalendar
         cal = USFederalHolidayCalendar()
         holidays = cal.holidays('2012', '2020')
         daily = daily.join(pd.Series(1, index=holidays, name='holiday'))
         daily['holiday'].fillna(0, inplace=True)
```

Também podemos suspeitar que as horas de sol afetariam quantas pessoas circulam. Usaremos o cálculo astronômico padrão para adicionar essa informação (veja a Figura 42-10).

```
In [20]: def hours_of_daylight(date, axis=23.44, latitude=47.61):
             """Calcular as horas de sol para uma determinada data"""
             days = (date - pd.datetime(2000, 12, 21)).days
             m = (1. - np.tan(np.radians(latitude))
             * np.tan(np.radians(axis) * np.cos(days * 2 * np.pi / 365.25)))
         return 24. * np.degrees(np.arccos(1 - np.clip(m, 0, 2))) / 180.

         daily['daylight_hrs'] = list(map(hours_of_daylight, daily.index))
         daily[['daylight_hrs']].plot()
         plt.ylim(8, 17)
Out[20]: (8.0, 17.0)
```

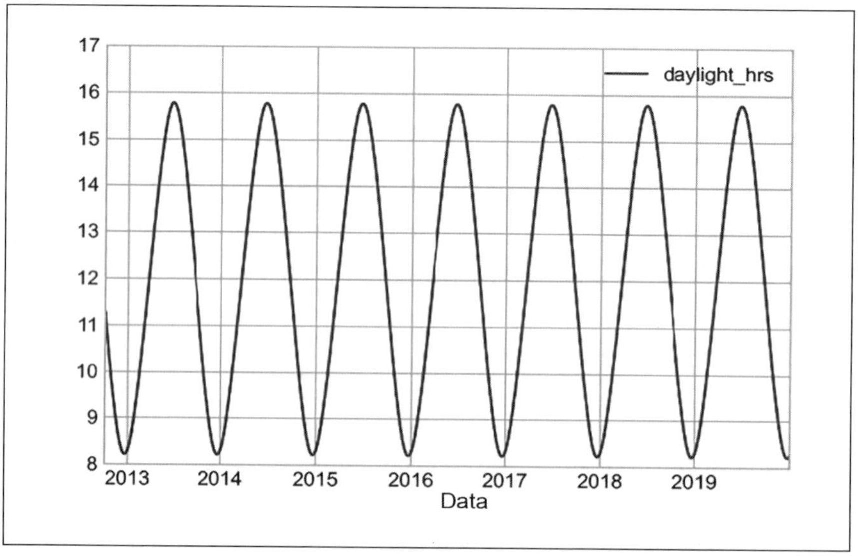

Figura 42-10. Visualização das horas de sol em Seattle

Também podemos adicionar a temperatura média e a precipitação total aos dados. Além das medidas de precipitação, adicionaremos um flag que indica se um dia está seco (tem precipitação zero):

```
In [21]: weather['Temp (F)'] = 0.5 * (weather['TMIN'] + weather['TMAX'])
         weather['Rainfall (in)'] = weather['PRCP']
         weather['dry day'] = (weather['PRCP'] == 0).astype(int)

         daily = daily.join(weather[['Rainfall (in)', 'Temp (F)', 'dry day']])
```

Por fim, adicionaremos um contador que aumenta a partir do dia 1 e mede quantos anos se passaram. Isso nos permitirá medir qualquer aumento ou diminuição anual observada nas travessias diárias:

```
In [22]: daily['annual'] = (daily.index - daily.index[0]).days / 365.
```

Agora que nossos dados estão em ordem, podemos ver:

```
In [23]: daily.head()
Out[23]:                 Total  Mon  Tue  Wed  Thu  Fri  Sat  Sun  holiday \
          Date
          2012-10-03  14084.0  0.0  0.0  1.0  0.0  0.0  0.0  0.0      0.0
          2012-10-04  13900.0  0.0  0.0  0.0  1.0  0.0  0.0  0.0      0.0
          2012-10-05  12592.0  0.0  0.0  0.0  0.0  1.0  0.0  0.0      0.0
          2012-10-06   8024.0  0.0  0.0  0.0  0.0  0.0  1.0  0.0      0.0
          2012-10-07   8568.0  0.0  0.0  0.0  0.0  0.0  0.0  1.0      0.0

                      daylight_hrs Rainfall (in)  Temp (F)  dry day    annual
          Date
          2012-10-03     11.277359           0.0      56.0        1  0.000000
          2012-10-04     11.219142           0.0      56.5        1  0.002740
          2012-10-05     11.161038           0.0      59.5        1  0.005479
          2012-10-06     11.103056           0.0      60.5        1  0.008219
          2012-10-07     11.045208           0.0      60.5        1  0.010959
```

Com isso, podemos escolher as colunas a usar e ajustar um modelo de regressão linear aos nossos dados. Definiremos `fit_intercept=False`, porque os flags diários operam basicamente como suas próprias interceptações específicas do dia:

```
In [24]: # Descarte qualquer linha com valores null
         daily.dropna(axis=0, how='any', inplace=True)

         column_names = ['Mon', 'Tue', 'Wed', 'Thu', 'Fri', 'Sat', 'Sun', 'holiday',
                         'daylight_hrs', 'Rainfall (in)',
                         'dry day', 'Temp (F)', 'annual']
         X = daily[column_names]
         y = daily['Total']

         model = LinearRegression(fit_intercept=False)
         model.fit(X, y)
         daily['predicted'] = model.predict(X)
```

Finalmente, podemos comparar visualmente os tráfegos total e previsto de bicicletas (veja a Figura 42-11).

```
In [25]: daily[['Total', 'predicted']].plot(alpha=0.5);
```

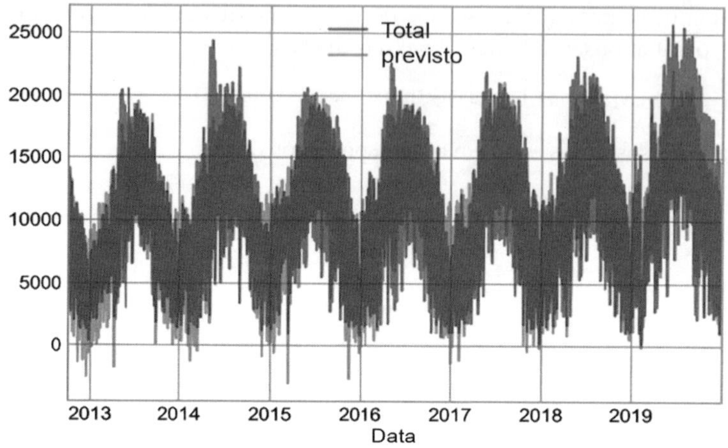

Figura 42-11. Predição do tráfego de bicicletas do nosso modelo

A partir do fato de que os dados e as predições do modelo não se alinham exatamente, é evidente que não vimos alguns aspectos importantes. Nossos recursos não são completos (ou seja, as pessoas decidem se vão trabalhar com base em mais do que apenas esses recursos) ou existem algumas relações não lineares que não conseguimos levar em conta (por exemplo, talvez as pessoas circulem menos em temperaturas altas e baixas). No entanto, nossa aproximação preliminar é suficiente para nos dar algumas ideias e podemos ver os coeficientes do modelo linear para estimar o quanto cada aspecto contribui para a contagem diária de bicicletas:

```
In [26]: params = pd.Series(model.coef_, index=X.columns)
         params
Out[26]: Mon              -3309.953439
         Tue              -2860.625060
         Wed              -2962.889892
         Thu              -3480.656444
         Fri              -4836.064503
         Sat             -10436.802843
         Sun             -10795.195718
         holiday          -5006.995232
         daylight_hrs       409.146368
         Rainfall (in)    -2789.860745
         dry day           2111.069565
         Temp (F)           179.026296
         annual             324.437749
         dtype: float64
```

Esses números são difíceis de interpretar sem uma medida de incerteza. Podemos calcular essas incertezas rapidamente usando novas amostragens de bootstrap dos dados:

```
In [27]: from sklearn.utils import resample
         np.random.seed(1)
         err = np.std([model.fit(*resample(X, y)).coef_
                       for i in range(1000)], 0)
```

Com esses erros estimados, vejamos de novo os resultados:

```
In [28]: print(pd.DataFrame({'effect': params.round(0),
                             'uncertainty': err.round(0)}))
Out[28]:                 effect   uncertainty
          Mon           -3310.0         265.0
          Tue           -2861.0         274.0
          Wed           -2963.0         268.0
          Thu           -3481.0         268.0
          Fri           -4836.0         261.0
          Sat          -10437.0         259.0
          Sun          -10795.0         267.0
          holiday       -5007.0         401.0
          daylight_hrs    409.0          26.0
          Rainfall (in) -2790.0         186.0
          dry day        2111.0         101.0
          Temp (F)        179.0           7.0
          annual          324.0          22.0
```

A coluna `effect` aqui, em termos gerais, mostra como o número de usuários é afetado por uma mudança do aspecto em questão. Por exemplo, há uma divisão clara quando se trata do dia da semana: há milhares de usuários a menos nos finais de semana comparando com os dias de semana. Também vemos que para cada hora adicional de sol, 409 ± 26 mais pessoas optam por andar de bicicleta; um aumento de temperatura de um grau incentiva 179 ± 7 pessoas a pegar sua bicicleta; um dia seco significa uma média de 2.111 ± 101 mais usuários e cada centímetro de chuva leva 2.790 ± 186 usuários a escolher outro meio de transporte. Com todos esses efeitos contabilizados, vemos um modesto aumento de 324 ± 22 novos usuários diários a cada ano.

Nosso modelo simples certamente não tem algumas informações relevantes. Por exemplo, como mencionado anteriormente, os efeitos não lineares (como efeitos de precipitação *e* temperatura baixa) e as tendências não lineares em cada variável (como a relutância em andar de bicicleta em temperaturas muito baixas e muito altas) não podem ser contabilizados em um modelo linear simples. Além disso, descartamos algumas informações mais detalhadas (como a diferença entre uma manhã chuvosa e uma tarde chuvosa) e ignoramos as correlações entre os dias (como o possível efeito de uma terça-feira chuvosa nos números de quarta-feira ou o efeito de um dia ensolarado inesperado após uma série de dias chuvosos). São todos efeitos potencialmente interessantes e agora você tem as ferramentas para começar a explorá-los, se quiser!

CAPÍTULO 43

Aprofundando: Máquinas de Vetores de Suporte

As máquinas de vetores de suporte (SVMs) são uma classe particularmente poderosa e flexível de algoritmos supervisionados para a classificação e a regressão. Neste capítulo, exploraremos a ideia por trás das SVMs e seu uso nos problemas de classificação.

Começaremos com as importações padrão:

```
In [1]: %matplotlib inline
        import numpy as np
        import matplotlib.pyplot as plt
        plt.style.use('seaborn-whitegrid')
        from scipy import stats
```

Há uma versão colorida e em tamanho grande das figuras no material complementar no GitHub.

Motivando as Máquinas de Vetores de Suporte

Como parte de nossa análise da classificação bayesiana (Capítulo 41), aprendemos sobre um tipo simples de modelo que descreve a distribuição de cada classe subjacente e experimentamos usá-lo para determinar probabilisticamente rótulos para os novos pontos. Foi um exemplo de *classificação generativa*; aqui iremos considerar a *classificação discriminativa*, ou seja, em vez de modelar cada classe, simplesmente encontraremos uma linha, uma curva (em duas dimensões) ou múltiplas (em várias dimensões) que divide as classes.

Como exemplo disso, considere o caso simples de uma tarefa de classificação na qual duas classes de pontos estão bem separadas (veja a Figura 43-1).

```
In [2]: from sklearn.datasets import make_blobs
        X, y = make_blobs(n_samples=50, centers=2,
                          random_state=0, cluster_std=0.60)
        plt.scatter(X[:, 0], X[:, 1], c=y, s=50, cmap='autumn');
```

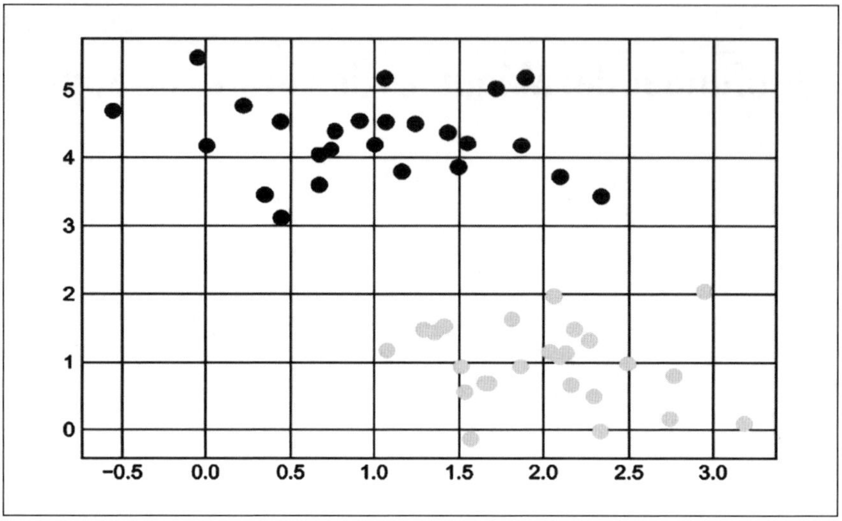

Figura 43-1. Dados simples para classificação

Um classificador linear discriminativo tentaria desenhar uma linha reta separando os dois conjuntos de dados, criando um modelo para a classificação. Para dados bidimensionais como os mostrados aqui, essa é uma tarefa que poderíamos fazer à mão. Mas vemos um problema de cara: há mais de uma possível linha divisória que pode discriminar perfeitamente as duas classes!

Podemos desenhar algumas como a seguir; a Figura 43-2 mostra o resultado:

```
In [3]: xfit = np.linspace(-1, 3.5)
        plt.scatter(X[:, 0], X[:, 1], c=y, s=50, cmap='autumn')
        plt.plot([0.6], [2.1], 'x', color='red', markeredgewidth=2, markersize=10)

        for m, b in [(1, 0.65), (0.5, 1.6), (-0.2, 2.9)]:
            plt.plot(xfit, m * xfit + b, '-k')

        plt.xlim(-1, 3.5);
```

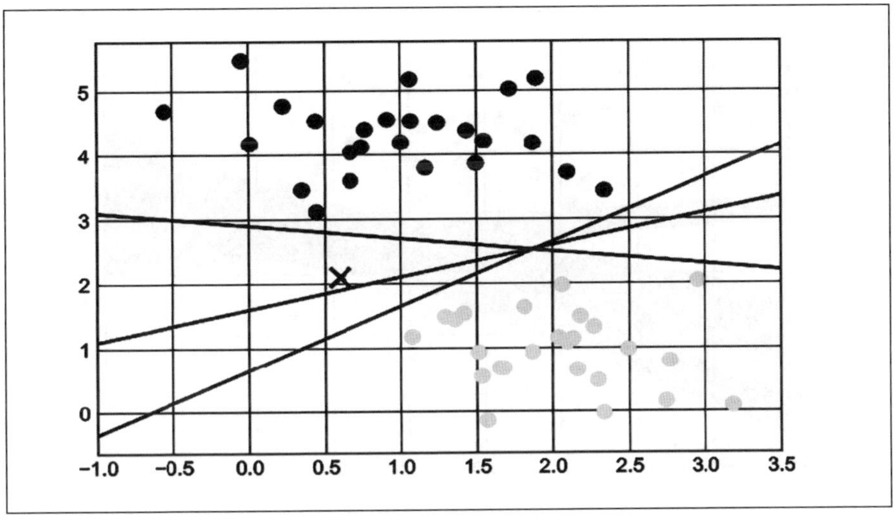

Figura 43-2. Três classificadores discriminativos lineares perfeitos para nossos dados

São três separadores *muito* diferentes que discriminam perfeitamente as amostras. Dependendo do escolhido, um novo ponto de dados (por exemplo, aquele marcado com "X" no gráfico) será atribuído a um rótulo diferente! É evidente que nossa intuição simples de "traçar uma linha entre as classes" não é boa o suficiente e precisamos pensar um pouco mais.

Máquinas de Vetores de Suporte: Maximizando a Margem

As máquinas de vetores de suporte oferecem um modo melhor. A ideia é: em vez de simplesmente desenhar uma linha de largura zero entre as classes, podemos desenhar em torno de cada linha uma *margem* com alguma largura, até o ponto mais próximo. Veja um exemplo de como pode ser (Figura 43-3).

```
In [4]: xfit = np.linspace(-1, 3.5)
        plt.scatter(X[:, 0], X[:, 1], c=y, s=50, cmap='autumn')

        for m, b, d in [(1, 0.65, 0.33), (0.5, 1.6, 0.55), (-0.2, 2.9, 0.2)]:
            yfit = m * xfit + b plt.plot(xfit, yfit, '-k')
            plt.fill_between(xfit, yfit - d, yfit + d, edgecolor='none',
                             color='lightgray', alpha=0.5)

        plt.xlim(-1, 3.5);
```

A linha que maximiza essa margem é a que escolheremos como modelo ideal.

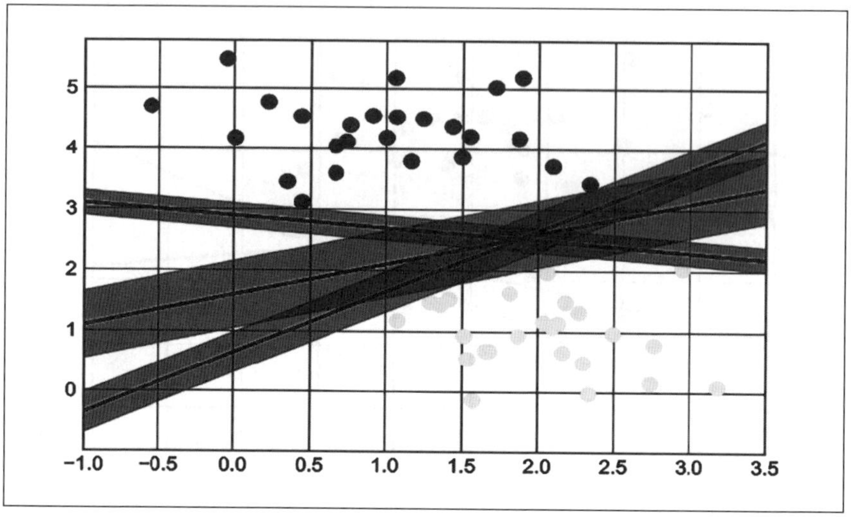

Figura 43-3. Visualização das "margens" nos classificadores discriminativos

Ajustando uma Máquina de Vetores de Suporte

Vejamos o resultado de um ajuste real nesses dados: usaremos o classificador de vetores de suporte (SVC) do Scikit-Learn para treinar um modelo SVM nos dados. Por enquanto, usaremos um kernel linear e definiremos o parâmetro `C` para um número muito grande (veremos o significado deles em detalhes daqui a pouco):

```
In [5]: from sklearn.svm import SVC # "Classificador de vetores de suporte"
        model = SVC(kernel='linear', C=1E10)
        model.fit(X, y)
Out[5]: SVC(C=10000000000.0, kernel='linear')
```

Para visualizar melhor o que está acontecendo aqui, criaremos uma função conveniente e rápida que plotará os limites de decisão do SVM (Figura 43-4).

```
In [6]: def plot_svc_decision_function(model, ax=None, plot_support=True):
            """Plote a função de decisão para um SVC 2D"""
            if ax is None:
                ax = plt.gca()
            xlim = ax.get_xlim()
            ylim = ax.get_ylim()

            # crie uma grade para avaliar o modelo
            x = np.linspace(xlim[0], xlim[1], 30)
            y = np.linspace(ylim[0], ylim[1], 30)
            Y, X = np.meshgrid(y, x)
            xy = np.vstack([X.ravel(), Y.ravel()]).T
            P = model.decision_function(xy).reshape(X.shape)

            # plote o limite de decisão e as margens
```

```
    ax.contour(X, Y, P, colors='k',
               levels=[-1, 0, 1], alpha=0.5,
               linestyles=['--', '-', '--'])

    # plote os vetores de suporte
    if plot_support:
        ax.scatter(model.support_vectors_[:, 0],
                   model.support_vectors_[:, 1],
                   s=300, linewidth=1, edgecolors='black',
                   facecolors='none');
    ax.set_xlim(xlim)
    ax.set_ylim(ylim)

In [7]: plt.scatter(X[:, 0], X[:, 1], c=y, s=50, cmap='autumn')
        plot_svc_decision_function(model);
```

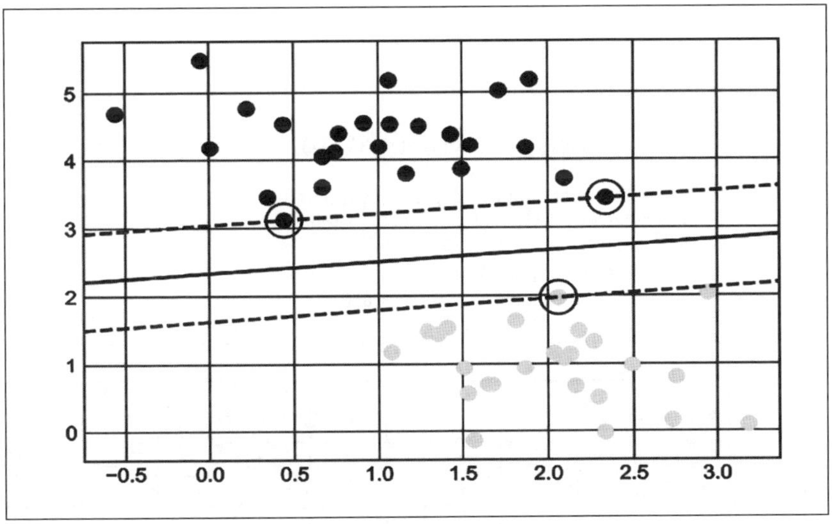

Figura 43-4. Um ajuste do classificador da máquina de vetores de suporte para os dados, com margens (linhas tracejadas) e vetores de suporte (círculos) mostrados

Essa é a linha divisória que maximiza a margem entre os dois conjuntos de pontos. Observe que alguns pontos de treinamento apenas tocam a margem: eles estão circulados na Figura 43-5. Esses pontos são os elementos principais do ajuste; são conhecidos como *vetores de suporte* e dão nome ao algoritmo. No Scikit-Learn, as identidades desses pontos são armazenadas no atributo `support_vectors_` do classificador:

```
In [8]: model.support_vectors_
Out[8]: array([[0.44359863, 3.11530945],
               [2.33812285, 3.43116792],
               [2.06156753, 1.96918596]])
```

O segredo do sucesso desse classificador é que, para o ajuste, apenas as posições dos vetores de suporte importam; quaisquer pontos mais distantes da margem que estejam no lado correto não modificam o ajuste. Tecnicamente, isso ocorre porque esses pontos não contribuem para a função de perda usada para ajustar o modelo, portanto, sua posição e número não importam, desde que não cruzem a margem.

Poderemos ver isso, por exemplo, se plotarmos o modelo aprendido com os primeiros 60 pontos e os primeiros 120 pontos do conjunto de dados (Figura 43-5).

```
In [9]: def plot_svm(N=10, ax=None):
            X, y = make_blobs(n_samples=200, centers=2,
                              random_state=0, cluster_std=0.60)
            X = X[:N]
            y = y[:N]
            model = SVC(kernel='linear', C=1E10)
            model.fit(X, y)

            ax = ax or plt.gca()
            ax.scatter(X[:, 0], X[:, 1], c=y, s=50, cmap='autumn')
            ax.set_xlim(-1, 4)
            ax.set_ylim(-1, 6)
            plot_svc_decision_function(model, ax)

        fig, ax = plt.subplots(1, 2, figsize=(16, 6))
        fig.subplots_adjust(left=0.0625, right=0.95, wspace=0.1)
        for axi, N in zip(ax, [60, 120]):
            plot_svm(N, axi)
            axi.set_title('N = {0}'.format(N))
```

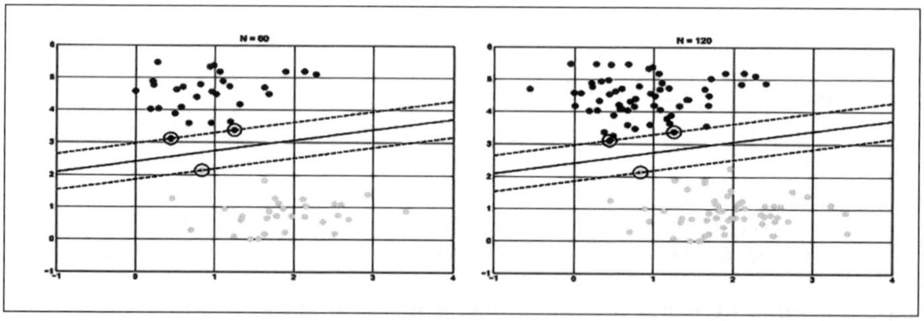

Figura 43-5. A influência dos novos pontos de treinamento sobre o modelo SVM

No painel à esquerda, vemos o modelo e os vetores de suporte para os 60 pontos de treinamento. No painel à direita, dobramos o número de pontos de treinamento, mas o modelo não mudou: os três vetores de suporte no painel esquerdo são os mesmos no painel direito. Essa falta de sensibilidade ao comportamento exato dos pontos distantes é um dos pontos fortes do modelo SVM.

Se você estiver executando este notebook em tempo real, poderá usar os widgets interativos do IPython para visualizar o recurso do modelo SVM de forma interativa:

```
In [10]: from ipywidgets import interact, fixed
         interact(plot_svm, N=(10, 200), ax=fixed(None));
Out[10]: interactive(children=(IntSlider(value=10, description='N', max=200, min=10),
         > Output()), _dom_classes=('widget-...
```

Além dos Limites Lineares: SVM do Kernel

Onde o SVM pode ser bem avançado é quando combinado com *kernels*. Vimos uma versão de kernels antes, nas regressões de função base do Capítulo 42. Lá, projetamos nossos dados em um espaço de maior dimensão definido por polinômios e funções de base gaussiana, e assim conseguimos ajustar para ter relações não lineares com um classificador linear.

Nos modelos SVM, podemos usar uma versão da mesma ideia. Para motivar a necessidade de kernels, vejamos alguns dados que não podem ser linearmente separados (Figura 43-6).

```
In [11]: from sklearn.datasets import make_circles
         X, y = make_circles(100, factor=.1, noise=.1)

         clf = SVC(kernel='linear').fit(X, y)

         plt.scatter(X[:, 0], X[:, 1], c=y, s=50, cmap='autumn')
         plot_svc_decision_function(clf, plot_support=False);
```

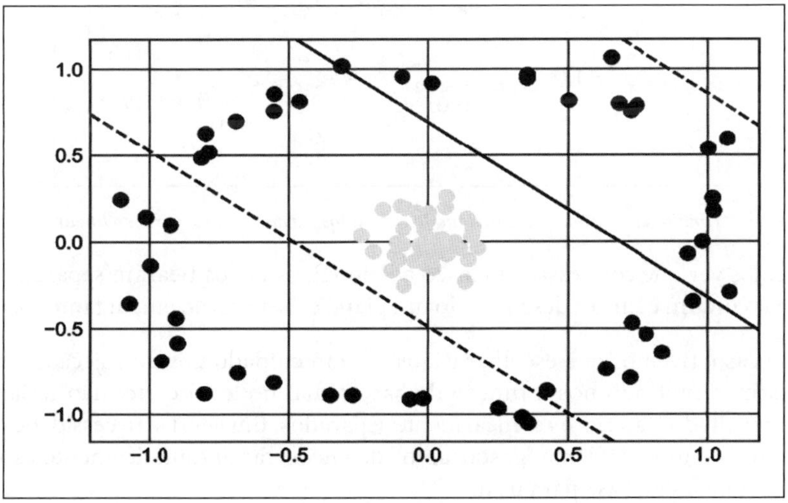

Figura 43-6. Um classificador linear funciona mal para os limites não lineares

É claro que nenhuma discriminação linear *conseguirá* separar esses dados. Mas podemos tirar uma lição das regressões da função base no Capítulo 42 e considerar como podemos projetar os dados em uma dimensão maior de tal forma que um separador linear *seria* suficiente. Por exemplo, uma projeção simples que poderíamos usar seria calcular uma *função de base radial* (RBF) centrada no grupo do meio:

```
In [12]: r = np.exp(-(X ** 2).sum(1))
```

Podemos visualizar essa dimensão de dados extra usando um gráfico tridimensional, como na Figura 43-7.

```
In [13]: from mpl_toolkits import mplot3d

         ax = plt.subplot(projection='3d')
         ax.scatter3D(X[:, 0], X[:, 1], r, c=y, s=50, cmap='autumn')
         ax.view_init(elev=20, azim=30)
         ax.set_xlabel('x')
         ax.set_ylabel('y')
         ax.set_zlabel('r');
```

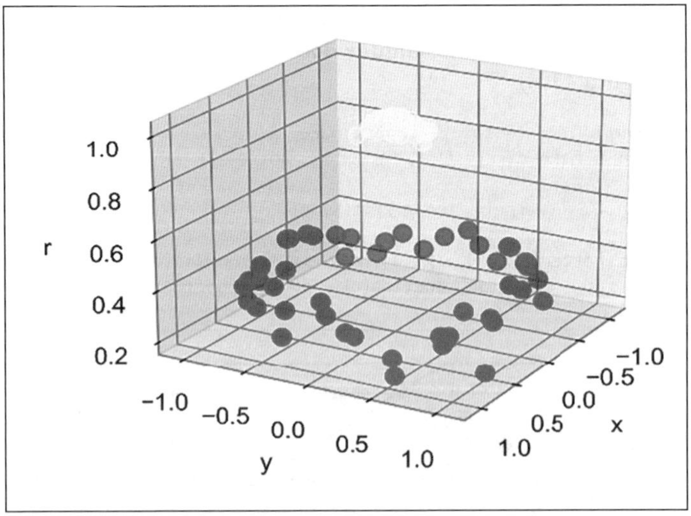

Figura 43-7. Uma terceira dimensão adicionada aos dados permite uma separação linear

Podemos ver que com essa dimensão adicional, os dados ficaram separados de formas comum e linear, desenhando um plano de separação em, digamos, r=0.7.

Nesse caso, tivemos que escolher e ajustar com cuidado nossa projeção: se não tivéssemos centrado nossa função de base radial no local certo, não teríamos visto resultados tão claros e linearmente separados. Em geral, a necessidade dessa escolha é um problema: gostaríamos de encontrar automaticamente as melhores funções de base para usar.

Uma estratégia é calcular uma função de base centrada em *cada* ponto do conjunto de dados e deixar o algoritmo SVM filtrar os resultados. Esse tipo de transformação da função de base é conhecido como *transformação de kernel*, pois se baseia em uma relação de similaridade (ou kernel) em cada par de pontos.

Um possível problema nessa estratégia — projetar N pontos em N dimensões — é que ela pode ficar computacionalmente muito intensiva conforme N cresce.

No entanto, devido a um pequeno procedimento conhecido como *truque do kernel*, um ajuste nos dados transformados do kernel pode ser feito implicitamente, isto é, sem criar a representação *N* dimensional completa da projeção do kernel. Esse truque do kernel é predefinido no SVM e explica porque o método é tão poderoso.

No Scikit-Learn, podemos aplicar o SVM com kernel simplesmente mudando nosso kernel linear para um kernel RBF, usando o hiperparâmetro do modelo `kernel`:

```
In [14]: clf = SVC(kernel='rbf', C=1E6)
         clf.fit(X, y)
Out[14]: SVC(C=1000000.0)
```

Usaremos nossa função definida antes para visualizar o ajuste e identificar os vetores de suporte (Figura 43-8).

```
In [15]: plt.scatter(X[:, 0], X[:, 1], c=y, s=50, cmap='autumn')
         plot_svc_decision_function(clf)
         plt.scatter(clf.support_vectors_[:, 0], clf.support_vectors_[:, 1],
                     s=300, lw=1, facecolors='none');
```

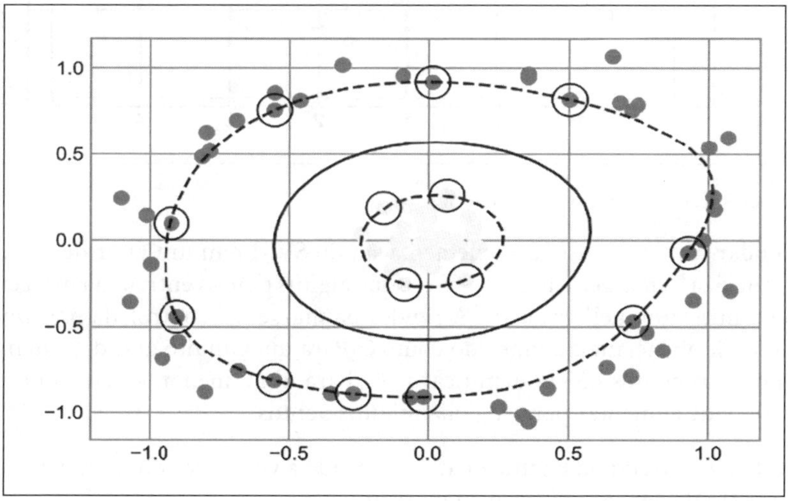

Figura 43-8. Ajuste SVM do kernel para os dados

Usando essa máquina de vetores de suporte com kernel, descobrimos um limite de decisão não linear adequado. Essa estratégia de transformação do kernel é usada frequentemente no aprendizado de máquina para transformar os métodos lineares rápidos em métodos não lineares rápidos, sobretudo para os modelos nos quais o truque do kernel pode ser usado.

Ajustando o SVM: Suavizando as Margens

Nossa análise até agora girou em torno de conjuntos de dados muito limpos, nos quais existe um limite de decisão perfeito. Mas e se os dados tiverem alguma sobreposição? Por exemplo, você pode ter dados como estes (Figura 43-9).

```
In [16]: X, y = make_blobs(n_samples=100, centers=2,
                           random_state=0, cluster_std=1.2)
         plt.scatter(X[:, 0], X[:, 1], c=y, s=50, cmap='autumn');
```

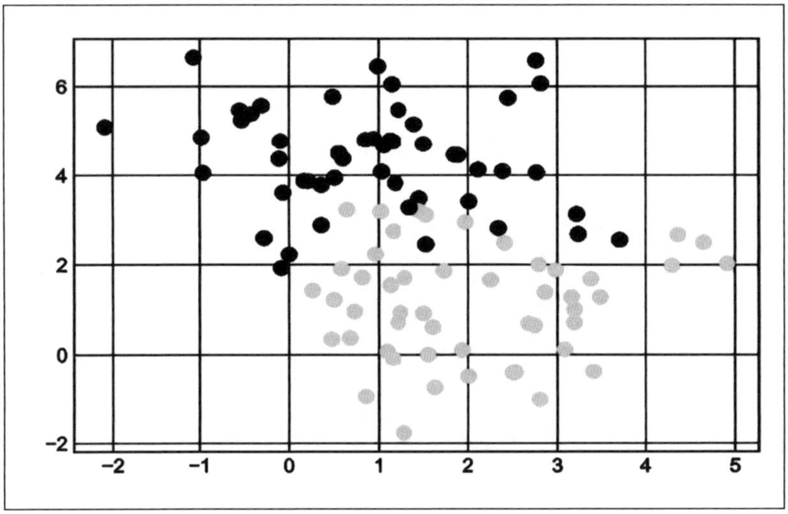

Figura 43-9. Dados com alguma sobreposição

Para lidar com esse caso, a implementação do SVM tem um fator de correção que "suaviza" a margem, isto é, permite que alguns pontos entrem na margem se isso permitir um melhor ajuste. A rigidez da margem é controlada por um parâmetro de ajuste, mais conhecido como C. Para um C muito grande, a margem é rígida e os pontos não podem ficar nela. Para um C menor, a margem é mais suave e pode aumentar para englobar alguns pontos.

O gráfico mostrado na Figura 43-10 dá uma ideia visual de como mudar C afeta o ajuste final com a suavização da margem:

```
In [17]: X, y = make_blobs(n_samples=100, centers=2,
                           random_state=0, cluster_std=0.8)

         fig, ax = plt.subplots(1, 2, figsize=(16, 6))
         fig.subplots_adjust(left=0.0625, right=0.95, wspace=0.1)

         for axi, C in zip(ax, [10.0, 0.1]):
             model = SVC(kernel='linear', C=C).fit(X, y)
             axi.scatter(X[:, 0], X[:, 1], c=y, s=50, cmap='autumn')
             plot_svc_decision_function(model, axi)
```

```
    axi.scatter(model.support_vectors_[:, 0],
                model.support_vectors_[:, 1],
                s=300, lw=1, facecolors='none');
    axi.set_title('C = {0:.1f}'.format(C), size=14)
```

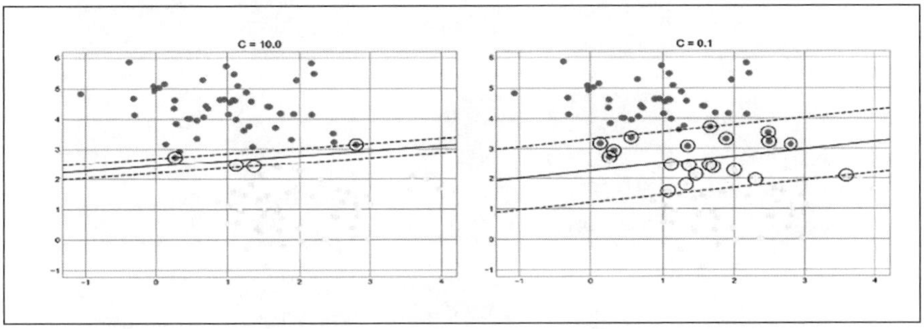

Figura 43-10. O efeito do parâmetro C no ajuste do vetor de suporte

O valor ideal de C dependerá do seu conjunto de dados e você deve ajustar esse parâmetro usando a validação cruzada ou um procedimento parecido (consulte o Capítulo 39).

Exemplo: Reconhecimento Facial

Como um exemplo de máquinas de vetores de suporte em ação, vejamos o problema do reconhecimento facial. Usaremos o conjunto de dados Labeled Faces in the Wild, que consiste em milhares de fotos agrupadas de várias figuras públicas. Um buscador para o conjunto de dados está predefinido no Scikit-Learn:

```
In [18]: from sklearn.datasets import fetch_lfw_people
         faces = fetch_lfw_people(min_faces_per_person=60)
         print(faces.target_names)
         print(faces.images.shape)
Out[18]: ['Ariel Sharon' 'Colin Powell' 'Donald Rumsfeld' 'George W Bush'
         'Gerhard Schroeder' 'Hugo Chavez' 'Junichiro Koizumi' 'Tony Blair']
         (1348, 62, 47)
```

Plotaremos alguns rostos para ver com o que estamos trabalhando (Figura 43-11).

```
In [19]: fig, ax = plt.subplots(3, 5, figsize=(8, 6))
         for i, axi in enumerate(ax.flat):
             axi.imshow(faces.images[i], cmap='bone')
             axi.set(xticks=[], yticks=[],
                     xlabel=faces.target_names[faces.target[i]])
```

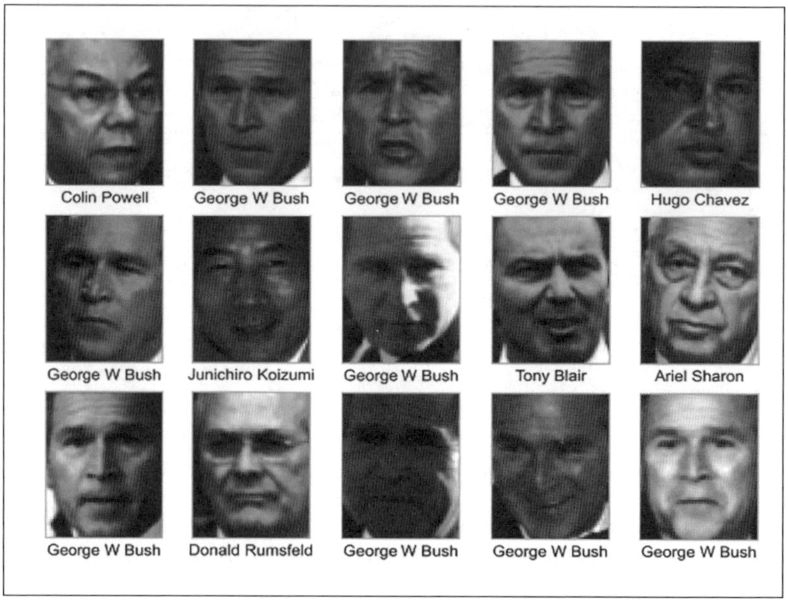

Figura 43-11. Exemplos do conjunto de dados Labeled Faces in the Wild

Cada imagem tem 62 × 47 ou cerca de 3 mil pixels. Poderíamos prosseguir simplesmente usando cada valor de pixel como uma feature, mas muitas vezes é mais eficiente usar algum tipo de pré-processador para extrair as features mais significativas; aqui usaremos a análise de componentes principais (Capítulo 45) para extrair 150 componentes fundamentais para alimentar nosso classificador da máquina de vetores de suporte. Podemos fazer isso de forma mais direta colocando o pré-processador e o classificador em um único pipeline:

```
In [20]: from sklearn.svm import SVC
         from sklearn.decomposition import PCA
         from sklearn.pipeline import make_pipeline

         pca = PCA(n_components=150, whiten=True,
                   svd_solver='randomized', random_state=42)
         svc = SVC(kernel='rbf', class_weight='balanced')
         model = make_pipeline(pca, svc)
```

Para testar a saída do classificador, dividiremos os dados em um conjunto de treinamento e um conjunto de testes:

```
In [21]: from sklearn.model_selection import train_test_split
         Xtrain, Xtest, ytrain, ytest = train_test_split(faces.data, faces.
                                                 target,random_state=42)
```

Por fim, podemos usar a validação cruzada de pesquisa na grade para explorar as combinações de parâmetros. Aqui ajustaremos `C` (que controla a rigidez da margem) e `gamma` (que controla o tamanho do kernel da função de base radial), para determinar o melhor modelo:

```
In [22]: from sklearn.model_selection import GridSearchCV
         param_grid = {'svc__C': [1, 5, 10, 50],
                       'svc__gamma': [0.0001, 0.0005, 0.001, 0.005]}
         grid = GridSearchCV(model, param_grid)

         %time grid.fit(Xtrain, ytrain)
         print(grid.best_params_)
Out[22]: CPU times: user 1min 19s, sys: 8.56 s, total: 1min 27s
         Wall time: 36.2 s
         {'svc__C': 10, 'svc__gamma': 0.001}
```

Os valores ideais ficam no meio da grade; se eles ficassem nas bordas, gostaríamos de expandir a grade para ter certeza de que encontramos o ideal verdadeiro.

Agora, com esse modelo validado cruzado, podemos prever os rótulos dos dados de teste, que o modelo ainda não viu:

```
In [23]: model = grid.best_estimator_
         yfit = model.predict(Xtest)
```

Vejamos algumas imagens de teste junto com seus valores previstos (Figura 43-12).

```
In [24]: fig, ax = plt.subplots(4, 6)
         for i, axi in enumerate(ax.flat):
             axi.imshow(Xtest[i].reshape(62, 47), cmap='bone')
             axi.set(xticks=[], yticks=[])
             axi.set_ylabel(faces.target_names[yfit[i]].split()[-1],
                            color='black' if yfit[i] == ytest[i] else 'red')
         fig.suptitle('Predicted Names; Incorrect Labels in Red', size=14);
```

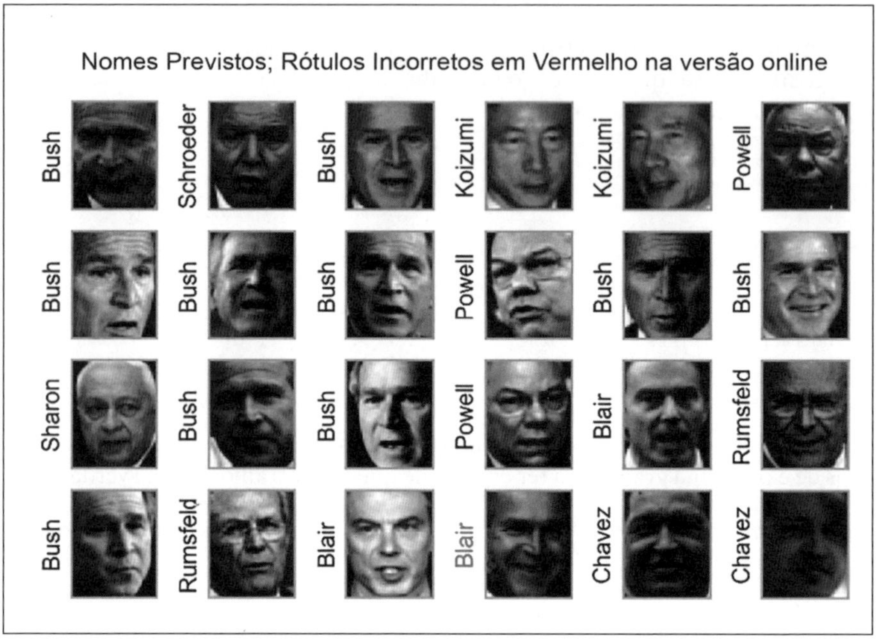

Figura 43-12. Rótulos previstos por nosso modelo

Dessa pequena amostra, nosso estimador ideal rotulou incorretamente apenas um rosto (Bush na linha inferior foi rotulado como Blair — em vermelho na versão online). Podemos ter uma noção melhor do desempenho do nosso estimador usando o relatório de classificação, que lista as estatísticas de recuperação por rótulo:

```
In [25]: from sklearn.metrics import classification_report
         print(classification_report(ytest, yfit,
                                     target_names=faces.target_names))
Out[25]:                    precision    recall  f1-score   support

              Ariel Sharon       0.65      0.73      0.69        15

              Colin Powell       0.80      0.87      0.83        68
           Donald Rumsfeld       0.74      0.84      0.79        31
             George W Bush       0.92      0.83      0.88       126
         Gerhard Schroeder       0.86      0.83      0.84        23
               Hugo Chavez       0.93      0.70      0.80        20
         Junichiro Koizumi       0.92      1.00      0.96        12
                Tony Blair       0.85      0.95      0.90        42

                  accuracy                           0.85       337
                 macro avg       0.83      0.84      0.84       337
              weighted avg       0.86      0.85      0.85       337
```

Também podemos exibir a matriz de confusão entre as classes (Figura 43-13).

```
In [26]: from sklearn.metrics import confusion_matrix
         import seaborn as sns
         mat = confusion_matrix(ytest, yfit)
         sns.heatmap(mat.T, square=True, annot=True, fmt='d',
                     cbar=False, cmap='Blues', x
                     ticklabels=faces.target_names,
                     yticklabels=faces.target_names)
         plt.xlabel('true label')
         plt.ylabel('predicted label');
```

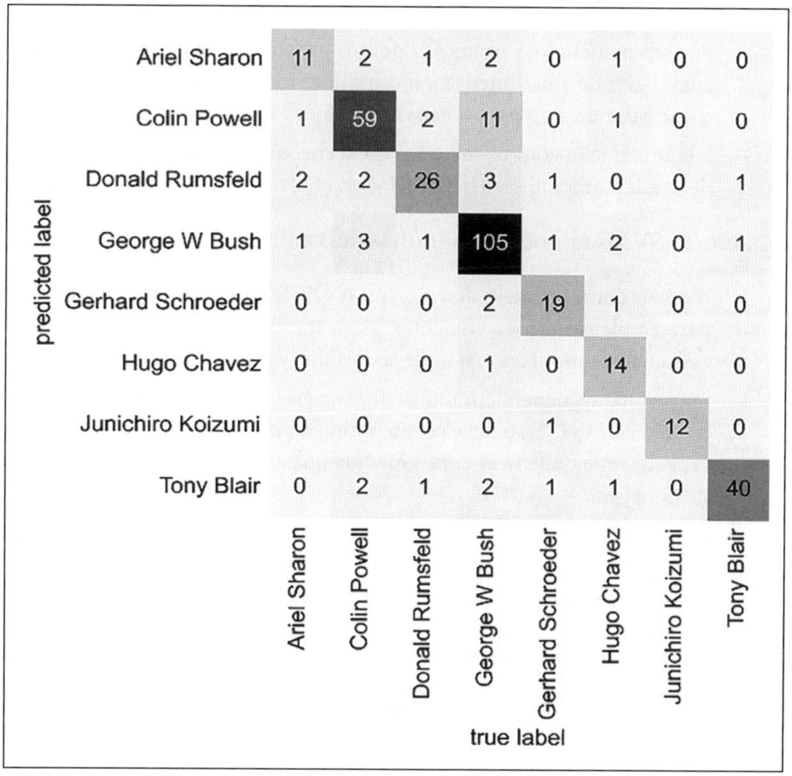

Figura 43-13. Matriz de confusão para os dados dos rostos

Isso nos ajuda a ter uma noção de quais rótulos provavelmente serão confundidos pelo estimador.

Para uma tarefa de reconhecimento facial real, na qual as fotos não vêm cortadas previamente em belas grades, a única diferença no esquema de classificação facial é a seleção da feature: você precisaria usar um algoritmo mais sofisticado para encontrar os rostos e extrair as features que são independentes da pixelação. Para esse tipo de aplicação, uma boa opção é usar OpenCV, que, entre outras coisas, inclui implementações previamente treinadas de ferramentas de extração de recursos avançadas para imagens em geral e rostos em particular.

Resumo

Esta foi uma breve introdução intuitiva dos princípios por trás das máquinas de vetores de suporte. Esses modelos são um poderoso método de classificação por vários motivos:

- Sua dependência de relativamente poucos vetores de suporte significa que eles são compactos e ocupam muito pouca memória.
- Uma vez que o modelo é treinado, a fase de previsão é muito rápida.
- Por serem afetados apenas por pontos próximos à margem, funcionam bem com dados de alta dimensão, mesmo com mais dimensões do que amostras, o que é um desafio para outros algoritmos.
- Sua integração com os métodos do kernel os torna muito versáteis, capazes de se adaptar a muitos tipos de dados.

No entanto, as SVMs também têm muitas desvantagens:

- A escala com o número de amostras N é $\Phi[N^3]$ na pior das hipóteses ou $\Phi[N^2]$ para implementações eficientes. Para inúmeras amostras de treinamento, esse custo computacional pode ser proibitivo.
- Os resultados dependem muito de uma escolha adequada para o parâmetro de suavização `C`. Isso deve ser escolhido com cuidado por meio da validação cruzada, que pode ficar cara à medida que os conjuntos de dados aumentam de tamanho.
- Os resultados não têm uma interpretação probabilística direta. Isso pode ser estimado com uma validação cruzada interna (veja o parâmetro `probability` de SVC), mas essa estimativa extra é cara.

Com essas características em mente, geralmente só recorro às SVMs quando outros métodos mais simples, mais rápidos e menos intensivos em ajuste são insuficientes para minhas necessidades. Mas se você tiver processadores com bom desempenho para se comprometer com o treinamento e a validação cruzada de uma SVM em seus dados, o método poderá levar a excelentes resultados.

CAPÍTULO 44

Aprofundando: Árvores de Decisão e Florestas Aleatórias

Anteriormente, analisamos em profundidade um classificador generativo simples (naive Bayes; Capítulo 41) e um classificador discriminativo avançado (máquinas de vetores de suporte; Capítulo 43). Aqui veremos outro algoritmo poderoso: um algoritmo não paramétrico chamado *florestas aleatórias (random forests)*, que são um exemplo de método de *conjunto*, ou seja, se baseia na agregação dos resultados de um conjunto de estimadores mais simples. O resultado um tanto surpreendente com tais métodos de conjunto é que a soma pode ser maior do que as partes, isto é, a precisão preditiva de um voto da maioria entre vários estimadores pode acabar sendo melhor do que a de quaisquer estimadores individuais que fazem a votação! Veremos exemplos nas seguintes seções.

Começaremos com as importações padrão:

```
In [1]: %matplotlib inline
        import numpy as np
        import matplotlib.pyplot as plt
        plt.style.use('seaborn-whitegrid')
```

Motivando as Florestas Aleatórias: Árvores de Decisão

As florestas aleatórias são um exemplo de um modelo de aprendizado em conjunto (ou ensemble) construído a partir de árvores de decisão. Por isso, começaremos examinando as árvores de decisão.

As árvores de decisão são modos extremamente intuitivos de classificar ou rotular objetos: você simplesmente faz uma série de perguntas para focar a classificação. Por exemplo, se quiser criar uma árvore de decisão para classificar os animais encontrados durante uma caminhada, pode criar a árvore na Figura 44-1.

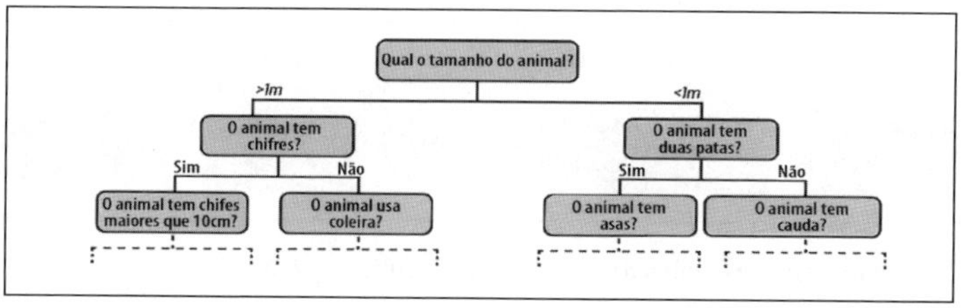

Figura 44-1. Exemplo de uma árvore de decisão binária[1]

1 O código para produzir esta figura pode ser encontrado no apêndice online.

A divisão binária torna isso extremamente eficiente: em uma árvore bem construída, cada pergunta reduzirá o número de opções aproximadamente pela metade, diminuindo muito rápido as opções, mesmo em um grande número de classes. O truque, claro, é decidir quais perguntas fazer em cada etapa. Nas implementações do aprendizado de máquina das árvores de decisão, as perguntas costumam ter a forma de divisões nos dados alinhadas ao eixo, ou seja, cada nó na árvore divide os dados em dois grupos usando um valor de corte em um dos aspectos. Vejamos agora um exemplo.

Criando uma Árvore de Decisão

Considere os seguintes dados bidimensionais, com um dos quatro rótulos de classe (veja a Figura 44-2).

```
In [2]: from sklearn.datasets import make_blobs

        X, y = make_blobs(n_samples=300, centers=4,
                          random_state=0, cluster_std=1.0)
        plt.scatter(X[:, 0], X[:, 1], c=y, s=50, cmap='rainbow');
```

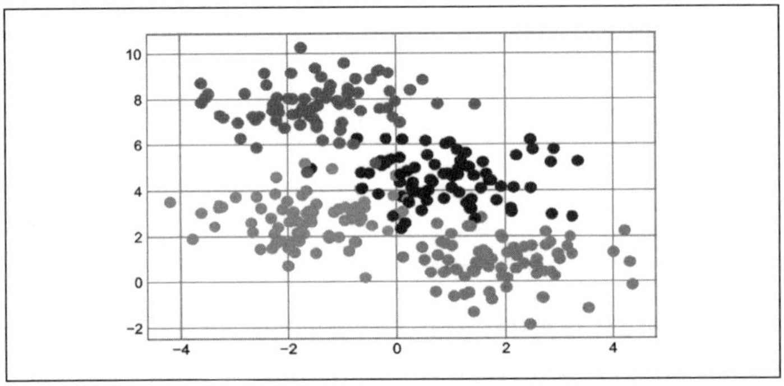

Figura 44-2. Dados para o classificador de árvore de decisão

Uma árvore de decisão simples baseada nesses dados dividirá iterativamente os dados em um ou outro eixo de acordo com algum critério quantitativo e, em cada nível, atribuirá o rótulo da nova região segundo um voto majoritário de pontos dentro dela. A Figura 44-3 apresenta uma visualização dos quatro primeiros níveis de um classificador de árvore de decisão para esses dados.

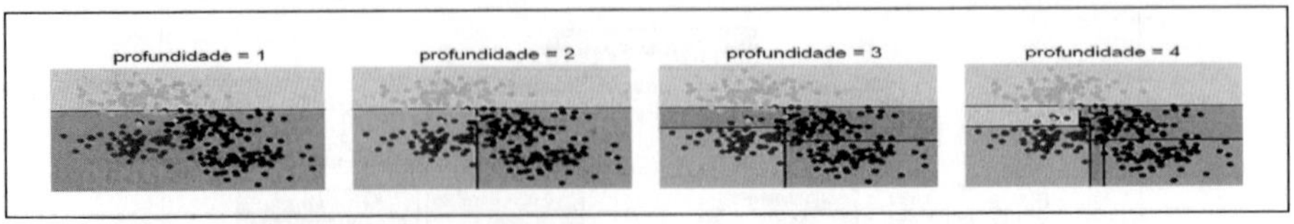

Figura 44-3. Visualização de como a árvore de decisão divide os dados[2]

2 O código para produzir esta figura pode ser encontrado no apêndice online.

Após a primeira divisão, cada ponto no ramo superior permanece inalterado, então não há necessidade de subdividir mais o ramo. Exceto os nós com tudo de uma cor, em cada nível *toda* região é novamente dividida em uma das duas features.

O processo de ajustar uma árvore de decisão aos dados pode ser feito no Scikit-Learn com o estimador `DecisionTreeClassifier`:

```
In [3]: from sklearn.tree import DecisionTreeClassifier
        tree = DecisionTreeClassifier().fit(X, y)
```

Escrevemos uma função utilitária para ajudar a visualizar a saída do classificador:

```
In [4]: def visualize_classifier(model, X, y, ax=None, cmap='rainbow'):
            ax = ax or plt.gca()

            # Plote os pontos de treinamento
            ax.scatter(X[:, 0], X[:, 1], c=y, s=30, cmap=cmap,
                       clim=(y.min(), y.max()), zorder=3)
            ax.axis('tight')
            ax.axis('off')
            xlim = ax.get_xlim()
            ylim = ax.get_ylim()

            # Ajuste o estimador
            model.fit(X, y)
            xx, yy = np.meshgrid(np.linspace(*xlim, num=200),
                                 np.linspace(*ylim, num=200))
            Z = model.predict(np.c_[xx.ravel(), yy.ravel()]).reshape(xx.shape)

            # Crie um gráfico colorido com os resultados
            n_classes = len(np.unique(y))
            contours = ax.contourf(xx, yy, Z, alpha=0.3,
                                   levels=np.arange(n_classes + 1) - 0.5,
                                   cmap=cmap, zorder=1)

            ax.set(xlim=xlim, ylim=ylim)
```

Agora podemos examinar como fica a classificação da árvore de decisão (Figura 44-4).

```
In [5]: visualize_classifier(DecisionTreeClassifier(), X, y)
```

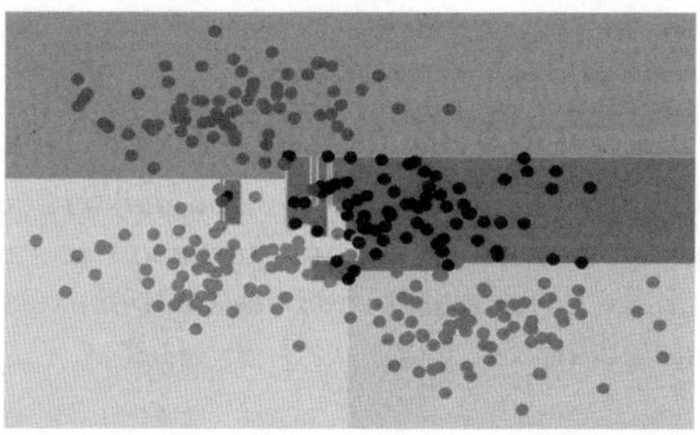

Figura 44-4. Visualização da classificação de árvore de decisão

Se você estiver executando este notebook em tempo real, poderá usar o script auxiliar incluído no apêndice online para abrir uma visualização interativa do processo de criação da árvore de decisão:

```
In [6]: # helpers_05_08 se encontra no apêndice online
        import helpers_05_08
        helpers_05_08.plot_tree_interactive(X, y);
Out[6]: interactive(children=(Dropdown(description='depth', index=1, options=(1, 5),
        > value=5), Output()), _dom_classes...
```

Observe que, à medida que a profundidade aumenta, a tendência é obter regiões de classificação muito estranhas; por exemplo, em uma profundidade de cinco, há uma região roxa alta e fina entre as regiões amarela e azul (versão online). É claro que isso reflete menos um resultado da distribuição de dados real e intrínseca, e mais um resultado da amostra em particular ou das propriedades de ruído dos dados, isto é, essa árvore de decisão, mesmo com apenas cinco níveis de profundidade, está claramente sobreajustando os dados (overfitting).

Árvores de Decisão e Sobreajuste

Tal sobreajuste acaba sendo uma propriedade geral das árvores de decisão: é muito fácil ir fundo na árvore e ajustar os detalhes de dados específicos, em vez das propriedades gerais das distribuições das quais eles são extraídos. Outra maneira de ver esse sobreajuste é examinar os modelos treinados em subconjuntos diferentes de dados — por exemplo, na Figura 44-5 treinamos duas árvores diferentes, cada uma na metade dos dados originais.

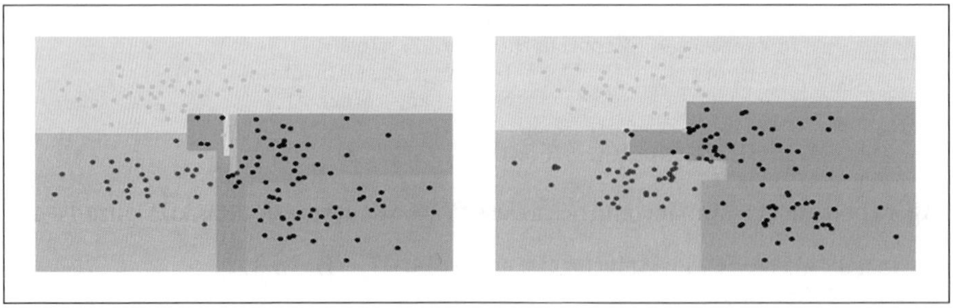

Figura 44-5. Exemplo de duas árvores de decisão aleatórias

É claro que em alguns lugares as duas árvores produzem resultados consistentes (por exemplo, nos quatro cantos), já em outros, as duas árvores dão classificações muito diferentes (como nas regiões entre dois clusters quaisquer). A principal observação é que as inconsistências tendem a acontecer onde a classificação é menos certa, portanto, usando informações de *ambas* as árvores, podemos chegar a um resultado melhor!

Se você estiver executando este notebook em tempo real, a seguinte função permitirá exibir interativamente os ajustes das árvores treinadas em um subconjunto aleatório dos dados:

```
In [7]: # helpers_05_08 se encontra no apêndice online
        import helpers_05_08
        helpers_05_08.randomized_tree_interactive(X, y)
Out[7]: interactive(children=(Dropdown(description='random_state', options=(0, 100),
        > value=0), Output()), _dom_classes...
```

Assim como usar informações de duas árvores melhora os resultados, podemos esperar que usar as informações de muitas árvores os melhoraria ainda mais.

Conjuntos de Estimadores: Florestas Aleatórias

A noção de que vários estimadores de sobreajuste podem ser combinados para reduzir o efeito do sobreajuste é o que está subjacente a um método de conjunto chamado *bagging*, que usa um ensemble (uma espécie de mistura, talvez) de estimadores paralelos, cada um sobreajustando os dados, e calcula as médias dos resultados para encontrar uma classificação melhor. Um conjunto de árvores de decisão randomizadas é conhecido como *floresta aleatóri*a.

Este tipo de classificação bagging pode ser feito manualmente com o metaestimador `BaggingClassifier` do Scikit-Learn, como mostrado aqui (Figura 44-6).

```
In [8]: from sklearn.tree import DecisionTreeClassifier
        from sklearn.ensemble import BaggingClassifier

        tree = DecisionTreeClassifier()
        bag = BaggingClassifier(tree, n_estimators=100, max_samples=0.8,
                                random_state=1)

        bag.fit(X, y)
        visualize_classifier(bag, X, y)
```

Neste exemplo, randomizamos os dados ajustando cada estimador com um subconjunto aleatório de 80% dos pontos de treinamento. Na prática, as árvores de decisão são randomizadas de forma mais eficiente, injetando alguma estocasticidade na forma como as divisões são escolhidas: assim, todos os dados contribuem para o ajuste de cada vez, mas os resultados do ajuste ainda terão a aleatoriedade desejada. Por exemplo, ao determinar em qual aspecto dividir, a árvore aleatória pode selecionar entre as várias features principais. Você pode ler mais detalhes técnicos sobre essas estratégias de randomização na documentação do Scikit-Learn e nas referências.

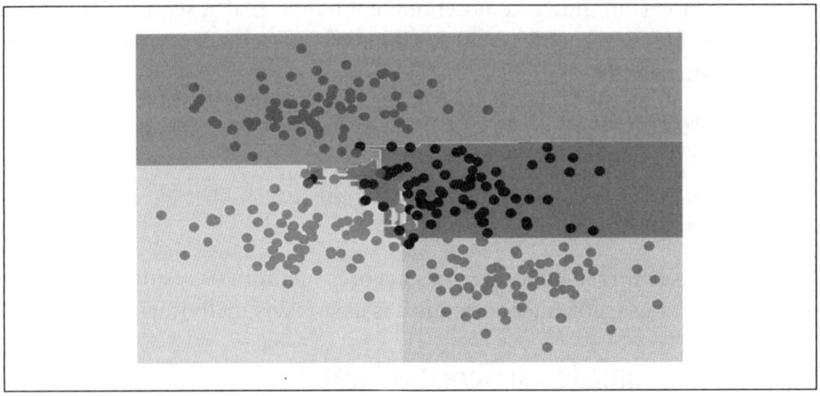

Figura 44-6. Limites de decisão para um conjunto de árvores de decisão aleatórias

No Scikit-Learn, esse conjunto otimizado de árvores de decisão aleatórias é implementado no estimador `RandomForestClassifier`, que cuida de toda a randomização automaticamente. É só selecionar um número de estimadores e ele ajustará muito rápido — em paralelo, se desejar — o conjunto de árvores (veja a Figura 44-7).

```
In [9]: from sklearn.ensemble import RandomForestClassifier

        model = RandomForestClassifier(n_estimators=100, random_state=0)
        visualize_classifier(model, X, y);
```

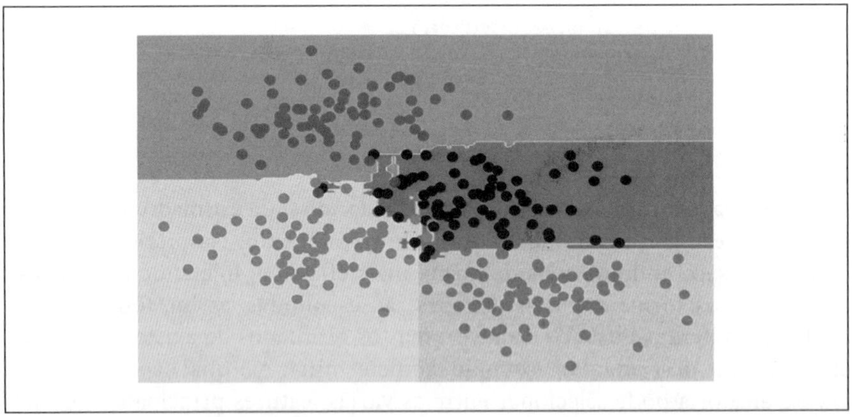

Figura 44-7. Limites de decisão para uma floresta aleatória, que é um conjunto otimizado de árvores de decisão

Vemos que, com uma média de mais de cem modelos aleatoriamente perturbados, acabamos com um modelo geral muito mais próximo da nossa ideia sobre como o espaço do parâmetro deve ser dividido.

Regressão da Floresta Aleatória

Na seção anterior foram consideradas as florestas aleatórias no contexto da classificação. Elas também podem ser criadas para trabalhar no caso da regressão (isto é, com as variáveis contínuas, não com as categóricas). O estimador a usar é o `RandomForestRegressor` e a sintaxe é muito semelhante ao que vimos antes.

Considere os seguintes dados, extraídos da combinação de uma oscilação rápida e uma lenta (veja a Figura 44-8).

```
In [10]: rng = np.random.RandomState(42)
         x = 10 * rng.rand(200)

         def model(x, sigma=0.3):
             fast_oscillation = np.sin(5 * x)
             slow_oscillation = np.sin(0.5 * x)
             noise = sigma * rng.randn(len(x))

             return slow_oscillation + fast_oscillation + noise

         y = model(x)
         plt.errorbar(x, y, 0.3, fmt='o');
```

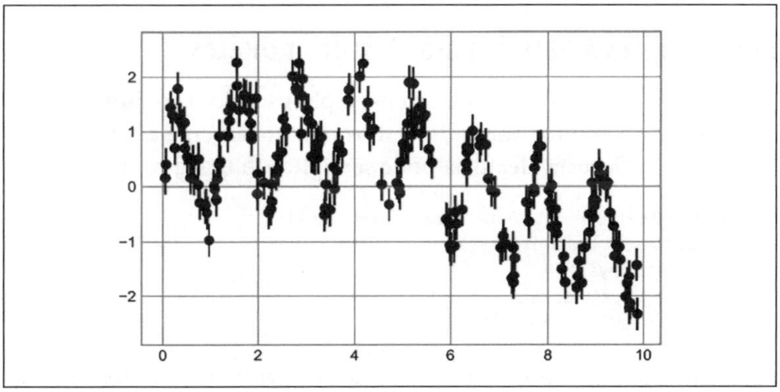

Figura 44-8. Dados para a regressão da floresta aleatória

Usando o regressor de floresta aleatória, podemos encontrar a curva de melhor ajuste (Figura 44-9).

```
In [11]: from sklearn.ensemble import RandomForestRegressor
         forest = RandomForestRegressor(200)
         forest.fit(x[:, None], y)

         xfit = np.linspace(0, 10, 1000)
         yfit = forest.predict(xfit[:, None])
         ytrue = model(xfit, sigma=0)

         plt.errorbar(x, y, 0.3, fmt='o', alpha=0.5)
         plt.plot(xfit, yfit, '-r');
         plt.plot(xfit, ytrue, '-k', alpha=0.5);
```

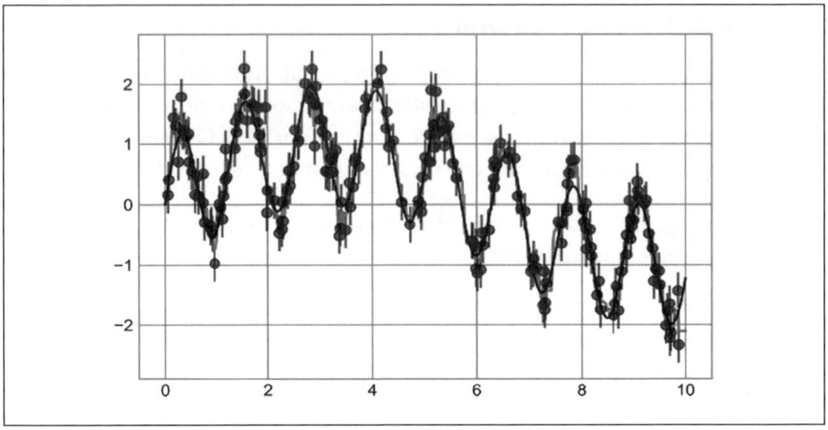

Figura 44-9. Ajuste do modelo de floresta aleatória para os dados

Aqui o modelo real é mostrado na curva cinza suave, já o modelo de floresta aleatória é mostrado pela curva vermelha irregular (versão online). O modelo de floresta aleatória não paramétrica é flexível o suficiente para ajustar os dados de vários períodos, sem que precisemos especificar um modelo de vários períodos!

Exemplo: Floresta Aleatória para Classificar Dígitos

No Capítulo 38, trabalhamos com um exemplo usando o conjunto de dados de dígitos incluído no Scikit-Learn. Usaremos isso novamente aqui para ver como o classificador de floresta aleatória pode ser aplicado nesse contexto:

```
In [12]: from sklearn.datasets import load_digits
         digits = load_digits()
         digits.keys()
Out[12]: dict_keys(['data', 'target', 'frame', 'feature_names', 'target_names',
         > 'images', 'DESCR'])
```

Para lembrar o que estamos vendo, veremos os primeiros pontos de dados (Figura 44-10).

```
In [13]: # configure a imagem
         fig = plt.figure(figsize=(6, 6))  # tamanho da imagem em polegadas
         fig.subplots_adjust(left=0, right=1, bottom=0, top=1,
                             hspace=0.05, wspace=0.05)

         # plote os dígitos: cada imagem tem 8x8 pixels
         for i in range(64):
             ax = fig.add_subplot(8, 8, i + 1, xticks=[], yticks=[])
             ax.imshow(digits.images[i], cmap=plt.cm.binary, interpolation='nearest')

             # rotule a imagem com o valor de destino
             ax.text(0, 7, str(digits.target[i]))
```

Figura 44-10. Representação dos dados dos dígitos

Podemos classificar os dígitos usando uma floresta aleatória assim:

```
In [14]: from sklearn.model_selection import train_test_split

        Xtrain, Xtest, ytrain, ytest = train_test_split(digits.data, digits.target,
                                                        random_state=0)
        model = RandomForestClassifier(n_estimators=1000)
        model.fit(Xtrain, ytrain)
        ypred = model.predict(Xtest)
```

Vejamos o relatório de classificação desse classificador:

```
In [15]: from sklearn import metrics
         print(metrics.classification_report(ypred, ytest))
```

```
Out[15]:              precision    recall  f1-score   support

                   0       1.00      0.97      0.99        38
                   1       0.98      0.98      0.98        43
                   2       0.95      1.00      0.98        42
                   3       0.98      0.96      0.97        46
                   4       0.97      1.00      0.99        37
                   5       0.98      0.96      0.97        49
                   6       1.00      1.00      1.00        52
                   7       1.00      0.96      0.98        50
                   8       0.94      0.98      0.96        46
                   9       0.98      0.98      0.98        47

            accuracy                           0.98       450
           macro avg       0.98      0.98      0.98       450
        weighted avg       0.98      0.98      0.98       450
```

Uma boa medida é plotar a matriz de confusão (Figura 44-11).

```
In [16]: from sklearn.metrics import confusion_matrix
         import seaborn as sns
         mat = confusion_matrix(ytest, ypred)
         sns.heatmap(mat.T, square=True, annot=True, fmt='d',
                     cbar=False, cmap='Blues')
         plt.xlabel('true label')
         plt.ylabel('predicted label');
```

Descobrimos que uma floresta aleatória simples e não ajustada resulta em uma classificação bem precisa dos dados dos dígitos.

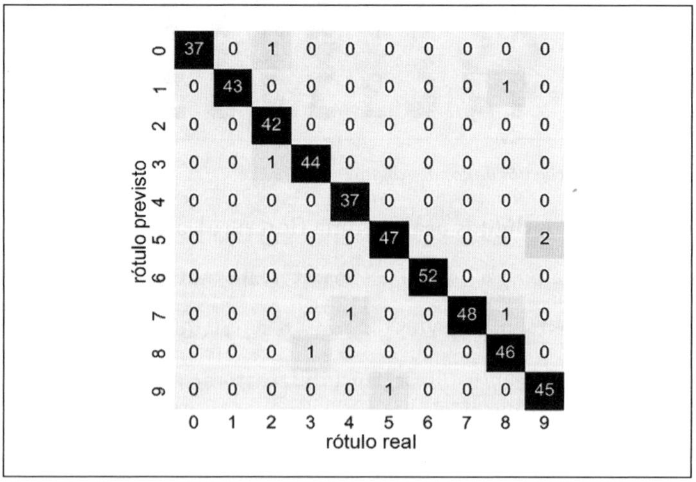

Figura 44-11. Matriz de confusão para classificação dos dígitos com florestas aleatórias

Resumo

Este capítulo fez uma breve introdução ao conceito de estimadores de conjunto, em particular a floresta aleatória, um conjunto de árvores de decisão randomizadas. As florestas aleatórias são um método avançado com muitas vantagens:

- O treinamento e a previsão são muito rápidos, por causa da simplicidade das árvores de decisão subjacentes. As duas tarefas podem ser diretamente paralelas, pois as árvores individuais são entidades inteiramente independentes.
- As múltiplas árvores permitem uma classificação probabilística: um voto da maioria entre os estimadores dá uma estimativa da probabilidade (acessada no Scikit-Learn com o método `predict_proba`).
- O modelo não paramétrico é extremamente flexível, portanto, pode ser bem executado nas tarefas que são de subajuste por outros estimadores.

Uma desvantagem básica das florestas aleatórias é que os resultados não são facilmente interpretáveis: se você deseja tirar conclusões sobre o *significado* do modelo de classificação, as florestas aleatórias podem não ser a melhor escolha.

CAPÍTULO 45

Aprofundando: Análise de Componentes Principais

Até agora, detalhamos os estimadores de aprendizado supervisionado: aqueles que preveem os rótulos com base nos dados de treinamento rotulados. Aqui começamos a ver vários estimadores não supervisionados, que podem destacar aspectos interessantes dos dados sem referência a nenhum rótulo conhecido.

Neste capítulo, veremos o que talvez seja um dos algoritmos não supervisionados mais utilizados, a análise de componentes principais (PCA), que é fundamentalmente um algoritmo de redução de dimensionalidade, mas também pode ser útil como uma ferramenta para visualização, filtragem de ruído, extração e feature enginneering, e muito mais. Após uma breve análise conceitual do algoritmo PCA, veremos exemplos de aplicações adicionais.

Começaremos com as importações padrão:

```
In [1]: %matplotlib inline
        import numpy as np
        import matplotlib.pyplot as plt
        plt.style.use('seaborn-whitegrid')
```

Introduzindo a Análise de Componentes Principais

A análise de componentes principais é um método rápido, flexível e não supervisionado para a redução de dimensionalidade nos dados, visto rapidamente no Capítulo 38. O seu comportamento é mais fácil de visualizar com um conjunto de dados bidimensional. Considere estes 200 pontos (Figura 45-1).

```
In [2]: rng = np.random.RandomState(1)
        X = np.dot(rng.rand(2, 2), rng.randn(2, 200)).T
        plt.scatter(X[:, 0], X[:, 1])
        plt.axis('equal');
```

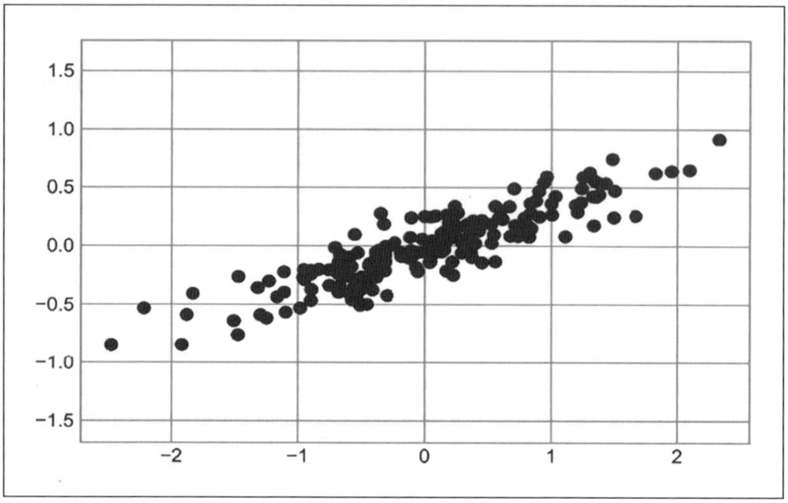

Figura 45-1. Dados para demonstração de PCA

A olho nu, é claro que há uma relação quase linear entre as variáveis *x* e *y*. Isso é uma reminiscência dos dados de regressão linear que exploramos no Capítulo 42, mas a definição do problema aqui é um pouco diferente: em vez de tentar *prever* os valores *y* a partir dos valores *x*, o problema do aprendizado não supervisionado tenta descobrir a *relação* entre os valores *x* e *y*.

Na análise de componentes principais, essa relação é quantificada encontrando uma lista dos *eixos principais* nos dados e usando esses eixos para descrever o conjunto de dados. Usando o estimador PCA do Scikit-Learn, podemos calcular isso da seguinte forma:

```
In [3]: from sklearn.decomposition import PCA
        pca = PCA(n_components=2)
        pca.fit(X)
Out[3]: PCA(n_components=2)
```

O ajuste descobre algumas quantidades com os dados; os mais importantes são os componentes e a variância explicada:

```
In [4]: print(pca.components_)
Out[4]: [[-0.94446029 -0.32862557]
         [-0.32862557  0.94446029]]

In [5]: print(pca.explained_variance_)
Out[5]: [0.7625315 0.0184779]
```

Para ver o significado dos números, iremos visualizá-los como vetores nos dados de entrada, usando os componentes para definir a direção do vetor e a variância explicada para definir o comprimento quadrado do vetor (veja a Figura 45-2).

```
In [6]: def draw_vector(v0, v1, ax=None):
            ax = ax or plt.gca()
            arrowprops=dict(arrowstyle='->', linewidth=2,
                            shrinkA=0, shrinkB=0)
            ax.annotate('', v1, v0, arrowprops=arrowprops)

        # plote os dados
        plt.scatter(X[:, 0], X[:, 1], alpha=0.2)
        for length, vector in zip(pca.explained_variance_, pca.components_):
            v = vector * 3 * np.sqrt(length)
            draw_vector(pca.mean_, pca.mean_ + v)
        plt.axis('equal');
```

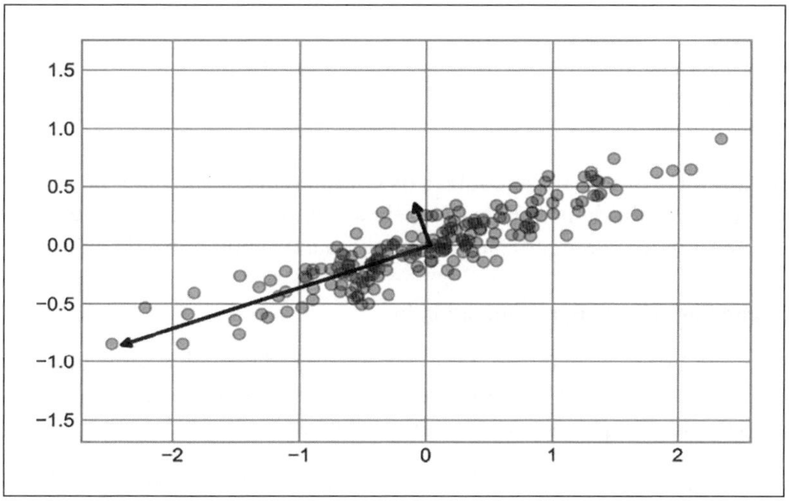

Figura 45-2. Visualização dos eixos principais nos dados

Esses vetores representam os eixos principais dos dados e o comprimento de cada vetor é uma indicação da "importância" desse eixo na descrição da distribuição dos dados — mais precisamente, é uma medida da variância dos dados quando projetados nesse eixo. A projeção de cada ponto de dados nos eixos principais são os componentes principais dos dados.

Se plotarmos esses componentes principais ao lado dos dados originais, veremos os gráficos mostrados na Figura 45-3.

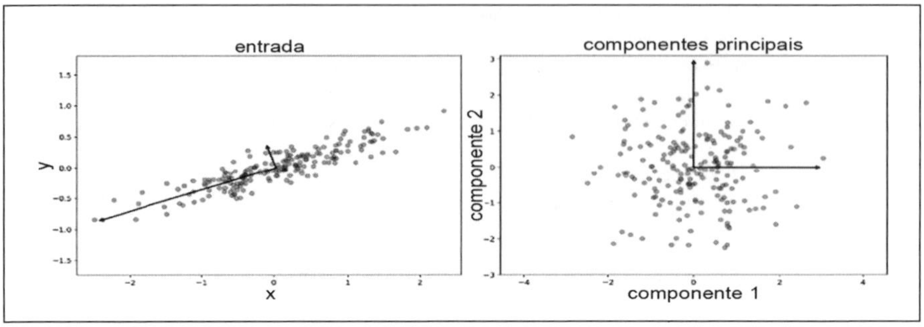

Figura 45-3. Eixos principais transformados nos dados[1]

Essa transformação de eixos dos dados em eixos principais é uma *transformação afim*, o que significa que é composta por uma translação, uma rotação e uma escala uniforme.

Embora o algoritmo para encontrar os componentes principais possa parecer apenas uma curiosidade matemática, ele acaba tendo aplicações muito abrangentes no mundo do aprendizado de máquina e da exploração de dados.

PCA como Redução de Dimensionalidade

O uso de PCA para a redução de dimensionalidade envolve zerar um ou mais componentes principais menores, resultando em uma projeção de menor dimensão dos dados que preserva a máxima variância dos dados.

Um exemplo de uso de PCA como uma transformação da redução de dimensionalidade:

```
In [7]: pca = PCA(n_components=1)
        pca.fit(X)
        X_pca = pca.transform(X)
        print("original shape:    ", X.shape)
        print("transformed shape:", X_pca.shape)
Out[7]: original shape: (200, 2)
        transformed shape: (200, 1)
```

Os dados transformados foram reduzidos a uma única dimensão. Para entender o efeito dessa redução de dimensionalidade, podemos fazer a transformação inversa dos dados reduzidos e plotá-los junto com os dados originais (Figura 45-4).

```
In [8]: X_new = pca.inverse_transform(X_pca)
        plt.scatter(X[:, 0], X[:, 1], alpha=0.2)
        plt.scatter(X_new[:, 0], X_new[:, 1], alpha=0.8)
        plt.axis('equal');
```

1 O código para produzir esta figura pode ser encontrado no apêndice online.

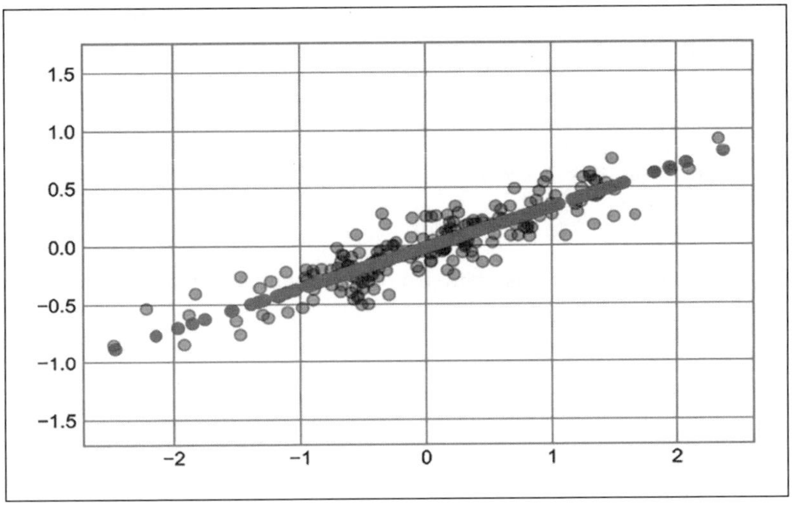

Figura 45-4. Visualização de PCA como redução de dimensionalidade

Os pontos claros são os dados originais, já os pontos escuros são a versão projetada. Isso deixa evidente o que uma redução de dimensionalidade PCA significa: as informações ao longo do(s) eixo(s) principal(is) ou meno(s) importante(s) são removidas, deixando apenas o(s) componente(s) dos dados com a maior variância. A fração da variância cortada (proporcional à dispersão dos pontos na linha formada na imagem anterior) é aproximadamente uma medida de quanta "informação" é descartada nessa redução de dimensionalidade.

Este conjunto de dados de dimensão reduzida é, em certo sentido, "bom o suficiente" para codificar as relações mais importantes entre os pontos: apesar de reduzir o número de features dos dados em 50%, as relações gerais entre os pontos de dados são preservadas em grande parte.

PCA para Visualização: Dígitos Feitos à Mão

A utilidade da redução de dimensionalidade pode não ficar inteiramente aparente em apenas duas dimensões, mas fica clara ao ver os dados de alta dimensão. Para tanto, vejamos rapidamente a aplicação de PCA no conjunto de dados de dígitos com o qual trabalhamos no Capítulo 44.

Começaremos carregando os dados:

```
In [9]: from sklearn.datasets import load_digits
        digits = load_digits()
        digits.data.shape
Out[9]: (1797, 64)
```

Lembre-se de que o conjunto de dados de dígitos consiste em imagens de 8 × 8 pixels, significando que têm 64 dimensões. Para ter uma ideia das relações entre esses pontos, podemos usar a PCA para projetá-los em um número mais gerenciável de dimensões, digamos duas:

```
In [10]: pca = PCA(2) # projete de 64 para 2 dimensões
         projected = pca.fit_transform(digits.data)
         print(digits.data.shape)
         print(projected.shape)
Out[10]: (1797, 64)
         (1797, 2)
```

Agora podemos plotar os dois primeiros componentes principais de cada ponto para conhecer os dados, como na Figura 45-5.

```
In [11]: plt.scatter(projected[:, 0], projected[:, 1],
                     c=digits.target, edgecolor='none', alpha=0.5,
                     cmap=plt.cm.get_cmap('rainbow', 10))
         plt.xlabel('component 1')
         plt.ylabel('component 2')
         plt.colorbar();
```

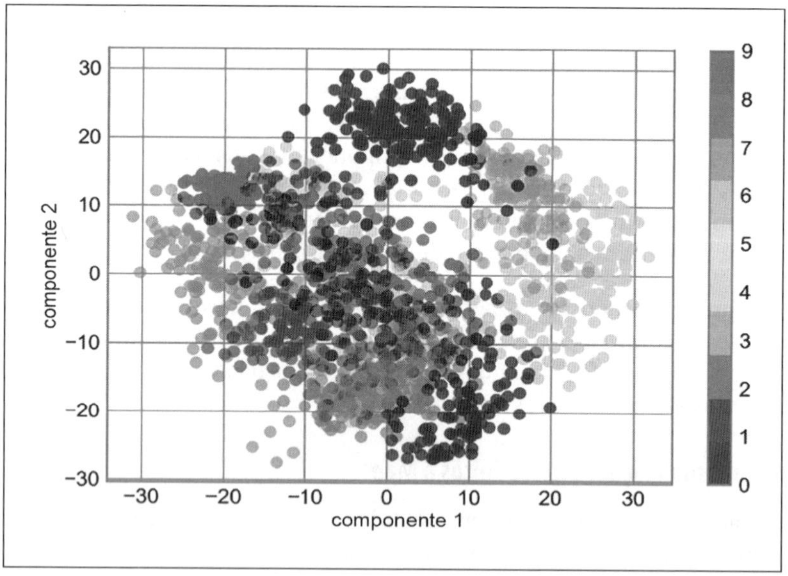

Figura 45-5. PCA aplicada nos dados de dígitos feitos à mão

Lembre-se do significado dos componentes: os dados completos são uma nuvem de pontos de 64 dimensões e esses pontos são a projeção de cada ponto de dados nas direções com maior variância. Basicamente, encontramos a extensão e a rotação ideais no espaço de 64 dimensões que nos permite ver o layout dos dados em duas dimensões e fizemos isso de maneira não supervisionada, ou seja, sem referência aos rótulos.

O que Significam os Componentes?

Podemos ir um pouco além aqui e começar a perguntar o que *significam* as dimensões reduzidas. Esse significado pode ser entendido em termos de combinações de vetores base. Por exemplo, cada imagem no conjunto de treinamento é definida por uma coleção de valores de 64 pixels, que chamaremos de vetor x:

$$x = [x_1, x_2, x_3 \ldots x_{64}]$$

Um modo de considerar isso é em termos de uma base de pixels, ou seja, para criar a imagem, multiplicamos cada elemento do vetor pelo pixel que ele descreve, em seguida, adicionamos os resultados para criar a imagem:

$$\text{imagem}(x) = x_1 \cdot (\text{pixel } 1) + x_2 \cdot (\text{pixel } 2) + x_3 \cdot (\text{pixel } 3) \ldots x_{64} \cdot (\text{pixel } 64)$$

Uma maneira de imaginar a redução da dimensionalidade desses dados é zerar todos, exceto alguns vetores base. Por exemplo, se usarmos apenas os primeiros oito pixels, obteremos uma projeção com oito dimensões dos dados (Figura 45-6). No entanto, não reflete bem a imagem inteira: descartamos quase 90% dos pixels!

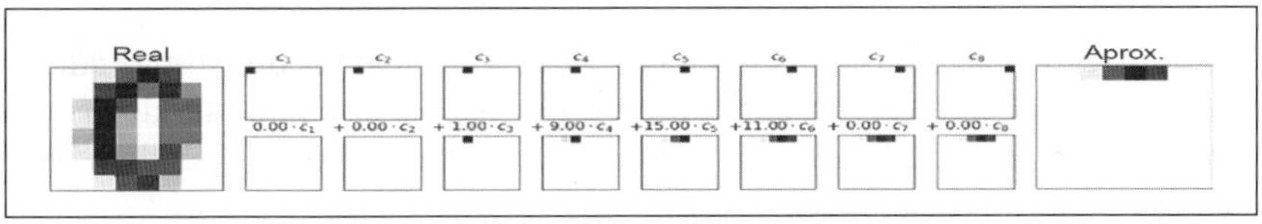

Figura 45-6. Uma redução de dimensionalidade ingênua conseguida descartando os pixels[2]

A linha superior dos painéis mostra os pixels individuais e a linha inferior mostra a contribuição cumulativa desses pixels para a criação da imagem. Usando apenas oito componentes baseados em pixels, podemos criar apenas uma pequena parte da imagem de 64 pixels. Se continuássemos essa sequência e usássemos todos os 64 pixels, recuperaríamos a imagem original.

Mas a representação por pixel não é a única escolha de base. Também podemos usar outras funções base, cada uma com uma contribuição predefinida a partir de cada pixel, e escrever algo como:

$$\textit{imagem } x = \text{significa} + x_1 \cdot (\text{base } 1) + x_2 \cdot (\text{base } 2) + x_3 \cdot (\text{base } 3) \ldots$$

O PCA pode ser considerado um processo de escolha de funções base ideais, de modo que somar apenas as primeiras é suficiente para recriar adequadamente a maior parte dos elementos no conjunto de dados. Os componentes principais, que atuam como a representação de baixa dimensão dos nossos dados, são simplesmente os coeficientes que multiplicam cada um dos elementos nessa série. A

2 O código para produzir esta figura pode ser encontrado no apêndice online.

Figura 45-7 mostra uma representação similar de recriar o mesmo dígito usando a média mais as primeiras oito funções base de PCA.

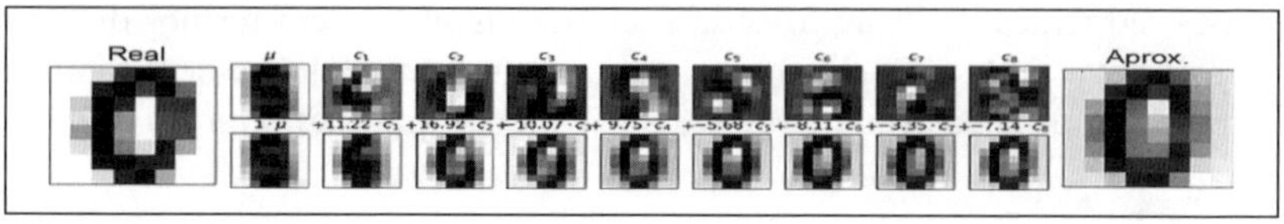

Figura 45-7. Uma redução de dimensionalidade mais sofisticada conseguida descartando os componentes principais menos importantes (compare com a Figura 45-6)[3]

Ao contrário da base de pixels, a base PCA nos permite recuperar os features marcantes da imagem de entrada com apenas uma média, além de oito componentes! A quantidade de cada pixel em cada componente é o resultado da orientação do vetor em nosso exemplo bidimensional. É nesse sentido que a PCA fornece uma representação de baixa dimensão dos dados: ela descobre um conjunto de funções base que são mais eficientes do que a base de pixels nativa dos dados de entrada.

Escolhendo o Número de Componentes

Uma parte essencial do uso da PCA na prática é a capacidade de estimar quantos componentes são necessários para descrever os dados. Isso pode ser determinado vendo a *proporção de variância explicada* cumulativa em função do número de componentes (veja a Figura 45-8).

```
In [12]: pca = PCA().fit(digits.data)
         plt.plot(np.cumsum(pca.explained_variance_ratio_))
         plt.xlabel('number of components')
         plt.ylabel('cumulative explained variance');
```

Essa curva quantifica quanta variância total de 64 dimensões está contida nos primeiros N componentes. Por exemplo, vemos que, com os dados dos dígitos, os primeiros 10 componentes contêm cerca de 75% da variância, enquanto você precisa em torno de 50 componentes para descrever perto de 100% de variância.

3 O código para produzir esta figura pode ser encontrado no apêndice online.

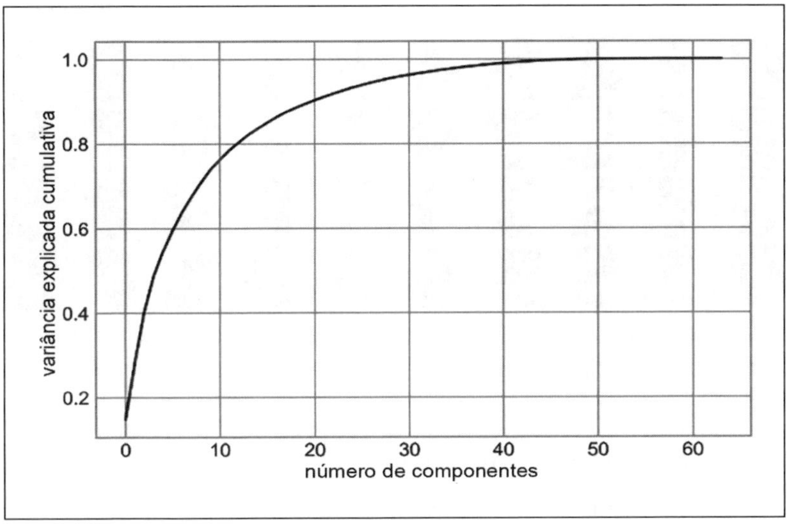

Figura 45-8. Variância explicada cumulativa, que mede o quanto a PCA preserva o conteúdo dos dados

Isso informa que nossa projeção bidimensional perde muita informação (medida pela variância explicada) e que precisaríamos de cerca de 20 componentes para reter 90% da variância. Ver esse gráfico para um conjunto de dados de alta dimensão pode ajudá-lo a entender o nível de redundância presente em suas features.

PCA como Filtragem de Ruído

O PCA também pode ser usado como uma abordagem de filtragem de dados com ruído. A ideia é esta: quaisquer componentes com variância muito maior do que o efeito do ruído devem ficar relativamente insensíveis ao ruído. Então, ao recriar os dados usando apenas o maior subconjunto de componentes principais, de preferência você deverá manter o sinal e descartar o ruído.

Vejamos como fica com os dados dos dígitos. Primeiro plotaremos várias amostras de entrada sem ruído (Figura 45-9).

```
In [13]: def plot_digits(data):
             fig, axes = plt.subplots(4, 10, figsize=(10, 4),
                                      subplot_kw={'xticks':[], 'yticks':[]},
                                      gridspec_kw=dict(hspace=0.1, wspace=0.1))
             for i, ax in enumerate(axes.flat):
                 ax.imshow(data[i].reshape(8, 8),
                           cmap='binary', interpolation='nearest',
                           clim=(0, 16))
             plot_digits(digits.data)
```

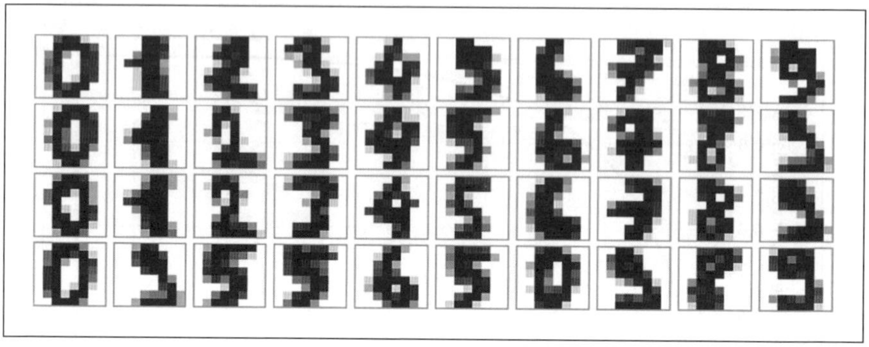

Figura 45-9. Dígitos sem ruído

Agora adicionaremos algum ruído aleatório para criar um conjunto de dados com ruído e plotaremos de novo (Figura 45-10).

```
In [14]: rng = np.random.default_rng(42)
         rng.normal(10, 2)
Out[14]: 10.609434159508863

In [15]: rng = np.random.default_rng(42)
         noisy = rng.normal(digits.data, 4)
         plot_digits(noisy)
```

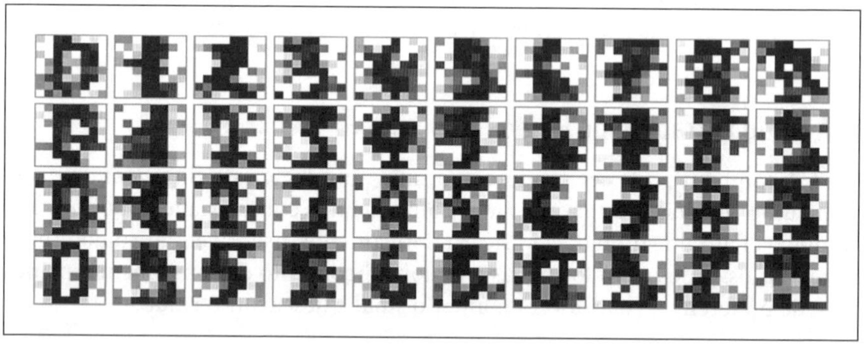

Figura 45-10. Dígitos com ruído aleatório gaussiano adicionado

A visualização deixa clara a presença do ruído aleatório. Treinaremos um modelo PCA nos dados com ruído, solicitando que a projeção preserve 50% da variância:

```
In [16]: pca = PCA(0.50).fit(noisy)
         pca.n_components
Out[16]: 12
```

Aqui, 50% da variância equivale a 12 componentes principais, dos 64 features originais. Agora calculamos esses componentes e usamos o inverso da transformação para recriar os dígitos filtrados; a Figura 45-11 mostra o resultado.

```
In [17]: components = pca.transform(noisy)
         filtered = pca.inverse_transform(components)
         plot_digits(filtered)
```

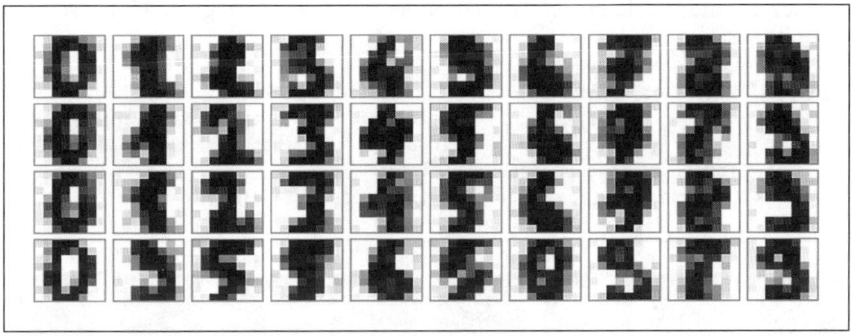

Figura 45-11. Dígitos "sem ruído" usando PCA

Essa propriedade de preservação de sinal/filtragem de ruído torna a PCA uma rotina de seleção de recursos muito útil — por exemplo, em vez de treinar um classificador em dados muito dimensionais, você pode treinar o classificador na representação do componente principal de menor dimensão, que servirá automaticamente para filtrar o ruído aleatório nas entradas.

Exemplo: Eigenfaces

Antes, vimos um exemplo do uso de uma projeção PCA como um seletor de recursos para o reconhecimento facial com uma máquina de vetores de suporte (veja o Capítulo 43). Aqui iremos relembrar e explorar um pouco mais o que aconteceu. Lembre-se de que usamos o conjunto de dados Labeled Faces in the Wild (LFW) disponibilizado no Scikit-Learn:

```
In [18]: from sklearn.datasets import fetch_lfw_people
         faces = fetch_lfw_people(min_faces_per_person=60)
         print(faces.target_names)
         print(faces.images.shape)
Out[18]: ['Ariel Sharon' 'Colin Powell' 'Donald Rumsfeld' 'George W Bush'
          'Gerhard Schroeder' 'Hugo Chavez' 'Junichiro Koizumi' 'Tony Blair']
          (1348, 62, 47)
```

Vejamos os eixos principais que abrangem esse conjunto de dados. Como é um grande conjunto de dados, usaremos o autosolver (eigensolver) `"random"` no estimador `PCA`: ele usa um método aleatório para aproximar os primeiros *N* componentes principais mais rapidamente do que a abordagem padrão, às custas de alguma precisão. Esse equilíbrio pode ser útil para os dados de alta dimensão (aqui, uma dimensionalidade de quase 3 mil). Veremos os primeiros 150 componentes:

```
In [19]: pca = PCA(150, svd_solver='randomized', random_state=42)
         pca.fit(faces.data)
Out[19]: PCA(n_components=150, random_state=42, svd_solver='randomized')
```

Nesse caso, pode ser interessante visualizar as imagens associadas aos vários primeiros componentes principais (esses componentes são tecnicamente conhecidos como *autovetores* (eigenvectors), portanto, essas imagens costumam ser chamadas de *eigenfaces*; como se pode ver na Figura 45-12, são bem assustadoras):

```
In [20]: fig, axes = plt.subplots(3, 8, figsize=(9, 4),
                                  subplot_kw={'xticks':[], 'yticks':[]},
                                  gridspec_kw=dict(hspace=0.1, wspace=0.1))
         for i, ax in enumerate(axes.flat):
             ax.imshow(pca.components_[i].reshape(62, 47), cmap='bone')
```

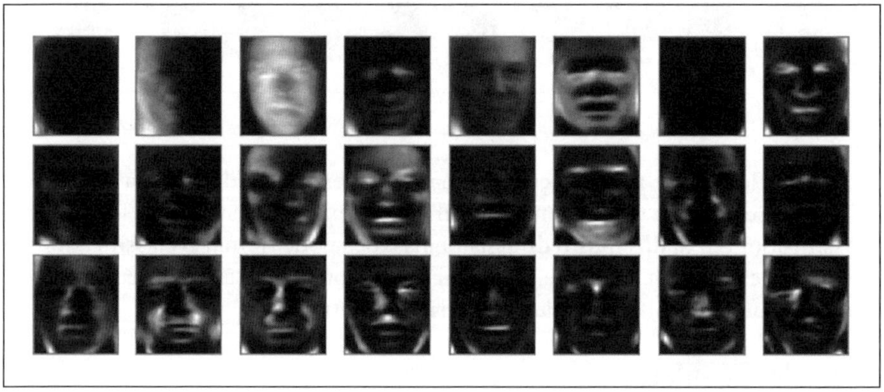

Figura 45-12. Visualização de eigenfaces aprendidas com o conjunto de dados LFW

Os resultados são muito interessantes e dão uma ideia de como as imagens variam: por exemplo, os primeiros eigenfaces (à esquerda superior) parecem estar associados ao ângulo de iluminação no rosto e os vetores principais posteriores parecem estar escolhendo certos features, como olhos, narizes e lábios. Vejamos a variância cumulativa desses componentes para saber quanta informação de dados a projeção está preservando (Figura 45-13).

```
In [21]: plt.plot(np.cumsum(pca.explained_variance_ratio_))
         plt.xlabel('number of components')
         plt.ylabel('cumulative explained variance');
```

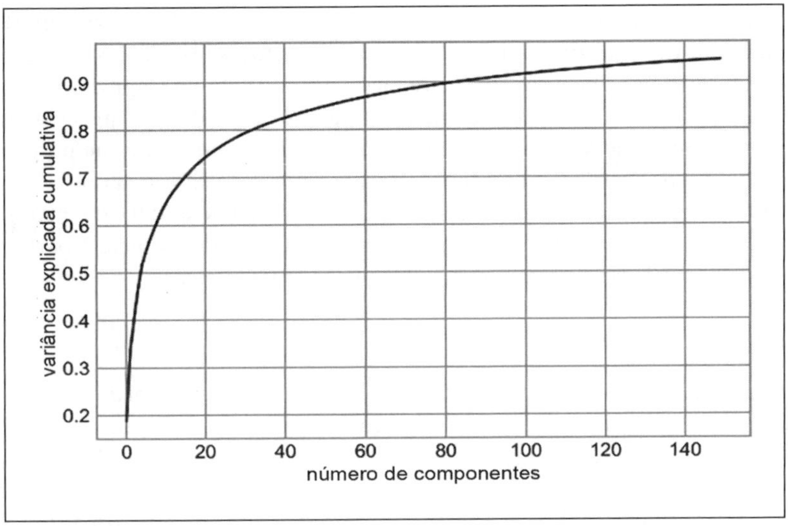

Figura 45-13. Variância explicada cumulativa para os dados LFW

Os 150 componentes escolhidos representam pouco mais de 90% da variância. Isso nos levaria a acreditar que usando esses 150 componentes, recuperaríamos grande parte dos aspectos essenciais dos dados. Para ficar mais concreto, podemos comparar as imagens de entrada com as imagens recriadas a partir desses 150 componentes (veja a Figura 45-14).

```
In [22]: # Calcule os componentes e os rostos projetados
         pca = pca.fit(faces.data)
         components = pca.transform(faces.data)
         projected = pca.inverse_transform(components)

In [23]: # Plote os resultados
         fig, ax = plt.subplots(2, 10, figsize=(10, 2.5),
                                subplot_kw={'xticks':[], 'yticks':[]},
                                gridspec_kw=dict(hspace=0.1, wspace=0.1))
         for i in range(10):
             ax[0, i].imshow(faces.data[i].reshape(62, 47), cmap='binary_r')
             ax[1, i].imshow(projected[i].reshape(62, 47), cmap='binary_r')

         ax[0, 0].set_ylabel('full-dim\ninput')
         ax[1, 0].set_ylabel('150-dim\nreconstruction');
```

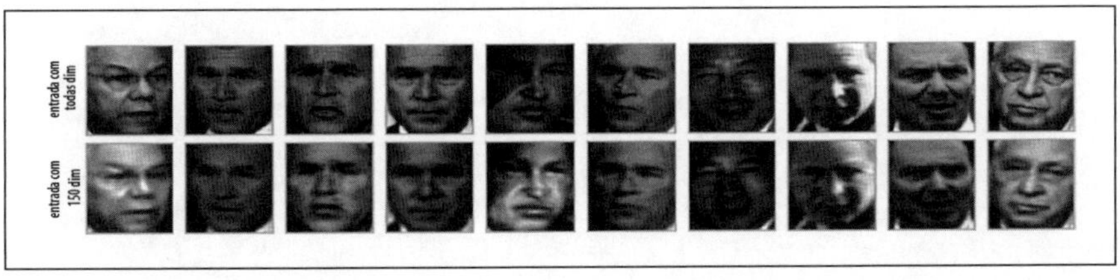

Figura 45-14. Nova criação PCA dos dados LFW com 150 dimensões

A linha superior aqui mostra as imagens de entrada, já a linha inferior mostra a recriação das imagens de apenas 150 das ~3.000 features iniciais. Essa visualização deixa claro por que a seleção de recursos PCA usada no Capítulo 43 foi tão bem-sucedida: embora reduza a dimensionalidade dos dados em quase um fator 20, as imagens projetadas contêm informações suficientes para que possamos, a olho nu, reconhecer os indivíduos em cada uma. Isso significa que nosso algoritmo de classificação só precisa ser treinado em dados de 150 dimensões, em vez de dados de 3 mil dimensões, o que, dependendo do algoritmo em particular escolhido, pode levar a uma classificação muito mais eficiente.

Resumo

Neste capítulo, exploramos o uso da análise de componentes principais para a redução de dimensionalidade, a visualização de dados de alta dimensão, a filtragem de ruído e a seleção de recursos nos dados de alta dimensão. Devido à sua versatilidade e à interpretabilidade, a PCA tem se mostrado eficaz em inúmeros contextos e disciplinas. Em qualquer conjunto de dados de alta dimensão, costumo começar com a PCA para visualizar as relações entre os pontos (como fizemos com os dados de dígitos), entender a variância principal nos dados (como fizemos com os eigenfaces) e entender a dimensionalidade intrínseca (plotando a proporção de variância explicada). Com certeza a PCA não é útil para todos os conjuntos de dados de alta dimensão, mas oferece um caminho simples e eficiente para obter informações sobre dados de alta dimensão.

A principal desvantagem da PCA é que ela tende a ser altamente afetada por valores atípicos nos dados. Por isso, muitas variantes robustas de PCA foram desenvolvidas, muitas agindo para descartar iterativamente os pontos de dados que são mal descritos pelos componentes iniciais. O Scikit-Learn inclui muitas variantes interessantes na PCA no submódulo `sklearn.decomposition`; um exemplo é `SparsePCA`, que introduz um termo de regularização (Capítulo 42) que serve para aplicar a dispersão dos componentes.

Nos capítulos seguintes, veremos outros métodos de aprendizado não supervisionado que se baseiam em algumas das ideias de PCA.

CAPÍTULO 46

Aprofundando: Manifold Learning

No capítulo anterior, vimos como o recurso PCA pode ser usado para a redução de dimensionalidade, diminuindo o número de features de um conjunto de dados e mantendo as relações essenciais entre os pontos. Embora a PCA seja flexível, rápida e fácil de interpretar, ela não funciona tão bem quando há relações *não lineares* nos dados; veremos alguns exemplos em breve.

Para resolver essa deficiência, podemos recorrer aos *algoritmos de manifold learning*, uma classe de estimadores não supervisionados que buscam descrever os conjuntos de dados como variedades de baixa dimensão incorporadas em espaços de alta dimensão. Quando você pensar em variedade, sugiro imaginar uma folha de papel: é um objeto bidimensional que existe em nosso mundo tridimensional e familiar.

Na linguagem do manifold learning, você pode considerar essa folha como uma variedade bidimensional mapeada no espaço tridimensional. Girar, reorientar ou esticar o pedaço de papel no espaço tridimensional não muda sua geometria plana: tais operações são semelhantes aos mapeamentos lineares. Se você dobrar, enrolar ou amassar o papel, ele ainda será uma variedade bidimensional, mas o mapeamento no espaço tridimensional não é mais linear. Os algoritmos de manifold learning buscam descobrir a natureza bidimensional fundamental do papel, mesmo que ele esteja contorcido para preencher o espaço tridimensional.

Aqui examinaremos vários métodos múltiplos, detalhando mais um subconjunto dessas técnicas: escalonamento multidimensional (MDS), mapeamento localmente linear (LLE) e mapeamento isométrico (Isomap).

Começaremos com as importações padrão:

```
In [1]: %matplotlib inline
        import matplotlib.pyplot as plt
        plt.style.use('seaborn-whitegrid')
        import numpy as np
```

Manifold Learning: "HELLO"

Para esclarecer os conceitos, começamos gerando alguns dados bidimensionais que podemos usar para definir uma variedade. Veja uma função que criará dados na forma da palavra "HELLO":

```
In [2]: def make_hello(N=1000, rseed=42):
            # Crie um gráfico com o texto "HELLO"; salve como PNG
            fig, ax = plt.subplots(figsize=(4, 1))
            fig.subplots_adjust(left=0, right=1, bottom=0, top=1)
            ax.axis('off')
            ax.text(0.5, 0.4, 'HELLO', va='center', ha='center',
                    weight='bold', size=85)
            fig.savefig('hello.png')
            plt.close(fig)

            # Abra este PNG e desenhe pontos aleatórios a partir dele
            from matplotlib.image import imread
            data = imread('hello.png')[::-1, :, 0].T
            rng = np.random.RandomState(rseed)
            X = rng.rand(4 * N, 2)
            i, j = (X * data.shape).astype(int).T
            mask = (data[i, j] < 1)
            X = X[mask]
            X[:, 0] *= (data.shape[0] / data.shape[1])
            X = X[:N]
            return X[np.argsort(X[:, 0])]
```

Iremos chamar a função e visualizar os dados resultantes (Figura 46-1).

```
In [3]: X = make_hello(1000)
        colorize = dict(c=X[:, 0], cmap=plt.cm.get_cmap('rainbow', 5))
        plt.scatter(X[:, 0], X[:, 1], **colorize)
        plt.axis('equal');
```

A saída é bidimensional e consiste em pontos desenhados na forma da palavra "HELLO". Esse formato de dados nos ajudará a ver visualmente o que os algoritmos estão fazendo.

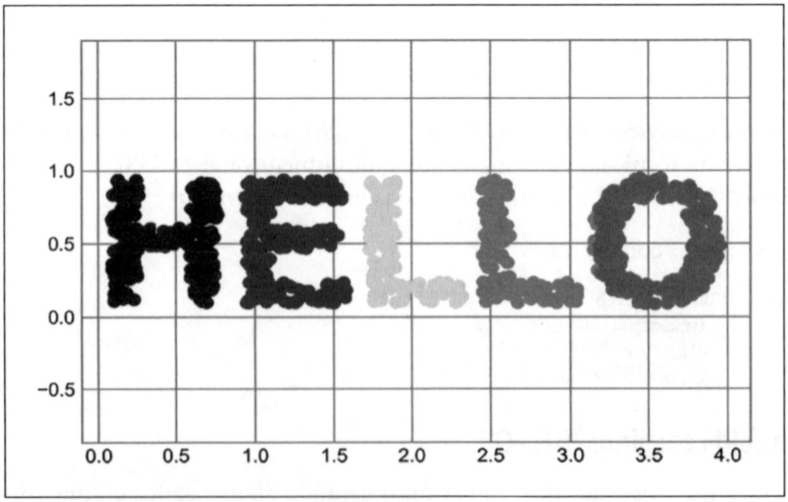

Figura 46-1. Dados para usar com o manifold learning

Escalonamento Multidimensional

Vendo esses dados, notamos que as escolhas particulares dos valores *x* e *y* do conjunto de dados não são a descrição mais fundamental dos dados: podemos escalar, encolher ou girar os dados, e "HELLO" ainda será aparente. Por exemplo, se usarmos uma matriz de rotação para girar os dados, os valores *x* e *y* mudam, mas os dados ainda são fundamentalmente os mesmos (veja a Figura 46-2).

```
In [4]: def rotate(X, angle):
            theta = np.deg2rad(angle)
            R = [[np.cos(theta), np.sin(theta)],
                 [-np.sin(theta), np.cos(theta)]]
            return np.dot(X, R)

        X2 = rotate(X, 20) + 5
        plt.scatter(X2[:, 0], X2[:, 1], **colorize)
        plt.axis('equal');
```

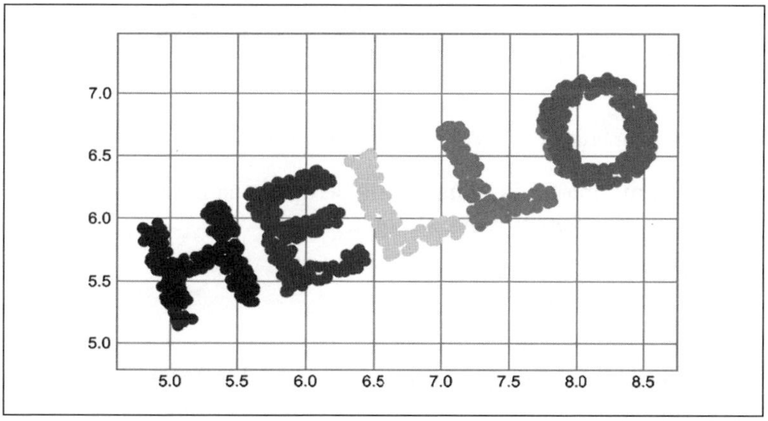

Figura 46-2. Conjunto de dados girado

Isso confirma que os valores *x* e *y* não são necessariamente fundamentais para as relações nos dados. O *fundamental*, nesse caso, é a *distância* entre cada ponto no conjunto de dados. Um jeito comum de representar isso é com uma matriz de distância: para *N* pontos, criamos um array $N \times N$ de modo que a entrada (i, j) tenha a distância entre o ponto *i* e o ponto *j*. Usaremos a função eficiente `pairwise_distances` do Scikit-Learn para fazer isso nos dados originais:

```
In [5]: from sklearn.metrics import pairwise_distances
        D = pairwise_distances(X)
        D.shape
Out[5]: (1000, 1000)
```

Como prometido, para nosso N=1.000 pontos, obtemos uma matriz 1.000 × 1.000, que pode ser visualizada como mostrado aqui (Figura 46-3).

```
In [6]: plt.imshow(D, zorder=2, cmap='viridis', interpolation='nearest')
        plt.colorbar();
```

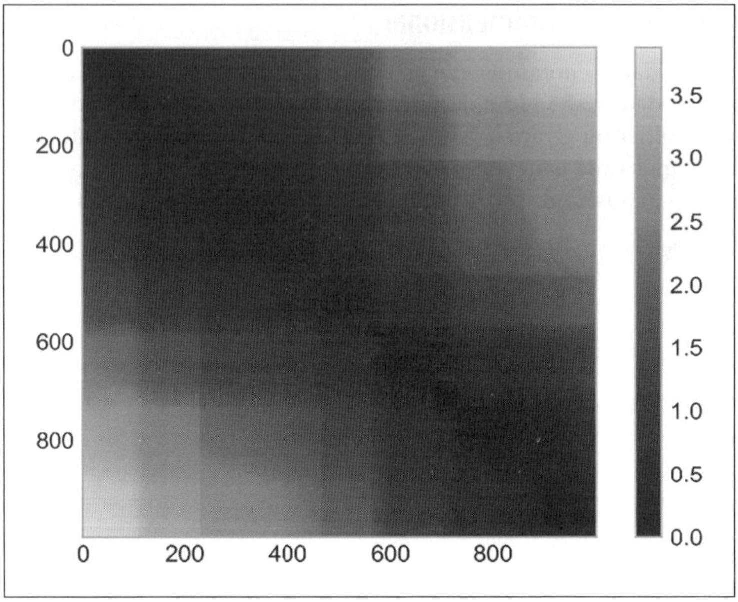

Figura 46-3. Visualização das distâncias por pares entre os pontos

Se criarmos da mesma forma uma matriz de distância para nossos dados girados e transformados, veremos que são iguais:

```
In [7]: D2 = pairwise_distances(X2)
        np.allclose(D, D2)
Out[7]: True
```

Essa matriz de distância nos dá uma representação dos dados que é invariante a rotações e translações, mas a visualização da matriz na Figura 46-3 não é muito intuitiva. Na representação mostrada lá, perdemos qualquer sinal visível da estrutura interessante nos dados: o "HELLO" que vimos antes.

Além disso, embora calcular a matriz de distância a partir das coordenadas (*x*, *y*) seja simples, transformar as distâncias de volta nas coordenadas *x* e *y* é bem difícil. É exatamente isso que o algoritmo de escalonamento multidimensional visa fazer: com uma matriz de distância entre os pontos, ele recupera uma representação de coordenadas com *D* dimensões dos dados. Vejamos como funciona para nossa matriz de distância, usando a dissimilaridade `precomputed` para especificar que estamos passando uma matriz de distância (Figura 46-4).

```
In [8]: from sklearn.manifold import MDS
        model = MDS(n_components=2, dissimilarity='precomputed', random_state=1701)
        out = model.fit_transform(D)
        plt.scatter(out[:, 0], out[:, 1], **colorize)
        plt.axis('equal');
```

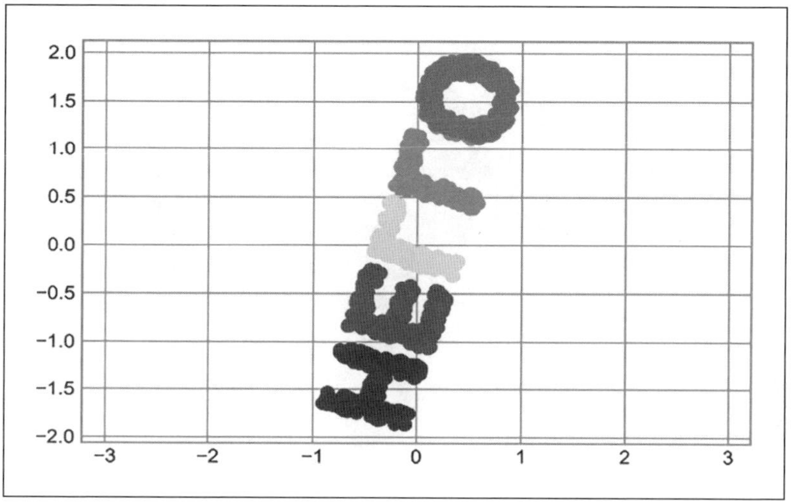

Figura 46-4. MDS mapeado e calculado a partir das distâncias por pares

O algoritmo MDS recupera uma das possíveis representações das coordenadas bidimensionais dos dados, usando *apenas* a matriz de distância $N \times N$ que descreve a relação entre os pontos de dados.

MDS como Manifold Learning

A utilidade disso fica mais clara quando consideramos o fato de que as matrizes de distância podem ser calculadas a partir dos dados em *qualquer* dimensão. Por exemplo, em vez de simplesmente girar os dados no plano bidimensional, podemos projetá-los em três dimensões usando a seguinte função (basicamente uma generalização tridimensional da matriz de rotação usada antes):

```
In [9]: def random_projection(X, dimension=3, rseed=42):
            assert dimension >= X.shape[1]
            rng = np.random.RandomState(rseed)
            C = rng.randn(dimension, dimension)
            e, V = np.linalg.eigh(np.dot(C, C.T))
            return np.dot(X, V[:X.shape[1]])

        X3 = random_projection(X, 3)
        X3.shape
Out[9]: (1000, 3)
```

Iremos visualizar esses pontos para saber com o que estamos trabalhando (Figura 46-5).

```
In [10]: from mpl_toolkits import mplot3d
         ax = plt.axes(projection='3d')
         ax.scatter3D(X3[:, 0], X3[:, 1], X3[:, 2],
                      **colorize);
```

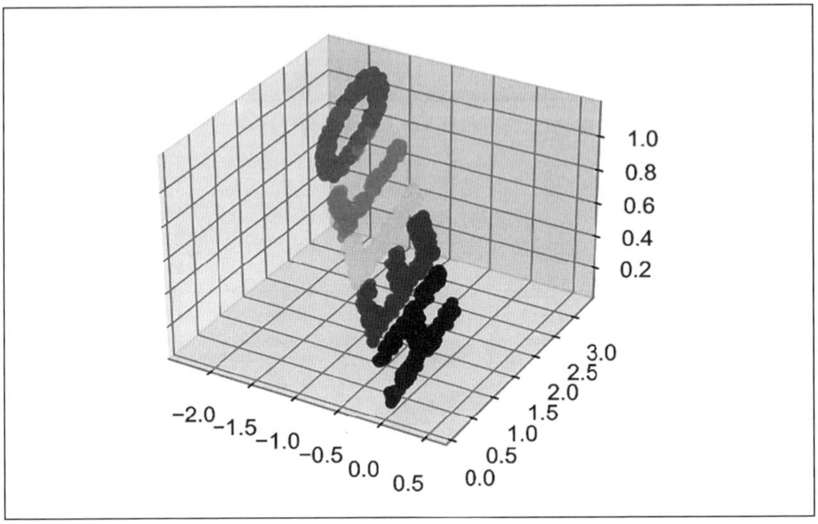

Figura 46-5. Dados mapeados linearmente em três dimensões

Agora podemos pedir ao estimador `MDS` para inserir esses dados tridimensionais, calcular a matriz de distância e determinar o mapeamento bidimensional ideal para essa matriz. O resultado recupera uma representação dos dados originais, como mostrado na Figura 46-6.

```
In [11]: model = MDS(n_components=2, random_state=1701)
         out3 = model.fit_transform(X3)
         plt.scatter(out3[:, 0], out3[:, 1], **colorize)
         plt.axis('equal');
```

É essencialmente o objetivo de um estimador de manifold learning: com dados mapeados de alta dimensão, ele busca uma representação de baixa dimensão dos dados que preserva certas relações neles. No caso do MDS, a quantidade preservada é a distância entre cada par de pontos.

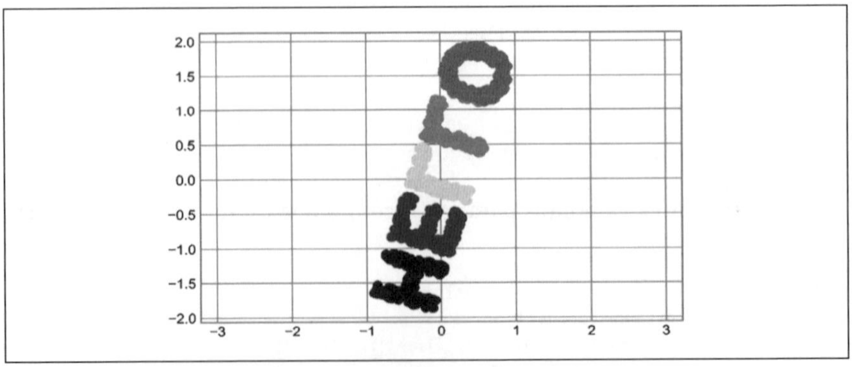

Figura 46-6. O mapeamento MDS dos dados tridimensionais recupera a entrada até uma rotação e uma reflexão

Mapeamentos Não Lineares: Onde o MDS Falha

Nossa análise até agora considerou os mapeamentos *lineares*, que consistem basicamente em rotações, translações e escalas de dados em espaços de alta dimensão. O MDS falha quando o mapeamento é não linear, isto é, quando vai além do simples conjunto de operações. Considere o seguinte mapeamento, que pega uma entrada e a contorce na forma "S" em três dimensões:

```
In [12]: def make_hello_s_curve(X):
             t = (X[:, 0] - 2) * 0.75 * np.pi
             x = np.sin(t)
             y = X[:, 1]
             z = np.sign(t) * (np.cos(t) - 1)
             return np.vstack((x, y, z)).T

         XS = make_hello_s_curve(X)
```

São novamente dados tridimensionais, mas como podemos ver na Figura 46-7, o mapeamento é muito mais complexa.

```
In [13]: from mpl_toolkits import mplot3d
         ax = plt.axes(projection='3d')
         ax.scatter3D(XS[:, 0], XS[:, 1], XS[:, 2],
                      **colorize);
```

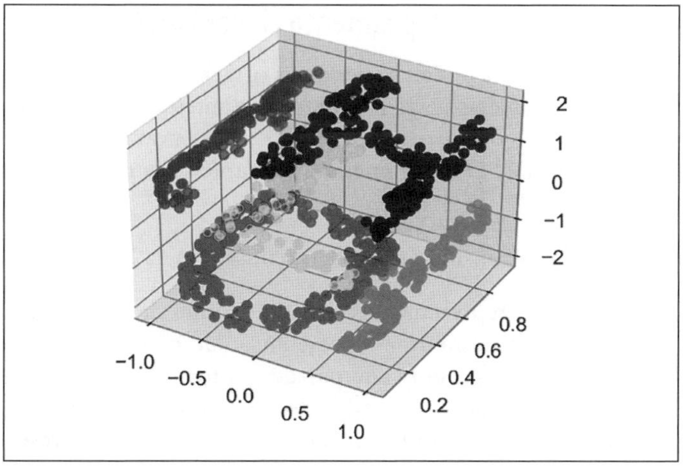

Figura 46-7. Dados mapeados de modo não linear em três dimensões

As relações fundamentais entre os pontos de dados ainda existem, mas desta vez os dados foram transformados de uma forma não linear: foram colocados na forma de um "S".

Se usarmos um algoritmo MDS simples nesses dados, não será possível "desfazer" o mapeamento não linear e perderemos o controle das relações fundamentais na variedade mapeada (veja a Figura 46-8).

```
In [14]: from sklearn.manifold import MDS
         model = MDS(n_components=2, random_state=2)
         outS = model.fit_transform(XS)
         plt.scatter(outS[:, 0], outS[:, 1], **colorize)
         plt.axis('equal');
```

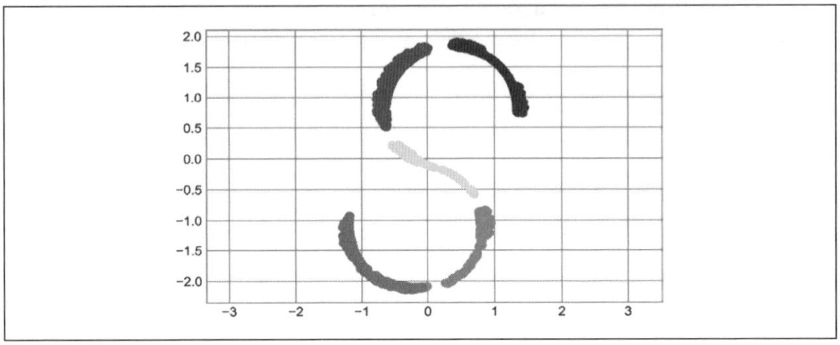

Figura 46-8. Algoritmo MDS aplicado nos dados não lineares; não é possível recuperar a estrutura subjacente

O melhor mapeamento *linear* bidimensional não desfaz a curva S, mas descarta o eixo y original.

Variedades Não Lineares: Mapeamento Linear Local

Como avançar? Recuando, podemos ver que a origem do problema é que o MDS tenta preservar as distâncias entre os pontos distantes ao criar o mapeamento. Mas e se modificarmos o algoritmo de modo a preservar apenas as distâncias entre os pontos vizinhos? O mapeamento resultante seria mais próxima do que queremos.

Visualmente, podemos considerar isso como ilustrado na Figura 46-9.

Aqui cada linha tênue representa uma distância que deve ser preservada no mapeamento. À esquerda está uma representação do modelo usado pelo MDS: tenta preservar as distâncias em cada par de pontos no conjunto de dados. À direita está uma representação do modelo usado por um algoritmo de manifold learning chamado *mapeamento linear local* (LLE): em vez de preservar *todas* as distâncias, ele tenta preservar apenas as distâncias entre os *pontos vizinhos* (nesse caso, os 100 vizinhos mais próximos de cada ponto).

Pensando no painel à esquerda, podemos ver por que o MDS falha: não há como desfazer esses dados, preservando adequadamente o comprimento de cada linha desenhada entre os dois pontos. No painel à direita, as coisas parecem um pouco mais otimistas. Poderíamos imaginar desfazer os dados de uma maneira a manter os comprimentos das linhas mais ou menos os mesmos. É exatamente o que o LLE faz, usando uma otimização global de uma função de custo que reflete essa lógica.

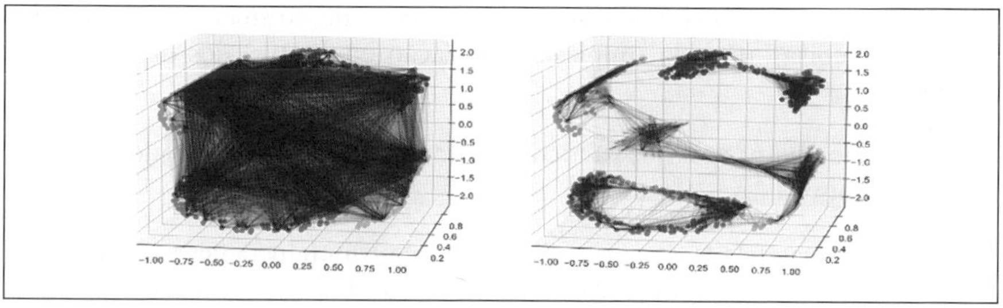

Figura 46-9. Representação das ligações entre os pontos no MDS e no LLE[1]

Há vários tipos de LLE; aqui usaremos o algoritmo *LLE modificado* para recuperar a variedade bidimensional incorporada. Em geral, o LLE modificado é melhor do que os outros tipos na recuperação das variedades bem definidas com muito pouca distorção (veja a Figura 46-10).

```
In [15]: from sklearn.manifold import LocallyLinearEmbedding
         model = LocallyLinearEmbedding(
                 n_neighbors=100, n_components=2,
                 method='modified', eigen_solver='dense')
         out = model.fit_transform(XS)

         fig, ax = plt.subplots()
         ax.scatter(out[:, 0], out[:, 1], **colorize)
         ax.set_ylim(0.15, -0.15);
```

O resultado continua um pouco distorcido em comparação com nossa variedade original, mas captura as relações essenciais nos dados!

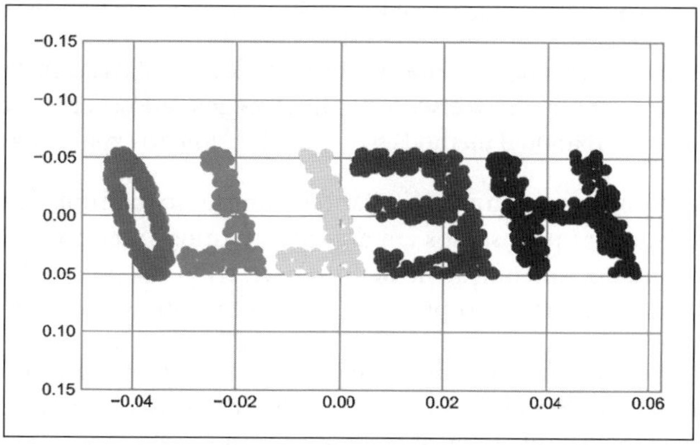

Figura 46-10. A incorporação linear local pode recuperar os dados subjacentes a partir de uma entrada incorporada não linear

1 O código para produzir esta figura pode ser encontrado no apêndice online.

Considerações sobre os Manifold Methods

Por mais convincentes que sejam os exemplos, na prática, as técnicas de manifold learning tendem a ser exigentes o bastante a ponto de raramente serem usadas para outras coisas além da simples visualização qualitativa dos dados de alta dimensão.

A seguir estão alguns desafios particulares do manifold learning, todos contrastando mal com a PCA:

- No manifold learning, não há uma boa estrutura para lidar com os dados ausentes. Mas existem abordagens iterativas simples para lidar com os dados ausentes na PCA.
- No manifold learning, a presença de ruído nos dados pode causar um "curto-circuito" na variedade e mudar radicalmente a incorporação. Já a PCA filtra naturalmente o ruído dos componentes mais importantes.
- O resultado da incorporação múltipla em geral é altamente dependente do número de vizinhos escolhidos e não há uma maneira quantitativa concreta de escolher um número ideal de vizinhos. Mas a PCA não envolve tal escolha.
- No manifold learning, o número globalmente ideal de dimensões de saída é difícil de determinar. Já a PCA permite encontrar o número de dimensões de saída com base na variância explicada.
- No manifold learning, o significado das dimensões incorporadas nem sempre é claro. Na PCA, os componentes principais têm um significado muito claro.
- No manifold learning, o gasto computacional de manifold methods escala como $O[N^2]$ ou $O[N^3]$. Para a PCA, existem abordagens randomizadas que são geralmente muito mais rápidas (veja o pacote *megaman* para conhecer algumas implementações mais escaláveis do manifold learning).

Com tudo isso, a única vantagem clara dos métodos de manifold learning sobre a PCA é sua capacidade de preservar as relações não lineares nos dados; por isso, costumo explorar os dados com manifold methods só depois de primeiro explorá-los com a PCA.

O Scikit-Learn implementa muitas variantes comuns do manifold learning além do LLE e do Isomap (que usamos em alguns capítulos anteriores e veremos na próxima seção): a documentação do Scikit-Learn tem uma boa análise e comparação delas. Por experiência própria, eu faria as seguintes recomendações:

- Para os problemas de amostra como a curva S vista antes, o LLE e suas variantes (em especial o LLE modificado) têm um desempenho muito bom. Isso é implementado em `sklearn.manifold.LocallyLinearEmbedding`.
- Para os dados de alta dimensão de fontes reais, o LLE muitas vezes produz resultados ruins e o Isomap parece geralmente levar a mapeamentos mais significativos. Isso é implementado em `sklearn.manifold.Isomap`.

- Para os dados altamente agrupados, a *incorporação de vizinhos estocásticos distribuídos em t* (t-SNE) parece funcionar muito bem, embora possa ser muito lenta em comparação com outros métodos. Isso é implementado em `sklearn.manifold.TSNE`.

Se você estiver interessado em saber como funcionam, sugiro executar cada método nos dados desta seção.

Exemplo: Isomap nos Rostos

Um lugar onde o manifold learning costuma ser usado é na compreensão da relação entre os pontos de dados de alta dimensão. Um caso comum de tais dados são as imagens: por exemplo, um conjunto de imagens com 1.000 pixels cada pode ser considerado uma coleção de pontos em 1.000 dimensões, com o brilho de cada pixel em cada imagem definindo a coordenada nessa dimensão.

Para ilustrar, aplicaremos o Isomap em alguns dados do conjunto Labeled Faces in the Wild, que vimos antes nos Capítulos 43 e 45. Executar esse comando baixará o conjunto de dados e o armazenará em cache no diretório do usuário para um uso posterior:

```
In [16]: from sklearn.datasets import fetch_lfw_people
         faces = fetch_lfw_people(min_faces_per_person=30)
         faces.data.shape
Out[16]: (2370, 2914)
```

Temos 2.370 imagens, cada uma com 2.914 pixels, ou seja, as imagens podem ser consideradas pontos de dados em um espaço de 2.914 dimensões!

Exibiremos as imagens para nos lembrar de com o que estamos trabalhando (Figura 46-11).

```
In [17]: fig, ax = plt.subplots(4, 8, subplot_kw=dict(xticks=[], yticks=[]))
         for i, axi in enumerate(ax.flat):
             axi.imshow(faces.images[i], cmap='gray')
```

Figura 46-11. Exemplos dos rostos de entrada

Quando vimos esses dados no Capítulo 45, nosso objetivo era basicamente a compressão: usar os componentes para recriar as entradas a partir da representação de menor dimensão.

A PCA é versátil o suficiente para também ser usada neste contexto, onde gostaríamos de plotar uma incorporação de baixa dimensão dos dados de 2.914 dimensões para descobrir as relações fundamentais entre as imagens. Vejamos de novo a proporção de variância explicada, que nos dará uma ideia de quantos features lineares são necessários para descrever os dados (Figura 46-12).

```
In [18]: from sklearn.decomposition import PCA
         model = PCA(100, svd_solver='randomized').fit(faces.data)
         plt.plot(np.cumsum(model.explained_variance_ratio_))
         plt.xlabel('n components')
         plt.ylabel('cumulative variance');
```

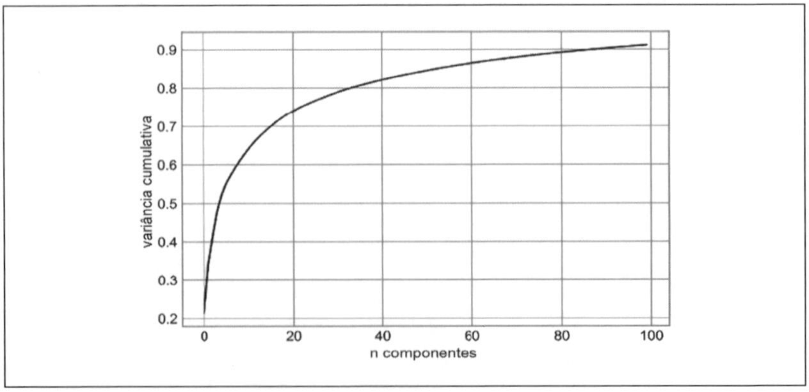

Figura 46-12. Variância cumulativa a partir da projeção PCA

Vemos que, para esses dados, quase 100 componentes são necessários para preservar 90% da variância. Isso nos diz que os dados têm intrinsecamente uma alta dimensão; não podem ser descritos linearmente com alguns componentes apenas.

Quando isso acontece, mapeamentos múltiplos não lineares, como LLE e Isomap, podem ser úteis. Podemos calcular uma incorporação Isomap nos rostos usando o mesmo padrão mostrado antes:

```
In [19]: from sklearn.manifold import Isomap
         model = Isomap(n_components=2)
         proj = model.fit_transform(faces.data)
         proj.shape
Out[19]: (2370, 2)
```

A saída é uma projeção bidimensional de todas as imagens de entrada. Para ter uma ideia melhor do que a projeção informa, definiremos uma função que produzirá miniaturas da imagem nos locais das projeções:

```
In [20]: from matplotlib import offsetbox

         def plot_components(data, model, images=None, ax=None,
                             thumb_frac=0.05, cmap='gray'):
             ax = ax or plt.gca()

             proj = model.fit_transform(data)
             ax.plot(proj[:, 0], proj[:, 1], '.k')

             if images is not None:
                min_dist_2 = (thumb_frac * max(proj.max(0) - proj.min(0))) ** 2
             shown_images = np.array([2 * proj.max(0)])
             for i in range(data.shape[0]):
                 dist = np.sum((proj[i] - shown_images) ** 2, 1)
                 if np.min(dist) < min_dist_2:
                        # não mostre os pontos muito próximos
                        continue
                 shown_images = np.vstack([shown_images, proj[i]])
                 imagebox = offsetbox.AnnotationBbox(
                        offsetbox.OffsetImage(images[i], cmap=cmap),
                                             proj[i])
                 ax.add_artist(imagebox)
```

Chamando a função agora, vemos o resultado na Figura 46-13.

```
In [21]: fig, ax = plt.subplots(figsize=(10, 10))
         plot_components(faces.data,
                         model=Isomap(n_components=2),
                         images=faces.images[:, ::2, ::2])
```

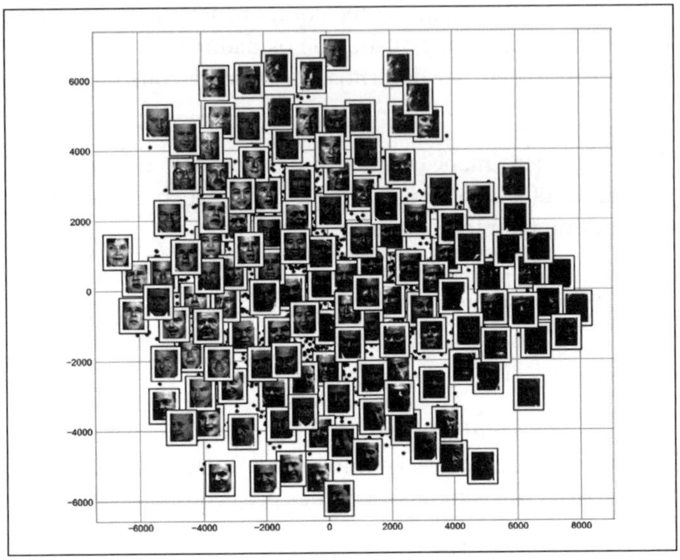

Figura 46-13. Incorporação Isomap dos dados LFW

O resultado é interessante. As duas primeiras dimensões Isomap parecem descrever as features globais da imagem: brilho geral da imagem da esquerda para a direita e orientação geral do rosto de baixo para cima. Isso nos dá uma boa indicação visual de alguns recursos fundamentais em nossos dados.

A partir daqui, poderíamos classificar esses dados (talvez usando features múltiplas como entradas para o algoritmo de classificação) como no Capítulo 43.

Exemplo: Visualizando a Estrutura nos Dígitos

Em outro exemplo de uso do manifold learning para a visualização, veremos o conjunto de dados de dígitos feitos à mão, MNIST. Lembra o conjunto de dígitos do Capítulo 44, mas com muitos mais pixels por imagem. Pode ser baixado em *http://openml.org* [conteúdo em inglês] com o utilitário Scikit-Learn:

```
In [22]: from sklearn.datasets import fetch_openml
         mnist = fetch_openml('mnist_784')
         mnist.data.shape
Out[22]: (70000, 784)
```

O conjunto de dados consiste em 70 mil imagens, cada uma com 784 pixels (as imagens têm 28 × 28). Como antes, veja as primeiras imagens (Figura 46-14).

```
In [23]: mnist_data = np.asarray(mnist.data)
         mnist_target = np.asarray(mnist.target, dtype=int)

         fig, ax = plt.subplots(6, 8, subplot_kw=dict(xticks=[], yticks=[]))
         for i, axi in enumerate(ax.flat):
             axi.imshow(mnist_data[1250 * i].reshape(28, 28), cmap='gray_r')
```

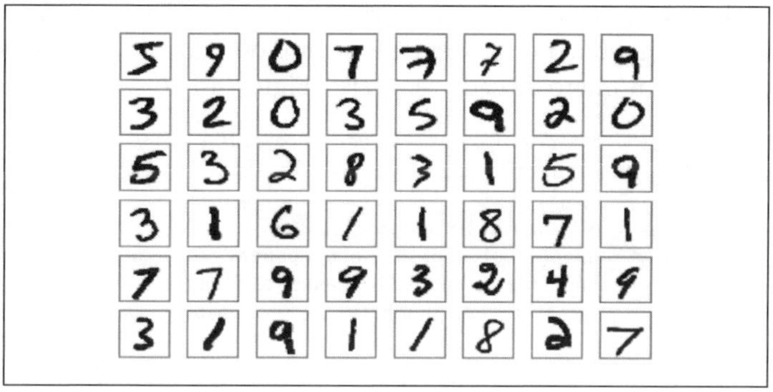

Figura 46-14. Exemplos dos dígitos MNIST

Isso nos dá uma ideia da variedade de estilos de caligrafia no conjunto de dados.

Calcularemos uma projeção de manifold learning nos dados. Para a velocidade aqui, usaremos apenas 1/30 dos dados ou cerca de ~2.000 pontos (como a escala do manifold learning é bem baixa, algumas milhares de amostras são um bom número para começar uma exploração relativamente rápida antes de passar para um cálculo completo). A Figura 46-15 mostra o resultado.

```
In [24]: # Use apenas 1/30 dos dados: o conjunto completo demora muito!
         data = mnist_data[::30]
         target = mnist_target[::30]

         model = Isomap(n_components=2)
         proj = model.fit_transform(data)

         plt.scatter(proj[:, 0], proj[:, 1], c=target,
                     cmap=plt.cm.get_cmap('jet', 10))
         plt.colorbar(ticks=range(10))
         plt.clim(-0.5, 9.5);
```

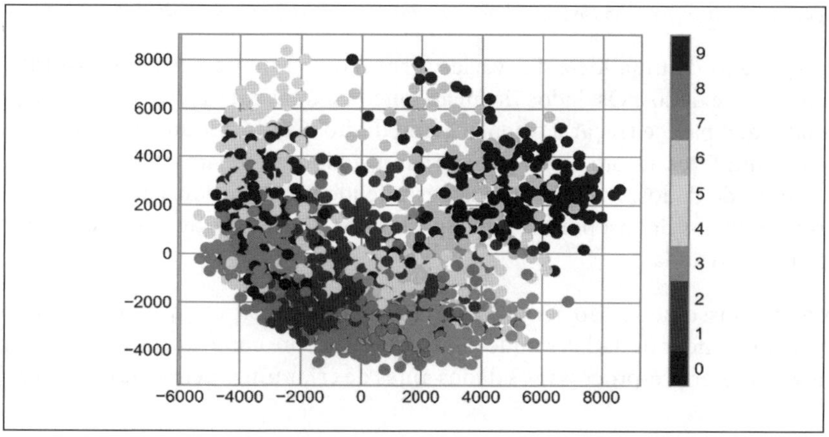

Figura 46-15. Incorporação Isomap dos dados dos dígitos MNIST

O gráfico de dispersão resultante mostra algumas relações entre os pontos de dados, mas está um pouco aglomerado. Podemos obter mais informações observando apenas um número de cada vez (veja a Figura 46-16).

```
In [25]: # Escolha 1/4 dos dígitos "1" para projetar
         data = mnist_data[mnist_target == 1][::4]

         fig, ax = plt.subplots(figsize=(10, 10))
         model = Isomap(n_neighbors=5, n_components=2, eigen_solver='dense')
         plot_components(data, model, images=data.reshape((-1, 28, 28)),
                         ax=ax, thumb_frac=0.05, cmap='gray_r')
```

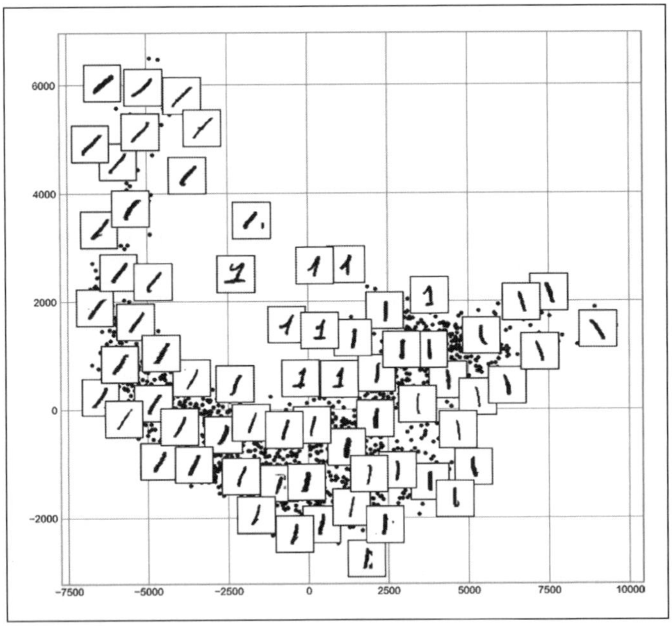

Figura 46-16. Incorporação Isomap apenas dos números 1 no conjunto de dados MNIST

O resultado dá uma ideia das várias formas que o número 1 pode assumir no conjunto de dados. Os dados ficam ao longo de uma curva larga no espaço projetado, que parece traçar a orientação do dígito. Conforme subimos no gráfico, vemos números 1 com chapéus e/ou bases, embora estejam muito esparsos no conjunto de dados. A projeção nos permite identificar valores atípicos que têm problemas nos dados: por exemplo, partes dos dígitos vizinhos que entram nas imagens extraídas.

Agora, só isso pode não ser útil para a tarefa de classificar os dígitos, mas nos ajuda a entender os dados e pode dar uma ideia sobre como avançar — como podemos querer pré-processar os dados antes de criar um pipeline de classificação.

CAPÍTULO 47

Aprofundando: Clusterização k-Means

Nos capítulos anteriores, exploramos os modelos de aprendizado de máquina não supervisionado para a redução de dimensionalidade. Agora veremos a outra classe desses modelos: algoritmos de clusterização. Eles buscam aprender, a partir das propriedades dos dados, uma divisão ideal ou um rótulo separado dos grupos de pontos.

Muitos algoritmos de clusterização estão disponíveis no Scikit-Learn e em outros lugares, mas talvez o mais simples de entender seja um algoritmo conhecido como *clusterização k-means*, que é implementado no `sklearn.cluster.KMeans`.

Começaremos com as importações padrão:

```
In [1]: %matplotlib inline
        import matplotlib.pyplot as plt
        plt.style.use('seaborn-whitegrid')
        import numpy as np
```

Apresentando o k-Means

O algoritmo *k*-means procura um número predeterminado de clusters em um conjunto de dados multidimensionais sem rótulo. Ele faz isso usando uma concepção simples de como é a clusterização ideal:

- O *centro do cluster* é a média aritmética de todos os pontos pertencentes ao cluster.
- Cada ponto está mais próximo do seu próprio centro do cluster do que de outros centros.

Esses dois pressupostos são a base do modelo *k*-means. Em breve, veremos exatamente *como* o algoritmo chega a essa solução, mas por enquanto, vejamos um conjunto de dados simples e o resultado *k*-means.

Primeiro, geraremos um conjunto de dados bidimensional com quatro blobs distintos. Para enfatizar que é um algoritmo não supervisionado, deixaremos os rótulos fora da visualização (veja a Figura 47-1).

```
In [2]: from sklearn.datasets import make_blobs
        X, y_true = make_blobs(n_samples=300, centers=4,
                               cluster_std=0.60, random_state=0)
        plt.scatter(X[:, 0], X[:, 1], s=50);
```

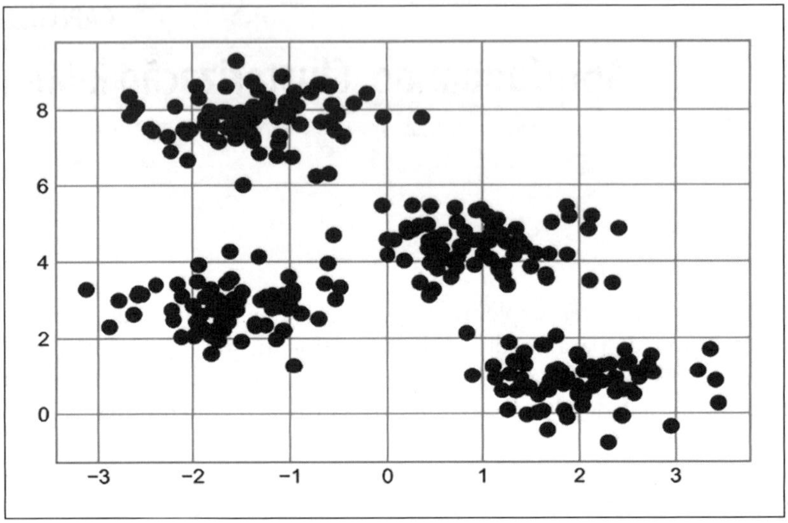

Figura 47-1. Dados para demonstração da clusterização

A olho nu, é bem fácil escolher os quatro clusters. O algoritmo *k*-means faz isso automaticamente e no Scikit-Learn usa a típica API do estimador:

```
In [3]: from sklearn.cluster import KMeans
        kmeans = KMeans(n_clusters=4)
        kmeans.fit(X)
        y_kmeans = kmeans.predict(X)
```

Visualizaremos os resultados plotando os dados coloridos por rótulos (Figura 47-2 e versão online). Também plotaremos os centros do cluster como determinado pelo estimador *k*-means:

```
In [4]: plt.scatter(X[:, 0], X[:, 1], c=y_kmeans, s=50, cmap='viridis')

        centers = kmeans.cluster_centers_
        plt.scatter(centers[:, 0], centers[:, 1], c='black', s=200);
```

A boa notícia é que o algoritmo *k*-means (pelo menos neste caso simples) atribui os pontos aos clusters de forma muito semelhante como podemos atribuí-los a olho nu. Mas você pode se perguntar como esse algoritmo encontra os clusters tão rápido: afinal, o número de combinações possíveis de atribuições de cluster é exponencial no número de pontos de dados — uma pesquisa completa seria muito, muito cara. Por sorte, tal busca completa é desnecessária: em vez disso, a abordagem típica do *k*-means envolve uma abordagem iterativa e intuitiva conhecida como *expectation-maximization* (*expectativa-maximização*).

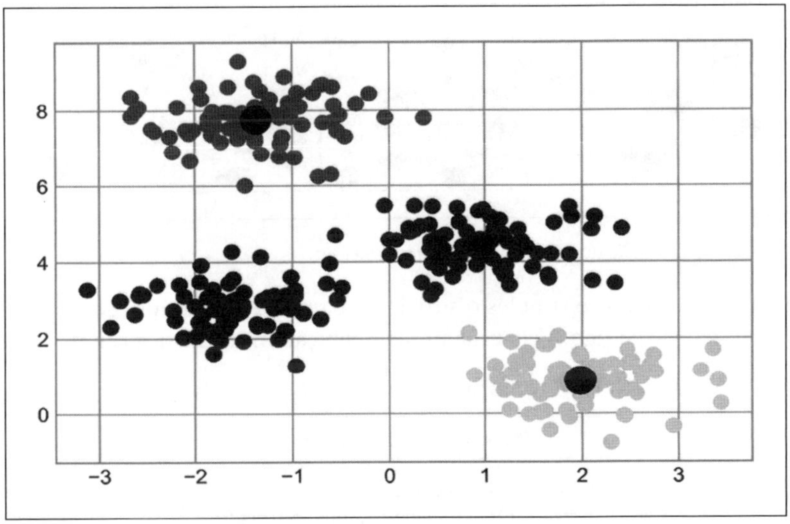

Figura 47-2. Centros do cluster k-means com os clusters indicados por cor (na versão online)

Expectativa–Maximização

Expectativa-maximização (E–M) é um algoritmo avançado que surge em vários contextos de data science. *k*-means é uma aplicação bem simples e fácil de entender do algoritmo; veremos o passo a passo brevemente aqui. Resumindo, a abordagem de expectativa-maximização consiste no seguinte procedimento:

1. Adivinhe alguns centros do cluster.
2. Repita até convergir:

    a. *Etapa E*: Atribua pontos ao centro do cluster mais próximo.

    b. *Etapa M*: Defina os centros do cluster para a média dos pontos atribuídos.

Aqui a *etapa E* (*etapa de expectativa*) é assim chamada porque envolve atualizar nossa expectativa de a qual cluster cada ponto pertence. A *etapa M* (*etapa de maximização*) envolve a maximização de alguma função de ajuste que define os locais dos centros do cluster — neste caso, essa maximização é feita pegando uma média simples dos dados em cada cluster.

A literatura sobre esse algoritmo é vasta, mas pode ser resumida assim: em circunstâncias típicas, cada repetição das etapas E e M sempre resultará em uma melhor estimativa das características do cluster.

Podemos visualizar o algoritmo como mostrado na Figura 47-3. Para a inicialização em particular mostrada aqui, os clusters convergem em apenas três iterações (para ter uma versão interativa da imagem, consulte o código no apêndice online).

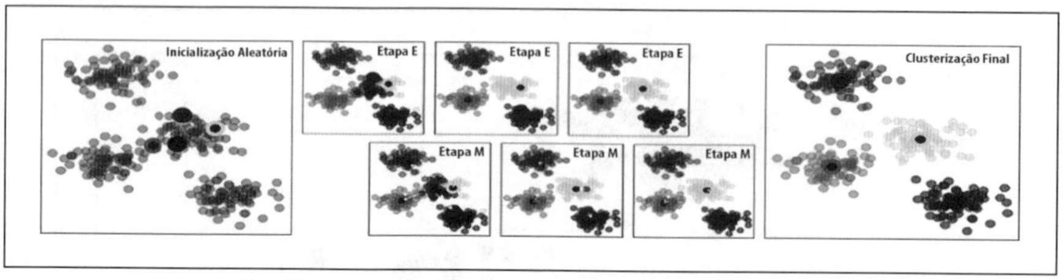

Figura 47-3. Visualização do algoritmo E–M para k-*means*[1]

O algoritmo *k*-means é simples o suficiente para que possamos escrevê-lo com poucas linhas de código. Veja uma implementação muito básica (Figura 47-4).

```
In [5]: from sklearn.metrics import pairwise_distances_argmin

        def find_clusters(X, n_clusters, rseed=2):
            # 1. Escolha os clusters aleatoriamente
            rng = np.random.RandomState(rseed)
            i = rng.permutation(X.shape[0])[:n_clusters]
            centers = X[i]

            while True:
                # 2a. Atribua rótulos com base no centro mais próximo
                 labels = pairwise_distances_argmin(X, centers)

                # 2b. Encontre novos centros a partir das médias dos pontos
                new_centers = np.array([X[labels == i].mean(0)
                                        for i in range(n_clusters)])

            # 2c. Verifique a convergência
            if np.all(centers == new_centers):
                break
            centers = new_centers

          return centers, labels

        centers, labels = find_clusters(X, 4)

        plt.scatter(X[:, 0], X[:, 1], c=labels,
                    s=50, cmap='viridis');
```

1 O código para produzir esta figura pode ser encontrado no apêndice online.

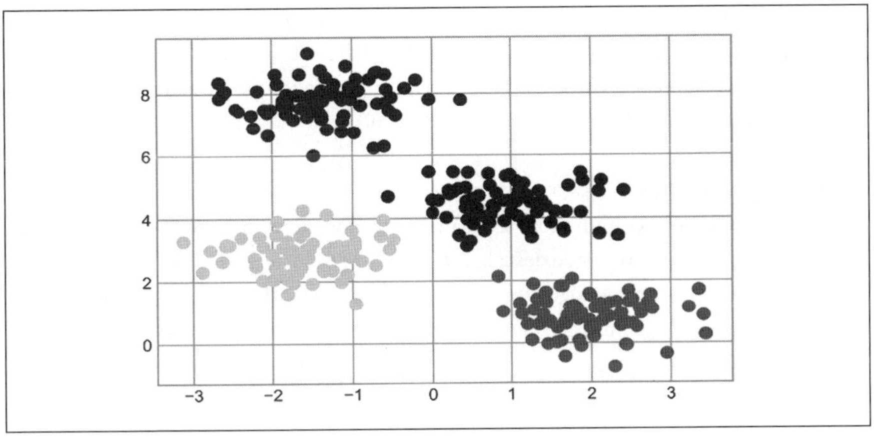

Figura 47-4. Dados rotulados com k-*means*

A maioria das implementações bem testadas fará um pouco mais do que isso internamente, mas a função anterior mostra a essência da abordagem de expectativa–maximização. Há algumas ressalvas ao usar o algoritmo de expectativa–maximização:

O resultado globalmente ideal pode não ser alcançado

Primeiro, embora o procedimento E–M tenha a garantia de melhorar o resultado em cada etapa, não há garantias de que levará à melhor solução *global*. Por exemplo, se usamos uma semente (seed) aleatória diferente em nosso procedimento simples, as suposições iniciais específicas levam a resultados ruins (Figura 47-5).

```
In [6]: centers, labels = find_clusters(X, 4, rseed=0)
        plt.scatter(X[:, 0], X[:, 1], c=labels,
                    s=50, cmap='viridis');
```

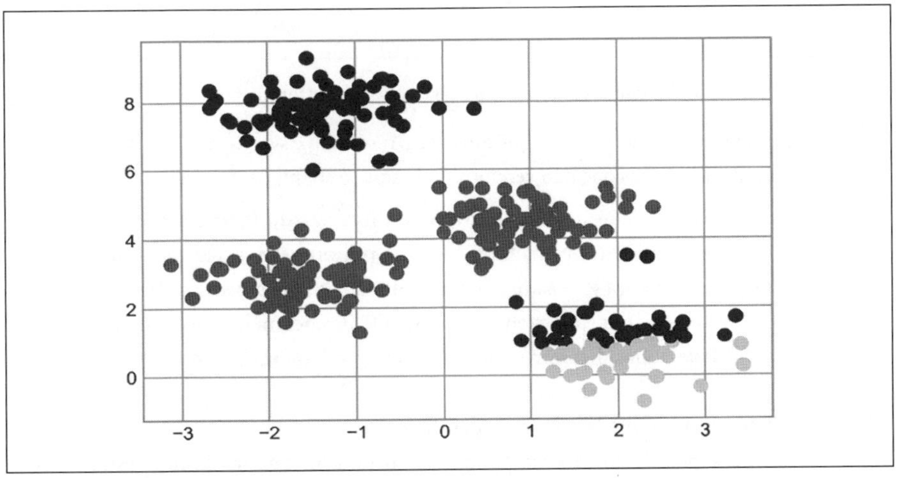

Figura 47-5. Exemplo de convergência ruim no k-*means*

Aqui a abordagem E–M convergiu, mas não convergiu para uma configuração globalmente ideal. Por isso, é comum que o algoritmo seja executado para várias tentativas iniciais, como o Scikit-Learn faz por padrão (o número é definido pelo parâmetro `n_init`, que tem como padrão 10).

O número de clusters deve ser selecionado antes

Outro desafio comum com k-means é que você deve informar quantos clusters espera: ele não consegue descobrir o número de clusters com os dados. Por exemplo, se pedirmos ao algoritmo para identificar seis clusters, ele prosseguirá sem problemas e encontrará os seis melhores clusters, como mostrado na Figura 47-6:

```
In [7]: labels = KMeans(6, random_state=0).fit_predict(X)
        plt.scatter(X[:, 0], X[:, 1], c=labels,
                    s=50, cmap='viridis');
```

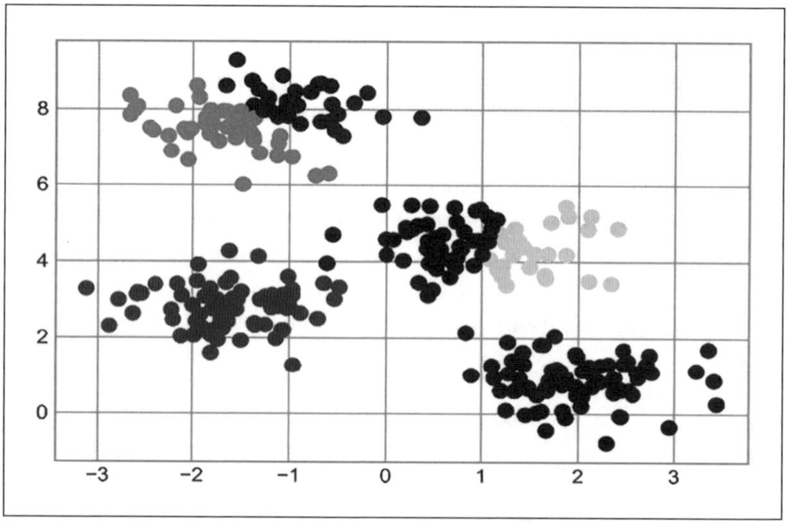

Figura 47-6. Exemplo de onde o número de clusters é escolhido de forma ruim

É difícil responder de forma definitiva se o resultado é significativo; uma abordagem bem intuitiva, mas que não veremos mais aqui, é chamada de análise de silhueta.

Uma alternativa é usar um algoritmo de clusterização mais complexo que tenha uma medida quantitativa melhor do ajuste por número de clusters (por exemplo, modelos de mistura gaussiana, no Capítulo 48) ou que *possa* escolher um número adequado de clusters (por exemplo, DBSCAN, deslocamento médio ou propagação de afinidade, todos disponíveis no submódulo `sklearn.cluster`).

k-*means está restrito aos limites do cluster linear*

Os pressupostos do modelo fundamental de *k*-means (os pontos estarão mais próximos do seu próprio centro do cluster do que de outros centros) significam que o algoritmo muitas vezes será ineficiente se os clusters tiverem geometrias complexas.

Em particular, os limites entre os clusters *k*-means serão sempre lineares, o que significa que falharão nos limites mais complexos. Considere os seguintes dados, junto com os rótulos do cluster encontrados pela abordagem *k*-means típica (veja a Figura 47-7).

```
In [8]: from sklearn.datasets import make_moons
        X, y = make_moons(200, noise=.05, random_state=0)

In [9]: labels = KMeans(2, random_state=0).fit_predict(X)
        plt.scatter(X[:, 0], X[:, 1], c=labels,
                    s=50, cmap='viridis');
```

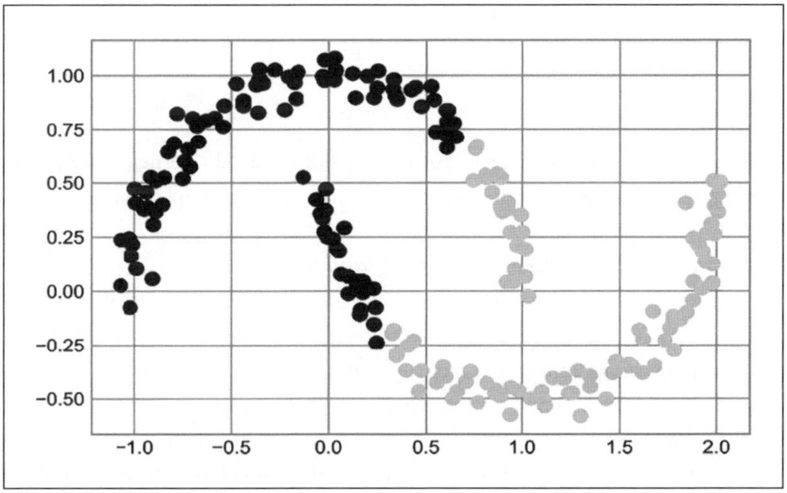

Figura 47-7. Falha do k-means *com limites não lineares*

Essa situação lembra a análise no Capítulo 43, onde usamos uma transformação de kernel para projetar os dados em uma dimensão maior, onde uma separação linear é possível. Podemos usar o mesmo truque para permitir que *k*-means descubra os limites não lineares.

Uma versão desse *k*-means com kernel é implementada no Scikit-Learn dentro do estimador `SpectralClustering`. Ele usa o gráfico de vizinhos mais próximos para calcular uma representação de dimensão maior dos dados, em seguida, atribui rótulos usando um algoritmo *k*-means (veja a Figura 47-8).

```
In [10]: from sklearn.cluster import SpectralClustering
         model = SpectralClustering(n_clusters=2,
                                    affinity='nearest_neighbors',
                                    assign_labels='kmeans')
        labels = model.fit_predict(X)
        plt.scatter(X[:, 0], X[:, 1], c=labels,
                    s=50, cmap='viridis');
```

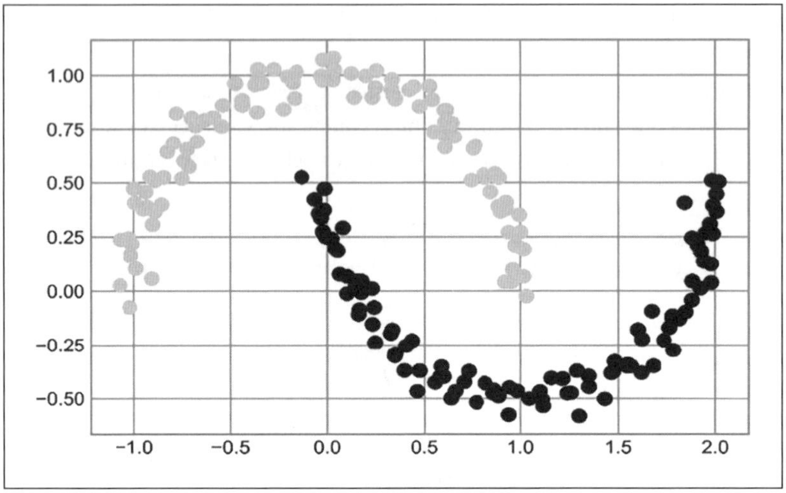

Figura 47-8. Limites não lineares descobertos por `SpectralClustering`

Vemos que com essa abordagem de transformação do kernel, o *k*-means com kernel consegue encontrar os limites não lineares mais complexos entre os clusters.

k-*means pode ser lento para as amostras grandes*

Como toda iteração de *k*-means deve a cessar cada ponto no conjunto de dados, o algoritmo pode ser relativamente lento conforme o número de amostras aumenta. Você pode se perguntar se o requisito para usar todos os dados em cada iteração pode ser mitigado; por exemplo, você pode usar apenas um subconjunto dos dados para atualizar os centros do cluster em cada etapa. Essa é a ideia por trás dos algoritmos *k*-means em batch, uma forma implementada em `sklearn.cluster.MiniBatchKMeans`. A interface é a mesma para o `KMeans` padrão; veremos um exemplo de seu uso continuando nossa análise.

Exemplos

Com cuidado nas limitações do algoritmo, podemos usar *k*-means a nosso favor em muitas situações. Agora veremos alguns exemplos.

Exemplo 1: k-Means nos Dígitos

Para começar, vejamos a aplicação de *k*-means nos mesmos dados de dígitos simples dos Capítulos 44 e 45. Aqui, tentaremos usar *k*-means para identificar dígitos parecidos *sem usar as informações do rótulo original*; isso pode ser semelhante a uma primeira etapa ao extrair significado de um novo conjunto de dados sobre o qual você não tem nenhuma informação de rótulo *a priori*.

Começaremos carregando o conjunto de dados e encontraremos os clusters. Lembre-se de que o conjunto de dígitos consiste em 1.797 amostras com 64 features, com cada um dos 64 features sendo o brilho de um pixel em uma imagem de tamanho 8 × 8:

```
In [11]: from sklearn.datasets import load_digits
         digits = load_digits()
         digits.data.shape
Out[11]: (1797, 64)
```

A clusterização pode ser feita como antes:

```
In [12]: kmeans = KMeans(n_clusters=10, random_state=0)
         clusters = kmeans.fit_predict(digits.data)
         kmeans.cluster_centers_.shape
Out[12]: (10, 64)
```

O resultado são 10 clusters em 64 dimensões. Observe que os próprios centros do cluster são pontos de 64 dimensões e podem ser interpretados como representando o dígito "típico" no cluster. Vejamos como são esses centros do cluster (Figura 47-9).

```
In [13]: fig, ax = plt.subplots(2, 5, figsize=(8, 3))
         centers = kmeans.cluster_centers_.reshape(10, 8, 8)
         for axi, center in zip(ax.flat, centers):
             axi.set(xticks=[], yticks=[])
             axi.imshow(center, interpolation='nearest', cmap=plt.cm.binary)
```

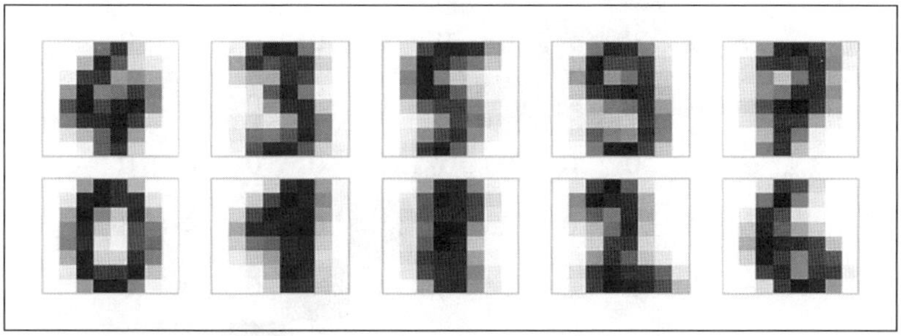

Figura 47-9. Centros do cluster descobertos por k-*means*

Vemos que, *mesmo sem os rótulos*, `KMeans` consegue encontrar os clusters cujos centros são dígitos reconhecíveis, talvez com a exceção de 1 e 8.

Como *k*-means não sabe nada sobre as identidades dos clusters, os rótulos 0–9 podem ser permutados. Podemos corrigir isso combinando cada rótulo do cluster descoberto com os rótulos reais encontrados nos clusters:

```
In [14]: from scipy.stats import mode

        labels = np.zeros_like(clusters)
        for i in range(10):
        mask = (clusters == i)
        labels[mask] = mode(digits.target[mask])[0]
```

Agora podemos verificar a precisão da nossa clusterização não supervisionada ao encontrar dígitos semelhantes nos dados:

```
In [15]: from sklearn.metrics import accuracy_score
         accuracy_score(digits.target, labels)
Out[15]: 0.7935447968836951
```

Com um algoritmo *k*-means simples, descobrimos o agrupamento correto para 80% dos dígitos de entrada! Verificaremos a matriz de confusão para isso, vista na Figura 47-10.

```
In [16]: from sklearn.metrics import confusion_matrix
         import seaborn as sns
         mat = confusion_matrix(digits.target, labels)
         sns.heatmap(mat.T, square=True, annot=True, fmt='d',
                     cbar=False, cmap='Blues',
                     xticklabels=digits.target_names,
                     yticklabels=digits.target_names)
         plt.xlabel('true label')
         plt.ylabel('predicted label');
```

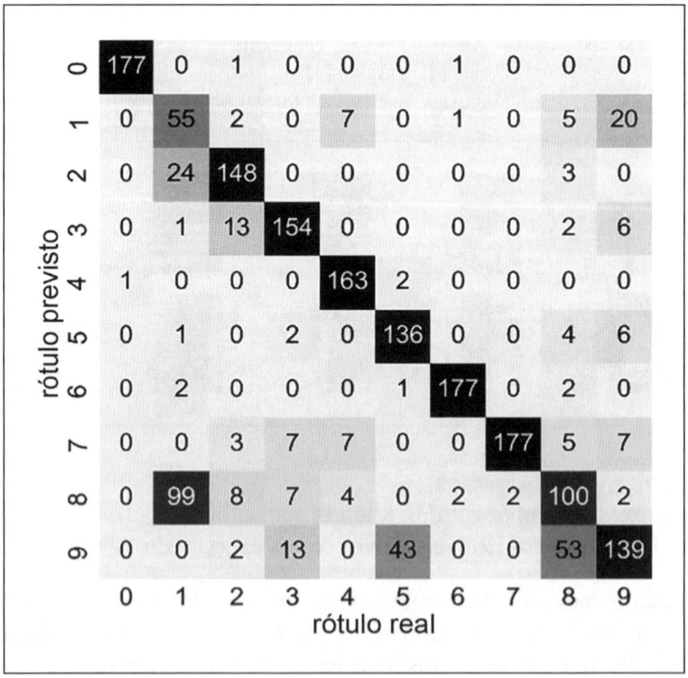

Figura 47-10. Matriz de confusão para o classificador k-*means*

Como podemos esperar dos centros do cluster visualizados antes, a principal confusão é entre os números 8 e 1. Mas isso ainda mostra que usando *k*-means, podemos basicamente criar um classificador de dígitos *sem referência a quaisquer rótulos conhecidos*!

Só por diversão, faremos um pouco mais. Podemos usar o algoritmo de mapeamento de vizinho estocástico distribuído em t (mencionado no Capítulo 46) para pré-processar os dados antes de executar o *k*-means. t-SNE é um algoritmo de incorporação não linear particularmente hábil ao preservar os pontos nos clusters. Vejamos como ele faz:

```
In [17]: from sklearn.manifold import TSNE

         # Projete os dados: esta etapa levará vários segundos
         tsne = TSNE(n_components=2, init='random',
                     learning_rate='auto',random_state=0)
         digits_proj = tsne.fit_transform(digits.data)

         # Calcule os clusters
         kmeans = KMeans(n_clusters=10, random_state=0)
         clusters = kmeans.fit_predict(digits_proj)

         # Permute os rótulos
         labels = np.zeros_like(clusters)
         for i in range(10):
             mask = (clusters == i)
             labels[mask] = mode(digits.target[mask])[0]

         # Calcule a acurácia
         accuracy_score(digits.target, labels)
Out[17]: 0.9415692821368948
```

É uma precisão de classificação de 94% *sem usar rótulos*. Esse é o poder do aprendizado não supervisionado quando usado com cuidado: ele pode extrair informações do conjunto de dados difíceis de extrair à mão ou olhando.

Exemplo 2: k-Means para Compressão de Cores

Uma aplicação interessante da clusterização é na compressão de cores nas imagens (este exemplo é adaptado de "Color Quantization Using K-Means" do Scikit-Learn). Por exemplo, imagine que você tenha uma imagem com milhões de cores. Na maioria das imagens, um grande número de cores não será usado e muitos pixels na imagem terão cores semelhantes ou até idênticas.

Por exemplo, considere a imagem mostrada na Figura 47-11, que é do módulo `datasets` do Scikit-Learn (para que funcione, você terá que ter o pacote PIL do Python instalado):[2]

```
In [18]: # Nota: isso requer o pacote PIL instalado
         from sklearn.datasets import load_sample_image
         china = load_sample_image("china.jpg")
         ax = plt.axes(xticks=[], yticks=[])
         ax.imshow(china);
```

2 Para ter uma versão colorida desta e das próximas imagens, veja a versão online do livro.

Figura 47-11. Imagem de entrada

A imagem em si é armazenada em um array tridimensional de tamanho (`height, width, RGB`), com contribuições de vermelho/azul/verde como inteiros de 0 a 255:

```
In [19]: china.shape
Out[19]: (427, 640, 3)
```

Uma maneira de ver esse conjunto de pixels é como uma nuvem de pontos em um espaço colorido tridimensional. Iremos remodelar os dados como `[n_samples, n_features]` e redimensionar as cores para que fiquem entre 0 e 1:

```
In [20]: data = china / 255.0  # use a escala 0...1
         data = data.reshape(-1, 3)
         data.shape
Out[20]: (273280, 3)
```

Podemos visualizar esses pixels no espaço colorido usando um subconjunto de 10 mil pixels para ter eficiência (veja a Figura 47-12).

```
In [21]: def plot_pixels(data, title, colors=None, N=10000):
             if colors is None:
                 colors = data

             # escolha um subconjunto aleatório
             rng = np.random.default_rng(0)
             i = rng.permutation(data.shape[0])[:N]
             colors = colors[i]
             R, G, B = data[i].T
```

```
    fig, ax = plt.subplots(1, 2, figsize=(16, 6))
    ax[0].scatter(R, G, color=colors, marker='.')
    ax[0].set(xlabel='Red', ylabel='Green', xlim=(0, 1), ylim=(0, 1))

    ax[1].scatter(R, B, color=colors, marker='.')
    ax[1].set(xlabel='Red', ylabel='Blue', xlim=(0, 1), ylim=(0, 1))

    fig.suptitle(title, size=20);
```

```
In [22]: plot_pixels(data, title='Input color space: 16 million possible colors')
```

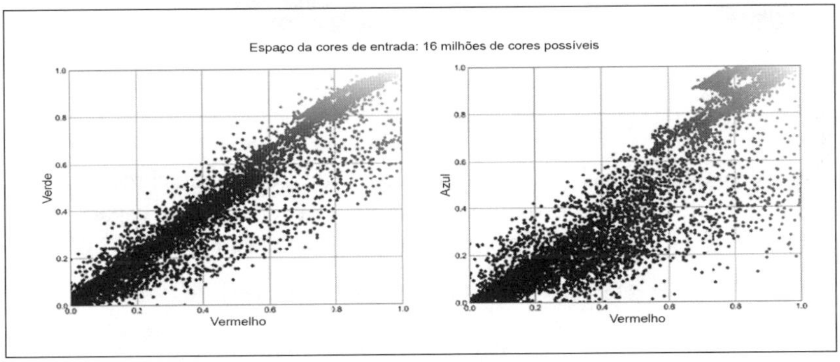

Figura 47-12. Distribuição dos pixels no espaço de cores RGB[3]

Agora reduziremos esses 16 milhões de cores para apenas 16 cores, usando uma clusterização *k*-means no espaço de pixels. Como estamos lidando com um conjunto de dados muito grande, usaremos o *k*-means em minibatch que opera nos subconjuntos de dados para calcular o resultado (Figura 47-13) muito mais rápido do que o algoritmo *k*-means padrão:

```
In [23]: from sklearn.cluster import MiniBatchKMeans
         kmeans = MiniBatchKMeans(16)
         kmeans.fit(data)
         new_colors = kmeans.cluster_centers_[kmeans.predict(data)]

         plot_pixels(data, colors=new_colors,
                     title="Reduced color space: 16 colors")
```

3 Há uma versão em tamanho grande da figura no GitHub.

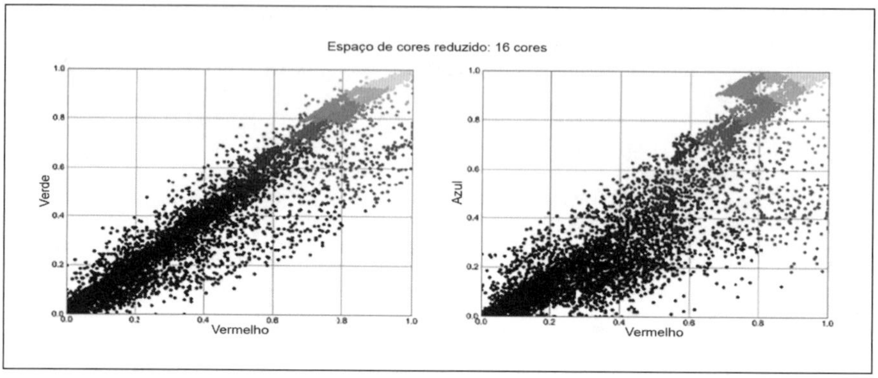

Figura 47-13. 16 clusters no espaço de cores RGB[4]

O resultado é que os pixels originais são recoloridos, e cada pixel recebe a cor do seu centro de cluster mais próximo. Plotar essas novas cores no espaço da imagem em vez do espaço de pixel nos mostra o efeito (veja a Figura 47-14).

```
In [24]: china_recolored = new_colors.reshape(china.shape)

         fig, ax = plt.subplots(1, 2, figsize=(16, 6),
                                subplot_kw=dict(xticks=[], yticks=[]))
         fig.subplots_adjust(wspace=0.05)
         ax[0].imshow(china)
         ax[0].set_title('Original Image', size=16)
         ax[1].imshow(china_recolored)
         ax[1].set_title('16-color Image', size=16);
```

Figura 47-14. Comparação da imagem toda colorida (esquerda) e a imagem com 16 cores (direita)

Alguns detalhes certamente se perdem no painel à direita, mas a imagem geral ainda é bem reconhecível. Em termos de bytes necessários para armazenar os dados brutos, a imagem à direita consegue um fator de compressão em torno de 1 milhão! Agora, esse método não coincidirá com a fidelidade dos esquemas de compressão de imagem criados com esse propósito, como o JPEG, mas o exemplo mostra o poder de pensar fora da caixa com métodos não supervisionados, como o *k*-means.

4 Há uma versão em tamanho grande da figura no GitHub.

CAPÍTULO 48

Aprofundando: Modelos de Mistura Gaussiana

O modelo de clusterização *k*-means visto no capítulo anterior é simples e relativamente fácil de entender, mas sua simplicidade leva a desafios práticos em sua aplicação. Em particular, a natureza não probabilística do *k*-means e seu uso da distância simples a partir do centro do cluster para atribuir a associação do cluster resulta em um desempenho ruim para muitas situações reais. Neste capítulo, veremos os modelos de mistura gaussiana, que podem ser vistos como uma extensão das ideias por trás do *k*-means, mas também podem ser uma ferramenta poderosa para estimar além da simples clusterização.

Começaremos com as importações padrão:

```
In [1]: %matplotlib inline
        import matplotlib.pyplot as plt
        plt.style.use('seaborn-whitegrid')
        import numpy as np
```

Motivando as Misturas Gaussianas: Pontos Fracos do k-Means

Veremos alguns pontos fracos do *k*-means e pensaremos em como melhorar o modelo de cluster. Como no capítulo anterior, com dados simples e bem separados, o *k*-means encontra resultados de clusterização adequados.

Por exemplo, se tivermos blobs de dados simples, o algoritmo *k*-means poderá rotular rapidamente esses clusters de uma forma que corresponda ao que podemos fazer a olho nu (veja a Figura 48-1).

```
In [2]: # Gere alguns dados
        from sklearn.datasets import make_blobs
        X, y_true = make_blobs(n_samples=400, centers=4,
                               cluster_std=0.60, random_state=0)
        X = X[:, ::-1] # mude os eixos para plotar melhor

In [3]: # Plote os dados com rótulos k-means
        from sklearn.cluster import KMeans
        kmeans = KMeans(4, random_state=0)
        labels = kmeans.fit(X).predict(X)
        plt.scatter(X[:, 0], X[:, 1], c=labels, s=40, cmap='viridis');
```

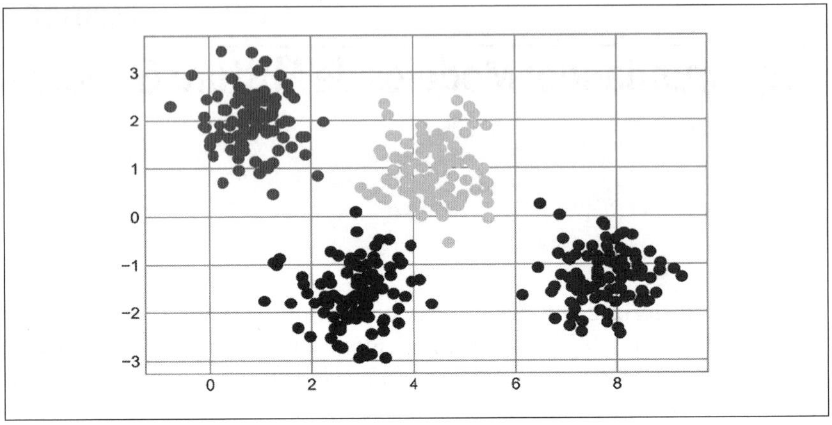

Figura 48-1. Rótulos k-means para dados simples

De um ponto de vista intuitivo, podemos esperar que a atribuição de clusterização para alguns pontos seja mais certa que outras: por exemplo, parece haver uma pequena sobreposição entre os dois clusters no meio, de modo que não temos total confiança na atribuição dos pontos entre eles. Infelizmente, o modelo *k*-means não tem nenhuma medida intrínseca da probabilidade ou da incerteza das atribuições do cluster (embora seja possível usar um método bootstrap para estimar essa incerteza). Para tanto, devemos pensar em generalizar o modelo.

Uma maneira de considerar o modelo *k*-means é que ele coloca um círculo (ou, nas dimensões maiores, uma hiperesfera) no centro de cada cluster, com um raio definido pelo ponto mais distante no cluster. Esse raio atua como um corte rigoroso para a atribuição de cluster no conjunto de treinamento: qualquer ponto fora desse círculo não é considerado membro do cluster. Podemos visualizar esse modelo de cluster com a seguinte função (Figura 48-2).

```
In [4]: from sklearn.cluster import KMeans
        from scipy.spatial.distance import cdist

        def plot_kmeans(kmeans, X, n_clusters=4, rseed=0, ax=None):
            labels = kmeans.fit_predict(X)

            # plote os dados de entrada
            ax = ax or plt.gca()
            ax.axis('equal')
            ax.scatter(X[:, 0], X[:, 1], c=labels, s=40, cmap='viridis', zorder=2)

            # plote a representação do modelo KMeans
            centers = kmeans.cluster_centers_
            radii = [cdist(X[labels == i], [center]).max()
                     for i, center in enumerate(centers)]
            for c, r in zip(centers, radii):
                ax.add_patch(plt.Circle(c, r, ec='black', fc='lightgray',
                                        lw=3, alpha=0.5, zorder=1))
```

```
In [5]: kmeans = KMeans(n_clusters=4, random_state=0)
        plot_kmeans(kmeans, X)
```

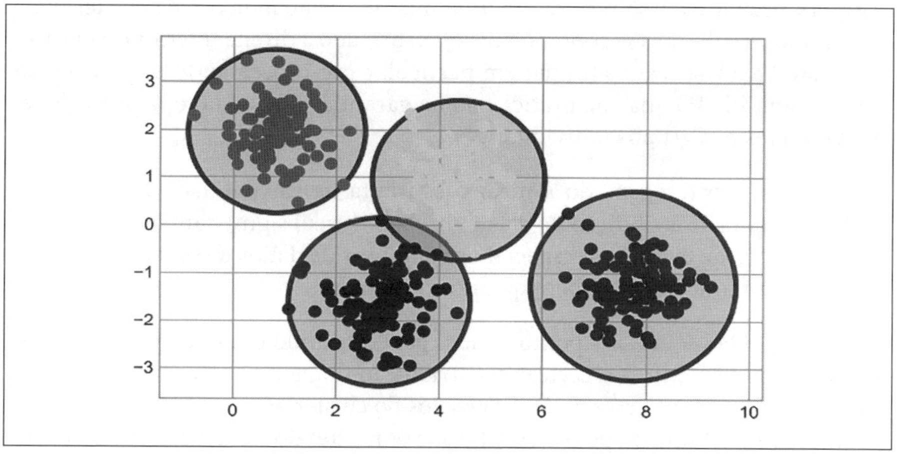

Figura 48-2. Clusters circulares decorrentes do modelo k-*means*

Uma observação importante para *k*-means é que esses modelos de cluster *devem ser circulares*: *k*-means não tem uma forma predefinida de representar clusters ovais ou elípticos. Por exemplo, se pegarmos os mesmos dados e os transformarmos, as atribuições do cluster acabarão ficando confusas, como se pode ver na Figura 48-3.

```
In [6]: rng = np.random.RandomState(13)
        X_stretched = np.dot(X, rng.randn(2, 2))

        kmeans = KMeans(n_clusters=4, random_state=0)
        plot_kmeans(kmeans, X_stretched)
```

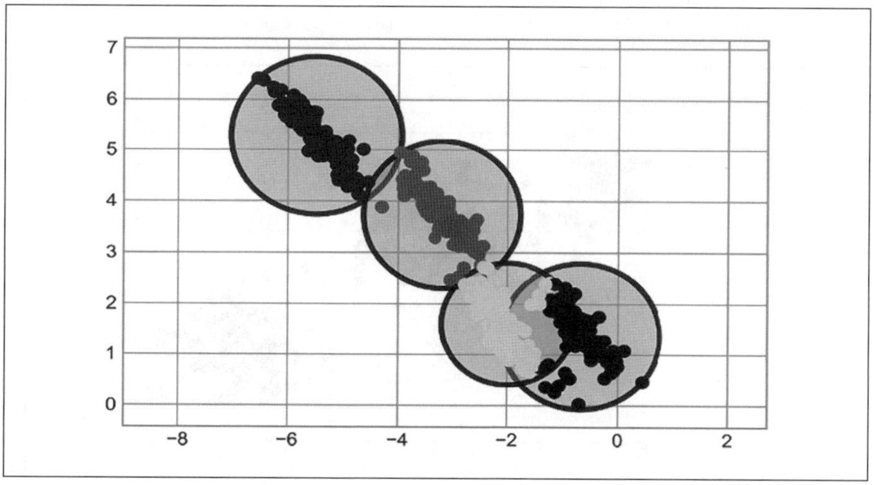

Figura 48-3. Desempenho ruim de k-*means para clusters não circulares*

A olho nu, reconhecemos que esses conjuntos transformados não são circulares, assim os clusters circulares seriam um ajuste ruim. No entanto, *k*-means não é flexível o suficiente para explicar isso e tenta forçar o ajuste dos dados em quatro clusters circulares. Isso resulta em uma mistura de atribuições de cluster onde os círculos resultantes se sobrepõem: veja sobretudo a direita inferior do gráfico. É possível abordar essa situação em particular pré-processando os dados com PCA (Capítulo 45), mas na prática não há garantias de que tal operação global fará círculos nos grupos individuais.

Essas duas desvantagens do *k*-means (sua falta de flexibilidade na forma do cluster e a falta de atribuição do cluster probabilístico) significam que para muitos conjuntos de dados (em especial os conjuntos de dados de baixa dimensão), ele pode não funcionar tão bem quanto o esperado.

Você pode lidar com esses pontos fracos generalizando o modelo *k*-means: por exemplo, pode medir a incerteza na atribuição do cluster comparando as distâncias de cada ponto com *todos* os centros do cluster, em vez de focar apenas o mais próximo. Também pode permitir que os limites do cluster sejam elipses em vez de círculos, para representar os clusters não circulares. Acontece que eles são dois componentes essenciais de um tipo diferente de modelo de clusterização, ou seja, são modelos de mistura gaussiana.

Generalizando E–M: Modelos de Mistura Gaussiana

Um modelo de mistura gaussiana (GMM) tenta encontrar uma mistura de distribuições de probabilidade gaussianas multidimensionais que modelem melhor qualquer conjunto de dados de entrada. No caso mais simples, os GMMs podem ser usados para encontrar os clusters, como faz *k*-means (veja a Figura 48-4).

```
In [7]: from sklearn.mixture import GaussianMixture
        gmm = GaussianMixture(n_components=4).fit(X)
        labels = gmm.predict(X)
        plt.scatter(X[:, 0], X[:, 1], c=labels, s=40, cmap='viridis');
```

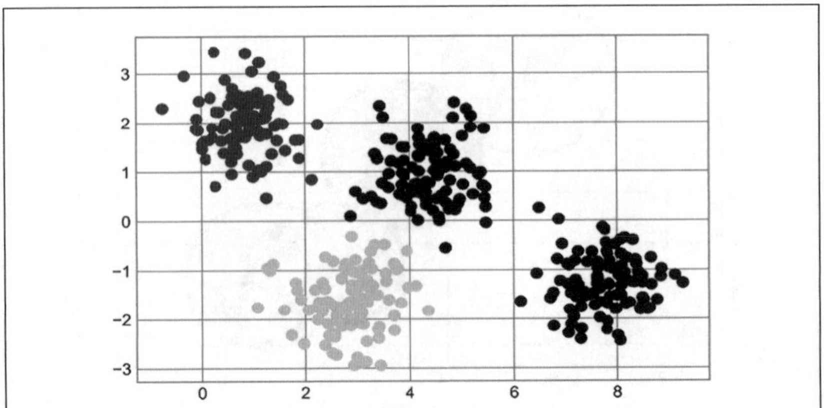

Figura 48-4. Rótulos do modelo de mistura gaussiana para os dados

Mas como um GMM contém um modelo probabilístico internamente, também é possível encontrar atribuições de cluster probabilísticas — no Scikit-Learn, é feito usando o método `predict_proba`. Isso retorna uma matriz de tamanho `[n_samples, n_clusters]` que mede a probabilidade de que qualquer ponto pertence ao cluster informado:

```
In [8]: probs = gmm.predict_proba(X)
        print(probs[:5].round(3))
Out[8]: [[0.    0.531 0.469 0.   ]
         [0.    0.    0.    1.   ]
         [0.    0.    0.    1.   ]
         [0.    1.    0.    0.   ]
         [0.    0.    0.    1.   ]]
```

Podemos visualizar essa incerteza, por exemplo, tornando o tamanho de cada ponto proporcional à certeza de sua predição; vendo a Figura 48-5, podemos notar que são precisamente os pontos nos limites entre os clusters que refletem a incerteza da atribuição do cluster:

```
In [9]: size = 50 * probs.max(1) ** 2  # o quadrado enfatiza as diferenças
        plt.scatter(X[:, 0], X[:, 1], c=labels, cmap='viridis', s=size);
```

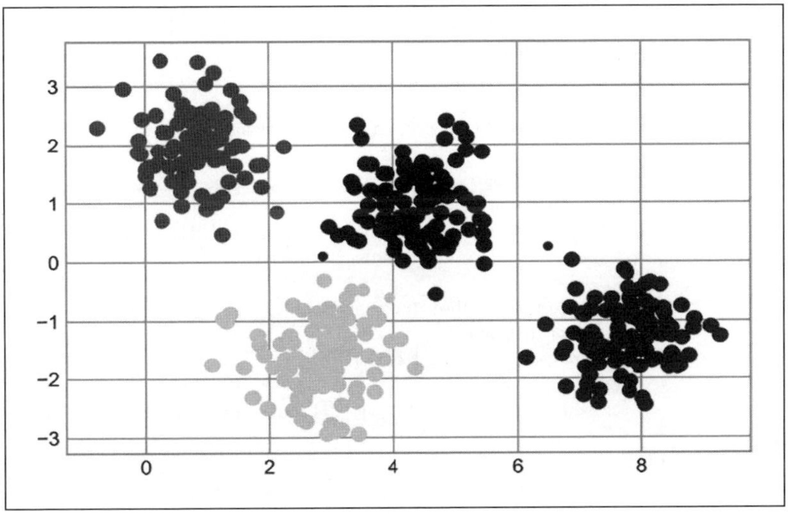

Figura 48-5. Rótulos probabilísticos do GMM: as probabilidades são mostradas pelo tamanho dos pontos

Internamente, um modelo de mistura gaussiana é muito semelhante ao *k*-means: ele usa uma abordagem de expectativa–maximização, que qualitativamente faz o seguinte:

1. Escolhe os palpites iniciais para o local e a forma.
2. Repete até convergir:

a. *Etapa E*: Para cada ponto, encontra os pesos que codificam a probabilidade de associação em cada cluster.
b. *Etapa M*: Para cada cluster, atualiza sua localização, normalização e forma com base em *todos* os pontos de dados, usando os pesos.

O resultado é que cada cluster está associado não a uma esfera de borda rigorosa, mas a um modelo gaussiano flexível. Assim como na abordagem de expectativa-maximização do *k*-means, às vezes este algoritmo pode ignorar a solução globalmente ideal, portanto, na prática, várias inicializações aleatórias são usadas.

Criaremos uma função que nos ajudará a visualizar os locais e as formas dos clusters GMM desenhando elipses com base na saída do GMM:

```
In [10]: from matplotlib.patches import Ellipse

         def draw_ellipse(position, covariance, ax=None, **kwargs):
             """Desenhe uma elipse com uma determinada posição e covariância"""
             ax = ax or plt.gca()

             # Converta a covariância nos eixos principais
             if covariance.shape == (2, 2):
                 U, s, Vt = np.linalg.svd(covariance)
                 angle = np.degrees(np.arctan2(U[1, 0], U[0, 0]))
                 width, height = 2 * np.sqrt(s)
             else:
                 angle = 0
                 width, height = 2 * np.sqrt(covariance)

             # Desenhe a elipse
             for nsig in range(1, 4):
                 ax.add_patch(Ellipse(position, nsig * width, nsig * height,
                                      angle, **kwargs))

         def plot_gmm(gmm, X, label=True, ax=None):
             ax = ax or plt.gca()
             labels = gmm.fit(X).predict(X)
             if label:
                 ax.scatter(X[:, 0], X[:, 1], c=labels, s=40, cmap='viridis',
                            zorder=2)
             else:
                 ax.scatter(X[:, 0], X[:, 1], s=40, zorder=2)
             ax.axis('equal')

             w_factor = 0.2 / gmm.weights_.max()
             for pos, covar, w in zip(gmm.means_, gmm.covariances_, gmm.weights_):
                 draw_ellipse(pos, covar, alpha=w * w_factor)
```

Com isso, podemos ver o que o GMM com quatro componentes fornece para nossos dados iniciais (Figura 48-6).

```
In [11]: gmm = GaussianMixture(n_components=4, random_state=42)
         plot_gmm(gmm, X)
```

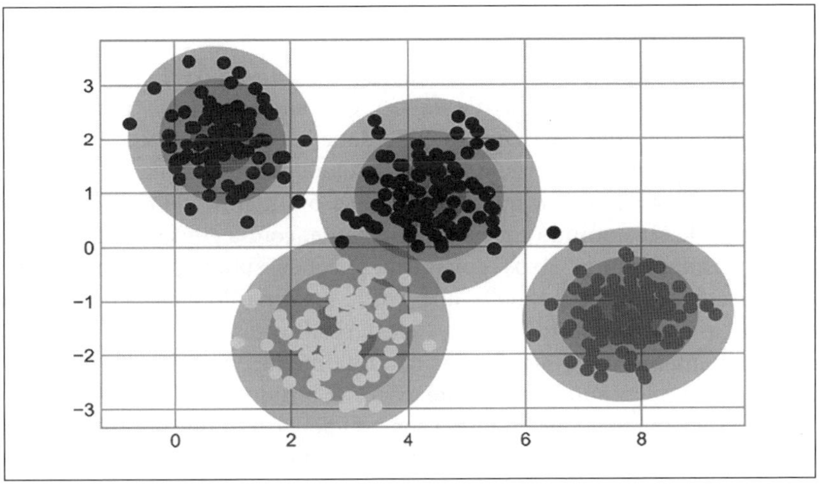

Figura 48-6. GMM com quatro componentes na presença de clusters circulares

Da mesma forma, podemos usar a abordagem GMM para ajustar nosso conjunto de dados estendido; permitindo uma covariância completa, o modelo se ajustará até a clusters muito ovais e esticados, como na Figura 48-7.

```
In [12]: gmm = GaussianMixture(n_components=4, covariance_type='full',
                               random_state=42)
         plot_gmm(gmm, X_stretched)
```

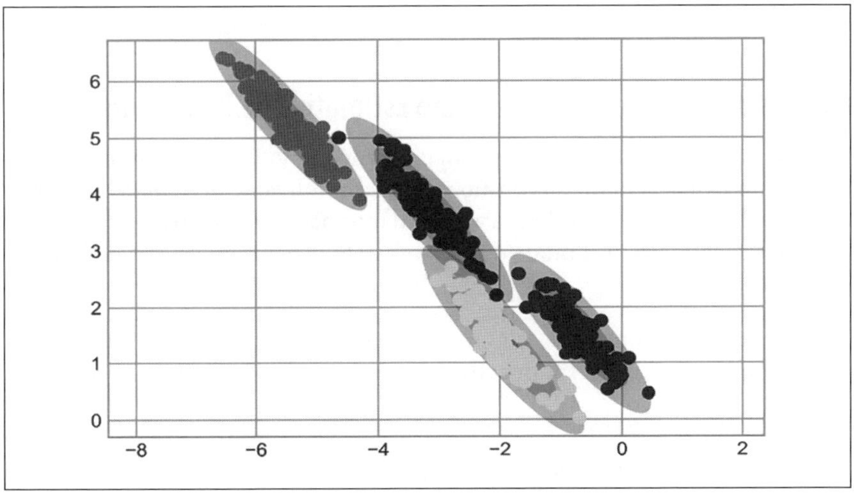

Figura 48-7. GMM com quatro componentes na presença de clusters não circulares

Isso deixa claro que os GMMs lidam com as duas questões práticas principais com o *k*-means encontrado antes.

Escolhendo o Tipo de Covariância

Se você olhar os detalhes dos ajustes anteriores, verá que a opção `covariance_type` foi definida de forma diferente em cada um. Esse hiperparâmetro controla os graus de liberdade na forma de cada cluster; é essencial definir isso com cuidado para qualquer problema. O padrão é `covariance_type="diag"`, o que significa que o tamanho do cluster em cada dimensão pode ser definido independentemente, com a elipse resultante limitada a se alinhar com os eixos. `covariance_type="spherical"` é um modelo um pouco mais simples e rápido, que limita a forma do cluster de tal modo que todas as dimensões são iguais. A clusterização resultante terá características semelhantes às do *k*-means, mas não totalmente equivalente. Um modelo mais complexo e computacionalmente caro (sobretudo à medida que o número de dimensões aumenta) é usar `covariance_type="full"`, que permite que cada cluster seja modelado como uma elipse com orientação arbitrária. A Figura 48-8 representa as três opções para um cluster.

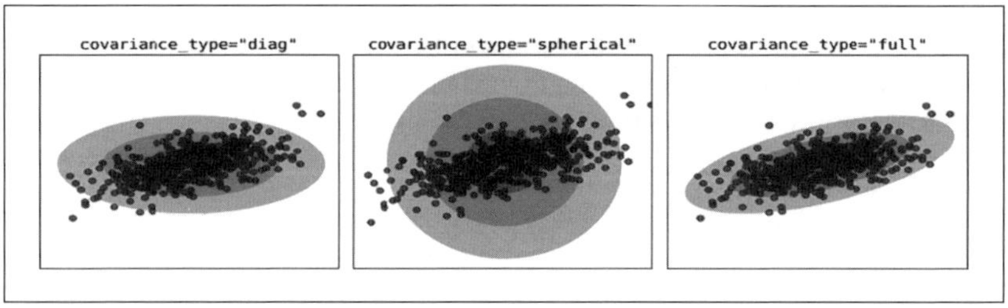

Figura 48-8. Visualização dos tipos de covariância do GMM[1]

Modelos de Mistura Gaussiana como Estimativa de Densidade

Embora o GMM seja muitas vezes categorizado como um algoritmo de clusterização, em essência é um algoritmo para a *estimativa de densidade*, ou seja, o resultado de um ajuste GMM para alguns dados não é tecnicamente um modelo de clusterização, mas um modelo probabilístico generativo descrevendo a distribuição dos dados.

Como exemplo, considere alguns dados gerados a partir da função `make_moons` do Scikit-Learn, introduzida no Capítulo 47 (Figura 48-9).

```
In [13]: from sklearn.datasets import make_moons
         Xmoon, ymoon = make_moons(200, noise=.05, random_state=0)
         plt.scatter(Xmoon[:, 0], Xmoon[:, 1]);
```

1 O código para produzir esta figura pode ser encontrado no apêndice online.

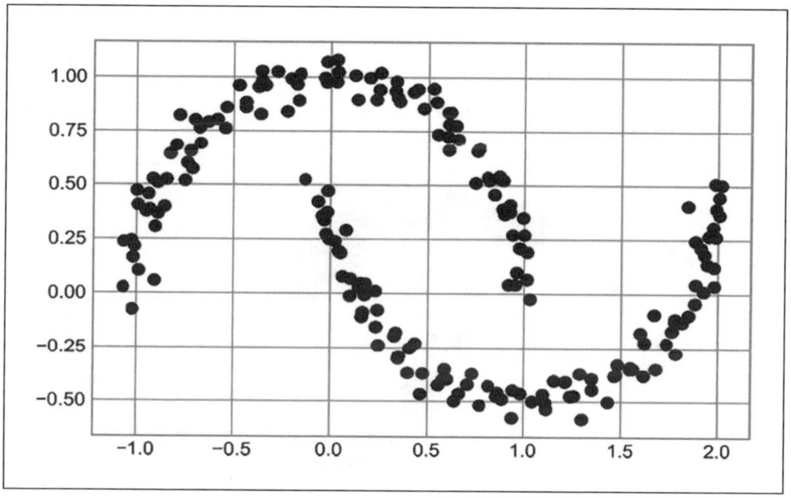

Figura 48-9. GMM aplicado aos clusters com limites não lineares

Se tentarmos ajustar isso com um GMM de dois componentes visto como um modelo de clusterização, os resultados não serão muito úteis (veja a Figura 48-10).

```
In [14]: gmm2 = GaussianMixture(n_components=2, covariance_type='full',
                                random_state=0)
         plot_gmm(gmm2, Xmoon)
```

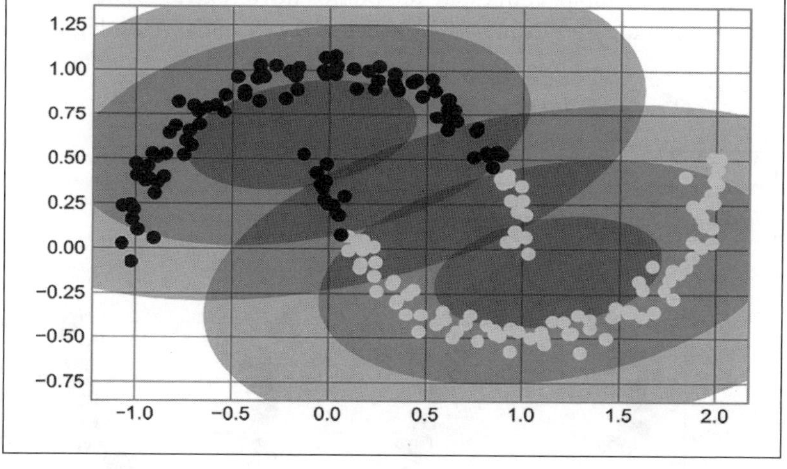

Figura 48-10. Ajuste do GMM de dois componentes para clusters não lineares

Mas se usarmos mais componentes e ignorarmos os rótulos do cluster, encontraremos um ajuste muito mais próximo dos dados de entrada (Figura 48-11).

```
In [15]: gmm16 = GaussianMixture(n_components=16, covariance_type='full',
                                 random_state=0)
         plot_gmm(gmm16, Xmoon, label=False)
```

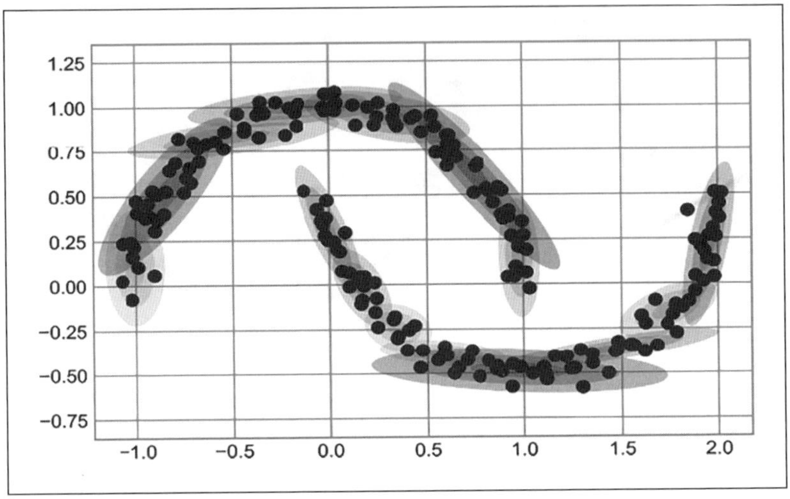

Figura 48-11. Usando muitos clusters GMM para modelar a distribuição dos pontos

Aqui, a mistura de 16 componentes gaussianos serve não para encontrar clusters separados de dados, mas modelar a *distribuição* geral dos dados de entrada. É um modelo generativo da distribuição, o que significa que o GMM nos dá a receita para gerar novos dados aleatórios distribuídos de forma semelhante à nossa entrada. Por exemplo, aqui estão 400 pontos novos extraídos desse GMM de 16 componentes que se ajustam aos nossos dados originais (veja a Figura 48-12).

```
In [16]: Xnew, ynew = gmm16.sample(400)
         plt.scatter(Xnew[:, 0], Xnew[:, 1]);
```

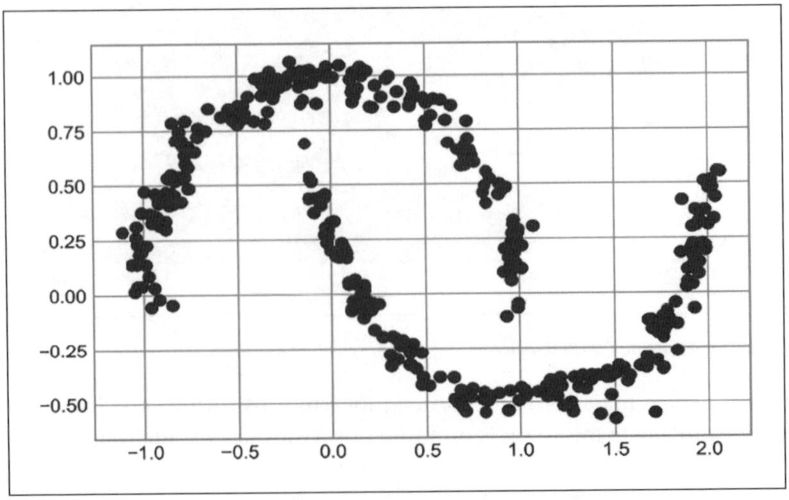

Figura 48-12. Novos dados desenhados a partir do GMM de 16 componentes

Um GMM é conveniente como um meio flexível de modelar uma distribuição de dados multidimensional e arbitrária.

O fato de que um GMM é um modelo generativo nos dá um meio natural de determinar o número ideal de componentes para certo conjunto de dados. Um modelo generativo é inerentemente uma distribuição de probabilidade para o conjunto de dados, portanto, podemos simplesmente avaliar a *probabilidade* dos dados no modelo, usando uma validação cruzada para evitar o sobreajuste. Outro meio de correção do sobreajuste é ajustar as probabilidades do modelo usando algum critério analítico, como o critério de informação de Akaike (AIC) ou o critério de informação bayesiano (BIC). O estimador `GaussianMixture` do Scikit-Learn realmente inclui métodos predefinidos que calculam ambos, por isso é muito fácil de operar usando essa abordagem.

Vejamos o AIC e o BIC versus o número de componentes do GMM para nosso conjunto de dados de luas (Figura 48-13).

```
In [17]: n_components = np.arange(1, 21)
         models = [GaussianMixture(n, covariance_type='full',
                                   random_state=0).fit(Xmoon)
                   for n in n_components]

         plt.plot(n_components, [m.bic(Xmoon) for m in models], label='BIC')
         plt.plot(n_components, [m.aic(Xmoon) for m in models], label='AIC')
         plt.legend(loc='best')
         plt.xlabel('n_components');
```

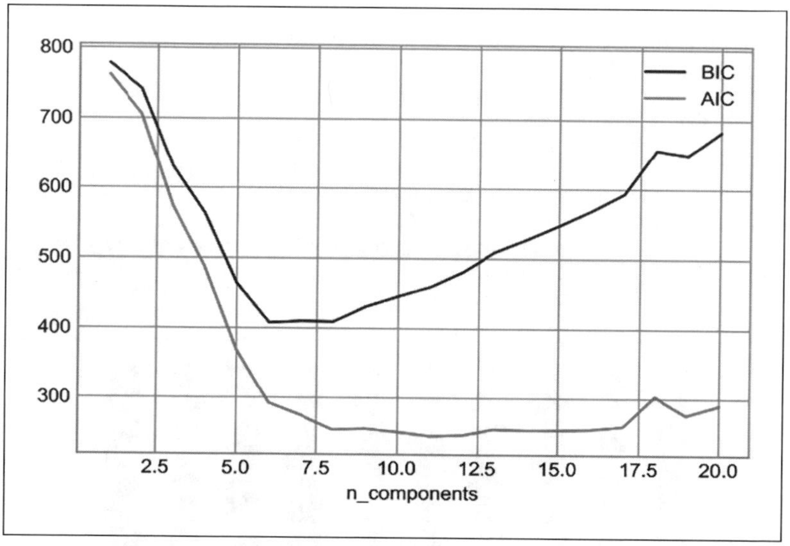

Figura 48-13. Visualização do AIC e do BIC para escolher o número de componentes do GMM

O número ideal de clusters é o valor que minimiza o AIC ou o BIC, dependendo da aproximação que queremos usar. O AIC informa que a nossa escolha de 16 componentes anterior provavelmente foi demais: cerca de 8–12 componentes teria sido uma escolha melhor. Como é típico nesse tipo de problema, o BIC recomenda um modelo mais simples.

Observe um ponto importante: a escolha dos componentes mede se um GMM funciona bem como um *estimador de densidade*, não como um *algoritmo de clusterização*. Eu encorajo você a pensar no GMM principalmente como um estimador de densidade e usá-lo para clusterizar somente com garantia nos conjuntos de dados simples.

Exemplo: GMMs para Gerar Novos Dados

Acabamos de ver um exemplo simples de usar o GMM como um modelo generativo para criar novas amostras a partir da distribuição definida pelos dados de entrada. Aqui pegaremos essa ideia e iremos gerar *novos dígitos feitos à mão* a partir da coleção de dígitos padrão usada antes.

Para começar, carregaremos os dados dos dígitos usando as ferramentas de dados do Scikit-Learn:

```
In [18]: from sklearn.datasets import load_digits
         digits = load_digits()
         digits.data.shape
Out[18]: (1797, 64)
```

Em seguida, plotaremos os primeiros 50 para lembrar exatamente o que estamos vendo (Figura 48-14).

```
In [19]: def plot_digits(data):
             fig, ax = plt.subplots(5, 10, figsize=(8, 4),
                                    subplot_kw=dict(xticks=[], yticks=[]))
             fig.subplots_adjust(hspace=0.05, wspace=0.05)
             for i, axi in enumerate(ax.flat):
                 im = axi.imshow(data[i].reshape(8, 8), cmap='binary')
                 im.set_clim(0, 16)
             plot_digits(digits.data)
```

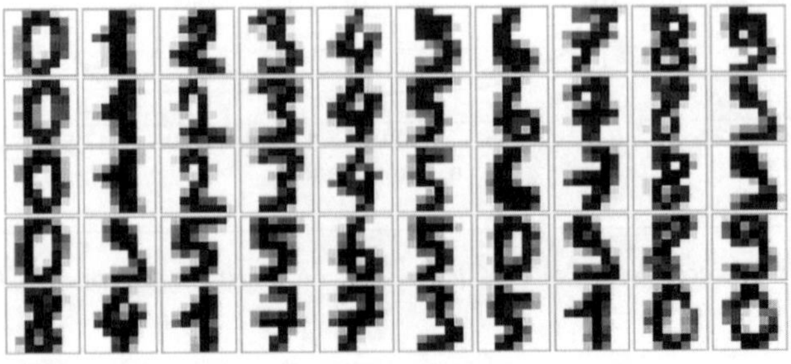

Figura 48-14. Entrada dos dígitos feitos à mão

Temos quase 1.800 dígitos em 64 dimensões e podemos criar um GMM em cima deles para gerar mais. Os GMMs podem ter dificuldade para convergir em um espaço tão dimensional, então começaremos com um algoritmo de redução de dimensionalidade invertido nos dados. Aqui usaremos uma PCA direta, pedindo para preservar 99% da variância nos dados projetados:

```
In [20]: from sklearn.decomposition import PCA
         pca = PCA(0.99, whiten=True)
         data = pca.fit_transform(digits.data)
         data.shape
Out[20]: (1797, 41)
```

O resultado são 41 dimensões, uma redução de quase 1/3 com praticamente nenhuma perda de informação. Com esses dados projetados, usaremos o AIC para obter uma medida do número de componentes do GMM que devemos usar (veja a Figura 48-15).

```
In [21]: n_components = np.arange(50, 210, 10)
         models = [GaussianMixture(n, covariance_type='full', random_state=0)
                   for n in n_components]
         aics = [model.fit(data).aic(data) for model in models]
         plt.plot(n_components, aics);
```

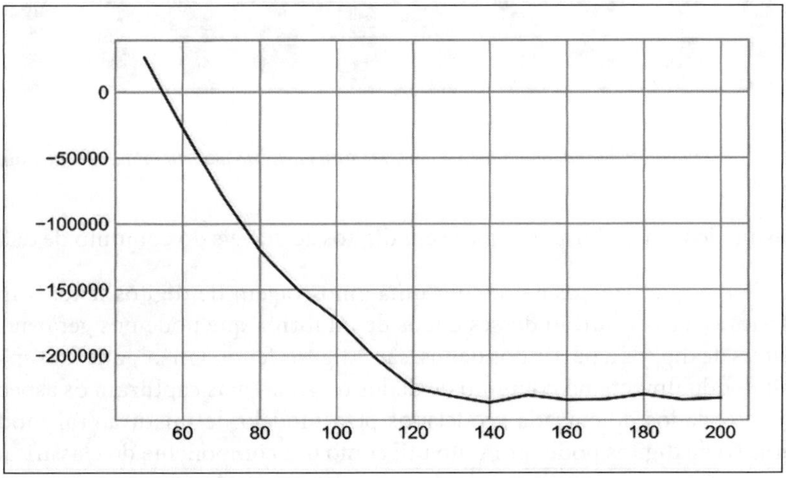

Figura 48-15. Curva AIC para escolher o número adequado de componentes do GMM

Parece que cerca de 140 componentes minimizam o AIC; usaremos esse modelo. Ajustaremos rapidamente isso aos dados e confirmaremos se convergiram:

```
In [22]: gmm = GaussianMixture(140, covariance_type='full', random_state=0)
         gmm.fit(data)
         print(gmm.converged_)
Out[22]: True
```

Agora podemos desenhar amostras de 100 pontos novos neste espaço projetado de 41 dimensões, usando o GMM como modelo generativo:

```
In [23]: data_new, label_new = gmm.sample(100)
         data_new.shape
Out[23]: (100, 41)
```

Por fim, podemos usar a transformação inversa do objeto PCA para criar os novos dígitos (veja a Figura 48-16).

```
In [24]: digits_new = pca.inverse_transform(data_new)
         plot_digits(digits_new)
```

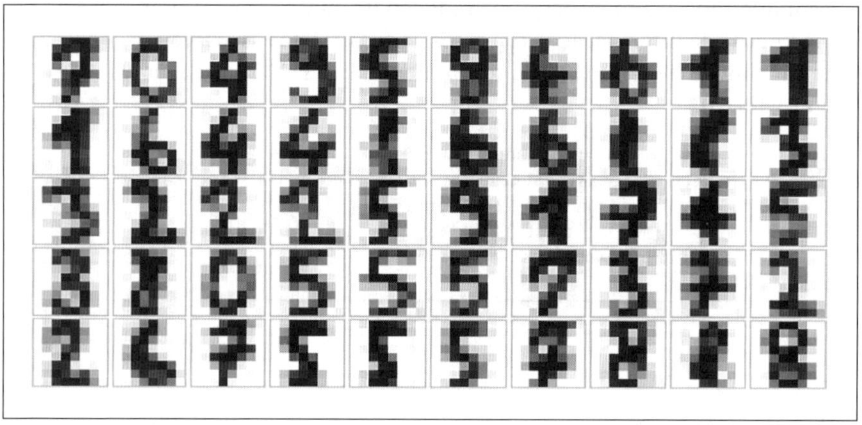

Figura 48-16. "Novos" dígitos desenhados aleatoriamente a partir do modelo subjacente do estimador GMM

Os resultados, na maior parte, parecem dígitos aceitáveis do conjunto de dados!

Considere o que fizemos aqui: com uma amostragem de dígitos feitos à mão, modelamos a distribuição desses dados de tal forma que podemos gerar novas amostras de dígitos a partir dos dados: são "dígitos feitos à mão", que não aparecem individualmente no conjunto de dados original, mas capturam os aspectos gerais dos dados de entrada modelados pelo modelo de mistura. Tal modelo generativo de dígitos pode ser muito útil como um componente do classificador generativo bayesiano, como veremos no próximo capítulo.

CAPÍTULO 49

Aprofundando: Estimativa de Densidade por Kernel

No Capítulo 48, abordamos os modelos de mistura gaussiana, que são um híbrido entre um estimador de clusterização e um estimador de densidade. Lembre-se de que um estimador de densidade é um algoritmo que usa um conjunto de dados com *D* dimensões e produz uma estimativa da distribuição de probabilidade com *D* dimensões da qual os dados são extraídos. O algoritmo GMM faz isso representando a densidade como uma soma ponderada das distribuições gaussianas. A *estimativa de densidade por kernel* (KDE) é, em certo sentido, um algoritmo que leva a ideia da mistura de gaussianos ao seu extremo lógico: ela usa uma mistura que consiste em um componente gaussiano *por ponto*, resultando em um estimador de densidade basicamente não paramétrico. Neste capítulo, veremos a motivação e os usos do KDE.

Começaremos com as importações padrão:

```
In [1]: %matplotlib inline
        import matplotlib.pyplot as plt
        plt.style.use('seaborn-whitegrid')
        import numpy as np
```

Motivando a Estimativa de Densidade por Kernel: Histogramas

Como mencionado antes, um estimador de densidade é um algoritmo que busca modelar a distribuição de probabilidade que gerou um conjunto de dados. Para os dados unidimensionais, provavelmente você já está familiarizado com um estimador de densidade simples: o histograma. Um histograma divide os dados em grupos separados, conta o número de pontos que ficam em cada grupo e visualiza os resultados de forma intuitiva.

Por exemplo, criaremos dados que são extraídos de duas distribuições normais:

```
In [2]: def make_data(N, f=0.3, rseed=1):
            rand = np.random.RandomState(rseed)
            x = rand.randn(N)
            x[int(f * N):] += 5
            return x

        x = make_data(1000)
```

Vimos antes que o histograma padrão baseado em contagem pode ser criado com a função `plt.hist`. Ao especificar o parâmetro `density` do histograma, acabamos com um histograma normalizado onde a altura dos grupos (caixas) não reflete as contagens, mas a densidade de probabilidade (veja a Figura 49-1).

```
In [3]: hist = plt.hist(x, bins=30, density=True)
```

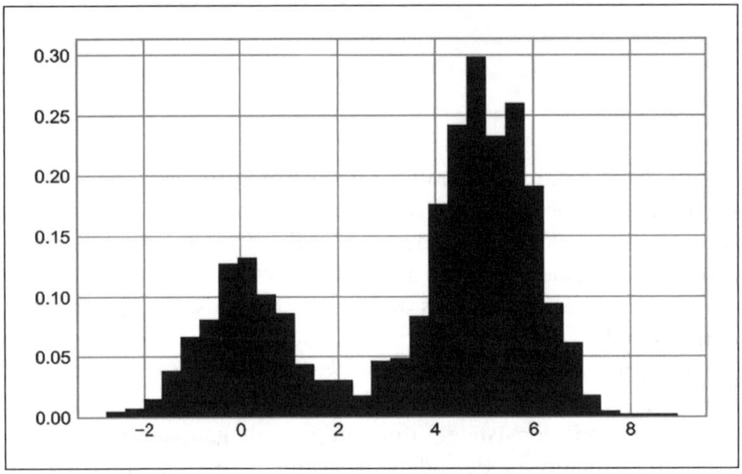

Figura 49-1. Dados desenhados a partir de uma combinação de distribuições normais

Observe que, para um grupo igual, essa normalização simplesmente muda a escala no eixo y, deixando as alturas relativas basicamente as mesmas em um histograma criado a partir de contagens. Essa normalização é escolhida para que a área total no histograma seja igual a 1, como podemos confirmar na saída da função do histograma:

```
In [4]: density, bins, patches = hist
        widths = bins[1:] - bins[:-1]
        (density * widths).sum()
Out[4]: 1.0
```

Um dos problemas no uso de um histograma como estimador de densidade é que a escolha do tamanho e da localização do grupo pode levar a representações com features qualitativamente diferentes. Por exemplo, vendo a versão desses dados com apenas 20 pontos, a escolha de como desenhar os grupos pode levar a uma interpretação totalmente diferente dos dados! Considere o exemplo visualizado na Figura 49-2.

```
In [5]: x = make_data(20)
        bins = np.linspace(-5, 10, 10)
```

```
In [6]: fig, ax = plt.subplots(1, 2, figsize=(12, 4),
                               sharex=True, sharey=True,
                               subplot_kw={'xlim':(-4, 9),
                                           'ylim':(-0.02, 0.3)})
        fig.subplots_adjust(wspace=0.05)
        for i, offset in enumerate([0.0, 0.6]):
            ax[i].hist(x, bins=bins + offset, density=True)
            ax[i].plot(x, np.full_like(x, -0.01), '|k',
                       markeredgewidth=1)
```

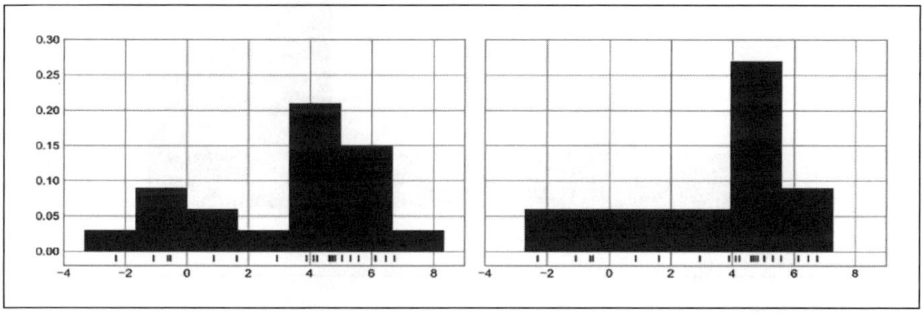

Figura 49-2. Problema nos histogramas: a localização dos grupos pode afetar a interpretação

À esquerda, o histograma deixa claro que esta é uma distribuição bimodal. À direita, vemos uma distribuição unimodal com uma cauda longa. Sem ver o código anterior, provavelmente você não imaginaria que esses dois histogramas foram criados a partir dos mesmos dados. Com isso em mente, como confiar na ideia que os histogramas passam? E como podemos melhorar isso?

Voltando, podemos considerar um histograma como uma pilha de blocos, na qual empilhamos um bloco em cada grupo sobre cada ponto no conjunto de dados. Vejamos diretamente (Figura 49-3).

```
In [7]: fig, ax = plt.subplots()
        bins = np.arange(-3, 8)
        ax.plot(x, np.full_like(x, -0.1), '|k',
                markeredgewidth=1)
        for count, edge in zip(*np.histogram(x, bins)):
            for i in range(count):
                ax.add_patch(plt.Rectangle(
                    (edge, i), 1, 1, ec='black', alpha=0.5))
        ax.set_xlim(-4, 8)
        ax.set_ylim(-0.2, 8)
Out[7]: (-0.2, 8.0)
```

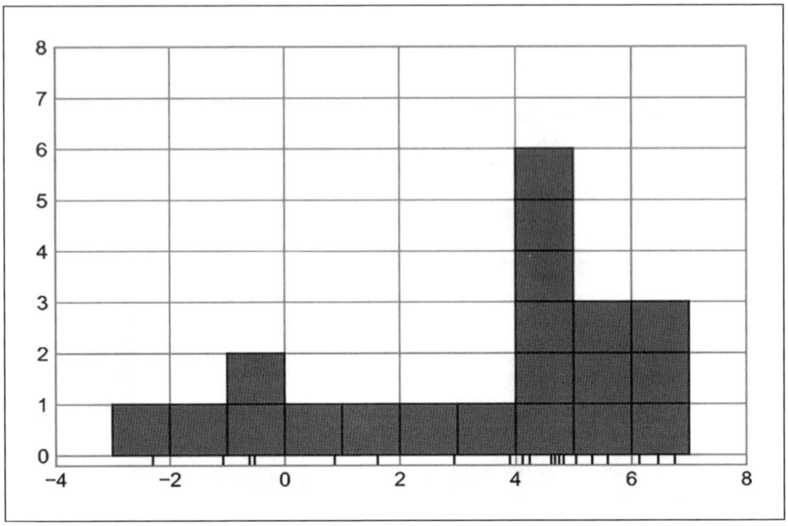

Figura 49-3. Histograma como uma pilha de blocos

O problema nos dois grupos decorre do fato de que a altura da pilha de blocos geralmente não reflete a densidade real dos pontos próximos, mas coincide com como os grupos se alinham com os pontos de dados. Esse desalinhamento entre os pontos e seus blocos é uma possível causa dos resultados ruins do histograma visto aqui. Mas e se, em vez de empilhar os blocos alinhados com os *grupos*, empilhássemos os blocos alinhados com os *pontos que eles representam*? Se fizermos isso, os blocos não serão alinhados, mas podemos adicionar suas contribuições em cada local ao longo do eixo x para encontrar o resultado. Vamos experimentar (veja a Figura 49-4).

```
In [8]: x_d = np.linspace(-4, 8, 2000)
        density = sum((abs(xi - x_d) < 0.5) for xi in x)

        plt.fill_between(x_d, density, alpha=0.5)
        plt.plot(x, np.full_like(x, -0.1), '|k', markeredgewidth=1)

        plt.axis([-4, 8, -0.2, 8]);
```

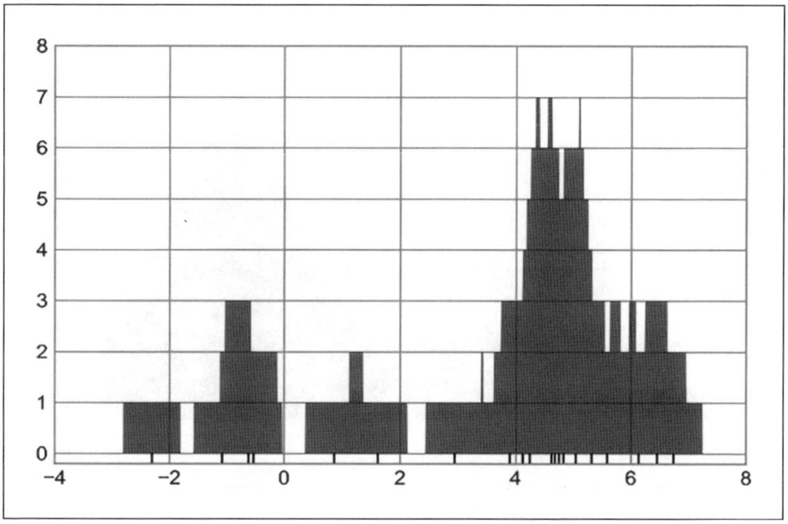

Figura 49-4. Um "histograma" no qual os blocos ficam centrados em cada ponto individual; é um exemplo de estimativa de densidade por kernel

O resultado parece um pouco confuso, mas é um reflexo muito mais robusto das características reais dos dados do que o histograma padrão. Ainda assim, as bordas irregulares não têm uma estética agradável nem refletem nenhuma propriedade real dos dados. Para suavizá-las, podemos substituir os blocos em cada local por uma função de suavização, como um gaussiano. Usaremos uma curva normal padrão em cada ponto em vez de um bloco (veja a Figura 49-5).

```
In [9]: from scipy.stats import norm
        x_d = np.linspace(-4, 8, 1000)
        density = sum(norm(xi).pdf(x_d) for xi in x)

        plt.fill_between(x_d, density, alpha=0.5)
        plt.plot(x, np.full_like(x, -0.1), '|k', markeredgewidth=1)

        plt.axis([-4, 8, -0.2, 5]);
```

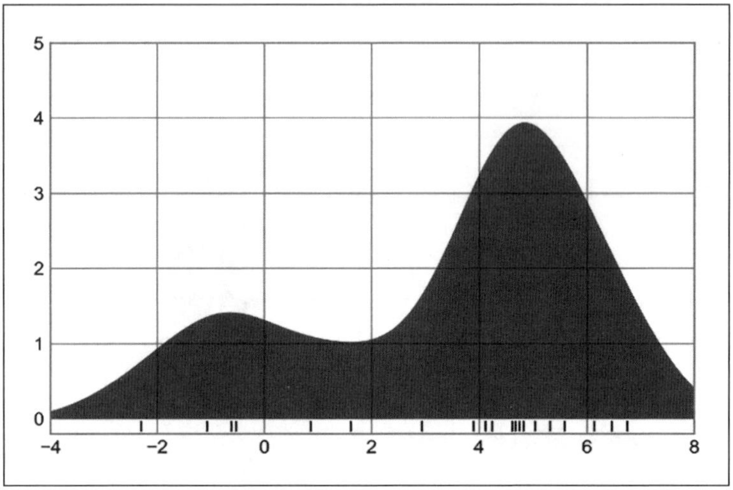

Figura 49-5. Estimativa de densidade por kernel com um kernel gaussiano

Esse gráfico suavizado, com uma distribuição gaussiana contribuída no local de cada ponto de entrada, dá uma ideia muito mais precisa da forma da distribuição dos dados, uma que tem muito menos variância (ou seja, muda muito menos em resposta às diferenças na amostragem).

O que colocamos nos dois últimos gráficos é chamado de estimativa de densidade por kernel em uma dimensão: colocamos um "kernel" — um kernel quadrado ou em forma de chapéu no primeiro, um kernel gaussiano no último — no local de cada ponto e usamos sua soma como uma estimativa da densidade. Com isso em mente, agora detalharemos mais a estimativa de densidade por kernel.

Estimativa de Densidade por Kernel na Prática

Os parâmetros livres da estimativa de densidade por kernel são o *kernel*, que especifica a forma da distribuição em cada ponto, e a *largura de banda do kernel*, que controla o tamanho do kernel em cada ponto. Na prática, existem muitos kernels que você pode usar para a estimativa de densidade por kernel: em particular, a implementação KDE do Scikit-Learn suporta seis kernels, que você pode ler na seção "Density Estimation" da documentação [conteúdo em inglês].

Embora existam muitas versões do KDE implementadas em Python (principalmente nos pacotes SciPy e `statsmodels`), prefiro usar a versão do Scikit-Learn por sua eficiência e flexibilidade. Ele é implementado no estimador `sklearn.neighbors.KernelDensity`, que lida com o KDE em várias dimensões com um dos seis kernels e uma das dezenas de métricas de distância. Como o KDE pode exigir muito computacionalmente, o estimador Scikit-Learn usa internamente um algoritmo baseado em árvore e consegue equilibrar o tempo de computação e a precisão usando os parâmetros `atol` (tolerância absoluta) e `rtol` (tolerância relativa). A largura de banda do kernel pode ser determinada usando as ferramentas de validação cruzada padrão do Scikit-Learn, como veremos em breve.

Primeiro mostraremos um exemplo simples de replicação do gráfico anterior usando o estimador `KernelDensity` do Scikit-Learn (veja a Figura 49-6).

```
In [10]: from sklearn.neighbors import KernelDensity

         # instancie e ajuste o modelo KDE
         kde = KernelDensity(bandwidth=1.0, kernel='gaussian')
         kde.fit(x[:, None])

         # score_samples retorna o log da densidade de probabilidade
         logprob = kde.score_samples(x_d[:, None])

         plt.fill_between(x_d, np.exp(logprob), alpha=0.5)
         plt.plot(x, np.full_like(x, -0.01), '|k', markeredgewidth=1)
         plt.ylim(-0.02, 0.22);
```

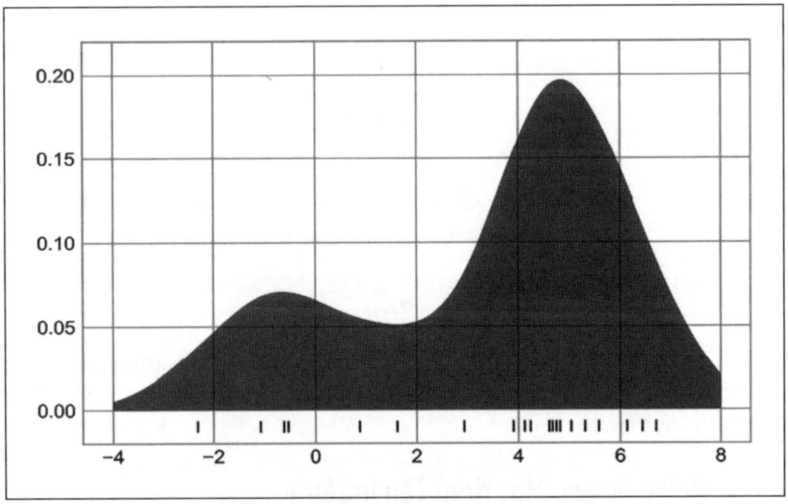

Figura 49-6. Estimativa da densidade por kernel calculada com Scikit-Learn

O resultado aqui é normalizado de tal forma que a área sob a curva é igual a 1.

Selecionando a Largura de Banda com a Validação Cruzada

A estimativa final produzida por um procedimento KDE pode ser bem sensível à escolha da largura de banda, que controla o equilíbrio entre viés e variação na estimativa de densidade. Uma largura de banda muito estreita leva a uma estimativa de alta variância (ou seja, sobreajuste), onde a presença ou a ausência de um único ponto faz grande diferença. Uma largura de banda muito grande leva a uma estimativa de alto viés (ou seja, subajuste), onde a estrutura nos dados é eliminada pelo kernel amplo.

Há um longo histórico em estatística de métodos para estimar rapidamente a melhor largura de banda com base em suposições bem rigorosas sobre os dados: se você pesquisar as implementações do KDE nos pacotes SciPy e `statsmodels`, por exemplo, verá implementações baseadas em algumas dessas regras.

Nos contextos de aprendizado de máquina, vimos que o ajuste dos hiperparâmetros costuma ser feito empiricamente por meio de uma abordagem de validação cruzada. Com isso em mente, o estimador `KernelDensity` do Scikit-Learn foi projetado para que possa ser usado diretamente nas ferramentas de busca em grade padrão do pacote. Aqui usaremos `GridSearchCV` para otimizar a largura de banda para o conjunto de dados anterior. Como estamos analisando um conjunto de dados muito pequeno, usaremos a validação cruzada leave-one-out, o que minimiza a redução no tamanho do conjunto de treinamento para cada teste de validação cruzada:

```
In [11]: from sklearn.model_selection import GridSearchCV
         from sklearn.model_selection import LeaveOneOut

         bandwidths = 10 ** np.linspace(-1, 1, 100)
         grid = GridSearchCV(KernelDensity(kernel='gaussian'),
                             {'bandwidth': bandwidths},
                             cv=LeaveOneOut())
         grid.fit(x[:, None]);
```

Agora podemos encontrar a escolha da largura de banda que maximiza a pontuação (nesse caso, é padrão para a verossimilhança logarítmica):

```
In [12]: grid.best_params_
Out[12]: {'bandwidth': 1.1233240329780276}
```

A largura de banda ideal fica muito próxima do que usamos no exemplo de gráfico anterior, onde a largura de banda era 1.0 (ou a largura padrão de `scipy.stats.norm`).

Exemplo: Naive Bayes, Mas Nem Tão Ingênuo

Este exemplo analisa a classificação generativa bayesiana com o KDE e mostra como usar a arquitetura Scikit-Learn para criar um estimador personalizado.

No Capítulo 41, vimos a classificação naive Bayesian, na qual criamos um modelo generativo simples para cada classe e usamos os modelos para criar um classificador rápido. Para Gaussian naive Bayes, o modelo generativo é um gaussiano alinhado ao eixo simples. Com um algoritmo de estimativa de densidade como o KDE, podemos remover o elemento “naive” e fazer a mesma classificação com um modelo generativo mais sofisticado para cada classe. Ainda é uma classificação bayesiana, mas não é mais ingênua.

A abordagem geral da classificação generativa é esta:

1. Divida os dados de treinamento por rótulo.
2. Para cada conjunto, ajuste um KDE para obter um modelo generativo dos dados. Isso permite, para qualquer observação x e rótulo y, calcular uma probabilidade $P(x \mid y)$.
3. A partir do número de exemplos de cada classe no conjunto de treinamento, calcule a *classe anterior*, $P(y)$.
4. Para um ponto desconhecido x, a probabilidade posterior para cada classe é $P(x \mid y) \propto P(x \mid y)P(y)$. A classe que maximiza a posterior é a etiqueta atribuída ao ponto.

O algoritmo é simples e fácil de entender; o difícil é exprimi-lo na estrutura do Scikit-Learn para usar a busca em grade e a arquitetura de validação cruzada.

Este é o código que implementa o algoritmo na estrutura do Scikit-Learn; veremos seguindo o bloco de código:

```
In [13]: from sklearn.base import BaseEstimator, ClassifierMixin


         class KDEClassifier(BaseEstimator, ClassifierMixin):
             """Classificação Bayesiana generativa baseada no KDE

             Parâmetros
             -----------
             bandwidth : float
                   a largura do kernel para cada classe
             kernel : str
                   o nome do kernel, passado para KernelDensity
             """
         def __init__(self, bandwidth=1.0, kernel='gaussian'):
             self.bandwidth = bandwidth
             self.kernel = kernel

         def fit(self, X, y):
             self.classes_ = np.sort(np.unique(y))
             training_sets = [X[y == yi] for yi in self.classes_]
             self.models_ = [KernelDensity(bandwidth=self.bandwidth,
                                           kernel=self.kernel).fit(Xi)
                             for Xi in training_sets]
            self.logpriors_ = [np.log(Xi.shape[0] / X.shape[0]
                               for Xi in training_sets]
            return self

            def predict_proba(self, X):
                logprobs = np.array([model.score_samples(X)
                                     for model in self.models_]).T
                result = np.exp(logprobs + self.logpriors_)
                return result / result.sum(axis=1, keepdims=True)

            def predict(self, X):
                return self.classes_[np.argmax(self.predict_proba(X), 1)]
```

Anatomia de um Estimador Personalizado

Veremos o código e analisaremos os aspectos essenciais:

```
from sklearn.base import BaseEstimator, ClassifierMixin

class KDEClassifier(BaseEstimator, ClassifierMixin):
        """Classificação Bayesiana generativa baseada no KDE

        Parâmetros
        ----------
        bandwidth : float
               a largura de banda do kernel para cada classe
        kernel : str
               o nome do kernel, passado para KernelDensity
        """
```

Cada estimador no Scikit-Learn é uma classe e é mais conveniente para essa classe herdar da classe `BaseEstimator`, bem como o mixin apropriado, que fornece a funcionalidade padrão. Por exemplo, aqui `BaseEstimator` contém (entre outras coisas) a lógica necessária para clonar/copiar um estimador para usar em um procedimento de validação cruzada e o `ClassifierMixin` define um método `score` padrão usado por tais rotinas. Também fornecemos uma docstring, que será capturada pela funcionalidade de ajuda do IPython (Capítulo 1).

Em seguida vem o método de inicialização da classe:

```
def __init__(self, bandwidth=1.0, kernel='gaussian'):
      self.bandwidth = bandwidth
      self.kernel = kernel
```

É o código real executado quando o objeto é instanciado com `KDEClassifier`. No Scikit-Learn, é importante que a *inicialização não contenha operações* além de atribuir os valores passados por nome a `self`. Isso se deve à lógica na classe `BaseEstimator` necessária para clonar e modificar os estimadores para a validação cruzada, a busca em grade e outras funções. Da mesma forma, todos os argumentos para `__init__` devem ser explícitos; `*args` ou `**kwargs` deve ser evitado, pois não serão lidados corretamente nas rotinas de validação cruzada.

Depois vem o método `fit`, onde lidamos com os dados de treinamento:

```
def fit(self, X, y):
    self.classes_ = np.sort(np.unique(y))
    training_sets = [X[y == yi] for yi in self.classes_]
    self.models_ = [KernelDensity(bandwidth=self.bandwidth,
                                  kernel=self.kernel).fit(Xi)
                    for Xi in training_sets]
    self.logpriors_ = [np.log(Xi.shape[0] / X.shape[0])
                       for Xi in training_sets]
    return self
```

Aqui encontramos as classes exclusivas nos dados de treinamento, treinamos um modelo `KernelDensity` para cada classe e calculamos os antecedentes da classe com base no número de amostras de entrada. Por fim, `fit` deve sempre retornar `self` para que possamos encadear os comandos. Por exemplo:

```
label = model.fit(X, y).predict(X)
```

Observe que cada resultado persistente do ajuste é armazenado com um sublinhado (por exemplo, `self.logpriors_`). É uma convenção usada no Scikit-Learn para que você possa verificar rápido os membros de um estimador (usando o recurso autocompletar com Tab do IPython) e ver exatamente quais membros estão ajustados aos dados de treinamento.

Finalmente, temos a lógica para prever os rótulos nos novos dados:

```
def predict_proba(self, X):
    logprobs = np.vstack([model.score_samples(X)
                          for model in self.models_]).T
    result = np.exp(logprobs + self.logpriors_)
    return result / result.sum(axis=1, keepdims=True)

def predict(self, X):
    return self.classes_[np.argmax(self.predict_proba(X), 1)]
```

Como é um classificador probabilístico, primeiro implementamos `predict_proba`, que retorna um array de probabilidades da classe com a forma `[n_samples, n_classes]`. A entrada `[i, j]` do array é a probabilidade posterior de que a amostra `i` é um membro da classe `j`, calculada multiplicando a probabilidade pelo antecedente da classe e normalizando.

O método `predict` usa essas probabilidades e simplesmente retorna a classe com a maior probabilidade.

Usando Nosso Estimador Personalizado

Iremos experimentar o estimador personalizado em um problema já visto antes: a classificação dos dígitos feitos à mão. Aqui carregaremos os dígitos e calcularemos a pontuação de validação cruzada para várias larguras de banda candidatas usando o metaestimador `GridSearchCV` (veja o Capítulo 39):

```
In [14]: from sklearn.datasets import load_digits
         from sklearn.model_selection import GridSearchCV

         digits = load_digits()

         grid = GridSearchCV(KDEClassifier(),
                             {'bandwidth': np.logspace(0, 2, 100)})
         grid.fit(digits.data, digits.target);
```

Em seguida, podemos plotar a pontuação de validação cruzada em função da largura de banda (Figura 49-7).

```
In [15]: fig, ax = plt.subplots()
         ax.semilogx(np.array(grid.cv_results_['param_bandwidth']),
                     grid.cv_results_['mean_test_score'])
         ax.set(title='KDE Model Performance', ylim=(0, 1),
                xlabel='bandwidth', ylabel='accuracy')
         print(f'best param: {grid.best_params_}')
         print(f'accuracy = {grid.best_score_}')
Out[15]: best param: {'bandwidth': 6.135907273413174}
         accuracy = 0.9677298050139276
```

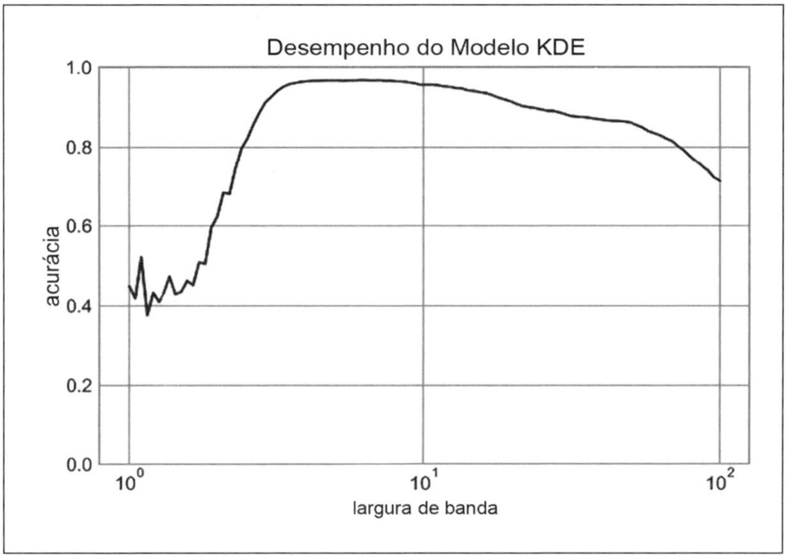

Figura 49-7. Curva de validação para o classificador bayesiano baseado no KDE

Isso indica que nosso classificador KDE atinge uma precisão de validação cruzada acima de 96%, comparando com cerca de 80% do classificador naive Bayes:

```
In [16]: from sklearn.naive_bayes import GaussianNB
         from sklearn.model_selection import cross_val_score
         cross_val_score(GaussianNB(), digits.data, digits.target).mean()
Out[16]: 0.8069281956050759
```

Um benefício desse classificador generativo é a interpretabilidade dos resultados: para cada amostra desconhecida, não só obtemos uma classificação probabilística, mas um *modelo completo* da distribuição de pontos com os quais estamos comparando! Se desejado, isso dá uma ideia das razões de certa classificação que algoritmos como SVMs e florestas aleatórias tendem a ocultar.

Se você quiser aprofundar, veja algumas ideias para melhorias que podem ser feitas no nosso modelo de classificador KDE:

- Você pode permitir que a largura de banda em cada classe varie com independência.
- Pode otimizar essas larguras de banda não com base em sua pontuação de predição, mas na probabilidade dos dados de treinamento sob o modelo generativo em cada classe (ou seja, use as pontuações do próprio `KernelDensity` em vez da precisão de previsão global).

Por fim, se quiser praticar criando seu próprio estimador, é possível criar um classificador bayesiano similar com os modelos de mistura gaussiana em vez do KDE.

CAPÍTULO 50

Aplicação: Pipeline de Detecção Facial

Esta parte do livro explorou muitos conceitos centrais e algoritmos de aprendizado de máquina. Mas passar desses conceitos para uma aplicação real pode ser desafiador. Os conjuntos de dados reais têm ruído e são heterogêneos; eles podem ter features ausentes e os dados podem estar em uma forma difícil de mapear para uma matriz clara `[n_samples, n_features]`. Antes de aplicar qualquer método examinado aqui, primeiro você deve extrair as features de seus dados: não há uma fórmula para como fazer isso que se aplique a todos os domínios, portanto, é aqui que você, como cientista de dados, deve usar sua própria intuição e experiência.

Uma aplicação interessante e atraente do aprendizado de máquina é para as imagens e já vimos alguns exemplos onde features no nível do pixel são usadas para a classificação. Novamente, os dados reais raramente são tão uniformes e pixels simples não serão adequados: isso produziu uma grande literatura sobre métodos de *extração de features* para os dados de imagem (veja o Capítulo 40).

Neste capítulo, veremos uma dessas técnicas de extração de features: o histograma de gradientes orientados (HOG) que transforma os pixels da imagem em uma representação vetorial sensível às features da imagem amplamente informativas, não importando os fatores de confusão, como a iluminação. Usaremos essas features para desenvolver um pipeline de detecção facial simples, utilizando os algoritmos e os conceitos de aprendizado de máquina vistos nesta parte do livro.

Começaremos com as importações padrão:

```
In [1]: %matplotlib inline
        import matplotlib.pyplot as plt
        plt.style.use('seaborn-whitegrid')
        import numpy as np
```

Features HOG

HOG é um procedimento de extração de features simples desenvolvido no contexto da identificação de pedestres em imagens. Ele envolve as seguintes etapas:

1. Opcionalmente normalize previamente as imagens. Isso leva aos aspectos que resistem à dependência de variações na iluminação.
2. Coloque na imagem dois filtros que sejam sensíveis aos gradientes de brilho horizontal e vertical. Eles capturam as informações da borda, do contorno e da textura.
3. Subdivida a imagem em células com um tamanho predeterminado e calcule um histograma das orientações de gradiente em cada célula.
4. Normalize os histogramas em cada célula comparando com o bloco de células vizinhas. Isso elimina ainda mais o efeito da iluminação na imagem.
5. Crie um vetor de aspectos unidimensional a partir das informações em cada célula.

Um extrator HOG rápido está predefinido no projeto Scikit-Image e podemos testá-lo de forma relativamente rápida, visualizando os gradientes orientados em cada célula (veja a Figura 50-1).

```
In [2]: from skimage import data, color, feature
        import skimage.data

        image = color.rgb2gray(data.chelsea())
        hog_vec, hog_vis = feature.hog(image, visualize=True)

        fig, ax = plt.subplots(1, 2, figsize=(12, 6),
                               subplot_kw=dict(xticks=[], yticks=[]))
        ax[0].imshow(image, cmap='gray')
        ax[0].set_title('input image')

        ax[1].imshow(hog_vis)
        ax[1].set_title('visualization of HOG features');
```

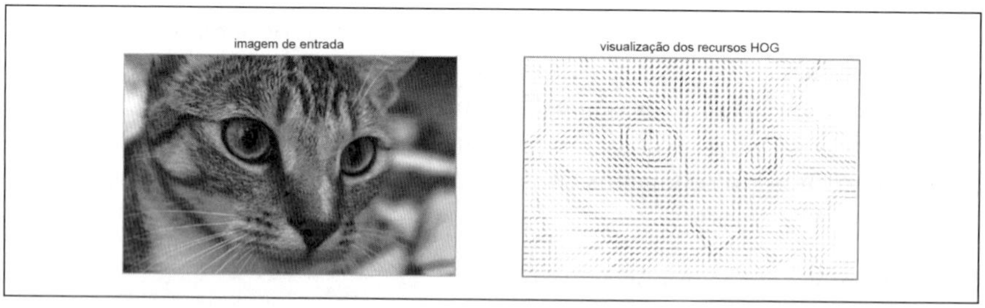

Figura 50-1. Visualização das features HOG calculadas a partir de uma imagem

HOG em Ação: Detector Facial Simples

Usando as features HOG, podemos criar um algoritmo de detecção facial simples com qualquer estimador Scikit-Learn; aqui usaremos uma máquina de vetores de suporte linear (veja o Capítulo 43 se precisar de uma atualização). Os passos são os seguintes:

1. Obtenha um conjunto de miniaturas de rostos para as amostras de treinamento "positivas".

2. Obtenha um conjunto de miniaturas que não sejam de rostos para as amostras de treinamento "negativas".
3. Extraia as features HOG dessas amostras de treinamento.
4. Treine um classificador SVM linear nessas amostras.
5. Para uma imagem "desconhecida", passe uma janela deslizante pela imagem, usando o modelo para avaliar se essa janela contém um rosto ou não.
6. Se as detecções se sobrepuserem, combine-as em uma única janela.

Vejamos as etapas para experimentar.

1. Obtenha um Conjunto de Amostras de Treinamento Positivas

Começaremos encontrando algumas amostras de treinamento positivas com vários rostos. Temos um conjunto de dados fácil para trabalhar — o conjunto Labeled Faces in the Wild que pode ser baixado com o Scikit-Learn:

```
In [3]: from sklearn.datasets import fetch_lfw_people
        faces = fetch_lfw_people()
        positive_patches = faces.images
        positive_patches.shape
Out[3]: (13233, 62, 47)
```

Isso nos dá uma amostra de 13 mil imagens de rosto para usar no treinamento.

2. Obtenha um Conjunto de Amostras de Treinamento Negativas

Em seguida, precisamos de um conjunto de miniaturas de tamanho parecido que *não tenham* um rosto. Uma maneira de obter isso é pegando qualquer coleção de imagens de entrada e extraindo as miniaturas em várias escalas. Aqui usaremos algumas imagens fornecidas com o Scikit-Image, junto com `PatchExtractor` do Scikit-Learn:

```
In [4]: data.camera().shape
Out[4]: (512, 512)

In [5]: from skimage import data, transform

        imgs_to_use = ['camera', 'text', 'coins', 'moon',
                       'page', 'clock', 'immunohistochemistry',
                       'chelsea', 'coffee', 'hubble_deep_field']
        raw_images = (getattr(data, name)() for name in imgs_to_use) \
        images = [color.rgb2gray(image) if image.ndim == 3 else image
                  for image in raw_images]

In [6]: from sklearn.feature_extraction.image import PatchExtractor

        def extract_patches(img, N, scale=1.0, patch_size=positive_patches[0].shape):
            extracted_patch_size = tuple((scale * np.array(patch_size)).astype(int))
            extractor = PatchExtractor(patch_size=extracted_patch_size,
                                       max_patches=N, random_state=0)
```

```
        patches = extractor.transform(img[np.newaxis])
        if scale != 1:
            patches = np.array([transform.resize(patch, patch_size)
                                for patch in patches])
        return patches

    negative_patches = np.vstack([extract_patches(im, 1000, scale)
                                  for im in images for scale in [0.5, 1.0, 2.0]])
    negative_patches.shape
Out[6]: (30000, 62, 47)
```

Agora temos 30 mil partes de imagem adequadas sem rostos. Visualizaremos algumas para ter uma ideia de como são (veja a Figura 50-2).

```
In [7]: fig, ax = plt.subplots(6, 10)
        for i, axi in enumerate(ax.flat):
            axi.imshow(negative_patches[500 * i], cmap='gray')
            axi.axis('off')
```

Esperamos que cubram o espaço suficiente de "não rostos" que nosso algoritmo provavelmente verá.

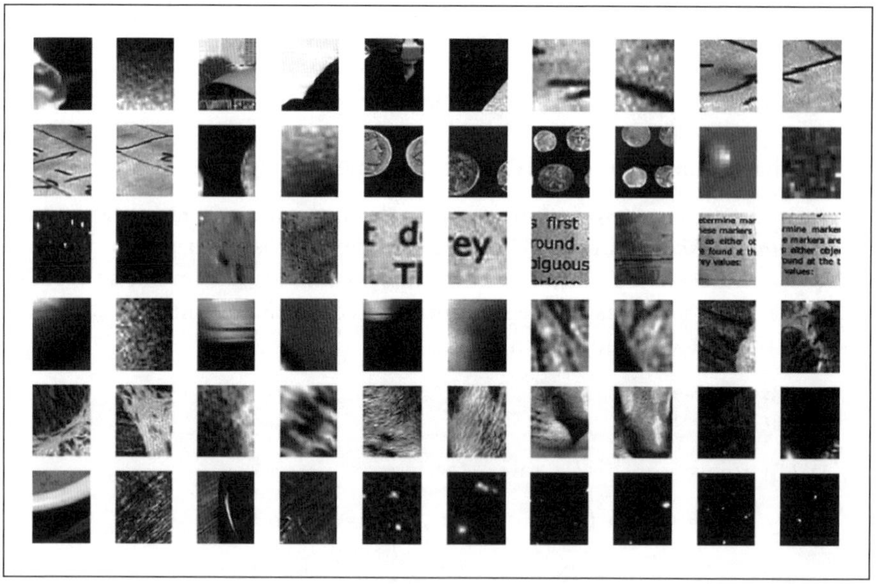

Figura 50-2. Partes de imagens negativas, que não incluem rostos

3. Combine os Conjuntos e Extraia as Features HOG

Agora que temos amostras positivas e negativas, podemos combiná-las e calcular as features HOG. Esta etapa demora um pouco, porque envolve um cálculo considerável de cada imagem:

```
In [8]: from itertools import chain
        X_train = np.array([feature.hog(im)
                            for im in chain(positive_patches,
                                            negative_patches)])
        y_train = np.zeros(X_train.shape[0])
        y_train[:positive_patches.shape[0]] = 1

In [9]: X_train.shape
Out[9]: (43233, 1215)
```

Ficamos com 43 mil amostras de treinamento em 1.215 dimensões e agora temos nossos dados em uma forma que podemos alimentar no Scikit-Learn!

4. Treine uma Máquina de Vetores de Suporte

Em seguida, usamos as ferramentas que exploramos aqui para criar um classificador das miniaturas. Para uma tarefa de classificação binária de alta dimensão, uma máquina de vetores de suporte linear é uma boa escolha. Usaremos o `LinearSVC` do Scikit-Learn, porque, em comparação com o `SVC`, costuma ter uma escala melhor para um grande número de amostras.

Mas primeiro, usaremos um estimador Gaussian naive Bayes simples para uma linha de base rápida:

```
In [10]: from sklearn.naive_bayes import GaussianNB
         from sklearn.model_selection import cross_val_score

         cross_val_score(GaussianNB(), X_train, y_train)
Out[10]: array([0.94795883, 0.97143518, 0.97224471, 0.97501735, 0.97374508])
```

Vemos que em nossos dados de treinamento, até mesmo um simples algoritmo naive Bayes nos dá mais de 95% de precisão. Iremos experimentar a máquina de vetores de suporte, com uma pesquisa na grade usando algumas opções do parâmetro C:

```
In [11]: from sklearn.svm import LinearSVC
         from sklearn.model_selection import GridSearchCV
         grid = GridSearchCV(LinearSVC(), {'C': [1.0, 2.0, 4.0, 8.0]})
         grid.fit(X_train, y_train)
         grid.best_score_
Out[11]: 0.9885272620319941

In [12]: grid.best_params_
Out[12]: {'C': 1.0}
```

Isso nos deixa perto de 99% de precisão. Pegaremos o melhor estimador e iremos trená-lo de novo no conjunto de dados inteiro:

```
In [13]: model = grid.best_estimator_
         model.fit(X_train, y_train)
Out[13]: LinearSVC()
```

5. Encontre os Rostos na Nova Imagem

Agora que temos o modelo, pegaremos uma nova imagem e veremos como o modelo faz. Usaremos uma parte da imagem de astronauta mostrada na Figura 50-3 para simplificar (veja a análise na seção a seguir e execute uma janela deslizante nela, avaliando cada parte:

```
In [14]: test_image = skimage.data.astronaut()
         test_image = skimage.color.rgb2gray(test_image)
         test_image = skimage.transform.rescale(test_image, 0.5)
         test_image = test_image[:160, 40:180]

         plt.imshow(test_image, cmap='gray')
         plt.axis('off');
```

Figura 50-3. Uma imagem na qual tentaremos localizar um rosto

Em seguida, criaremos uma janela que itera as partes da imagem e calcularemos as features HOG para cada parte:

```
In [15]: def sliding_window(img, patch_size=positive_patches[0].shape,
                            istep=2, jstep=2, scale=1.0):
             Ni, Nj = (int(scale * s) for s in patch_size)
             for i in range(0, img.shape[0] - Ni, istep):
                 for j in range(0, img.shape[1] - Ni, jstep):
                     patch = img[i:i + Ni, j:j + Nj]
                     if scale != 1:
                         patch = transform.resize(patch, patch_size)
                     yield (i, j), patch

         indices, patches = zip(*sliding_window(test_image))
         patches_hog = np.array([feature.hog(patch) for patch in patches])
         patches_hog.shape
Out[15]: (1911, 1215)
```

Por fim, podemos pegar as partes com HOG e usar nosso modelo para avaliar se cada parte contém um rosto:

```
In [16]: labels = model.predict(patches_hog)
         labels.sum()
Out[16]: 48.0
```

Vemos que, em quase 2 mil partes, encontramos 48 detecções. Usaremos as informações que temos sobre essas partes para mostrar onde estão em nossa imagem de teste, desenhando-as como retângulos (veja a Figura 50-4).

```
In [17]: fig, ax = plt.subplots()
         ax.imshow(test_image, cmap='gray')
         ax.axis('off')

         Ni, Nj = positive_patches[0].shape
         indices = np.array(indices)

         for i, j in indices[labels == 1]:
             ax.add_patch(plt.Rectangle((j, i), Nj, Ni, edgecolor='red',
                                        alpha=0.3, lw=2, facecolor='none'))
```

Figura 50-4. Janelas determinadas para conter um rosto

Todas as partes detectadas se sobrepõem e encontraram o rosto na imagem! Nada mal para algumas linhas em Python.

Advertências e Melhorias

Se você se aprofundar um pouco mais no código e nos exemplos anteriores, verá que ainda temos um pouco de trabalho a fazer antes de declarar um detector facial pronto para produção. Há vários problemas no que fizemos e muitas melhorias que poderiam ser feitas. Em particular:

Nosso conjunto de treinamento, sobretudo para os aspectos negativos, não está muito completo

O principal é que existem muitas texturas parecidas com rosto que não estão no conjunto de treinamento, portanto, nosso modelo atual é muito propenso a falsos positivos. É possível ver isso se você experimentar o algoritmo na imagem *completa* de astronauta: o modelo atual leva a muitas detecções falsas em outras regiões da imagem.

Podemos abordar isso adicionando uma variedade maior de imagens ao conjunto de treinamento negativo, e provavelmente produziria alguma melhoria. Uma opção seria usar uma abordagem mais direcionada, como a *mineração de negativos difíceis (hard negative mining)*, na qual pegamos um novo conjunto de imagens que nosso classificador não viu, encontramos todas as partes que representam falsos positivos e adicionamos explicitamente como instâncias negativas ao conjunto de treinamento antes de treinar novamente o classificador.

Nosso pipeline atual pesquisa apenas em uma escala

Como escrito atualmente, nosso algoritmo deixará de ver os rostos que não têm aproximadamente 62 × 47 pixels. Isso pode ser resolvido diretamente usando janelas deslizantes de vários tamanhos e redimensionando cada parte com `skimage.transform.resize` antes de alimentá-lo no modelo. Na verdade, o utilitário `sliding_window` usado aqui já foi predefinido com isso em mente.

Devemos combinar as partes sobrepostas da detecção

Para um pipeline pronto para produção, preferimos não ter 30 detecções do mesmo rosto, mas reduzir de alguma forma a sobreposição dos grupos de detecções a uma única detecção. Isso pode ser feito com uma abordagem de clusterização não supervisionada (a clusterização de deslocamento médio é uma boa candidata) ou com uma abordagem processual, como a *supressão não máxima*, um algoritmo comum na visão de máquina.

O pipeline deve ser simplificado

Uma vez que abordamos os problemas anteriores, também seria bom criar um pipeline mais simplificado para processar as imagens de treinamento e prever as saídas da janela deslizante. É aqui que o Python brilha como uma ferramenta de data science: com um pouco de trabalho, podemos pegar nosso código de protótipo e colocá-lo com uma API orientada a objetos bem projetada que dá ao usuário a capacidade de usá-lo com facilidade. Deixarei isso como o conhecido "exercício para o leitor".

Avanços mais recentes: aprendizado profundo

Por fim, devo acrescentar que nos contextos de aprendizado de máquina, o HOG e outros métodos de extração de features processuais nem sempre são usados. Em vez disso, muitos pipelines modernos de detecção de objetos usam variantes de redes neurais profundas (muitas vezes referidas como aprendizado profundo (*deep learning*): uma maneira de pensar em redes neurais é como estimadores que determinam estratégias ideais de extração de features a partir dos dados, em vez de confiar na intuição do usuário.

Embora o campo tenha produzido resultados fantásticos nos últimos anos, o deep learning não é tão diferente conceitualmente dos modelos de aprendizado de máquina vistos nos capítulos anteriores. O principal avanço é a capacidade de utilizar um hardware de computação moderno (muitas vezes grandes clusters de máquinas poderosas) para treinar modelos muito mais flexíveis em coleções muito maiores de dados de treinamento. Mas embora a escala seja diferente, o objetivo final é o mesmo: criar modelos a partir dos dados.

Se você estiver interessado em se aprofundar, a lista de referências na seção a seguir deve fornecer um lugar útil para começar!

Mais Features do Aprendizado de Máquina

Esta parte do livro foi um tour rápido do aprendizado de máquina em Python, principalmente usando as ferramentas na biblioteca Scikit-Learn. Quanto aos capítulos, eles ainda são muito pequenos para cobrir muitos algoritmos interessantes e importantes, abordagens e análises. Aqui quero sugerir algumas features para saber mais sobre o aprendizado de máquina em Python, para quem estiver interessado:

Site do Scikit-Learn

O site do Scikit-Learn tem uma impressionante variedade de documentação e exemplos cobrindo alguns modelos vistos aqui e muito, muito mais. Se você quiser um rápido levantamento dos algoritmos de aprendizado de máquina mais importantes e usados, este é um bom lugar para começar.

Tutoriais em vídeo sobre SciPy, PyCon e PyData

O Scikit-Learn e outros tópicos de aprendizado de máquina são favoritos nos tutoriais de muitas séries de conferências focadas em Python, em particular as conferências PyCon, SciPy e PyData. A maioria dessas conferências publica vídeos de suas palestras, conversas e tutoriais gratuitos online, e você consegue encontrá-los facilmente com uma pesquisa na web adequada (por exemplo, "vídeos PyCon 2022").

Introduction to Machine Learning with Python de Andreas C. Müller e Sarah Guido (sem publicação no Brasil)

Este livro cobre muitos fundamentos do aprendizado de máquina examinados nestes capítulos, mas é particularmente relevante para a cobertura das features mais avançadas do Scikit-Learn, incluindo estimadores adicionais, abordagens de validação de modelos e pipeline.

Machine Learning with PyTorch and Scikit-Learn de Sebastian Raschka (sem publicação no Brasil)

O livro mais recente de Sebastian Raschka começa com alguns tópicos fundamentais abordados nestes capítulos, mas vai mais fundo e mostra como esses conceitos se aplicam aos modelos mais sofisticados e computacionalmente intensivos de deep learning e aprendizado por reforço usando a conhecida biblioteca PyTorch.

Índice

Símbolos

A

B

C

G

H

I

J

K

L

M

Q

R

S

T

U

V

W

X

Sobre o Autor

Jake VanderPlas é engenheiro de software na Google Research, trabalhando em ferramentas que dão suporte a pesquisas intensivas em dados. Jake cria e desenvolve ferramentas Python para o uso intenso em data science, incluindo pacotes como Scikit-Learn, SciPy, AstroPy, Altair, JAX e muitos outros. Ele participa da grande comunidade de data science, desenvolvendo, dando palestras e apresentando tutoriais sobre tópicos de computação científica em várias conferências no mundo de data science.

Colofão

O animal na capa do livro *Guia do Python para Data Science* é um lagarto-de--contas mexicano (*Heloderma horridum*), um réptil encontrado no México e em partes da Guatemala. A palavra grega *heloderma* significa "pele cravejada", referindo-se à textura distinta da pele dele. Essas protuberâncias são *osteodermas*, que contêm um pequeno pedaço de osso e servem como uma armadura protetora.

O lagarto-de-contas mexicano é preto com manchas amarelas e faixas. Ele tem uma cabeça larga e uma cauda grossa que armazena gordura para ajudá-lo a sobreviver aos meses quentes do verão quando ele fica inativo. Em média, esses lagartos têm 55–90cm de comprimento, pesando cerca de 800g. Tal como acontece com a maioria das cobras e dos lagartos, a língua do lagarto-de-contas mexicano é seu principal órgão sensorial. Ele a move repetidamente para coletar partículas de cheiro do ambiente e detectar presas (ou, durante a época de acasalamento, um parceiro em potencial).

Ele e o monstro-de-gila (um parente próximo) são os únicos lagartos venenosos do mundo. Quando ameaçado, o lagarto-de-contas mexicano morde e aperta, mastigando, porque não consegue liberar uma grande quantidade de veneno de uma só vez. Essa mordida e os efeitos secundários do veneno são extremamente dolorosos, embora raramente fatais para o ser humano. O veneno do lagarto-de--contas contém enzimas que foram sintetizadas para ajudar a tratar o diabetes, e outras pesquisas farmacológicas estão em andamento. É ameaçado pela perda do habitat, pela caça ilegal para o comércio de animais de estimação e por moradores locais que o matam por medo. Esse animal é protegido por lei nos dois países onde vive. Muitos dos animais nas capas desta série estão em perigo de extinção; todos são importantes para o mundo.

A ilustração da capa é de Karen Montgomery, baseada em uma gravura em preto e branco da *Animate Creation* da Wood. As fontes da capa são Gilroy Semibold e Guardian Sans. A fonte do texto é Adobe Minion Pro; a fonte do cabeçalho é Myriad Pro Semibold Condensed; e a fonte do código é Ubuntu Mono de Dalton Maag.

Este livro foi impresso nas oficinas gráficas da Editora Vozes Ltda.,
Rua Frei Luís, 100 – Petrópolis, RJ.